Thomas Fischer/Susanne Klengel/
Eduardo Pastrana Buelvas (Hg.)

Kolumbien heute
Politik, Wirtschaft, Kultur

BIBLIOTHECA IBERO-AMERICANA

Veröffentlichungen des Ibero-Amerikanischen Instituts
Preußischer Kulturbesitz
Band 168

Thomas Fischer/Susanne Klengel/
Eduardo Pastrana Buelvas (Hg.)

Kolumbien heute
Politik, Wirtschaft, Kultur

Vervuert Verlag • Frankfurt am Main

2017

Bibliografische Information der Deutschen Nationalbibliothek:
Die Deutsche Nationalbibliothek verzeichnet diese Publikation in der Deutschen Nationalbibliografie; detaillierte bibliografische Daten sind im Internet über http://dnb.d-nb.de abrufbar.

© Vervuert 2017
Elisabethenstr. 3-9
D-60594 Frankfurt am Main

Iberoamericana 2017
c/ Amor de Dios, 1
E-28014 Madrid

info@ibero-americana.net
www.iberoamericana-vervuert.es

ISSN 0067-8015
ISBN 978-3-95487-641-9
Depósito legal: M-23250-2017

Umschlaggestaltung: Michael Ackermann

Satz: Patricia Schulze

Gedruckt auf säure- und chlorfreiem, allterungsbeständigem Papier.
Gedruckt in Spanien.

Inhalt

WIRTSCHAFT

ANHANG

Einleitung

Thomas Fischer/Susanne Klengel/Eduardo Pastrana Buelvas

Mehr als 50 Jahre lang tobte in Kolumbien ein Bürgerkrieg. Gleichzeitig galt das Land als solide Demokratie – auch als während des Kalten Krieges in zahlreichen südamerikanischen Ländern die Militärs putschten. Auf makroökonomischer Ebene verzeichnete der Andenstaat ein kontinuierliches Wachstum, doch das Neben- und Miteinander des formalen politischen Prozesses und der politischen Gewalt prägte die Entwicklung nachhaltig. 260.000 Menschen kamen in den Auseinandersetzungen zu Tode. Rund sieben Millionen Menschen suchten als Vertriebene in den städtischen Agglomerationen Schutz und gaben der voranschreitenden Urbanisierung ihr spezielles Gepräge. Die soziale Ungleichheit erreichte im weltweiten Vergleich Spitzenwerte. Das unterfinanzierte staatliche Bildungssystem, das die Reichen, die sich die teuren privaten Schulen und Universitäten leisten können, bevorteilt, war dafür mitverantwortlich. In vielen *barrios* der Städte und in den meisten entlegenen Landesteilen ist der Staat bis heute kaum präsent, am ehesten kennt ihn die lokale Bevölkerung noch über die Armee. In diesen Räumen und Zonen herrschen andere Gesetze und Regeln als diejenigen, die von den beiden Parlamentskammern in Bogotá erlassen werden. Bewaffnete Akteure – Guerillaorganisationen, paramilitärische Gruppierungen, Mafiaclans und Jugendbanden – haben hier auf vielfältige Weise Funktionen übernommen, die üblicherweise dem Staat zugeschrieben werden. Angesichts der Konflikte zwischen bewaffneten Gewaltakteuren und staatlichen Sicherheitskräften wird die Zivilbevölkerung oftmals zum Spielball von Machtinteressen.

Keiner der an diesem gewaltsamen Aushandlungsprozess Beteiligten konnte im letzten halben Jahrhundert diesen Krieg, von dem niemand weiß, wie man ihn genau bezeichnen soll, gewinnen. Vor diesem Hintergrund ergibt sich die Notwendigkeit zur Verhandlung zwischen den Konfliktparteien – wenn man den Konflikt beenden will. Versuche mit mehr oder weniger Erfolg hat es in den vergangenen drei Jahrzehnten viele gegeben. Der letzte aber, der im Oktober 2012 in Havanna begonnen wurde, ist der vielversprechendste. Zahlreiche kolumbianische Expert_innen und Sachverständige der internationalen Gemeinschaft hegen große Erwartungen, aber auch Befürchtungen: Denn wenn der Frieden jetzt nicht gelingt, wann sonst? Aus diesem Grund haben sich die Verhandlungen zwischen der Regierung von Präsident Juan Manuel Santos (seit 2010) und den 1964 gegründeten *Fuerzas Armadas Revolucionarias de Colombia* (FARC), der ältesten und zugleich größten Guerilla des Kontinents, so lange hingezogen. Es ging darum, endlich auch den eingangs skizzierten strukturellen Hintergrund des Konfliktes aufzuarbeiten. Neben Kuba begleiteten Venezuela, Chile und Norwegen die Verhandlungen mit besonders großem Engagement. Andere Akteure der internationalen Gemeinschaft und von Nichtregierungsorganisationen wurden ebenso wie Opferorganisationen, Frauen, die Armee und die Scientific Community einbezogen. Ende September 2016 war es soweit: Vertreter der FARC-Führung und der Regierung unterzeichneten in Cartagena in einer aufwändig inszenierten Zeremonie im Beisein zahlreicher Staatschefs und weiterer Vertreter_innen der internationalen Gemeinschaft einen Vertrag, in dem als Kernpunkt die Agrarfrage herausstach. In einem zu fast 80 % verstädterten Land könnte man annehmen, dass diese nicht (mehr) relevant sei. Doch das ist ein Trugschluss. Der Konflikt hängt bis heute entscheidend mit dem Konflikt auf dem Land zusammen. Die gerechte Vergabe von Landtiteln und die Rückgabe geraubten Landes an die *campesinos* sind entscheidend, damit Kolumbien eine friedlichere Zukunft hat. Damit hängt auch der Problemkreis des Anbaus von Kokapflanzen zusammen sowie die Bekämpfung der Verarbeitung und des Exportes von Drogen durch kriminelle Organisationen. Weitere Punkte sind die Entschädigung der Opfer und der Umgang mit der gewaltsamen Vergangenheit, die Reintegration der Guerilleros in den demokratischen politischen Prozess und die Übergangsjustiz.

Dass der Aufbau eines friedlichen Zusammenlebens in Kolumbien allerdings noch Jahrzehnte dauern wird, wurde klar, als am 2. Oktober 2016 in einem Referendum eine knappe Mehrheit derjenigen, die darüber abstimmten, den Friedensvertrag ablehnte. Die Regierung sah sich daraufhin gezwungen, den Forderungen der oppositionellen Uribisten (*Centro Democrático*) und evangelikaler Gruppierungen entgegenzukommen. Das Vertragswerk wurde insbesondere im Hinblick auf die Sonderjustiz (zu milde Strafen) und das Vermögen der FARC (Verwendung zur Entschädigung der Opfer) nachverhandelt. Außerdem kam scharfe Kritik von evangelikalen Gruppen, welche die im Friedensvertrag verwendete Geschlechterperspektive zutiefst missbilligten. Am 24. November 2016 unterzeichneten die beiden Konfliktparteien das revidierte Vertragswerk im Teatro Colón in Bogotá, und Ende November stimmten auch der Senat und das Repräsentantenhaus dem Friedenswerk einstimmig zu. Die Gegner des Friedensvertrages waren zur Abstimmung nicht erschienen. Präsident Santos, der inzwischen neben Gabriel García Márquez (für Literatur) für sein Land den zweiten Nobelpreis (für den Frieden) erhalten hatte, drückte seine Genugtuung aus und sprach von "Hoffnung für die Kolumbianer".

Seit Anfang des Jahres 2017 sind rund 6.800 FARC-Kämpfer_innen in 19 Übergangszonen (*Zonas Veredales*) und sechs *puntos transitorios* zusammengezogen worden, wo sie ihre Waffen ablegen und der internationalen Gemeinschaft übergeben. Danach können sie eine politische Partei gründen und sich in den politischen Prozess einschalten. Die von allen Konfliktakteuren begangenen Verbrechen sollen in einer eigens eingerichteten Sonderjustiz verhandelt werden. Diese ermöglicht erleichterte, respektive in soziale Arbeit umwandelbare Strafen (gegen Wahrheit) und sieht unter anderem eine teils symbolische oder nicht-materielle Entschädigung der Opfer vor. Die Formalisierung von Landbesitz für Kleinbauern und -bäuerinnen soll ebenso wie die Substitution des Anbaus von Koka in verschiedenen Landesteilen in Angriff genommen werden. Damit erweitern und vertiefen die Vereinbarungen von Havanna gesetzgeberische Bemühungen der vorangegangenen Jahre, den Krieg aufzuarbeiten und seine Ursachen zu überwinden. Bereits 2012 wurde ein Gesetz über Opfer und Rückgabe im Rahmen des Konflikts illegal enteigneter Ländereien verabschiedet. Seit 2008 setzt der *Centro Nacional de Memoria Histórica* in Bogotá die in vorherigen Jahrzehnten bereits mehrfach angegangenen Bemühungen verschiedener Kommissionen zur Aufarbeitung der Vergangenheit mit Studien zum kolumbianischen Konflikt und dessen Opfern fort. Mit den Ende 2016 in Ecuador initiierten Verhandlungen mit dem kleineren *Ejército de Liberación Nacional* (ELN) soll der Frieden mit den linken Rebellengruppen vervollständigt werden.

Gleichwohl befindet sich Kolumbien noch lange nicht in einer Phase des Postkonflikts. Der Transitionsprozess hat gerade erst begonnen. In Wahrheit erfordert es jahrzehntelange Anstrengungen von allen Bevölkerungskreisen, um die Polarisierung zwischen Gegnern und Freunden des Friedens zu überwinden und sich auszusöhnen. Die diskursive Gewalt, Fake News und Polemik sowie die wirtschaftliche Macht derjenigen, die vom Krieg profitieren, sind nach wie vor sehr ausgeprägt. Der Friede muss sowohl auf diskursivem als auch auf materiellem und juristischem Gebiet erreicht werden. Die größte und entscheidende Frage aber wird das tatsächliche und nachhaltige Engagement des Staates in jenen Zonen und Landesteilen sein, in denen er bisher kaum präsent war. Dort sind vor allen Dingen umfangreiche Investitionen in Schulen und in die Landwirtschaft sowie in die weitere Infrastruktur erforderlich. Damit dieser Vorgang überhaupt gelingt, sind nicht nur die Bereitschaft und Entscheidungen in Bogotá erforderlich. Mindestens ebenso wichtig ist, dass die Lokalbevölkerung "von unten" beginnt, Institutionen zu bauen, die mit dem Zentralstaat in einem produktiven Sinn zusammenwirken. Wenn dieses Projekt nicht rasch umgesetzt wird, droht die Gefahr, dass Mafiaorganisationen und andere bewaffnete Gruppierungen sich in diesen Räumen weiter ausbreiten und die Zivilbevölkerung für ihre Zwecke instrumentalisieren.

Vor dem Hintergrund des geschilderten Szenarios sind die Herausgeberin und die Herausgeber dieses Sammelbandes der festen Überzeugung, dass man der Komplexität der kolumbianischen Gemengelage nur mit einer multiperspektivischen, multidisziplinären und vielschichtigen Information und Herangehensweise gerecht werden kann. Deshalb haben wir uns zu einer neuen Ausgabe von *Kolumbien heute* entschlossen. Zwar haben viele der 1997 veröffentlichten Aufsätze nichts von ihrer Aktualität verloren, doch hat sich in den letzten beiden Dekaden vieles rasant verändert. Dies wollen wir mit 31 für diesen Sammelband von Spezialist_innen auf ihrem Gebiet neu verfassten Aufsätzen dokumentieren. Einige Autorinnen und Autoren der ersten Ausgabe haben ihre Expertise erneut zur Verfügung gestellt. Die meisten Beiträge wurden jedoch von der ihnen nachfolgenden Generation von Wissenschaftler_innen verfasst.

Ein in den kolumbianischen Friedensprozess einführender Beitrag von David Graaff analysiert den zu Beginn geschilderten Hintergrund des Friedensprozesses und dessen Perspektiven. Der Band insgesamt ist entsprechend dem Konzept der "heute"-Reihe in vier thematische Blöcke (Landeskundliche Einführung; Politik und Gesellschaft; Wirtschaft; Kultur, Bildung, Wissenschaft) untergliedert. Thomas Fischer und Andrés Jiménez zeigen in ihrem historischen Überblick zur kolumbianischen Geschichte seit der Unabhängigkeit, dass sich in Kolumbien der Republikanismus als tragendes Element politischer Kultur etablierte. Dies führte jedoch keineswegs zu einer rechtsstaatlichen Kultur, sondern vielmehr zu einer permanenten Tendenz gewaltsamer Selbsthilfe. Ein weiterer für Kolumbien prägender Faktor ist die Kontinuität der sozialen Ungleichheit. Die Beiträge von Sabine Kurtenbach zum Verhältnis von Staatlichkeit und

Gewalt sowie von Edwin Murillo Amaris/Yamid Gabriel Lozano Torres zur Sozialstruktur unterstreichen diese Einschätzung. Benedikt Hora/Carla Marchant/Andreas Haller/Axel Borsdorf nehmen eine regionale Differenzierung vor und zeigen, wie vielschichtig die kolumbianische Raumstruktur ist. Kolumbien gilt weltweit als eines der Länder mit der größten Biodiversität. Pablo Andrés Ramos/Sebastián Restrepo-Calle analysieren die Chancen und Herausforderungen, die sich daraus ergeben. Der Beitrag von Tatjana Louis kann hierzu als Querschnittsanalyse gelesen werden. Sie zeigt, dass Kolumbiens Bevölkerung kontinuierlich in Bewegung ist. Doch wandern die Menschen meist nicht freiwillig. Der wichtigste Hintergrund der Migrationsprozesse besteht in der bis heute stark ausgeprägten strukturellen und physischen Gewalt.

Auf einzelne Aspekte von Politik und Gesellschaft gehen die Beiträge des folgenden Teils ein. Luis Felipe Vega Díaz analysiert die Grundzüge der Verfassung von 1991 und geht auf juristische Herausforderungen ein, die sich im Zuge der Friedenssuche ergeben. Ricardo Betancourt Vélez/ Peter Birle skizzieren das durch die Verfassung vorgegebene institutionelle Design des politischen Systems und verweisen gleichzeitig auf dessen informelle Funktionslogiken. Jefferson Jaramillo Marín analysiert die Instrumente, Diskussionen, Kontroversen und Diskurse im Hinblick auf die Ursachen der Gewalt. Benedikt Kraus/Sven Schuster setzen sich in ihrem Beitrag zur Geschichts- und Vergangenheitspolitik kritisch mit der oft gehörten These auseinander, Kolumbien sei ein Land ohne Gedächtnis. Rainer Dombois/Luz Jeanette Quintero widmen sich der Umgestaltung und zunehmenden Atomisierung der Gewerkschaften. In diesem Zusammenhang spielt die Anwendung physischer Gewalt gegen Arbeiterorganisationen eine wichtige Rolle. Ulrich Morenz befasst sich mit ethnischen und sozialen Bewegungen, stellt ihre Motive und Themen dar und verweist auf ihre Persistenz trotz des von Gewalt gekennzeichneten Umfeldes. Teresa Huhle geht auf Frauen und Geschlechterbeziehungen ein und zeigt ebenso wie Morenz, wie stark der Einsatz von Frauen unterschiedlicher politischer Couleur und regionaler Herkunft für ihre Rechte ist. Die Rolle der katholischen Amtskirche im kolumbianischen Entwicklungsprozess und insbesondere im Hinblick auf die Friedensprozesse beleuchtet José Darío Rodríguez Cuadros, S.J. Eduardo Pastrana Buelvas/Peter Birle analysieren die Veränderungen, denen die internationale Einbindung Kolumbiens und die Außenpolitik des Andenstaates in jüngerer Zeit unterlagen. Peter

Birle untersucht außerdem die Entwicklung der deutsch-kolumbianischen Beziehungen im Verlauf des vergangenen Jahrzehnts.

Im Wirtschaftsteil unterzieht Álvaro Zerda Sarmiento das Wachstum einer kritischen Analyse und arbeitet die Faktoren heraus, die dafür bestimmend sind. Der Blick richtet sich dabei insbesondere auf die Extraktionswirtschaft, die aber – so merkt der Autor kritisch an – nur wenige Arbeitsplätze schafft. Diego Vera P. analysiert die kolumbianische Handelspolitik und die Entwicklung des Außenhandels im vergangenen Jahrzehnt. Kristina Dietz geht auf das nicht nur für Kolumbien, sondern für ganz Lateinamerika typische Phänomen des Bergbaubooms ein. Sie verweist insbesondere auf die ökologischen Probleme, die der illegale Bergbau mit sich bringt. Ein weiterer Bereich der Wirtschaft, der illegale Drogensektor, wird im Beitrag von Kai Ambos beleuchtet. Ambos verweist darauf, dass der Drogensektor derzeit weniger als ein Prozent des BIP ausmache. Umso erstaunlicher sind dessen weitreichende Auswirkungen auf Gesellschaft und Politik. Stephan Stober konstatiert in seinem Beitrag zum Tourismus eine ständige Zunahme ausländischer Touristen und verweist auf die großen Potentiale, aber auch auf Defizite in der kolumbianischen Hotelkultur.

Schließlich werden verschiedene Aspekte von Kultur, Wissenschaft und Bildung beleuchtet. Zunächst geben Angelika Hennecke/Hugo Lancheros einen Einblick in die Besonderheiten des kolumbianischen Spanisch und in die sprachliche Vielfalt des Landes. Reinhard Babel beleuchtet die nach wie vor von sozialer Ungleichheit gekennzeichnete Situation in Bildung und Wissenschaft, aber auch die gegenwärtigen vielversprechenden Maßnahmen zu einer effizienten Entwicklung dieses zentralen gesellschaftlichen Bereichs. Die weitreichende Macht und Wirkung einer vielschichtigen literarischen Produktion im Umfeld der Transitions- und Aufarbeitungsprozesse erläutert Susanne Klengel. Thorsten Eßer untersucht als transkulturelles, lateinamerikanisches Phänomen die verschiedenen Musikformen Kolumbiens, darunter insbesondere die international vielrezipierte *cumbia*. Peter W. Schulze zeichnet in seinem Beitrag die dynamische Entwicklung des neuen kolumbianischen Kinos nach, das in den Jahren nach 2000 eine Art von Boom erlebte. Die Performancekunst hat sich in Kolumbien, neben einer aktiven Theaterszene, einen wichtigen Ort im gesellschaftlichen Diskurs erobert. Óscar Ardila zeigt am Beispiel des *Festival de Performance de Cali*, wie sehr die Aktionskunst zur Entwicklung des Bürgersinns und gesellschaftlicher Partizipation beigetragen hat.

Ähnliches gilt für die international anerkannte zeitgenössische Kunst, die sich auf vielschichtige und originelle Weise zu den gesellschaftlichen Realitäten des Landes verhält, wie Michael Nungesser in seinem Beitrag verdeutlicht. Die hohe Relevanz dieser kreativen Ausdrucksformen für eine sich wandelnde Gesellschaft angesichts der prekären Situation des Friedensprozesses macht der Artikel von Andreas Hetzer klar, der die Medienlandschaft Kolumbiens eher pessimistisch als eine kontrollierte, abhängige und gefährdete beschreibt. Thomas Fischers Beitrag zur *narcocultura* spürt schließlich der jüngsten Vergangenheit der *narcoviolencia* auf einer mentalen Ebene nach: Die kolumbianische Gesellschaft muss sich ihrer subkutanen Prägung durch die *narco*-Welt ebenso bewusst werden wie sie gleichzeitig stereotype Zuschreibungen von außen abzuwehren hat, um diese schwere Vergangenheit letztlich zu überwinden.

Eine von Christiane Hoth zusammengestellte Chronologie der kolumbianischen Geschichte seit der Unabhängigkeit sowie ein Personen- und Sachregister schließen den Band ab.

Mit der vorliegenden Publikation möchten die Herausgeberin und die Herausgeber einem interessierten Publikum grundlegende Informationen und Einschätzungen zur aktuellen Situation Kolumbiens vermitteln. Der Band ist nicht zuletzt von der Hoffnung getragen, dass sich die gesellschaftliche Transformation in einem komplexen Friedensprozess konstruktiv entwickeln möge.

Frieden und Postkonflikt

David Graaff

Das Ende einer Epoche?

Am 25. November 2016 starb der kubanische Revolutionsführer Fidel Castro, nur einen Tag nachdem in Kolumbien das wohl letzte Kapitel der von ihm 1959 mit der Kubanischen Revolution eingeläuteten Epoche zu ihrem Ende gelangte. Mit der Unterzeichnung des Friedensvertrages zwischen den Revolutionären Streitkräften Kolumbiens – Volksarmee (*Fuerzas Armadas Revolucionarias de Colombia – Ejército del Pueblo*, kurz FARC) und der kolumbianischen Regierung, den beide Seiten als Gäste der kubanischen Regierung in Havanna über vier Jahre hinweg ausgehandelt hatten, beschloss die größte und älteste noch aktive Guerilla Lateinamerikas ihre Demobilisierung. Sie schickt sich nun an, ihren von Castro zumindest teilweise inspirierten Kampf gegen den kolumbianischen Staat und seine Institutionen zu beenden und sich als zivile Organisation in die kolumbianische Demokratie zu integrieren. Die Regierung ihrerseits verpflichtet sich dazu, die militärische Bekämpfung der FARC einzustellen und eben jene multiplen sozialen, wirtschaftlichen, politischen und institutionellen Ursachen zu beheben, welche als ursächlich für den seit mehr als fünf Jahrzehnten andauernden bewaffneten Konflikt mit den FARC betrachtet werden.

Mehrfach hatten beide Seiten in den vergangenen drei Jahrzehnten Versuche unternommen, den Konflikt mittels Verhandlungen zu beenden. Die weitreichendsten Vereinbarungen waren 1984 unter Präsident Belisario Betancur gelungen, mittels derer ein Waffenstillstand, eine Amnestie für die FARC-Kämpfer und die Gründung der Partei Patriotische Union (*Unión Patriótica*, UP) beschlossen worden waren. Die in den Folgejahren einsetzende Tötung von mehr als 3500 Parteimitgliedern (Archila Neira 2003: 122) führte allerdings zur baldigen Aufkündung des Waffenstillstandes durch die FARC. Weitere Verhandlungen im Nachgang des Verfassungsprozesses 1990/91, in dessen Rahmen sich die nationalistisch-populistische Bewegung 19. April (*Movimiento 19 de abril*, M-19), weite Teile des maoistischen Volksbefreiungsheers (*Ejército Popular de Liberación*, EPL), sowie weitere kleinere Rebellengruppen demobilisiert hatten, scheiterten bereits in ihrer Frühphase. Neben dem kleineren, von der Kubanischen Revolution und der Befreiungstheologie beeinflussten Nationalen Befreiungsheer (*Ejército de Liberación Nacional*, ELN) waren es insbesondere die FARC unter ihrem legendären Anführer Manuel Marulanda (Kampfname: Tirofijo, dt.: sicherer Schuss), die sich im Laufe der 1990er Jahre Dank des Aufbaus einer stabilen Kriegsökonomie (Valencia 2002: 107) mit zunehmender Bedeutung der Einkünfte aus dem Kokainhandel bzw. dessen Besteuerung zu einer schlagkräftigen Armee entwickelten und ihre Präsenz in zahlreichen Landesteilen und gar bis in die Großstädte hinein ausbauen konnten (Pizarro Leongómez 2011: 229). Die Zahl der Kämpfer verdoppelte sich bis zur Jahrtausendwende auf ca. 16.000 (Pecaut 2008: 106).

Die 1964 als bewaffnete Reserve der Kommunistischen Partei Kolumbiens (*Partido Comunista de Colombia*, PCC) gegründete, organisatorisch und ideologisch marxistisch-leninistische und später unter nationalistischer Bezugnahme auf den Befreier Simón Bolívar bolivarianische Rebellengruppe stand auf dem Höhepunkt ihrer militärischen Macht, als sie 1999 die mit der Regierung von Andrés Pastrana vereinbarten Friedensgespräche begann. Pastrana machte den FARC erhebliche Zugeständnisse für die Aufnahme von Verhandlungen. Rund um die Kleinstadt San Vicente de Caguán wurde eine entmilitarisierte, mehrere Gemeinden umfassende Zone (*zona de distensión*) eingerichtet und unter vollständige Kontrolle der Guerilla gestellt; eine Maßnahme, die von Seiten der Bevölkerung und der Opposition im Laufe der Gespräche harsche Kritik erfuhr und ein Grund für das Scheitern der Gespräche darstellte. Darüber hinaus lagen die wenigen Resultate und das letztliche Scheitern auch darin begründet, dass aufgrund einer nur grob festgelegten Verhandlungsagenda und weitreichender Beteiligungsmechanismen der Bevölkerung im Caguán "über alle menschlichen und göttlichen Themen" (Pizarro Leongómez 2011: 262) diskutiert wurde, was ein thematisches Ausschweifen zur Folge hatte. Beide Seiten verfuhren zudem nach dem Prinzip *si vis pacem para bellum*, arbeiteten sie ungeachtet der Friedensverhandlungen doch weiter an der Stärkung ihrer militärischen Strukturen. Bereits 1998 hatte die Regierung mit den USA den *Plan Colombia* unterzeichnet, mit dem das Land zum größten Empfänger von US-Militärhilfe in Lateinamerika aufstieg und die eine Stütze der Politik der "Demokratischen Sicherheit" seines Nachfolgers Álvaro Uribe darstellen sollte. Die FARC nutzten die Friedensverhandlungen ihrerseits zu einer weiteren organisatorischen, militärischen und finanziellen Konsolidierung (Aguilera Peña 2010: 129; Pizarro Leongómez 2011: 282).

Zeitgleich mit den FARC waren ab Mitte der 1990er Jahre auch die paramilitärischen Gruppierungen erstarkt. Finanziert durch lokale Unternehmen mit kämpferischen Gewerkschaften oder Interesse an Landbesitz in rohstoffreichen Regionen sowie Einkünften aus dem Drogenhandel und unterstützt durch Teile des Militärs, dehnten diese ausgehend von der Region Urabá im Nordwesten Kolumbiens ihr Einflussgebiet in zahlreiche Landesteile aus. Diese Gruppierungen, die nicht ausschließlich die Guerilla bekämpften, sondern unter Einsatz extremer Gewaltanwendung gegen die als mögliche Unterstützer der Guerilla eingestufte Zivilbevölkerung sowie linke Politiker und soziale Aktivisten wie Gewerkschaftsmitglieder und Menschenrechtsaktivisten vorgingen, schlossen sich im Jahr 1997 unter dem Dachverband *Autodefensas Unidas de Colombia* (AUC) zusammen. Ihr Vorgehen unterschied sich von jenem der Guerillas dadurch, dass sie "in größerem Ausmaß Massaker, gezielte Tötungen und Verschwindenlassen durchführten und aus der Grausamkeit eine wiederkehrende Praxis mit dem Ziel machten, ihr Einschüchterungspotenzial zu steigern" (GMH 2013: 20). Diese paramilitärische Praxis führte, ebenso wie die Attacken der Guerilla und die nach der Jahrtausendwende intensivierten Militäroffensiven, zur massiven Vertreibung der Zivilbevölkerung aus umkämpften peripheren Regionen. Im Zeitraum 1997 bis 2013 wurden jährlich mehr als 200.000 Menschen durch den bewaffneten Konflikt vertrieben (Unidad Nacional de Víctimas 2015). Bis heute zählt Kolumbien laut UN-Angaben mit mehr als sechs Millionen Vertriebenen weltweit zu einem der Länder mit den meisten Binnenflüchtlingen (IDMC 2015). In der Rückschau stellt sich das paramilitärische Projekt der AUC jedoch weniger als unabhängige, primär antikommunistisch motivierte Bewegung dar, deren Einfluss und Relevanz im Zeitraum 1997 bis zu ihrer Demobilisierung 2005 primär auf die Stärke der Guerillas und die Schwäche des kolumbianischen Staates zurückzuführen ist; vielmehr – das haben die zahlreichen, bis heute andauernden juristischen Aufarbeitungen und Aussagen ehemaliger Paramilitärs in den vergangenen Jahren bestätigt – verfügten die AUC auf kommunaler, regionaler und nationaler Ebene über Unterstützernetzwerke in der Politik (Skandal der sog. *Parapolítica*) und arbeiteten in zahlreichen Fällen sehr eng mit den staatlichen Sicherheitskräften aus Polizei und Militär zusammen (dazu besonders Zelik 2009).

Krieg und Frieden – Von Caguán nach Havanna

Die Dynamik des bewaffneten Konfliktes änderte sich, als Álvaro Uribe zum Jahresbeginn 2003 das Präsidentenamt übernahm. Der aufgrund seiner schneidenden Rhetorik oft als Rechtspopulist bezeichnete, ursprünglich aus der Liberalen Partei stammende Politiker hatte die Wahl vor allem mit dem Versprechen gewonnen, "mit harter Hand und weichem Herz" zu regieren und die FARC nach dem Scheitern der Friedensverhandlungen von Caguán zumindest soweit militärisch zu schwächen, dass sie zu den Bedingungen der Regierung die Niederlegung ihrer Waffen verhandeln müsse. Seine Politik der Demokratischen Sicherheit hatte zum Ziel, das staatliche Gewaltmonopol in allen Landesteilen gegen die nun im Nachgang des 11. Septembers als "Terroristen" bezeichneten Guerillas und Paramilitärs autoritär durchzusetzen. Die Stärkung der repressiven Funktionen des kolumbianischen Staats stand im Vordergrund. Ein Prozess, der als Versuch "nachholender Staatsbildung" beschrieben worden ist (Kurtenbach 2010).

Mit finanziellen Mitteln aus dem *Plan Colombia* und dem eigenen, durch eine Sondersteuer angehobenen Verteidigungshaushalt wurden die Sicherheitskräfte grundlegend reformiert. Polizei und Militär erfuhren personelle und materielle Aufrüstung, der Dienst wurde weiter professionalisiert und zahlreiche organisatorische Reformen durchgeführt (Schultze-Kraft 2012: 408-415). Bis heute umfassen die Sicherheitskräfte Kolumbiens rund eine halbe Million Polizisten und Soldaten. Mit der Amtsübernahme Uribes begann eine Phase militärischer Offensiven gegen die Guerillas, in deren Verlauf die FARC nicht nur in ihr Kerngebiet im Süden des Landes und in periphere Regionen besonders in den Grenzgebieten zu Venezuela und Ecuador zurückgedrängt, sondern auch personell geschwächt wurden. Die gezielte Tötung Kommandierender einzelner Einheiten (sog. *bloques* oder *frentes*) bis hin zu Mitgliedern der obersten Führungsebene (dem sogenannten Sekretariat) war ab dem Jahr 2007 zentraler Bestandteil der Bekämpfungsstrategie des Militärs.[1] Bei allen militärischen und teils auch rechtsstaatlichen Erfolgen der Regierung Uribe, die sich in Zustimmungsraten bis zu 85 % äußerten (*El Colombia-*

---

1   Durch Militärschläge getötet wurden die Sekretariatsmitglieder Raúl Reyes (2008), Jorge Briceño (2010) und Alfonso Cano (2012). Iván Ríos wurde 2008 von seinem Leibwächter ermordet. Manuel Marulanda starb 2008 eines natürlichen Todes.

no, 5.8.2010) und zu einem verbesserten Investitionsklima und konstantem Wirtschaftswachstum Kolumbiens beitrugen, waren die Uribe-Jahre auch von zahlreichen demokratischen und rechtsstaatlichen Defiziten und Skandalen geprägt. Im Zusammenhang mit dem bewaffneten Konflikt stellen insbesondere die ca. 3000 Fälle der "falschen Erfolge" (*falsos positivos*) eine massive Verletzung der Menschenrechte durch staatliche Akteure dar. Dabei handelte es sich um eine von etwa der Jahrtausendwende an bis mindestens 2008 innerhalb des Militärs verbreitete Praxis, am Konflikt unbeteiligte Zivilisten zu töten und diese als im Kampf gefallene Guerilleros oder Mitglieder krimineller Banden oder paramilitärischer Gruppen zu registrieren. Die Soldaten wurden dafür mit Beförderungen, Sonderurlaub und Auszeichnungen belohnt. Menschenrechtsorganisationen weisen darauf hin, dass ranghohe Generäle von dieser Praxis möglicherweise Kenntnis besaßen oder diese gar gefördert haben (HRW 2015: 6, 26).

2003, wenige Monate nach dem Amtsantritt von Álvaro Uribe, nahm die Regierung zudem Verhandlungen mit den AUC über deren Demobilisierung auf, die bis 2006 zur Waffenniederlegung von mehr als 30.000 Kämpfern führten. Mit dem 2005 verabschiedeten Gesetz *Justicia y Paz* (Gesetz 975) wurde dann die rechtliche Ahndung und juristische Aufarbeitung der von den Paramilitärs begangenen Verbrechen geregelt. Es sah vor, dass führende Kommandanten eine reduzierte Gefängnisstrafe von maximal acht Jahren erhalten sollten, wenn sie im Gegenzug ihre Verbrechen gestanden, damit zu deren Aufklärung beitrugen und die dadurch erhaltenen Güter zurückgäben. Das Gesetz führte dazu, dass dank teils sehr ausführlicher Aussagen von Paramilitärs Taten aufgeklärt wurden und Angehörige Klarheit über das Schicksal der Opfer erhielten bzw. deren sterbliche Überreste ausfindig gemacht werden konnten. Dennoch wurde das Gesetz *Justicia y Paz* von Juristen, Opferverbänden und Menschenrechtsorganisationen massiv kritisiert. Es sei "erfolglos dabei gewesen, das Recht der Opfer auf Wahrheit, Gerechtigkeit und Reparation zu respektieren", urteilte Amnesty International (2015a). Zehn Jahre nach Inkrafttreten des Gesetzes waren lediglich 63 Paramilitärs verurteilt worden (Amnesty International 2015a). Aus der mittleren Ebene der AUC sind zudem neue paramilitärische Gruppen wie der Golf-Clan (*Clan del Golfo*, auch *Clan Úsuga*) und die Gaitanistischen Selbstverteidigungsgruppen (*Autodefensas Gaitanistas de Colombia*, AGC) hervorgegangen, welche "nicht nur enge Verbindungen zur organisierten Kriminalität und transnationalen kriminellen Netzwerken außerhalb Kolumbiens [unterhalten], sie pflegen vielerorts auch immer noch unbehelligt geheime Kooperationen mit Behördenmitarbeitern, vor allem auf lokaler Ebene. Diese werden kaum oder nur unzureichend durch die zuständigen staatlichen Stellen unterbunden" (Amnesty International 2015b: 23).

Die Friedensverhandlungen von Havanna

Weltweites Aufsehen erlangten die 2012 begonnenen Friedensverhandlungen nach ihrem eigentlichen Abschluss, als die kolumbianische Bevölkerung in einer Volksabstimmung Anfang Oktober 2016 die von der FARC-Guerilla und der Regierung von Präsident Juan Manuel Santos ausgehandelten Vereinbarungen überraschend ablehnte. Durch das "Nein" einer knappen Mehrheit der Wähler sahen sich die Verhandlungsparteien gezwungen, die von den Gegnern des Abkommens, zu denen neben dem populären Ex-Präsidenten Álvaro Uribe und seiner Partei Demokratisches Zentrum einige Opferverbände, konservative Katholiken, evangelikale Freikirchen, Teile der Konservativen Partei und Ex-Präsident Andrés Pastrana zählten, zu berücksichtigen und das ursprüngliche, in einer feierlichen Zeremonie bereits unterzeichnete Abkommen noch einmal nachzuverhandeln. Dieses wurde schließlich nach sechswöchigen Gesprächen in teils substanziellen Punkten erneuert. Dazu zählten neben sprachlichen Präzisierungen insbesondere Aspekte der Sondergerichtsbarkeit, die genaue Festlegung der Freiheitsstrafen sowie die Entscheidung, dass die Friedensvereinbarung nicht *en bloque* Verfassungsrang erhält.[2] Nach der abermaligen Unterzeichnung wurde die Vereinbarung dann nicht mittels eines weiteren Plebiszits, sondern mit einer Abstimmung im von den Regierungsparteien dominierten Kongress ratifiziert.

Begonnen hatten die Friedensverhandlungen im November 2012 in der kubanischen Hauptstadt Havanna. Die Castro-Regierung fungierte dabei ebenso wie Norwegen als völkerrechtlicher Garant der Gespräche, die Regierungen Venezuelas und Chiles agierten als Beobachter. Vorausgegangen waren sechsmonatige Sondierungsgespräche, in denen sich beide Seiten auf eine sechs Punkte umfassende Verhandlungsagenda geeinigt hatten. Ziel der Verhandlungen war es, den bewaffneten Konflikt nach mehr als 50 Jahren zu beenden und zu einem "stabilen und dauerhaften

---

2 <http://www.bbc.com/mundo/noticias-america-latina-37965382> (7.12.2016).

Frieden" (Gobierno de Colombia y FARC-EP 2012) zu gelangen. Beide Konfliktparteien schienen zu der Erkenntnis gelangt zu sein, dass militärische Gewalt nicht das adäquate Mittel darstellte, um ihre Ziele zu erreichen. Die Einsicht, die FARC kurzfristig nur schwerlich militärisch besiegen zu können, dürfte für die Regierungsseite vor dem Hintergrund der enormen gesellschaftlichen und finanziellen Kosten des Krieges und den auch wirtschaftlichen Vorteilen eines geographisch größtenteils befriedeten Landes für die Verhandlungslösung gesprochen haben. Die Bemühungen um das Ende des bewaffneten Konflikts können daher als Interesse eines Teils der kolumbianischen Eliten interpretiert werden, der historisch prekären Demokratie und Staatlichkeit des Landes entgegenzuwirken und es politisch, wirtschaftlich und gesellschaftlich zu modernisieren. Für die Guerilla wiederum schien eine Umsetzung ihrer politischen Agenda nicht mittels Waffengewalt, sondern ausschließlich über den legalen, institutionellen Weg erreichbar. Die gewaltsame Machtergreifung und die Einrichtung eines in den vergangenen Jahren ohnehin nur oberflächlich definierten "Sozialismus" schien nicht nur unrealistisch, sondern auch im lateinamerikanischen Kontext der an die Macht gelangenden Linksregierungen nicht mehr zeitgemäß.

Die sechs Punkte der in der "Generalvereinbarung zur Beendigung des Konfliktes und den Aufbau eines stabilen und dauerhaften Friedens" (Gobierno de Colombia y FARC-EP 2012) festgelegten Verhandlungsagenda lauteten: 1. Politik der einheitlichen landwirtschaftlichen Entwicklung, 2. Politische Teilhabe, 3. Ende des Konflikts, 4. Lösung des Problems der illegalen Drogen; 5. Opfer (und Übergangsjustiz); 6. Implementierung, Verifizierung und Zustimmung. Qualitativ lassen sich die Punkte der Verhandlungsagenda in zwei Gruppen einteilen: Einerseits enthielt die Agenda solche, die notwendigerweise Teil einer Vereinbarung über das Ende eines bewaffneten Konflikts mit einer Rebellengruppe werden müssen (Gruppe 1). Dazu gehören die Opferentschädigung und die Frage der Übergangsjustiz (Punkt 5) und die prozeduralen Themen der Entwaffnung, Demobilisierung und Reintegration der Kämpfer sowie die Umsetzung des Vereinbarten (Punkte 3 und 6). Andererseits benannten die Verhandlungsparteien mit der Aufstellung der Verhandlungsagenda jene Faktoren, die sie als ursächlich und substanziell für den bewaffneten Konflikt im Land erachten (Gruppe 2): Eine mangelnde landwirtschaftliche Entwicklung und die daraus resultierenden prekären Lebensverhältnisse der Bevölkerung (Punkt 1), das Problem des Drogenhandels als Konsequenz, aber auch Ursache des Konflikts (Punkt 4) sowie Defizite der kolumbianischen Demokratie (Punkt 2). Entsprechend sind die in diesen Bereichen getroffenen Vereinbarungen als politische bzw. systemisch-institutionelle Maßnahmen zu verstehen, deren Umsetzung zur Überwindung der Ursachen des Konflikts führen soll. Implizit erkannte die Regierung Santos damit zugleich an, dass der Kampf der Guerilla nicht als entpolitisierte, terroristische Gewalt zu verstehen ist, die vornehmlich der finanziellen und materiellen Bereicherung der FARC-Mitglieder diente, wie es das unter Uribe geprägte Verständnis als "Narco-Terroristen" suggeriert hatte (Fischer 2013: 60), sondern dass dem bewaffneten Konflikt multiple Ursachen zu Grunde liegen und die Existenz und Persistenz der FARC als bewaffnete Organisation aus eben diesen zumindest teilweise erwächst.

Über die als für den Konflikt ursächlich erachteten Missstände erzielten die Verhandlungsdelegationen innerhalb der ersten 18 Monate Übereinkunft.[3] Im Hinblick auf das historische Kernthema der FARC, die soziale Ungleichheit und die Marginalisierung von Kleinbauern im ländlichen Kolumbien, wurde bereits nach wenigen Monaten eine "ganzheitliche Landreform" vereinbart. Die Beschlüsse sehen unter anderem vor, dass unproduktive Ländereien effizienter genutzt, Landbesitztitel formalisiert und Kleinbauern durch Zugang zum Gesundheitssystem und zu Mikrokrediten bessergestellt und ihre Genossenschaften subventioniert werden. Ziel dieser Maßnahmen ist es, die kleinbäuerliche Lebensweise und deren Wirtschaft zu stärken, das historische Defizit in der enorm ungleichen Landverteilung und der ineffizienten Nutzung auszugleichen. Hierbei ist eine Abkehr der FARC von radikalen Forderungen zu beobachten. In der Vereinbarung zur Agrarpolitik werden weder die Beschränkung des Großgrundbesitzes noch Investitionen in Landbesitz durch ausländisches Kapital festgelegt.

Mit der Vereinbarung zum Drogenhandel verpflichteten sich die FARC, sich von eben diesem als Finanzquelle loszusagen. Ein Substitutionsprogramm soll den Kokabauern den Ausstieg aus dem Anbau erleichtern. Angesichts der Verwicklung zahlreicher FARC-Einheiten in Geschäfte der illegalen Ökonomie – neben dem Drogenhandel vor allem der illegale Bergbau – und den daraus erzielten hohen Gewinnmargen (Schät-

---

3 Der Gesamttext der überarbeiteten und am 24. November 2016 unterzeichneten "Finalen Vereinbarung für die Beendung des bewaffneten Konflikts und den Aufbau eines stabilen und dauerhaften Friedens" ist auf der Webseite der Friedensverhandlungen <www.mesadeconversaciones.com.co> (7.12.2016) abrufbar.

zungen rangieren von 200 Millionen US-Dollar bis zu 3,5 Milliarden US-Dollar jährlich, siehe Otis 2014) könnte es, wie bereits im Rahmen der AUC-Demobilisierung geschehen, zur Weigerung von einzelnen Rebelleneinheiten und Personen auf der mittleren Führungsebene kommen, sich dem Friedensabkommen zu unterwerfen und das lukrative Geschäft aufzugeben.[4] Im Allgemeinen stellen diese Umstände eine der größten Herausforderungen in der Post-Konflikt-Phase mit hohen Anforderungen an die staatlichen Sicherheitskräfte dar (Ávila Martínez/Castro León 2015: 5). Mit der Einigung zur politischen Teilhabe wiederum sollen die historischen Defizite der kolumbianischen Demokratie behoben werden. Sie sieht eine stärkere Beteiligung der Gesellschaft an politischen Prozessen vor. Die Gründung von Parteien soll vereinfacht und die Bürgerbeteiligung an politischen Entscheidungsprozessen ausgebaut werden. Zudem sollen soziale Akteure einen besseren Zugang zu den Medien erhalten und zusätzliche Sitze im Repräsentantenhaus für Abgeordnete aus peripheren *departamentos* geschaffen werden, in denen die FARC besonders stark präsent sind. Ein Oppositionsstatut soll die gewaltsame Verfolgung oppositioneller Parteien und sozialer Bewegungen verhindern; eine Einigung, der insbesondere die Erfahrung der FARC mit der aus den Verhandlungen mit der Regierung Betancur in den 1980er Jahren hervorgegangenen *Unión Patriótica* zu Grunde liegt. Die Vereinbarungen in Gruppe 2 stellen bis zu ihrer mehrere Jahre erfordernden Implementierung in der Post-Konflikt-Phase lediglich unverbindliche Absichtserklärungen dar, deren nachhaltige Effizienz sich erst langfristig im politischen und institutionell-administrativen Tagesgeschäft erweisen muss. Insgesamt zeigt sich, dass die beschlossenen Maßnahmen weder die marktwirtschaftliche Gesellschaftsordnung noch die Grundfesten der kolumbianischen Demokratie in Frage stellen.[5] Eine von der ELN-Guerilla und ihr nahestehenden sozialen Organisationen vorgebrachte Kritik an den Friedensverhandlungen von Havanna richtet sich gegen dessen limitierte gesellschaftliche Reichweite. Aus Sicht der ELN ist die in den vergangenen Jahren zunehmende gesamtwirtschaftliche Bedeutung der exportorientierten Ausbeutung von Primärressourcen (Erdöl, Edelmetalle, Kohle, etc.) Grund für die sozialen Probleme des Landes (ELN 2016). Präsident Santos hat jedoch mehrfach betont, dass das

---

4 So geschehen bislang – Stand Mai 2017 – vor allem im Falle der "1. Front", die mit rund 100 Kämpfern im Departament Guaviare operiert.

5 Vgl. dazu die Einschätzung des Historikers Marco Palacios (*Semana*, 29.10.2016).

politische und wirtschaftliche Modell nicht Gegenstand von Verhandlungen sein kann (Notimex, 30.3.2016). Ein Grundsatz, der auch für die Anfang 2017 in Ecuador begonnenen Friedensverhandlungen mit der ELN gilt und eine der größten Hürden für ein Ende des bewaffneten Kampfes dieser rund 2.500 Kämpfer umfassenden Guerilla.

Als neuralgischer Punkt der Verhandlungen von Havanna erwies sich der Themenbereich Opfer und Übergangsjustiz. In diesem einigten sich beide Seiten schließlich auf eine "Sonderjustiz für den Frieden", die eine Amnestie für politische Verbrechen vorsieht, Straffreiheit für Kriegsverbrechen und schwere Menschenrechtsverbrechen aber ausschließt. Diese Taten sollen vor einem Sondertribunal verhandelt und, die Beteiligung der Angeklagten zur Aufklärung und Eingeständnis ihrer Schuld vorausgesetzt, mit gemeinnütziger Arbeit und Freiheitsentzug, allerdings nicht mit gewöhnlichen Gefängnisstrafen, von höchstens acht Jahren geahndet werden. Wer nicht kooperiert, wird einer regulären Strafuntersuchung unterzogen und kann mit bis zu 20 Jahren Haft bestraft werden. Die Herausforderungen der Übergangsjustiz bewegten sich im Spannungsfeld zwischen Aufarbeitung, juristischer Ahndung und Gerechtigkeit und Wiedergutmachung für die Opfer einerseits und der Notwendigkeit einer teilweisen Amnestie für begangene Verbrechen andererseits. Angesichts der Bedeutung der internationalen Strafjustiz müssen die Regelungen entsprechenden Rechtsstandards genügen. Verbrechen müssen zwecks gesellschaftlicher Versöhnung und Nachhaltigkeit des Friedens aufgeklärt und geahndet werden, zugleich muss aber auch die gesellschaftliche und politische Teilhabe der am Konflikt beteiligten Akteure, insbesondere der Mitglieder der Rebellengruppe, ermöglicht werden. Entsprechend komplex gestalteten sich die Verhandlungen zu diesem Teil der Friedensvereinbarung und entsprechend kontrovers wurde diese insbesondere im Rahmen der Volksabstimmung und den Nachverhandlungen diskutiert. Insbesondere die Tatsache, dass die Führungsriege der Guerilla nicht mit Gefängnis für ihre Taten bestraft werden soll und ihnen die politische Teilhabe beispielsweise als Kongressabgeordnete ermöglicht wird, stieß bei der Opposition, insbesondere bei Ex-Präsident Uribe und seiner Partei, auf harsche Kritik. Dieser trugen beide Seiten bei den Nachverhandlungen Rechnung, indem sie die Regelung zum Freiheitsentzug genauer festlegten. An den Grundsätzen der Sonderjustiz, insbesondere der Wählbarkeit und den Alternativstrafen, wurden allerdings entgegen der Forderungen des Nein-Lagers keine Veränderungen vorgenommen. Diese Grundsätze stellen das

Rückgrat der Vereinbarungen dar, da sie es der Guerilla ermöglichen, den Kampf für ihre politischen Ziele ohne Waffengewalt fortzusetzen. Wie bedeutend die Einigung zur Übergangsjustiz für den letztlich erfolgreichen Abschluss der Friedensgespräche war, verdeutlicht die Tatsache, dass es angesichts deren Verkündung im September 2015 erstmals zu einer persönlichen Begegnung und einem symbolträchtigen Händedruck zwischen Präsident Santos und dem Oberkommandierenden der FARC, Rodrigo Londoño (Kampfname: Timoleón Jiménez), kam.

Stärken und Schwächen der Friedensverhandlungen von Havanna

Der Friedensprozess zeichnete sich methodisch dadurch aus, dass er einer mehr oder minder klar festgelegten, von beiden Verhandlungsparteien als verbindlich anerkannten *road map* (*hoja de ruta*) folgte. Dieser Fahrplan umfasste in der Phase der Annäherung (Phase I) die Festlegung auf eine auf sechs Punkte limitierte Verhandlungsagenda. Nach der vollständigen Übereinkunft in allen Punkten der Agenda in nicht öffentlichen Verhandlungen (Phase II) sollte dann in einer dritten Phase die Implementierung der von beiden Seiten unterzeichneten Vereinbarungen erfolgen.[6] In vielerlei Hinsicht waren die Gespräche damit ein Gegenentwurf zu den gescheiterten Verhandlungen von Caguán und eine Antwort auf deren Fehler. Die Begrenzung auf sechs Verhandlungsthemen, die eingeschränkte Beteiligung der Bevölkerung und die Festlegung auf einen Verhandlungsort außerhalb des Landes sollten ein thematisches Ausufern verhindern und zugleich garantieren, dass die Verhandlungen über einen längeren Zeitraum hinweg vom politischen Tagesgeschäft weitgehend ungestört stattfinden konnten, insbesondere im Jahr der Kongress- und Präsidentschaftswahlen 2014. Regelmäßig empfingen die Verhandlungsdelegationen Vertreter sozialer Organisationen und Opferverbände und auf landesweit durchgeführten Foren zu den einzelnen Themen der Verhandlungsagenda (Agrarpolitik, Drogenhandel, Opfer und politische Teilhabe; ausgenommen waren lediglich die eher prozeduralen Punkte 5 und 6, das Ende des Konflikts bzw. die Umsetzung des Vereinbarten) wurden von den Teilnehmenden Vorschläge und Anregungen erarbeitet, die den Verhandlungsdelegationen überreicht und von Nutzen für die Verhandlungen

---

6   Zur empirischen Betrachtung von Friedensverhandlungen mit Rebellengruppen siehe Fisas 2010.

selbst sein sollten. Darüber hinaus bestand die Möglichkeit, über die Webseite der Verhandlungen[7] Vorschläge an die Delegationen zu übersenden. Dieser relative Hermetismus ermöglichte auch den für das Vorankommen der Gespräche wichtigen Aufbau von Vertrauensverhältnissen zwischen den Verhandlungsteilnehmern. Vorab festgelegte, sehr streng eingehaltene Protokolle und die paritätische Verteilung von im Rahmen der Verhandlungen zu besetzenden Vakanzen[8] sollten zudem ein, wenn auch nur personelles, Ungleichgewicht vermeiden.

Präsident Santos ging lange Zeit nicht auf Forderungen der Guerilla ein, die Kampfhandlungen während der Friedensverhandlungen einzustellen. Den Eindruck, die Regierung ermögliche der FARC wie noch im Caguán durch die Gespräche eine militärische Konsolidierung, wollte er unter allen Umständen vermeiden. Des Weiteren dürfte von Relevanz gewesen sein, dass Teile des Militärs, für das die Bekämpfung des "inneren Feindes" zum historischen Selbstverständnis zählt, einen jahrelangen Waffenstillstand bei unklarem Ausgang der Verhandlungen nur schwerlich mitgetragen hätten. Der Bedeutung der Unterstützung des Militärs im Rahmen des Friedensprozesses versuchte Santos zudem dadurch Rechnung zu tragen, dass er einen Vertreter der Streitkräfte von Beginn an in die Verhandlungsdelegation berief. Erst in der Endphase der Gespräche verkündete der Präsident einen Waffenstillstand. Bereits zuvor erreichte der bewaffnete Konflikt allerdings die geringste Intensität seit Konfliktbeginn (CERAC 2016). Dies lag darin begründet, dass sich beide Seiten im Juli 2015 auf eine Deeskalation einigten. In den Monaten zuvor waren die Kämpfe aufgeflammt und hatten das Gesprächsklima in Havanna schwer belastet.

Gleichwohl wirkten sich die schlechten Erfahrungen mit den Verhandlungen von Caguán negativ auf die öffentliche Wahrnehmung der von Santos initiierten Friedensverhandlungen aus und trugen dazu bei, dass bei der Volksabstimmung über die Friedensvereinbarungen eine knappe Mehrheit der Wähler mit "Nein" stimmte und lediglich etwas mehr als ein Drittel der Wahlberechtigten von ihrem Wahlrecht Gebrauch machten.[9] Die Gespräche in Havanna waren von Beginn an auf große Skepsis in der

---

7   <www.mesadeconversaciones.com.co> (7.12.2016).

8   Beispielsweise die Zahl der Delegationsmitglieder, die Garanten und Begleiter, die eingesetzte Historikerkommission, etc.

9   50,2 % der Wähler stimmten mit "Nein", 49,8 % mit "Ja". Die Differenz betrug damit rund 54 000 Stimmen (Registraduria 2016).

kolumbianischen Bevölkerung gestoßen. Das Verständnis für den bewaffneten Kampf der Guerilla ist bis heute, auch befördert durch den Diskurs der Uribe-Jahre, gering ausgeprägt. Zugeständnisse gegenüber den FARC insbesondere in den Bereichen Justiz und politische Beteiligung stießen bei der Bevölkerung auf wenig Zustimmung. Auch wenn die FARC sich bemühten, ihr Image mittels einer aufwändigen Medienarbeit zu verbessern, gelang es ihnen nicht, die Unterstützung der Bevölkerung zu gewinnen. Wenngleich die FARC weit davon entfernt sind, großen Rückhalt in der Bevölkerung zu genießen oder gar als deren Interessenvertreter anerkannt zu werden, so wurde der Friedensprozess von der Guerilla doch als Chance für "das kolumbianische Volk" bezeichnet, seit langem notwendige, historisch aufgeschobene oder verhinderte politische und wirtschaftliche Reformen und gesellschaftliche Veränderungen 'via Havanna' zu erreichen. Entsprechend lautete das Motto, unter welches die FARC die Friedensverhandlungen stellten: "pueblo colombiano, pa' la mesa" (Kolumbianisches Volk, an den Verhandlungstisch).

Auch Präsident Santos verstand es nicht, der Skepsis der Bevölkerung erfolgreich entgegenzuwirken, die durch den relativen Hermetismus der Gespräche bestärkt wurde und den Eindruck der "Hinterzimmerpolitik" beförderte. Bemühungen der Regierung, durch die Veröffentlichung der Teilergebnisse der Verhandlungen und mit einer eigenen, didaktisch gestalteten Webseite, auf der missverstandene Aspekte der Vereinbarungen mittels Animationen, Videos, Grafiken und Texten erklärt wurden, entgegenzuwirken, müssen in Retrospektive als nur wenig erfolgreich bewertet werden. Hinzu kam, dass Santos zwar mit der Verhandlungslösung des bewaffneten Konflikts ein historisches Problem Kolumbiens lösen wollte, in anderen Bereichen der Sozial- und Wirtschaftspolitik aber weniger erfolgreich agierte und zudem aufgrund des Verfalls des Erdölpreises seit Mitte des Jahres 2014 Einschnitte im Staatshaushalt vornehmen musste. Eine notwendig gewordene Steuerreform, wie sie die *Organisation for Economic Co-operation and Development* (OECD) forderte, der Kolumbien beitreten möchte, hielt Santos bis nach der Volksabstimmung zurück, was das Nein-Lager im Wahlkampf zu nutzen verstand.

Die geringe Reputation der FARC, der unpopuläre, wenig charismatische Präsident und seine Politik, die Abschwächung des Wirtschaftswachstums und die zur Abschottung neigende Verhandlungsweise, all dies waren Faktoren, welche die Skepsis, Verdrossenheit und die daraus resultierende geringe Beteiligung an der Volksabstimmung über das Verhandlungergebnis von Havanna zumindest teilweise erklären. Darüber hinaus hielt ein Wirbelsturm am Wahltag viele Menschen in als Hochburgen der Regierung geltenden Regionen vom Urnengang ab und die Wahlbehörde erlaubte nur die Abstimmung am jeweiligen Ausstellungsort des Personalausweises, nicht am Wohnort. Das Nein-Lager thematisierte im Wahlkampf die ohnehin unpopulären Themen wie geringe Strafen für die Guerillamitglieder und die Wählbarkeit in politische Ämter, entwarf aber auch postfaktische, auf die Ängste der Menschen abzielende Szenarien, indem sie die Friedensvereinbarungen als Schritt Kolumbiens zum kriselnden Sozialismus venezolanischer Prägung darstellte. Den Freikirchen gelang es zudem, den Geschlechterschwerpunkt, der Teil der Friedensvereinbarungen geworden war und der die besondere Rolle der Frauen und LGBTI-Personen im Rahmen des bewaffneten Konflikts und der Post-Konflikt-Phase hervorhob, als die Einführung einer nicht näher bestimmten "Geschlechterideologie" darzustellen. Verfassungsrechtlich wäre die Abhaltung einer Volksabstimmung nicht notwendig gewesen und die FARC hatten sich gegen diesen Abstimmungsmechanismus ausgesprochen. Präsident Santos hielt aber am Plebiszit fest.

Über die politische Gemengelage hinaus deutet das Abstimmungsverhalten bei der Volksabstimmung aber auch auf die gesamtgesellschaftlichen, stark differierenden Lebensverhältnisse in Kolumbien hin. Zwei Drittel der Kolumbianer leben heute in den Städten. Paradoxerweise war es aufgrund der demographischen Verteilung die Mehrheit dieser Menschen im urbanen, modernen Kolumbien, die über das Ende eines Konfliktes entschieden, der sich auf ihren Alltag nicht mehr unmittelbar auswirkt. Ihnen gegenüber steht eine Minderheit der Kolumbianer in den ländlichen Regionen, deren Lebensrealität sehr viel stärker durch die Präsenz bewaffneter Gruppen, politische und ökonomische Marginalisierung sowie defizitäre Staatlichkeit geprägt ist. In eben jenen peripheren *departamentos* des Landes votierte eine Mehrheit der Bevölkerung für die Friedensvereinbarungen. Dagegen stimmten die Menschen in den traditionellen Kernregionen des Landes mehrheitlich gegen den Friedensschluss (Registraduria 2016).

"Territorialer Frieden mit sozialer Gerechtigkeit": Herausforderungen im Post-Konflikt

Der viele Jahrzehnte lange bewaffnete Konflikt zwischen Guerilla und Regierung hat vielfältige gesellschaftliche, politische und wirtschaftliche Ursachen, deren Behebung eine zentrale Herausforderung in der Post-Konflikt-Phase darstellt. In der dritten Phase des Friedensprozesses wird in den sozioökonomisch und kulturell teils sehr unterschiedlichen Regionen des Landes der Aufbau des Friedens mittels Umsetzung jener Maßnahmen beginnen, die den Ursachen des bewaffneten Konfliktes entgegenwirken sollen. Die Regierungsseite hat diesen regional differenzierten Ansatz als "territorialen Frieden" beschrieben, der "als Chance [zu] verstehen [ist], als ein großer Hebel des Wandels, um das zu tun, was wir in 50 Jahren Krieg nicht erreicht haben" (Jaramillo 2014). Es gelte, "die Territorien zu verändern und den sozialen Pakt in den Regionen neu aufzubauen, um zu garantieren, dass es nicht wieder Krieg gibt" (Jaramillo 2014). Dieses Vorhaben, welches in Anlehnung an Kurtenbach (2010) als "nachholende Staatsbildung mit friedlichen Mitteln" beschrieben werden kann, steht jedoch vor großen Herausforderungen. Auf der nationalen Ebene müssen die politischen und strukturellen Maßnahmen (rechtliche Garantien, Agrarreform, Sonderjustiz, Aufklärung mittels einer Wahrheitskommission und gesellschaftliche Versöhnung) auf den Weg gebracht werden. Die Umsetzung trifft dabei auf die Herausforderung besonders regional und lokal schwacher Institutionen, deren Effizienz und Funktionalität aufgrund des jahrzehntelangen Konflikts und illegaler Ökonomien stark eingeschränkt sind (Ávila Martínez/Castro León 2015: 5). Diese institutionelle Schwäche ist auch Ausdruck des traditionell mangelnden Reformwillens verschiedener, regional stark unterschiedlicher Eliten (Fischer 2013: 56). Hinzu kommen die Herausforderungen der Post-Demobilisierungs-Phase: Durch das Niederlegen der Waffen der FARC entstehen insbesondere in Regionen mit relevanter Schattenökonomie Machtvakuen, um deren Ausfüllung sich bereits unmittelbar nach dem Abzug der FARC in die vereinbarten Demobilisierungszonen – dies zeigen die aktuellen Entwicklungen – paramilitärische Gruppen bemühen. Bleibt der in Havanna ausgehandelte Frieden ein "Papierfrieden" (Maihold 2015), der letztlich nicht zur Aufhebung oder Milderung der strukturellen Konfliktgründe bzw. zu einer weniger defizitären Demokratie, einer gerechteren Landverteilung und einer nachhaltigeren und sozial gerechteren wirtschaftlichen Entwicklung führt, dann ist statt der von Präsident Santos versprochenen "Friedensdividende" (*The Telegraph*, 15.3.2015) ein Fortgang des bewaffneten Konflikts wahrscheinlich; ein Umstand, auf den die FARC hingewiesen haben, wenn sie ihrerseits das Ziel des Friedensprozesses als "Frieden mit sozialer Gerechtigkeit" definieren.

Ein weiterer entscheidender Faktor für den Aufbau des angestrebten "stabilen und dauerhaften Friedens" stellt die Verfügbarkeit der finanziellen Mittel für die Umsetzung der in Havanna getroffenen Vereinbarungen dar. Über die "Friedenskosten" gehen die Schätzungen weit auseinander. Es dürfte allerdings in den Jahren nach der Unterzeichnung eines Friedensvertrages mehrerer Milliarden Euro bedürfen (*Semana*, 8.11.2014). Diese Mittel sollen durch eben jenes erwartete zusätzliche Wirtschaftswachstum von mehreren Prozent des BIP verfügbar werden, sowie durch Umverteilungen im Haushalt (insbesondere der hohe Verteidigungshaushalt könnte langfristig gesenkt werden), Gelder von Drittstaaten und internationalen Organisationen sowie durch die Aufnahme neuer Kredite und möglicherweise zusätzliche Steuern in Form einer "Friedensabgabe" (Cardenas Santamaría 2015). Die USA haben wie die Europäische Union und Deutschland ihre entwicklungspolitischen Programme auf die Post-Konflikt-Phase ausgerichtet und entsprechende Gelder zugesagt.

Schlussbetrachtung

Mit dem Friedensabkommen zwischen der FARC und der Regierung – ein erfolgreicher Abschluss der Friedensgespräche mit der ELN vorausgesetzt – geht eine Epoche zu Ende: Die Zeit des revolutionären bewaffneten Kampfes in Lateinamerika, die einst mit der Kubanischen Revolution begann, ist wohl auch in Kolumbien endgültig vorbei. Doch das mögliche Ende des bewaffneten Kampfes der FARC bedeutet nicht das Ende des bewaffneten Konflikts in Kolumbien. Auch ohne bewaffnete Aufständische wird Gewalt in Kolumbien von verschiedenen Akteuren weiterhin zur Durchsetzung ökonomischer Interessen implementiert. Die hohe Relevanz illegaler Ökonomien, schwache Institutionen, reformunwillige, vor Allianzen mit neoparamilitärischen Gruppen nicht zurückschreckende Eliten insbesondere im ländlichen Kolumbien und nicht zuletzt die enorme soziale Ungleichheit in und zwischen dem modernen, urbanen und dem ärmeren, ländlichen Kolumbien sind dabei entscheidende Faktoren.

Die Unterzeichnung eines Friedensabkommens zwischen der FARC und der Regierung ist daher eine notwendige, aber keine hinreichende Bedingung für den Frieden. Dieser ist vielmehr davon abhängig, ob die Bevölkerung und verschiedene Interessengruppen vom Friedenskurs überzeugt und die in Havanna getroffenen Vereinbarungen in den kommenden Jahren effektiv und nachhaltig umgesetzt werden können.

Der von Präsident Santos angestoßene Prozess, für den dieser mit dem Friedensnobelpreis ausgezeichnet wurde, bietet die Möglichkeit einer grundlegenden Vertiefung und Modernisierung von Demokratie und Staatlichkeit, die zugleich aber auch mit der Expandierung und Intensivierung der exportorientierten, auf die Ausbeutung von Primärressourcen und Produkten der Agrarindustrie setzenden Marktwirtschaft in peripheren Regionen einherzugehen scheint.

Vor diesem Hintergrund sind im Rahmen der Umsetzung der Friedensvereinbarung Dispute zwischen traditionellen lokalen Eliten und dem Zentralstaat ebenso absehbar wie eine Zunahme der bereits zahlreichen, auf eben jenes in Havanna nicht zur Verhandlung stehende Wirtschaftsmodell zurückgehenden sozialen Konflikte. Hier treffen Forderungen jener Akteure und Organisationen, die für eine sozial gerechtere und ökologisch nachhaltige Wirtschafts- und Gesellschaftsordnung eintreten, auf Interessen der Politik und Wirtschaft, beispielsweise Agrar- und Bergbauprojekte umzusetzen. Die Herausforderung besteht darin, diese Konflikte nicht mittels (außerstaatlicher) Gewalt, sondern innerhalb der demokratischen Strukturen auszutragen. Doch zeigt die nach wie vor anhaltende und besonders im Jahr des Friedensschlusses 2016 deutlich gestiegene Anzahl von Morden an sozialen und politischen Aktivisten (vgl. Jahresbericht der NGO *Somos Defensores* 2016), dass politisch motivierte Gewalt nach wie vor Alltag in Kolumbien ist. Gelingt es nicht, diese zu überwinden, besteht die Gefahr, dass sich die ohnehin leidvolle Geschichte des Landes als Tragödie wiederholt.

Literaturverzeichnis

Amnesty International (2015a): "Amnesty International Report 2014/15". <https://www.amnesty.org/en/countries/americas/colombia/report-colombia/> (28.8.2015).

— (2015b): "Ein Landtitel reicht nicht". <http://www.amnesty-kolumbien.de/Main/Start?action=download&upname=Amnesty%20International%202015%20-%20A%20land%20title%20is%20not%20enough%20-%20AMR%2023-031-2014_GER%20brochure_Web%20small.pdf> (30.8.2015).

Aguilera Peña, Mario (2010): *Las FARC: La Guerrilla Campesina, 1949-2010. Ideas circulares en un mundo cambiante?* Bogotá: Corporación Nuevo Arco Iris (CNAI).

Archila Neira, Mauricio (2003): *Idas y venidas, vueltas y revueltas. Protestas sociales en Colombia 1958-1990.* Bogotá: Instituto Colombiano de Antropología e Historia (ICANH)/Centro de Investigación y Educación Popular (CINEP).

Ávila Martínez, Ariel/Castro León, Diego (2015): "Los retos en convivencia, administración de justicia y seguridad rural en el posconflicto". FESCOL Analisis, 2. <http://library.fes.de/pdf-files/bueros/kolumbien/11353.pdf> (13.6.2015).

Cardenas Santamaría, Mauricio (2015): "Análisis de los posibles costos del Post-Conflicto". Conferencia del Ministro de Hacienda y Crédito Público, 8.3.2015. <http://www.conalpe.gov.co/v2/files/eventos/Conferencia_Minhacienda.pdf> (7.12.2016).

CERAC (Centro de Recursos para el Análisis de Conflictos) (2016): "Monitor de Desescalamiento del Conflicto Armado Interno en Colombia". Reporte Mensual Número 13. <http://blog.cerac.org.co/monitor-de-desescalamiento-del-conflicto-armado-interno-en-colombia-6> (26.10.2016).

El Colombiano (5.8.2010): "La de Uribe, una histórica popularidad". <http://www.elcolombiano.com/la_de_uribe_una_historica_popularidad-HVEC_99428> (28.8.2015).

ELN (Ejército de Liberación Nacional) (2016): "Editorial". In: *Revista Insurrección*, 552, S. 5.

Fisas, Vincenç (2010): "Introducción a los procesos de paz". In: *Quaderns de Construcció de Pau*, 12, <http://escolapau.uab.cat/img/qcp/introduccion_procesos_paz.pdf> (7.12.2016).

Fischer, Thomas (2013): "Die Persistenz der FARC". In: Graaff, David/Heins, Miriam/Henkel, Cathy/Ludwig, Marie/Schauenberg, Tim/Steger, Rebecca/Thema, Johannes (Hg.): *Kolumbien: Vom Failing State zum Rising Star?* LatiF Band VIII. Berlin: WVB, S. 49-70.

GMH (Grupo de Memoria Histórica) (2013): *Basta ya! Colombia: Memorias de guerra y dignidad.* Bogotá: Imprenta Nacional.

Gobierno de Colombia y FARC-EP (2012): "Acuerdo General para la terminación del conflicto y la construcción de una paz estable y duradera". <https://www.mesadeconversaciones.com.co/sites/default/files/AcuerdoGeneralTerminacionConflicto.pdf> (20.7.2015).

HRW (Human Rights Watch) (2015): "El rol de los altos mandos en los falsos positivos". <https://www.hrw.org/sites/default/files/report_pdf/colombia0615sp_4up.pdf> (29.7.2015).

IDMC (Internal Displacement Monitoring Center) (2015): "Global Figures". <http://www.internal-displacement.org/global-figures> (20.7.2015).

JARAMILLO, Sergio (2014): "La Paz territorial". Conferencia dictada en la Universidad de Harvard. <http://www.altocomisionadoparalapaz.gov.co/Prensa/Discursos/Documents/La_Paz_Territorial_version_final.pdf> (22.5.2017).

KURTENBACH, Sabine (2010): "Sicherheit zuerst: eine Bilanz nachholender Staatsbildung in Kolumbien". In: *GIGA Focus Lateinamerika*, 6, <http://www.giga-hamburg.de/de/system/files/publications/gf_lateinamerika_1006.pdf> (20.8.2015).

MAIHOLD, Günther (2015): "Der Friedensprozess wird viele Wunden wieder aufreißen". In: *Die Zeit*, <http://www.zeit.de/politik/ausland/2015-09/kolumbien-friedensvertrag-farc> (1.10.2015).

NOTIMEX (30.3.2016): "Santos descarta negociar con rebelde ELN modelo político y económico". <http://www.20minutos.com.mx/noticia/78387/0/santos-descarta-negociar-con-rebelde-eln-modelo-politico-y-economico/#xtor=AD-1&xts=513356> (29.11.2016).

OTIS, John (2014): "The FARC and Colombia's Illegal Drug Trade". Wilson Center. <https://www.wilsoncenter.org/sites/default/files/Otis_FARCDrugTrade2014.pdf> (7.12.2016).

PECAUT, Daniel (2008): *Las FARC: ¿una guerrilla sin fin o sin fines?* Bogotá: Norma.

PIZARRO LEONGÓMEZ, Eduardo (2011): *Las Farc (1949-2011): De guerrilla campesina a máquina de guerra.* Bogotá: Norma.

REGISTRADURIA (2016): Plebiscito 2 de octubre 2016, Boletín Nacional 53. <http://plebiscito.registraduria.gov.co/99PL/DPLZZZZZZZZZZZZZZZZZZ_L1.htm> (1.11.2016).

SCHULTZE-KRAFT, Markus (2012): "La cuestión militar en Colombia: la fuerza pública y los retos de la construcción de la paz". In: Rettberg, Angelika (Hg.): *Construcción de paz en Colombia.* Bogotá: Universidad de los Andes, S. 405-433.

Semana (8.11.2014): "Las cuentas del posconflicto no dan". <http://www.semana.com/nacion/articulo/las-cuentas-del-posconflicto-no-dan/408351-3> (20.7.2015).

— (29.10.2016): "Esto es un teatro político: Marco Palacios". <http://www.semana.com/nacion/articulo/el-historiador-marco-palacios-habla-sobre-el-proceso-de-paz-con-las-farc/498445> (30.10.2016).

SOMOS DEFENSORES (2016): "Contra las cuerdas". Informe Anual 2016 Sistema de Información Sobre Agresiones Contra Defensores de DDHH en Colombia. <https://somosdefensores.org/attachments/article/144/Contra%20las%20cuerdas.%20Informe%20Anual%20Espan%CC%83ol%20220220217227p.pdf> (22.5.2017).

The Telegraph (15.3.2015): "Juan Manuel Santos: Colombia's 'Peace Dividend' Will Transform Economy". <http://www.telegraph.co.uk/finance/globalbusiness/11445378/Juan-Manuel-Santos-Colombias-peace-dividend-will-transform-economy.html> (25.8.2015).

UNIDAD NACIONAL DE VÍCTIMAS (2015): "Registro Único de Víctimas". <http://rni.unidadvictimas.gov.co/RUV> (22.5.2017).

VALENCIA, León (2002): *Adiós a la política, bienvenida la guerra. Secretos de un malogrado proceso de paz.* Bogotá: Intermedio.

ZELIK, Raul (2009): *Die kolumbianischen Paramilitärs – "Regieren ohne Staat" oder terroristische Formen der Inneren Sicherheit.* Münster: Westfälisches Dampfboot.

Landeskundliche Einführung

Kolumbien: ein historischer Überblick

Thomas Fischer / Andrés Jiménez Ángel

Der schwache Staat als Konstante der kolumbianischen Geschichte

Kolumbien ist eine Republik, in der die höchsten Positionen im Staat seit der Unabhängigkeit fast ohne Unterbrechung über Wahlen bestimmt werden. Den Entscheidungsträgern dieses Landes gelang es zwar stets, einzelne Felder wie die Geld-, Finanz- und Wirtschaftspolitik zu bedienen, aber Regierung und Verwaltung konnten zu keinem Zeitpunkt die legitime Gewalt auf allen Gebieten flächendeckend durchsetzen. Der Staat kam bei vielen Menschen, ja sogar bei ganzen Gemeinschaften, nicht an. Da er es versäumte, nachhaltig Konsens zu schaffen, repräsentierte er nie alle Gruppen. Teile der Bevölkerung bewegten sich stets abseits offizieller Institutionen und stellten die Normen und Werte in Frage, welche diese produzierten. Weil sie vom Staat nicht unbedingt Schutz erwarteten, war er für sie nicht immer der wichtigste Bezugsrahmen; sie lebten in eigenen Ordnungen. Ebenso wie für den Staat und andere Akteure im politischen Feld war für sie die Anwendung von Gewalt eine Ressource. Auch soziale und ethnische Konflikte wurden oftmals gewaltsam ausgetragen. Jede Generation kann daher von sich behaupten, große Ausbrüche physischer Gewalt erlebt zu haben. Das Nebeneinander des politischen Prozesses in einem formal demokratischen Rahmen und die Anwendung physischer Gewalt als politische Handlungsoption ziehen sich wie ein roter Faden durch die Geschichte Kolumbiens. Diese Konstellation bildete den Hintergrund für die ökonomische, soziale und ethnische Entwicklung des Landes. Hierzu möchten wir in den folgenden Ausführungen einen kurzen Überblick geben.

Staatsgründung und Herausbildung einer republikanischen Kultur

Das heutige Kolumbien entstand ein Jahr nach der Auflösung Großkolumbiens in drei souveräne Staaten im Jahr 1831. Die República de la Nueva Granada war eine präsidentielle Republik. Die wichtigste Gebietskörperschaft waren die von einem Gouverneur (*gobernador*) verwalteten *departamentos*. Eine neue Generation von Kreolen und Mestizen, die nicht mehr durch die Unabhängigkeitskriege und großkolumbianische Träume geprägt war, bestimmte in zunehmendem Maße das Geschehen in den offiziellen Institutionen. Ende der 1830er Jahre entstanden liberale und konservative Gruppierungen, aus denen später politische Parteien (1848 bzw. 1849) hervorgingen (Bushnell 1993: 74-100; Safford/Palacios 2002: 132-156). Letztere stellten fortan das Vehikel zur Bestimmung der wichtigsten Regierungs- und Verwaltungsposten dar. Die Entscheidungsprozesse innerhalb der Parteien erfolgten über ein komplexes Kommunikationsnetz, Abhängigkeiten und Klientelismus auf lokaler, regionaler und nationaler Ebene. Die Liberalen unterschieden sich von den Konservativen darin, dass sie ein auf Freihandel basierendes Entwicklungsmodell, die strikte Trennung von Kirche und Staat sowie einen weitgehenden Föderalismus einforderten. Mindestens so wichtig waren unterschiedliche Vorstellungen über die Konzepte des Bürgers (*ciudadano*) und seiner Partizipation in Staat und Gesellschaft. In der Regel setzten sich Liberale stärker als Konservative für die Bürgerrechte aller ethnischen Gruppen der Bevölkerung unabhängig von Besitz und Bildung ein. In der Praxis waren allerdings die Konfliktlinien zwischen Liberalen und Konservativen nicht immer trennscharf. So übernahmen die Konservativen, als sie in den 1880er Jahren an die Macht kamen, das liberale Entwicklungsmodell und unterstützten es mit flankierenden staatlichen Maßnahmen. Auch hinsichtlich der sozialen Verortung unterschieden sich die Mitglieder der beiden politischen Parteien manchmal kaum. Beispielsweise konnten Großgrundbesitzer, Mitglieder der Armee und Geistliche in manchen Landesteilen dem Liberalismus angehören, während sich Kaufleute und Rechtsanwälte in anderen Regionen zur Konservativen Partei bekannten. In einigen Regionen wie dem heutigen *departamento* Cauca oder dem Valle del Cauca bestanden jedoch deutliche soziale und berufliche Unterschiede zwischen konservativen Latifundisten und Sklavenbesitzern auf der einen und liberalen Kleinlandbesitzern mit juristischer Ausbildung auf der anderen Seite. Ab Mitte des 19. Jahrhunderts bestimmte eine robuste Institutionalisierung die Zugehörigkeit zur einen oder zur anderen Partei. Bis weit ins 20. Jahrhundert hinein sagte man, dass man entweder in eine konservative oder eine liberale Familie hineingeboren wurde.

Liberale und Konservative stellten sich die Nation unterschiedlich vor, was zu heftigen Auseinandersetzungen um die Hegemonie führte. Das vermochte auch die unmittelbar nach dem Zerfall Großkolumbiens einsetzende republikanische Geschichts- und Identitätspolitik nicht zu überdecken (Fischer 2013). Das Problem blieb bis zur *Violencia* (1948-1953) ungelöst. Acht größere Bürgerkriege, in denen sich liberale und konservative Gruppierungen bekämpften, fanden in den Jahren 1839-41, 1851, 1854, 1859, 1862, 1876-77, 1884-85, 1895 und 1899-1902 statt. Diese bewaffneten Konfrontationen bedeuteten schwere Proben für den nationalen Zusammenhalt. Gekämpft wurde vor allem um die Bestimmung und Ausübung politischer Rechte, die politische Ordnung (Föderalismus gegen Zentralismus), das Verhältnis von Kirche und Staat sowie die Rolle und die Grenzen der Zentralisierung (Sanders 2004; González 2006).

Bürgerkriege brachen zumeist auf lokaler Ebene aus. Vor allem in Verbindung mit der Durchführung von Wahlen ließen sich zahlreiche Menschen mobilisieren, auch aus den mehrheitlich schwarzen, mulattischen und mestizischen Unterschichten, die begannen, Partizipationsforderungen zu stellen. Obwohl die Anführer der Bürgerkriege zumeist Vertreter der Eliten waren, denen es um die Verwirklichung interessengebundener Ziele ging, waren Bauern, Indigene und Schwarze keine passiven unpolitischen Kämpfer, die sich durch die Eliten instrumentalisieren ließen. Neuere Studien haben gezeigt, dass die Subalternen als Akteure mit eigenen Praktiken die entstehende republikanische Kultur ebenso prägten wie die Oberschichten. Sie positionierten sich im öffentlichen Raum und stellten innerhalb und außerhalb der beiden Großparteien ihre Forderungen (Sanders 2004; Escobar 2013). 1852 wurde in diesem Zusammenhang die Sklavenhaltung endgültig abgeschafft. Die Schwarzen und Mulatten, die bereits in den Unabhängigkeitskriegen für ihre Freiheit gekämpft hatten, waren allerdings noch lange nicht am Ziel. Die Durchsetzung ihrer Bürgerrechte als Teil der politischen Kultur sollte noch Jahrzehnte dauern (McGraw 2014). Außerdem belasteten die Bürgerkriege den stets knappen Staatshaushalt, zumal immer noch die aus den Unabhängigkeitskriegen herrührenden Schulden in England bedient werden mussten (López-Bejarano 2015). Eine Folge davon war, dass Kolumbien weit von der Verwirklichung der obligatorischen Schulbildung entfernt war.

In der Verfassung von 1858 erhielt die Republik Neu-Granada den Namen Confederación Granadina. In der *Constitución de Rionegro* (1863) gab sich das Land die Bezeichnung Estados Unidos de Colombia, was auf ein föderalistisches Staatengebilde verwies. Der Präsident wurde für zwei Jahre ohne die Möglichkeit auf eine Wiederwahl durch die Teilstaaten eingesetzt. Die Souveränität der Teilstaaten ging so weit, dass sie sogar eigene Armeen unterhielten. Die Verfassung von 1863 stellte den Höhepunkt der Reformen der sogenannten *liberales radicales* dar: Sie bildete die Grundlage für die Abschaffung der Todesstrafe, die Fortführung und Intensivierung der Enteignung des kirchlichen Besitzes (*desamortización*), die staatliche Überwachung der Bildung und die Förderung des Freihandels (Sierra Mejía 2006). Indigener Gemeinschaftsbesitz wurde zunehmend in Individualbesitz überführt, was den Widerstand dieser Bevölkerungsgruppen zur Folge hatte.

"Entwicklung nach außen" und weitere Bürgerkriege

Schon 1847 setzte sich bei den Eliten mehrheitlich die Überzeugung durch, dass eine Dynamisierung der Wirtschaft das einzige Instrument zur Modernisierung des Landes sei. Sie traten entschieden für eine Liberalisierung der Ökonomie, für die Umstellung auf eine "Entwicklung nach außen" ein. Die Handwerker (*artesanos*) sahen der weitreichenden Umgestaltung, die zur Aufhebung der zuvor geschützten Märkte führte, allerdings nicht tatenlos zu. Im Jahr 1847 entstand die erste von zahlreichen *Sociedades Democráticas de Artesanos*. Die "Demokratischen Gesellschaften" waren nicht zuletzt ein politisches Instrument, mit dem die Handwerker insbesondere auf lokaler und regionaler Ebene Einfluss ausübten (Sowell 1992: 54). Sie unterstützten den Putsch von José María Melo am 17. April 1854. Der General versprach, das Reformwerk zu stoppen und den Handwerkern eine bessere Repräsentation zu gewähren. Die *artesanos* konnten sich allerdings nur rund acht Monate an der Macht halten. Widerstand kam insbesondere von der katholischen Kirche, die sich zu den Konservativen bekannte.

Unter wirtschaftsliberalen Prämissen erfolgte nun eine Phase von ökonomischen Aufschwüngen in verschiedenen Regionen, zumeist auf der Basis des Exports von Bergbauprodukten (Gold), Agrarerzeugnissen (Tabak, Indigo) und Waldprodukten (Chinarinde). In diesen Sektoren betätigten sich neben größeren in- und ausländischen Firmen auch zahlreiche Kleinproduzenten, abhängige Arbeitskräfte und Tagelöhner. Sie bildeten den Anfang eines migrantischen Arbeitsmarktes (Fischer 1997). Der Erfolg dieser Produkte war jedoch überwiegend hohen Preisen auf dem Weltmarkt geschuldet. Endeten die guten Konjunkturen, so kam es zu spektakulären Abstürzen, weil der Exportsektor auf dem Weltmarkt nicht wettbewerbsfähig war. Erst die Kaffeebranche entwickelte sich ab den 1880er Jahren allmählich zu einem stabileren Leitsektor. Nun setzte sich das moderne Latifundium (*hacienda*) durch. Im Unterschied zu Brasilien und Zentralamerika produzierten in Kolumbien jedoch nicht nur Großbetriebe Kaffee, sondern auch kleinere und mittlere Bauernfamilien, die sich als *colonos* auf Grundstücken an den Siedlungsgrenzen in Antioquia, Caldas, Tolima, Cundinamarca und Santander niedergelassen hatten. Die Kaffeewirtschaft wurde seit 1927 durch den mächtigen Verband *Federación Nacional de Cafeteros de Colombia* reguliert (Palacios 2009). Bei Santa Marta etablierte sich um die Jahrhundertwende die US-amerikanische *United Fruit Company*, die Bananenenklaven aufbaute (Bucheli 2005). Ab 1921 waren US-Konzerne in der Erdölförderung tätig.

Der Staatshaushalt wurde über Importabgaben, vermehrt aber auch über Exportsteuern, Gebühren für Alkoholherstellung und -verkauf sowie andere Lizenzen bestritten. Die regierenden Eliten verhinderten eine hohe Besteuerung von Grundbesitz und Einkommen, was zu einem unterfinanzierten Staatshaushalt führte. Die staatlichen Investitionen in Bildung und Forschung blieben gering. Bis in die 1920er Jahre war der Staat nicht dazu in der Lage, selbst als Bauherr von Eisenbahnlinien und als Betreiber von Eisenbahnen aufzutreten; dies wurde lange Zeit ausländischen Konsortien überlassen, was im Land sehr umstritten war.

Ungeachtet der liberalen Reformmaßnahmen übte die katholische Kirche nach wie vor enormen gesellschaftlichen und politischen Einfluss aus. Die zweite (1850) und die dritte (1861) Ausweisung der Jesuiten änderte daran langfristig wenig (Cortés Guerrero 2003). Als Reaktion auf die Verschärfung der Maßnahmen gegen die Kirche während der dritten Amtszeit von Präsident Cipriano de Mosquera (1866/67)[1] und die Bildungsreform Ende der 1860er Jahre, durch die eine obligatorische staatliche Schulbildung eingeführt wurde, verschärften sich die Kritiken der radikalsten Vertreter der konservativen Partei und der katholischen Kirche. Der Klerus spielte in der Mobilisierung gegen die Liberalradikalen im Bürgerkrieg von 1876/77 eine wichtige Rolle (González 2006). Dabei ging es nicht zuletzt um die Erhaltung des Einflusses der Kirche im Bildungs- und Erziehungswesen. Gekämpft wurde auch um andere Inhalte. Konservative Intellektuelle widersetzten sich der Aufnahme "schädlicher" Ideen

---

1   Er war bereits von 1861-1863 und von 1862-1864 Präsident Kolumbiens.

und Autoren in das Bildungssystem (Saldarriaga 2004). In Zeitungen und Zeitschriften entstand ein hoch komplexes kulturelles Schlachtfeld. Manuel Ancízars *El Neogranadino* (1848) und die erzbischöfliche Zeitung *El Catolicismo* (1849) stellten den Ausgangspunkt einer von Bogotá ausstrahlenden Öffentlichkeit dar. Der wachsende Bücher-, Zeitschriften- und Zeitungsmarkt begünstigte die Entstehung von neuen politischen und kulturellen Geselligkeitsformen (*tertulias*) und die Herausbildung neuer Lesekulturen (Loaiza 2009, 2012). Auch innerhalb der "Demokratischen Gesellschaften" setzte sich dieser Prozess während der liberalen Phase fort.

Regeneración, Konservative Hegemonie und Liberale Republik

Mitte der 1870er Jahre spaltete sich mit den *independientes* unter Rafael Núñez ein moderater Flügel von den regierenden radikalen Liberalen ab, der das politische Programm der *Regeneración* ins Leben rief. Nach harten innenpolitischen Auseinandersetzungen gelang es Núñez mit Unterstützung der Konservativen, die Regierbarkeit wiederherzustellen. All dies ging mit der Schwächung des liberalen nationalen Projektes einher (Sanders 2014: 176-224). In der Verfassung vom 4. August 1886 wurde Kolumbien unter der Federführung von Miguel Antonio Caro in eine unitarische Republik (República de Colombia) umgewandelt (König 2008: 98-101; Ortiz 2010). Die Zentralregierung – vor allem die Exekutive – wurde gestärkt, während die vormaligen Teilstaaten zu *departamentos* degradiert wurden. Zum Schutze des Gewerbes wurden höhere Zölle eingeführt sowie flankierende Maßnahmen zum Aufbau einer eigenen Industrie ergriffen. Die Bürgerrechte und Freiheiten der liberalen Verfassung wurden eingegrenzt. Allerdings konnten die neuen Machthaber diese Reformen nicht aus eigener Kraft umsetzen. Sie stützten sich daher auf die katholische Kirche, deren Autorität innerhalb der Gesellschaft gestärkt wurde. Dies äußerte sich vor allem im Bildungssystem einschließlich des obligatorischen Religionsunterrichts sowie in Zivilstandsfragen. Die katholische Religion wurde durch die Unterzeichnung eines Konkordates mit dem Heiligen Stuhl 1887 sowie durch die Verankerung in der Verfassung wieder ein Instrument der sozialen Kontrolle. In diesem Zusammenhang erfolgte auch die Wiederbelebung der Missionen in den Siedlungsgrenzen Kolumbiens (Pérez 2015). Man gründete eine Nationalbank und führte eine Einheitswährung ein. Sichtbarer Ausdruck der Zentralisierung war auch die allmähliche Durchsetzung Bogotás als politisches Zentrum und kulturelle Hauptstadt. Die dortigen Führungsgruppen, die sich selbst die *gente de bien* nannten, betrachteten sich auch als Avantgarde des guten Geschmacks.

Konservative und Teile der liberalen Eliten betrachteten die *hispanidad* als Grundlage der "wahren" Nationalkultur. Neben der Pflege der spanischen Sprache waren der Katholizismus und die Bewahrung einer aus der Kolonialzeit übernommenen hierarchischen Gesellschaftsordnung wichtige Säulen des Konzeptes (Fischer/Jiménez Ángel 2013). Die einflussreiche Gruppe der *letrados*, deren kulturelles Kapital sich aus der Beherrschung der "reinen" und "einheitlichen" Sprache ableitete, tat sich als privilegierter Wächter dieser neuen Leitkultur hervor (Jiménez Ángel 2013). Ihre Stellung in den lokalen, regionalen und nationalen Regierungen und ihre Schlüsselpositionen im Bildungssystem förderte den *hispanidad*-Diskurs in politischen und kulturellen Programmen. Im *hispanidad*-Konzept sahen die konservativen Eliten ein Korrektiv zu den aus ihrer Sicht schädlichen (vor allem französischen) kulturellen, politischen und philosophischen Modellen, welche das liberale Nationalprojekt geprägt hatten (Martínez 2001).

Zweimal versuchten die Liberalen mit Gewalt, die konservative Hegemonie zu beenden. Beide Male standen sie am Ende mit leeren Händen da. Vor allem der "Krieg der Tausend Tage" (1899-1902) war verheerend (Sánchez/Aguilera 2001). Rund 100.000 Menschen, welche die Wirtschaft benötigt hätte, starben. Staatsfinanzen und Währung waren einmal mehr ruiniert. Vor diesem Hintergrund fühlte sich ein Teil der Geschäftselite im *departamento* Panama darin bestärkt, die von der Kanalbaulobby geförderte Abtrennung von Kolumbien voranzutreiben. Als der Kongress in Bogotá die Ratifizierung eines Abkommens, das die Bau- und Betriebsrechte einschließlich eines zehn Kilometer breiten Streifens "für 100 Jahre" den USA überließ, wegen des lächerlich geringen finanziellen Angebots und aufgrund von Souveränitätsbedenken ausschlug, erklärten sich einige Panamaer am 3. November 1903 für unabhängig, um direkt mit den USA ins Geschäft zu kommen. Die US-Marine verhinderte, dass kolumbianische Truppen eingreifen konnten (Zoller 2004; Schuster 2006).

Als die USA 1921 mit 25 Mio. US-Dollar endlich eine annehmbare Entschädigung für die Aneignung der Rechte des transisthmischen Verkehrs gewährten, wurde Kolumbien kreditwürdig. Die *prosperidad a debe* setzte ein, ein Phase des Wohlstands auf Pump (Henderson 2001: 114-

153). Kolumbien war kreditwürdig geworden. Mit dem aufgenommenen Geld forcierten konservativ-nationalistische Regierungen den längst fälligen Ausbau des Straßen-, Schienen- und Flussverkehrsnetzes. Der Staat wurde selbst zum Unternehmer. Bauträger und damit Nutznießer der Investitionen waren aber häufig US-amerikanische Firmen.

Mit der Weltwirtschaftskrise der 1930er Jahre ging die konservative Hegemonie in Kolumbien zu Ende. Die Spaltung der konservativen Partei beförderte den Sieg des liberalen Kandidaten Enrique Olaya Herrera, der eine Koalitionsregierung bildete. Von 1930 bis 1946 stellten die Liberalen durchgehend die Präsidenten der sogenannten República Liberal (Bushnell 1993: 181-200; Henderson 2001: 191-238; Sierra Mejía 2009). Neben der selektiven Förderung der Exportwirtschaft setzten sie mit einigem Erfolg auf das in ganz Lateinamerika zur Anwendung gelangende Modell der Import substituierenden Industrialisierung. Außerdem suchten sie nach einer Lösung für die Landfrage. Während der ersten Amtszeit von Präsident Alfonso López Pumarejo (1934-38) wurde 1936 das Gesetz 200 (*Ley 200*) erlassen; es sah vor, dass privates Eigentum an Grund und Boden erst durch die wirtschaftliche Nutzung legitimiert werden sollte. Dadurch sollten die sich zuspitzenden Konflikte um den Landbesitz vermieden werden, welche bis heute eine der Hauptursachen der Gewalt darstellen. Die Regierung López Pumarejo spielte auch eine zentrale Rolle als Vermittler bei den immer häufigen Konflikten zwischen Arbeitgebern und Arbeitnehmern. Dies schlug sich in der Ausbreitung von gewerkschaftlichen Organisationen nieder und trug zu einer Verbesserung der Arbeitsbedingungen bei. In diese Phase der liberalen Dominanz fiel auch die Verwicklung Kolumbiens in einen kurzen Krieg mit Peru um den Amazonashafen in Leticia 1932-34. Dieser Konflikt, in dem auf beiden Seiten nur wenige Soldaten ihr Leben lassen mussten, hatte ein enormes Medienecho zur Folge. Die kolumbianische Bevölkerung rückte für einen Moment als Nation zusammen (Torres del Río 2011: 78-87; Fischer 2012: 389-411).

Auch auf dem Gebiet der Alphabetisierung sowie der Modernisierung des Bildungswesens leiteten die Liberalen bedeutende Reformen ein. Das Bildungsministerium wurde umgestaltet. Die *Universidad Nacional* in Bogotá bekam einen großen Campus, die *ciudad universitaria*; alle Fachbereiche sollten in einem Raum versammelt werden. Die Gründung der *Escuela Normal Superior* (1936) trug zu einer besseren Ausbildung von Lehrern und Hochschuldozenten bei, und die an ihr tätigen europäischen Geistes- und Sozialwissenschaftler trieben die Modernisierung der entsprechenden

Disziplinen voran. Die Anzahl der Analphabeten verringerte sich während der República Liberal signifikant. Treibende Kräfte in diesem Reformprozess waren Studierende, die der Bildung im Hinblick auf die gesellschaftliche Entwicklung bewusst eine wichtige Rolle einräumten. Vor allem von an öffentlichen Universitäten eingeschriebenen jungen Menschen gingen starke innenpolitische Impulse aus (Archila 2012).

La Violencia und Frente Nacional

Trotz ihres ambitionierten Modernisierungsprogramms neigte sich die Dominanz des Liberalismus in den 1940er Jahren dem Ende zu. Der Niedergang wurde ebenso wie Jahre zuvor bei den Konservativen durch innerparteiliche Trennlinien und Rivalitäten befördert. Solche Fissuren wurden 1946 deutlich, als sich mit Gabriel Turbay und Jorge Eliécer Gaitán zwei liberale Kandidaten mit unterschiedlichen Programmen für das Präsidentenamt bewarben. Diese Konstellation machte den Übergang zu den Regierungen der konservativen Präsidenten Mariano Ospina Pérez (1946-50), Laureano Gómez (1950/51) und Roberto Urdaneta Arbeláez (1951-53) erst möglich. Über Jahre hinweg hatten die parteinahen Presseorgane den jeweiligen Gegner diffamiert und dabei immer extremere politische Positionen vertreten. Dies führte zu einer "Dichotomisierung der sozialen Realität" (Rehm 2014: 94). In einer diskursiv angeheizten Atmosphäre fühlte sich ein wachsender Teil der liberalen Milieus nicht mehr in den offiziellen Institutionen repräsentiert, was die Anwendung physischer Gewalt gegen den jeweiligen Feind zur Handlungsoption machte. Am 9. April 1948 wurde der Hoffnungsträger und Volkstribun Gaitán unter bis heute ungeklärten Umständen ermordet (Braun 1987). In der Folge kam es zu einer Gewalteruption, dem sogenannten *bogotazo*, der den Beginn einer bis weit in die 1950er Jahre hineinreichenden Kette von Gewalthandlungen markierte, die der kolumbianischen Bevölkerung als *La Violencia* (Die Gewalt) in Erinnerung geblieben ist. Unter den staatlichen Gewaltakteuren befanden sich Armee und Polizei. Konservative Kreise unterhielten bezahlte Killerbanden, die man unter der Bezeichnung *pájaros* kannte. Liberale Guerilleros versuchten ebenfalls mit Waffengewalt, ihre Einflussgebiete zu schützen. Auch bäuerliche Gruppierungen bewaffneten sich, um den von ihnen bebauten Boden und ihre Prinzipien der Bodennutzung und der sozialen Ordnung zu verteidigen. Mehr als 200.000

Menschen insbesondere in ländlichen Gebieten starben im Zuge dieser Auseinandersetzungen (Pécaut 2012).

Vor diesem Hintergrund putschte 1953 der starke Mann der Armee, Gustavo Rojas Pinilla, mit Unterstützung der Industrie- und Finanzbourgeoisie, den *ospinistas* und den Liberalen sowie der katholischen Kirche. Weil er 1954 das Frauenstimmrecht einführte, erhielt er auch bei einem beträchtlichen Segment der Frauen hohe Zustimmungsraten. Rojas Pinillas Programm enthielt populistische Elemente. Sein Populismus schlug sich auch in seinen Reden und seiner Medienpolitik nieder. Während seiner Amtszeit wurden mehrere Tausend *guerrilleros* vor allem in den Llanos Orientales amnestiert (Torres del Río 2011: 174-190). Eine nachhaltige Vergangenheitspolitik gab es jedoch wie unter den nachfolgenden Regierungen nicht (Schuster 2009). Vor allem in den Kolonisationsgebieten kehrte keine Ruhe ein. In Sumapaz, Tolima und Tequendama setzten *campesinos* mit bewaffneten Selbstverteidigungsverbänden die begonnenen sozialistischen Experimente fort. Sowohl die Militärregierung als auch ihre zivilen Nachfolgerinnen antworteten darauf mit Bombardierungen und Strafexpeditionen.

Rojas Pinilla hielt sich vier Jahre an der Macht, ehe liberale und konservative Spitzenpolitiker, die angesichts der Distanzierung des Generals vom Establishment sowie dessen zunehmender Beliebtheit beim *pueblo* um ihren Einfluss bangten, einen Pakt schlossen. Der nach dem Putsch nach Spanien geflüchtete Laureno Gómez und Alberto Lleras Camargo von der liberalen Partei unterzeichneten zuerst 1956 in Benidorm und dann 1957 in Sitges Vereinbarungen, die dem Konflikt zwischen den Traditionsparteien ein Ende setzen sollten. Darin verpflichteten sie sich zur längerfristigen Eindämmung des politischen Sektierertums und zur Überwindung der allgemeinen Anomie durch das sogenannte System der Nationalen Front (*Frente Nacional*, 1958-1974). Die Vereinbarungen begründeten ein Machtkartell der "begrenzten Demokratie" (Hartlyn 1988). Die beiden Großparteien vereinbarten, sich alle vier Jahre im Präsidentenamt abzuwechseln und die Verwaltungsposten paritätisch zu verteilen. Nicht zuletzt dank der Gelder, die Kolumbien im Zuge der US-amerikanischen "Allianz für den Fortschritt" erhielt, kam es zu einem wirtschaftlichen Aufschwung (Taffet 2007: 149-174). Der Staat regulierte die Außenwirtschaft und schützte die entstehende nationale Industrie mit hohen Zollschranken. In Bereichen wie der chemischen Industrie, der Automobil- und der Nahrungsmittelproduktion siedelten sich transnationale Unternehmen in Kolumbien an. Die Unternehmerverbände konsolidierten ihren Einfluss, während die Gewerkschaften einen schweren Stand hatten. Gegen Ende des *Frente Nacional* starteten die Frauen ihren Marsch durch die Institutionen. Sie besetzten in wachsender Zahl höhere Posten in der Wirtschaft, der Verwaltung, den Interessenorganisationen, den Universitäten und der Politik.

Die Verstädterung Kolumbiens schritt in dieser Phase enorm voran. In den urbanen Siedlungskernen bildete sich eine Mittelklasse heraus. Dort beschleunigte sich der Wertewandel. Der Wochenendausflug mit dem im eigenen Land produzierten Renault zum Landhaus gehörte zunehmend zur Freizeitkultur der Mittelschichten. Jugendliche bevölkerten am Freitag- und Samstagabend die Diskotheken, tanzten bis in die Morgenstunden zu modernen Salsa- und Merenguerhythmen und bisweilen auch zu angloamerikanischer Popmusik und praktizierten ein freieres Sexualleben (Tirado Mejía 2014: 22-32). Die sozialen Verbesserungen erreichten aber weder in den rasch wachsenden Städten noch auf dem Land alle gesellschaftlichen Gruppen in gleichem Maße. Nach vier vollen Präsidialperioden endete der *Frente Nacional*.

Doch die Erwartungen, welche die Regierung des Reformers Alfonso López Michelsen (1974-78) weckte, wurden schnell enttäuscht. Allein im Jahr 1975 fanden 800 Protestaktionen landesweit statt – mehr als dreimal so viele wie im Vorjahr. Besonders betroffen waren die staatliche Verwaltung, der Bankensektor, die Textil- und die Erdölindustrie sowie das staatliche Schul- und Hochschulsystem (Archila 2003). Der am 14. November 1977 durch die vier mächtigsten Gewerkschaftsverbände aufgerufene Generalstreik, an dem auch Studentengruppen, Selbstständige und Hausfrauen teilnahmen, blieb die größte Arbeitsniederlegung des 20. Jahrhunderts. Angesichts der sozialen Ungleichheit politisierten sich zahlreiche Laien und ein Teil des Klerus. Sie beteiligten sich an den Bemühungen der lateinamerikanischen Kirchen, die soziale und kulturelle Transformation im Geist des Zweiten Vatikanischen Konzils mitzugestalten. Die von Papst Paul VI. im August 1968 in Medellín eröffnete Zweite Lateinamerikanische Bischofskonferenz bildete den Rahmen für eine kritische Neubestimmung des Standortes der Kirche in der Gesellschaft. Allerdings versandete der hoffnungsvolle Aufbruch schon bald. Schon Anfang der 1970er Jahre setzte sich die konservative Linie im Lateinamerikanischen Bischofsrat durch, die Papst Johannes Paul II. stärkte (Arias 2003: 208-214).

Drogen, Guerillas und Paramilitärs

Eine Herausforderung, welche die kolumbianischen Entscheidungsträger lange Zeit unterschätzten, war die Entstehung und Ausbreitung einer "modernen" Guerilla. Wichtige Erklärungsgründe waren der Ausschluss Dritter während des *Frente Nacional*, d.h. aller Parteien, die sich weder zur konservativen noch zur liberalen Partei bekannten; aber auch der administrative Zentralismus sowie die fehlende Teilhabe großer Teile der Bevölkerung an den staatlichen Leistungen. Hinzu kam die Vorbildfunktion der Kubanischen Revolution von 1959, welche die städtischen Studenten und einen Teil des Bildungsbürgertums elektrisierte (Archila 2012: 78-84). Die ältesten noch aktiven Guerilla-Gruppen des Landes sind der 1964 gegründete castristische *Ejército de Liberación Nacional* (ELN) und die im selben Jahr entstandenen marxistischen *Fuerzas Armadas Revolucionarias de Colombia* (FARC) (Beltrán 2015; CNMH 2014; CHCV 2015).

Bekanntheit erlangte auch der nach einem vermuteten Wahlbetrug im Jahr 1970 gegründete, bürgerlich-nationalistische *Movimiento 19 de Abril* (M-19) (Castro Castro 2011). Diese Guerilla-Bewegung wurde durch ihre spektakulären Anschläge berühmt. Nach dem Raub eines der Schwerter Simón Bolívars aus der *Quinta de Bolívar* und der Besetzung der Botschaft der Dominikanischen Republik drang ein Kommando des M-19 am 6. November 1985 in den Justizpalast in Bogotá ein und nahm zahlreiche Richter und weiteres Personal als Geiseln. Bei der Erstürmung des Gebäudes durch die kolumbianischen Sicherheitskräfte kamen zwölf Oberste Richter, mehrere Justizbeamte und andere Angestellte ums Leben. Zahlreiche Personen, deren Schicksal die Öffentlichkeit noch immer nicht kennt, wurden als "verschwunden" gemeldet. Die *toma del palacio* und die anschließende Gewaltorgie der staatlichen Sicherheitskräfte waren symptomatisch für das Scheitern des vom konservativen Präsidenten Belisario Betancur (1982-86) eingeleiteten Friedensprozesses.

Neue Friedensverhandlungen unter der Regierung des Liberalen Virgilio Barco führten 1989/90 dazu, dass sich der M-19, ein Teil des *Ejército Popular de Liberación* (EPL) und einige kleinere Guerillaverbände "reintegrierten". Vor diesem Hintergrund votierten die Wähler 1991 für eine neue Verfassung. Die *Nueva Constitución* leitete einen weitreichenden Dezentralisierungsprozess ein, der Entscheidungsprozesse und die Verfügbarkeit über finanzielle Ressourcen näher an die Bürger heranbringen sollte. Außerdem verankerte sie soziale Rechte (zur Kindheit, Bildung, Gesundheit) auf Verfassungsebene. In der Praxis allerdings dienten manche Reformen korrupten Politikern, Unternehmern und immer mehr paramilitärischen Organisationen zur persönlichen Bereicherung. Das gleichzeitig angeschobene neoliberale Wirtschaftsprojekt generierte zwar Wachstum, aber es vermochte die Kluft zwischen Arm und Reich nicht zu beseitigen. Auch die religiöse Toleranz, ein bis dahin uneingelöstes Versprechen, wurde bekräftigt. Vor diesem Hintergrund konnten protestantische Sekten auch in Kolumbien vermehrt Fuß fassen (Bidegain/Demera 2005). Aber mit der Anerkennung der Forderungen von Homosexuellen oder dem Recht auf Scheidung tun sich die meisten Glaubenskongregationen nach wie vor schwer. Einen Meilenstein bedeuteten die politischen Rechte, welche die indigenen und schwarzen Minderheiten auf verschiedenen Ebenen bekamen. Erwähnenswert ist in diesem Zusammenhang, dass die Verfassung Kolumbien erstmals als plurinationales Gebilde definierte. Trotz unübersehbarer Liberalisierungen auf diskursiver Ebene muss man aber feststellen, dass der alltägliche Rassismus keinesfalls überwunden ist. Viele Kolumbianerinnen und Kolumbianer widersetzen sich der Umsetzung der in der Verfassung angemahnten Toleranz, indem sie die kulturelle Vielfalt im Land nicht als Reichtum und Chance für die gesellschaftliche Entwicklung annehmen (Cerón Steevens/Arévalo Ramírez 2015). Bei so eklatanten Widersprüchen zwischen offiziellen Normen und gesellschaftlichen Realitäten überrascht es nicht, dass zahlreiche zeitgeschichtliche Analysen über Kolumbien mit der Denkfigur von Verfassung und Verfassungswirklichkeit beginnen.

Obwohl zwei wichtige Kontextbedingungen für die Guerilla, der Kalte Krieg und der *Frente Nacional*, entfielen, setzten der ELN und die FARC ihren Krieg auch in den 1990er Jahren fort. Sie fühlten sich dazu nicht zuletzt deshalb berechtigt, weil die Aktivisten der *Unión Patriótica* (UP), des zivilen Arms der FARC, von Todesschwadronen systematisch verfolgt und ermordet wurden. Seit Mitte der 1980er Jahre erschlossen sie mit erpressten Schutzgeldern respektive "Steuern", die sie von Koka- und Opiumbauern sowie den Drogenhändlern einzogen, neue Finanzquellen, dank derer sie im ganzen Land Präsenz markierten. Angst innerhalb der Mittelklasse verbreiteten die sogenannten *pescas milagrosas* (wundersame Fischzüge), d.h. Sperren auf ländlichen Straßen, die errichtet wurden, um Entführungsopfer abzupassen. Trotz zahlreicher Menschenrechtsverbrechen und krimineller Praktiken bestanden die Aufständischen darauf, weiterhin als politische Gruppierungen wahrgenommen zu werden.

Das Drogenbusiness wurde nicht nur für die Guerilla zu einer einträglichen Einnahmequelle, sondern auch andere Gruppen profitierten davon: In entlegenen Gebieten in den Llanos Orientales, wo der Staat kaum präsent war, ließen sich seit den 1980er Jahren vermehrt Siedler nieder, die sich dem Kokaanbau widmeten. Kolumbianische Drogenunternehmer, welche die Koka zu exportfähigem Kokain verarbeiten ließen, engagierten sich in diesem lukrativen Geschäft. Sie unterhielten Verbindungen bis in die höchsten Regierungsstellen. Um ihre Ziele wirkungsvoller zu erreichen, unterhielten sie ihre eigenen Schutztruppen, und sie bezahlten Killerbanden aus den Armenvierteln in Medellín und anderen Großstädten für Spezialaufträge. Ihre Verhaltensweisen und kulturellen Praktiken sind in der Literatur, in Fernsehserien und auch im Film verarbeitet worden (Salazar 1990). Der Wertewandel vollzog sich parallel zum immer stärkeren Einfluss der Drogenkartelle auf die lokale, regionale und nationale Politik. Auftragsmorde, Bombenanschläge und Angriffe auf Polizisten in den größten Städten wurden Teil des Alltags.

Auch die paramilitärischen Organisationen verdanken ihren Einfluss dem Drogenhandel. Sie wurden Mitte der 1980er Jahre unter Präsident Betancur als *autodefensas* gefördert, um der Expansion der Guerilla entgegenzuwirken (Romero 2003). Als verlängerter Arm der Viehzüchter, Smaragdunternehmer und anderer Bergbaufirmen, Gewerbetreibenden, Industriellen und transnationalen Konzerne gerieten sie immer mehr außer Kontrolle, wobei Armeeeinheiten lange Zeit eng mit ihnen kooperierten. Die paramilitärischen Organisationen waren verantwortlich für einen Großteil der Menschenrechtsverletzungen. Mehrere Massaker in den 1980er und 1990er Jahren, bei denen sie in Zusammenarbeit mit staatlichen Streitkräften Hunderte von Bauern folterten, verstümmelten und ermordeten, sind gerichtlich aufgeklärt worden. Unter dem Vorwand, den Staat dort zu vertreten, wo dieser selbst nicht präsent war, vertrieben sie Zehntausende von Kleinbauern von ihren Grundstücken, machten gemeinsame Sache mit der Drogenmafia und erzwangen die Einsetzung ihrer Strohleute von der Lokalebene bis in das nationale Parlament. Die Paramilitärs besetzten noch mehr als die Guerilla nicht nur das soziale und ökonomische, sondern auch das politische Feld (Koessl 2014: 219-238).

1994 kam der liberale Ernesto Samper an die Macht. Kurz nach seinem Sieg veröffentlichte sein Gegner Andrés Pastrana aufgenommene Gespräche zwischen den Bossen des *Cartel de Cali* und dem Journalisten Alberto Giraldo, ein Mitarbeiter von Sampers Wahlkampagne. Dabei ging es um Milliarden Pesos, mit denen die Brüder Rodríguez Orejuela den Wahlkampf finanzieren wollten. Samper wurde gerichtlich nie für schuldig erklärt. Der Prozess gilt als eines der besten Beispiele für die Verbindung des Drogenhandels mit der kolumbianischen Politik.

Die Politik der *Seguridad Democrática*

Vor dem Hintergrund des eskalierenden Konflikts zwischen Regierung und FARC, zahlreicher Opfer der Gewalt auf Seiten der Zivilbevölkerung, eines immer weniger legitimierten Zweiparteiensystems und einer weitgehend unbehelligt agierenden Mafia wählten die Kolumbianer 2002 Álvaro Uribe Vélez zum Präsidenten. Er gehörte ursprünglich den Liberalen an, gründete vor dem Hintergrund der Krise des traditionellen Zweiparteiensystems aber eine eigene politische Bewegung und versprach, mit "starker Hand und großem Herz" den Rechtsstaat wiederherzustellen und den Kolumbianern Sicherheit und Ordnung zurückzugeben. Die von ihm propagierte *Seguridad Democrática* setzte auf die Professionalisierung der Armee und deren Aufrüstung, um die Guerilla militärisch in die Knie zu zwingen. Seit 1999 stand mit dem *Plan Colombia* ein weitgehend durch die USA finanziertes Programm in Milliardenhöhe zur Drogenbekämpfung bereit, das Uribe nun für seinen Feldzug gegen die "Terroristen" nutzen konnte. Im Jahr 2005 gelang es ihm, Tausende Paramilitärs und andere illegale Gewaltakteure dank geringer Strafen und sozialer Programme zu überzeugen, ihre Waffen niederzulegen und sich zu reintegrieren (Zelik 2009: 122-138). Im Rahmen der gerichtlichen Verfahren und der öffentlichen Anhörungen zur Wahrheitsfindung kamen nicht nur die Details der grausamen Verbrechen der Paramilitärs ans Licht, sondern auch deren enge Zusammenarbeit mit der Polizei, der Armee, Großgrundbesitzern, Unternehmern und Politikern. Am 13. Mai 2008 wurden die vierzehn größten Anführer der *Autodefensas Unidas de Colombia* (AUC) überraschend an die USA ausgeliefert.

Während Uribes erster Amtszeit verbesserte sich die Sicherheitslage aufgrund spektakulärer Erfolge gegen die Guerilla signifikant. Dies bescherte dem Präsidenten den Applaus der oligopolistisch organisierten Massenmedien und sicherte ihm hohe Zustimmungsraten von Seiten der Bevölkerung. Dank seiner Popularität konnte Uribe eine Verfassungsänderung durchsetzen, die ihm die Wiederwahl ermöglichte. Eine erneute

Verfassungsreform, die ihm auch noch eine dritte Amtszeit ermöglichen sollte, hatte allerdings keinen Erfolg. Hierbei spielte eine wichtige Rolle, dass er seine großen Wahlversprechen – ein militärischer Sieg gegen die Guerilla und die Beseitigung von Filz in Regierung und Verwaltung – nie eingelöst hatte. Wenngleich geschwächt, überlebte die Guerilla vor allem in den schwer zu kontrollierenden Grenzgebieten zu Venezuela und Ecuador. Das Drogengeschäft – mit Verbindungen bis in hohe Regierungsstellen und die Armee – florierte weiter, Klientelismus und Nepotismus erneuerten sich, der Paramilitarismus reorganisierte sich und war auch im Parlament präsent. Die Korruption im Transport- und Bausektor sowie in der Armee erreichte ein Ausmaß wie nie zuvor. Der Bildungs-, Erziehungs- und Sozialbereich stagnierte. Schwarze, Indigene, Unterschichtenkinder und Frauen waren die Leidtragenden dieser Versäumnisse. Die diplomatischen Beziehungen zu den Nachbarländern Venezuela und Ecuador, denen Uribe unterstellte, die Guerilla aktiv zu unterstützen, erreichten einen Tiefpunkt. Zudem trug die uribistische Propagandamaschine zu einer Polarisierung der kolumbianischen Bevölkerung bei.

Literaturverzeichnis

ARCHILA, Mauricio (2003): *Idas y venidas. Vueltas y revueltas. Protestas sociales en Colombia, 1958-1990*. Bogotá: Instituto Colombiano de Antropología e Historia (ICANH)/ Centro de Investigación y Educación Popular (CINEP).

— (2012): "El movimiento estudiantil en Colombia. Una mirada histórica". In: *Observación Social de América Latina*, 13, 33, S. 71-103.

ARIAS, Ricardo (2003): *El episcopado colombiano. Intransigencia y laicidad (1850-2000)*. Bogotá: Centro de Estudios Sociales (CESO)/Ediciones Uniandes/Instituto Colombiano de Antropología e Historia (ICANH).

BELTRÁN, Miguel Ángel (2015): *Las FARC-EP (1950-2015): Luchas de ira y esperanza*. Bogotá: Ediciones Desde Abajo.

BIDEGAIN, Ana María/DEMERA, Juan Diego (Hg.) (2005): *Globalización y diversidad religiosa en Colombia*. Bogotá: Universidad Nacional de Colombia.

BRAUN, Herbert (1987): *Mataron a Gaitán. Vida pública y violencia urbana en Colombia*. Bogotá: Universidad Nacional de Colombia.

BUCHELI, Marcelo (2005): *Bananas and Business: The United Fruit Company in Colombia, 1899-2000*. New York: New York University Press.

BUSHNELL, David (1993): *The Making of Modern Colombia: A Nation in Spite of Itself*. Los Angeles: University of California Press.

CASTRO CASTRO, Jaime (2011): *Del Palacio de Justicia al Palacio de Nariño*. Bogotá: Aguilar.

CERÓN STEEVENS, Karen Nathalia/ARÉVALO RAMÍREZ, Walter (Hg.) (2015): *De la Constitución de 1991 a la realidad: debates políticos, jurídicos, territoriales e internacionales*. Bogotá: Editorial Universidad del Rosario.

CHCV (Comisión Histórica del Conflicto y sus Víctimas) (2015): *Contribución al entendimiento del conflicto armado en Colombia*. Bogotá: Ediciones Desde Abajo.

CNMH (Centro Nacional de Memoria Histórica) (2014): *Guerrilla y población civil. Trayectoria de las FARC 1949-2013*. Bogotá: Centro Nacional de Memoria Histórica.

CORTÉS GUERRERO, José David (2003): "La expulsión de los jesuitas de la Nueva Granada como clave de lectura del ideario liberal colombiano de mediados del siglo XIX". In: *Anuario Colombiano de Historia Social y de la Cultura*, 30, S. 119-138.

ESCOBAR, Brenda (2013): *De los conflictos locales a la guerra civil. Tolima a finales del siglo XIX*. Bogotá: Academia Colombiana de Historia.

FISCHER, Thomas (1997): *Die verlorenen Dekaden: "Entwicklung nach außen" und ausländische Geschäfte in Kolumbien 1870-1914*. Frankfurt a.M. u.a.: Peter Lang.

— (2012): *Die Souveränität der Schwachen. Lateinamerika und der Völkerbund, 1920-1936*. Stuttgart: Steiner.

— (2013): "La celebración del Centenario de la independencia en Bogotá y Caracas". In: Scheuzger, Stephan/Schuster, Sven (Hg.): *Los Centenarios de la independencia. Representaciones de la historia patria entre continuidad y cambio*. Mesa Redonda/Neue Folge, Nr. 27. Eichstätt: Kath. Univ. Eichstätt-Ingolstadt, Zentralinstitut für Lateinamerika-Studien, S. 121-155.

FISCHER, Thomas/JIMÉNEZ ÁNGEL, Andrés (Hg.) (2013): "La hispanidad en América: la construcción escrita y visual del idioma y de la raza". Dossier. In: *Iberoamericana. América Latina – España – Portugal*, 50, S. 81-182.

GONZÁLEZ, Fernán (2006): *Partidos, guerras e Iglesia en la construcción del Estado-Nación en Colombia (1830-1900)*. Medellín: La Carreta/Centro de Investigación y Educación Popular (CINEP).

HARTLYN, Jonathan (1988): *The Politics of Coalition Rule in Colombia*. Cambridge: Cambridge University Press.

HENDERSON, James D. (2001): *Modernization in Colombia: The Laureano Gómez Years, 1889-1965*. Gainesville: University of Florida Press.

JIMÉNEZ ÁNGEL, Andrés (2013): "Ciencia, lengua e hispanidad en la construcción de la cultura nacional en Colombia, 1867-1880". In: *Iberoamericana. América Latina – España – Portugal*, 50, S. 85-100.

KOESSL, Manfredo (2014): *Gewalt und Habitus: Paramilitarismus in Kolumbien*. Berlin u.a.: LIT.

KÖNIG, Hans-Joachim (2008): *Kleine Geschichte Kolumbiens*. München: Beck.

LOAIZA, Gilberto (2009): "La expansión del mundo del libro durante la ofensiva reformista liberal. Colombia, 1845-1886". In: Acosta Peñaloza, Carmen Elisa/Ayala Diago, César Augusto/Cruz Villalobos, Henry Alberto (Hg.): *Independencia, independencias y espacios culturales. Diálogos de historia y literatura*. Bogotá: Universidad Nacional de Colombia u.a., S. 25-64.

— (2012): "La cultura". In: Castro Carvajal, Beatriz (Hg.): *Colombia. La construcción nacional*. Band 2: 1830/1880. Madrid: Fundación MAPFRE/Taurus, S. 237-297.

LÓPEZ-BEJARANO, Pilar (2015): *Un estado a crédito: deudas y configuración estatal de la Nueva Granada en la primera mitad del siglo XIX*. Bogotá: Pontificia Universidad Javeriana.

MARTÍNEZ, Frédéric (2001): *El nacionalismo cosmopolita. La referencia europea en la construcción nacional en Colombia, 1845-1900*. Bogotá: Banco de la República/Instituto Francés de Estudios Andinos (IFEA).

McGRAW, Jason (2014): *The Work of Recognition: Caribbean Colombia and the Postemancipation Struggle for Citizenship*. Chapel Hill: University of North Carolina Press.

ORTIZ, Luis Javier (2010): "La Regeneración en Colombia (1878-1902)". In: Vélez, Diana Bonnett/LaRosa, Michael/Nieto, Mauricio (Hg.): *Colombia. Preguntas y respuestas sobre su pasado y su presente*. Bogotá: Universidad de Los Andes, S. 231-253.

PALACIOS, Marco (2009): *El café en Colombia (1850-1970): una historia económica, social y política*. México, D.F.: El Colegio de México.

PÉCAUT, Daniel (2012): *Orden y violencia: Colombia 1930-1953*. Medellín: Fondo Editorial Universidad Eafit.

PÉREZ, Amada (2015): *Nosotros y los otros. Las representaciones de la nación y sus habitantes. Colombia 1880-1910*. Bogotá: Pontificia Universidad Javeriana.

REHM, Lukas (2014): *Politische Gewalt in Kolumbien. Die Violencia in Tolima, 1946-1964*. Stuttgart: Heinz.

ROMERO, Mauricio (2003): *Paramilitares y Autodefensas 1982-2003*. Bogotá: Instituto de Estudios Políticos y Relaciones Internacionales (IEPRI)/Planeta.

SAFFORD, Frank R./PALACIOS, Marco (2002): *Colombia: Fragmented Land, Divided Society*. New York: Oxford University Press.

SALAZAR, Alonso (1990): *No nacimos pa' semilla*. Bogotá: Centro de Investigación y Educación Popular (CINEP).

SALDARRIAGA, Óscar (2004): "La 'cuestión textos' de 1870: una polémica colombiana sobre los Elementos de Ideología de Destutt de Tracy". In: Castro Gómez, Santiago (Hg.): *Pensar el siglo XIX: cultura, biopolítica y modernidad en Colombia*. Biblioteca de América. Pittsburgh: Instituto Internacional de Literatura Iberoamericana (IILI), S. 105-164.

SÁNCHEZ, Gonzalo/AGUILERA, Mario (Hg.) (2001): *Memorias de un país en guerra. Los Mil Días 1899-1902*. Bogotá: Planeta/Instituto de Estudios Políticos y Relaciones Internacionales (IEPRI)/Facultad de Derecho, Ciencias Políticas y Sociales (UNIJUS).

SANDERS, James (2004): *Contentious Republicans: Popular Politics, Race and Class in Nineteenth Century Colombia*. Durham/London: Duke University Press.

— (2014): *The Vanguard of the Atlantic World: Creating Modernity, Nation, and Democracy in Nineteenth-Century Latin America*. Durham: Duke University Press.

SCHUSTER, Sven (2006): *'I took Panama': die Separation Panamas in der Sicht der neueren Historiografie Panamas, Kolumbiens und der USA*. Mesa Redonda/Neue Folge, Nr. 24. Eichstätt: Kath. Univ. Eichstätt-Ingolstadt, Zentralinstitut für Lateinamerika-Studien.

— (2009): *Die Violencia in Kolumbien: Verbotene Erinnerung? Der Bürgerkrieg in Politik und Gesellschaft, 1948-2008*. Historamericana 22. Stuttgart: Heinz.

SIERRA MEJÍA, Rubén (2006): *El radicalismo colombiano en el siglo XIX*. Bogotá: Universidad Nacional de Colombia.

— (Hg.) (2009): *República Liberal: sociedad y cultura*. Bogotá: Universidad Nacional de Colombia.

SOWELL, David (1992): *The Early Colombian Labor Movement. Artisans and Politics in Bogota, 1832-1919*. Philadelphia: Temple University.

TAFFET, Jeffrey F. (2007): *Foreign Aid as Foreign Policy: The Alliance for Progress in Latin America*. New York: Routledge.

TIRADO MEJÍA, Álvaro (2014): *Los años sesenta. Una revolución en la cultura*. Bogotá: Penguin Random House.

TORRES DEL RÍO, César (2011): *Colombia siglo XX: desde la Guerra de los Mil Días hasta la elección de Álvaro Uribe*. Bogotá: Pontificia Universidad Javeriana.

ZELIK, Raul (2009): *Die kolumbianischen Paramilitärs: "Regieren ohne Staat?" oder terroristische Formen der Inneren Sicherheit*. Münster: Westfälisches Dampfboot.

ZOLLER, Rüdiger (Hg.) (2004): *Panama: 100 Jahre Unabhängigkeit. Handlungsspielräume und Transformationsprozesse einer Kanalrepublik*. Mesa Redonda/Neue Folge, Nr. 20. Erlangen: Zentralinstitut für Regionalforschung.

Raumstruktur, regionale Disparitäten und Bevölkerung

Benedikt Hora / Carla Marchant / Andreas Haller / Axel Borsdorf

Natur- und kulturräumliche Gliederung

Kolumbien hat in Südamerika eine einmalige Lage. Das 1.398.910 km²
große Staatsterritorium grenzt sowohl an den Atlantik (mit der Karibischen See) als auch an den Pazifik, wobei die Küstenlinie an der Karibik
mit 1.626 km etwas länger ist als die am Pazifik (1.448 km). Durch Süd-
kolumbien verläuft der Äquator, aber auch der thermische Äquator, d.h.
die Linie mit der höchsten mittleren Jahrestemperatur der Erde, der in
Südamerika wegen der sich nach Süden verringernden Landmasse nach
Norden verschoben ist, verläuft etwa auf der Höhe von Bogotá. Und
schließlich ist Kolumbien das einzige Land, in dem sich die Südamerikanischen Kordilleren in drei Stränge aufteilen und die Ost-, Zentral- und
Westkordillere bilden (Borsdorf/Stadel 2013).

Vier naturräumliche Großeinheiten charakterisieren Kolumbien. In
der westlichen Hälfte des Staatsterritoriums dominieren die Anden den
Naturraum. Sie sind die Wasserschlösser des Landes. Große Grabenbrü-
che trennen die drei Kordillerenstränge: der Magdalenagraben zwischen
Ost- und Zentralkordillere und zwischen dieser und der Westkordillere
der Caucagraben. Darüber hinaus besitzt Kolumbien auch eine pazifische
Küstenkordillere, freilich mit geringeren Höhen. Auch diese ist durch einen Grabenbruch, in dem der Río Atrato fließt, von den Hochkordilleren
getrennt. Diese tief eingesenkten tektonischen Gräben machen Kolumbien
zu einem landschaftlich stark vertikal gegliederten Land. Der Reisende,
der von Bogotá (Ostkordillere) zum Pazifik unterwegs ist, muss zweimal
höchste Pässe überwinden und gelangt in der Zentralkordillere sogar bis in
die Nebellandschaft der Páramos.

Die kolumbianische Ostkordillere teilt sich an der Grenze zu Venezuela noch einmal in die Sierra de Perijá, vor der schließlich der isolierte, tektonisch eigenständige Gebirgsstock der Cordillera Nevada de Santa
Marta (max. 5.780 m), das höchste Küstengebirge der Erde, liegt. Diese

starke Kammerung war für Kolumbien immer ein großes Verkehrshindernis. Dennoch weisen die Anden und deren Täler und Terrassen die höchste Bevölkerungsdichte auf. Das geologisch junge Hochgebirge, das sich immer noch in Hebung befindet, ist tektonisch und morphodynamisch unruhig. Erdbeben, Vulkanausbrüche, Berg- und Felsstürze sowie Erdrutsche (*derrumbes*) sind häufig und führen oft zu Katastrophen (Borsdorf 2006).

Der nördliche Teil Kolumbiens wird vom karibischen Küstentiefland eingenommen. Es ist weitgehend eben, vielfach von großen Sumpfgebieten (*ciénagas*) geprägt und – mit Ausnahme der Küste – dünn besiedelt. In der Karibik besitzt Kolumbien mehrere Inseln und Archipele, von denen die Ferieninseln San Andrés und Providencia die bekanntesten sind.

Ähnlich ist die Bevölkerungsverteilung im pazifischen Küstentiefland. Im immerfeuchten tropischen Klima haben sich nur wenige Hafenstädte bilden können, während der tropische Regenwald am Osthang der Westkordillere und auf der schmalen Küstenplattform die Erschließung bis heute behindert hat.

Die östliche Hälfte Kolumbiens, im Süden Amazonien und im Norden die Llanos del Orinoco, bildet ein Flachland, dessen Flüsse in der Regenzeit vielfach über die Ufer treten und ihm einen amphibischen Charakter geben. In der Ebene erhebt sich die Serranía de la Macarena, die tektonisch älter als die Anden ist. Das kolumbianische Amazonien ist von dichtem Regenwald bedeckt, die Llanos dagegen sind durch die Feuchtsavanne-Vegetation gekennzeichnet.

Kolumbien liegt in der tropischen Klimazone, das bedeutet, dass die Temperaturschwankungen zwischen Tag und Nacht größer sind als die jahreszeitlichen. Das ganze Jahr über herrschen gleichmäßige Temperaturen. Dennoch ist das Klima stark gekammert, und zwar horizontal von West nach Ost zunächst immerfeucht, dann wechselfeucht, und an der karibischen Küste haben sich sogar Trockengebiete gebildet. Eindrucksvoll sind die klimatischen Höhenstockwerke in den Anden. Dort folgt auf das tiefgelegene "heiße Land" (*tierra caliente*), ab ca. 800-1.000 m Meereshöhe das "gemäßigte Land" (*tierra templada*), dessen Obergrenze die 18° Isotherme des kältesten Monats bildet. Darüber liegt ab ca. 1.500-2.500 m das "kalte Land" (*tierra fría*) mit Durchschnittstemperaturen, die denen Mitteleuropas gleichen. Ab 2.500-3.500 m Höhe folgt das "eisige Land" (*tierra helada*) mit seinen Páramos, das schließlich an das "Schneeland" (*tierra nevada*) grenzt. Die klimatische Schneegrenze liegt bei ca. 4.500 m, der Bereich darüber ist stark vergletschert, wobei die tropischen Gletscher wegen der im Jahresgang gleichmäßigen Temperaturen – anders als in den Alpen – keine langen Zungen bilden.

Da es keine thermischen Jahreszeiten gibt, sind die hygrischen Jahreszeiten wichtiger. Die Regenzeit wird als Winter (*invierno*) bezeichnet, die Trockenzeit dagegen als Sommer (*verano*). Dies darf nicht mit europäischen Begriffen verwechselt werden, denn im "Winter" steht die Sonne im Zenit und bringt durch die Erwärmung kräftige tropische Regen (konvektive Niederschläge), die bis zu 10.000 mm Jahresniederschlag bringen, im "Sommer" dagegen befindet sich die Sonne fern von Kolumbien an den Wendekreisen. Diese Bedingungen werden in den El-Niño-Southern-Oscillation-Jahren umgekehrt und führen in den sonst trockenen Gebieten zu Starkniederschlägen, während in den feuchten Regionen die sonst üblichen Zenitalregen ausfallen.

Diese Klimabedingungen haben eine große Artenvielfalt zur Folge. Die wichtigsten Vegetationsgesellschaften sind die des tropischen Regen-, Berg- und Nebelwaldes, der Feucht-, Trocken- und Dornsavanne sowie die Auen und Sümpfe. In diesen leben 2.890 Landwirbeltierarten und 1.721 Vogelarten. Gemeinsam mit der Vegetation hat Kolumbien daher eine der höchsten Biodiversitätsraten der Welt. Mit nur 0,7 % der globalen Festlandmasse beherbergt das Land 10 % aller Tier- und Pflanzenarten der Welt. Dies hat zur Ausweisung zahlreicher Nationalparke und privatrechtlicher Schutzgebiete geführt (Marchant/Borsdorf 2013). Die UNESCO hat fünf solcher Schutzgebiete zu Biosphärenreservaten erklärt.

Der naturräumlichen Kammerung entspricht die kulturräumliche. Im Unterschied zu den meisten südamerikanischen Staaten (mit Ausnahme Ecuadors) dominiert die Hauptstadt Bogotá das Städtesystem weniger. Mit Medellín, Cali, Barranquilla und Cartagena haben sich weitere Millionenstädte gebildet, was der schwierigen Verkehrserschließung geschuldet ist. Von diesen Städten geht ein starkes Regionalbewusstsein aus, das auch aus den unterschiedlichen Bodenbewirtschaftungsmethoden, der regionaltypischen Küche, der ethnischen Zusammensetzung und den verschiedenen Mentalitäten resultiert. Besonders stark ist dieses im Department von Antioquia mit seiner Hauptstadt Medellín ausgeprägt, in dem die baskische Herkunft eines Großteils der Bevölkerung bis heute spürbar ist. Ähnliches gilt für die Bevölkerung in der Kaffeeregion der Zentralkordillere um Manizales. Wenn auch der Kaffee heute nicht mehr traditionell unter Schattenbäumen angebaut wird, sondern mit Hybridsorten in Monokulturen, so bildet doch der Kaffee den Stolz der Bevölkerung.

Auch in den anderen Andengebieten, in denen der indianische Einfluss spürbar ist und in denen sich auch die meisten, rechtlich sondergestellten *cabildos* der autochthonen Bevölkerung befinden, herrscht ein akzentuiertes Regionalbewusstsein, das auch auf dem lokalen Wissen und den Lebensstrategien in einem labilen Kulturraum beruht. Mit ihren den Höhenstufen der Nutzung angepassten Wirtschaftsweisen gelten die Andenbewohner als wertkonservativ. Großbetriebe (*haciendas*) wechseln dort mit Kleinbetrieben (*fincas*) und indianischen Kollektivflächen (*cabildos*). Viele Kleinbauern haben sich zu landwirtschaftlichen Genossenschaften (*asociaciones*) zusammengeschlossen. Sie bewirtschaften ihre Flächen – höhenabhängig – mit Tieflandgewächsen in der *tierra caliente*, über die Obstbäume, den Kaffee und Tee der *tierra templada*, über Gemüse, Milch und Käse der Rinder in der *tierra fría* bis zur Nutzung der Páramos ökologisch angepasst.

Im Orinocogebiet herrscht der agrarische Großbesitz. Riesige Rinderherden aus indischem Höckervieh (*zebú*) weiden dort, während in Amazonien durchaus noch Brandrodungswanderfeldbau betrieben wird.

Das karibische Küstentiefland ist aufgrund seiner Kammerung in Feuchtgebiete und Agrarflächen geteilt. Dort werden vor allem tropische Nutzpflanzen (Maniok, Mais, Bananen, Reis, Zuckerrohr, Kakao, Tabak) angebaut. Als einziger Kulturraum hat es einen großen Anteil afrokolumbianischer Bevölkerung. Schließlich wird der Westhang der Westkordillere zum Pazifik hin, wenn überhaupt, dann nur waldwirtschaftlich genutzt. In der karibischen Ebene erhebt sich die Sierra Nevada de Santa Marta, die im Kern von indianischen Völkern auf traditionelle Weise bewirtschaftet wird (Borsdorf/Marchant 2013).

Regionale Disparitäten, städtische und ländliche Räume

Die natur- und kulturräumliche Gliederung Kolumbiens in Großeinheiten spiegelt sich auch in wirtschafts- und sozialräumlichen Disparitäten wider, welche den Andenstaat kennzeichnen. Grund hierfür ist vor allem die Lage der Städte – sowohl absolut (Disparitäten im Stadt-Land-System), als auch in ihrem Verhältnis zueinander (Disparitäten im nationalen Städtesystem) –, welche als wirtschaftliche und soziale Zentren fungieren. Die östliche Hälfte des Landes, Amazonien und die Llanos del Orinoco, sowie das pazifische Küstentiefland im westlichen Teil Kolumbiens sind außerordentlich städtearm. Demgegenüber stehen die Kordilleren der Anden und das karibische Küstentiefland im Norden des Landes. In diesen beiden Großeinheiten pulsiert das städtische Leben Kolumbiens.

Obwohl Bogotá, gelegen in etwa 2.600 m Seehöhe auf einer Hochebene (der Sabana de Bogotá) der Ostkordillere, mit seinen knapp acht Millionen Bewohnern (in der sogenannten *cabecera* oder Kernstadt) die mit Abstand bedeutendste Metropole Kolumbiens darstellt, handelt es sich dabei nicht – wie dies etwa bei den Kapitalen Perus oder Chiles der Fall ist – um eine ausgeprägte Primatstadt. Medellín, die zweitgrößte Metropole Kolumbiens und Hauptstadt des Departments Antioquia, welche sich auf knapp 1.500 m im Aburrá-Tal der Zentralkordillere befindet, erreichte im Jahr 2015 nach Schätzungen der staatlichen Statistikbehörde DANE (*Departamento Administrativo Nacional de Estadística*) eine Einwohnerzahl von knapp 2,5 Millionen (DANE 2005). Damit liegt das bevölkerungsmäßige Übergewicht der Metropole Bogotá gegenüber der stolzen Regionalhauptstadt der *paisas*, Medellín, mit einem *primacy index* von knapp über drei – dem Verhältnis zwischen der bevölkerungsreichsten und der zweitgrößten Metropole – nur relativ wenig über der Idealvorstellung eines Index von zwei. Mit der Hauptstadt des Departments Valle del Cauca, Cali, welche auf rund 1.000 m zwischen der West- und der Zentralkordillere im Cauca-Tal des südwestlichen Kolumbiens liegt, besitzt das Andenhochland noch eine weitere Metropole, deren Einwohnerzahl für das Jahr 2015 auf knapp 2,3 Millionen Personen geschätzt wurde. Die Gruppe der Millionenstädte Kolumbiens wird durch die Metropolen Barranquilla und Cartagena komplettiert. Mit seiner Lage nahe der Mündung des Río Magdalena in die Karibische See, ist das 1,2 Millionen Einwohner zählende Wirtschaftszentrum Barranquilla im Norden des Landes die größere der beiden Millionenmetropolen – Bevölkerungszahlen von Konurbationen oder Agglomerationen bleiben hier unberücksichtigt –, welche außerhalb der Andenregion liegen. Die Stadt Cartagena (Department Bolívar), die durch ihre als UNESCO-Welterbe deklarierte Altstadt bekannte Hafenstadt an der Karibikküste, ist jedoch nur geringfügig weniger bevölkert. Das Vorhandensein zweier Millionenstädte im karibischen Küstentiefland kann aber nicht darüber hinwegtäuschen, dass die Andenregion – vom Norden bis in den Südwesten des Staatsterritoriums – die städtischste der genannten Großeinheiten darstellt; befinden sich doch mit Cúcuta, Ibagué und Bucaramanga noch drei weitere Kernstädte mit mehr als einer halben Million Bewohnern, sowie zahlreiche Mittelstädte mit zumindest

250.000 Einwohnern (DANE 2005; Projektion für das Jahr 2015) in den Kordilleren Kolumbiens.

Während also bei Betrachtung der naturräumlichen Großeinheiten regionale Disparitäten hinsichtlich der Verteilung der urbanen Zentren speziell zwischen dem östlichen und westlichen Tiefland sowie dem Andenhochland und dem karibischen Küstentiefland offensichtlich werden, lässt sich feststellen, dass die wirtschaftlich und gesellschaftlich bedeutenden Millionenstädte relativ homogen zwischen dem Norden und dem Südwesten verteilt liegen. Hinzu kommt, dass die Städtehierarchie (ausgedrückt durch die Ranggrößenregel oder *rank size rule*) im Bereich der größten urbanen Zentren in Kolumbien vergleichsweise flach verläuft.

Die Bedeutung der Millionenstädte drückt sich auch in der Wirtschaftsleistung der jeweiligen Departments aus (gemessen an ihrem Anteil am Bruttoinlandsprodukt, kurz BIP; DANE 2015): Während Bogotá D.C. im Jahr 2013 einen Anteil von rund 24,5 % (2000: 26,5 %) aufweist, und damit für ein Viertel des BIP verantwortlich ist, erreichen Antioquia (Medellín) 13,5 % (13,4 %), Valle del Cauca (Cali) 9,2 % (10,9 %), Atlántico (Barranquilla) 3,8 % (4,3 %) und Bolívar (Cartagena) 4,4 % (3,4 %). Die Departments der fünf größten Städte des Landes tragen somit also knapp 55 % zum BIP Kolumbiens bei. Bezüglich des Index der menschlichen Entwicklung (auch *Human Development Index*, kurz HDI), der auch Indikatoren der Bereiche Bildung und Gesundheit berücksichtigt, weist das Entwicklungsprogramm der Vereinten Nationen, UNDP (*United Nations Development Programme*), in seinem kolumbianischen Bericht über die menschliche Entwicklung (*Informe Nacional de Desarrollo Humano*, INDH; Tabelle 1) für Bogotá D.C. im Jahr 2010 einen Wert von 0,904 (2000: 0,844), für Antioquia 0,849 (0,781), für das Valle del Cauca 0,861 (0,801), für Atlántico 0,835 (0,786) und für Bolívar 0,823 (0,759) aus. Hier zeigt sich, dass die Departments des pazifischen Küstentieflandes (das Valle del Cauca zählt hier trotz Anteils freilich nicht dazu), des karibischen Küstentieflandes (die Anteile von Bolívar, Atlántico und Antioquia wiederum ausgeschlossen) sowie jene Amazoniens und der Llanos de Orinoco am schwächsten abschneiden.

Die Strukturschwäche ländlicher Räume, sowie die mangelhafte Inklusion großer Teile der ruralen Bevölkerung in Kolumbien sind auf eine Kombination unterschiedlichster Faktoren zurückzuführen. Abgesehen von historisch- und physisch-geographischen Einflussgrößen sind an dieser Stelle vor allem politische und ökonomische Rahmenbedingungen zu nennen. Die ungelöste Frage nach einer Agrarreform, welche sich offiziell zumindest seit dem Jahr 1936 mit der Verabschiedung des Gesetzes 200 oder *Ley de Tierras* (Franco-Cañas/Ríos-Carmenado 2011) stellt, sowie der damit verbundene bewaffnete Konflikt um Land, der weite Teile der einst ländlichen Bevölkerung auf der Suche nach Schutz, Sicherheit und wirtschaftlichen Möglichkeiten an die Ränder der großen Metropolen ziehen ließ, verstärkten die Disparitäten zwischen Zentren und Peripherien. Dieser ländliche Exodus (*éxodo rural*) führte dazu, dass heute knapp 75 % der kolumbianischen Bevölkerung in Städten leben. Obgleich Migration aus dem ländlichen Raum in die Städte für viele zu mehr Sicherheit und einem besseren Zugang zu Bildungs- und Gesundheitsinfrastruktur führen konnte, vermochte es dieser Prozess nicht, die bestehenden Disparitäten im Bereich der Einkommens- und Vermögensverteilung auszugleichen. Wie Berechnungen der Weltbank ergeben, erreichte Kolumbien 1992 einen Gini-Index von 51,5 – der Index reicht von 0 (alle besitzen gleich viel) bis 100 (eine Person besitzt alles) –, im Jahr 2012 betrug dieser Wert sogar 53,5, und stieg damit leicht (The World Bank Statistics 2015).

Department	Jahr										
	2000	2001	2002	2003	2004	2005	2006	2007	2008	2009	2010
Antioquia	0,781	0,781	0,786	0,792	0,8	0,807	0,806	0,817	0,83	0,838	0,849
Arauca	0,785	0,763	0,769	0,78	0,787	0,796	0,789	0,792	0,798	0,799	0,804
San Andrés	0,826	0,825	0,831	0,831	0,835	0,832	0,824	0,828	0,832	0,831	0,834
Atlántico	0,786	0,784	0,786	0,791	0,797	0,801	0,797	0,806	0,817	0,824	0,835
Bogotá D.C.	0,844	0,843	0,848	0,853	0,862	0,87	0,869	0,881	0,892	0,897	0,904
Bolívar	0,759	0,761	0,764	0,778	0,783	0,787	0,783	0,795	0,805	0,812	0,823
Boyacá	0,774	0,774	0,778	0,783	0,789	0,798	0,798	0,811	0,824	0,828	0,842
Caldas	0,758	0,763	0,771	0,776	0,782	0,789	0,788	0,797	0,809	0,822	0,828
Caquetá	0,706	0,707	0,707	0,717	0,719	0,723	0,718	0,725	0,735	0,769	0,752
Casanare	0,848	0,834	0,835	0,848	0,854	0,859	0,855	0,855	0,861	0,859	0,867
Cauca	0,712	0,714	0,721	0,726	0,735	0,742	0,739	0,749	0,761	0,76	0,782
Cesar	0,715	0,723	0,731	0,745	0,761	0,77	0,771	0,778	0,791	0,788	0,81
Chocó	0,66	0,659	0,659	0,672	0,684	0,687	0,686	0,696	0,708	0,744	0,731
Córdoba	0,726	0,724	0,73	0,739	0,748	0,751	0,752	0,765	0,775	0,757	0,798
Cundinamarca	0,783	0,786	0,788	0,796	0,799	0,803	0,799	0,808	0,821	0,824	0,837

Amazoniengruppe	0,675	0,683	0,693	0,699	0,714	0,73	0,729	0,741	0,751	0,784	0,768
Huila	0,748	0,745	0,751	0,76	0,769	0,774	0,773	0,78	0,791	0,779	0,807
La Guajira	0,686	0,693	0,683	0,693	0,7	0,705	0,694	0,689	0,69	0,688	0,691
Magdalena	0,717	0,72	0,726	0,731	0,737	0,744	0,742	0,752	0,764	0,772	0,785
Meta	0,77	0,767	0,77	0,776	0,781	0,785	0,783	0,791	0,802	0,81	0,822
Nariño	0,713	0,715	0,722	0,73	0,738	0,742	0,741	0,746	0,756	0,762	0,773
Norte de Santander	0,733	0,732	0,737	0,74	0,746	0,748	0,749	0,76	0,775	0,784	0,796
Putumayo	0,696	0,697	0,704	0,71	0,721	0,727	0,727	0,735	0,745	0,75	0,759
Quindío	0,748	0,751	0,755	0,759	0,766	0,78	0,785	0,798	0,813	0,821	0,832
Risaralda	0,752	0,752	0,757	0,766	0,778	0,788	0,79	0,803	0,818	0,828	0,839
Santander	0,794	0,796	0,801	0,808	0,818	0,827	0,827	0,842	0,856	0,866	0,879
Sucre	0,724	0,725	0,724	0,727	0,735	0,739	0,737	0,747	0,758	0,765	0,775
Tolima	0,739	0,74	0,745	0,75	0,76	0,764	0,764	0,773	0,785	0,793	0,804
Valle del Cauca	0,801	0,8	0,803	0,806	0,813	0,819	0,82	0,832	0,845	0,852	0,861

Tabelle 1: Index menschlicher Entwicklung (HDI) nach kolumbianischen Departments von 2000 bis 2010. Die Amazoniengruppe (Grupo Amazonía) fasst Amazonas, Gauinía, Guaviare, Vaupés und Vichada zusammen. Quelle: Programa de las Naciones Unidas para el Desarrollo en Colombia 2011; adaptiert und übersetzt durch die Autoren.

Bevölkerung

Kolumbien ist mit mehr als 48 Millionen Einwohnern (Stand 2015) das zweitbevölkerungsreichste Land Südamerikas nach Brasilien und das bevölkerungsreichste Land der Andenstaaten. Die Bevölkerung hat sich seit 1975 verdoppelt und wächst gegenwärtig mit 1,3 % jährlich weiter (DANE 2015). Dieses Wachstum und die Zeit der Unruhen haben neben den starken innerkolumbianischen Migrationsbewegungen auch eine große Diaspora von Kolumbianern im Ausland entstehen lassen. Diese leben vor allem in den direkten Nachbarländern Ecuador und Venezuela und in den Vereinigten Staaten von Amerika. Die Befriedung der letzten Jahre und das wirtschaftliche Wachstum haben wiederum viele zur Rückkehr bewogen. Das demographische Gewicht Kolumbiens ist im regionalen Kontext bedeutend. Zudem kommt, seiner besonderen Lage geschuldet, ein wichtiger kultureller Einfluss auf die Karibikanrainerstaaten und die südlicheren Andenstaaten hinzu.

Die Lebenserwartung liegt im kolumbianischen Durchschnitt bei knapp 74 Jahren. Frauen haben eine Lebenserwartung von 78,6 Jahren und damit fast sieben Jahre mehr als Männer. Die Fertilitätsrate hat sich von über fünf Kindern pro Frau Anfang der 1970er Jahre auf 2,32 pro Frau im Jahr 2012 stark reduziert (The World Bank Statistics 2015). Dieser Rückgang ist ein Phänomen, das weltweit zu beobachten ist. Nach Bähr (2010) können sieben häufig diskutierte Gründe für das Abnehmen der Geburtenrate herausgestellt werden. Diese treffen mehr oder weniger auch für Kolumbien zu: 1. Wirtschaftliche Beweggründe; 2. Aufkommen neuer Familiennormen; 3. Frauenerwerbstätigkeit; 4. Fehlen einer kindergemäßen Umwelt; 5. Fortgang des Säkularisierungsprozesses; 6. Pessimistische Zukunftsbeurteilung; und 7. Verbesserte Möglichkeiten der Empfängnisverhütung. Das Land befindet sich in der Spätphase des demographischen Übergangs mit einer bereits stark gesunkenen Sterberate und einer Geburtenrate, die noch knapp über dem Selbsterhaltungsniveau liegt. Die Alterspyramide der kolumbianischen Bevölkerung hat sich zu einer Urnenform entwickelt, jedoch ist der demographische Alterungsprozess noch nicht so weit fortgeschritten wie in einigen Industriestaaten (Abbildung 1). Der Anteil der unter 14-Jährigen ist von dem Maximum von 46,9 % 1965 auf 24,3 % im Jahr 2015 zurückgegangen. Die Gruppe mit dem größten Bevölkerungsanteil sind die 20-25-Jährigen (Tabelle 2). Bei der mittleren Prognose wird von einem Bevölkerungsmaximum von 55 Millionen Menschen im Jahr 2050 ausgegangen, danach soll der Schrumpfungsprozess eintreten.

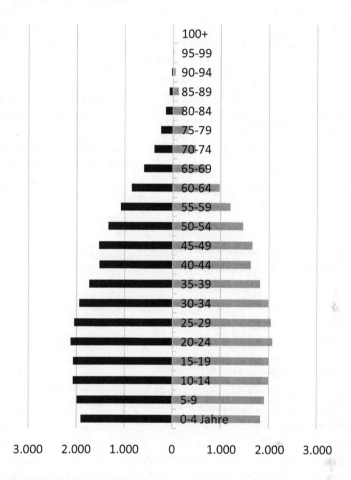

Abbildung 1: Bevölkerungspyramide Kolumbiens im Jahr 2015 (schwarz männlich, grau weiblich). Bevölkerungszahl in Tausend. Quelle: United Nations, Department of Economic and Social Affairs, Population Division 2015; eigene Darstellung.

Jahre	Gesamtbevölkerung in Tausend	Anteil 0-14 Jahre (%)	Anteil 15-64 Jahre (%)	Anteil 65+ Jahre (%)
1950	12.341	42,6	54,0	3,4
1955	14.225	44,8	52,0	3,2
1960	16.480	46,4	50,4	3,2
1965	19.144	46,9	49,9	3,2
1970	22.061	45,9	50,7	3,4
1975	24.757	43,4	53,0	3,6
1980	27.738	40,6	55,7	3,7
1985	31.012	37,9	58,2	3,9
1990	34.272	36,3	59,6	4,1
1995	37.442	34,3	61,3	4,4
2000	40.404	31,5	63,8	4,7
2005	43.286	28,9	65,9	5,2
2010	45.918	26,4	67,8	5,9
2015	48.229	24,3	68,7	7,0

Tabelle 2: Altersverteilung und Gesamtbevölkerung Kolumbiens seit 1950. Quelle: United Nations, Department of Economic and Social Affairs, Population Division 2015.

Diese Zahlen dürfen nicht darüber hinwegtäuschen, dass die demographischen Strukturen innerhalb der kolumbianischen Regionen, im städtischen und im ländlichen Raum sowie hinsichtlich der ethnischen Zugehörigkeit variieren. Wie oben erwähnt verteilt sich durch die natur- und kulturräumlichen Charakteristika des Landes die Bevölkerung ungleich. Die starke Urbanisierung der letzten Jahrzehnte hat für die Mehrheit der Einwohner zu einer Modernisierung des Lebensstils und zu einer Hinwendung zu Singlehaushalten und Kleinfamilien geführt (Tabelle 3).

Größe (Personen/ Haushalt)	1	2	3	4	5	6 oder mehr
Anteil (%)	11,1	15,2	19,9	20,6	14,9	18,3

Tabelle 3: Durchschnittliche Haushaltsgröße Kolumbiens 2005. Quelle: DANE 2005.

Es gibt einen deutlichen Unterschied der Fertilitätsrate zwischen den urbanen Departments Caldas (1,6), Quindío (1,7), Risaralda (1,7), Valle del Cauca (1,7), Antioquia (1,8), Bogotá (1,9) und den Departments mit hohem indigenem oder afrokolumbianischem Bevölkerungsanteil wie Chocó (3,3), Vichada (3,3), Guainía (3,1), Amazonas (3,7), Vaupés (3,8) und La Guajira (4,1) (Profamilia 2011). Aufgrund der lang anhaltenden Unruhephase in der jüngeren Geschichte Kolumbiens ist der Ausländeranteil immer noch gering.

Im Ganzen sind die Bevölkerungsstrukturen Kolumbiens mit denen anderer Länder mit ähnlichem Entwicklungsstand in der Region vergleichbar. Die unruhige Geschichte des Landes der letzten Jahrzehnte hat die langfristigen Trends hin zu einer Modernisierung der Gesellschaft mit einer alternden Bevölkerung und geringeren Fertilitätsraten wenig beeinflusst. Hygienische Standards und eine bessere Gesundheitsversorgung haben die Säuglingssterblichkeit stark reduziert.

Kolumbien hat im Durchschnitt eine Bevölkerungsdichte von 42 Einwohnern pro Quadratkilometer. Die Einwohner sind sehr ungleich auf dem Land verteilt, was aus der höchst unterschiedlichen wirtschaftlichen Attraktivität der Landesnatur herrührt. Wie bereits erwähnt, war die wirtschaftliche Dynamik vor allem innerhalb der Andenkordilleren und seinen Grabenbrüchen am stärksten, außerdem haben sich an der Karibikküste mehrere größere Hafenstädte entwickelt. Relativ dicht besiedelt sind die beiden zu Kolumbien gehörenden Inseln San Andrés und Providencia. Ein extrem dünn besiedeltes Department bleibt weiterhin La Guajira, das im Norden eine kaum bewohnte Wüste besitzt. Dünn besiedelt bleibt ein Großteil der pazifischen Küste, abgesehen von der an das nationale Straßennetz gut angebundenen Hafenstadt Buenaventura. Außer den Städten an der Pionierfront am östlichen Andenfuß, einigen kleinen Städten an den Stromufern, kleineren Indigenensiedlungen und der strategisch wichtigen Stadt Leticia am Dreiländereck von Kolumbien, Peru und Brasilien, bleibt die Region des Amazonasbeckens kaum besiedelt. In der Abbildung 2 werden diese regionalen unterschiedlichen Bevölkerungsdichten veranschaulicht.

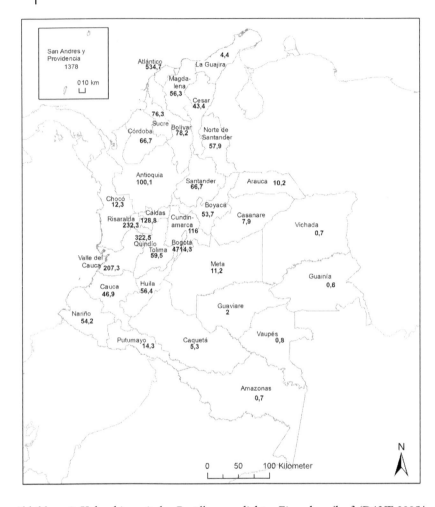

Abbildung 2: Kolumbien mit den Bevölkerungsdichten Einwohner/km² (DANE 2005/ eigene Berechnungen).

Kolumbien ist durch sein indigenes Erbe und durch verschiedene Phasen der Einwanderung seit der Eroberung der Spanier ein ethnisch diverses Land. Nach einer Schätzung, ausgehend von dem letzten Zensus 2005, waren 2015 45% der Kolumbianer Mestizen, 38% Weiße, 14% Afrokolumbianer und 3% Indigene (DANE 2005). Gegenwärtig können klare regionale Konzentrationen der verschiedenen Ethnien ausgemacht werden, obgleich eine verstärkte Durchmischung in den letzten Jahrzehnten stattgefunden hat. Mestizen und Weiße wohnen vor allem in den ländlichen und städtischen Räumen der *tierra templada* und *tierra fría* und in größeren Städten. Die Vorfahren der afrokolumbianischen Bevölkerung wurden während der Kolonialzeit vor allem als Sklaven in den Zuckerrohrplantagen der *tierra caliente* eingesetzt. Heute bestimmen Afrokolumbianer das kulturelle Leben im karibischen Tiefland und haben eine starke Identität erhalten, die sich in eigenen Bräuchen und musikalischer Ausdrucksart widerspiegelt. Auch die Pazifikküste hat einen stark afrokolumbianischen Einfluss. Im Department Chocó bilden sie sogar mit 82 % eine enorme absolute Mehrheit. Abbildung 3 zeigt den Anteil der afrokolumbianischen und der indigenen Bevölkerung in den 32 Departments und Bogotá D.C. auf. Es können drei Gebiete mit hohem indigenen Bevölkerungsanteil ausgemacht werden (mehr als 20 % der Gesamtbevölkerung):

1. das Kerngebiet des kolumbianischen Amazonasregenwaldes (Vaupés 66,6 %; Guainía 64,9 %; Amazonas 43,4 %; Putumayo 20,9 %);
2. La Guajira (44,9 %); und
3. Cauca (21,5 %).

Die verschiedenen indigenen Völker in Kolumbien unterscheiden sich je nach ihrem Wohnort stark in ihrer Lebensweise, Sprache, Identität und Assimilierungsgrad.

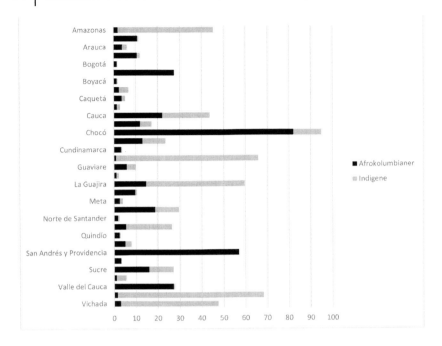

Abbildung 3: Anteil der indigenen und afrokolumbianischen Bevölkerung in den verschiedenen Departments in % (DANE 2005).

Literaturverzeichnis

Bähr, Jürgen (2010): *Bevölkerungsgeographie*. 5. Auflage. Stuttgart: Ulmer Eugen Verlag.

Borsdorf, Axel (2006): "Die naturräumlichen Grundstrukturen Lateinamerikas". In: Borsdorf, Axel/Hödl, Walter (Hg.): *Naturraum Lateinamerika. Geographische und biologische Grundlagen*. ¡Atención! 10. Wien: LIT, S. 11-34.

Borsdorf, Axel/Marchant, Carla (Hg.) (2013): *Kolumbien: Ein Land zwischen neoliberaler Öffnung und Nachhaltigkeit. Strategien der Regionalentwicklung im Zuge des Globalen Wandels anhand ausgewählter Beispiele an der Karibikküste*. Inngeo – Innsbrucker Materialien zur Geographie 15. Innsbruck: Selbstverlag des Instituts für Geographie.

Borsdorf, Axel/Stadel, Christoph (2013): *Die Anden. Ein geographisches Porträt*. Berlin/Heidelberg: Springer-Spektrum.

DANE (Departamento Administrativo Nacional de Estadística) (Hg.) (2005): *Estimaciones de población 1985-2005 y proyecciones de población 2005-2020 total departamental por área*. Bogotá: DANE.

— (Hg.) (2015): *Cuentas nacionales departamentales de Colombia*. Bogotá: DANE.

FRANCO-CAÑAS, Angélica-María/RÍOS-CARMENADO, Ignacio de los (2011): "Reforma agraria en Colombia: evolución histórica del concepto. Hacia un enfoque integral actual". In: *Cuadernos de Desarrollo Rural*, 8, 67, S. 93-113.

MARCHANT, Carla/BORSDORF, Axel (2013): "Protected Areas in Northern Colombia – On Track to Sustainable Development?" In: *eco.mont – Journal on Protected Mountain Areas Research and Management*, 5, 2, S. 5-14.

PROFAMILIA (Hg.) (2011): *Encuesta de Demografía y Salud (ENDS 2010)*. Bogotá: Asociación Probienestar de la Familia Colombiana.

PROGRAMA DE LAS NACIONES UNIDAS PARA EL DESARROLLO EN COLOMBIA (Hg.) (2011): *Informe Nacional de Desarrollo Humano*. Bogotá: DANE.

THE WORLD BANK STATISTICS (Hg.) (2015): *GINI index (World Bank estimate)*. Washington, D.C.: The World Bank.

UNITED NATIONS DEPARTMENT OF ECONOMIC AND SOCIAL AFFAIRS, POPULATION DIVISION (Hg.) (2015): *World Population Prospects. The 2015 Revision*. New York City: United Nations.

Sozialstruktur, Ungleichheit und Plurikulturalität

Edwin Murillo Amaris / Yamid Gabriel Lozano Torres

Einleitung

Das heutige Kolumbien wurde seit Ankunft der spanischen Eroberer, die auf zahlreiche dort lebende indigene Völker trafen, von einer Vielzahl verschiedener Ethnien besiedelt.

Angefangen mit den Mestizen (Nachfahren von Spaniern und Indigenen) und Kreolen (in Lateinamerika geborene Nachfahren der Europäer) über die Mulatten (Nachfahren von Weißen und Menschen afrikanischer Abstammung) nahm die Zahl der Ethnien beständig zu. Die Phasen der Eroberung und Kolonisierung ermöglichten die Ankunft verschiedener europäischer Gruppen, vor allem Spanier, Italiener, Deutsche und in geringerem Maße Franzosen. Ende des 19. und Anfang des 20. Jahrhunderts kam es zur Aufnahme weiterer Einwanderer; vor allem nach dem Ersten und Zweiten Weltkrieg gelangten zahlreiche Menschen aus dem Mittleren Osten und Asien (Araber, Libanesen, Türken, Chinesen, Japaner, Koreaner) nach Kolumbien.

Die Art, wie die gesellschaftlichen und politischen Eliten sich über das nationale Territorium ausbreiteten, und die soziale Ausgrenzung, die sie in dem Maße schufen, wie sie sich großer Flächen des Landes bemächtigten und die politische und ökonomische Macht in ihrem Sinne instrumentalisierten, führten – zusammen mit der Herausbildung eines starken Zweiparteiensystems (Konservative und Liberale) während des 19. und großen Teilen des 20. Jahrhunderts – zu einem erheblichen Ausmaß an Ungleichheit, Diskriminierung und sozialer Ungerechtigkeit.

Obwohl zahlreiche Gruppen zu unterschiedlichen Zeitpunkten und unter diversen Umständen nach Kolumbien kamen, sprechen wir nicht von einer Vielfalt der Kulturen, die ihre Wesenszüge bewahrt haben und identitätsbezogene Dynamiken im weiten territorialen Spektrum des Landes bilden, sondern davon, dass die Eigenschaften jeder Gruppe über die Familie oder kleine Familienverbände bewahrt worden sind, die die Vielfalt und Verschiedenartigkeit als Faktoren des Pluralen garantieren. Eine der größten Herausforderungen für die kolumbianische Gesellschaft besteht darin, trotz der Verschiedenheiten und Ungleichheiten gemeinschaftliche Bindungen einzugehen.

Dies hat im Falle des heutigen Kolumbiens nicht zuletzt mit der Wiederherstellung sozialer Beziehungen zu tun, die durch den bewaffneten Konflikt, unter dem das Land mehr als ein halbes Jahrhundert lang gelitten hat, verloren gegangen oder beschädigt worden sind. Die Folgen des bewaffneten Konflikts haben nicht nur direkte Auswirkungen auf die öffentliche Sicherheit und Ordnung, sondern sie wirken sich auch auf andere Bereiche wie die Wirtschaft, die Gesundheit, die Bildung, die Entwicklung der Regionen und die Struktur des gesellschaftlichen Lebens aus.

Eine Analyse der kolumbianischen Sozialstruktur erfordert eine historische Perspektive, die neben ethnischen Faktoren und den Auswirkungen der internen und internationalen Mobilität der gesellschaftlichen Gruppen auch die sozioökonomischen und politischen Begleitumstände des bewaffneten Konfliktes berücksichtigt.

Pluralismus und Sozialstruktur in historischer Perspektive

1499 unternahm Alonso de Ojeda seine zweite Reise nach Amerika. Die Fahrt ging auf die Initiative der Katholischen Könige zurück, die Berichten über angeblich unermessliche Reichtümer in der "Neuen Welt" nachgehen wollten (Irving 1864: 14-26). Ein Ergebnis dieser Expedition war die "Entdeckung" der Küste des amerikanischen Kontinents, genauer gesagt des Abschnitts, der heute die kolumbianische und venezolanische Karibikküste darstellt. Kaum war der Seeweg bekannt, ließen sich die ersten europäischen Konquistadoren an der kolumbianischen Küste nieder und begannen, ein frühes Kolonialmodell zu errichten. Dieses erste Modell der Kolonialisierung beruhte auf der Gründung kleiner Siedlungen mit dem Ziel, die in der Gegend lebenden indigenen Völker oder Gemeinschaften auszurauben und zu versklaven. Die massive, systematische Gewalt, mit der die Spanier gegen die indigene Bevölkerung vorgingen, führte zu einer signifikanten Reduzierung der Ureinwohner. Später kam es zur Gründung von Städten wie Santa Marta (1525) oder Cartagena (1533), Zentren der damaligen kolonialen Entwicklung mit großen Auswirkungen auf die Sozialstruktur (Gamboa 2013). Das Vorfinden eines Territoriums, das von einer indigenen Sozialstruktur gekennzeichnet war, und das Errichten von Zentren der politischen und ökonomischen Macht in den neuen Kolonialstädten bildeten die Basis der pyramidalen Sozialstruktur, bei der die Spanier als "Herren" die Spitze einnahmen. Es entstand die sogenannte "kreolische Klasse" (Nachfahren der in Amerika geborenen Spanier), und in kurzer Zeit tauchten – als Folge der Vermischung – die neuen Bevölkerungsgruppen der Mestizen und Mulatten auf.

Doch die Mischung der Ethnien war nicht nur der Beginn der Definition neuer Bevölkerungsgruppen, sondern verlangte eine sozioökonomische und politische Positionierung, die mit Variablen zu tun hatte, die von der Abstammung über den Besitz von Land und Kapital und die Art der Arbeit bis hin zur Kontrolle der politischen Macht reichten. Beispielsweise waren zuerst die Spanier die "Herren", dann ging der Besitz in die Hände der Kreolen über, während die indigene, afrikanischstämmige, mestizische und mulattische Bevölkerung weiterhin Sklaven- oder Fronarbeit verrichten musste. Die Unterschiede, die die Basis von Ungleichheit und sozialer Ungerechtigkeit bildeten, nahmen weiter zu.

Eine der von den Spaniern implementierten Machtstrukturen, durch welche die sozioökonomischen Beziehungen mit den indigenen Völkern kanalisiert wurden, war das System der *Encomienda*. Es zielte darauf ab, eine "hybride kulturelle Struktur" zu errichten und damit einen Berührungspunkt zwischen der indigenen Sozialstruktur und den sozioökonomischen Interessen der spanischen Siedler zu finden (Guillén 2008: 52). Die indigenen Gruppen mussten den Spaniern, die sich zu Herren ihres Landes machten, Tribut in Form von Arbeit oder Naturalien zollen, damit sie im Gegenzug das Land bebauen durften und andere "Vergünstigungen" erhielten, die es ihnen ermöglichten, als Gruppe oder Gemeinschaft fortzubestehen. Letztlich legitimierte die *Encomienda* nicht nur die Zwangsarbeit der Indigenen, sondern setzte auch einer traditionellen Gesellschaftsform, die sich nach einer individuellen, der Freiheit verbundenen Logik richtete, ein Ende und sorgte dafür, dass die Indigenen sich relativ rasch mit einer für sie neuen Form des territorialen Verbundes abfinden mussten.

Die in ein politisches und ökonomisches Machtverhältnis eingebettete Beziehung zwischen der indigenen Bevölkerung und den Spaniern fand – ausgelöst von der Forderung nach Rechten der indigenen Bevölkerung – in der Religion ein beschleunigendes Element der gesellschaftlichen Gestaltung, das an das Recht als Garant sozialer Mobilisierung gebunden war.

Mit anderen Worten, die kolumbianische Gesellschaft strukturierte sich nicht von Anfang an aufgrund der schlichten Tatsache einer Begegnung zwischen verschiedenen Gruppen von Menschen, sondern sie war das Ergebnis einer Überlagerung verschiedener Variablen wie Religion, Recht und Wirtschaft.

Die Kolonialisierung hatte katastrophale demografische Folgen. 95 % der an der Karibikküste lebenden indigenen Bevölkerung wurden aufgrund der schlechten Behandlung und der Ausbreitung europäischer Krankheiten wie Masern und Pocken eliminiert. Die Konsolidierung des Kolonialregimes führte zu einer noch schnelleren Vermischung der Ethnien. Gegen Ende dieser Phase war weniger als ein Viertel der Gesamtbevölkerung indigen (etwa 1,4 Millionen Menschen) und der Großteil weiß oder mestizisch. Daneben gab es die Nachfahren der aus Afrika als Arbeitskräfte eingeschleppten Sklaven, vor allem an der Pazifik- und Karibikküste (Bushnell 1996: 34-35). Gegen Ende des 18. Jahrhunderts hatte sich die demografische Struktur weiter verändert. Zu dieser Zeit bestand der Großteil der als "weiß" bezeichneten Einwohner aus in der Neuen Welt geborene Kreolen. Wirtschaftliche Aspekte, insbesondere das Thema Steuern, veranlassten sie zu Forderungen nach Unabhängigkeit gegenüber der Kolonialmacht, wohinter jedoch vor allem die Absicht stand, die ökonomische und politische Macht selbst zu kontrollieren. Dafür war es von zentraler Bedeutung, dass die anderen sozialen Klassen unterjocht blieben, woraus sich gleichzeitig ein entscheidender Faktor für die Zunahme der sozialen Ungleichheit ergab.

Die Einrichtung unabhängiger Verwaltungsräte (*juntas autónomas*) in den spanischen Kolonien sollte den Provinzen Neu-Granadas politische und administrative Autonomie gewähren. Sie bildeten die Grundlage dafür, was einige Jahre später – mit der Unabhängigkeit von Spanien und der politischen Selbstverwaltung – die kolumbianische Nation sein würde. Allerdings waren die *juntas*, bevor sie für einen Zusammenschluss aufgrund eines gemeinsamen Anliegens sorgten, auch für die Trennung der Provinzen verantwortlich. Bushnell (1996: 65-72) zufolge war die Schwierigkeit einer politischen Union in Neu-Granada auf folgende Faktoren zurückzuführen:

1. ein ausgeprägter Regionalismus, bedingt durch die isolierte oder getrennte Lage der großen Regionen mit zahlreichen Hindernissen für den Austausch, den Transport und die Kommunikation zwischen ihnen;

2. das Streben nach Autonomie selbst, da es das Ergebnis von Regionalismus und ständigen Konkurrenzkämpfen mit anderen Städten war, zudem auch aufgrund des Eindrucks, von den jeweils anderen nicht als gleichwertig betrachtet zu werden. Viele Städte beschlossen, sich von den Hauptstädten der Provinzen, zu denen sie gehörten, zu lösen, um eine neue Provinz mit sich selbst als Hauptstadt zu gründen;

3. die Nostalgie für die Krone von Seiten einer Gruppe von Städten wie Santa Marta oder Pasto, die auch unter den neuen Gegebenheiten der spanischen Herrschaft treu blieben, weshalb sie sich nicht der Unabhängigkeitsbewegung der anderen Provinzen Neu-Granadas anschlossen.

Ein weiterer für die spezifische Gesellschaftsstruktur Kolumbiens wichtiger Faktor ist die Geographie, insbesondere die Topographie des Landes. Die starke Stellung der Regionen prägte die Gesellschaftsstruktur bereits in der Kolonialzeit. Das Streben nach Unabhängigkeit war eine Angelegenheit der politischen Macht der *juntas autónomas* und in derselben Dynamik eine Konsolidierung der ökonomischen Kontrolle derer, die in der jeweiligen Region die Macht ausübten. Dieses Element des Geografischen, das in Kolumbien erst im 20. Jahrhundert erkannt wurde, bestimmte die Perspektiven der andinen Bergregionen, der Llanos (die östlichen Ebenen bis zur Grenze des heutigen Venezuela), der karibischen und pazifischen Küstenregionen sowie der südlichen Berg- und Urwaldregionen.

Auf die 1810 einsetzenden Unabhängigkeitsbestrebungen folgte nach 1814 die Rückeroberung der amerikanischen Kolonien durch die spanische Krone. Die Organisation der *Provincias Unidas de Nueva Granada* (Vereinigte Provinzen von Neu-Granada) – gegründet 1811 von der aufständischen kreolischen Klasse, um von der spanischen Regierung Steuerbefreiungen und eine Angleichung der restriktiven und segregierenden Gesetze gewährt zu bekommen und die sozialen Bedingungen in Neu-Granada zu verbessern – sorgte für keinen sozialen Zusammenhalt zwischen den verschiedenen Gruppen, aus denen sich zu dieser Zeit das kolumbianische Territorium zusammensetzte. Die Auseinandersetzungen zwischen den verschiedenen Führern und Gruppen führten dazu, dass der *Pacificador* (Friedensstifter) genannte Pablo Morillo die Kontrolle über sämtliche Provinzen, die sich aufgelehnt hatten und nach Unabhängigkeit strebten, übernehmen konnte. Ein Beispiel für diese internen Auseinandersetzun-

gen war der Konflikt zwischen föderalistischen und zentralistischen Ideen
für die Vereinigung Neu-Granadas, das von Camilo Torres (einem Föde-
ralisten) und Antonio Nariño (einem Anhänger des Zentralismus) verkörpert wurde. Auf die Konfrontationen innerhalb der kreolischen Klasse
zwischen 1812 und 1814 folgte die blutige Rückeroberung des Gebietes
durch die spanische Krone. 1817 hatte der spanische Abgesandte Morillo
bereits die *Real Audiencia* in Santa Fe de Bogotá wiedereingesetzt und die
meisten Anführer der Unabhängigkeitsbewegung hinrichten lassen.

Eine Folge dieser Entwicklung war der Aufstand verschiedener für die
Unabhängigkeit kämpfender Guerillagruppen. Die kreolische Klasse war
in ihrem zentralen Anliegen – der politischen und administrativen Beherrschung Neu-Granadas – empfindlich getroffen worden. Die indigene Bevölkerung war wieder der Willkür der Spanier und der kreolischen
Klasse ausgeliefert. Möglicherweise führten diese Umstände dazu, dass
sich Simón Bolívars Idee, Neu-Granada zu befreien, umso vehementer
durchsetzte. Der Beginn dieser neuen Welle von Auseinandersetzungen
war gekennzeichnet von den Idealen der Freiheit und der Unabhängigkeit
von Spanien, der Abwendung einiger Gruppen von Morillo und dem Treffen dieser Gruppen mit Bolívar in den östlichen Llanos. Erwähnenswert
ist, dass die Gruppen, die vor Morillo fliehen konnten, sowohl Kreolen
als auch Indigene umfassten, die strukturelle Veränderungen anstrebten.
Unter ihnen befand sich Francisco de Paula Santander, der später zu einem der großen Anführer der administrativen politischen Neugestaltung
werden sollte.

Das gemeinsame Anliegen der Unabhängigkeit formte eine gesellschaftliche Gruppe, die den Individualismus und die sozialen und klas-
senspezifischen Differenzen hinter sich ließ; so sehr, dass Bolívars Heer
aus Venezolanern, Bewohnern Neu-Granadas (Bauern, Kreolen, Mestizen, Indianern, Schwarzen) und europäischen Freiwilligen bestand. Am
7. August 1819 kam es in der Schlacht von Boyacá zu einem entscheidenden Sieg der Separatisten. Es folgten weitere Siege, bis die Spanier 1821
endgültig geschlagen und vertrieben waren. Im selben Jahr führte Simón
Bolívar den Gestaltungsprozess des neuen Landes an, und in Cúcuta wurde eine Verfassung verabschiedet, die alle Regionen und Identitäten vereinen sollte, ohne dabei die Traditionen, Kulturen und Ethnien zu leugnen,
die auf dem Gebiet des neuen Staates existierten und die sich bis dahin
meist unversöhnlich gegenübergestanden hatten. Gleichzeitig begann sich
zu entwickeln, was später die kolumbianische Gesellschaft werden sollte,

die in diesem Moment noch mit der venezolanischen verbunden war. Das neue Staatsgebilde wurde Großkolumbien genannt.

Betrachtet man die von Bolívar und Santander getroffene Entscheidung, so erkennt man, dass die Dynamiken des gesellschaftlichen Zusammenhalts dieselben waren wie zur Kolonialzeit. Das heißt, dass es zwar bezüglich der Struktur keine von den spanischen Eroberern angeführte Hierarchie mehr gab, aber noch immer dieselben vertikalen Unterschiede herrschten, die auf Gründen wie dem Regionalismus, der Kultur, den Traditionen und der ethnischen Zugehörigkeit beruhten. Dies erschwerte nicht nur die Einheit, sondern führte zu einer noch stärkeren inneren Trennung. Obwohl die Idee darin bestand, mittels einer Verfassung und einer Neuordnung, die auf dem Eigenen oder "Kreolischen" beruhte, eine gefestigte Nation zu errichten, wurden die sozialen Bindungen, die sich in den Jahren nach 1821 herauszubilden begannen, von ideologischen Postulaten (wie dem Streit zwischen einem föderalistischen und einem zentralistischen System) und politischen Figuren (wie dem Konflikt zwischen Bolívar und Santander, der sich später zu einem Kampf zwischen den Anhängern Bolívars und denen Santanders entwickelte) untergraben.

Einmal mehr fiel ein wichtiger Moment der gesellschaftlichen Gestaltung in eine Phase der konstitutiven Auseinandersetzungen um die Strukturierung dessen, was die Grundlagen dieses Landes schuf. Zu dieser Zeit drehte sich die Gestaltung des Sozialen nicht mehr darum, welche Klasse die zentralen, mit Spanien verbundenen Aspekte am meisten kontrollierte, sondern darum, wie man mit den konstitutiven Unterschieden eines topographisch so unterschiedlichen Gebiets mit verschiedenen Sichtweisen darüber, was die Einheit beinhaltete und wie man die Regionen für dieses eine Ideal gewinnen konnte, umgehen sollte. Die soziale Ungleichheit war in diesem Moment der kolumbianischen Geschichte kein besonders wichtiges Thema, da es vor allem um die Frage ging, wie man die territorialen, ethnischen, kulturellen und ideologischen Unterschiede organisieren und zusammenführen konnte.

Die Schieflagen, die im 19. Jahrhundert hinsichtlich des Entwurfs des Landes für die Zeit nach der Unabhängigkeit entstanden, brachten neue Unterschiede in der sozialen Pyramide mit sich. Im Laufe des Jahrhunderts festigte sich eine politische und ökonomische Klasse, die das Land und folglich auch die Regionen zu kontrollieren begann. Hinzu kam die Gründung der liberalen (1848) und der konservativen (1849) Partei. Es war der Beginn des Zweiparteiensystems, das die kolumbianische Gesellschaft bis 1991, als die neue Verfassung verabschiedet wurde, dominierte. Unter diesen Umständen – in Verbindung mit den Arbeiterkämpfen Ende des 19. und Anfang des 20. Jahrhunderts – veränderte sich die Sozialstruktur des Landes, auch wenn Ungleichheit und soziale Ungerechtigkeit bis zum heutigen Tag weiter zunehmen.

Soziale Konfiguration und Sozialstruktur

Die Risse, die während der Staatenbildung Großkolumbiens entstanden waren, führten nach der Abspaltung von Venezuela und Ecuador, das sich kurz nach dem Kongress von Cúcuta Großkolumbien angeschlossen hatte, zur Auflösung ebendieses Projektes. Das größte Problem war jedoch die Unfähigkeit, ein symbolisches Fundament mit verbindendem Charakter zu schaffen, das stark genug gewesen wäre, einen dauerhaften und stabilen Nationalstaat zu errichten. Betrachtet man beispielsweise den Kongress von Cúcuta – der auf Bolívar und Santander zurückgeht –, so könnte man den Eindruck gewinnen, dass eine Verfassung nicht stark genug war, um die Provinzen zu vereinen, wie es Bolívar in Venezuela und Ecuador und Santander in Neu-Granada noch vermocht hatten. Da das nationale Konstrukt auf starken Persönlichkeiten beruhte, löste sich Großkolumbien 1830, im Jahr nach Bolívars Tod, auf.

Die Ambiguität bei der Konstruktion einer nationalen Identität führte dazu, dass sich nach und nach verschiedene Bevölkerungsgruppen innerhalb des nationalen Territoriums von der nationalen Idee lossagten. Dies lag nicht allein an einem fehlenden Zugehörigkeitsgefühl, sondern auch an der geringen Bedeutung, welche die jeweiligen Regierungen, die vor allem mit technischen und politischen Diskussionen über die Konzentration der Macht beschäftigt waren (Parteienstreit zwischen Liberalen und Konservativen), diesen Bevölkerungsgruppen beimaßen. Diese fatale Dynamik setzte sich bis 1886 fort, als die Republik Kolumbien, wie wir sie heute kennen, gegründet wurde.

Gegen Ende des 19. Jahrhunderts war die kolumbianische Gesellschaft einerseits noch immer stark ländlich geprägt und es hatte kein nennenswerter Fortschritt oder eine stärkere wirtschaftliche Entwicklung stattgefunden – die Mehrheit der Bevölkerung lebte auf dem Land und arbeitete für die Großgrundbesitzer. Andererseits gab es einen ständigen politischen Kampf der traditionellen Parteien um die Macht. Somit lässt sich sagen, dass in Kolumbien sämtliche notwendigen Faktoren vorlagen, um einen sozialen Notstand oder einen soziopolitischen Konflikt auszulösen; und bedauerlicherweise traten einige Jahre später genau diese Szenarien ein.

Das Ereignis, das die politische Situation eskalieren ließ, war der Rücktritt des liberalen Präsidenten Alfonso López Pumarejo im Jahr 1946 und die anschließende Wahl des Konservativen Mariano Ospina Pérez. In mehreren Regionen (vor allem in den östlichen Llanos) bildeten sich liberale oder andere Guerillas, die zum großen Teil aus armen Bauern bestanden, die von Führern der liberalen Partei gelenkt wurden (Gómez Martínez 2006). Der wesentliche Faktor für die Verlängerung des bewaffneten Konflikts war jedoch die Ermordung von Jorge Eliecer Gaitán am 9. April 1948. Der Vorsitzende der liberalen Partei war Herausforderer von Ospina Pérez bei der Präsidentschaftswahl von 1946 gewesen. Seine Ermordung führte dazu, dass sich der ländliche Konflikt, in dem sich das Land seit den Wahlen von 1946 befand, in die Städte ausdehnte. Damit verbunden erschienen neue Akteure auf der Bühne, die den bewaffneten Konflikt verschärften und noch unübersichtlicher machten, darunter die *Chulavitas,* eine Art paramilitärische Gruppe, die von der konservativen Regierung finanziert wurde, um als Gegengewicht zur liberalen Guerilla zu agieren.

In dieser als *La Violencia* (Die Gewalt) bekannten Zeit kam es zu einer großen Anzahl von Toten und Vertriebenen und einer systematischen Verfolgung aufgrund der ideologischen Gesinnung oder der Präferenz für eine der beiden Parteien. In einer so gewalttätigen Phase, wie sie das Land Mitte des 20. Jahrhunderts erlebte, erwies sich das Fundament der Staatsgründung als unzureichend, da die bereits zu Beginn des Jahrhunderts wegen des ungleich verteilten Landbesitzes ausgeprägte soziale Ungleichheit aufgrund von Vertreibung und Enteignung weiter zunahm. Während der Phase der Gewalt dominierten individuelle Konzepte gegenüber dem Gemeinschaftsgefühl, nicht zuletzt, weil viele Menschen aufgrund eines ideologischen Kampfes, der soziale, kulturelle, traditionelle und ethnische Aspekte umfasste, von den eigenen Freunden oder Nachbarn aus ihren Gemeinden vertrieben wurden.

Trotz der Spaltung des Landes in zwei Lager und der großen sozialen Ungleichheit, die Kolumbien größtenteils als ein "nicht überlebensfähiges" Land erscheinen ließen, endete die *La Violencia* genannte Phase 1958 mit der Präsidentschaft von General Gustavo Rojas Pinilla und seinem Versuch, die liberalen Guerillas der östlichen Llanos mithilfe einer Amnestie, aber auch mit Gewalt aufzulösen (Fals Borda 2005). Allerdings endete der Konflikt damit nicht und die sozialen Differenzen blieben bestehen. Stattdessen veränderte sich der Konflikt mit dem verstärkten Aufkommen bäuerlicher Bewegungen, die sich rund um den Kampf für die Rechte des Volkes organisierten. Der Angriff auf die Gemeinde Gaitania (im Bezirk Tolima) führte schließlich zur Gründung der *Fuerzas Armadas Revolucionarias de Colombia – Ejército del Pueblo* (FARC) im Jahr 1964 (Pizarro 2006).

Soziale Dynamik und bewaffneter Konflikt

Mit der Veränderung des internen Konflikts bis Ende der 1950er, Anfang der 1960er Jahre und der Etablierung einer hauptsächlich aus Angehörigen der unteren Schichten bestehenden Guerilla ohne Parteilinie, deren wichtigste Forderungen die nach einer Bodenreform und die Beseitigung der sozialen Ungleichheit waren – und die damit für einen Großteil der weitgehend bäuerlichen und gegenüber der seit etwa einem Jahrhundert herrschenden, von Parteienstreit gekennzeichneten Regierungsform kritisch eingestellten Gesellschaft sprach –, kam es zu einer Neuordnung der sozialen Strukturen auf dem Land, aber auch zu einer neuen Sichtweise auf die ländliche Situation von Seiten der urbanen Zentren. Die Dynamik des bewaffneten Konflikts hatte verschiedene Ausprägungen. Dazu gehörten illegale Wirtschaftsformen (Drogenproduktion und -handel), Mechanismen der "Selbstverteidigung" seitens der ökonomischen Eliten (Kaufleute, Viehzüchter, Großgrundbesitzer), die der Ursprung der "paramilitärischen Gruppen" waren, Verwerfungen im politischen System aufgrund von Korruption und Klientelismus und ein durch ökonomische Unterschiede und soziale Ungerechtigkeit und Ausgrenzung zerstörtes soziales Gefüge.

2002 präsentierte das *Centro de Investigación y Educación Popular* (CINEP) die Ergebnisse einer Untersuchung, die die akademische Studiengruppe "Sozialer Konflikt und Gewalt" in ihrem Text *Politische Gewalt in Kolumbien. Von der geteilten Nation zur Staatenbildung* vornahm. Wir zitieren nachfolgend einen Auszug, der die Aussagen des Textes verdeutlicht:

> Die unterschiedlichen Formen der Gewalt in Kolumbien sind sowohl auf gesellschaftliche Prozesse seit den sechziger Jahren als auch auf neuere Umstände zurückzuführen. a) Durch die Art und Weise, wie sich das Land seit der spanischen Kolonialzeit besiedelte und seine ökonomische und soziale Struktur herausbildete, wurde die Grundlage für ein Landproblem geschaffen, das bis

heute nicht gelöst ist. b) Das Fortbestehen des Landproblems beruht größtenteils darauf, wie sich der kolumbianische Staat vor dem Hintergrund der politischen Struktur der Kolonie entwickelte und wie die verschiedenen Versuche, einen modernen Staat zu errichten, größtenteils gescheitert sind. Diese Unfähigkeit drückt sich in der Schwierigkeit aus, politische Strukturen zu schaffen, die die jüngsten Veränderungen der kolumbianischen Gesellschaft und die ewigen Probleme der Landbevölkerung, vor allem in den geringer besiedelten Gebieten, widerspiegeln. Die allmähliche und stufenweise Eingliederung neuer Gebiete und Bevölkerungsgruppen in die Gesamtheit des nationalen Lebens, die das Ergebnis eines ununterbrochenen Besiedlungsprozesses im Laufe der Jahrhunderte war, hat zu einer Differenzierung der Beziehung zwischen den Staatsapparaten und den verschiedenen Regionen geführt. Diese Beziehung variiert sowohl räumlich als auch zeitlich und folgt unterschiedlichen politischen Logiken, entsprechend des Grades, in dem die Präsenz der Staatsapparate nationaler Ordnung durch lokale und regionale politische Gruppen vermittelt wird, die mit dem Zweiparteiensystem verbunden sind (González/Bolívar/Vázquez 2002: 43-44).

Weitere Faktoren, die sich auf die Entwicklung der Sozialstruktur auswirkten, waren: die Auswirkungen der Gewalt in den fünfziger Jahren; das politische Regime der Nationalen Front (*Frente Nacional*), das die politische Äußerung von Konflikten zwischen gesellschaftlichen Gruppen verhinderte, da die Macht ausschließlich bei den zwei traditionellen Parteien (Liberale und Konservative) lag; die rasante Verstädterung und die jahrzehntelange Landflucht, die die Fähigkeiten des Staates überstiegen, angemessene öffentliche Leistungen zur Verfügung zu stellen; die Überforderung der nationalen Industrie mit der Herausforderung, die herbeiströmenden Arbeitskräfte aufzunehmen; der Einfluss neuer Denkweisen in den 1960er Jahren, die zu säkularen Tendenzen innerhalb der Mittel- und Oberschicht führten; die Verbesserung des Bildungswesens; das Aufkommen einer neuen Mittelschicht; die Veränderung der Rolle der Frau in der Gesellschaft sowie neue kulturelle Bezugspunkte (die USA und der sozialistische Block) für die Steuerung der gesellschaftlichen Prozesse.

Schließlich führten das Aufkommen des Drogenhandels und seine rasche Durchdringung der gesamten Gesellschaft zu einer Dynamik der Suche nach dem "schnellen Geld", um grundlegende Bedürfnisse zu befriedigen (vor allem bei den unteren Schichten), aber auch, um einen besseren wirtschaftlichen Status zu erreichen. Diese Entwicklung führte auch zu einem Wandel der Guerillas, die ihre Strategie verstärkt auf den Ausbau der territorialen Kontrolle und den Drogenhandel ausrichteten, zu einem Aufkommen paramilitärischer Gruppen und rechtsextremer Bürgerwehren und zu einem allgemeinen Legitimationsverlust des politischen Systems (González/Bolívar/Vásquez 2002). All dies lässt die Komplexität des Konflikts und die spezifischen Eigenschaften der Sozialstruktur eines durch hohe Niveaus von Ungleichheit und einen Gewaltkonflikt geprägten Landes erahnen. 2014 stellte Fernán González eine Studie vor, in der er die unterschiedlichen Formen des bewaffneten Konflikts und dessen Ursachen analysierte. Er kommt zu dem Ergebnis, dass die Gewaltphänomene in Kolumbien eine vielschichtige, sich gegenseitig beeinflussende Erklärung haben und sowohl auf strukturelle als auch auf subjektive Faktoren zurückzuführen sind:

> Die strukturellen Elemente sind:
>
> a. Die soziale Struktur der Regionen, ihre Bevölkerung und der Zusammenhang mit einem nie umgesetzten Agrarprogramm.
> b. Die territoriale und politische Integration der Regionen und ihrer Bewohner durch das politische Zweiparteiensystem.
> c. Die sozialen Spannungen und Widersprüche als Folge der beiden vorherigen Prozesse und die Unfähigkeit des Regimes, angemessene Lösungen zu finden.
>
> Die subjektiven Faktoren sind:
>
> a. Die Art und Weise, wie diese Spannungen von einzelnen Personen und Gruppen interpretiert werden.
> b. Die Bewertung der Spannungen entsprechend den jeweiligen Denkweisen.
> c. Prädispositionen und ideologische Grundeinstellungen, die zu Optionen und Entscheidungen im Hinblick auf die derart diagnostizierte Situation führen (González González 2014: 27).

Die Realität des bewaffneten Konflikts lässt sich nicht verstehen ohne eine Betrachtung der sozialen und ökonomischen Unterschiede, die den Konflikt zwischen den verschiedenen sozialen Sektoren – inmitten der politischen, ökonomischen und territorialen Kontrolle einiger weniger Sektoren über die Mehrheit der bäuerlichen, indigenen, afrikanischstämmigen und einkommensschwachen Bevölkerung – verstärkt haben. Hinzu kommt die Art und Weise, wie der kolumbianische Staat mit diesen Auseinandersetzungen umging.

Die kolumbianische Sozialstruktur heute

Die heutige kolumbianische Sozialstruktur ist weiterhin stark durch Gruppenzugehörigkeiten geprägt. In einigen Regionen leben indigene und afrokolumbianische Gruppen, in anderen Nachfahren europäischer und asiatischer Einwanderer und solcher aus dem Mittleren Osten, die im 19. und 20. Jahrhundert ins Land kamen. Hinzu kommen besondere Faktoren, die die Ungleichheit als ein entscheidendes Element der sozialen Komplexität definieren. Die lange Zeit des Konflikts und der Gewalt, die das Land erlebt hat, hinterließ eine von ökonomischer, sozialer, kultureller und politischer Ungleichheit geprägte Sozialstruktur. Dies gilt auch für die soziale Umstrukturierung der wichtigsten Städte in den vergangenen 30 Jahren, ausgelöst durch das Phänomen der inneren Vertreibung infolge des Konflikts.[1] Unzählige bäuerliche, indigene und afrokolumbianische Familien mussten ihre angestammten Territorien verlassen angesichts der Angriffe, denen sie sich von Seiten der diversen gewalttätigen Gruppen jenseits des Gesetzes ausgesetzt sahen.[2]

Auf diese Weise vereint die kolumbianische Sozialstruktur soziologische Elemente der Demografie, die mit den unterschiedlichen Territorien und ethnischen Ursprüngen zu tun haben, aber auch ökonomische und politische Elemente umfassen, die das Muster der Ungleichheit kennzeichnen. Mit einem Gini-Koeffizienten von 0,52 % gehört Kolumbien weltweit zu den Ländern mit der ungerechtesten Einkommensverteilung. Hinzu kommen andere Faktoren, die die Ungleichheit sogar noch stärker widerspiegeln: die ungleiche Verteilung des Landbesitzes und folglich die Abhängigkeit eines hohen Prozentsatzes der Bevölkerung von denjenigen, die sich im Besitz des Landes befinden, meist Großgrundbesitzer.

Laut dem Entwicklungsprogramm der Vereinten Nationen (*Programa de las Naciones Unidas para el Desarrollo*, PNUD) belegte Kolumbien 2014 den 14. Platz von 134 bewerteten Ländern, was die Ungleichheit betraf (PNUD 2015). Was die sogenannte multidimensionale Armut betrifft (bei

---

1 Im September 2015 veröffentlichte das *Centro Nacional de Memoria Histórica* (CNMH) den Text "Una nación desplazada: Informe Nacional del desplazamiento en Colombia" (Eine vertriebene Nation: Nationaler Bericht über die Vertreibung in Kolumbien), in dem es heißt, dass die Zahl der vertriebenen Kolumbianer sich auf fast sechs Millionen beläuft (CNMH 2015).

2 Bis Ende Februar 2017 haben laut dem *Registro Único de Víctimas del Gobierno Nacional* insgesamt 8.048.252 Kolumbianer unmittelbar unter den Folgen des bewaffneten Konflikts gelitten (<http://rni.unidadvictimas.gov.co/RUV>, 28.2.2017).

der Faktoren wie Bildung, Gesundheit, Zugang zum Arbeitsmarkt, etc. gemessen werden), waren 2014 21,9 % der Bevölkerung arm, etwas weniger als 2013 (24,8 %). Auch wenn die Zahlen einen leichten Rückgang der Armut oder eine Verbesserung der Lebensbedingungen der am stärksten betroffenen Bevölkerungsschichten zeigen, gibt es bestimmte Aspekte der kolumbianischen Wirklichkeit, die sich nicht leugnen lassen. Sozialprogramme der Regierung, die dazu beitragen sollen, die Situation der ärmsten Bevölkerungsschichten zu verbessern, können nicht darüber hinwegtäuschen, dass die öffentliche Wohlfahrt die Wurzeln der Ungleichheit nicht beseitigen kann.[3] Das belegen auch die Untersuchungen der *Comisión Económica para América Latina y el Caribe* (CEPAL), wonach in Kolumbien zwischen 1993 und 2014 das reichste Prozent der Bevölkerung den im lateinamerikanischen Vergleich höchsten Anteil am Nationaleinkommen hatte.

Die Zahlen zeigen, was die Realität in einer Dynamik der "komplementären Gegensätze" verstärkt und negiert. Es gibt eine "positive Entwicklung" der Wirtschaft, aber dies führt nicht zu einer Reduzierung der sozialen Ungleichheit. In den meisten Städten und ländlichen Regionen lässt sich ein hoher Grad an Ungleichheit ausmachen. Nicht selten liegen Gebiete mit einem mittleren oder hohen sozialen Niveau direkt neben solchen, die sich durch große Armut, Unterernährung und Hunger auszeichnen. Die für die lateinamerikanischen Städte typischen sozialen Gegensätze und daraus resultierende Phänomene wie Misstrauen, Aggression und Gewalt sind auch Kolumbien nicht fremd.

Die kolumbianischen Städte teilen die verschiedenen Sektoren und/oder Stadtviertel in sogenannte *estratos* (Schichten) ein, um sie hinsichtlich der Besteuerung, der Zahlung öffentlicher Leistungen und der "urbanen Organisation" sozial zu klassifizieren; Schicht 1 ist die mit dem geringsten sozioökonomischen Niveau, Schicht 6 die mit dem höchsten. Der Steuersatz und die Auszahlung öffentlicher Dienstleistungen hängen von der Einordnung in dieser Skala ab. Auf den ersten Blick scheint dies eine gerechte Lösung zu sein, die allen Bürgern den gleichen Zutritt zur öffentlichen Sphäre ermöglicht, doch sie stellt eine soziologische Betrachtung dar,

---

3 Die kolumbianische Regierung hat unter anderem folgende Programme in die Wege geleitet: "Más Familias en Acción" (Mehr Familien in Aktion), "Jóvenes en Acción" (Jugendliche in Aktion), "Adulto Mayor y Primera Infancia" (Ältere Menschen und Kleinkinder) und verschiedene staatliche Sozialprojekte. Diese Programme werden vom *Departamento para la Prosperidad Social* (DPS, Abteilung für sozialen Wohlstand) geleitet (<http://www.prosperidadsocial.gov.co/Paginas/Inicio.aspx>, 30.9.2016).

nach der eine bestimmte Gruppe nach ihrem Viertel verortet und in Bezug auf die Ungleichheit als "die Anderen" wahrgenommen wird. Es ist eine Art der Organisation, die genauso erhellend wie verschleiernd ist.

Fazit

Die Darstellung hat gezeigt, dass die kolumbianische Sozialstruktur stark durch die Geografie des Landes, die verschiedenen Regionen und kulturellen Identitäten geprägt ist. Hinzu kommen Faktoren wie der bewaffnete Konflikt, die Gewalt und der Drogenhandel. Die Wechselwirkungen zwischen Sozialstruktur, kultureller Vielfalt und sozialer Ungleichheit sind geprägt durch historische Elemente und zeitgenössische Dynamiken. Die Ungleichheit durchdringt die Gesellschaft horizontal und vertikal und bedingt die Sozialstruktur des Landes. Der menschliche, kulturelle und natürliche Reichtum hat ironischerweise genauso zu Ungleichheit, was die Gestaltung und Besiedlung der verschiedenen Regionen des Landes betrifft, wie zu Dynamiken der Konfrontation geführt, die auf dieselbe ungleiche sozioökonomische und politische Struktur zurückzuführen sind, die die Gestaltung des heutigen Kolumbien hinsichtlich des Sozialen und Plurikulturellen charakterisiert hat. Daher dieser imaginäre, aber wirkliche Ort, den Gabriel García Márquez erschuf und der eine Identität widerspiegelt, in der sich das Mögliche und Unmögliche in den Besonderheiten seiner Bewohner vermengen: Macondo. Faszinierend vielfältig, vor allem in sozialer Hinsicht, kommt die Pluralität in jedem Winkel zum Ausdruck. Aber die mögliche Realität wird konstruiert durch die Ungleichheit inmitten dessen, was irreal zu sein scheint: die Gleichheit. Aber dann wäre es plötzlich nicht mehr Macondo. Das ist das heutige Kolumbien.

> Macondo war Dorf, staubige Straßen, nackte Kinder mit Hungerbäuchen, Sintfluten, Plagen, fiebrige Schlaflosigkeit, wahnhafte Träume von Wohlstand. "Macondo schien in einem Wirtschaftswunder Schiffbruch zu erleiden. [...] Von José Arcadio Buendías altem Flecken waren damals nur die bestaubten Mandelbäume übrig geblieben, dazu bestimmt, den widrigsten Umständen zu widerstehen, sowie der Fluss mit seinem durchscheinenden Wasser, dessen prähistorisches Geröll von José Arcadio Segundos wahnsinnigen Eisenhammerhieben zersplittert wurde, als dieser beschloss, das Flussbett für einen Schifffahrtsdienst freizulegen" (Fernando Araújo Vélez, *El Espectador*, 21.4.2015).

Literaturverzeichnis

Araújo Vélez, Fernando (2015): "Macondo, el lugar de todas las cosas". In: *El Espectador,* 21.4.2015.

Buschnell, David (1996): *Colombia: una nación a pesar de sí misma.* Bogotá: Planeta.

CNMH (Centro Nacional de Memoria Histórica) (2015): "Una nación desplazada. Informe nacional del desplazamiento forzado en Colombia". Bogotá: CNMH, <http://www.centrodememoriahistorica.gov.co/descargas/informes2015/nacion-desplazada/una-nacion-desplazada.pdf> (30.9.2016).

Fals Borda, Orlando (2005): *La Violencia en Colombia.* Bogotá: Taurus.

Gamboa, Jorge (2013): *La expedición de Gonzalo Jiménez de Quesada por el río Magdalena y el origen del Nuevo Reino de Granada (1536-1537).* Banco de la República, <http://www.banrepcultural.org/blaavirtual/revistas/credencial/julio-2013/quesada-rio-magdalena> (20.2.2016).

Gómez Martínez, Eugenio (2006): "La Guerrilla Liberal". In: *Credencial Historia,* 202, <http://www.banrepcultural.org/blaavirtual/revistas/credencial/octubre2006/guerrilla.htm> (20.2.2016).

González González, Fernán (2014): *Poder y Violencia en Colombia.* Bogotá: Observatorio Colombiano para el Desarrollo, la Convivencia Ciudadana y el Fortalecimiento Institucional (ODECOFI)/Centro de Investigación y Educación Popular (CINEP).

González, Fernán/Bolívar, Ingrid/Vásquez, Teófilo (2002): *Violencia política en Colombia. De la nación fragmentada a la construcción de Estado.* Bogotá: Centro de Investigación y Educación Popular (CINEP).

Guillén Martínez, Fernando (2008): *El poder político en Colombia.* Bogotá: Planeta.

Irving, Washington (1864): *Vida y viajes de Cristóbal Colón.* <http://www.banrepcultural.org/sites/default/files/brblaa1052529.pdf> (6.3.2016).

Pizarro, Eduardo (2006): "Marquetalia: el mito fundacional de las Farc". <http://historico.unperiodico.unal.edu.co/ediciones/57/03.htm> (13.3.2016).

PNUD (Programa de las Naciones Unidas para el Desarrollo) (2015): "Informe sobre Desarrollo Humano 2015". Trabajo al servicio del desarrollo humano. New York: PNUD.

Staatlichkeit und Gewalt

Sabine Kurtenbach

Die Etablierung eines zentralen Gewaltmonopols gilt gemeinhin als Inbegriff konsolidierter Staatlichkeit. Als Modell fungiert der Webersche Anstaltsstaat mit seinem Gewalt- und Steuermonopol sowie deren demokratischer Legitimierung (Weber 1972). Ob und unter welchen Bedingungen sich diese Form der staatlichen Gewaltkontrolle unter historisch und kulturell anderen Voraussetzungen reproduzieren lässt, steht im Mittelpunkt zahlreicher Debatten (Fischer/Schmelzle 2009; Wulf 2007). Lateinamerika ist eine Region des Globalen Südens, die mittlerweile auf über zweihundert Jahre staatliche Unabhängigkeit zurückblickt, die aber dennoch nur begrenzt dem europäischen Modell der Staatsbildung folgt (Kurtenbach 1991, 2016). In den zwischenstaatlichen Beziehungen gibt und gab es vor allem in den ersten Dekaden nach der Unabhängigkeit Kriege und Gewaltkonflikte. Im 20. Jahrhundert dominierten dagegen innerstaatliche Kriege und staatliche Repression. Trotz Demokratisierung und Beendigung zahlreicher Kriege bleibt Lateinamerika auch im 21. Jahrhundert die gewalttätigste Region der Welt. Kolumbien spiegelt diese lateinamerikanischen Entwicklungen überwiegend wieder und ist damit ein besonders wichtiger Fall, an dem sich die vielfältigen Interaktionen zwischen Staatlichkeit und Gewalt analysieren lassen. Die historische und aktuelle Entwicklung des Landes steht beispielhaft für die Problemlagen und Herausforderungen von Staatsbildungsprozessen im globalen Süden, die von Kolonisierung, Dekolonisierung und überwiegend internen Kriegen geprägt sind.

In Kolumbien dominierten schon im 19. Jahrhundert interne Kriege – eine Entwicklung, die weltweit erst in der zweiten Hälfte des 20. Jahrhunderts vorherrschend wurde. Zwischenstaatliche Kriege führte Kolumbien nur 1827 mit Bolivien gegen Peru, 1863 gegen Ecuador und 1932 abermals gegen Peru. Alle diese Kriege waren kurz und führten nicht zu einer Wiederholung des "europäischen Modells" der Staatsbildung durch externe Kriege und interne Ressourcenextraktion (Centeno 2002, 2003). Die Entwicklungen in Kolumbien zeigen den Zusammenhang und die wechselseitige Beeinflussung spezifischer Formen der Gewalt mit der Durchsetzung von Staatlichkeit. Der folgende Beitrag analysiert die unterschiedlichen Phasen der Entwicklung von Staatlichkeit und Gewalt. Der Fokus ist dabei auf die Entstehung von Konflikten im Prozess des sozialen Wandels gerichtet. Diese Perspektive ermöglicht die Analyse der Mobilisierung für die Gewalt und die unterschiedlichen Bemühungen diese einzudämmen.

Der Staat der regionalen Eliten[1]

Kolumbien erreichte seine staatliche Unabhängigkeit 1810 im Verbund mit Venezuela und Ecuador unter der Führung von Simón Bolívar. Nach dem Scheitern Großkolumbiens 1830 etablierte sich der kolumbianische Staat (zu dem bis 1903 Panama gehörte) in den kolonialen Verwaltungsgrenzen. Verschiedene Versuche zur territorialen Neugestaltung scheiterten nach der Unabhängigkeit vor allem am Widerstand regionaler und lokaler Eliten. Auch wenn die formale Ausgestaltung von Staatlichkeit an den Vorbildern Europas und der USA ausgerichtet war, unterschieden sich die internen sozialen, wirtschaftlichen und politischen Verhältnisse grundlegend. Nach wie vor dominierte der in der Kolonialzeit erworbene agrarische Großgrundbesitz, die staatliche Präsenz außerhalb der urbanen Zentren war gering. Regionale Eliten, ihre Interessen und Konflikte, bestimmten die Entwicklungslinien von Staatlichkeit und Gewalt während der ersten hundert Jahre Unabhängigkeit (González González 2014).

Mitte des 19. Jahrhunderts organisierten sich die regionalen Eliten politisch in der Liberalen und der Konservativen Partei. Die Haltung zum Verhältnis zwischen Staat und katholischer Kirche war dabei das wichtigste Unterscheidungskriterium. Während die Liberalen für eine Säkularisierung und Enteignung der katholischen Kirche eintraten, wollten die Konservativen die enge Kooperation zwischen Staat und Kirche der Kolonialzeit fortsetzen. Die politischen und militärischen Auseinandersetzungen zwischen den regionalen Eliten dominierten bis in die Mitte des 20. Jahrhunderts. Zwischen 1850 und 1885 kontrollierte der radikale Flügel der Liberalen Partei die Zentralregierung in Bogotá. Sie enteigneten den umfangreichen Landbesitz der katholischen Kirche und setzten auf einen starken Föderalismus. Der Zentralstaat erhob noch nicht einmal theoretisch den Anspruch auf eine Monopolisierung der Gewaltmittel. Ein Ge-

---

1   Dieser Abschnitt basiert im Wesentlichen auf Kurtenbach (1991, 2013).

setz vom April 1854 erlaubte praktisch jedem Bürger den Kauf von und Handel mit Waffen, sowie das Tragen von Waffen aller Art. Die liberale Verfassung von Rionegro 1863 reduzierte das zentralstaatliche Militär auf eine Art Präsidentengarde. Die Provinzen durften dagegen nach eigenem Ermessen Armeen aufstellen. Die Zentralregierung musste bei bewaffneten Auseinandersetzungen innerhalb der Provinzen strikte Neutralität wahren. Diese Politik an sich war abgesehen von der Kirchenpolitik zwischen den Parteien konsensfähig und nicht umstritten. Die Stärkung der Regionen kam allen Großgrundbesitzern zugute und widersprach deren Interessen nicht. Im Rahmen der Ausdehnung der Agrarexporte, deren Konjunkturen unterschiedliche Regionen Kolumbiens favorisierten, war dieser Föderalismus durchaus funktional. Innerhalb der Regionen dienten die bewaffneten Auseinandersetzungen und das vergleichsweise sehr früh (1854) eingeführte allgemeine Männerwahlrecht, der klientelistischen Integration der Bevölkerung entlang parteipolitischer Linien. Die politischen Parteien verfügten über bewaffnete Armeen, die Bevölkerung wurde zum Teil zwangsrekrutiert, zum Teil durch die weitverbreitete Gewalt zur Parteinahme für die eine oder andere Seite gezwungen, weil nur dies Schutz bot. Die wiederkehrenden Kriege trugen maßgeblich dazu bei, die Parteizugehörigkeit im Verlauf der zweiten Hälfte des 19. Jahrhunderts zu entpersonalisieren, das heißt von der Gefolgschaft für einzelne Führer unabhängig zu machen. Es entstanden zwei Subkulturen, die das Land in zwei Lager spalteten und in deren Rahmen die beiden Parteien (und nicht die kolumbianische Nation) der zentrale Kristallisationspunkt der politischen Primärsozialisierung über den lokalen Rahmen hinaus wurden.

1886 setzte sich dann unter Führung der Konservativen mit der sog. *Regeneración* erstmals ein zumindest im Ansatz nationales Projekt durch, das den Einfluss des Zentralstaats bzw. die Macht der Konservativen Partei mit einer autoritären Verfassung und Sonderrechten des Präsidenten stärkte. Die Reformen der Liberalen wurden rückgängig gemacht, die kulturelle, politische und wirtschaftliche Macht der katholischen Kirche wiederhergestellt. Der Präsident ernannte alle Gouverneure, so dass selbst traditionell liberale Regionen einen konservativen Gouverneur bekamen. Die Auseinandersetzungen zwischen den verschiedenen Fraktionen der regionalen Eliten und den unterschiedlichen Flügeln der Parteien waren damit aber nicht beendet. Im Gegenteil: im August 1899 begann einer der blutigsten Kriege der kolumbianischen Geschichte – im "Krieg der 1000 Tage" starben circa 100.000 Menschen (bei einer Bevölkerung von damals knapp über 4 Mio.). 1903 wurde die Provinz Panama mit Unterstützung der USA unabhängig.

In der Folgezeit erlebte Kolumbien eine Phase der ökonomischen Modernisierung, des sozialen Wandels und des politischen Friedens. Die von den USA gezahlte Entschädigung (25 Mio. US-Dollar) für die Abspaltung Panamas sowie der Anstieg der Exporte – und damit der Zölle und Abgaben – ermöglichten erste Investitionen in die ökonomische Infrastruktur, den Bau von Straßen, Häfen, Eisenbahnnetzen und Telegrafenleitungen. Das Banken- und Finanzsystem wurde ebenso modernisiert wie das Militär. Städte und regionale Zentren gewannen an Bedeutung. Reformen im politischen System ermöglichten nach 1905 den Machtwechsel zwischen Liberaler und Konservativer Partei ohne Rückgriff auf Gewalt. Da beide Parteien stets ein sehr breites Spektrum an politischen Strömungen mit radikalen und gemäßigten Fraktionen oder Flügeln aufwiesen, waren Bündnisse über die Parteigrenzen hinweg möglich. Die zentrale Reform dieser Zeit sehen Mazzuca und Robinson (2009) in der Einführung des Proporzwahlrechts. 1905 wurde das Mehrheitswahlrecht abgeschafft und das "unvollständige Votum" eingeführt, gemäß dem – unabhängig vom Wahlergebnis – die stärkere Partei zwei Drittel, die unterlegene ein Drittel der Mandate erhielt. 1929 wurde diese Quotierung dann zugunsten der vollständig proportionalen Vergabe der Sitze abgeschafft.

Im Kontext des sozialen Wandels entstanden aber auch neue soziale Kräfte und politische Projekte – etwa die Sozialistische Partei. Aufgrund der starken klientelistischen Verankerung der beiden traditionellen Parteien, gab es – im Vergleich zu anderen lateinamerikanischen Ländern – kaum erfolgreiche Abspaltungen. Die Liberale Partei öffnete sich für neue städtische Gruppen und nahm in ihrem Programm von Ibagué 1922 Forderungen nach Arbeitsschutzbestimmungen und sozialer Verteilung auf. Mobilisierung und Protest erfassten zunehmend auch die Kaffeezonen und die Exportenklaven, wo Arbeitskräfte knapp wurden (Bergquist 1978; LeGrand 1992). Die Weltwirtschaftskrise verschärfte die mit diesen sozialen Auseinandersetzungen verbundenen Verteilungskonflikte. Der Zusammenbruch des internationalen Kreditmarktes beendete den Ausbau der Infrastruktur, der steigende brasilianische Kaffeeexport drückte die Weltmarktpreise. Und so nahmen die Konflikte auch im ländlichen Raum zu.

Obwohl Kaffee zum wichtigsten Exportprodukt Kolumbiens aufstieg, verzichteten die kolumbianischen *cafeteros* im Gegensatz zu den Eliten in anderen Ländern Südamerikas auf die Kontrolle des Staatsapparates.

1927 schufen sie mit der *Federación Nacional de Cafeteros de Colombia* (FNCC) eine Art Parallelstaat, der ihnen die Kontrolle des Kaffeesektors ermöglichte. Damit entstand eine Form der Trennung von Politik und Wirtschaft, die nicht auf einer relativen Autonomie des Staates gegenüber den ökonomisch dominanten Gruppen beruhte, sondern auf einem mehr oder minder expliziten "Verzicht" der Kaffeeoligarchie auf die Besetzung des Staatsapparates. Eine Kontrolle des Staates war nicht nötig, da die Expansion des Kaffeeanbaus bis weit ins 20. Jahrhundert auf der Basis traditioneller Anbaumethoden erfolgte – extensiv und mit geringem Technologieeinsatz. Die Produktionskosten waren sehr niedrig, weil die *campesinos* neben dem Kaffeeanbau Subsistenzwirtschaft betrieben, d.h. sie waren nur marginal in die Geldwirtschaft integriert, ihr Konsum veränderte sich kaum, sie waren nicht die Basis für die Entstehung eines Binnenmarktes. Dadurch ergab sich eine hohe Anpassungsfähigkeit an die Schwankungen der Weltmarktpreise, die die Kleinbauern wirkungsvoll in das bestehende Modell integrierte. Diese integrative Kraft bildete über Jahrzehnte hinweg das wichtigste Hindernis für die Herausbildung horizontaler, d.h. an gemeinsamen wirtschaftlichen oder sozialen Interessen orientierter, Organisationen in den Kaffeezonen.

Andere Exportprodukte standen unter Kontrolle US-amerikanischer Firmen und ihres Kapitals. Bei den Bananenenklaven der Karibikküste war dies die United Fruit Company, bei der Ölförderung im Grenzgebiet zu Venezuela Standard Oil und Tropical Oil. Die Arbeitsbedingungen in den Enklaven waren schlecht, Streiks und Forderungen nach höheren Löhnen wurden in den 1920er Jahren von Polizei und Militär blutig niedergeschlagen. Den streikenden Arbeitern im Bananensektor hat Gabriel García Márquez in *Hundert Jahre Einsamkeit* ein literarisches Denkmal gesetzt. In den folgenden Jahrzehnten veränderten sich die Konfliktmuster allerdings. Die Auseinandersetzungen im Agrarsektor zwischen Großgrundbesitzern und Kleinbauern bzw. Pächtern und Tagelöhnern sowie die Frage der politischen und sozialen Partizipation neu entstehender sozialer Gruppen lösten die Konflikte zwischen den verschiedenen Fraktionen der Oligarchie als zentrales Konfliktmuster ab.

Blockierte Modernisierung

Mit nur kurzen Unterbrechungen und mit wechselnder Intensität erlebt Kolumbien seit Mitte des 20. Jahrhunderts zahlreiche interne Gewaltkonflikte. Die strukturellen Konfliktursachen hängen alle mit einer blockierten Modernisierung zusammen – der bis heute ungelösten Landfrage und den Forderungen nach politischer und sozialer Partizipation jenseits des oligarchischen Demokratiemodells.

Während seiner ersten Amtszeit von 1932 bis 1938 nahm Präsident López Pumarejo – zumindest verbal – zahlreiche Forderungen oppositioneller Kräfte auf. Die wichtigsten Elemente seiner Politik der *Revolución en Marcha* waren eine Agrar- und Steuerreform, eine Veränderung der Verfassung mit Wiedereinführung des allgemeinen Männerwahlrechts sowie eine aktive Gewerkschaftspolitik. Dies rüttelte zwar nicht an den Grundfesten des Systems, stieß aber dennoch auf den erbitterten Widerstand nicht nur der Konservativen, sondern auch eines Großteils der liberalen Oligarchie, und schon nach kurzer Zeit scheiterte diese Reformpolitik an einem entscheidenden Punkt. Für eine Durchsetzung seines Programms der staatlichen sozialen und ökonomischen Intervention hätte die Regierung die Kontrolle über das Steuereinkommen aus dem Exportsektor erlangen müssen, das in den Händen der *cafeteros* lag. Dies misslang, als López Pumarejo vergeblich versuchte, in den Gremien der *Federación Nacional de Cafeteros* eine staatliche Mehrheit durchzusetzen. Unter seinem Nachfolger Eduardo Santos (1938-1942) gab der Staat die Kontrolle über die Exportgewinne endgültig auf. Die Kontrolle über den 1940 gegründeten *Fondo Nacional del Café*, der aus einer nun gestiegenen Exportsteuer finanziert wurde, blieb in den Händen der FNCC, deren Mitglieder mehrheitlich per Kooptation bestimmt wurden. Ein Mechanismus, den der kolumbianische Historiker Marco Palacios als "Rad der Glückseligkeit" beschrieben hat (Palacios 1979: 319). Damit verzichtete der kolumbianische Staat de facto auf das Steuermonopol und trat den größten Teil seiner potentiellen Einkünfte an die Interessenvertretung der Kaffeeoligarchie ab. In einer exportorientierten Ökonomie, in der das Haupteinkommen des Staates von den Exportsteuern abhängt, kommt dies der "Privatisierung" der zentralen Staatseinkünfte gleich.

Eine letzte Hoffnung auf kontrollierten Wandel bildete für viele Menschen dann im Jahr 1948 die Präsidentschaftskandidatur des ehemaligen Oppositionspolitikers Jorge Eliécer Gaitán für die Liberale Partei. Gaitán hatte sich als Anwalt von Gewerkschaften und mit seiner ablehnenden Haltung gegenüber der wachsenden Gewalt im Agrarsektor einen Namen gemacht. Seine Ermordung am 9. April 1948 mitten im Zentrum der Hauptstadt war der "Tropfen", der das Fass zum Überlaufen brachte und der Beginn der *Violencia*. Fast eine Dekade lang herrschte in weiten Teilen des Landes das Recht des Stärkeren, brach die fragile staatliche Ordnung zusammen (González González 2014; Oquist 1978).

Einige Zahlen veranschaulichen das Ausmaß der daraus resultierenden humanitären Katastrophe: etwa 200.000 Menschen starben und zwei Millionen Menschen wurden durch die Kampfhandlungen und "Säuberungen", die denen aktuellerer Vorkommnisse an Grausamkeit in nichts nachstehen, vertrieben. Sind diese Schätzungen korrekt – ein Register gab es damals nicht – so starben über 5 % der damaligen Bevölkerung Kolumbiens (1951: 3,75 Mio.) in der *Violencia*, über 50 % wurden vertrieben. Auch hier gilt, was Stathis Kalyvas (2006) für den griechischen Bürgerkrieg festgestellt hat – die Gewalt in unterschiedlichen Regionen und Kommunen folgte nicht allein einem "Meta-Narrativ", d.h. einer Neuauflage des Konflikts zwischen den beiden Parteien. Vielmehr gab es eine Verbindung zahlreicher, von Region zu Region unterschiedlicher Dynamiken und Ursachen. Dazu gehören private Fehden ebenso wie materielle, ideologische oder parteipolitische Konflikte (Comisión de Estudios sobre la Violencia 1968).

Beendet wurde die Auseinandersetzung auf der parteipolitischen Ebene durch die Schaffung der Nationalen Front (*Frente Nacional*) 1958, ein System des institutionalisierten Parteienproporzes, das heute als *Powersharing* bezeichnet würde. Alle Ämter in Regierung, Verwaltung und Justiz auf nationaler, regionaler und kommunaler Ebene wurden paritätisch zwischen Liberaler und Konservativer Partei aufgeteilt. Das Amt des Präsidenten wechselte alle vier Jahre zwischen beiden, bei den regelmäßig stattfindenden Wahlen wurde lediglich die Frage entschieden, welche Richtung sich innerhalb der Parteien durchsetzen konnte. Andere Parteien konnten zwar bei Wahlen kandidieren, mussten dies aber auf den Listen der Konservativen oder Liberalen Partei tun (Dix 1980; Hartlyn 1988).

Dieses System ermöglichte die Modernisierung der klientelistischen Basis des Zweiparteiensystems, weil jeglicher Posten in der expandierenden Staatsbürokratie an die Mitgliedschaft in einer der Parteien gekoppelt war: Damit erfolgte vor allem in den Städten eine Modernisierung und Erneuerung des Patron-Klient-Verhältnisses. Die "Dienstleistung" des Patrons bestand darin, Zugang zu Posten im Staatssektor, staatlichen Krediten etc. zu schaffen, während die Klienten ihm nach wie vor als soziale Basis und Wählerpotential dienten. Die Ausdehnung der Staatstätigkeit diente gleichzeitig der Kontrolle der dort Beschäftigten und erfolgte nicht aufgrund einer gestiegenen Autonomie des Staatssektors gegenüber den die Exporte kontrollierenden Gruppen, sondern in Abhängigkeit von diesen. Gleichzeitig "depolitisierte" die Nationale Front den alten Gegensatz zwischen den Parteien und schwächte somit dessen identitätsstiftende und integrierende Kraft (Leal Buitrago 1987, 1989).

Dies und der voranschreitende Prozess des sozialen Wandels schufen neue Konflikte. Der Ausschluss aller nicht in den traditionellen Parteien organisierten Akteure und die Kriminalisierung jedweder Form von Opposition waren zentrale Grundlage und Rechtfertigung für andauernde Gewalt im ländlichen Kolumbien und die Entstehung neuer Gewalt in den Städten (Pizarro Leongómez 1989). Der bewaffnete Kampf war für all die Kräfte, denen es um eine Veränderung des gesellschaftlichen Status quo ging, vielfach die einzige Option. Vor allem auf dem Land bestanden Strukturen der bäuerlichen Selbstverteidigung fort, bis heute hat die größte Guerillagruppe, die Revolutionären Streitkräfte Kolumbiens – *Fuerzas Armadas Revolucionaria de Colombia* (FARC) – hier ihre Basis. In den 1960er Jahren entstanden dann, zum Teil unter Bezugnahme auf andere Entwicklungen in der Welt auch in den Städten neue Guerillagruppen, die sich entweder wie das Nationale Befreiungsheer *Ejército de Liberación Nacional* (ELN) am Beispiel der Kubanischen Revolution oder wie das Volksbefreiungsheer *Ejército Popular de Liberación* (EPL) an Maos langem Marsch orientierten. Getragen wurden diese Gruppen zum Großteil von Studierenden und Intellektuellen; im Kern waren sie undemokratisch, elitär und dogmatisch, weshalb sie keine Massenbasis aufbauen konnten (Mansilla 1990).

Dennoch bedrohte die Guerilla das bestehende Gesellschaftssystem in den 1960er und 1970er Jahren nicht, sondern stabilisierte das System der Nationalen Front sogar. Die wirkliche oder vermeintliche Bedrohung durch die Guerilla ermöglichte der Regierung die fast permanente Aufrechterhaltung des Ausnahmezustandes, der wiederum die Verfolgung und Repression auch der unbewaffneten Opposition erlaubte. Ab 1968 erlaubte ein Gesetz abermals die Bewaffnung der Zivilbevölkerung zur Aufrechterhaltung der "institutionellen Stabilität" – wodurch eine juristische Grundlage für die Entstehung paramilitärischer Organisationen geschaffen war, deren zentrales Selbstverständnis das der Anti-Guerilla war (Romero 2003a, 2003b). Dieser explizite Verzicht auf das staatliche Gewaltmonopol – ähnlich wie im 19. Jahrhundert – schuf eine Grundlage für die zunächst anhaltende und seit den 1980er Jahren ausufernde Gewalt, die Kolumbien abermals an den Rand des Staatskollaps führte (González González 1988).

Zwischen Friedenssuche und Militarisierung

Seit der Präsidentschaft von Belisario Betancur (1982-1986) bemühten sich alle kolumbianischen Regierungen um eine Beendigung der internen Gewalt. Die dabei verfolgten Strategien unterschieden sich aber grundlegend. Friedensverhandlungen unterschiedlicher Reichweite mit den Guerillagruppen und militärischen Strategen zur Stärkung des kolumbianischen Staates lösten einander ab (Helfrich/Kurtenbach 2006a, 2006b). Belisario Betancur verfolgte einen relativ umfassenden Ansatz, der zum einen die Verbreiterung demokratischer Partizipation auf der lokalen Ebene im Kontext von Dezentralisierung beinhaltete, zum anderen einen frühen Waffenstillstand und die politische Partizipation demobilisierter Guerilleros. Der Friedensprozess weckte große Erwartungen im Hinblick auf grundlegende Reformen für mehr soziale und politische Partizipation. Gerade dafür fehlte dem Präsidenten aber die Unterstützung der traditionellen Eliten und politischen Parteien sowie des Militärs. Schon nach der Unterzeichnung eines ersten Abkommens im September 1984 organisierte sich der Widerstand gegen den Friedensprozess sowohl in der öffentlichen Meinung als auch in den Reihen des Militärs. Dennoch waren zu Beginn der 1990er Jahre einige Friedensbemühungen erfolgreich. Die Regierungen Barco (1986-1990) und Gaviria (1990-1994) schlossen Abkommen mit der Bewegung 19. April (*Movimiento 19 de abril*, M-19) und einigen kleineren Gruppen. Deren Demobilisierung erfolgte zwar ohne direkte Konzessionen, die Zustimmung zur Einberufung einer Verfassunggebenden Versammlung 1990 steht aber im Kontext dieser Gespräche und der Mobilisierung der kolumbianischen Zivilgesellschaft. Die eigentlich auf mehr Partizipation zielende Dezentralisierungspolitik der Regierung Betancur dynamisierte die bewaffneten Auseinandersetzungen erheblich. Die Verlagerung staatlicher Kompetenzen und Finanzen auf die lokale Ebene machte die Kontrolle der lokalen Verwaltungsebene für bewaffnete Akteure jedweder Couleur interessant. In den 1990er Jahren eskalierte die Gewalt, die Zahl der bewaffneten Akteure nahm zu und immer mehr Teile des Landes – und in wachsendem Ausmaß auch der Städte – waren betroffen. Neben den Guerillagruppen und den staatlichen Sicherheitskräften dynamisierte insbesondere die wachsende Zahl paramilitärischer Gruppen den bewaffneten Konflikt.

Der Aufschwung des Drogenhandels und -anbaus verschaffte den bewaffneten Gruppen (Guerilla und Paramilitärs gleichermaßen) finanzielle Ressourcen zum Ausbau ihrer territorialen Präsenz und militärischen Kapazitäten. Die Schwäche des kolumbianischen Staates und die Verflechtung von Politik, Wirtschaft und Drogenkartellen beschleunigte die Krise des politischen Systems, die Mitte der 1990er Jahre während der Präsidentschaft von Ernesto Samper (1994-98) einen Höhepunkt erreichte. Der Konflikt um die Finanzierung seines Wahlkampfes mit Drogengeldern paralysierte das Land und bot mit dem dadurch entstehenden Machtvakuum allen bewaffneten Akteuren einen idealen Hintergrund zur Intensivierung ihrer Aktivitäten. Die Gewaltspirale bewegte sich abermals in erschreckender Weise nach oben: In der zweiten Hälfte der 1990er Jahre wurden jährlich etwa 30.000 Menschen ermordet, Entführungen wurden zu einem der einträglichsten Wirtschaftszweige und fast täglich fanden irgendwo im Land Massaker statt (Human Rights Watch 1998; Thoumi 2003).

Die internationale Aufmerksamkeit für die Gewalt in Kolumbien nahm ebenso zu wie das Engagement und die Forderungen zivilgesellschaftlicher Gruppen nach deren Beendigung. Der Wahlkampf war entsprechend vom Thema Frieden geprägt. Noch vor seinem Amtsantritt traf sich Andrés Pastrana 1998 medienwirksam mit dem legendären Chef der FARC Manuel Marulanda, um Friedensgespräche einzuleiten. Die Regierung demilitarisierte ein Gebiet in der Größe der Schweiz, was Kritiker als weiteres Anzeichen für die mangelnde Kontrolle des staatlichen Territoriums hielten. Die Gespräche scheiterten letztlich daran, dass beiden Seiten eine Vorstellung zum Ziel der Verhandlungen jenseits der Sonntagsreden von Frieden und Entwicklung fehlte. Ähnlich wie in den 1980er Jahren verfügten die Befürworter von Gesprächen außerdem im eigenen Lager nur über begrenzten Rückhalt. Und schließlich bereiteten sich sowohl Regierung als auch FARC parallel zum Dialog auf die Fortsetzung der militärischen Auseinandersetzung vor.

Das Scheitern des Friedensprozesses läutete eine neue Runde der Gewalt ein. In den vergangenen Jahrzehnten sind unter dem Deckmantel des Krieges über sieben Millionen Menschen vertrieben und über 200.000 getötet worden. Verantwortlich für die Gewalt waren aber nicht die Guerillagruppen alleine, sondern auch paramilitärische Gruppen und auch die staatlichen Sicherheitskräfte (González et al. 2003; Grajales 2011; Human Rights Watch 2016). 2002 wurde mit Álvaro Uribe ein Vertreter jener Regionaleliten in den Präsidentenpalast gewählt, der auf eine repressive Strategie gegenüber der Guerilla setzte und strukturelle Reformen im Agrarsektor vehement ablehnte. Mit der Politik der "demokratischen Sicherheit" stärkte die Regierung Uribe die repressiven Fähigkeiten des kolumbianischen Staats, auch wenn sie ein Gewaltmonopol nicht durchsetzen konnte. Zwar gelang es die FARC militärisch zu schwächen, besiegt waren sie aber nicht (Corporación Nuevo Arco Iris 2011a, 2011b). Während Uribe die FARC als Bande von Verbrechern und Terroristen titulierte, nahm er mit den paramilitärischen Gruppen Gespräche über deren Demobilisierung auf. Nach offiziellen Angaben gaben 31.000 Kämpfer die Waffen ab, in vielen Regionen agieren allerdings weiterhin bewaffnete Gruppen, die von der Regierung nun als kriminelle Banden (*bandas criminales*) bezeichnet wurden (International Crisis Group 2012).

Juan Manuel Santos, Verteidigungsminister unter Uribe folgte diesem 2010 als Präsident. Zur allgemeinen Überraschung verkündete er im August 2012 die Aufnahme von Friedensgesprächen mit den FARC. Die bis August 2016 in Havanna, Kuba, verhandelte Agenda war insofern sehr umfassend, als sie strukturelle Kriegsursachen wie die fehlenden Perspektiven im ländlichen Raum ebenso beinhaltete wie den Drogenanbau und politische Beteiligungsmöglichkeiten für die demobilisierten FARC-Mitglieder. Sollte das daraus hervorgegangene Abkommen tatsächlich umgesetzt werden, so wäre dies ein wichtiger Schritt zur Stärkung des kolumbianischen Staats.

Zentrale Elemente sind dabei zum einen die Begrenzung und Eindämmung der Gewalt auch anderer Akteure und die Verbesserung der Legitimierung staatlichen Handelns. Dazu gehört auch eine Reform der staatlichen Sicherheitskräfte, deren Handeln an rechtsstaatliche Standards und demokratische Kontrolle gebunden sein muss. Außerdem müssen die zahlreichen Opfer der Gewalt ein Mindestmaß an Gerechtigkeit und Anerkennung erfahren. In erster Linie geht es dabei nicht um strafrechtliche Aufarbeitung, sondern um einen breiten gesellschaftlichen Diskurs, in dem die unterschiedlichen Erfahrungen eine Stimme bekommen und nicht einseitig die "eine" Geschichte von Konflikt und Gewalt dominiert. Diese Fragen tragen gegenwärtig stark zu Polarisierung der kolumbianischen Gesellschaft bei. Staatsbildung kann im 21. Jahrhundert aber nicht auf Repression gebaut werden. Notwendig ist ein Mindestmaß an Allgemeinwohl und Legitimität staatlichen Handels. Neben der Gewaltkontrolle geht es auch darum, die vielfältigen Ressourcen und den Reichtum Kolumbiens so zu nutzen, dass sie nicht nur einer kleinen Minderheit zugutekommen, sondern eine Friedensdividende für die breite Bevölkerung schaffen. Aktuell macht sich in Kolumbien kaum jemand Illusionen, dass "der Frieden" mit der Unterzeichnung eines Abkommens über Nacht ausbrechen wird. Das ist eine gute Nachricht, weil es zu realistischen Erwartungen und Möglichkeiten der Problembearbeitung führt.

Literaturverzeichnis

BERGQUIST, Charles (1978): *Coffee and Conflict in Colombia, 1886-1910*. Durham: Duke University Press.

CENTENO, Miguel Angel (2002): *Blood and Debt. War and the Nation-State in Latin America*. University Park: Pennsylvania State University Press.

— (2003): "Limited War and Limited States". In: Davis, Diane E./Pereira, Anthony W. (Hg.): *Irregular Armed Forces and their Role in Politics and State Formation*. Cambridge: Cambridge University Press, S. 82-95.

COMISIÓN DE ESTUDIOS SOBRE LA VIOLENCIA (1968): *Colombia. Violencia y democracia. Informe presentado al Ministerio de Gobierno*. Bogotá: Universidad Nacional de Colombia.

CORPORACIÓN NUEVO ARCO IRIS (2011a): "El declive de la Seguridad Democrática". In: *Arcanos*, 15.

— (2011b): "Balance de las FARC después de 'Jojoy' y los nuevos carteles del narcotráfico". In: *Arcanos*, 16.

DIX, Robert H. (1980): "Consociational Democracy: The Case of Colombia". In: *Comparative Politics*, 12, 3, S. 303-321.

FISCHER, Martina/SCHMELZLE, Beatrix (2009): "Building Peace in the Absence of States: Challenging the Discourse on State Failure". <http://edoc.vifapol.de/opus/volltexte/2011/2563/> (30.11.2016).

GONZÁLEZ, Fernán E./BOLÍVAR, Ingrid J./VÁZQUEZ, Teófilo (2003): *Violencia política en Colombia. De la nación fragmentada a la construcción del Estado*. Bogotá: Centro de Investigación y Educación Popular (CINEP).

GONZÁLEZ GONZÁLEZ, Fernán E. (1988): "¿Hacia un 'Nuevo Colapso Parcial del Estado'?" In: *Análisis*, 50, S. 5-12.

— (2014): *Poder y violencia en Colombia*. Colección Territorio, Poder y Conflicto. Bogotá: Centro de Investigación y Educación Popular (CINEP).

GRAJALES, Jacobo (2011): "The Rifle and the Title: Paramilitary Violence, Land Grab and Land Control in Colombia". In: *Journal of Peasant Studies*, 38, 4, S. 771-792.

HARTLYN, Jonathan (1988): *The Politics of Coalition Rule in Colombia*. Cambridge Latin American Studies 66. Cambridge: Cambridge University Press.

HELFRICH, Linda/KURTENBACH, Sabine (2006a): *Kolumbien – Wege aus der Gewalt: Zur Frage der Transformation lang anhaltender Konflikte*. Forschung DSF, 5. Osnabrück: Deutsche Stiftung Friedensforschung.

— (Hg.) (2006b): *Colombia: caminos para salir de la violencia*. Madrid/Frankfurt a.M.: Iberoamericana/Vervuert.

HUMAN RIGHTS WATCH (1998): *War without Quarter. Colombia and International Humanitarian Law*. New York: Human Rights Watch.

— (2016): *World Report 2016*. New York: Human Rights Watch.

INTERNATIONAL CRISIS GROUP (2012): *Dismantling Colombia's New Illegal Groups: Lessons from a Surrender*. Bogotá/Brüssel: International Crisis Group.

KALYVAS, Stathis N. (2006): *The Logic of Violence in Civil War*. Cambridge: Cambridge University Press.

KURTENBACH, Sabine (1991): *Staatliche Organisation und Krieg in Lateinamerika: Ein historisch-struktureller Vergleich der Entwicklung in Kolumbien und Chile*. Münster: Lit.

— (2013): "Staatsbildung und Gewalt in Kolumbien". In: Graaff, David/Heins, Miriam/Henkel, Cathy (Hg.): *Kolumbien: Vom Failing State zum Rising Star? Ein Land zwischen Wirtschaftswunder und humanitärer Krise*. Berlin: Wissenschaftlicher Verlag, S. 193-208.

— (2016): "State Formation and Patterns of Violence: A Cross Regional Comparison". In: González Sánchez, Víctor M. (Hg.): *Economy, Politics and Governance: Challenges for the 21st Century*. New York: Nova Publishers, S. 85-99.

LEAL BUITRAGO, Francisco (1987): "La crisis política en Colombia: alternativas y frustraciones". In: *Análisis Político*, 1, S. 76-88.

— (1989): "El sistema político del clientelismo". In: *Análisis Político*, 8, S. 8-32.

LEGRAND, Catherine (1992): "Agrarian Antecedents of the Violence". In: Bergquist, Charles/Peñaranda, Ricardo/Sánchez, Gonzalo (Hg.): *Violence in Colombia. The Contemporary Crisis in Historical Perspective*. Wilmington: SR Books, S. 31-50.

MANSILLA, Hugo Celso Felipe (1990): "Los Iluminados y sus Sombras. Crítica de la Guerrilla Latinoamericana 1960-1975". In: *Nueva Sociedad*, 105, S. 118-129.

MAZZUCA, Sebastián/ROBINSON, James A. (2009): "Political Conflict and Power Sharing in the Origins of Modern Colombia". In: *Hispanic American Historical Review*, 89, 2, S. 285-321.

OQUIST, Paul H. (1978): *Violencia, conflicto y política en Colombia*. Bogotá: Banco Popular.

PALACIOS, Marco (1979): *El café en Colombia (1850-1970). Una historia económica, social y política*. Bogotá: Presencia.

Pizarro Leongómez, Eduardo (1989): "Los orígenes del movimiento armado comunista en Colombia (1949-1966)". In: *Análisis Político*, 7, S. 7-31.

Romero, Mauricio (2003a): *Paramilitares y autodefensas 1982-2003*, Bogotá: Temas de hoy.

— (2003b): "Paramilitary Groups in Contemporary Colombia". In: Davis, Diane E./ Pereira, Anthony W. (Hg.): *Irregular Armed Forces and their Role in Politics and State Formation*. Cambridge: Cambridge University Press, S. 178-208.

Thoumi, Francisco E. (2003): *Illegal Drugs, Economy, and Society in the Andes*. Washington, D.C.: Woodrow Wilson Press.

Weber, Max (1972): *Wirtschaft und Gesellschaft. Grundriß der verstehenden Soziologie.* Stuttgart: Mohr.

Wulf, Herbert (2007): *Challenging the Weberian Concept of the State: The Future of the Monopoly of Violence*. Brisbane: Australian Centre for Peace and Conflict Studies. <http://www.mobi.tamilnet.com/img/publish/2008/01/h_wulf_occ_paper_9.pdf> (30.11.2016).

Migration

Tatjana Louis

Wenn man sich mit dem Thema Migration in Kolumbien beschäftigt, so stößt man immer wieder auf die Feststellung, dies sei ein noch wenig erforschtes Thema (zuletzt Alfonso/Lis-Gutiérrez/Sayago Gómez 2013), obwohl Kolumbien das Land in Lateinamerika ist, das die größte Bevölkerungsbewegung zu verzeichnen hat (Ramírez/Zuluaga/Perilla 2010: 13). Die fehlende Beschäftigung mit dem Thema liegt vor allem daran, dass die Bewegungen sehr unterschiedlich motiviert sind – Kolumbien hat neben einer hohen Pull-Migration eine aufgrund des langjährigen Binnenkonfliktes noch höhere Push-Migration, die im Gegensatz zu der wirtschaftlich motivierten Wanderung jedoch nur sehr schwierig zu modellieren ist.

Desweiteren gibt es nur wenige Daten, die über den Aufenthaltsort der Bevölkerung Auskunft geben. So verfügt Kolumbien beispielsweise nicht über ein Meldewesen. Auch der Abgleich zwischen Geburts- und Sterberegistern liefert nur unzureichende Daten, da Personenstände nicht zuverlässig gemeldet werden (Jaramillo/Ibáñez 2013: 328; Martínez Gómez 2006: 47). Die Hauptquelle für die Erfassung von Wanderungsbewegungen ist daher der rund alle zehn Jahre durchgeführte Zensus, der seit den 1960er Jahren Fragen nach der Herkunft und nach früheren Wohnorten einschließt. Hinzu kommen ständige Umfragen, wie etwa die *Gran Encuesta Integrada de Hogares*, mit der Informationen zum Arbeitsmarkt erhoben werden und die auch Wohnungswechsel erfasst. Diese Erhebungen können jedoch immer nur Momentaufnahmen liefern und geben keine Auskunft darüber, welchen Weg die Menschen genommen haben, bevor sie zu ihrem aktuellen Aufenthaltsort gelangten. Dies ist v.a. dann problematisch, wenn es um Push-Migration geht, während derer die Menschen nicht zielgerichtet wandern. Die Resultate der Erhebungen werden darüber hinaus z.T. stark zeitverzögert und auch nicht immer vollständig veröffentlicht (Martínez Gómez 2006: 48-49). Die zur Zeit aktuellsten Daten zur Migration stammen aus dem jüngsten Zensus von 2005 (DANE 2008).

Ein Migrant ist, wer administrative Grenzen überschreitet und sich dauerhaft woanders niederlässt. Die individuellen Gründe, die zu der Entscheidung führten, den Herkunftsort zu verlassen, sind dabei zunächst einmal unerheblich. In Kolumbien waren die zwischen den Regionen bestehenden großen Unterschiede hinsichtlich der Qualität der Lebensbedingungen sowie der Sicherheitslage stets ein wichtiger Faktor, der die Menschen zu einem neuen Ort streben oder den alten verlassen ließ (Martínez Gómez 2006: 39). Dieser Beitrag betrachtet drei für Kolumbien wichtige und charakteristische Bewegungen: Binnenwanderung, Auswanderung und Binnenvertreibung, wobei letzteres Phänomen von den beiden ersten nicht immer klar zu trennen ist. Einwanderung spielt in Kolumbien zurzeit nur eine untergeordnete Rolle (Ramírez/Mendoza 2013: 63).

Kolumbien ist ein mobiles Land. Das *Departamento Administrativo Nacional de Estadísticas* (DANE) ermittelte für das Jahr 2003, dass rund 20 % der Kolumbianer administrative Grenzen innerhalb des Landes überschritten und sich dauerhaft in einem anderen Departamento niedergelassen haben. Von dieser Gruppe ging mit 54,3 % deutlich mehr als die Hälfte in die Stadt. Für Bogotá galt in demselben Jahr, dass 39 % aller Einwohner nicht in Bogotá geboren, d.h. also im Kindes- oder Erwachsenenalter zugewandert waren (DANE 2003). Rund vier Millionen Kolumbianer – das sind etwa 10 % der Gesamtbevölkerung – leben im Ausland (Díaz 2008: 83). Hinzu kommen ca. 5,7 Millionen Binnenvertriebene, die auf der Flucht vor dem seit Jahrzehnten andauernden Konflikt ihren Heimatort verlassen mussten (UNHCR 2014).

Historisch gesehen war Kolumbien als Teil des spanischen Kolonialreiches stets ein Einwanderungsland, wenn auch nicht in dem Maße wie etwa Argentinien oder Brasilien (Ramírez/Mendoza 2013: 64). Spätestens seit den 1960er Jahren jedoch vollzog sich, wie auch in anderen Ländern des Kontinents, der Wandel zum Auswanderungsland (Aysa-Lastra 2008: 27-28).

Binnenmigration

Der Anteil der innerhalb der Landesgrenzen migrierenden Bevölkerung ist zwischen 1973 und 2005 beständig gestiegen. Gaben beim Zensus 1973 noch 20,5 % der Befragten an, in den vorangegangenen fünf Jahren den Wohnort gewechselt zu haben, so lag der Anteil 1993 bei 21,8 % und 2005 bei 23,7 % (Martínez Gómez 2006: 89; DANE 2008). Dabei ist die Motivation der wanderungswilligen Menschen zunächst vor allem wirtschaftlich begründet. Die Suche nach Arbeit ist nach wie vor einer der wichtigsten Gründe, den Migranten für ihre Entscheidung angeben (DANE 2008: 117). Die Frage, was eine angemessene Lebensgrundlage ist, wird unterschiedlich bewertet. Daher lässt sich nicht feststellen, dass alle Migranten dasselbe Ziel, etwa die Stadt, hätten. Stattdessen waren häufig die Regionen, aus denen viele Menschen weggingen, gleichzeitig die Regionen, die auch zahlreiche Menschen anzogen (Martínez Gómez 2006: 73).

Bis in die 1970er Jahre hinein sind hauptsächlich zwei Bewegungen zu beobachten, einerseits die Migration zwischen ländlichen Regionen, andererseits Migrationen vom Land in die Städte. Die Migration zwischen ländlichen Gegenden betraf vor allem die Regionen, deren Besitzstruktur sich seit der Kolonialzeit kaum verändert hatte. Vor allem im andinen Raum, wie in den Departamentos Cundinamarca und Boyacá, aber auch im *Eje Cafetero* (Risaralda, Caldas und Quindío) konzentrierte sich der Landbesitz in der Hand einiger weniger Großgrundbesitzer, während die Bauern, die das Land tatsächlich bearbeiteten, für ihre Kleinstbetriebe oftmals nicht einmal über die Besitztitel verfügten. Die wenig ertragreiche Landwirtschaft bot kaum eine ausreichende Lebensgrundlage. Ein Bevölkerungsanstieg auf dem Lande sowie die zunehmende Mechanisierung der Landwirtschaft taten ein Übriges, den Druck in den ländlichen Regionen zu erhöhen. Einen Ausweg boten Regierungsprogramme zur Besiedlung des Landes, bei denen Menschen für die Nutzbarmachung bislang wenig bis gar nicht besiedelter Landstriche gewonnen werden sollten (Martínez Gómez 2006: 63). Davon profitierten entlegene Departamentos wie Caquetá, Putumayo, Arauca, Meta oder Vaupés, die beim Zensus von 1973 Zuwanderungsraten zwischen 41 und 49 % zeigten (Martínez Gómez 2006: 66). Gleichzeitig zog die Entwicklung bei der Produktion bestimmter landwirtschaftlicher Erzeugnisse wie Kaffee im *Eje Cafetero* und Zuckerrohr im Valle del Cauca viele Menschen gerade in die Regionen, aus denen viele auch abwanderten (Martínez Gómez 2006: 69).

Eine zunehmende Landflucht setzte seit Beginn des 20. Jahrhunderts ein, in dem Maße, in dem die sich entwickelnden Städte und Industrien Arbeitskräfte brauchten. Auch die Verbesserung der Ausbildungsmöglichkeiten und der medizinischen Versorgung in den Städten war zunehmend ein Grund, die ländlichen Regionen zu verlassen. Vor allem die Hauptstadt Bogotá, aber auch Cali, Medellín, Pereira und Barranquilla übten eine große Anziehungskraft aus und entwickelten sich bereits bis 1973 zu wichtigen regionalen Zentren (Martínez Gómez 2006: 63, 65-66; Jaramillo/Ibañez 2013: 331).

Absolut gesehen waren beim Zensus 1973 die meisten Migranten in die industriellen Zentren des Landes gegangen: knapp 1,1 Millionen nach Bogotá, gefolgt von rund 386.000 in das Departamento Valle del Cauca und 186.000 in das Departamento Atlántico mit der Hafenstadt Barranquilla. Die Departamentos mit der größten Abwanderung waren Cundinamarca (-376.000), Boyacá (-358.000) und Tolima (-244.346), also jene Regionen, die von traditioneller Landwirtschaft oder, wie im Falle von Tolima, von Gewalt geprägt waren (Martínez Gómez 2006: 75).

Diese Tendenz setzt sich bis heute fort. Der Zensus von 1993 reflektiert im Wesentlichen dieselben Wanderungstendenzen wie 1973. Veränderungen gab es vor allem in jenen Regionen, in denen sich die Kohleförderung entwickelte, wie in La Guajira, das nun deutlich mehr Menschen anzog, wie auch in den Regionen, die von der zunehmenden Gewalt betroffen waren, vor allem Urabá und der Bajo Magdalena. Diese Landesteile hatten nun Bevölkerungsverluste zu verzeichnen. Auch Boyacá, Tolima und Cundinamarca schrumpften weiterhin. Obwohl die Großstädte Bogotá, Cali, Medellín und Barranquilla Ziel der meisten Migranten waren, sank ihre Attraktivität, was einerseits auf eine beginnene Saturiertheit zurückzuführen ist, andererseits auch auf die Auseinandersetzungen der Drogenkartelle in den 1980er Jahren. Die steigende Kriminalität wie auch die Verschlechterung der Wohnraumsituation ließ die Zahl der Neuankömmlinge in den Großstädten prozentual sinken (Martínez Gómez 2006: 88-96).

Stattdessen konsolidierten sich mittlere Städte wie die Hauptstädte der Departamentos als Anziehungspunkte, so beispielsweise Tunja (Boyacá), Cúcuta (Norte de Santander) und Bucaramanga (Santander) (Jaramillo/Ibañez 2013: 346-347). Auch machten sich erste Dezentralisierungstendenzen bemerkbar, wie etwa in Bogotá, wo die umliegenden Gemeinden mehr und mehr zu Vororten der Hauptstadt werden (Jaramillo/Ibañez 2013: 333-335). Insgesamt haben sich in Kolumbien bis 1993 neun Metropolregionen entwickelt; neben den Großstädten auch die mittleren Zentren Bucaramanga, Cúcuta, Pereira, Manizales und Armenia (Alfonso 2013: 287).

Wanderungssaldo 1993	
Bogotá D.C.	1.684.186
Valle del Cauca	396.128
Atlántico	303.797
Meta	114.617
Putumayo	59.519
Risaralda	57.913
Cesar	50.383
Caquetá	43.127
Arauca	41.553
La Guajira	27.150
Vaupés	24.863
San Andrés	15.197
Vichada	7.364
Guainía	1.642
Norte de Santander	104
Amazonas	-438
Bolívar	-31.983
Quindío	-37.001
Chocó	-50.481
Antioquia	-51.362
Huila	-83.171
Sucre	-91.663
Magdalena	-100.975
Cauca	-140.457
Córdoba	-149.837
Nariño	-197.058
Santander	-238.922
Caldas	-268.127
Cundinamarca	-392.220
Tolima	-412.993
Boyacá	-580.855

Wanderungssaldo 2005	
Bogotá D.C.	1.988.888
Valle del Cauca	498.015
Atlántico	300.479
Antioquia	162.527
Meta	147.642
Risaralda	97.995
Putumayo	78.996
Casanare	53.401
La Guajira	47.628
Arauca	21.666
Guaviare	20.242
San Andrés	15.541
Caquetá	15.258
Vichada	9.267
Guainía	3.370
Vaupés	2.264
Amazonas	1.748
Cundinamarca	-3.963
Cesar	-7.899
Norte de Santander	-12.113
Quindío	-12.206
Bolívar	-26.270
Chocó	-48.316
Huila	-59.905
Magdalena	-100.428
Sucre	-101.072
Nariño	-113.562
Cauca	-136.529
Córdoba	-158.493
Santander	-206.573
Caldas	-318.058
Tolima	-435.467
Boyacá	-633.056

Tabelle 1: Binnenmigration. Wanderungssaldo 1993 nach Martínez Gómez 2006: 93-94. Wanderungssaldo 2005 nach eigenen Berechnungen auf Grundlage des Zensus 2005.

Für den Zensus 2005 schließlich stellt sich ein ganz ähnliches Bild dar. Betrachtet man den Wanderungssaldo, so sind Bogotá und die Departamentos Valle del Cauca und Atlántico nach wie vor die Orte, die die meisten Migranten aufnehmen, während aus Tolima und Boyacá die Menschen abwandern. Einige Tendenzen haben sich jedoch verstärkt und zu Veränderungen geführt. So fällt auf, dass Cundinamarca deutlich weniger Bevölkerungsverluste hinnehmen musste, als noch 1993 konstatiert. Hier zeigen sich die fortwährenden Dezentralisierungstendenzen Bogotás, denn die umliegenden Gemeinden, die in Cundinamarca liegen, nehmen die abwandernden Hauptstädter auf.

Eine Schlussfolgerung, die man nicht ziehen kann, ist, dass die Departamentos, die stark unter dem Konflikt leiden, grundsätzlich auch jene wären, die den höchsten Bevölkerungsverlust zu verzeichnen hätten. Zwar wandern etwa aus Chocó oder Cauca viele Menschen ab, auch weil es dort keine Alternativen gibt. Antioquia hingegen, das auch stark vom Konflikt betroffen ist, bleibt attraktiv, nicht zuletzt wegen des Zentrums Medellín.

Die Attraktivität der Großstädte ist insgesamt jedoch weiter gesunken. Abgesehen von einer Verschlechterung der Lebensqualität war bis Ende der 1980er Jahre die Hoffnung auf ein besseres Leben in der Stadt durchaus realistisch, da es möglich war, auch mit einer geringen Ausbildung eine Arbeitsstelle zu finden. Erst in den 1990er Jahren wurden vermehrt Arbeitsplätze angeboten, die ein hohes Maß an Fachkenntnissen erforderten, so dass es inzwischen unwahrscheinlich ist, ohne Ausbildung eine angemessene Arbeit zu finden. Dennoch bleiben die Städte ein Anziehungspunkt, da sie mit ihren vielfältigen Entwicklungsmöglichkeiten zumindest die Chance eröffnen, die Lebensbedingungen zu verbessern, während ein Leben auf dem Lande gleichbleibende Armut bedeutet (López/Nuñez 2007: 161). Rund die Hälfte der kolumbianischen Bevölkerung lebt und arbeitet inzwischen in den Einzugsgebieten der großen Metropolregionen (Alfonso 2013: 291).

Obwohl die anhaltende Bedrohung der ländlichen Bevölkerung ein Grund für viele ist, die vermeintliche Sicherheit der Stadt zu suchen, gaben 2005 nur wenige Menschen – 4,2%, 416.435 Personen in absoluten Zahlen – an, sie seien wegen der Gewalt gewandert. Dies überrascht insofern, als diese Zahl die Realität nicht widerzuspiegeln scheint. Allein für die Jahre von 2000 bis 2004, jenen Zeitraum, den der Zensus für die Frage nach dem Wohnungswechsel berücksichtigt, sind beim *Registro Único de*

Víctimas (RUV) knapp drei Millionen Opfer registriert.[1] Der Umstand, weshalb im Zensus nur ein Bruchteil dieser Menge erscheint, kann sich so erklären, dass vor allem die Binnenvertreibung mit einem sozialen Stigma einhergeht (Louis 2013: 197). Der weitaus größte Teil der befragten Bevölkerung gab an, aus familiären Gründen umgezogen zu sein (46,5 %), gefolgt von 15,5 %, die auf der Suche nach Arbeit ihren vorherigen Wohnort verlassen hatten (eigene Berechnungen auf Grundlage von DANE 2008: 117).

Binnenvertreibung

Dem Motiv Gewalt kommt bei der Landflucht seit der Zeit der sogenannten *Violencia* eine immer größere Bedeutung zu. Obwohl die unsichere Situation auf dem Lande während der Bürgerkriege schon im 19. Jahrhundert ein Beweggrund war, den Herkunftsort zu verlassen, kam nun neu hinzu, dass die Vertreibung der ländlichen Bevölkerung systematisch als Mittel zur Kriegsführung eingesetzt wurde (Bello 2004). Nur langsam kristallisierte sich jedoch der Migrationsgrund Gewalt als alleinstehender Grund heraus, und zwar in dem Maße, in dem die Binnenvertreibung als Menschenrechtsverletzung wahrgenommen wurde (Jelin 2002: 15). Den Betroffenen verleiht die gewaltsame Vertreibung einen besonderen Status und weist sie einer Gruppe zu. Dies äußert sich u.a. in der Begrifflichkeit: Während es für die Betroffenen der *Violencia*-Zeit viele Bezeichnungen gibt – *refugiados*, *damnificados*, *exiliados*, um nur einige zu nennen – hat sich seit Mitte der 1990er Jahre der Begriff *desplazado* eingebürgert (Louis 2013: 190).

1997 schließlich wurde mit dem Gesetz Nr. 387 (Art. 1) genau definiert, wer ein *desplazado* ist. Damit wurde erstmals ein Problem juristisch detailliert beschrieben, das bereits seit den 1980er Jahren als humanitäre Katastrophe unübersehbar geworden war. Vertreibungen werden von allen am Konflikt beteiligten Gruppen begangen, von den Guerillas ebenso wie von paramilitärischen Gruppen oder von der Armee (Rojas Andrade/ Hurtado, o.J.: 5). Die Zahlen der *desplazados* schwanken, je nachdem, wo und seit wann sie erfasst werden. Hinzu kommt, dass viele Vertreibungen nicht massiv, d.h. mit mehr als 50 gleichzeitig Betroffenen, vor sich gehen, sondern vereinzelt. Diese Vertreibungen bleiben oft unbemerkt, beson-

---

1 Unidad de Víctimas, <http://rni.unidadvictimas.gov.co/?q=node/107> (18.10.2015).

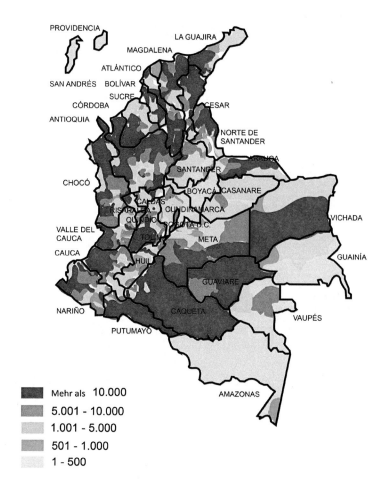

Abbildung 1: Desplazamiento – Ort des Geschehens. Karte entnommen aus CHMH 2015: 137. Bearbeitet von Andrés Montoya.

ders wenn die Betroffenen sich nicht bei der staatlichen Registrierungs-behörde melden (Ibáñez/Velásquez 2009: 432). Für Ende 2013 ging die Nichtregierungsorganisation *Consultoría para los Derechos Humanos y el Desplazamiento* (Codhes) von mehr als 5,9 Millionen Binnenvertriebenen seit 1985 aus, wobei sich diese Zahl zuletzt stark an die staatliche Zahl an-geglichen hat. Die staatliche *Unidad para la Atención y Reparación Integral a las Víctimas* (UARIV) zählte für denselben Zeitraum rund 5,6 Millionen Betroffene (Codhes 2014: 3). Trotz der schwankenden Zahlen ist es bemerkenswert, dass diese Informationen überhaupt existieren. Kolumbien ist, im Gegensatz zu anderen Staaten mit inneren Konflikten, kein *failed state*, sondern verfügt über die entsprechende Infrastruktur, um die Opfer registrieren zu können.

Auch wenn Vertreibungen grundsätzlich im ganzen Land vorkommen, so häufen sich die Fälle natürlich in jenen Departamentos, die besonders vom Konflikt betroffen sind. 2013 kamen, wie auch schon in den Jahren zuvor, die meisten Betroffenen (60 %) aus den östlichen Departamentos Cauca, Nariño, Valle del Cauca, Antioquia und Chocó. Ziel der *desplazados* sind in der Regel die Städte, wobei Bogotá die meisten Personen aufnimmt (2013: 25.506 Personen), gefolgt von der Hafenstadt Buenaventura (19.792) und Medellín (13.664) (Codhes 2014: 7, 12). Doch die Städte scheinen immer weniger ein sicherer Hafen für die Flüchtenden zu sein. Innerstädtische Vertreibungen, bei denen die Betroffenen von einem Elendsviertel ins nächste gedrängt werden, haben in den vergangenen Jahren stark zugenommen. Waren es bis 2006 meist rund 5000 Betroffene jährlich, so hat sich diese Zahl bis 2012 mehr als vervierfacht (Rojas Andrade/Hurtado, o.J.: 6).

Nur wenige Menschen überschreiten bei ihrer Flucht die Landesgrenze. 2011 hielten sich nach Informationen des Flüchtlingshilfswerks nur rund 438.000 Kolumbianer als Flüchtlinge in anderen Ländern auf. Dabei gehören Ecuador, die USA, Kanada und Costa Rica zu den wichtigsten Aufnahmeländern (Ramírez/Mendoza 2013: 85).

Die kolumbianische Regierung hat erst auf internationalen Druck hin die *desplazados* als eigenständige Opfergruppe des Konflikts anerkannt. 1997 stellt hier einen Wendepunkt dar, jenes Jahr, in dem nicht nur das entsprechende Gesetz erlassen wurde, sondern auch das UN-Flüchtlingshilfswerk seine Arbeit in Kolumbien aufnahm. Mit ein Grund, weshalb die *desplazados* lange nicht als Opfergruppe wahrgenommen wurden, mag darin liegen, dass sie in der größeren Bewegung einer allgemeinen Landflucht aus wirtschaftlichen Gründen aufgingen. Flucht vor Gewalt ist kein neues Phänomen in Kolumbien, sondern trat auch in früheren Phasen des Konflikts auf, besonders während der *Violencia*. Gerade für diese Zeit wird auch in der Forschung kaum ein Unterschied bei den Beweggründen gemacht.

Den Diskurs der Migration, also einer Wanderung aus mehr oder weniger freien Stücken auf der Suche nach einer besseren Lebensgrundlage, haben sich viele Betroffene bis in die Gegenwart zu Eigen gemacht. Seit allerdings im Zuge des Friedensprozesses verstärkt die Erzählungen der Opfer als Teil eines gemeinsamen Gedächtnisses des Konflikts in den Vordergrund treten, lassen sich Veränderungen hinsichtlich der Selbstwahrnehmung als Migrant feststellen, wobei der Status des *desplazado* sich von einem temporären, grundsätzlich überwindbaren Zustand hin zu einer dauerhaften existenziellen Erfahrung wandelt und so eine Eigendynamik annimmt, die die *desplazados* von "normalen" Migranten entfernt (Louis 2013: 152-156).

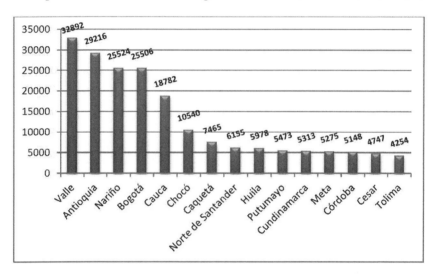

Grafik 1: Aufnehmende Departamentos 2013. Grafik entnommen aus Codhes 2014: 10.

So sind *desplazados* seit einigen Jahren immer besser organisiert, wenn auch in verschiedenen Gruppen, die häufig regional oder ethnisch gebunden sind. Ein einheitlicher Dachverband fehlt. Dennoch haben diese Gruppen über die Jahre an politischem Gewicht gewonnen. So ist es auf ihren Druck zurückzuführen, dass das Verfassungsgericht die Regierung mit dem Urteil T-025 von 2004 dazu verpflichtete, die Bedürfnisse der *desplazados* explizit zu berücksichtigen. Zu diesem Zweck wurden 2005 die sog. *Mesas Departamentales de población en situación de desplazamiento* (seit 2012: *Mesa de participación de víctimas*) eingerichtet. An diesen runden Tischen treffen sich Vertreter der Regierung und der *desplazado*-Verbände mit dem Ziel, grundlegende Ziele abzustimmen und Ergebnisse zu verbessern.

Auswanderung

Die anhaltende instabile politische Situation und eine schwierige wirtschaftliche Lage führen dazu, dass zahlreiche Kolumbianer das Land dauerhaft verlassen. Grundsätzlich ist es schwierig, die genaue Zahl der Emigranten festzustellen, da die Möglichkeiten, diese Personen zu erfassen, begrenzt sind und ein nicht unbeträchtlicher Anteil illegal in andere Länder einwandert (Aparicio Gómez 2006: 192; Caballero/Castrillón 2006: 214-215). Man nimmt an, dass rund 10 % der Gesamtbevölkerung im Ausland leben (Díaz 2008: 84). Diese Schätzung hat drei Grundlagen: den Zensus von 2005, der erstmals versuchte, auch die Zahl der Migranten zu erfassen, die Zahl der in kolumbianischen Konsulaten registrierten Personen sowie den Wanderungssaldo, also die Differenz zwischen Einreisen und Ausreisen kolumbianischer Staatsangehöriger. Die letzte Information wurde bis 2012 vom *Departamento Administrativo de Seguridad* erfasst und seit seiner Auflösung von *Migración Colombia*, der staatlichen Migrations- und Ausländerbehörde. Dabei ergaben sich für das Jahr 2008 Zahlen, die zwischen 3,9 und 5,2 Millionen schwankten (Puyana Villamizar/Micolta León/Jiménez Zuluaga 2013: 45).

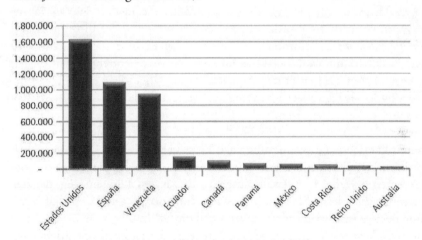

Fuente: Grupo interno de trabajo Colombia Nos Une. Ministerio de Relaciones Exteriores (2010).

Grafik 2: Hauptziele kolumbianischer Auswanderer 2010. Grafik entnommen aus Ramírez/Mendoza 2013: 43.

Allgemein lässt sich sagen, dass die große Mehrheit der Auswanderer im arbeitsfähigen Alter ist – das Durchschnittsalter liegt zwischen 34 und 35 Jahren – und dass der Anteil der migrierenden Frauen etwas höher als der der Männer ist. Während ihre soziale Herkunft in etwa der Verteilung entspricht, wie sie auch in Kolumbien vorzufinden ist, so sind ihre Bildungsabschlüsse überdurchschnittlich hoch. Der Zensus von 2005 ermittelte, dass 23,1 % der Auswanderer aus dem Valle del Cauca kommen, 17,6 % aus Bogotá, rund 13 % aus Antioquia, Risaralda und Caldas und rund 6 % aus Bolívar und Atlántico. Die Motivation der Auswanderer ist ähnlich wie bei der Binnenwanderung vornehmlich wirtschaftlich. Die Sicherheitslage scheint eine untergeordnete Rolle zu spielen (Puyana Villamizar/Micolta León/Jiménez Zuluaga 2013: 46-47; Ramírez/Zuluaga/Perilla 2010: 54). Venezuela, die USA und Spanien sind die Länder, in die die meisten Kolumbianer auswandern. Für 2005 errechnete der DANE, dass 30,8 % der Migranten in Venezuela, 29,3 % in den USA und 19,5 % in Spanien lebten. Die übrigen gingen in andere lateinamerikanische oder europäische Staaten und nach Kanada (Ramírez/Zuluaga/Perilla 2010: 52).

Die Auswanderung fand bislang in drei großen Wellen statt, die mit politischen und wirtschaftlichen Krisen in Kolumbien zusammenfallen (Aysa-Lastra 2008: 30-31). Eine erste Welle, die in den 1960er Jahren begann, koinzidierte mit dem Ende der *Violencia* und der Einführung des *Frente Nacional* in Kolumbien. Wichtigstes Ziel in dieser Zeit war zunächst das Nachbarland Venezuela, das mit seiner aufstrebenden Erdölindustrie schon seit den 1930er Jahren Arbeitsmigranten angezogen hatte. Diese Bewegung ist als regionales Phänomen zu bewerten, da vor allem Menschen aus den an Venezuela grenzenden Departamentos Norte de Santander, Cesar und La Guajira in das Nachbarland einwanderten. Einen zweiten Höhepunkt erlebte die Wanderung nach Venezuela zwischen 1980 und 2001. Kolumbien erlebte in diesem Zeitraum neben wirtschaftlichen Schwierigkeiten eine Welle der Gewalt, ausgelöst durch den Drogenkrieg, der den Konflikt in hohem Maße in die Städte hineintrug. Die Wirtschaftskraft und bessere Infrastruktur Venezuelas ließ die kolumbianische Bevölkerung dort stark anwachsen. Neben der Arbeit in der Industrie betätigen sich die Einwanderer vor allem im Handel, im Dienstleistungsbereich und im Baugewerbe. Mit dem Amtsantritt von Hugo Chávez 1999 und den damit einhergehenden politischen und wirtschaftlichen Veränderungen ließ der Strom der Einwanderer im neuen Jahrtausend jedoch deutlich nach. Dennoch ist die Zahl der Kolumbianer in Venezuela immer noch hoch.

2011 ermittelte der venezolanische Zensus, dass 684.040 Kolumbianer in Venezuela leben. Damit stellten Kolumbianer mit einem Anteil von 60 % mit Abstand die größte Gruppe der Ausländer in diesem Land (Ramírez/ Mendoza 2013: 53-54; Puyana Villamizar/Micolta León/Jiménez Zuluaga 2013: 50-51).

150.000 der in Venezuela lebenden Kolumbianer sind Flüchtlinge. Die Präsenz der Guerilla im Grenzgebiet führt immer wieder zu Zwischenfällen. Auch andere kriminelle Aktivitäten wie der Schmuggel von Benzin und anderen Gütern sowie der Drogenhandel blühen entlang der venezolanisch-kolumbianischen Grenze (Ramírez/Mendoza 2013: 54; Puyana Villamizar/Micolta León/Jiménez Zuluaga 2013: 51). In jüngster Zeit sind mehrfach kolumbianische Staatsangehörige unter dem Vorwurf, sie seien in kriminelle Aktivitäten verwickelt, aus Venezuela deportiert worden.

Die Auswanderung in die USA begann ungefähr zeitgleich mit der ersten Auswanderungswelle nach Venezuela und hält bis heute unvermindert an. Auffällig ist, dass in den 1960er Jahren im Gegensatz zur Migration nach Venezuela zunächst vor allem hochqualifizierte Großstädter in die USA auswanderten. Die günstigen Einwanderungs- und Arbeitsbedingungen in den USA machten das Land zu einem attraktiven Ziel für Kolumbianer, die sich zumeist in New York und im Süden von Florida ansiedelten. Mitte der 1970er Jahre veränderte sich die Ausbildungsstruktur der Migranten und es kamen zunehmend auch weniger gut ausgebildete Personen auf der Suche nach dem sozialen Aufstieg (Bidegain 2008: 15). Einen starken Zuwachs kolumbianischer Migranten brachte die zweite Welle von den 1970er Jahren bis Mitte der 1990er Jahre. Die Motivation dieser Gruppe ist vor allem mit der Entwicklung des Drogenhandels und der Kommerzialisierung der Droge in den USA verbunden (Caballero/ Castrillón 2006: 223; Puyana/Micolta/Jiménez Puyana Villamizar/Micolta León/Jiménez Zuluaga 2013: 48). Eine dritte Welle, bei der zunehmend auch Flüchtlinge versuchten, in die USA zu gelangen, begann schließlich Mitte der 1990er Jahre, motiviert durch die sich verschlechternde wirtschaftliche und politische Situation in Kolumbien. Durch die wirtschaftliche Öffnung nach 1991 gingen zahlreiche Arbeitsplätze verloren und es entstand ein hoher Anteil von informeller und schlecht bezahlter Arbeit. Die Auswanderung in die USA hält bis heute trotz immer schwierigerer Einwanderungsbedingungen und schärferer Grenzkontrollen unvermindert an (Bidegain 2008: 15-16; Ramírez/Zuluaga/Perilla 2010: 29; Puyana Villamizar/Micolta León/Jiménez Zuluaga 2013: 56). Für das Jahr 2010 wurde ermittelt, dass gut 900.000 Kolumbianer in den USA lebten, womit sie 1,8 % in der Gruppe der Ausländer stellten (Ramírez/Mendoza 2013: 45-46).

Mit der dritten Auswanderungswelle seit den 1990er Jahren diversifizierten sich die Ziele der Auswanderer, und Spanien etablierte sich als Anziehungspunkt. Dies hat einerseits mit den erschwerten Bedingungen in den USA zu tun, andererseits mit dem Umstand, dass Kolumbianer bis 2002 kein Visum brauchten, um nach Spanien einzureisen. Außerdem schloss Spanien mit Kolumbien 2001 ein Abkommen zur Regulierung der Einwanderung ab, von dem zahlreiche Menschen profitierten (Ramírez/Mendoza 2013: 56). Der Migrantenfluss stieg 1998 sprunghaft an und blieb bis 2008 auf einem hohen Niveau. Mit Beginn der Finanzkrise und der damit verbundenen hohen Arbeitslosigkeit in Spanien verlor das Land jedoch drastisch an Attraktivität. Für 2010 wurde die Zahl von knapp 368.000 in Spanien lebenden Kolumbianern ermittelt, die zusammen mit den Ecuatorianern und Marrokanern die größte Einwanderungsgruppe stellen. Im Gegensatz zu den USA leben in Spanien inzwischen deutlich weniger illegale kolumbianische Einwanderer (Aparicio 2006: 193; Puyana Villamizar/Micolta León/Jiménez Zuluaga 2013: 49).

Die hohe Zahl von im Ausland lebenden Kolumbianern hat sich zu einem wichtigen Wirtschaftsfaktor entwickelt. Die Rücküberweisungen, die die Auswanderer an ihre Familien schicken, betrugen für das Jahr 2011 1,27 % des Bruttoinlandsprodukts. In Zahlen ausgedrückt handelte es sich um rund vier Milliarden US-Dollar, von denen 35 % aus Spanien, 33 % aus den USA und 11 % aus Venezuela stammten. Die Geldströme übertreffen sogar noch die Gewinne, die durch den Export etwa von Kaffee oder Blumen erzielt werden. Die Rücküberweisungen fließen hauptsächlich in jene Gegenden, aus denen die meisten Auswanderer stammen. Besonders profitieren Familien in den Departamentos Valle del Cauca, Antioquia, Cundinamarca und Risaralda (Ramírez/Mendoza 2013: 56-60). Der tatsächliche Nutzen der Rücküberweisungen ist allerdings umstritten. Bislang wurde das Geld nämlich kaum für Investitionen ausgegeben, die das Einkommen der Familien dauerhaft verbessert hätten. Stattdessen wird es dafür genutzt, die Lebensbedingungen unmittelbar zu verbessern, indem beispielsweise Lebensmittel, Miete, Gesundheit, Freizeitaktivitäten oder Ausbildung finanziert werden. Auf diese Weise werden Abhängigkeiten nicht beseitigt, sondern beibehalten (Puyana Villamizar/Micolta León/ Jiménez Zuluaga 2013: 53-54; Guarnizo 2004: 37).

Problematisch für Kolumbien ist, dass hochqualifizierte Personen das Land verlassen, ein Umstand, der zu einem realen Braindrain führt. Im Jahr 2000 verfügten 11 % der Auswanderer über einen Hochschulabschluss; davon waren 2 % Ärzte. Für die kolumbianische Bevölkerung in den USA konnte für das Jahr 2005 festgestellt werden, dass 37 % über einen Hochschulabschluss verfügten, während in Kolumbien nur 14 % einen solchen Abschluss erworben hatten. Für Kolumbien bedeutet diese Art der Abwanderung einen tatsächlichen Verlust, der die Entwicklung des Landes unmittelbar beeinflusst, besonders da die hochqualifizierten Auswanderer seltener zurückkehren als solche mit niedrigen oder mittleren Bildungsabschlüssen (Ramírez/Zuluaga/Perilla 2010: 58-61). Aus diesem Grund hat das Außenministerium Strategien entwickelt, die das Ziel verfolgen, die Auswanderer stärker an Kolumbien zu binden. Seit 2004 existiert daher das Programm *Colombia nos une* des Außenministeriums. Zu seinen Zielen gehört die Förderung der legalen Migration, die Verbesserung der Situation der Auslandskolumbianer in Bezug auf soziale Sicherheit und Zugang zu nationalen Dienstleistungen wie etwa das Eröffnen eines Kontos in einer kolumbianischen Bank oder die Begleitung der Rückkehr. Vor allem geht es aber darum, Kolumbianer innerhalb und außerhalb des Landes zu vernetzen um so "den positiven Beitrag der Migration an die realen Probleme und Bedürfnisse des Landes anzupassen".[2]

Darüber hinaus wurde eine Reihe von Gesetzen erlassen, auf deren Grundlage eine Migrationspolitik gestaltet und durchgeführt werden soll. Mit dem Gesetz Nr. 1465 von 2011 wurde das *Sistema Nacional de Migraciones* etabliert, dessen Aufgabe es ist, eine Politik zu entwickeln, die die Bedürfnisse der Auslandskolumbianer ermittelt und berücksichtigt, um sie so stärker in das nationale Leben einzubinden. Das Gesetz Nr. 1565 von 2012 definiert Anreize und Bedingungen, die die Auslandskolumbianer zur Rückkehr bewegen sollen. Vier Möglichkeiten zur Rückkehr gibt es demnach: *retorno solidario* und *retorno humanitario* für Opfer des Konflikts bzw. für in Not geratene Kolumbianer, *retorno laboral* für hochqualifizierte Personen sowie *retorno productivo* für Personen, die in öffentliche Projekte investieren wollen (Art. 3).

Wie sich die Auswanderung in Zukunft entwickeln wird, bleibt abzuwarten und hängt davon ab, wie sich die Situation außerhalb im Vergleich zu Kolumbien darstellt. Für Spanien beispielsweise konnte festgestellt wer-

---

2 Übersetzung der Autorin; <www.colombianosune.com> (19.10.2015).

den, dass in dem Moment der Krise ab 2008, als die Arbeitslosigkeit in Spanien zeitweise höher war als in Kolumbien, deutlich mehr Menschen zurückkehrten (Puyana Villamizar/Micolta León/Jiménez Zuluaga 2013: 56). Dennoch ist anzunehmen, dass, so lange die Chance auf bessere Lebens- und Arbeitsbedingungen außerhalb Kolumbiens als wahrscheinlicher wahrgenommen wird, weiterhin Menschen das Land verlassen werden.

Literaturverzeichnis

ALFONSO, Óscar (2013): "Impactos socioeconómicos y demográficos de la metropolización de la población colombiana y de los mercados de trabajo y residenciales". In: Alfonso, Óscar/Lis-Gutiérrez, Jenny-Paola/Sayago Gómez, Juan Tomás (Hg.): *Colombia en movimiento. Estudios sobre diásporas y migraciones internas*. Bogotá: Universidad Central, S. 283-325.

ALFONSO, Óscar/LIS-GUTIÉRREZ, Jenny-Paola/SAYAGO GÓMEZ, Juan Tomás (Hg.) (2013): *Colombia en movimiento. Estudios sobre diásporas y migraciones internas*. Bogotá: Universidad Central.

APARICIO GÓMEZ, Rosa (2006): "Migración colombiana en España". In: Ardila, Gerardo (Hg.): *Colombia: Migraciones, transnacionalismo y desplazamiento*. Bogotá: Universidad Nacional de Colombia, S. 191-211.

AYSA-LASTRA, María (2008): "Perfil sociodemográfico de residentes en Estados Unidos. Año 2000". In: Bidegain, Ana María (Hg.): *Presencia colombiana en Estados Unidos. Caracterización de la población inmigrante*. Bogotá: Ministerio de Relaciones Exteriores, S. 27-48.

BELLO, Martha Nubia (Hg.) (2004): *Desplazamiento forzado. Dinámicas de guerra, exclusión y desarraigo*. Bogotá: Universidad Nacional de Colombia/Alto Comisionado de las Naciones Unidas para los Refugiados (ACNUR).

BIDEGAIN, Ana María (Hg.) (2008): *Presencia colombiana en Estados Unidos. Caracterización de la población inmigrante*. Bogotá: Ministerio de Relaciones Exteriores.

CABALLERO, César/CASTRILLÓN, Sylvia Margarita (2006): "Las migraciones: un reto en la medición estadística". In: Ardila, Gerardo (Hg.): *Colombia: Migraciones, transnacionalismo y desplazamiento*. Bogotá: Universidad Nacional de Colombia, S. 213-236.

CNMH (Centro Nacional de Memoria Histórica) (2015): *Una nación desplazada: informe nacional del desplazamiento forzado en Colombia*. Bogotá: CHMH/Unidad para la Atención y Reparación Integral a las Víctimas (UARIV).

CODHES (Consultoría para los Derechos Humanos y el Desplazamiento) (2014): *El desplazamiento forzado y la imperiosa necesidad de la paz. Informe desplazamiento 2013*. Bogotá: CODHES.

DANE (Departamento Administrativo Nacional de Estadísticas) (2003): *Evidencia reciente del comportamiento de la migración interna en Colombia a partir de la Encuesta Continua de Hogares*. Bogotá: DANE.

— (2008): *Censo general 2005*. <http://www.dane.gov.co/censo/files/libroCenso2005nacional.pdf> (15.10.2015).

Díaz, Luz Marina (2008): "Colombianos en Estados Unidos. ¿Cuántos y quiénes somos?" In: Bidegain, Ana María (Hg.): *Presencia colombiana en Estados Unidos. Caracterización de la población inmigrante*. Bogotá: Ministerio de Relaciones Exteriores, S. 61-92.

Guarnizo, Luis Eduardo (2004): "La migración transnacional colombiana: Implicaciones teóricas y prácticas". In: Ministerio de Relaciones Exteriores de Colombia (Hg.): *Colombia nos une. Memorias del Seminario sobre migración internacional colombiana y la conformación de comunidades transnacionales*. Bogotá: Ministerio de Relaciones Exteriores, S. 25-43.

Ibáñez, Ana María/Velásquez, Andrea (2009): "Identifying Victims of Civil Conflicts: An Evaluation of Forced Displaced Households in Colombia". In: *Journal of Peace Research*, 46, S. 431-451.

Jaramillo, Samuel/Ibáñez, Marcela (2013): "Territorio y migración en Colombia: análisis de la estructura territorial de Colombia a partir de los flujos migratorios". In: Alfonso, Óscar/Lis-Gutiérrez, Jenny-Paola/Sayago Gómez, Juan Tomás (Hg.): *Colombia en movimiento. Estudios sobre diásporas y migraciones internas*. Bogotá: Universidad Central, S. 327-429.

Jelin, Elizabeth (2002): *Los trabajos de la memoria*. Madrid: Siglo XXI.

López Castaño, Hugo/Núñez Méndez, Jairo (2007): *Pobreza y desigualdad en Colombia. Diagnóstico y estrategias*. Bogotá: Departamento Nacional de Planeación.

Louis, Tatjana (2013): "Somos desplazados sin saberlo. Der Ort des Desplazamiento im kolumbianischen Gedächtnis". <kups.ub.uni-koeln.de/5577/1/Somos_desplazados_sin_saberlo.pdf> (19.10.2015).

Martínez Gómez, Ciro Leonardo (2006): *Las migraciones internas en Colombia. Análisis territorial y demográfico según los censos de 1973 y 1993*. Bogotá: Universidad Externado.

Puyana Villamizar, Yolanda/Micolta León, Amparo/Jiménez Zuluaga, Blanca Inés (2013): *Familias colombianas y migración internacional: entre la distancia y la proximidad*. Bogotá: Universidad Nacional ed Colombia.

Ramírez, Clemencia/Mendoza, Laura (2013): *Perfil Migratorio de Colombia 2012*. Bogotá: Organización Internacional para las Migraciones.

Ramírez, Clemencia/Zuluaga, Marcela/Perilla, Clara (2010): *Perfil Migratorio de Colombia*. Bogotá: Organización Internacional para las Migraciones.

Rojas Andrade, Gabriel/Hurtado, Paola (o.J.): "Grupos posdesmovilización y desplazamiento forzado en Colombia: una aproximación cuantitativa". CODHES, <http://www.codhes.org/~codhes/images/Articulos/GPD_y_desplazamiento_forzado_en_Colombia.pdf> (8.10.2015).

UNHCR (United Nations High Commissioner for Refugees) (2014): "Mid-Year Trends 2014". <http://unhcr.org/54aa91d89.html> (8.10.2015).

Umwelt und Biodiversität

Pablo Andrés Ramos / Sebastián Restrepo-Calle

Einleitung

Kolumbien gilt weltweit als eines der Länder mit der größten Biodiversität. Gegenwärtig muss sich der Andenstaat großen Herausforderungen bezüglich der Nutzung, des Umgangs und des Erhalts seiner natürlichen Ressourcen stellen, die von zentraler Bedeutung für die zukünftige soziale und wirtschaftliche Entwicklung sind. Die gesetzlichen Normen zum Schutz von wichtigen Ressourcen wie Wasser, Wäldern und Biodiversität haben sich positiv entwickelt. Gleichwohl zeigt eine Analyse der institutionellen Konfigurationen, dass die rechtliche Regelung von Umweltfragen immer wieder gegenüber wirtschaftlichen Aspekten zurückstehen muss. Trotz der gesetzlichen Fortschritte zum Schutz der natürlichen Reichtümer des Landes existiert eine enorme Kluft zwischen wohlgemeinter Umweltplanung und ernsthaften Einschränkungen im Hinblick auf deren Implementierung. Der folgende Beitrag setzt sich kritisch mit den Fortschritten, Rückschlägen und Herausforderungen im Hinblick auf die institutionellen Entwürfe zum Schutz der Umwelt und der Biodiversität Kolumbiens auseinander. Welche Implikationen ergeben sich für Kolumbien und für die Kolumbianer_innen aus dem großen natürlichen Reichtum? Wie haben Bevölkerung und politische Entscheidungsträger auf die Herausforderungen reagiert, die sich aus der Biodiversität ergeben? Auf beide Fragen gibt es viele Antworten. Anhand von drei emblematischen Fällen werden im Folgenden die Herausforderungen, Fort- und Rückschritte der kolumbianischen Politik in den Bereichen Umwelt und Biodiversität analysiert.

Gemäß den Analysen, die von unterschiedlichen Forschungszentren durchgeführt wurden, und insbesondere dem Bericht *Biodiversidad 2014* des *Instituto de Investigación de Recursos Biológicos Alexander von Humboldt (Instituto Humboldt)*, beherbergt Kolumbien mindestens ein Zehntel aller bekannten Spezies der Erde. Die Mehrheit der Kolumbianer und die wichtigsten Städte des Landes werden mit Trinkwasser versorgt, welches aus den Páramo-Gebieten stammt. Kolumbien ist das Land mit der größten Vielfalt an Vögeln und Orchideen und gehört mit weniger als 1 % der Gesamtoberfläche der Erde zu den Ländern mit der höchsten Vielfalt an Pflanzen, Amphibien, Süßwasserfischen, Reptilien und Säugetieren. Kaum weniger bekannt ist der kulturelle Reichtum, der neben der biologischen Vielfalt in verschiedenen Regionen des nationalen Territoriums existiert. Diese multikulturelle Situation, die sich aufgrund der verschiedenen ethnischen und ländlichen Identitäten des Landes ergibt, führt auch zu vielfältigen Formen von Beziehungen der lokalen Akteure mit dem Territorium und den natürlichen Ressourcen. Gleichzeitig besteht ein ausgesprochen breites Panorama an institutionellen Formen und Vorgehensweisen im Hinblick auf deren Bewirtschaftung und Verwaltung. Dies führt zu einer enormen sozialen und ökologischen Komplexität, die von den wichtigsten Entscheidungsträgern der nationalen Politik in den Bereichen Umwelt und biologische Vielfalt berücksichtigt werden muss.

Die Verfassung Kolumbiens von 1991 ist fraglos eine wichtige Referenz beim Schutz der Umwelt und der Ökosysteme im Allgemeinen, sie wurde sogar als eine "grüne Verfassung" bezeichnet. Auch wenn sie eine weitreichende institutionelle Struktur vorschlägt, wodurch der Weg für das Gesetz zum Nationalen Umweltsystem (Gesetz 99 aus dem Jahr 1993) geebnet wurde, so steht sie in der Praxis vor großen Herausforderungen, weswegen eine Detailbetrachtung im Kontext der kolumbianischen Umweltverwaltung notwendig ist. Neben der Festlegung von Formen, Mechanismen, Verantwortlichkeiten und Zuständigkeiten im Bereich der Umweltverwaltung wird eine Vielzahl von Themen definiert, die mit der Anerkennung von Diversität als Grundlage für Wohlstand und Autonomie zusammenhängen. Kolumbien hat innenpolitische Regelungen für diverse Umweltbereiche erlassen (Vorgaben für Feuchtgebiete, integrales Management von Biodiversität und ökosystemischen Dienstleistungen, nationale Schutzgebiete, u.a.) und eine Vielzahl von internationalen Vereinbarungen unterzeichnet, bei denen es um den Schutz von strategischen Ökosystemen und bedrohten Spezies geht. Dadurch hat sich das Land dazu verpflichtet, sich national und global für Umweltschutz und die nachhaltige Nutzung von natürlichen Ressourcen einzusetzen. Die folgenden Prinzipien wurden bei der Auswahl der in diesem Beitrag vorgestellten Fälle zugrunde gelegt:

- Der vorrangige Schutz der Biodiversität.
- Der besondere Schutz von Páramo-Gebieten, Quellgebieten und Zonen der Grundwassererneuerung.

- Das Anrecht auf ein gesundes und produktives Leben in Harmonie mit der Natur.
- Der Landschaftsschutz im Sinne eines Gemeinguts.

Normalerweise wird bei akademischen und politischen Diskussionen und bei alltäglichen Gesprächen in Kolumbien von einer beschleunigten Abnahme von biologischer Vielfalt im Land und einer zunehmenden Verschlechterung der Umweltsituation gesprochen, sowohl mit als auch ohne Vorlage von speziellen wissenschaftlichen Daten. Dies ist insbesondere durch Faktoren bedingt, die mit der Veränderung von Lebensräumen infolge verschiedener Motoren des Wandels zusammenhängen. Bei diesen Faktoren handelt es sich in erster Linie um illegale Anbaugebiete, Bergbau, die Konstruktion von Megaprojekten sowie um die Ausdehnung der Agrargrenze. Weitere Ursachen sind die Umweltverschmutzung, Dynamiken des Raubbaus von Ressourcen, der Anbau von importierten und invasiven Arten sowie der Verlust von Lebensräumen. Diese Aktivitäten haben die landwirtschaftlich nutzbare Fläche reduziert, die Entwaldung und die Erosion gesteigert, die Verschmutzung von wichtigen Ökosystemen gefördert und zum Verlust von hydrobiologischen Ressourcen geführt. Hinzu kommen weitere Faktoren wie die soziale Ungleichheit, die Fehlverteilung des Landes, Politiken, die die Bedeutung des Umweltschutzes nicht berücksichtigen, sowie der bewaffnete Konflikt.

Die Implikationen dieser Veränderungen laufen in zwei Richtungen. Die kolumbianische Gesellschaft und der Staat sind dafür verantwortlich, die natürliche Umwelt des Landes, die ökosystemische Diversität und die Lebensqualität der Einwohner mittels gesunder und robuster Ökosysteme zu garantieren und gleichzeitig eine nachhaltige Nutzung dieser Ressourcen zu gewährleisten. Trotzdem wird ein nachhaltiger Umweltschutz von vielen wirtschaftlichen Interessengruppen abgelehnt, da daraus negative Folgen für wirtschaftliche Aktivitäten befürchtet werden. Ebenso wenden sich einige Einwohner gegen Maßnahmen zum Schutz von Ökosystemen, weil diese sich negativ auf vielversprechende wirtschaftliche Aktivitäten wie den Bergbau oder den Ausbau der Infrastruktur auswirken könnten. Deshalb stellt uns das Nachdenken über die Umwelt und die biologische Vielfalt in Kolumbien vor ein Dilemma, für das bisher noch keine Lösung in Sicht ist. Es basiert auf der intrinsischen Komplexität unserer Megadiversität, in der sich Aktivitäten zur Generierung von wirtschaftlichen

Einkünften negativ auf den Zustand der Gesamtheit der heterogenen natürlichen Ressourcen auswirken, welche geschützt werden müssen.

Um dieses permanente Dilemma zu verdeutlichen, stellen wir drei aktuelle Fälle vor, die zu vielen öffentlichen Diskussionen und letztlich zu modifizierten politischen Entscheidungen der Regierung geführt haben. Dabei geht es erstens um die Abgrenzung der Páramo-Ökosysteme und ihren Schutz gegenüber Bergbauaktivitäten, zweitens um die Verschmutzung, das Auffüllen und Austrocknen von Feuchtgebieten und drittens um die gesetzlichen Regelungen bezüglich gemeinschaftlicher Territorien im pazifischen Raum Kolumbiens.

Nutzung, Erhalt und Schutz der Biodiversität – drei Beispiele

Das Management der Páramo-Ökosysteme

Die Páramos sind hochgradig empfindliche Ökosysteme, die sich in den Höhenlagen der Anden an der oberen Baumgrenze befinden. Es gibt diese Ökosysteme nur in Kolumbien, Venezuela, Peru, Ecuador und Costa Rica. Aufgrund ihrer einzigartigen Biodiversität und der wichtigen ökosystemischen Aufgaben, die sie erfüllen (70 % der Kolumbianer beziehen ihr Trinkwasser aus diesen Gebieten), gelten sie als strategische Ökosysteme. Aufgrund ihrer spezifischen biophysischen Eigenschaften sind sie besonders empfindlich und jeglicher Eingriff in ihre Struktur erfordert hinterher eine lange Erholungszeit. Die Páramos verteilen sich auf drei Gebirgsketten, welche in 34 Komplexe aufgeteilt werden und die ungefähr eine Fläche von 1.925.410 Hektar (Proyecto Páramo Andino 2012) ausmachen. Obwohl die Páramos in Hochgebieten liegen, zeichnen sie sich durch starke klimatische Schwankungen aus, also hohe Temperaturen tagsüber und Kälte bei Nacht. Sie können als Inseln der Vegetation beschrieben werden, da sie sich fernab vom Gefälle der Wälder befinden. Aufgrund ihres Endemismus, d.h. des Vorkommens von Tieren und Pflanzen nur in diesem begrenzten Gebiet, sind sie besonders wertvoll. Eine hohe Sonneneinstrahlung und starke Winde sorgen für außergewöhnliche Bedingungen für die Aufrechterhaltung und Entwicklung ihrer Biodiversität.

In jüngerer Zeit, angestoßen durch die wirtschaftlichen Entwicklungspolitiken des vergangenen Jahrzehnts, waren die Páramos vor allem vom Boom des Bergbaus betroffen. Dies ist ein klares Beispiel dafür, dass ausländischen Investitionen im Bergbau Vorrang gegenüber dem Schutz der strategischen Ökosysteme eingeräumt wird, obwohl von ihnen der Wohlstand eines Großteils der kolumbianischen Gesellschaft abhängig ist. Zwischen 2006 und 2011 wurden mehr als 6.000 Abbaurechte ohne Kontrolle, ohne technische Grundlage und ohne Umweltverträglichkeitsstudie vergeben. Davon befinden sich ca. 400 in Páramo-Gebieten.

Das geltende Umweltgesetz des Landes betont den speziellen Schutz der Ökosysteme der Páramos und das Grundrecht eines sachgemäßen Verbrauchs von Wasser für den Konsum. Allerdings war die Situation nicht immer so. Obwohl die strategische Bedeutung der Páramos für die Wasserproduktion seit langem anerkannt wird, waren sie ungeschützt, da spezifische Kriterien für ihre Demarkierung fehlten. Da keine klaren Normen dafür vorlagen, was ein Páramo-Ökosystem ist und was nicht, ergaben sich Gesetzeslücken, die eine Nutzung der Böden für unterschiedliche Zwecke ermöglichten und zu Degradationsprozessen führten. Wichtigste Ursachen dafür waren die Einführung von Viehwirtschaft, die Verschiebung der Agrargrenze und der wachsende Bergbau.

Angesichts der beschriebenen Situation sowie des Wachstums der Bevölkerung, die von produktiven und extraktiven Aktivitäten in diesen strategischen Ökosystemen abhängig ist, wurde die Definition klarer Grenzen der Páramos erforderlich. Es ging darum, diejenigen Aktivitäten zu regulieren, die negative Auswirkungen auf ihre strukturellen und funktionalen Bedingungen haben könnten. Im Rahmen der nationalen Biodiversitätspolitik und des *Plan Nacional de Desarrollo* (Nationaler Entwicklungsplan, Gesetz 1450 aus dem Jahr 2011) wurde die Notwendigkeit definiert, diese Ökosysteme detailliert in einem Maßstab 1:25.000 abzugrenzen und innerhalb dieses Territoriums landwirtschaftliche Tätigkeiten, die Exploration und den Abbau von Brennstoffen und Erzen sowie den Bau von Ölraffinerien zu verbieten.

Die konfliktive Situation bezüglich der Páramo-Ökosysteme zeigt, mit welchen Herausforderungen der Schutz von Umwelt und Biodiversität in Kolumbien konfrontiert ist. Das megadiverse Kolumbien muss sich mit den Dilemmata auseinandersetzen, die sich aus der Überlagerung von Interessen im Hinblick auf Güter und Dienstleistungen ergeben, die mit den strategischen Ökosystemen in Verbindung stehen. Benötigt werden operative und rechtliche Instrumente, die Antworten auf die diversen Nutzungsmöglichkeiten und -formen dieser Gebiete geben.

Die Feuchtgebiete

Die Ökosysteme der Feuchtgebiete in Kolumbien verteilen sich über das gesamte nationale Territorium und sind eine wichtige Quelle ökosystemischer Leistungen, die mit dem Wohlbefinden der Gesellschaft in Verbindung stehen. Neuere Studien des *Instituto Humboldt* und des *Fondo Adaptación de Colombia* zeigen, dass die Feuchtgebiete ungefähr 30 Mio. ha ausmachen, zu denen mehr als 31.000 Gewässer unterschiedlicher Kategorien gehören. 87 % der Bevölkerung, d.h. ca. 29 Mio. Menschen, sind im direkten Kontakt mit diesen Ökosystemen. Für die Fischerei sind die Feuchtgebiete von großer Bedeutung, mehr als 170.000 Tonnen Fisch werden dort jährlich gefangen (Gutiérrez 2010), ein wichtiger Beitrag zum Volkseinkommen und zur Nahrungsmittelsicherheit der kolumbianischen Gesellschaft.

Der Reichtum und die Ausdehnung der Feuchtgebiete haben zu Interventionen von Seiten unterschiedlicher gesellschaftlicher Sektoren geführt, durch die sowohl ihre Struktur als auch ihre Funktion als Ökosysteme bedroht wurden. Die Landschaftsplanung in den verschiedenen Regionen des Landes hat die Umweltbedingungen und die jeweiligen Ökosysteme normalerweise nicht systematisch berücksichtigt. Dadurch hat die Degradation der Ökosysteme sowohl an Ausdehnung als auch an Größe zugenommen. In einigen Regionen ist es bereits zu dramatischen Veränderungen gekommen, die auch für die Bevölkerung ein klares Risiko darstellen. Der Verlust der Fähigkeit zur Durchflussregulierung bei Überschwemmungen, zur Auffüllung von Wasserreservoirs, zur Lieferung von Wasser bei Trockenheit und zur Erhaltung zuträglicher Habitate für Fauna und Flora sind einige der offensichtlichsten Schäden an diesen Ökosystemen.

Sowohl auf nationaler als auch auf internationaler Ebene hat es verschiedene Initiativen gegeben, mit denen versucht wurde, die fortschreitende Degradation der Feuchtgebiete aufzuhalten. Die "Nationale Politik für die Binnenfeuchtgebiete Kolumbiens" als Referenzrahmen für die Verwaltung dieser Ökosysteme entstand aus zwei konjunkturellen Situationen heraus: zum einen der Absicht der Regierung, sich an internationale Abkommen wie die *Convención Relativa a los Humedales de Importancia Internacional especialmente como Hábitat de Aves Acuáticas* (*Convenio de Ramsar*) zu binden, das mit Gesetz 357 von 1997 übernommen wurde; zum anderen die Befolgung von Verfassungsvorschriften und von Pflichten, die sich aus dem Gesetz 99 von 1993 im Hinblick auf die Formulierung, Konzertierung und Übernahme von Politiken zum Erhalt von Marschen (*ciénagas*), Sümpfen (*pantanos*), Seen, Lagunen und weiteren wasserreichen Ökosystemen ergeben. Doch obwohl eine Politik im Hinblick auf den Umgang mit den Feuchtgebieten formuliert wurde, ermöglichte das Fehlen konkreter politischer Instrumente in der Praxis Lücken bei der Verwaltung der entsprechenden Territorien. Die wichtigsten Ursachen der Degradation hängen mit folgenden Faktoren zusammen: der Ausdehnung der Agrargrenze durch Trockenlegung mit Hilfe von Deichen; der Einleitung von Schmutzwasser und giftigen Abfällen; der Immobilienspekulation in Gegenden, die für die Urbanisierung verfüllt werden; der Beeinträchtigung durch nationale Infrastrukturprojekte wie Straßen und Wasserkraftwerke sowie der Überausbeutung von Ressourcen wie Mangroven und Fisch.

Die Tragweite der Veränderungen dieser Ökosysteme ist in vielen Regionen des Landes noch nicht bekannt. Der Zustand der Feuchtgebiete ist sehr unterschiedlich. Auch wenn das Umweltministerium Fortschritte im Hinblick auf die Demarkierung dieser Ökosysteme gemacht hat, sind die Kenntnisse, die diese Entscheidungen unterstützen könnten, zwischen den Regionen des Landes sehr asymmetrisch verteilt. Dies führt zu großen praktischen Schwierigkeiten beim Abschluss von Vereinbarungen zur Eingrenzung der Feuchtgebiete und im Hinblick auf die Einbeziehung der verschiedenen gesellschaftlichen Akteure, die bei diesen Entscheidungen involviert sein sollten.

Die Gemeinschaftsterritorien im Pazifikraum

Der pazifische Raum Kolumbiens gilt als einer der Orte mit der höchsten Biodiversität weltweit. Seine ca. 84.000 km² sind hauptsächlich bedeckt von tropischen Wäldern. Ein herausragendes Merkmal dieses Ökosystems ist die enorme Niederschlagsmenge, eine der größten des gesamten Planeten. Durch die Region fließen wasserreiche Flüsse, die fast alle in den Pazifischen Ozean münden. Die Durchschnittstemperaturen liegen über 24 Grad und dehnen sich von der Grenze zu Panama bis nach Ecuador aus. Im kolumbianischen Pazifikraum leben ungefähr neun Millionen Menschen. Aufgrund der Klima- und Umweltbedingungen, aber auch wegen der hohen Armutsrate und des fehlenden staatlichen Interesses an der Entwicklung des Raums ist die Bevölkerungsdichte relativ niedrig. Die Bevölkerung setzt sich mehrheitlich aus afrokolumbianischen Einwohnern zusammen, außerdem aus indigenen Völkern und aus Siedlern, die aus anderen Teilen des Landes zugewandert sind. Diese Besiedlungssituation sorgt dafür, dass das Gebiet nicht nur durch seine biologische Diversität, sondern auch durch eine große kulturelle Vielfalt geprägt ist.

Der Umweltreichtum und der kulturelle Reichtum sind das Ergebnis langjähriger Anpassungsprozesse, in deren Verlauf die afrokolumbianischen und indigenen Gemeinschaften ihre sozialen Organisationen um die Nutzung und den Abbau von Ressourcen des feuchten Tropenwaldes herum errichtet haben, angepasst an die Veränderungen der Dynamiken der Flüsse. Gleichwohl ist diese Situation alles andere als ideal und harmonisch. Die Gemeinschaften befinden sich in Situationen großer Vulnerabilität, sie leiden nicht nur unter Armut, sondern sie sind auch den Auswirkungen des bewaffneten Konfliktes ausgesetzt. Zudem besteht die Notwendigkeit, die natürlichen Ressourcen zu schützen, da sie ihre wichtigste und oft einzige Quelle wirtschaftlicher Einkünfte sind. Unter diesen Umständen und angesichts des zunehmenden Interesses externer Akteure an den natürlichen Reichtümern und der privilegierten geographischen Lage zum Pazifik hin haben die afrokolumbianischen Gemeinschaften mit der Bildung von Strukturen begonnen, die in Verbindung mit ihren überlieferten Traditionen stehen. Diese Strukturen werden als Kommunalräte der schwarzen Gemeinschaften bezeichnet. Sie funktionieren als rechtlicher Mechanismus zum Schutz der von diesen Gemeinschaften seit langer Zeit bewohnten Territorien.

Ebenso wie in den beiden zuvor beschriebenen Fällen hat auch der Schutz der Territorien mit kultureller und biologischer Vielfalt in der Pazifikregion in den vergangenen zwei Jahrzehnten deutliche Fortschritte gemacht. Die gesetzlichen Regelungen bezüglich der Gemeinschaftsterritorien im Pazifikraum sind weitreichend. Dazu gehören Bestimmungen der Verfassung von 1991, aber ebenso frühere Regelungen im Gesetz 2 von 1959, im Dekret 2811 von 1974 und im Gesetz 22 von 1981. Diese Gesetze definieren in groben Zügen die rechtlichen Möglichkeiten, um die lokalen Bevölkerungen mit Land und Autonomie auszustatten und um die biologische und kulturelle Diversität zu schützen. Zudem hat die Regierung das ILO-Übereinkommen 169 "über eingeborene und in Stämmen lebende Völker in unabhängigen Ländern" ratifiziert und die Verfassung sieht explizit den Schutz der traditionellen Gemeinschaften vor. Der Übergangsartikel 55 führte zum "Gesetz über die schwarzen Gemeinschaften" (Gesetz 70 aus dem Jahr 1993), mit dem Mechanismen zum Schutz der kulturellen Identität der afrokolumbianischen Gemeinschaften im Pazifikraum etabliert wurden. Dazu gehörte die Anerkennung ihrer Gemeinschaftsrechte über das Territorium (Ocampo Díaz 2013).

Das Gesetz gestand den afrokolumbianischen Gemeinschaftsorganisationen – wenn auch begrenzte – Instrumente zu, um ihre Eigentumsrechte über die bewohnten Territorien in Form der Kommunalräte einzufordern. So wurden Mechanismen etabliert, um die Eigentumstitel über die traditionell bewohnten Territorien anzuerkennen. Damit verbunden war auch die Übertragung der Verantwortung für deren Schutz, Verwaltung und Pflege. Die Kommunalräte wurden zu Entscheidungsgremien für alle Themen, insbesondere im Bereich Umwelt, sie verfügen allerding nur über eingeschränkte Kapazitäten im Hinblick auf technische Möglichkeiten und Verwaltung. Ungefähr 5 Mio. Hektar Gemeinschaftsland werden gegenwärtig von den afrokolumbianischen Gemeinschaften verwaltet, die große Mehrheit im Pazifikraum.

Die wichtigsten Probleme und Wandlungsprozesse, mit denen diese Territorien und ihre Bevölkerungen konfrontiert sind, stehen wie in den zuvor beschriebenen Fällen im Zusammenhang mit dem erhöhten Druck auf die natürlichen Ressourcen. Insbesondere in den afrokolumbianischen Territorien besteht ein permanentes Dilemma zwischen dem Erhalt der natürlichen Ressourcen, der Ausübung des Rechts auf individuelles Eigentum und der Befriedigung der ökonomischen Bedürfnisse der Siedler. Für die Handhabung und Verwaltung der natürlichen Ressourcen ergeben sich daraus enorme Herausforderungen. Die wichtigsten Faktoren, die zu Veränderungen der dortigen Ökosysteme führen, sind: die Entwaldung durch Holzeinschlag in großem Umfang, wodurch die Stabilität des gesamten regionalen Ökosystems gefährdet wird; die Verschmutzung von Gewässern durch Bergbau, besonders durch die Goldförderung; die Änderung des Verlaufs der Flüsse zum Bau von Wasserkraftwerken sowie der Anbau von illegalen Pflanzen.

Formen der Aneignung von Territorien und deren Implikationen für Umwelt und Biodiversität

Als Beispiele dienen uns auch hier die zuvor beschriebenen Fälle. Dabei erheben wir nicht den Anspruch, den Schutz von Umwelt und Biodiversität in ihrer gesamten Komplexität zu analysieren. Vielmehr identifizieren wir eine Reihe von Herausforderungen im Hinblick auf das Management der natürlichen Lebensgrundlagen des Landes. Es geht um Opportunitäten, Konflikte und Situationen, in denen die Strategien der verschiedenen Akteure sichtbar werden, deren wirtschaftliche Interessen mit der Nutzung der natürlichen Ressourcen verknüpft sind. Diese Opportunitäten, Konflikte und Situationen werden als Formen der Verteilung, Aneignung und Zuteilung von Land verstanden.

Die Normativität bezüglich der räumlichen Grenzen der Páramo-Ökosysteme hat zu einer intensiven Debatte in Forschungseinrichtungen, Universitäten, lokalen, regionalen und nationalen Regierungen sowie privaten Unternehmen geführt. Die Definition von Möglichkeiten und Restriktionen für die Nutzung der Páramos ergab sich aus einer von vielen lokale Akteuren, Umweltschützern und Forschern wahrgenommenen Notwendigkeit, diese Ökosysteme zu schützen, die so wichtig für die Wasserproduktion sind, und die gleichzeitig so einzigartig und zerbrechlich sind. Zuvor standen die normalen Nutzungs- und Aneignungsstrategien in erster Linie mit der landwirtschaftlichen Produktion in Verbindung, basierend auf einer Aneignung der Territorien, die aufgrund ihrer Höhenlage und Abgelegenheit und wegen der schwierigen Umweltbedingungen oft unterbewertet waren. Dies führte dazu, dass sich die Anbaugrenze für den Anbau von Kartoffeln und die Grenze der Viehwirtschaft immer weiter nach oben verschob, wodurch sich für Bauern und Siedler gute Möglichkeiten ergaben, über produktives Land zu verfügen. In dem Maße, wie die Bergbauinteressen an Bedeutung im Rahmen der Entwicklungsstrategie gewannen, ergaben sich zudem Formen der Zuteilung von Land in Form von Lizenzen und Minenblöcken, wodurch ein Wettbewerb zwischen der lokalen Bevölkerung und externen Akteuren entstand, der zu gravierenden Eingriffen in das Ökosystem führte, das Risiko von Veränderungen der Landschaftsstruktur erhöhte und die Produktion von Wasser bedrohte. Die etablierten Anreizmechanismen zum Erhalt von Hochgebirgsökosystemen wie den Páramos führten zu negativen Konsequenzen, da sie Anreize für die illegale Aneignung von Territorien im Kontext von Diskursen über wirtschaftliche Produktion zum individuellen Nutzen und zum Nutzen des Landes schufen.

Durch die genaue Demarkierung der Páramos und die Beschränkung der Landnutzung konnte diese Situation im Sinne des Schutzes und Erhalts der Umwelt verbessert werden. Zumindest in diesem Fall wurde einem kollektiven Nutzen, der Versorgung mit Wasser, Vorrang gegenüber dem wahrgenommenen individuellen Nutzen in Form wirtschaftlicher Aktivitäten wie Bergbau eingeräumt.

Die Geschichte des Managements der Feuchtgebiete Kolumbiens zeichnet sich demgegenüber durch eine wachsende und kumulierte Degradation sowie durch Diskrepanzen zwischen regionalen und nationalen Institutionen einerseits und lokalen Entscheidungen beim Umgang mit dem Territorium andererseits aus. Fehlende Kenntnisse über die Typologien, die Dynamiken und die Nutzungsformen von Feuchtgebieten erschweren nicht nur das Verständnis des Umfangs und der Ausdehnung dieser Veränderungsprozesse, sondern sie beeinträchtigen auch das Verständnis für Antworten auf die Bedrohungen. Die Feuchtgebiete sind gemeinsam genutzte Ressourcen. Sie zeichnen sich durch implizite Formen der sozialen Aneignung aus, die in vielen Fällen mit individuellen Interessen in Verbindung stehen, welche gegenwärtige oder potenzielle kollektive Interessen zugunsten kurzfristiger Nutzenmaximierung missachten.

Auf diese problematische Situation hat es in jüngerer Zeit mindestens drei Antworten gegeben. Die erste bezieht sich auf eine Verbesserung der Kenntnisse über die Feuchtgebiete, deren Struktur, Zusammensetzung und Funktionalität. Dadurch sollen diesbezügliche Entscheidungsprozesse verbessert werden. Die zweite Antwort wurzelt in einem besseren Verständnis der gesellschaftlichen Dynamiken, die mit der Transformation und Degradation der Feuchtgebiete zusammenhängen, aber auch jener erfolgreichen Praktiken auf lokaler Ebene. Dieser Aspekt ist grundlegend als Quelle von Lernprozessen im Kontext der Entscheidungsfindung auf verschiedenen Ebenen. Die dritte Art von Antworten bezieht sich auf die Überprüfung der staatlichen Strategie zur Abgrenzung und Verwaltung dieser hochgradig dynamischen Ökosysteme. Die Diversität der territorialen Realitäten im regionalen Kontext, in dem tagtäglich in diese Ökosysteme eingegriffen wird, zwingt dazu darüber nachzudenken, wie Vorschläge zur Artikulation von Erkenntnissen und Praktiken auf verschiedenen Ebenen erarbeitet werden können, um so die Entscheidungsfindung auf höherer Ebene mit besseren Informationen zu versorgen. Nur so wird es möglich sein, Argumente zu entwickeln, um die Nutzung dieser Ökosysteme zu begrenzen und so zu ihrem Schutz und Erhalt beizutragen.

Der Schutz der Gemeinschaftsterritorien im kolumbianischen Pazifikraum ist ein Beispiel für ein Ökosystem, das eine besondere Protektion erfährt, um dadurch nicht nur die Biodiversität, sondern auch die kulturellen Traditionen der afrokolumbianischen Bevölkerung zu bewahren. Der

Prozess ist noch im Aufbau. Der Schutz der afrokolumbianischen Gemeinschaftsterritorien durch die Einrichtung von Kommunalräten der schwarzen Gemeinschaften hat in hohem Maße zum Erhalt von großen Gebieten mit feuchten Tropenwäldern beigetragen. Dabei ist es durchaus zu Konfliktsituationen gekommen, auch zu ausgeprägten gesellschafts- und umweltbezogenen Konflikten. Historisch können Grund und Boden im kolumbianischen Pazifik als Räume der territorialen Inbesitznahme und Aneignung definiert werden. Diese Inbesitznahme geschah manchmal in Form angepasster Prozesse durch die indigenen und afrokolumbianischen Gemeinschaften, aber oft auch auf gewaltsame Art und Weise und gegen die Grundlagen des Ökosystems gerichtet, insbesondere wenn es um die Extraktion von Gold, um die illegale Waldnutzung und um die Aneignung von Räumen von hohem ökologischen und sozialen Wert wie den Mangroven ging.

Im Falle der Kommunalräte des kolumbianischen Pazifiks können wir von Übergängen und von Transaktionen zur Zuweisung von Territorien sprechen, und zwar im Kontext eines Konservierungsdiskurses, der durch das Gesetzt über die schwarzen Gemeinschaften gefördert wird, durch das den lokalen Gemeinschaften Instrumente der territorialen Kontrolle eingeräumt wurden, aber nicht die technischen Möglichkeiten für das Treffen von umweltbezogenen Entscheidungen. Diese gesetzlichen Regelungen werden gegenwärtig durch weitere relevante Normen ergänzt, beispielsweise das Gesetz zur Territorialplanung, das Biodiversitätsgesetz sowie die Regulierung von Umweltverträglichkeitsstudien. Hinzu kommen Mechanismen wie die Vorabkonsultation (*consulta previa, libre e informada*), die es den traditionellen Gemeinschaften ermöglicht zu wählen, ob sie wirtschaftliche Aktivitäten und nationale Infrastrukturprojekte, die Auswirkungen auf ihre Territorien haben, auswählen, fördern oder mit einem Veto belegen.

Gegenwärtige und zukünftige Herausforderungen

Die drei analysierten Fälle bieten ein allgemeines Bild der gegenwärtigen Situation in Kolumbien im Hinblick auf das Management von Umwelt und Biodiversität und die diesbezüglichen Entwicklungen in den vergangenen zwei Jahrzehnten. Die Situation könnte als ein Raum großer Dilemmata und dramatischer Kontraste definiert werden. Die Dilemmata bestehen im permanenten Wettstreit zwischen individuellen und kollektiven Interessen sowie in der Art und Weise, wie der Diskurs über wirtschaftliche Entwicklung für alle die Vorstellung verändert hat, dass die Transformation der lokalen Ökosysteme eine Verbesserung der wirtschaftlichen Situation und eine Verringerung der Bedingungen gesellschaftlicher Vulnerabilität im Land insgesamt erlauben wird. Der große biologische und kulturelle Reichtum des Landes bedeutet für viele, insbesondere in seiner rechtlichen Dimension, eher ein problematisches Szenario als eines, das die Konstruktion von Opportunitäten erlaubt.

Eine grundlegende Herausforderung betrifft die Verknüpfung der verschiedenen staatlichen Politiken zu Umweltthemen untereinander und zwischen den verschiedenen Ausführungsebenen. In vielen Fällen zeigen die Dilemmata im Zusammenhang mit der Degradation von Ökosystemen, dass eine Verknüpfung zwischen den auf nationaler Ebene formulierten Politiken einerseits und den Interventionspraktiken, sei es durch formale oder durch informelle Institutionen, auf den den Ökosystemen näheren Ebenen fehlt. Notwendig ist die Formulierung staatlicher Politiken auf verschiedenen Ebenen und deren Verknüpfung mit der Implementierung auf der operativen Ebene. Dabei müssen die verschiedenen gesellschaftlichen Akteure durch Übereinkünfte und Koalitionen eingebunden werden, die reale Aktionen zum Erhalt von Umwelt und Biodiversität garantieren.

Notwendig sind auch durchsetzungsfähige Strategien, die Umweltpolitiken und Vorschläge zur wirtschaftlichen Entwicklung auf regionaler Ebene miteinander kombinieren. Die Vertiefung der Dilemmata beim Management von Umwelt und Biodiversität, die durch Phänomene wie Erschöpfung und Degradation beschrieben wird, hat etwas mit der institutionellen Kapazität zur Konsolidierung von territorialen Visionen und konsistenten Produktions- und Bewahrungsstrategien zu tun, außerdem mit regionalen Entwicklungsversionen, welche die Komplexität und Diversität der ökologischen und sozioökonomischen Kontexte berücksichtigen. Dieser Herausforderung angemessen zu begegnen, setzt zwei Bedingungen voraus: Zum einen ist eine konsistente nationale Politik notwendig, die Szenarien denkt, in denen spezifische Politiken miteinander verknüpft werden; zum anderen geht es um die Konzeption von effektiven Strategien zur Überwindung von Durchführungskonflikten zwischen den einzelnen Umwelt- und Biodiversitätspolitiken.

Eine dritte Herausforderung verweist auf die Bedeutung eines leistungsfähigen Wissensmanagements zur Unterstützung von Entscheidungen, welche die rationale Handhabung von Umwelt und Biodiversität unterstützen. Dabei geht es darum, verschiedene soziale Akteure und verschiedene Wissenssysteme miteinander in Verbindung zu setzen. Sie müssen durch effiziente Systeme verknüpft werden, die es erlauben, dass das notwendige Wissen den Entscheidungsträgern auf nationaler Ebene zur Verfügung steht, aber auch allen anderen, die in die Handhabung von Umwelt und Biodiversität eingebunden sind, d.h. der Zivilgesellschaft, den verschiedenen Sektoren, den ethnischen Gemeinschaften und selbstverständlich auch den Umweltinstitutionen des Landes. Diese Aufgabe verweist auf die wichtige Rolle von Wissenschaft und Forschung im Hinblick auf die Entwicklung von sachdienlichen Kenntnissen als Grundlage für Entscheidungen, sowie auf die dringende Notwendigkeit, dass sich die akademische Welt aktiver mit den verschiedenen Sektoren der Gesellschaft vernetzt. Die Stärkung existierender Plattformen zu Wissen über Biodiversität sowie die Einbeziehung von langfristigen Studien, die es erlauben, die Veränderungstendenzen der Ökosysteme, der Spezies und der Nutzung von Biodiversität zu verstehen, ist eine dringende Aufgabe, die gefördert werden muss.

Die wichtigste Herausforderung besteht im *empowerment* der Zivilgesellschaft. Sie muss durch das über Umwelt und Biodiversität generierte Wissen zum zentralen Akteur von Entscheidungen in den lokalen territorialen Kontexten werden. Die aktive Partizipation aller Akteure durch eine Strategie der umfassenden Repräsentation der verschiedenen Sektoren der Gesellschaft wird zu einer Priorität für die Formulierung, Implementierung und Evaluierung von staatlichen Politiken.

Literaturverzeichnis

GUTIÉRREZ, Francisco de Paula (2010): *Los recursos hidrobiológicos y pesqueros continentales en Colombia*. Bogotá: Instituto de Investigación de Recursos Biológicos Alexander von Humboldt.

OCAMPO DÍAZ, Natalia (2013): *Construcción de acuerdos de manejo en territorios colectivos: el desafío inmanente a los Consejos Comunitarios del Pacífico colombiano*. Tesis de pregrado. Bogotá: Pontificia Universidad Javeriana.

PROYECTO PÁRAMO ANDINO (2012): *El gran libro de los páramos*. Bogotá: Instituto de Investigación de Recursos Biológicos Alexander von Humboldt.

Politik und Gesellschaft

Konstitutioneller Wandel.
Die Verfassungen von 1886 und 1991 und die Herausforderungen des Post-Konflikts

Luis Felipe Vega Díaz

Einleitung

Als Erbe der von Bolívar gegründeten Republik und der Verfassung von 1821 zeichnete sich Kolumbien lange Zeit durch einen exzessiven Präsidentialismus aus, der als institutionelles Gravitationszentrum wirkte (Guerra 1998: 91). Man könnte meinen, dass das Präsidialsystem und die Macht der Exekutive in der institutionellen Ordnung Kolumbiens nur bis zur Verfassung von 1863 eine dominierende Rolle spielten, jener Verfassung, die bis heute die einzige Republik mit föderativem Charakter und einer Begrenzung der präsidialen Macht durch unterschiedliche regionale Führungsstrukturen hervorbrachte. Die institutionelle Macht der Exekutive lässt sich jedoch damit erklären, dass die Wechsel zwischen den verschiedenen Verfassungen durch Bürgerkriege geprägt waren, die von militärischen Anführern befehligt wurden; dementsprechend waren im 19. Jahrhundert viele kolumbianische Präsidenten militärische Befehlshaber oder Anführer, darunter José María Obando, Tomás Cipriano de Mosquera, José Hilario López, Pedro Alcántara Herrán, Santos Acosta oder Eustorgio Salgar.

Das Verfassungsprojekt einer Kontrolle des Staatsgebiets durch einen Prozess der administrativen Zentralisierung kam erst mit der Verfassung von 1886 zum Tragen, die auf den Bürgerkrieg von 1884/85 folgte. Zum besseren Verständnis dieses Wendepunkts, den die Verfassung von 1886 darstellte, kann ein Satz von Rafael Núñez hilfreich sein, den dieser nach der Schlacht von La Humareda am 17. Juni 1885 äußerte: "Meine Herren: Die Verfassung von 1863 hat keinen Bestand mehr" (Restrepo Restrepo 2013: 500). Ziel der Verfassung von 1886 war es, den Einfluss der regionalen Machthaber durch ein Präsidialsystem zu verringern, das wesentlich stärker als in früheren Verfassungen, wie denen von 1832, 1843, 1853 oder 1858, war. Die Charta von 1886 war auch das Ergebnis einer nationalistischen Bewegung. Dies war ein entscheidender Faktor, der dazu beitrug, dass mittels der neuen Institutionen wirtschaftliche, militärische und politischen Regulierungsmechanismen entstanden, die zusätzlich durch einen moralischen Diskurs verbunden wurden (Fernández 1987: 49). Diese "La Regeneración" (Erneuerung) genannte Bewegung etablierte einen kompakten Regierungsblock, der sich im Zuge des letzten Bürgerkriegs des 19. Jahrhunderts und mit dem Beginn der sogenannten Konservativen Hegemonie (*hegemonía conservadora*) der ersten zwei Jahrzehnte des 20. Jahrhunderts konsolidierte. Mit den Worten von Rafael Núñez:

> [...] stehen wir diesem konkreten Dilemma gegenüber: administrative Erneuerung oder Katastrophe [...]. Wäre die Situation der Republik normal, so würde ich mich hüten, eine solche Sprache zu benutzen, doch wir leben in einer besonderen Epoche, die außergewöhnliche Bedingungen von demjenigen erfordert, der mit der Führung der allgemeinen Verwaltungsangelegenheiten beauftragt ist [...]. Zeigen Sie, meine Herren, mit einem Wort, dass die politische Moral diejenige gesellschaftliche Kraft ist, die alle Formen des Fortschritts dominiert, und stellen Sie auf diese Art und Weise das Vertrauen in die gestaltende Kraft der Prinzipien wieder her, das einige verloren haben. (Calderón 1895: 67).

In diesem Sinne stärkte der "Krieg der tausend Tage" zwischen 1899 und 1902 die zentralistische Hegemonie als erneuernden Geist der gesellschaftlichen Ordnung und ermöglichte damit das Fortbestehen der Verfassung von 1886 für eine Zeitperiode von 105 Jahren.

Die Verfassung von 1886

Tatsächlich versuchte die neue Verfassung, durch die Ausdehnung der präsidialen Macht und mithilfe des Katholizismus eine Form der nationalen moralischen Einheit zu schaffen:

> Artikel 38 – Die katholische, apostolische, römische Religion gehört zur Nation; die öffentlichen Gewalten werden sie schützen und dafür sorgen, dass sie als ein wesentliches Element der sozialen Ordnung respektiert wird. Es versteht sich, dass die katholische Kirche nicht offizielle [Kirche] ist und sein wird und ihre Unabhängigkeit bewahrt" (República de Colombia, Constitución Política de 1886; siehe dazu auch den Beitrag von Rodríguez Cuadros in diesem Band).

Ausgehend von dieser Allianz verwies die Verfassung auf drei wesentliche Säulen des Erneuerungsdiskurses:

1. Bildungsreform und Vormundschaft der katholischen Kirche über das Bildungswesen: "Artikel 41 – Die öffentliche Bildung wird in Übereinstimmung mit der katholischen Religion organisiert und geleitet".

2. Konsolidierung einer nationalen Armee, die das Staatsgebiet kontrolliert und ausschließlich der Exekutive verpflichtet ist, sodass diese administrative Form ein Garant für Frieden und regionale Kontrolle ist: "Artikel 166 – Die Nation verfügt zu ihrer Verteidigung über ein Stehendes Heer. Das System personeller Erneuerung des Heers sowie Beförderungen, Rechte und Pflichten der Soldaten regelt das Gesetz".

3. Die Figur des "Ausnahmezustands" als rechtlich-konstitutionelle Ressource, die es ermöglicht, das Territorium effektiv zu verwalten und so die nationale Einheit zu gewährleisten:

> Artikel 121 – Im Falle eines äußeren Krieges oder einer inneren Erschütterung kann der Präsident nach Anhörung des Staatsrats und mit der schriftlichen Zustimmung aller Minister die öffentliche Ordnung für gestört erklären und den Ausnahmezustand über die gesamte Republik oder einen Teil von ihr verhängen. Durch eine solche Erklärung bleibt der Präsident weiter mit den Befugnissen ausgestattet, die ihm die Gesetze verleihen. Falls erforderlich hat er alle Befugnisse, die ihm das Recht der Völker [ius gentium] gibt, um die Rechte der Nation zu verteidigen oder den Aufstand niederzuschlagen (República de Colombia, Constitución Política de 1886).

Der politische Charakter dieser Erneuerung bestimmte auch die Art und Weise, wie die Verfassung reformiert werden konnte. Jedes vom Verfassungstext abweichende Mittel war als verfassungswidrig einzustufen (Tirado 1982: 121). Für Verfassungsreformen war keinerlei massive Form der Bürgerbeteiligung vorgesehen, vielmehr sollte dies nur durch parlamentarische Mechanismen möglich sein, die ihrerseits deutlich machten, dass der Verfassungsgeber nicht mit einer substanziellen Reform des Textes rechnete:

> Artikel 209 – Diese Verfassung kann durch einen legislativen Akt reformiert werden, der zuvor vom Kongress in der üblichen Art und Weise diskutiert und in drei Debatten gebilligt, von der Regierung zur endgültigen Prüfung an die nachfolgende Legislative weitergeleitet und von dieser neuerlich debattiert und schließlich mit einer Mehrheit von zwei Dritteln der Stimmen in beiden Kammern verabschiedet wurde (República de Colombia, Constitución Política de 1886).

Die Verfassung von 1886 wurde im Laufe des 20. Jahrhunderts insgesamt 70 Mal reformiert und war der Rahmen für die Regierung von 23 Präsidenten. Die bedeutendsten Reformen waren:

1. Die Abspaltung von Panama, um das Herrán-Hay-Abkommen zu ratifizieren.

2. Die Reform von 1910, die ohne das Militär erfolgte und mit der die Wahl des Präsidenten, der Regionalparlamente und der Gemeinderäte durch das direkte Votum aller schreib- und lesekundigen Bürger festlegt wurde.

3. Die Reform von 1936, mit der die Regierung von Alfonso López Pumarejo erlaubte, dass alle über 21 Jahre alten Männer an der Wahl des Präsidenten, der Regionalparlamente und der Gemeinderäte teilnehmen durften, ohne dass sie des Lesens und Schreibens mächtig sein mussten.

4. 1954 wurde das Frauenwahlrecht eingeführt und die politische Gleichstellung anerkannt, während es für Frauen weiterhin illegal blieb, sich scheiden zu lassen; dies wurde erst mit dem Gesetz 1 von 1976 möglich.

5. 1968 kam es zu einer Verwaltungsreform, aufgrund derer neue Ministerien, Verwaltungsabteilungen und öffentliche Institutionen geschaffen wurden. Zudem wurden für die verschiedenen Beschäftigungskategorien das Lohnniveau und das jeweils gültige Sozialleistungsschema festgelegt.

6. Mit der während der Regierung von Belisario Betancur 1984 erfolgten Verfassungsreform wurde schließlich die Volkswahl von Gouverneuren und Bürgermeistern eingeführt, um die repräsentative Demokratie in den Regionen zu stärken.

Zusammenfassend lässt sich sagen, dass der Geist der Verfassung von 1886 in erster Linie darin bestand, eine neue Ordnungsstruktur im Land zu etablieren. Dazu diente zum einen eine zentralisierte Verwaltung, in der die Exekutive aufgrund ihrer Fähigkeit, öffentliche Ämter zu schaffen und zu besetzen, eine vorherrschende Rolle spielte, zum anderen eine Allianz mit der katholischen Kirche als Bildungs- und Kontrollinstanz (Colmenares 1990: 72). Damit unterschied sich die Entwicklung in Kolumbien von der im übrigen Lateinamerika, wo die Politik eine Säkularisierung und eine Trennung von Staat und Kirche verfolgte, während diese Beziehung in Kolumbien mit dem Konkordat von 1887 besiegelt wurde. Mit diesem Konkordat sicherten sich die Priester, Bischöfe und Erzbischöfe sogar das Recht auf die Prüfung von Texten für das öffentliche Schulwesen, die Kontrolle der Lehrer und mithilfe des Sexualkundeunterrichts in den Kirchengemeinden und Diözesen auch die Kontrolle über die demografische Entwicklung. Ebenso legte die Verfassung von 1886 den Charakter der Nation als unitarisch fest, was Konsequenzen für die Verwaltung, die Strafgesetzgebung, das Privatrecht, das Verwaltungsrecht, das Bergrecht und die Landnutzung mit sich brachte. So wie die Ausübung der administrativen Funktionen des Staates hingen diese jetzt von einem vom Präsidenten ernannten Funktionär ab, was die Fähigkeit der regionalen Machthaber, parallele Regierungssysteme auf lokaler Ebene zu errichten, einschränkte (Penagos 1989: 132). Um die Macht der Regionen zu schwächen, wurde in der neuen Verfassung durch die Schaffung zusätzlicher Departements und Gemeinden eine administrative Fragmentierung des Verwaltungsterritoriums eingeführt. Bis 1905 entstanden so Departments wie Atlántico, Viejo Caldas, Nariño, Caquetá, Putumayo, Meta, Guajira und Huila.

Der Präsident erhielt die Befugnis, vom Parlament verabschiedete Gesetze anzufechten. Wie zuvor erwähnt, erlangte er durch die Möglichkeit, den Ausnahmezustand zu verhängen, legislative Macht. Es wurde noch schwieriger, ein Amtsenthebungsverfahren gegen den Präsidenten voranzubringen. Die in der Verfassung von 1863 gewährten Freiheiten wurden in der von 1886 eingeschränkt. Die Gedanken-, Meinungs-, Presse- und Bewegungsfreiheit wurden reguliert und beschnitten. Ein Beispiel dafür ist das Gesetz 61 von 1888 (*Ley de los Caballos*), das seinen Ursprung in der Verfassung von 1886 hat:

> Artikel 2 – Der Präsident der Republik hat das Recht auf Kontrolle und Überwachung der wissenschaftlichen Verbände und Lehranstalten und ist befugt, jeden Verband oder jede Einrichtung, die unter wissenschaftlichem oder belehrendem Vorwand ein Zentrum revolutionärer Propaganda oder subversiver Lehren ist, so lange zu verbieten, wie er es für angemessen hält.

Dieses Gesetz verdeutlicht die mit der Verfassung von 1886 einsetzende Haltung, Freiheiten einzuschränken, indem sogenannte "politische Volksausschüsse permanenten Charakters" verboten wurden, was zur Unterdrückung von Gewerkschaften und anderen ähnlichen Formen von Verbänden und Organisationen genutzt wurde.

Diese Restriktionen und die übermäßigen Kontrollmaßnahmen können im Sinne ihres geistigen Paten Rafael Núñez als Mittel zur Schaffung eines sogenannten Wissenschaftlichen Friedens verstanden werden. Es gelang jedoch nicht, mittels der Fülle von Ordnungsansprüchen eine Atmosphäre des Friedens zu schaffen oder gar für eine Minderung der sozialen Konflikte sorgen (Umaña Luna 1985: 76). Ganz im Gegenteil nahm die Gewalt ab den 1930er Jahren und insbesondere in den 1960er und 1970er Jahren weiter zu. Auch wenn die Verfassung zum Ziel hatte, die Gewalt des 19. Jahrhunderts zu beenden, schuf sie mit ihren Zwangsmechanismen neue Formen der Gewalt, die nicht mehr explizit und in regionalen Armeen organisiert waren, sondern in den Verbindungsmechanismen neuer politischer Akteure. Dies war die Ausgangslage für die Verfassung von 1991.

Die Verfassung von 1991

Der Kontext, in dem die Verfassungsgebende Versammlung von 1991 stattfand, wies einige besondere Charakteristika auf, vor allem, dass sie im Kontext der Kulmination der Verhandlungen zwischen der Regierung und dem *Movimiento 19 de Abril* (M-19), der Bewegung Quintín Lame, dem *Partido Revolucionario de los Trabajadores* (PRT), der *Corriente de Renovación Socialista* (CRS) und dem *Ejército Popular de Liberación* (EPL) stattfand (Cepeda 1992: 33). Diese Friedensprozesse zeichneten sich dadurch aus, dass sie weitgehend unabhängig voneinander stattfanden. Die neuen Institutionen, die aus der Verfassung von 1991 hervorgingen, standen dabei zweifellos im Mittelpunkt der Verhandlungen. Die Verhandlungen und die unterzeichneten Abkommen können als Mechanismen der Formalisierung von Programmen verstanden werden, mit denen politische Akteure eine Ausweitung der Demokratie durch Transformation des politischen Regimes anstrebten.[1] Daher stärkte das mit der Verfassung von 1991 verabschiedete neue institutionelle Design der kolumbianischen Demokratie die Grundrechte sowie die Mechanismen und Instanzen, die deren Ausübung garantieren sollen; dies stand im Gegensatz zu den von der Verfassung von 1886 ererbten Formen des Klientelismus, des Autoritarismus und der Einschränkung von Freiheiten.

Die Verfassung von 1991 ist die einzige in der kolumbianischen Geschichte, an deren Ausarbeitung die Gesellschaft wesentlichen Anteil hat-

---

1 Corte Constitucional. Sentencia C-221 de 1992. M.P. Alejandro Martínez C.

te. Sie entschied, die Verfassung von 1886 zu reformieren und damit einen neuen gesellschaftlichen und politischen Pakt zu schließen, der auf einer Übereinkunft über das Wesentliche basiert: einem neuen Staatsverständnis. Daher wurde in Art. 1 folgende Staatsdefinition vorgeschlagen:

> Kolumbien ist ein sozialer Rechtsstaat, organisiert in Form einer unitarischen, dezentralisierten, demokratischen, partizipativen und pluralistischen Republik, in der die territorialen Einheiten über Autonomie verfügen, die auf dem Respekt der menschlichen Würde, der Arbeit und Solidarität der Menschen, aus der sie besteht, und den Interessen aller beruht (República de Colombia, Constitución Política de 1991).

Dieses neue Staatsverständnis ging mit dem Anspruch einer institutionellen Modernisierung einher. Tatsächlich sind die dem politischen Leben eigenen Bedingungen in der Garantie grundlegender Rechte etabliert. Das zweite Kapitel dieser Verfassung etablierte daher eine Anpassung an die Ansprüche der Erklärung der Vereinten Nationen von 1948 und die Entwicklung der Interpretation der damit proklamierten Menschenrechte. Aus diesem Grund befasst sich das zweite Kapitel mit den sozialen, ökonomischen und kulturellen Rechten als Ziel und Zweck des Staates. In diesem Sinne übernimmt der Staat die Verantwortung für den Zugang zu Gütern, die für die Entwicklung der Bevölkerung von grundlegender Bedeutung sind, wobei zwischen sozio-kulturellen und altersbezogenen Merkmalen unterschieden wird. Der Schutz der Kinder, Arbeiter und Minderheiten sowie der Zugang zu Eigentum bilden das diskursive Zentrum im Hinblick auf diejenigen Rechte, die den entscheidenden Unterschied zwischen dieser und den früheren Verfassungen ausmachen.

Diese von der Verfassungsgebenden Versammlung vorgeschlagene institutionelle Modernisierung verwies auch auf die Notwendigkeit, Mechanismen zur Stärkung und Verwaltung der Regionen zu etablieren. Um die Demokratie auszuweiten, wurde die Direktwahl von Bürgermeistern und Gouverneuren eingeführt. Um die Regionalverwaltung zu stärken, folgte die Verfassung von 1991 einem Ansatz der territorialen Dezentralisierung. In Übereinstimmung mit den sozialen Veränderungen und administrativen Notwendigkeiten sah die Verfassung eine flexible Organisation des Territoriums je nach sozialen Notwendigkeiten und Erfordernissen vor. Dieser Geist spiegelte sich in einem Vortrag wieder, den Eduardo Espinosa, ein Mitglied der verfassungsgebenden Versammlung, im April 1991 in der *Gaceta Constitucional* Nr. 43 publizierte:

> In dieser Unter-Nation, die die Region darstellt, bestehen soziale und wirt-
> schaftliche Beziehungen zwischen den Bewohnern, die Ausdruck von eigenen
> Bedürfnissen und Bestrebungen sind, denen bestimmte Rechte korrespon-
> dieren, was wiederum die Verantwortung des Staates impliziert. Und wenn
> sich diese staatliche Verantwortung aus Rechten ergibt, die sich auf regionaler
> Ebene ausdrücken, dann muss der Staat in diese Ebene eintauchen, um die
> bestmögliche Antwort zu geben. Dies wiederum impliziert die Notwendig-
> keit der Anerkennung der politisch-administrativen Institutionalisierung der
> Region, da die staatliche Antwort, um effizient zu sein, Befugnisse, Zustän-
> digkeiten und Ressourcen benötigt (Espinosa 1991: 5).

Neben der institutionellen Transformation und Modernisierung sind auch
die in der Verfassung vorgesehenen Partizipationsmechanismen zu nennen.
Sie folgten der Notwendigkeit, die verschiedenen Interpretationen der kolumbianischen Realität zur bestimmenden Achse der im Verfassungstext
vorgeschlagenen neuen politischen Realität zu machen.[2] Der notwendige
Übergang zur Etablierung und Garantie eines sozialen Rechtsstaates bestand darin, die Mechanismen der repräsentativen Demokratie zu verbessern und eine partizipative Demokratie zu ermöglichen, in der die zivilgesellschaftlichen Bewegungen, die Gewerkschaften und andere Arten von
Vereinigungen auf direkte Art und Weise Einfluss auf die Entscheidungen
des Staates nehmen könnten. Die Demokratie wurde mit der Verfassung
von 1991 insofern partizipativ, als diese die individuellen Rechte ausweitete
und zu Grundrechten erklärte und die Bürger mit den rechtlichen Mitteln
ausstattete, um sie zu verteidigen, indem sie den Staat dazu verpflichten,
sie zu garantieren. Dies schlug sich in der sogenannten *Acción de Tutela* nieder, einer konstitutionellen Garantie des Rechts eines jeden Menschen auf
gerichtlichen Schutz seiner Grundrechte durch einen wirksamen Rechts-
behelf.[3] Aus der *Acción de Tutela* als Mechanismus zum Schutz der Grundrechte der gefährdeten Bevölkerungsschichten wurde so ein wirkungsvoller
Mechanismus zur Verteidigung der individuellen Grundrechte. Zugleich
wurden damit die Voraussetzungen geschaffen, um ein System von Garantien zu verwirklichen, die das von der Verfassung vorgesehene formale
Prinzip der Gleichheit zu einem realen materiellen Zustand machen.

Das Präsidialsystem wurde beibehalten, aber man bemühte sich darum, es größeren rechtlichen Kontrollen zu unterwerfen. Einige Kritiker
meinten jedoch, dass die Veränderungen im Vergleich zur Verfassung von

---

2 Corte Constitucional. Sentencia T-006 de 1992. M.P. Eduardo Cifuentes M.
3 Corte Constitucional. Sentencia T-002 de 1992. M.P. Alejandro Martínez C.

1886 nur kosmetischer Natur waren. Was die Legislative betrifft, so wurde das Zwei-Kammer-System beibehalten, doch man legte Wahlkreise fest, die sich von denen unterschieden, die aus der Verfassung von 1886 hervorgegangen waren. Es ging darum, die regionalen Dynamiken und Minderheiten zu stärken, um innerhalb kurzer Zeit einen Bruch mit dem übernommenen exzessiven Zentralismus herbeizuführen und den Weg für eine harmonischere Dezentralisierung frei zu machen.

Ein weiteres wichtiges Element war die Etablierung eines Verfassungsgerichts als institutioneller Garant und Hüter der Verfassung. Es dient aber nicht nur als Kontrollinstanz, sondern soll auch den Schutz der Minderheiten und deren Zugang zum Recht garantieren.[4] Das Rechtssystem der Verfassung von 1991 entspricht den traditionellen Gerichtsbarkeiten, aber es integriert auch zwei zuvor nicht anerkannte Jurisdiktionen, die indigene Gerichtsbarkeit und die Friedensrechtsprechung.

Die Verfassung schuf einen dezentralisierten Staat mit Autonomie der territorialen Gebietskörperschaften, aber eindeutig eingebunden in ein unitarisches Staatswesen. Die Steueraufsicht überwacht die Rechtmäßigkeit bei der Zuordnung und Verwendung der öffentlichen Ressourcen, aber auch deren Ergebnisse. Die Zentralbank wurde als autonom und unabhängig von der Exekutive konzipiert, ihre zentrale Aufgabe ist die Kontrolle der Inflation. Gleichwohl bleibt sie durch den Gesetzgeber den makroökonomischen Zielen des Staates unterworfen (Hernández 2001: 71). Die Verfassung von 1991 sieht sich einem sozialen Pluralismus und einem laizistischen Staat verpflichtet, der die Rechte von Minderheiten schützt und die Kämpfe und sozialen Triumphe der marginalisierten gesellschaftlichen und politischen Gruppen anerkennt.

Als Synthese des verfassungsgebenden Prozesses von 1991 ließe sich festhalten, dass diese Verfassung die Macht der Bürger stärkte und zu ihrer zentralen Achse machte; dies nicht nur wegen ausgeweiteten Partizipationsmöglichkeiten, sondern auch, weil die institutionalisierten Vorteile der Berufspolitiker und der traditionellen Parteien reduziert wurden, die aus der Verfassung von 1886 eine "juristische Festung" gemacht hatten. Tatsächlich führte die Verfassung von 1991 zu einem Bruch mit dem traditionellen Zweiparteiensystem. Neue soziale Bewegungen und Parteien konnten sich etablieren und Agenden und Vorschläge entwickeln, die sich von denen der beiden traditionellen Parteien unterschieden.

---

4   Corte Constitucional. Sentencia T-403 de 1992. M.P. Eduardo Cifuentes M.

Sowohl das soziale und politische Selbstverständnis der Bürger als auch das Staatsverständnis der Bevölkerung erfuhren durch die Verfassung von 1991 und die darin anerkannten multikulturellen Rechte und Minderheitenrechte eine beträchtliche Veränderung.[5] Der Staat wurde im Hinblick auf das Territorium nicht mehr nur als national verstanden, sondern auch als lokal verankert; zudem sollte er jetzt eine Institution im Dienste der Bürger sein, dazu verpflichtet, innerhalb strenger Fristen auf deren wichtigste Bedürfnisse einzugehen, Rechenschaft über seine Handlungen abzulegen und sich den verschiedensten Bürgern mit der gleichen Sorgfalt und Effektivität zu widmen.

Herausforderungen an die Verfassung für die Zeit nach dem Friedensabkommen

Angesichts der Entwicklungsperspektiven, die sich nach der Unterzeichnung des Friedensabkommens zwischen Regierung und den *Fuerzas Armadas Revolucionarias de Colombia* (FARC) abzeichnen, ist es notwendig darüber nachzudenken, inwiefern die Verfassung von 1991 der angemessene Rahmen für die zukünftige Umsetzung der Abmachungen ist. Die diesbezüglichen Herausforderungen betreffen rechtliche, politische, wirtschaftliche und soziale Themen sowie die Notwendigkeit eines direkten Ansatzes zur Umsetzung von staatlichen Schutzmaßnahmen und Unterstützung für diejenigen Teile der Bevölkerung, die aufgrund von Merkmalen wie Behinderung, Alter, sexueller Orientierung oder Geschlecht Benachteiligungen erlitten haben.

Die in der Verfassung genannten Ziele bilden die Grundlage für Hilfeleistungen an alle Opfer des bewaffneten Konflikts, wobei keine gesellschaftliche Gruppe vergessen werden darf. Es geht um eine Aufarbeitung des Geschehenen als Grundlage für den Aufbau eines neuen Landes. In diesem Sinne stellt sich die Frage nach der Notwendigkeit einer neuen Verfassung oder einer Vertiefung der existierenden, um die Vereinbarungen des Friedensabkommens in einem Szenario des Post-Konfliktes umzusetzen. Dazu gehört eine Auseinandersetzung mit denjenigen Mechanismen, die die Gleichheit der Bürger fördern und die Rechte von Minderheiten schützen sollen, all dies in einer Situation des Übergangs und einem ge-

---

5 Corte Constitucional. Sentencias T-406 de 1992 M.P. Ciro Angarita Barón.

sellschaftlichen Kontext, der durch beträchtliche Gewalt gekennzeichnet ist. Um den Fortbestand der Verfassung von 1991 zu gewährleisten, ihren Grundüberzeugungen zur Durchsetzung zu verhelfen und für eine Anerkennung und Garantie der Rechte zu sorgen, ist eine radikale Ausweitung der Partizipationsmöglichkeiten notwendig. Um einen stabilen und dauerhaften Frieden in Kolumbien zu konsolidieren, müssen die erzielten Übereinkünfte und die Perspektiven für ihre Umsetzung im Kontext der Verfassung betrachtet werden.

Umfassende Landreform

Geht man vom zweiten Kapitel der Verfassung von 1991 aus, so verweist die Umsetzung der beschlossenen Landreform – als Errungenschaft zur Überwindung des Konflikts – auf die Notwendigkeit, die Diskussion mit den Vertriebenen und den zu Opfern gewordenen ländlichen Bevölkerungsgruppen zu beginnen, und zwar ungeachtet ihres sozialen oder politischen Status. Es geht dabei um die Verteidigung von Eigentumsrechten, um die Möglichkeit der Entwicklung von Projekten sowie um Unterstützungsleistungen zur Schaffung der notwendigen Infrastruktur für individuelle und gemeinschaftliche Entwicklung. Die Übereinkünfte fügen sich in den Horizont der Verfassung ein, da sie an die Erfordernisse zur Neukonzeption einer nachhaltigen Wirtschaft und die Rolle der weitgehend marginalisierten Bevölkerungsgruppen gebunden sind. Die Spezifik des konstitutionellen Horizonts in Bezug auf das Ziel, die Vereinbarungen umzusetzen, verweist auf die Notwendigkeit, sowohl auf nationaler als auch auf lokaler Ebene die gemeinschaftliche Arbeit zu fördern und dabei von einer kulturell und sozial heterogenen Bevölkerung auszugehen. Die Methoden der landwirtschaftlichen Entwicklung können nicht auf der Grundlage eines allgemeinen Modells staatlicher Politik konzipiert werden, sondern sie müssen den Reichtum der geographischen, politischen und kulturellen Unterschiede innerhalb des Landes berücksichtigen (Quinche Ramírez 2004: 83ff.). Sowohl die differenzierten Ansätze im Rahmen des Friedensabkommens als auch die Richtlinien des in der Verfassung etablierten Regimes zur territorialen Dezentralisierung erlauben eine neue Perspektive für die Binnen- und Außenwirtschaft. Entwicklungselemente sind hierbei Produktinnovation und Synergieeffekte zwischen den verschiedenen Sektoren auf der Grundlage eines neuen Verständnisses von Raumordnung.

Im Hinblick auf die Bildung im ländlichen Raum als einem Grundrecht ergeben sich zwischen der Verfassung und den Friedensvereinbarungen positive Synergieeffekte. Sie verdeutlichen, dass eine differenzierte Vorgehensweise notwendig ist. Bemühungen zur Wiedererlangung der kulturellen Diversität müssen genauso berücksichtigt werden wie Beiträge zur Befriedigung von Grundbedürfnissen wie Wohnraum und Trinkwasser. Im Friedensabkommen ist davon die Rede, dass die Besonderheiten des ländlichen Raums und der jeweiligen Gemeinschaften berücksichtigt werden müssen und dass es beim Zugang zu staatlichen Angeboten keine geschlechtsspezifischen Benachteiligungen geben darf. Der ländlichen Bevölkerung wird eine Stärkung ihrer Anerkennung als Minderheiten in Aussicht gestellt. Indem ihre historische Ausgrenzung explizit anerkannt wird, erfolgt auch ein Beitrag zur Revitalisierung des Gleichheitsgedankens gemäß Artikel 64 der Verfassung:

> Der Staat ist dazu verpflichtet, den fortschreitenden Zugang der Landarbeiter zu Landbesitz in individueller oder gemeinschaftlicher Form sowie zu den staatlichen Leistungen in den Bereichen Bildung, Gesundheit, Wohnraum, Soziale Sicherheit, Erholung, Kredit, Kommunikation, Vermarktung von Produkten und technischer und unternehmerischer Beistand zu fördern, mit dem Ziel, die Einkommen und die Lebensqualität der ländlichen Bevölkerung zu verbessern (República de Colombia, Constitución Política de 1991).

Politische Beteiligung als Garant für Gleichheit

Eine Folge des Gewaltkonflikts in Kolumbien war die fehlende politische Partizipation verschiedener ideologischer Strömungen, die ihrerseits ein Ausdruck der für das Land charakteristischen Vielfalt sind. Daraus ergab sich die Notwendigkeit, den politischen Pragmatismus im Sinne eines differenzierten und Genderaspekte berücksichtigenden Ansatzes in rechtlicher und institutioneller Hinsicht zu unterstützen.

Das Friedensabkommen schlägt eine Instanz vor, die die politische Partizipation und das durch die Verfassung garantierte Recht auf politische Opposition stärkt, ein sogenanntes Integriertes Sicherheitssystem zur Ausübung der Politik, das auf den Prinzipien Souveränität, Nichtintervention und Selbstbestimmung der Völker basieren soll. Betont wird auch die Stärkung der Sicherheitsmaßnahmen für die Anführer der sozialen Organisationen und Bewegungen und für Menschenrechtler – und wie dies im Rahmen eines differenzierten und Genderaspekte berücksichtigenden Ansatzes zu erfolgen habe. Tatsächlich betont die Förderung der Wahlbeteiligung im Rahmen der Parameter für eine gleiche und gerechte politische Beteiligung die Notwendigkeit von Garantien für Bürger aller sozialen Schichten. Die gegenwärtig existierenden Chancen zur Förderung der Partizipation der am stärksten gefährdeten Bevölkerungsgruppen entsprechen den Grundlagen des kolumbianischen Staates und der Verfassung von 1991, insbesondere den Artikeln 2, 7, 13 und 265.

Das Gebot, die Gewalt gegen die sozialen, politischen, ökonomischen und geschlechtsspezifischen Minderheiten zu beenden, ist im Friedensabkommen als eine Chance für die Szenarien des Post-Konflikts hervorgehoben. Die politische und bürgerliche Partizipation der Frau wird als Faktor gesehen, der auch die Führung der marginalisierten Gruppen stärkt und so zu einer Demokratisierung aller Regionen des Landes beiträgt. Die Art und Weise, wie das Friedensabkommen in den einzelnen Regionen und den unterschiedlichen politischen Bereichen umgesetzt wird, lässt sich nur schwer voraussagen, denn es gibt zahlreiche Gemeinden mit etablierten Gepflogenheiten innerhalb der sozialen Ordnung. Unmöglich ist die Umsetzung nicht, vorausgesetzt dass die institutionelle Flexibilisierung im Rahmen der Dezentralisierung und die Ausweitung der lokalen Partizipation es ermöglichen, die gewünschten Ziele in den Regionen sichtbar zu machen.

Beendigung des Konflikts und Drogenproblematik

Im Rahmen der Wiedereingliederung ehemaliger FARC-Mitglieder in das zivile Leben sind nicht nur der Übergangsprozess und die Abgabe der Waffen von Bedeutung, vielmehr ist eine integrative Wiederaufnahme aller ehemaligen Kämpfer wichtig, ohne dabei irgendeinen sozialen Sektor außer Acht zu lassen. Im Text des Friedensabkommens ist festgehalten, dass es bei der Wiedereingliederung der minderjährigen FARC-Mitglieder darum geht, ihnen sämtliche Rechte zurückzugeben, besonders was Bildung und Gesundheit anbelangt, und dass dies unmittelbare Priorität genießt. Dieser differenzierte Ansatz geht auf Artikel 13 der Verfassung von 1991 zurück. Dieser Artikel definiert auf besondere Art und Weise die formalen und materiellen Bedingungen dafür, dass dem in der Verfassung verankerten Freiheitsprinzip Geltung verschafft werden kann. Insbesondere wird der Zusammenhang zwischen dem Freiheitsprinzip und den grundlegenden Elementen und Prinzipien eines sozialen Rechtsstaates hergestellt.

Das Friedensabkommen legt daher im Einklang mit der Verfassung fest, dass sich für das Ende des Konflikts – ebenso wie für die Drogenproblematik – die Notwendigkeit eines differenzierten Ansatzes ergibt, um das Problem auch in den entlegensten Regionen anzugehen:

> Die Lösung des Drogenproblems erfordert auch, dass das Thema des Konsums auf der Grundlage des gemeinsamen Engagements und der Zusammenarbeit von Behörden, Gemeinschaft und Familien angegangen wird, und zwar in Bezug auf eine Politik der Gesundheitsförderung, Prävention, Schadensminderung, umfassenden Betreuung und sozialen Inklusion der Konsumenten und Konsumentinnen. Eine solche Politik muss einen differenzierten und geschlechtsspezifischen Ansatz verfolgen (República de Colombia, Constitución Política de 1991).

Die Bedeutung dieses gemeinsamen Ansatzes der kolumbianischen Regierung und den FARC liegt darin, dass Kolumbien im letzten Jahrzehnt aufgrund des Drogenhandels, bei dem die Guerilla einer der wichtigsten Protagonisten war, weltweit an die dritte Stelle hinsichtlich der Anzahl gewaltsam vertriebener Menschen gerückt ist. Der differenzierte Ansatz zur Bekämpfung der Drogenwirtschaft im Szenarium des Post-Konflikts knüpft insofern an die Verfassung von 1991 an, als er – genauso wie die Verfassung, in der die Familie als Kern des kolumbianischen Staates definiert wird – der Familie einen zentralen Stellenwert einräumt. Geplant ist auch ein Nationales System zur Versorgung von Drogenabhängigen, das komplementäre Rehabilitations- und Integrationsmaßnahmen unter Berücksichtigung einer Geschlechterperspektive vorsieht.

Die Maßnahmen der Drogenbekämpfung müssen auch die traditionelle Verwendung der Kokablätter in den indigenen Gemeinschaften respektieren. Es geht darum, die Prinzipen der Multikulturalität und des Respekts gegenüber den in der Verfassung erwähnten Traditionen der Vorfahren zu verteidigen. Die staatliche Gesundheits- und Entwicklungspolitik soll unter Berücksichtigung der spezifischen Sozialkulturen erneuert werden. Dies entspricht auch Artikel 246 der Verfassung:

> Innerhalb ihres Territoriums können die Autoritäten der indigenen Völker gemäß ihrer eigenen Normen und Verfahren gerichtliche Funktionen ausüben, solange diese nicht der Verfassung und den Gesetzen der Republik widersprechen. Die Formen der Koordination dieser speziellen Rechtsprechung mit dem nationalen Rechtssystem sind per Gesetz festgelegt (República de Colombia, Constitución Política de 1991).

Die Opfer

Die größte Narbe, die der über ein halbes Jahrhundert anhaltende bewaffnete Konflikt mit den FARC hinterlassen hat, betrifft die Opfer. Sie stammen aus allen sozialen Schichten, ethnischen Gruppen, Religionen und politischen Spektren (Gutiérrez-Sanín 2011: 432). Bei der Errichtung eines neuen – demokratischen und partizipativen – Staates muss dies berücksichtigt und aus den Fehlern der Vergangenheit gelernt werden. Es ist eine institutionelle, gesellschaftspolitische, auf die Zukunft der Menschen gerichtete Aufgabe, die auf einer Kultur der Erinnerung beruht. Die Erinnerung und das Gedenken an die Opfer dürfen auch nach der Beendigung des Konflikts nicht aufhören (Rincón 2010: 107). Die Aufarbeitung von Verbrechen und Unrecht ist ein wesentlicher Punkt bei der Neugestaltung des Staates. Die Rückkehr der Vertriebenen und die Rückgabe ihres Landes sind in diesem Zusammenhang von größter Bedeutung.

Schlussbemerkung

Heterogenität wurde im Laufe der historischen Entwicklung Kolumbiens in zunehmendem Maße als ein schützenswertes Gut anerkannt, das eine Reduzierung der Gewalt bewirken kann. Die Verfassung von 1991 schuf in diesem Sinne Raum für neue Chancen, die jedoch nur durch eine mutige Vertiefung der bestehenden Ansätze genutzt werden können. Dies wird nur möglich sein, wenn Diversität anerkannt und angemessen geschützt wird. Insofern sind die Friedensvereinbarungen nicht von der Verfassung zu trennen: Gesetze können auf der Grundlage einer Verfassung entworfen und verabschiedet werden, die eine differenzierte Lektüre der Gleichheit ermöglicht und die auf die Notwendigkeit der Anerkennung von Diversität als hermeneutischem Horizont für Staatsbürgerschaft sowie für soziale und wirtschaftliche Entwicklung verweist.

Die in der Verfassung enthaltene Idee einer kulturellen Synergie zwischen den Regionen, Departements und Gemeinden verdeutlicht die wahren Herausforderungen des Post-Konflikts. Insbesondere die Prozesse zur Entschädigung der Opfer und zur Gewährleistung einer Nicht-Wiederholung des Geschehenen verweisen auf die zu heilenden Wunden, ohne dabei die Gleichheit der Kolumbianer aus den Augen zu verlieren. Das Leid des Krieges betraf nicht nur eine spezielle Gruppe.

Das konstitutionelle Verständnis von Gleichheit auf der Grundlage von differenzierten Ansätzen eröffnet eine Perspektive für die gesellschaftliche Anerkennung derjenigen Menschen, die durch die Gewalt des Konflikts ausgegrenzt und verletzt wurden. Diese kollektive Erinnerung ist der Ausgangspunkt, um die Verfassung als eine unverzichtbare Grammatik zur Konstruktion eines dauerhaften und stabilen Friedens zu verstehen.

Literaturverzeichnis

CALDERÓN REYES, Carlos (1895): *Núñez y la Regeneración*. Sevilla: Librería e Impresiones de Izquierda.

CEPEDA, M. (1992): *Los derechos fundamentales en la Constitución de 1991*. Bogotá: Editorial Temis S.A.

COLMENARES, Germán (1990): "La Ley y El Orden Social: Fundamento Profano y Fundamento Divino". In: *Boletín cultural y Bibliográfico*, XXVII, 22, Bogotá: Biblioteca Luis Angel Arango, S. 3-19.

ESPINOSA, Eduardo (1991): Ponencia para la Comisión Segunda Región, Asamblea Nacional Constituyente. Gaceta Constitucional, Imprenta Nacional, Nr. 43. S. 5.

FERNÁNDEZ, Tomás (1987): *Entre el Derecho y la Política*. Madrid: Editorial Abella.

GUERRA, François-Xavier (1998): *Los espacios públicos en Iberoamérica ambigüedades y problemas, siglos XVIII y XIX*. México, D.F.: Fondo de Cultura Económica.

GUTIÉRREZ-SANÍN, Francisco (2011): "La Constitución de 1991 como pacto de paz: discutiendo las anomalías". In: *Revista Estudios Socio-Jurídicos*, 13, 1, S. 419-447.

PENAGOS, Gustavo (1989): *Los Actos Políticos*. Bogotá: Librería Profesional.

QUINCHE RAMÍREZ, Fernando (2004): *Reforma Política y Referendo en Colombia dentro de los Procesos de Reforma de la Constitución Política de 1991*. Bogotá: Universidad del Rosario.

REPÚBLICA DE COLOMBIA (1990): *Constitución Política de República de Colombia de 1886*. Bogotá: Imprenta Nacional.

— (1991): *Constitución Política de Colombia*. Bogotá: Imprenta Nacional.

RESTREPO RESTREPO, Juan Cristóbal (2013): "Uso autoritario del derecho: aproximación desde la configuración constitucional colombiana". In: *Revista Papel Político*, 18, 2, S. 479-513.

RINCÓN, Tatiana (2010): *Verdad, Justicia y Reparación. La justicia de la justicia transicional*. Bogotá: Javegraf/Universidad del Rosario.

TIRADO, Alvaro (1982): "El Estado y la Política en el siglo XIX". In: Instituto Colombiano de Cultura (Hg.): *Manual de Historia de Colombia*, Vol. III. Bogotá: Procultura/Instituto Colombiano de Cultura.

UMAÑA LUNA, Eduardo (1985): *¿Hacia la paz? Los ilícitos y los presos políticos. Las amnistías y los indultos*. Bogotá: Comité de Solidaridad con los Presos Políticos.

Das politische System

Ricardo Betancourt Vélez / Peter Birle

Einleitung

1991 wurde in Kolumbien eine neue Verfassung verabschiedet, durch die das mit der Verfassung von 1886 entworfene politische System reformiert wurde. Durch diesen Modernisierungsprozess sollten einige traditionelle Probleme der kolumbianischen Politik behoben werden, die gegen Ende des 20. Jahrhunderts immer unhaltbarer wurden. Der reformerische Geist und der Optimismus von 1991 waren allerdings sehr schnell mit der Schwierigkeit konfrontiert, die neuen Gesetze und das tatsächliche Funktionieren des Systems miteinander in Einklang zu bringen. Die Verfassungswirklichkeit blieb stark beeinflusst durch Dynamiken, die in der politischen Kultur des Landes seit mehr als einhundert Jahren verankert waren. Infolgedessen wurden seit Ende des 20. Jahrhunderts mehrere politische Reformen durchgeführt, die darauf abzielten, das tatsächliche Funktionieren des politischen Systems zu verbessern.

Ziel dieses Kapitels ist es zu zeigen, wie das politische System Kolumbiens gegenwärtig funktioniert.[1] Angesichts der Tatsache, dass es keine vollständige Übereinstimmung zwischen dem durch die Verfassung vorgegebenen institutionellen Design und dem realen Funktionieren der Politik gibt, reicht es allerdings nicht aus, die rechtlichen Vorgaben der Verfassung zu beschreiben. Um die Funktionslogik des politischen Systems zu verstehen, müssen mindestens vier Elemente berücksichtigt werden: erstens gewisse traditionelle Logiken, die sich in mehr als einem Jahrhundert herausgebildet haben und die tief im Land verwurzelt sind; zweitens die Reformbemühungen der Verfassung von 1991; drittens die nicht erwünschten Folgen der Anwendung des neuen Verfassungstextes, der im Hinblick auf einige Aspekte nicht die erhoffte Änderung der traditionellen Logiken bewirkte; viertens diejenigen politischen Reformen, die in den

---

1 Für weitere deutschsprachige Einführungen in die kolumbianische Politik siehe beispielsweise Diehl/Helfrich-Bernal 2001, Helfrich-Bernal 2001 u. 2002, Jäger et al. 2007, König/Schuster 2008 und Kurtenbach 2004.

vergangenen 20 Jahren durchgeführt wurden und die darauf abzielten, die Kluft zwischen der Verfassung von 1991 und der Verfassungswirklichkeit zu schließen.

Zweiparteiensystem, politische Partizipation und Konflikt vor 1991

Nach der Unabhängigkeit bildeten sich im Laufe des 19. Jahrhunderts zwei politische Parteien heraus, Liberale und Konservative, die unterschiedliche Vorstellungen im Hinblick auf die politische Organisation der jungen Republik propagierten. Beide Parteien kämpften um die politische Kontrolle über Institutionen, die noch sehr schwach waren und keinen stabilen Regulierungsrahmen für den politischen Wettbewerb lieferten. Es war Usus, dass diejenige Gruppierung, die an die Macht gelangte, die jeweils andere ausgrenzte und die politische Partizipation der Gegenseite so weit wie möglich verhinderte. Der Disput zwischen Liberalen und Konservativen um die Macht führte Ende des 19. Jahrhunderts und Anfang des 20. Jahrhunderts zu einem Bürgerkrieg, in dessen Verlauf beide Parteien die Herausbildung von bewaffneten Gruppen unterstützten, die die Kontrolle über verschiedene Regionen des Landes erlangten und mehr durch die Parteien als durch den Staat selbst kontrolliert wurden.

Zu Beginn des 20. Jahrhunderts bestand eine komplexe Beziehung zwischen Politik und bewaffneter Gewalt. Der Staat verfügte weder über die notwendigen Kapazitäten noch über ausreichende Legitimität, um die politischen Beziehungen zu regulieren. Das Ende des Bürgerkrieges führte nicht zu einem Ende der Gewalt, die sich im Gegenteil weiter verschärfte, nachdem 1948 der Präsidentschaftskandidat der liberalen Partei, Jorge Eliecer Gaitán, ermordet worden war. Die nachfolgende Periode wird von der kolumbianischen Geschichtsschreibung als *La Violencia* (Die Gewalt) bezeichnet. Es entstanden neue bewaffnete Gruppen, die mit den beiden traditionellen Parteien in Verbindung standen. Sie bekämpften sich in vielen Regionen des Landes nicht nur gegenseitig, sondern attackierten auch die Zivilbevölkerung in Zonen, die sie als Anhänger der rivalisierenden Partei identifizierten (Guzmán/Fals-Borda/Umaña 1988).

Im Zentrum des Landes endete der Kampf zwischen den Parteien mit dem Staatsstreich durch General Gustavo Rojas Pinilla im Jahr 1953, aber in den peripheren Regionen bestand die Gewalt fort. Es konsolidierte sich eine Trennung zwischen den nationalen Parteiführungen und ihren regionalen Organisationsstrukturen, die in zunehmendem Maße eine von den politischen Prozessen in der Hauptstadt Bogotá unabhängige Dynamik erlangten. Bis heute und trotz verschiedener Versuche, Zentrum und Peripherie wieder stärker miteinander zu verknüpfen, existiert innerhalb des politischen Systems eine Trennung zwischen modernen politischen Dynamiken im Umfeld der Zentralregierung einerseits und den peripheren Regionen andererseits, in denen die politische Partizipation nach wie vor traditionellen und häufig gewalttätigen Logiken folgt.

Das Ende der als *La Violencia* bezeichneten Phase – wenn auch nicht der verschiedenen Formen von Gewalt – wurde mit einem als Nationale Front (*Frente Nacional*) bekannten Pakt zwischen den beiden traditionellen Parteien besiegelt, der vorsah, dass sich beide zwischen 1958 und 1974 mit der Präsidentschaft abwechseln würden. Der Pakt schwächte zumindest die Spannungen zwischen den Parteiführungen der Liberalen und der Konservativen und schuf einen Grad an Konsens, der ausreichte, um Anstrengungen zur Modernisierung des Staates und der politischen Partizipation zu unternehmen. Mehrere mit den beiden Parteien verknüpfte Guerillagruppen wurden demobilisiert, aber andere, die sich von den Verhandlungen in Bogotá distanziert hatten, existierten in dem Maße weiter, wie sie sich mit der ideologischen Auseinandersetzung im Rahmen des Kalten Krieges verbanden, die nach der Kubanischen Revolution in Form von revolutionären Bewegungen Einzug in Lateinamerika gehalten hatte. Dies war der Kontext, in dem Guerillagruppen wie die *Fuerzas Armadas Revolucionarias de Colombia* (FARC) und das *Ejército de Liberación Nacional* (ELN) entstanden.

Von einigen gesellschaftlichen Sektoren wurde die Nationale Front als ein ausgrenzender Pakt wahrgenommen, der die politische Partizipation außerhalb des traditionellen Bipartidismus stark einschränkte. Dies veranlasste verschiedene Sektoren dazu, die revolutionäre Option und den bewaffneten Widerstand zu unterstützen. Diese Interpretation führte zur Entstehung von Guerillas wie die *Movimiento 19 de Abril* (M-19), die anders als FARC und ELN nicht aus den Parteienkämpfen im ländlichen Raum hervorgingen, sondern aus der urbanen Wahrnehmung, dass bestimmte politische Optionen auf legalem Weg keine Chance auf Mitwirkung an politischen Entscheidungsprozessen hatten. Der Nonkonformismus weitete sich auf einen großen Teil der Bevölkerung aus. Auch wenn nur ein kleiner Teil zu den Waffen griff, wuchs in immer größeren Teilen der kolumbianischen Gesellschaft das Misstrauen gegenüber den traditionellen Parteien und dem politischen System insgesamt.

Die Modernisierungs- und Befriedungsbemühungen während des Regimes der Nationalen Front zeigten sich beispielsweise in der Versöhnung zwischen der Liberalen Partei und der katholischen Kirche, einem traditionellen Alliierten der Konservativen gegen den Liberalismus und die Säkularisierung der Politik. Die Modernisierungsbemühungen wurden ganz besonders während der Regierung von Präsident Lleras Restrepo zwischen 1966 und 1970 sichtbar, als man auf eine technischere Handhabung der Volkswirtschaft setzte, um Anreize für die wirtschaftliche Entwicklung zu geben. Man versuchte, die Staatsausgaben zu rationalisieren und dem Zugriff der Parteien zu entziehen, weshalb Institutionen wie das Nationale Planungsdepartement (*Departamento Nacional de Planeación*) und das Finanzministerium die Kontrolle über den Staatshaushalt erhielten.

Gleichwohl handelte es sich um einen selektiven Reformismus, denn die Bemühungen um eine technokratische Handhabung der Volkswirtschaft waren begleitet von einer traditionellen Handhabung der Politik. Um dem Kongress eine Einmischung in die Staatsausgaben zu entziehen, verhandelte die Regierung mit den Parlamentariern und gestand ihnen sogenannte "parlamentarische Hilfen" zu. Diese Ressourcen wurden von den Abgeordneten genutzt, um klientelistische Netzwerke zu betreiben, sich der Wählerstimmen zu bemächtigen und sich damit noch unabhängiger von den Parteizentralen zu machen. Die parlamentarischen Hilfsfonds erlaubten es den Politikern, sich die Treue ihrer Wähler in den entlegeneren Zonen des Landes zu verschaffen und zu erhalten, indem sie ihnen Baumaterialien anboten, Straßen und öffentliche Gebäude bauten, zeitweise Erleichterung für soziale Probleme schufen, Stimmen direkt kauften etc. Dadurch verstärkte sich eine Logik, die davon ausging, dass die öffentlichen Aufgaben in den Regionen nicht vom Staat erledigt werden, sondern dass politische Kaziken im Austausch gegen Wählerstimmen die dringendsten Bedürfnisse der Bevölkerung befriedigen (Bejarano/Segura 1996).

Diese Logik, dass persönliche Gefälligkeiten von Seiten der Politiker wichtiger sind als funktionierende Institutionen, erwies sich als außerordentlich beharrlich und trug zu einer allgemeinen Enttäuschung gegenüber der Politik bei, die als illegitim wahrgenommen wurde, als limitiert auf das Angebot von Pfründen, um sich Zugang zu öffentlichen Ämtern zu verschaffen, aber nicht dazu in der Lage, das soziale Leben des Landes zu transformieren. Zudem wurde es üblich, dass Staatspräsidenten einen traditionellen und personalistischen Stil pflegten und nachgiebig gegenüber den lokalen Machtfaktoren agierten, um ihre Regierbarkeit nicht zu gefährden. Andererseits begannen die politischen Kaziken damit, sich mit den illegalen Gruppen zu verbünden, wodurch sie große Macht erhielten und unabhängig von der Zentralmacht regieren konnten. Die Unabhängigkeit der Regionen und die Allianzen der politischen Kaziken erleichterten die Herausbildung von illegalen Ökonomien wie der Drogenwirtschaft, deren Macht und deren Möglichkeiten, den Staat zu durchdringen und die Korruption zu fördern, immer größer wurden.

Der allgemeine Nonkonformismus und eine schwierige wirtschaftliche Konjunktur führten 1977 zu einem großen zivilen Streik, an dem sich die meisten Gewerkschaften und große Teile der Bevölkerung in zahlreichen Städten des Landes beteiligten. Von den Sektoren der Rechten und den Streitkräften wurde dies als Fortschreiten des revolutionären Kampfes der Linken wahrgenommen. Die Regierung von Präsident Julio César Turbay (1978-1982) reagierte darauf mit dem sogenannten Sicherheitsstatut, mit dem die Handlungsspielräume des Staates erheblich ausgeweitet wurden, was zu andauernden Menschenrechtsverletzungen führte. Die Zunahme der staatlichen Repression führte Anfang der 1980er Jahre dazu, dass die FARC zur Offensive übergingen und die Übernahme der Macht anstrebten, begleitet von einer Zunahme der Entführungen und Erpressungen sowie der schrittweisen Einbeziehung in den Drogenhandel (Bejarano Ávila 1994). Ihre Angriffe auf Politiker und Unternehmer stimulierten wiederum die Entstehung von paramilitärischen Gruppen (González 2014).

Ebenfalls in den 1980er Jahren entstanden verschiedene Friedensvorschläge, aber die meisten wurden von großen Teilen der politischen Klasse, der Streitkräfte und der katholischen Kirche abgelehnt, wodurch sich die Spannungen weiter radikalisierten. Anfang des Jahrzehnts legte eine Gruppe von ehemaligen Kämpfern verschiedener Guerillas die Waffen nieder, setzte auf die legale politische Praxis und gründete dazu die Partei Patriotische Union (*Unión Patriótica*, UP). Zwischen 1985 und 1997 wurden zwei Präsidentschaftskandidaten, elf Abgeordnete, 15 Bürgermeister, 145 Gemeinderäte und schätzungsweise 1.500 Mitglieder der UP von staatlichen und paramilitärischen Kräften ermordet (Romero 2011).

Im Vorfeld des Verfassungsprozesses von 1991 betrachteten viele politische und wirtschaftliche Eliten auf lokaler und regionaler Ebene mit Sorge das Vorrücken der Guerillas und die gesellschaftlichen Sympathien für die UP, was zu den paramilitärischen Reaktionen und deren Allianz mit den Drogenkartellen führte. Nach einer Serie von Massakern und Attentaten gegen Persönlichkeiten des öffentlichen Lebens, darunter zwischen 1989 und 1990 drei Präsidentschaftskandidaten, erklärte die Regierung dem Kartell von Medellín und ihrem Anführer Pablo Escobar den Krieg und trat dem Paramilitarismus, der zuvor mit Nachgiebigkeit behandelt worden war, entschiedener entgegen. Die Guerillagruppen M-19, *Ejército Popular de Liberación* (EPL) und *Movimiento Armado Quintín Lame* legten nach Friedensverhandlungen die Waffen nieder und integrierten sich in das legale politische Leben. Von dort aus unterstützten sie die Initiative eines breiten Sektors der Zivilgesellschaft, der politischen Klasse und der Regierung, eine neue Verfassung auszuarbeiten, um das politische System zu öffnen, Partizipation auch außerhalb des traditionellen Zweiparteiensystems zu ermöglichen und die politische Praxis zu modernisieren.

Die Verfassung von 1991 und die Schwierigkeiten ihrer Implementierung

Die Verfassungen von 1863 und 1886 waren Ausdruck der Auseinandersetzungen zwischen der Liberalen und der Konservativen Partei gewesen. Die Verfassung von 1863 wurde von den Liberalen dominiert und grenzte die Konservativen aus, die Verfassung von 1886 wurde von den Konservativen erlassen und schloss die Liberalen aus. Gegen Ende des 20. Jahrhunderts befanden sich das Zweiparteiensystem, der Staat und die Demokratie in Kolumbien in einer grundlegenden Krise. Die Bevölkerung fühlte sich durch die traditionellen Parteien nicht mehr repräsentiert, die Drogenkartelle hatten einen Krieg gegen den Staat erklärt, die Guerillas waren in verschiedenen Regionen auf dem Vormarsch und im Zuge der paramilitärischen Aktivitäten hatte sich die Gewalt weiter radikalisiert. Die demokratische Linke war von Auslöschung bedroht, die staatliche Repression hatte stark zugenommen und drei Kandidaten für die Präsidentschaftswahlen 1990 waren ermordet worden. Die Perzeption einer grundlegenden Krise förderte Reformvorschläge, die einen Rückhalt von Seiten großer Teile der Gesellschaft besaßen. Es gab damals wenigstens zwei Alternativen, um der Krise zu begegnen: eine autoritäre Lösung und eine demokratische Lösung.

Seit dem zivilen Streik von 1977 hatten die Streitkräfte eine politische-re Position und herausfordernde Haltung gegenüber den zivilen Regierungen eingenommen. Im November 1985 besetzte die M-19 den Justizpalast in Bogotá, um die Regierung Betancur durch die Festsetzung von Justizbeamten dazu zu zwingen, sich zur Nichteinhaltung der Vereinbarungen zu äußern, die mit der Guerilla ausgehandelt worden waren. Innerhalb kürzester Zeit begannen die Streitkräfte, mit Waffengewalt gegen die Besetzung des Justizpalastes vorzugehen. Die Auseinandersetzungen kosteten mindestens 94 Menschenleben, darunter Guerilleros, Zivilisten und Justizangestellte. Eine genaue Zahl der Opfer gibt es bis zum heutigen Tag nicht, denn einige der Zivilisten, die beim Verlassen des Justizpalastes beobachtet wurden und die sich in Obhut der Streitkräfte befanden, wurden verschwunden.

Zu den Hypothesen, die darum bemüht sind, die Ereignisse zu erklären (Gómez Gallego/Herrera Vergara/Pinilla 2010), gehört die Vermutung, dass die Streitkräfte unabhängig von den Anweisungen des Staatspräsidenten agierten, möglicherweise sogar gegen dessen Befehle handelten. Schon in den 1980er Jahren hatten die Streitkräfte ihren Dissens mit verschiedenen Regierungen im Hinblick auf den Kampf gegen die Guerilla zum Ausdruck gebracht, die Verfassung verletzt, gegen präsidentielle Auflagen verstoßen und sogar Allianzen mit den paramilitärischen Kräften gebildet (González 2014). Diese Entwicklungen zeigten, dass ein Teil der Streitkräfte mit Unterstützung gesellschaftlicher Sektoren auf eine Lösung der Krise durch zunehmende Repression und eine Einschränkung der Demokratie und der Menschenrechte setzte.

Die andere Interpretation ging demgegenüber davon aus, dass es sich nicht einfach nur um eine Konjunktur handelte, in welcher der Staat durch kriminelle Akteure belagert wurde, sondern um ein strukturelles Problem, welches darin bestand, dass ein Fehlen von Demokratie zu gewalttätigen Formen der politischen Partizipation geführt hatte, welche durch den Legitimationsverlust der traditionellen politischen Parteien und den prekären Zustand der staatlichen Institutionen alimentiert wurden. Diese von vielfältigen gesellschaftlichen Sektoren unterstützte Interpretation, die dazu aufrief, die strukturellen Probleme in Angriff zu nehmen, erforderte eine Ausweitung der Demokratie und eine Verpflichtung des Staates zur Garantie der Menschenrechte.

Am Ende dominierte die zweite Interpretation und mit einem politischen Willen, der über den traditionellen Bipartidismus hinausging, ergab sich ein breiter nationaler Konsens für die Einberufung einer Verfassungsgebenden Versammlung. Zwar erzielten die traditionellen Parteien bei der Wahl der Versammlung eine Mehrheit (35% Liberale, 28% Konservative), aber auch die demobilisierte M-19, jetzt in eine politische Partei umgewandelt, erzielte 27% der Stimmen, Minderheiten wie die UP und indigene Bewegungen waren ebenfalls repräsentiert. Im Ergebnis einigte sich die Versammlung auf eine moderne demokratische Verfassung, die sich grundlegend von den früheren, dem Streit zwischen den beiden traditionellen Parteien entsprungenen, Verfassungen unterschied. Sie setzte auf eine Ausweitung der politischen Partizipation, eine Vertiefung der Demokratie, eine Modernisierung der Institutionen, Dezentralisierung und umfangreiche Grundrechtsgarantien.

Diese Ziele wollte man auf zwei Wegen verwirklichen: durch eine Stärkung des Konstitutionalismus und durch eine Stärkung der Demokratie. Der erste Weg entspricht einer Tendenz, die sich in einigen neueren lateinamerikanischen Verfassungen niedergeschlagen hat. In diesem Zusammenhang ist von einem Neo-Konstitutionalismus die Rede, der sich durch eine in die Zukunft projizierte reformerische Berufung auszeichnet und ein neues Gesellschaftsmodell entwirft, das auf der Grundlage der Verfassung konstruiert werden soll. Die Verfassung setzt insofern nicht nur die Grenzen für staatliches Handeln und entwirft Institutionen, sondern sie definiert eine Reihe von Zielen zur Transformation der Gesellschaft und entwirft Instrumente der Verfassungsgerichtsbarkeit, die dazu beitragen sollen, diese Ziele zu erreichen. Der Umfang der von der Verfassung anerkannten Rechte ist ausgesprochen groß, größer als in den meisten weltweit existierenden Verfassungen (Uprimny 2012).

Um dafür zu sorgen, dass die Rechte nicht einfach nur aufgezählt werden, schuf man Instrumente wie die *Acción de Tutela*. Sie erlaubt es Bürgern, die ein anerkanntes Grundrecht bedroht sehen, sich direkt an die Justizinstitutionen zu richten, damit innerhalb kurzer Zeit dafür Sorge getragen wird, dass das verletzte Recht wiederhergestellt wird. Im Hinblick auf die Gewaltenteilung sieht die Verfassung von 1991 ein klassisches Modell der Dreiteilung in Exekutive, Legislative und Judikative vor. Gleichzeitig wurden Mechanismen geschaffen, welche die wechselseitige Unabhängigkeit der Gewalten im Rahmen eines präsidentiellen Regimes garantieren sollen. Das Verfassungsdesign sieht dazu unabhängige Organismen vor, die keiner der drei Gewalten untergeordnet sind, um zu garantieren, dass keine politische Bewegung den gesamten Staat kooptieren und das Gleichgewicht der Gewalten zerstören kann.

Als Entwicklungsmodell sieht die Verfassung eine gegenüber dem Weltmarkt geöffnete Volkswirtschaft und Freihandel vor, mit einem Staat, der wenig in das Marktgeschehen eingreift, und mit unabhängigen Institutionen, die verhindern sollen, dass Regierungen direkten Einfluss auf das Spiel der wirtschaftlichen Kräfte nehmen. Mit dem Argument, dass allgemeine Politiken des Zentralstaates nicht effizient seien, um die spezifischen Probleme der Departements anzugehen, propagierte die Verfassung eine politische, administrative und fiskalische Dezentralisierung. Die Administrationen der Departements, von denen man annahm, dass sie besser über die Herausforderungen für jede Region informiert seien, erhielten Kapazitäten, um entsprechend den Besonderheiten jeder Region spezifische Politiken zu entwickeln und Ressourcen zu investieren.

Der zweite Weg zur Verwirklichung der Verfassungsziele war die Stärkung der Demokratie. Dazu wurde die repräsentative Demokratie durch die Erhöhung der Anzahl von Wahlämtern und die Vereinfachung der Gründung politischer Parteien ausgeweitet. Zudem wurden Elemente der direkten Demokratie wie Plebiszit, Referendum und die Möglichkeit zum Widerruf von Wahlämtern eingeführt. Die Verfassung zeichnete sich auch durch einen Geist der partizipativen und der deliberativen Demokratie aus, der darauf abzielte, dass Gesetze das Ergebnis einer öffentlichen und offenen Debatte sind. Selbst Elemente der kommunitären Demokratie fanden Berücksichtigung, insofern traditionelle Partizipationsmechanismen der ethnischen Minderheiten anerkannt wurden.

Ein Vierteljahrhundert nach Inkrafttreten der Verfassung von 1991 ist die Bilanz ambivalent. Einerseits sind die Fortschritte des starken Konstitutionalismus unbestreitbar. Angesichts des internen Gewaltkonflikts und der Vielzahl an wirtschaftlichen und sozialen Problemen des Landes markiert die Anerkennung von Rechten und von Instrumenten zu ihrer Verteidigung einen Meilenstein in der Entwicklung Kolumbiens. Die Bürgerinnen und Bürger haben von den Mechanismen zum Schutz ihrer Rechte im Laufe der Zeit immer mehr Gebrauch gemacht. Die Solidität der Verfassung hat auch dazu beigetragen, die Demokratie vor einer Diktatur der Mehrheiten zu schützen, an die populistische Regierende in Lateinamerika von Zeit zu Zeit appellieren. Beispielsweise bemühte sich Präsident Álvaro Uribe nach einer ersten Verfassungsreform, die seine Wiederwahl ermöglichte, um eine erneute Reform, um weiter im Amt bleiben zu können.

Obwohl die Mehrheit der Bevölkerung dieses Anliegen unterstützte, negierte das Verfassungsgericht die Möglichkeit einer erneuten Wiederwahl, denn damit wäre das Gleichgewicht der Gewalten infrage gestellt worden, was ein Verstoß gegen den demokratischen Geist der Verfassung gewesen wäre.

Andererseits ist die Bilanz der Stärkung der Demokratie und der Dezentralisierung nicht so positiv. Der Erfolg der Dezentralisierung und der Demokratie in den peripheren Regionen des Landes hing von zwei Annahmen ab, die oft nicht zutrafen: Erstens, dass die Departements ihre eigenen Planungsinstitutionen entwickeln könnten und über die notwendigen Ressourcen zur Durchführung ihrer Projekte verfügen würden. In der Praxis verfügen viele Regionen nicht über starke Wirtschaften, sondern sind geprägt durch informelle und illegale Ökonomien, die es ihnen nicht erlauben, ausreichende Steuereinnahmen zu erzielen, um im Rahmen von Dezentralisierungspolitiken finanziell autonom zu agieren. Zweitens hoffte man, dass die politischen Bewegungen, welche die Regierungen in den verschiedenen Departements stellten, dem Grundsatz folgen würden, den allgemeinen Wohlstand zu vergrößern. Die Vorherrschaft von politischen Kaziken und von Dynamiken, welche den Personalismus gegenüber den Institutionen privilegierten, führte zu nicht erwarteten Ergebnissen. Unfähig dazu, eigene Ressourcen zu generieren, blieben viele Regionen abhängig von Transferleistungen der Zentralregierung, verwaltet von Kaziken, die diese Gelder auf klientelistische Art und Weise nutzten, um sich in den öffentlichen Ämtern zu behaupten. Vom Zentralstaat verteilte Ressourcen für die Bereiche Gesundheit, Bildung und Grundversorgung verwandelten sich in elektorale Beute, wodurch sich die traditionellen Praktiken der regionalen Politik fortsetzten. Nicht nur Korruption und Entwicklungshemmnisse blieben in diesen Territorien erhalten, sondern für viele illegale Gruppen und für lokale Politiker und Eliten blieb es attraktiv, Bündnisse einzugehen, um die Wahl von Personen sicherzustellen, die klientelistischen Abschöpfungen der öffentlichen Ressourcen befürwortend gegenüberstanden.

Der Bipartidismus sollte durch einen Multipartidismus ersetzt werden und damit dem gesellschaftlichen Pluralismus zum Ausdruck verhelfen und die Ausgrenzung reduzieren, durch die sich das politische System traditionell auszeichnete. Jeder Kolumbianer erhielt das Recht zur Gründung einer politischen Partei und diese konnte jegliche Ideologie vertreten, immer vorausgesetzt, dass diese sich im Rahmen der Verfassung bewegte.

Um die Pluralität und Unabhängigkeit der Parteien zu garantieren, wurde festgelegt, dass der Staat keinen Einfluss auf die ideologische Orientierung, die interne Organisation und die Entscheidungsprozesse innerhalb dieser politischen Gruppierungen nehmen darf. Der Staat erkennt die juristische Person einer Partei an. Notwendig dafür sind 50.000 Unterschriften, 50.000 Stimmen in den vorhergehenden Wahlen oder Repräsentanten im Kongress. Die juristische Person gibt den Parteien das Recht, Kandidaten und Kandidatenlisten aufzustellen und Zugang zur staatlichen Parteien- und Wahlkampffinanzierung zu erhalten.

Die Bemühungen zur Förderung der Entstehung von Parteien kontrastierten mit einer Reihe von Bestimmungen, die sie als Institutionen deutlich schwächten. Die Instanz der politischen Repräsentation war direkt der gewählte Kandidat. Die Partei beschränkte sich in der Praxis darauf, ihn zu unterstützen und in ihre Liste aufzunehmen. Nach der Wahl verfügte die politische Organisation nicht über die Möglichkeit, auf das Handeln der gewählten Person Einfluss zu nehmen, weswegen nicht verhindert werden konnte, dass Politiker gegen das Programm ihrer Partei oder die Interessen ihrer Wähler handelten. Die Mitgliedschaft in mehreren politischen Parteien war genauso wenig verboten wie häufige Parteiwechsel. Dies führte dazu, dass es für die Exekutive nicht notwendig war, auf die Unterstützung der Parteien zählen zu können, denn sie konnte mit einzelnen Abgeordneten im Austausch gegen Pfründe und bürokratische Quoten Unterstützung aushandeln (Padrón 2012).

Anders als von der Öffnung des politischen Systems beabsichtigt kam es zu einer Atomisierung der traditionellen Parteien, deren Mitglieder neue Gruppierungen schufen, die es ihnen ermöglichten, individuellen Zugang zu staatlichen Finanzquellen zu erhalten und leichter Gefälligkeiten der Regierung im Austausch gegen die Unterstützung von Regierungsinitiativen auszuhandeln. Zwar nahm die politische Partizipation von Minderheiten zu, aber dies geschah in einer fragmentierten Art und Weise, sodass es nicht zu einer wirklichen Erneuerung des Bipartidismus kam. Vielmehr akzentuierten sich die personalistischen Züge und die niedrigen Institutionalisierungsgrade des Parteiensystems (Pizarro 2001). Die vor 1991 bestehende Parteienkrise wurde nicht gelöst, sondern lediglich modifiziert. Diese Entwicklungen trugen auch dazu bei, dass sich ein für die politische Geschichte Kolumbiens atypisches Element zeigte: bei den Präsidentschaftswahlen von 2002 gewann der Kandidat Álvaro Uribe nicht im Namen einer der traditionellen Parteien, sondern als Unabhängiger.

Die traditionellen Parteien und andere neue Parteien, die mehrheitlich von Vertretern des Liberalismus und des Konservatismus gegründet
wurden, verwandelten sich in reine Wahlbündnisse, die politische Kaziken und jegliche Person, die Wählerstimmen garantieren konnte, unterstützten. Damit öffneten sich die Parteien für Personen, die von illegalen
Gruppen unterstützt wurden, welche auf unterschiedliche Art und Weise
den Sieg ihrer Kandidaten förderten. Insbesondere auf regionaler Ebene
unterstützten die Guerillas bestimmte politische Projekte, auch wenn die
Bindungen zwischen den Aufständischen und der Politik aufgrund ihrer
historischen Konfrontation mit der politischen Klasse und der langjährigen Nichtanerkennung der Legitimität der demokratischen Institutionen
weniger massiv waren als diejenigen von Seiten der Paramilitärs.

Die Ausdehnung der Guerilla und die Konsolidierung des Parami-
litarismus führten dazu, dass sich durch die Kämpfe zwischen beiden
Gruppen die Gewalt in den peripheren Regionen des Landes verschärfte.
In den 1990er Jahren entschieden die FARC, ihre Offensive gegen den
Staat zu intensivieren und vom Guerillakrieg zum Stellungskrieg überzu-
gehen (González 2014). Für die Guerilla war es nicht sonderlich schwer,
Zonen zu kontrollieren, in denen es praktisch keine Präsenz des Staates
gab. Aus dem gleichen Grund unterstützten diejenigen Sektoren, die vom
Vormarsch der Guerilla betroffen waren (Viehzüchter, Großgrundbesitzer,
lokale Regierende, Drogenhändler u.a.), die Stärkung des Paramilitaris-
mus als Strategie der Selbstverteidigung, aber auch als politische Praxis zur
Ersetzung des Staates und um Positionsgewinne der legalen und illegalen
Linken zu verhindern.

Paramilitärische Selbstverteidigungsgruppen aus mehreren Departe-
ments schlossen sich 1997 zusammen und gründeten die *Autodefensas
Unidas de Colombia* (AUC). 2001 unterzeichneten sie einen als *Pacto de
Ralito* bekannten Geheimpakt mit einer Gruppe von mindestens 50 Gouverneuren, Bürgermeistern und Kongressabgeordneten, dessen Ziel es war,
"das Vaterland neu zu gründen" ("refundar la patria"). Sie setzten sich zum
Ziel, Wahlen zu beeinflussen, und zwar nicht mehr nur auf der Ebene der
Departements, sondern auch auf nationaler Ebene, d.h. Kongress- und
Präsidentschaftswahlen. Diverse wissenschaftliche und juristische Untersuchungen (Acemoglu/Robinson/Santos 2013; López 2012) belegen, dass
mindestens 35 % der Kongressabgeordneten der Legislaturperioden 2002-
2006 und 2006-2010 durch den Paramilitarismus gefördert wurden. Die
meisten der betroffenen Abgeordneten gehörten den Parteien an, die die

Regierung von Präsident Uribe unterstützten. Ihre Rückendeckung war von zentraler Bedeutung dafür, dass der Präsident die Verfassung reformieren und damit seine Wiederwahl ermöglichen konnte, eine von vielen Initiativen, bei denen übereinstimmende Interessen bestanden.

Dieses als Parapolitik (*parapolítica)* bekannte Phänomen ist von Acemoglu/Robinson/Santos (2013) analysiert worden, die aufzeigen, welch enge Beziehung zwischen den Parlamentariern mit Verbindungen zum Paramilitarismus und ihrer Unterstützung für die Politiken der Regierung bestand. Ein emblematischer Fall der Infiltration durch die Paramilitärs ist der von Jorge Noguera, Direktor des *Departamento Administrativo de Seguridad* (DAS), einer Geheimdienstorganisation, die direkt dem Staatspräsidenten unterstellt ist. Noguera, der inzwischen eine 25-jährige Haftstrafe verbüßt, nachdem die Vorwürfe gegen ihn bewiesen wurden, wurde von Präsident Uribe ernannt, nachdem er ihm als Wahlkampfchef im Departement Magdalena bei den Präsidentschaftswahlen von 2002 gedient hatte. Während den beiden Amtsperioden von Präsident Uribe war der DAS auch für das illegale Abhören von Dutzenden von Oppositionellen, Journalisten und Richtern des Obersten Gerichtshofes verantwortlich, die sich für die Untersuchung der Parapolitik einsetzten.

Während der Neokonstitutionalismus in verschiedenen lateinamerikanischen Ländern im Zuge der Übernahme der Regierungsgeschäfte durch progressive Parteien Fortschritte machte, wurde die Idee einer Vertiefung der Demokratie in Kolumbien konterkariert. Verantwortlich dafür war zum einen die Atomisierung der traditionellen politischen Parteien. Zum anderen bemühte sich die legale und illegale extreme Rechte darum, die demokratische Öffnung zu begrenzen. Gleichwohl konnten die durch die Verfassung von 1991 geschaffenen Mechanismen im Laufe der Zeit eine gewisse Wirksamkeit entfalten und ein beträchtlicher Teil derjenigen Politiker, die auf zentralstaatlicher Ebene (nicht so sehr auf lokaler und regionaler Ebene) in die Parapolitik involviert waren, mussten sich Untersuchungen unterziehen, wurden vor Gericht gestellt und zu Haftstrafen verurteilt. Dafür war es von grundlegender Bedeutung, dass der Verfassungsgerichtshof eine erneute Wiederwahl untersagte. Weitere politische Reformen, das Engagement der Justiz und die Beteiligung der Zivilgesellschaft bei der Zurückweisung dieser Praktiken haben dafür gesorgt, dass die Phänomene Paramilitarismus und Parapolitik im Laufe der Zeit zurückgedrängt werden konnten.

Politische Reformen und das gegenwärtige politische System

Die Verfassung von 1991 sieht eine mittel- bis langfristige Transformation der kolumbianischen Gesellschaft vor. Auch wenn weiterhin große Unterschiede zwischen dem normativen Rahmen und der Wirklichkeit bestehen, hat es in verschiedenen Bereichen Erfolge gegeben und weitere Fortschritte sind zu beobachten. Beispielsweise verfügt Kolumbien inzwischen über relativ starke Institutionen, die mit dazu beigetragen haben, dass dem Land Tendenzen wie in einigen anderen lateinamerikanischen Ländern erspart blieben, in denen es charismatischen Führern mit großer Unterstützung durch die Bevölkerung gelang, sich die Normen und Institutionen zu unterwerfen und ihre Regierungszeit immer weiter auszudehnen. Das politische System erwies sich außerdem dazu in der Lage, auf verschiedene nach 1991 entstandene Krisen zu reagieren. Insofern sind die Perspektiven relativ günstig, auch wenn dem Land noch ein langer Weg mit vielfältigen Herausforderungen bevorsteht.

Um auf die oben angesprochene Atomisierung der Parteien zu reagieren, welche die Parlamente von den 1990er Jahren bis zur Legislaturperiode 2002-2006 charakterisierte, wurde 2003 eine politische Reform durchgeführt. Dabei ging es darum, die Parteien gegenüber individuellen Kandidaten und Politikern zu stärken und auf diese Art und Weise die Wahlunternehmen der Kaziken zu bekämpfen. Zu diesem Zweck wurde das Prinzip der Fraktionsdisziplin eingeführt, das alle Parteimitglieder dazu verpflichtet, in Debatten und bei Abstimmungen gemäß den Richtlinien ihrer Partei zu agieren. Auch die internen Organisations- und Entscheidungsstrukturen der Parteien müssen seit dieser Reform bestimmten demokratischen Prinzipien entsprechen. Ermöglicht wurde durch das Gesetz auch, dass politische Parteien die Bürger an ihren inhaltlichen und Personalentscheidungen teilhaben lassen können. Zu diesem Zweck können sie öffentliche Konsultationen durchführen, die vom Staat finanziert werden.

Um die Proliferation von kleinen Parteien und deren Instrumentalisierung durch das organisierte Verbrechen zu verhindern, wurden neue Voraussetzungen für die Gründung von Parteien etabliert. Die Rechtspersönlichkeit erhalten nur noch Bewegungen, die mindestens 2 % der gültigen Stimmen bei nationalen Parlamentswahlen erhalten haben. Auch eine Teilhabe an der staatlichen Parteien- und Wahlkampffinanzierung ist nur unter dieser Voraussetzung möglich. Im Zuge einer Reform des Wahlsystems wurde als proportionaler Sitzzuteilungsmechanismus das Divisorverfahren mit Abrundung eingeführt. Dieses Verfahren favorisiert ein Verbleiben der Stimmen und damit der Mandate bei den politischen Organisationen und nicht bei den Kandidaten. Auch wenn es zunächst Bemühungen gab, die Parteien zur Präsentation geschlossener Listen zu verpflichten, was bedeutet hätte, dass für eine Partei und nicht für einen Kandidaten abgestimmt wird, erhielten die Parteien letztlich die Möglichkeit, entweder mit offenen oder mit geschlossenen Listen zu Wahlen anzutreten.

Die Reform sorgte dafür, dass es zu Bündnissen zwischen politischen Gruppierungen kam, wodurch größere Parteien entstanden, die weniger dem Einfluss von politischen Kaziken unterliegen. Bei den Wahlen von 2002 traten 62 Parteien und Bewegungen an, von denen lediglich 17 die Rechtspersönlichkeit erhielten. Nach den Wahlen von 2010 blieben davon 14 übrig (Padrón 2012). Eine der wichtigsten Auswirkungen bestand darin, dass im Jahr 2005 eine Allianz zwischen verschiedenen kleinen Gruppierungen der demokratischen Linken entstand, die den *Polo Democrático Alternativo* (PDA) gründeten. In historischer Perspektive stellte dies einen Meilenstein dar, der mit dazu beitrug, dass die demokratische Linke – wenn auch in wechselnden Koalitionen – dreimal hintereinander den Bürgermeister von Bogotá stellen konnte und bei den Präsidentschaftswahlen von 2006 die zweitmeisten Stimmen erhielt. Bei den Präsidentschaftswahlen von 2010 landete der PDA an dritter Stelle. Nachdem es der kolumbianischen Linken lange Zeit praktisch unmöglich gewesen war, auf legale Art und Weise an der Politik zu partizipieren, verwandelten sich die Triumphe der PDA in die größten Erfolge der demokratischen Linken in der Geschichte des Landes. Damit zeigte sich, dass die Verfassung von 1991 trotz vielfacher Widrigkeiten zu einer Öffnung des politischen Systems geführt hat. Die Wahlerfolge und die Konsolidierung des PDA waren auch wichtig, um die Vorstellung der revolutionären Linken zu entkräften, dass es in Kolumbien nicht möglich sei, auf demokratischen Weg eine Beteiligung an der Macht zu erlangen. Dies entwickelte sich auch zu einem Anreiz dafür, dass die Guerillas in einen Friedensprozess mit der Regierung einwilligten.

Auch wenn die Reform von 2003 das Problem der Atomisierung der Parteien lösen konnte, so war diese Reform nicht effektiv im Hinblick auf eine Verhinderung des Phänomens der Parapolitik. Aus diesem Grund wurden in den Jahren 2009, 2011 und 2015 weitere Reformen durchgeführt. Mit diesen Reformen wurde die für den Erhalt der Rechtspersönlichkeit notwendige Schwelle auf 3 % der gültigen Stimmen bei nationalen Parlamentswahlen angehoben. Parteien können dafür zur Rechenschaft gezogen werden, wenn sie für Kandidaten bürgen, die mit kriminellen Praktiken in Verbindung stehen. Institutionen wie der Nationale Wahlrat (*Consejo Nacional Electoral*, CNE) wurden gestärkt. Im Rahmen der Reform von 2015 wurde erneut die Einführung von geschlossenen Wahllisten angestrebt, aber da ein großer Teil der Abgeordneten ihre Mandate auf der Grundlage von offenen Listen erzielt hatte, wurde diese Auflage letztlich wieder zurückgezogen. Eine der wichtigsten Modifikationen im Hinblick auf die Wiederherstellung des Gleichgewichts zwischen den Gewalten bestand darin, dass nach der 2014 erfolgten Wiederwahl von Präsident Juan Manuel Santos für zukünftige Wahlen die Wiederwahl erneut verboten wurde.

Friedensprozess und anstehende Herausforderungen

Die Präsidentschaft von Álvaro Uribe zeichnete sich durch eine Schwächung der demokratischen Institutionen und eine militärische Rückgewinnung des nationalstaatlichen Territoriums aus. Einerseits kam es in dieser Zeit zu einer Zunahme von Korruption, Klientelismus, Personalismus, Verquickung von Politik und Gewalt sowie Menschenrechtsverletzungen. Andererseits trieb die Regierung, gestützt durch eine starke Zunahme der Verteidigungsausgaben, die Modernisierung der Streitkräfte voran und verdeutlichte deren militärische Überlegenheit über die Aufständischen. Die Regierung Uribe negierte jeglichen politischen Charakter der Guerillas und bezeichnete sie als narco-terroristische Gruppen. Sie stritt auch ab, dass es in Kolumbien einen bewaffneten Konflikt gebe. Vielmehr sprach sie von einer kriminellen Bedrohung des Staates, die mit Gewalt bekämpft werden müsse.

Die Streitkräfte drangen in Territorien ein, in denen die Guerillas seit Jahrzehnten die Vorherrschaft ausgeübt hatten, sie verdrängten die Aufständischen in Grenzzonen, in denen der Staat nach wie vor schwach war. Allerdings war die Rückeroberung des Territoriums rein militärischer Natur, sie war nicht begleitet von der Konstruktion demokratischer Institutionen, die für eine wirkliche Präsenz des Staates gesorgt hätten. Aus diesem Grund fiel es den Guerillas leicht, in ihre traditionellen Territorien zurückzukehren, nachdem die militärische Präsenz wieder nachgelassen hatte. Insgesamt eröffneten sich durch die Reduzierung der militärischen Kapazitäten der Guerillas, die Stärkung der staatlichen Macht, die konstitutionellen Fortschritte in Form einer Öffnung des politischen Systems und die Triumphe der demokratischen Linken neue Perspektiven für eine Lösung des jahrzehntelangen Gewaltkonfliktes.

Die Möglichkeit zum Beginn von Friedensgesprächen zwischen Staat und Guerilla deutete sich an, nachdem Präsident Juan Manuel Santos, der mutmaßliche politische Erbe der von Präsident Uribe betriebenen Politik, sich schrittweise von seinem Vorgänger distanzierte. Begleitet vom Widerstand des ehemaligen Amtsinhabers erkannte Santos erneut die Existenz eines bewaffneten Konflikts in Kolumbien an, er förderte ein Gesetz zur Entschädigung der verschiedenen Gruppen von Opfern des Konflikts und ein weiteres Gesetz zur Landrückgabe an Bauern, die von paramilitärischen Gruppen oder von der Guerilla von ihrem Land vertrieben worden waren. Ähnlich wie 1991 beschloss man, die aus einem demokratischen Defizit herrührenden Probleme durch eine Ausweitung der Demokratie und nicht durch deren Einschränkung zu lösen. Ein zentrales Ziel der Friedensvereinbarungen von Havanna besteht entsprechend darin, dass die ehemaligen bewaffneten Kämpfer sich in das legale politische Leben integrieren können, so wie andere aufständische Gruppen dies im Vorfeld der Verfassungsdiskussion von 1991 getan haben.

Der Erfolg der Verhandlungen und eine gute Implementierung der Vereinbarungen könnten es ermöglichen, dass in den kommenden Jahren eine Reihe von Aufgaben in Angriff genommen werden, die noch ausstehen, um die kolumbianische Demokratie so zu stärken, wie die Verfassung von 1991 dies beabsichtigte. Wenn es Kolumbien gelingt, das gesamte ideologische und politische Spektrum der Gesellschaft in ein und dasselbe demokratische und legale System zu integrieren, würde damit ein entscheidender Beitrag zur Lösung des grundlegenden Problems der politischen Ausgrenzung geleistet, das die politische Realität der Republik zwei Jahrhunderte lang begleitet und geprägt hat.

Literaturverzeichnis

Acemoglu, Daron/Robinson, James A./Santos, Rafael (2013): "The monopoly of violence: Evidence from Colombia". In: *Journal of the European Economic Association*, 11, S. 5-44.

Bejarano, Ana María/Segura, Renata (1996): "El fortalecimiento selectivo del Estado durante el Frente Nacional". In: *Controversia*, 196, S. 10-35.

BEJARANO ÁVILA, Jesús Antonio (1994): "La política de paz durante la administración Barco". In: Deas, Malcolm D./Ossa, Carlos (Hg.): *El gobierno Barco: política, economía y desarrollo social en Colombia 1986-1990* . Bogotá: Fedesarrollo, S. 79-98.

DIEHL, Oliver/HELFRICH-BERNAL, Linda (Hg.) (2001): *Kolumbien im Fokus. Einblicke in Politik, Kultur, Umwelt*. Frankfurt a.m.: Vervuert.

GÓMEZ GALLEGO, Jorge Aníbal/HERRERA VERGARA, José Roberto/PINILLA, Nilson (2010): *Informe Final. Comisión de la Verdad sobre los hechos del Palacio de Justicia*. Bogotá: Editorial Universidad del Rosario.

GONZÁLEZ, Fernán (2014): *Poder y violencia en Colombia*. Bogotá: Centro de Investigación y Educación Popular (CINEP).

GUZMÁN, Germán/FALS-BORDA, Orlando/UMAÑA, Eduardo (1988): *La Violencia en Colombia*. Bogotá: Círculo de Lectores.

HELFRICH-BERNAL, Linda (2001): "Rechtsstaatlichkeit und Demokratie in Kolumbien?". In: Becker, Michael/Lauth, Hans-Joachim/Pickel, Gert (Hg.): *Rechtsstaat und Demokratie*. Wiesbaden: VS, S. 139-162.

— (2002): *Kolumbien: Wahlen und Parteien im Gewaltkonflikt*. Frankfurt a.M.: Vervuert.

JÄGER, Thomas et al. (2007): *Die Tragödie Kolumbiens: Staatszerfall, Gewaltmärkte und Drogenökonomie*. Wiesbaden: VS.

KÖNIG, Hans-Joachim/SCHUSTER, Sven (2008): "Das politische System Kolumbiens". In: Stüwe, Klaus/Rinke, Stefan (Hg.): *Die politischen Systeme in Nord- und Lateinamerika. Eine Einführung*. Wiesbaden: VS, S. 342-362.

KURTENBACH, Sabine (2004): "Kolumbien – Krise von Politik, Staat und Gesellschaft". In: Kurtenbach, Sabine/Minkner-Biinjer, Mechthild/Steinhauf, Andreas (Hg.): *Die Andenregion – neuer Krisenbogen in Lateinamerika*. Frankfurt a.M.: Vervuert, S. 209-224

LÓPEZ, Claudia (2012): *Y refundaron la patria... De cómo mafiosos y políticos reconfiguraron el Estado colombiano*. Bogotá: Debate.

PADRÓN, Floralba (2012): "El fortalecimiento de los partidos: ¿Una tarea pendiente?". In: Jost, Stefan et al. (Hg.): *20 años de la Constitución Colombiana. Logros, retrocesos y agenda pendiente*. Bogotá: Konrad-Adenauer-Stiftung, S. 241-258.

PIZARRO, Eduardo (2001): "Colombia: ¿Renovación o colapso del sistema de partidos?". In: Alcántara, Manuel/Ibeas, Juan Manuel (Hg.): *Colombia, ante los retos del siglo XXI: desarrollo, democracia y paz*. Salamanca: Universidad de Salamanca, S. 99-126.

ROMERO, Roberto (2011): *Unión Patriótica Expedientes contra el olvido*. Bogotá: Centro de Memoria, Paz y Reconciliación.

UPRIMNY, Rodrigo (2012): "La Constitución de 1991 como constitución transformadora. ¿Un neoconstitucionalismo fuerte y una democracia débil?". In: Jost, Stefan et al. (Hg.): *20 años de la Constitución Colombiana. Logros, retrocesos y agendas pendientes*. Bogotá: Konrad-Adenauer-Stiftung, S. 39-53.

Vergangenheit und Gegenwart der Gewalt

Jefferson Jaramillo Marín

Vorbemerkung

Jede Annäherung an die Formen der Gewalt in Kolumbien, an das Wesen und Werden des Krieges, an die Qualität der Demokratie und die Konstruktion von Frieden muss sich mit einer Reihe von Analyserahmen und interpretativen Kernen auseinandersetzen, auf denen die Lektüren und Diagnosen bezüglich der Entwicklungen basieren, die im Laufe des vergangenen halben Jahrhunderts in dem Land stattgefunden haben. Einige dieser Ansätze und interpretativen Kerne sind seit langem bekannt, andere sind neuerer Natur; einige sind eher konventionell, andere disruptiver. Aber alle beeinflussen die akademische Definition von Sichtweisen des Landes, die Geschichtsschreibung, die Erinnerungskultur und die staatlichen Politiken. Die verschiedenen Berichte von Kommissionen zur Erforschung der Gewaltursachen (Jaramillo 2014; Jaramillo/Torres 2015) wurden genauso als Legitimationsinstrumente genutzt wie die im Laufe der Jahre im Rahmen von Friedensbemühungen geschaffenen Verhandlungsstrukturen und -dispositive (Arias 2008). Der folgende Text zeigt sechs zentrale Argumentationslinien auf, die sich aus den Berichten der Kommissionen und aus der Fachliteratur über den Konflikt in Kolumbien ergeben. Am Ende werden einige Fragen aufgeworfen und Provokationen formuliert, um – inmitten der gegenwärtigen Begeisterung für den Frieden – ein zukünftiges Forschungsprogramm zu skizzieren.

Theoretische und methodische Überlegungen

Der im vorliegenden Text verwendete Begriff des Rahmens beruht auf der von dem italienischen Philosophen Giorgio Agamben (2011) systematisierten Kategorie des Dispositivs. In diesem Interpretationsansatz, der auf einem foucaultschen Erbe basiert, werden Rahmen als eine Einheit von mehr oder weniger institutionalisierten Dispositiven, Formationen oder diskursiven Anordnungen verstanden, die innerhalb eines Wissensgebietes eine dominierende strategische Funktion besitzen. Die Untersuchungsrahmen für den kolumbianischen Konflikt entsprechen einem Ensemble aus heterogenen Erklärungsfaktoren, politischen Einstellungen, öffentlichen Agenden sowie vielfältigen Akteuren und Formen der Archivierung des Geschehenen. Dieses Verständnis von Rahmen lässt den Einfluss von Positionen erkennen, die auf Bruno Latour (2008) und Mustafa Emirbayer (2011) zurückgehen; es berücksichtigt verschiedene Typen von Akteuren, Ensembles und Registern, um unsere Vergangenheit und Gegenwart analytisch zu erfassen. Die Konfiguration des Rahmens geschieht innerhalb eines Machtfeldes, d.h. innerhalb einer Gesamtheit von materiellen und symbolischen Konfigurationen der diskursiven Formationen (Bourdieu 1985, 2003). Letztere besitzen daher sowohl interne als auch externe Merkmale.

Das erste Merkmal besteht darin, dass sie aus verschiedenen Verbindungen bestehen, in denen sich methodologische Dispositive, Erklärungsraster, akademische Anatomien, soziale und historische Erinnerungen sowie öffentliche Empfehlungen vermischen. Sie alle zielen darauf ab, verschiedene Wege zur Überwindung der Ursachen und Folgen des bewaffneten Konflikts in Kolumbien zu verstehen und/oder zu erklären.

Die zweite Eigenschaft besteht darin, dass sie in erster Linie von Untersuchungskommissionen, Akademikern, staatlichen und nichtstaatlichen Ausschüssen sowie von Trägern der internationalen Entwicklungszusammenarbeit konstruiert und legitimiert werden. Die Sektoren, welche die Rahmen und ihre analytischen Kerne alimentieren, tun dies auf der Grundlage ihrer Erfahrungen, Kenntnisse, Biographien, subjektiven Betroffenheiten und globalen Interessen (Franco/Nieto/Rincón 2010).

Die dritte Eigenschaft besteht darin, dass sie sehr anpassungsfähig sind. Da sie verschiedene kritische Konjunkturen überlebt haben, verändern sich die Rahmen und verknüpfen sich mit neuen Forderungen und Agenden. Debatten, die gegenwärtig in den nationalen und internationalen Kommunikationsmedien oder in politischen Entscheidungsräumen geführt werden, sind oft nicht so neu, wie es zunächst scheint. Alter Wein wird mit geringfügigen Veränderungen in neuen Schläuchen präsentiert: die Beendigung des bewaffneten Konflikts, der territoriale Frieden, die Landfrage, die Öffnung demokratischer Räume für die politische Dissidenz. Einige Themen allerdings sind neuer und stärker verknüpft mit dem Zeitgeist, beispielsweise die Zentralität der Opfer, die Frage von Entschädigungen, die juristische Aufarbeitung sowie die Themen Erinnerung und

Versöhnung. Rettberg (2012) spricht in diesem Zusammenhang von "globaler Expansion der Friedensagenden", Lefranc (2004) von "Politiken des Verzeihens".

Die vierte Eigenschaft der Rahmen besteht darin, dass ihre Exponenten und Vehikel innerhalb des Machtfeldes der Gewaltforschung den Übergang von einem untergeordneten Studienfeld hin zu einem enormen akademischen Unternehmen repräsentieren. Darin finden sich unterschiedliche Forschungspraktiken und akademische Ansätze: kritische Expertisen, verspätete Theorien, situationsbedingter Aktivismus, theoretischer Aktivismus, radikaler Kontextualismus und intellektuelle Beratung.

Schließlich zeichnen sich die Interpretationsrahmen durch einige nicht davon zu trennende diskursive Aspekte aus, bezüglicher derer sich gewisse Konsense oder auch Dissense aufrechterhalten haben, auf jeden Fall aber "unerschütterliche Standpunkte" in den Expertisen. Diese unerschütterlichen Standpunkte nenne ich in Anlehnung an Imre Lakatos (1989) "harte interpretative Kerne" (Grundannahmen). Im Folgenden werde ich sechs dieser harten Kerne nach thematischen Paaren geordnet überprüfen, wobei nachfolgende Untersuchungen dazu eingeladen sind, meine Vorschläge zu erweitern oder zu rekonfigurieren.

Sechs interpretative Kerne bezüglich der Vergangenheit und Gegenwart der Gewalt in Kolumbien

Historische Missstände versus konfliktverlängernde Faktoren

Der erste harte Kern dreht sich um das Themenpaar historische Missstände versus konfliktverlängernde Faktoren. Zwei zentrale Gedanken sind hierbei von Bedeutung. Zum einen ist in der kolumbianischen Literatur über den bewaffneten Konflikt eine große Vielfalt an Bezeichnungen anzutreffen, wenn von den "historischen Substraten oder Missständen" gesprochen wird. Zum anderen gibt es auf diskursivem Gebiet und in den öffentlichen Agenden eine offenkundige Verschiebung hin zu den so genannten "konfliktverlängernden Faktoren". Ich werde dies näher erläutern.

Angefangen mit dem berühmten Buch *La violencia en Colombia* ("Die Gewalt in Kolumbien"), erschienen in den Jahren 1962/63, über die umfangreiche nationale und internationale Literatur bis zu dem kürzlich erschienenen Bericht der *Comisión Histórica del Conflicto y sus Víctimas*

(CHCV 2015) zirkulieren in der akademischen Welt zahlreiche Ausdrücke, um über die Genese des Geschehenen zu sprechen: "objektive Ursachen", "strukturelle Brüche", "vielfältige Ursachen", "notwendige und hinreichende Ursachen", "grundlegende Ursächlichkeiten", "tiefer liegende Ursachen", "strukturelle Ursachen", "objektive Ursachen", "subjektive Ursachen", "maßgebliche historische Umstände", "kontextuelle Entstehungsursachen", etc.

Mal mehr, mal weniger häufig benutzt und auch abhängig von dem jeweiligen theoretischen Hintergrund der Exponenten, den historischen Konjunkturen und dem jeweiligen Friedensklima, erfahren diese Substrate eine Vielfalt an Erklärungen und Akzenten (Uribe 2015; Medina 2008). Zu den am häufigsten erwähnten zählen: die strukturelle Armut, die chronische Arbeitslosigkeit, die ländliche Ungleichheit, die institutionelle Schwäche, die administrative Ineffizienz des Staates, die militärische Einmischung der Vereinigten Staaten, die Unzugänglichkeit des politischen Systems, die gewaltsame Aneignung von Renten, die dysfunktionale Organisation der Gesellschaft, die Inexistenz eines integrierenden politischen Regimes, etc. Unter all diesen Substraten gibt es einige, die sich über alle widerstreitenden Akteure und Ansätze hinweg als "unverrückbar erklärend" erweisen.

Ohne zu verkennen, dass die Bedenken wegen dieser Konfliktursachen seit langem existieren und sowohl für die Delegierten der *Fuerzas Armadas Revolucionarias de Colombia* (FARC) in Havanna als auch für die Verhandlungsführer des *Ejército de Liberación Nacional* (ELN) eine zentrale Rolle spielen, sprechen einige Experten von einer zunehmenden Verschiebung der Debatte hin zu denjenigen Faktoren, die den Krieg verlängern; das heißt, ein Übergang zu Erzeugern von Opportunitätsrahmen oder zu noch ungelösten, jedoch mit dem Potenzial einer "raschen" Veränderung versehenen Problemen. Dieses Thema spielt keine unwesentliche Rolle in der Diskussion. Woran liegt das? Auch wenn die Debatte über Substrate, Ursachen und genetische Erklärungen des Konfliktes für viele Experten und Fachleute wichtig ist, besteht das Risiko, dass die Diskussion auf diese Weise an einen "toten Punkt" gelangt. Dies bezieht sich auf verschiedene Aspekte: das unterschiedliche Verständnis der Ereignisse, die politisch und sozial vielfältigen Werdegänge der Kämpfer, die Entwicklung der Interpretationsschemata auf Seiten der Eliten und der bewaffneten Akteure, die administrativen Zeiten des Friedens, die infrastrukturellen und gemeinschaftlichen Kosten des Krieges, die Dringlichkeiten und Unmittelbarkeiten der öffentlichen Meinung.

Von konfliktverlängernden Faktoren zu sprechen, so wird gegenwärtig suggeriert, erlaubt es, mit Realitätssinn zu erkennen, was aus strategischen Gründen aus dem Weg geräumt werden muss und welche grundlegenden Bedingungen in bestimmten Gebieten und innerhalb eines überschaubaren Zeitraums unbedingt geschaffen werden müssen, wenn es darum gehen soll, einen nachhaltigen und dauerhaften Frieden zu schaffen (Pizarro 2015; Uribe 2015).

Im Hinblick auf diesen Punkt lässt sich eine relative Übereinstimmung sowohl in den Expertisen als auch den institutionellen Berichten feststellen. Verschiedene Berichte von Kommissionen (z.B. CHCV 2015; CNMH 2013), Entwicklungs- und Menschenrechtsorganisationen (PNUD 2003) oder Experten (Uribe 2013, 2015) verweisen auf eine lange Liste von konfliktverlängernden Faktoren, von denen einige den oben beschriebenen Substraten ähneln oder mit ihnen übereinstimmen. Dazu zählen: die regionalen Kriegswirtschaften, die Ungleichheit im Agrarsektor, die prekären Institutionen, die territoriale Fragmentierung, ein räuberischer Klientelismus, die exponentielle Zunahme von Entführungen und Erpressungen, die Anwendung von Selbstjustiz, die Zunahme irregulärer, bewaffneter Kräfte, die prekäre Regulierung der Eigentumsrechte, die geringe Betroffenheit der Eliten von der Entwicklung des Konflikts, der regionale Entwicklungsstil ausgrenzender Akkumulation auf Kosten der ländlichen Bevölkerung, Vertreibung als Mittel der Kriegsführung, das chronische Klima der Straffreiheit, die anhaltende Bedrohung.

Bezüglich dieses ersten harten Kerns müssen in diskursiver Hinsicht mindestens zwei zentrale Aspekte angesprochen werden. Zum einen ist die Vielfalt an Bezeichnungen für die Substrate weder frei von ideologisch-normativen Färbungen noch von diversen Kritiken, sowohl von Seiten derjenigen, die ihre Bedeutung zur Erklärung des Konflikts in Frage stellen (Gaitán Daza 2001; Montenegro/Posada/Piraquive 2000; Rubio 1999; Gutiérrez 2015), als auch von Seiten derjenigen, welche die Handlungsfähigkeit der Subjekte abstreiten (Wills 2015). Zum anderen bleibt das Erklären der Konfliktursachen für viele Sektoren, darunter die FARC und viele kritische Akademiker, weiterhin ein zentrales Anliegen. Auch diese Sektoren sind jedoch größtenteils von ihren einstmals nahezu unverrückbaren ideologischen Positionen abgerückt und agieren inzwischen pragmatischer als früher.

Möglicherweise leitet sich aus dem Vorherigen eine Position ab, bei der das Aufgreifen und Nicht-Vergessen der Ursachen und Substrate des Konfliktes zu einer Frage der Erinnerungskultur und der Erinnerungspolitik wird, so wie dies im Land tatsächlich bereits seit mehr als einem Jahrzehnt geschieht. Trotzdem wird in den nationalen und regionalen Agenden inzwischen anerkannt, dass die drängendste Aufgabe darin besteht, die konfliktverlängernden Faktoren zu deaktivieren.

Kontinuitäten versus Diskontinuitäten

Der zweite Interpretationskern zur Erklärung und zum Verstehen des kolumbianischen Konflikts hat mit dem Begriffspaar Kontinuitäten versus Diskontinuitäten zu tun. Aus beiden Blickwinkeln ergeben sich unterschiedliche Positionen. Eine Lesart des Konflikts betrachtet die nationale Geschichte als eine gewaltige "Abfolge von allgegenwärtigen Formen der Gewalt". Diese Richtung verliert bei den Experten zunehmend an Bedeutung, hat aber noch immer ihre Verfechter. Zu dieser Richtung trugen besonders die Berichte der Kommissionen zur Erforschung der Gewalt bei, die so berühmte Ausdrücke wie "atavistische Verkettungen" (Kommission von 1958) und "Kultur der Gewalt"" (Expertenkommission der 1980er Jahre) hervorbrachten.

Ein Nachhall davon lässt sich in der letzten Forschungskommission beobachten, wenn von "geologischen Rissen" die Rede ist (CHCV 2015). Auch der Titel "Weitere hundert Jahre Einsamkeit?" einer kürzlich erschienenen Arbeit eines angesehenen Intellektuellen, der sich relativ häufig in Kolumbien aufhält, scheint noch etwas davon zu enthalten (Robinson 2013, 2016).

Es gibt auch Sichtweisen, die die Kontinuität des Konflikts in Begriffen eines gewaltigen, fast endlosen Ozeans aus Viktimisierungen und Rechtfertigungen von Verbrechen im Laufe der Geschichte verstehen; eines Ozeans, der einerseits die Hoffnungen ertränkt, andererseits aber auch die enormen Möglichkeiten und kreativen Ausgangspunkte betont, um eine andere Art von Land zu denken. Diese Interpretationen leiten sich aus mehreren Quellen ab; an erster Stelle aus den so genannten "Literaturen des Ich" über den Konflikt, geschrieben von Kämpfern, Entführungsopfern oder anonymen Opfern, die von NGOs angepriesen werden (Franco/Nieto/Rincón 2010); an zweiter Stelle finden wir sie in Texten von Autoren wie Gabriel García Márquez, William Ospina, Héctor Abad Faciolince, Fernando Vallejo oder Juan Gabriel Vázquez.

Hinzu kommen Ansätze, die darauf hinweisen, dass jede die Kontinuität betonende oder "ozeanische" Sichtweise der kolumbianischen Gewalt Teil eines "Mythos" bezüglich des Verständnisses unserer jüngeren Vergangenheit sei. Ihre Verfechter weisen darauf hin, dass nur die "empirische Evidenz" diesen Mythos entkräften könne. So wurde vor einigen Jahren von zwei renommierten Experten die These aufgestellt, der Mythos könne zerstört werden, indem man zeige, dass die Intensität der Gewalttaten mit Todesopfern (ein seit langem und bis heute angewandtes Kriterium) im Laufe mehrerer Jahrzehnte stark schwankt und nicht das entscheidende oder wichtigste Kriterium sein kann, um unsere Geschichte und die Erinnerung daran, was wir sind, zu definieren (Palacios/Safford 2002).

Schließlich gibt es noch diejenigen Sichtweisen, die darauf bestehen, dass man ohne abwertende Intention von einem Potpourri aus Kontinuitäten und Brüchen sprechen könne (Pécaut 2003: 30-31, 2015; Gutiérrez 2015). Andere Lektüren betonen die Notwendigkeit von Vergleichen mit anderen Ländern, um aufzuzeigen, dass die Herausbildung des kolumbianischen Nationalstaats nicht gewalttätiger verlief als anderswo (Wills 2015). Wieder andere halten eine analytische Kombination aus strukturellen Widersprüchen und lokalen bzw. regionalen Spannungen im Zuge der Staatswerdung für den richtigen Erklärungsweg (González 2015; Vásquez 2015).

Auch wenn beide Lektüren auf unterschiedliche Weise die nationale Realität abbilden und als divergierende epistemologische und politische Perspektiven verstanden werden können, greifen sie am Ende doch immer wieder als harter Kern der Diskussion in den Interpretationsrahmen ineinander. Bis heute haben wir diesen Kern nicht hinter uns gelassen und möglicherweise wird dies auch nie geschehen. Zudem erfolgt die Auswahl, Darstellung und Legitimation bestimmter Ereignisse und Marksteine, die für das Selbstverständnis als Land relevant sind, über dieses Duell zwischen dem Kontinuierlichen und dem Diskontinuierlichen.

Lange versus kurze Periodisierungen

Der dritte Kern bezieht sich auf die langen oder kurzen Periodisierungen. In diesem Zusammenhang muss die enge Beziehung zu dem zuvor Gesagten gesehen werden. Diejenigen, die von einer Kontinuität der Gewalt sprechen, befürworten lange Periodisierungen, während diejenigen, die von Diskontinuitäten der Prozesse ausgehen, eher abgegrenzte Periodisierungen vorziehen (Pizarro 2015). Dabei müssen verschiedene Aspekte beachtet werden. Auf der einen Seite das Interesse, gewöhnlich von Experten, auf Perioden zurückzugreifen, um Prozesse, Marksteine und Akteure herauszulesen und nicht die Geschichtlichkeit des Geschehenen aus den Augen zu verlieren. Auf der anderen Seite die politische Stellungnahme bezüglich dieser Perioden (wobei diese kritisch, neutral, zugunsten des Systems oder auch eine Mischung aus allen drei Einstellungen sein kann); darüber hinaus das Interesse einiger Akteure – vor allem derer, die man "Bürokratien des Übergangs" nennen könnte (man denke an die *Unidad de Víctimas*, das *Centro Nacional de Memoria Histórica*, die *Agencia Colombiana para la Reintegración*, die *Unidad de Restitución*, das *Ministerio del Posconflicto*) –, die mithilfe von Mandaten, die sich von der *Ley de Justicia y Paz* (Gesetz für Gerechtigkeit und Frieden) und der *Ley de Víctimas* (Opfergesetz) herleiten, die Expertsicht mit der administrativen Logik verzahnen. Letzteres ist nicht immer mit einer positiven Bilanz für die Adressaten dieser Politiken geschehen, da das In-Einklang-Bringen und Erreichen von mehr oder weniger sensiblen und gerechten Verbindungen zwischen historischen Periodisierungen und rechtlich-administrativen Logiken der Wiedergutmachung, der Gerechtigkeit oder der Wahrheit Teil unseres "Übergangsdurcheinanders" war und ist.

Die Verfechter der längeren Periodisierungen verbindet die Beschäftigung mit gewissen Wendepunkten, die einen "strukturierenden Charakter" besitzen, zum Beispiel die Anfänge der Landkonflikte (Alfredo Molano, Darío Fajardo, Javier Giraldo, Jairo Estrada), die demokratische Blockade während der Zeit der Nationalen Front (Sergio de Zubiría, Víctor M. Moncayo, Forschungsausschuss zur Gewalt), die Ermordung Gaitáns (Kommission von 1958) oder die US-amerikanische Einmischung (Renán Vega).

Die Verfechter kürzerer Periodisierungen teilen gewöhnlich die Ansicht, ab den 1960er Jahren zu beginnen und von da an aufzuzeigen, was man "allgemeine Marksteine" nennen könnte (CNMH 2013). Es gibt diejenigen, die die erklärende Bedachtsamkeit von Mechanismen verteidigen (Francisco Gutiérrez, María Wills, Jorge Giraldo im Fall der letzten Kommission) und diejenigen, die eine eindeutig "pro-systemische" Lektüre verfechten wie Vicente Torrijos (ebenfalls in der letzten Kommission).

Im Hinblick auf dieses Spiel der Chronologien und Positionierungen ist es nicht leicht, aus dem Geflecht der Erklärungen eindeutig abzuleiten, wann die verschiedenen zeitlichen Perioden des kolumbianischen Konflikts beginnen und wann sie enden. Ob man die Perioden des Konfliktes verengt, ausweitet, verkleinert oder vergrößert, hat bereits verschiedene Auswirkungen auf politische Entscheidungen und wird in Zukunft nicht unerhebliche Effekte für die Arbeit der *Comisión de esclarecimiento de la verdad, de la convivencia y la no repetición* (Kommission zur Aufklärung der Wahrheit, für das Zusammenleben und die Nichtwiederholung) haben.

Pragmatische versus komplexe Benennung des Geschehenen

Der vierte Diskussionskern betrifft die Auseinandersetzung zwischen denjenigen, die sich für eine pragmatische Benennung des Geschehenen aussprechen und jenen, die komplexere Benennungen bevorzugen. Verschiedene Sektoren haben im Laufe mehrerer Jahrzehnte Rechtfertigungen und differenzierte Argumente für das eine oder das andere geliefert. Zu den Verfechtern eines nominalen Pragmatismus gehören diejenigen, die der Ansicht sind, man passe sich an die Argumente internationaler Mandate wie der Genfer Konventionen über bewaffnete Konflikte und ihre Zusatzprotokolle, beispielsweise das Protokoll II von 1977, an, wenn man die Ereignisse im Land als "irregulären bewaffneten Konflikt" bezeichne. Diese politisch korrekte Lesart wird auch im letzten Bericht der *Comisión Histórica del Conflicto y sus Víctimas* (CHCV, Kommission zur Geschichte des Konflikts und seiner Opfer) geteilt. Im Großen und Ganzen entspricht sie der Haltung der Regierung Santos, nicht jedoch der Regierung Uribe; es ist auch die Haltung der Hilfsorganisationen, der nationalen NGOs und der Akteure der internationalen Entwicklungszusammenarbeit.

Unter den Vertretern der Bezeichnungskomplexität ist die Angelegenheit komplizierter, was daran liegt, dass im Laufe der Jahrzehnte immer wieder neue Bezeichnungen hinzugekommen sind, mit diversen Graden an Erkenntnis, Erklärungsknoten und -strängen sowie ethisch-politischen Rechtfertigungen. Letztere stammen sowohl von Akademikern als auch von verschiedenen Aktivisten, die sich mit der Rolle der Opfer, der Täter, der Eliten oder der Gesellschaft im Allgemeinen befassen. Ähnlich wie bei der Vielfalt der Bezeichnungen der historischen Substrate des Konflikts lässt sich die im akademischen Rahmen benutzte Terminologie nur schwer in diesem Text zusammenfassen. Auf die Gefahr einer Vereinfachung hin können wir an dieser Stelle nur einige der genutzten Bezeichnungen wiedergeben: ziviler Konflikt, mehrdimensionaler Konflikt, bewaffneter politischer Konflikt, bewaffneter sozialer Konflikt, Bürgerkrieg, Krieg gegen die Gesellschaft, schmutziger Krieg niedriger Intensität, Krieg gegen Zivilisten, offener Krieg gegen die Bevölkerung, antiterroristischer Krieg, Krieg gegen die Aufständischen, postmoderner Bürgerkrieg, etc.[1]

Diesen zwei Haltungen steht eine Position gegenüber, die dem entstammt, was wir als "aufwiegelnden Revisionismus" eines sendungsbewussten und intellektuellen Konservatismus bezeichnen können, für den die Bezeichnung "bewaffneter Kampf" unangemessen, ungenau und sektiererisch ist, da sie verkenne, dass der kolumbianische Staat rechtmäßig errichtet und konstituiert sei und sich nie mit irgendjemandem in Konflikt befunden habe, sondern "von Kriminellen und Terroristen belagert wurde".

Die Benennung des Geschehenen ist insofern nicht einfach nur ein Spiel mit Namen. Es geht dabei vielmehr um Positionskämpfe, die immer wieder zu Extremismen, Polarisierungen und politischen Korrektheiten geführt haben.

Quantifizierung versus Klassifizierung

Der fünfte Kernpunkt ist mit dem Paar Quantifizierung versus Klassifizierung verbunden. Im Laufe der Geschichte des Konflikts haben verschiedene Berichte und Analysen versucht, das Ausmaß und die Ursachen des Krieges herauszufinden, zu beschreiben und zu erklären. Unter den Verfassern von statistischen Schätzungen und Trends (den Vertretern der Quantifizierung) finden sich solche, die bei ihren Messungen eher vorsichtig, und solche, die eher großzügig vorgehen, doch sie alle sind daran interessiert, die Ausmaße des kolumbianisches Krieges möglichst genau zu messen. Ihr wesentlicher Beitrag bestand darin, dass sie die negativen Auswirkungen des Krieges auf die Infrastruktur, die einheimische Wirtschaft und die Demokratie aufgezeigt haben. Zu den Verfassern ausführlicher Typisierungen (den Vertretern des Klassifizierens) gehören jene, die eine

---

1   Siehe dazu u.a. Palacios/Safford (2002); Posada (2001); Ramírez Tobón (2002); Pizarro (2015); Posada/Nasi/Ramírez/Lair (2003); Uribe (2011, 2013); Giraldo Ramírez (2009); Jaramillo (2014); González (2015); CHCV (2015).

Typisierung der Ereignisse, Schäden und Auswirkungen auf die Gebiete, Einwohner, Organisationen, Gruppen und Individuen bevorzugen.

Im ersten Fall haben wir eine große und skandalöse Sammlung von Zahlen von strukturellen Schäden vor uns, im zweiten eine gewaltige, umfassende Auflistung der Leiden der Opfer und der Regionen. Die beiden Auflistungen schließen sich nicht aus, tatsächlich tauchen sie im Bericht *¡Basta Ya!* ("Es reicht!", CNMH 2013) und im Bericht der CHCV (2015) vermischt auf. Dies war auch schon in dem Buch *La violencia en Colombia* der Fall, das nicht mit bewegenden Zahlen und Bildern geizte und bei seinem Erscheinen eine erbitterte Debatte auslöste.

Trotz gewisser Übereinstimmungen bei den Fachleuten und verschiedenen Organisationen ist auch um diese Auflistungen ein großer Streit entbrannt, der mit der Qualität der Berichte, der Verallgemeinerungsfähigkeit der Zahlen, der Genauigkeit und Vielfalt der Quellen und der interpretatorischen Färbung der Expertenmeinungen zu tun hat. Ein Beleg dafür sind die Reaktionen auf den Bericht *¡Basta Ya!* und seinerzeit auf das Buch *La violencia en Colombia*.[2]

Innerhalb des Diagnoserahmens des bewaffneten Konflikts bilden beide Register das, was wir das "öffentliche Archiv des Schmerzes" nennen können. Dieses Archiv hat sich materialisiert in Form einer vielfältigen Gruppe öffentlicher narrativer Artefakte, beispielsweise den Berichten der verschiedenen Kommissionen vor der *Grupo de Memoria Histórica*, oder aktueller, den mehr als 50 seit 2008 veröffentlichten Erinnerungsberichten. Zumindest das institutionelle öffentliche Archiv verfügt bereits über mehr Seiten als die Berichte der Wahrheitskommissionen vieler Länder. Seine zentrale Bedeutung liegt darin, dass es detailliert die Dimensionen der Organisation des Schreckens enthüllt und zugleich die regionalen und lokalen Kriegslogiken der öffentlichen Meinung zugänglich macht.

---

2   In einer gemeinsamen Studie mit der Soziologin Johanna Paola Torres Pedraza (2015) im Rahmen ihrer *tesina de pregrado* (vergleichbar der Abschlussarbeit für den Bachelor) an der *Universidad del Rosario* haben wir festgestellt, dass der Bericht *¡Basta Ya!* im Gegensatz zu den Berichten der damaligen *Grupo de Memoria Histórica* und ab 2011 des *Centro Nacional de Memoria Histórica* in der Presse ausführlich und kontrovers besprochen wurde.

Technische Planung des Post-Konfliktes versus Infrastruktur des Friedens

Im Zusammenhang mit dem sechsten Diskussionskern, den wir Technische Planung des Post-Konfliktes versus Infrastruktur des Friedens nennen, erscheint uns der folgende Hinweis wichtig: Laut Angelika Rettberg ist Kolumbien dasjenige lateinamerikanische Land (nicht der Welt, wo es nur einen hinteren Platz belegt[3]), in dem es die meisten Gremien gegeben hat, die direkt oder indirekt mit den Themen Frieden und/oder Entwicklung in Verbindung standen. Unter Berücksichtigung von internationalen Agenturen, nationalen staatlichen Gremien, NGOs und nationalen Stiftungen belief sich ihre Anzahl vor fünf Jahren auf 47. Zweifellos hat sich diese Zahl bis zum heutigen Tag verdoppelt.

Kolumbien ist auch das Land mit den meisten Kommissionen zur Erforschung von Gewalt. Wir hatten also während dieser langen Konfrontation nicht nur Zeit für "akademische Anatomien des Krieges", sondern auch für enorme "institutionelle Eingriffe an ihren Folgeerscheinungen". Dies begann bereits 1956, als die Internationale Organisation für Migration (OIM, *Organización Internacional para las Migraciones*) ihre Arbeit in Kolumbien aufnahm. 1958 wurde die *Oficina para la Rehabilitación* eingerichtet, ein Vorläufer der 2005 geschaffenen *Comisión Nacional de Reparación y Reconciliación* (CNRR). Zu diesem institutionellen Protagonismus kommt ein gesellschaftlicher Aktivismus für den Frieden hinzu. Man könnte in diesem Zusammenhang von "Grammatiken des Friedens" sprechen, die seit Mitte der 1980er Jahre mit Menschenrechtsprogrammen, humanitären Hilfsmaßnahmen, Friedensagenden und regionalen Netzwerken und Friedensbewegungen im Land präsent sind (Aparicio 2012; García Durán 2006; Romero 2001; Roth Deubel 2006).

Der Protagonismus auf der einen und der Aktivismus auf der anderen Seite, die Architekturen für den formellen Weg einerseits und die Grammatiken für die Mobilisierung andererseits, die miteinander verbundenen oder voneinander getrennten Anatomien des Krieges und Alchimien des Friedens, verstärkten sich ab Mitte des Jahres 2000 aufgrund der Entwicklung eines politisch-normativen Rahmens, der die spärlichen Maßnahmen der Übergangsjustiz in institutionelle Imperative verwandelte. Die Opfer waren nun nicht mehr länger "Anonyme des öffentlichen Raums und der Interventionsagenden", sondern sie wurden zu "Protagonisten

---

3   Hier belegen afrikanische Länder die vorderen Ränge.

des rechtlich-ethisch-politischen Handelns" (Jaramillo 2016). Gleichzeitig vervielfachten sich die Expertenlaboratorien, die humanitären Strategien und Projekte, die Menschenrechtsorganisationen, die Übergangssprachen, die Technologien der Anerkennung und der Wiedergutmachung und die Werkzeugkästen zur Rekonstruktion der Vergangenheit und zur Ausleuchtung der Übergangszeit (Jaramillo 2016; Aparicio 2012; Jaramillo Salazar 2014; Jiménez 2012; Mora-Gámez 2016).

Dieser letzte Kern erlaubt uns zu verstehen, dass wir uns seit einigen Jahren zwischen einem "Imperativ des Übergangs" und einer "Technischen Planung des Post-Konflikts" bewegen, wobei letztere seit Ende 2000 von gewaltigen politischen und ökonomischen Maßnahmen zur Förderung des Friedens genährt wird (Rettberg 2012). Dabei gibt es Diskussionen zwischen denjenigen, die sich auf normative und präskriptive Maßnahmen zum Aufbau des Friedens konzentrieren, und denjenigen, die für vielschichtige Visionen eintreten. Einige sind der Ansicht, dass es eine Bilanz zugunsten dieser Strategien gibt. Allerdings bleibt die akademische Diskussion – anders als die friedensbewegten oder die kommunitären und institutionellen Organisationsbemühungen – weiterhin stark dem Denken in Makro-Dispositiven verhaftet, wobei die Politikwissenschaft eine hegemoniale Rolle spielt[4] (siehe dazu die Arbeiten von Rettberg 2003, 2012, 2013; Delgado 2011; Llorrente/Vranckx 2012; Nasi 2012; Ugarriza 2013).

Epilog

In diesem Text haben wir einige der wesentlichen Interpretationsrahmen zur Gewalt in Kolumbien aufgezeigt. Dabei haben wir uns auf die harten Kerne der Expertendiskussion über die Vergangenheit und Gegenwart der Gewalt in Kolumbien konzentriert. Im Folgenden möchte ich einige offene Fragen ansprechen, die sich auf die zukünftigen Herausforderungen beziehen.

Wenn wir davon sprechen, die Zukunft anzugehen oder uns die Zukunft vorzustellen, beziehen wir uns dabei auf die Überlegungen des An-

---

4 Mit einigen Ausnahmen aus anderen Disziplinen bzw. inter- oder transdisziplinären Arbeiten wie denen von Aparicio (2012), Jiménez (2012) und kürzlich Mora-Gámez (2016).

thropologen Alejandro Castillejo (2015), der schreibt, dass Frieden nicht nur durch Verhandlungen zwischen konkreten ökonomischen und politischen Machtgruppen geschlossen wird, sondern auch von der Fähigkeit abhängt, die durch den bewaffneten Konflikt beschädigten Formen des Vertrauens und der Nähe wiederherzustellen. Dies geschieht im Wesentlichen auf dem Gebiet der Zukunftsvorstellungen und macht es notwendig, über die Grammatiken des Friedens nachzudenken, nicht nur über die Anatomien des Krieges oder die technopolitischen Architekturen oder Entwürfe für die Zeit des Post-Konfliktes (Jaramillo 2016). Es geht darum zu verstehen, wie sich ausgehend von den beschriebenen Interpretationsrahmen des Krieges, von jedem einzelnen der harten Kerne, einige Schlüsselprobleme für die Rückkehr oder Wiederherstellung des alltäglichen[5] Friedens erkennen lassen. Vielleicht erlaubt uns dies auch, uns ein zukünftiges, größeres Forschungsprogramm vorzustellen.

Bezogen auf den ersten Kern könnten folgende Fragen gestellt werden, insofern sich die Konfliktursachen und die konfliktverlängernden Faktoren zu ähneln bzw. zu vermischen scheinen: Was ist angesichts einer möglichen Wahrheitskommission im Land zu tun, worauf ist der Akzent zu legen: auf die Substrate, auf die konfliktverlängernden Faktoren oder auf eine Kombination aus beidem? Welche Gründe und Faktoren sorgen weiterhin für Konflikte und welche Kosten werden dadurch verursacht? Welche Konfliktursachen und konfliktverlängernden Faktoren müssen als erste in den Territorien entschärft werden? Wie lassen sich die zwei Sichtweisen kombinieren, ohne das Spezifische an ihnen zu verkennen? Welche Auswirkungen hat es für die Zeit nach dem Friedensabkommen, wenn die Konfliktursachen und die konfliktverlängernden Faktoren nur teilweise oder überhaupt nicht angemessen berücksichtigt werden?

Was den zweiten Kern betrifft, ist es offenbar nicht einfach, den Kontinuitäten zu entkommen, sosehr wir die Bedeutung der Interpretation der Diskontinuitäten der verschiedenen Formen der Gewalt in Kolumbien auch anerkennen. Dennoch lohnen sich einige Fragen: Ist das Geflecht aus allgegenwärtigen Formen der Gewalt in Kolumbien nur in den Schilderungen vorhanden oder ist es nur eine Angelegenheit konzeptueller Anpassungen, fachkundiger Ableitungen? Was geschieht, wenn wir in den Gebieten, Verläufen, lokalen Prozessen und den Schilderungen weiter eine Kombination multipler und historischer Formen der Gewalt entdecken?

---

5   Wir übernehmen dieses Konzept von Veena Das (2008b) und Francisco Ortega (2008).

Auch wenn es stimmt, dass die Schichten unseres Konflikts zu stark miteinander vermengt sind und sich zu sehr überlagern, stellen sich bezüglich des dritten Kerns folgende Fragen: In welchem Maß betrifft diese Überlagerung, Vermischung, Verkürzung oder Ausdehnung verschiedener Chronologien und Schichten die Erzeugung der historischen Erzählung und verschiedener Erinnerungen, der Entschädigungen, der Gerechtigkeit oder der Arbeit einer Wahrheitskommission? In welchem Maße sind die für die Experten und Institutionen nützlichen Schichten und Chronologien in den Konfliktzonen und Gemeinden umstritten? Welche Auswirkungen hat dies auf die etablierten Codes bezüglich des Übergangs?

Was den vierten Kern betrifft, steht fest, dass es verschiedene Rechtfertigungen gibt, zahlreiche Benennungen für das zu benutzen, was in Kolumbien geschehen ist. Doch sind dieser Pragmatismus bezüglich der Bezeichnungen und der aufwiegelnde Revisionismus nicht klare Anzeichen, etwas zu verbergen oder die Eliten und große Kreise der Gesellschaft hinsichtlich ihrer Verantwortung für das im Land Geschehene zu entlasten? Ist es möglich, dies in einer Phase nach dem Konflikt zu verhindern oder zumindest zu kontrollieren? Wird dieser Pragmatismus und arrangierte Revisionismus definitiv die Zukunft beeinflussen und wenn ja, in welchem Maße?

Hinsichtlich des fünften Kerns lässt sich folgern, dass das qualitative und quantitative Archiv des kolumbianischen Konflikts gewaltig ist, doch was passiert mit dem Ungesagten, dem Unentdeckten, dem Unbekannten, dem, was Gefahr läuft, in diesem öffentlichen Archiv des Schmerzes zerstört zu werden, was geschieht mit dem, was Veena Das "das vergiftete Wissen" (2008a: 217-250) nennt? Können diese neuen Fragmente von Archiven in Bezug auf die Ursachen, die verlängernden Faktoren, die Kontinuitäten oder Diskontinuitäten, die Periodisierung des Konflikts und die Verantwortlichen den Blick auf das Geschehene erweitern oder nicht? Wie kann man die verschiedenen Teile der existierenden Archive im Land zusammenfügen? Wie kann man dieses in sich so heterogene Archiv mit heiklem, vertraulichem, zurückgehaltenem Material zugänglich machen, verwalten, benutzen, schützen, öffentlich machen?

Was schließlich den sechsten Kern betrifft, lohnt es sich im Hinblick darauf, den Frieden zu entdisziplinieren und zu entstaatlichen, zu fragen: Was ist die wirkliche und effektive Stärke der Infrastrukturen des Friedens, bei denen die Verflechtungen aus den institutionellen Verbindungen und Fähigkeiten und den Qualitäten und Akkumulierungen der Gemeinden zählen (Lederach in Uribe 2015), in den öffentlichen und akademischen Debatten? Welche Bedeutung für diese Debatten haben die traditionellen gemeinschaftlichen Institutionen (kommunale Ausschüsse, Volksmandate, lokale Versammlungen, Gemeinderichter, bäuerliche Schutzgebiete, etc.), die der Krieg weitgehend zerstört hat und die heute eine zentrale Rolle für den territorialen Frieden spielen können?

Literaturverzeichnis

AGAMBEN, Giorgio (2011): "¿Qué es un dispositivo?". In: *Sociológica*, 26, 73, S. 249-264.

APARICIO, Juan Ricardo (2012): *Rumores, residuos y Estado en la "mejor esquina de Sudamérica". Una cartografía de lo "humanitario" en Colombia*. Bogotá: Uniandes.

ARIAS, Gerson (2008): *Una mirada atrás: procesos de paz y dispositivos de negociación del gobierno colombiano*. Working Papers Serie Nr. 4. Bogotá: Fundación Ideas para la Paz.

BOURDIEU, Pierre (1985): *¿Qué significa hablar? Economía de los intercambios lingüísticos*. Madrid: Akal.

— (2003): *Las estructuras sociales de la economía*. Barcelona: Anagrama.

CASTILLEJO, Alejandro (2015): *La imaginación social del porvenir. Reflexiones sobre comisiones de la verdad*. Buenos Aires: Clacso.

CHCV (Comisión Histórica del Conflicto y sus Víctimas) (2015): *Contribución al entendimiento del conflicto armado en Colombia*. Bogotá: Desde Abajo.

CNMH (Centro Nacional de Memoria Histórica) (2013): *¡Basta ya! Colombia: Memorias de guerra y dignidad*. Bogotá: Imprenta Nacional.

DAS, Veena (2008a): "El acto de presenciar. Violencia, conocimiento envenenado y subjetividad". In: Ortega, Francisco (Hg.): *Veena Das: sujetos del dolor, agentes de dignidad*. Bogotá: Pontificia Universidad Javeriana/Universidad Nacional, S. 217-250.

— (2008b): "La antropología del dolor". In: Ortega, Francisco (Hg.): *Veena Das: sujetos del dolor, agentes de dignidad*. Bogotá: Pontificia Universidad Javeriana/Universidad Nacional, S. 409-436.

DELGADO, Mariana (2011): "Las víctimas como sujetos políticos en el proceso de justicia y paz en Colombia: discursos imperantes y disruptivos en torno a la verdad, la justicia, la reparación y la reconciliación". Tesis doctoral. México, D.F.: Facultad Latinoamericana de Ciencias Sociales (Flacso).

EMIRBAYER, Mustafa (2011): "Manifiesto en pro de una sociología relacional". In: *Revista CS*, 4, S. 285-329.

FRANCO, Natalia/NIETO, Patricia/RINCÓN, Omar (2010): "Las narrativas como memoria, conocimiento, goce e identidad". In: Franco, Natalia/Nieto, Patricia/Rincón, Omar (Hg.): *Tácticas y estrategias para contar historias de la gente sobre conflicto y reconciliación en Colombia*. Bogotá: Centro de Competencia en Comunicación para América Latina/Friedrich-Ebert-Stiftung, S.11-41.

GAITÁN DAZA, Fernando (2001): "Multicausalidad, Impunidad y Violencia: Una Visión Alternativa". In: *Revista de Economía Institucional*, 5, S. 78-105.

GARCÍA DURÁN, Mauricio (2006): *Movimientos por la paz en Colombia 1978-2003*. Bogotá: Programa de las Naciones Unidas para el Desarrollo (PNUD)/Centro de Investigación y Educación Popular (CINEP)/Colciencias.

GIRALDO RAMÍREZ, Jorge (2009): *Guerra Civil Posmoderna*. Bogotá: Siglo del Hombre/ Universidad de Antioquia/Universidad EAFIT.

GONZÁLEZ, Fernán (2015): *Poder y violencia en Colombia*. Bogotá: Odecofi-CINEP.

GUTIÉRREZ, Francisco (2015): "¿Una historia simple?". In: CHCV (Hg.): *Contribución al entendimiento del conflicto armado en Colombia*. Bogotá: Desde Abajo, o.S. <http:// www.altocomisionadoparalapaz.gov.co/mesadeconversaciones/PDF/Informe%20Comisi_n%20Hist_rica%20del%20Conflicto%20y%20sus%20V_ctimas.%20La%20 Habana%2C%20Febrero%20de%202015.pdf> (13.6.2017).

JARAMILLO, Jefferson (2014): *Pasados y presentes de la Violencia en Colombia. Estudio sobre las comisiones de investigación, 1958-2011*. Bogotá: Pontificia Universidad Javeriana.

— (2016): "Entre las arquitectónicas y las gramáticas. Apuntes, desafíos y reaprendizajes acerca de los derechos humanos, las políticas públicas y la justicia social en un Contexto como el colombiano". Conferencia presentada en el 15 Congreso Colombiano de Trabajo Social. Aprendizajes para la paz: dilemas y desafíos. Neiva, Huila, 17.-19. August 2016.

JARAMILLO, Jefferson/TORRES, Johanna Pedraza (2015): "Comisiones históricas y Comisión de la verdad en Colombia. Lecturas históricas y claves para entender desafíos entre unos y otros dispositivos". In: González Posso, Camilo/Espitia, Carlos Eduardo (Hg.): *En la ruta hacia la paz. Debates hacia el fin del conflicto y la paz duradera*. Bogotá: Centro de Memoria, Paz y Reconciliación, S. 29-57.

JARAMILLO SALAZAR, Pablo (2014): *Etnicidad y victimización. Genealogías de la violencia y la indigenidad en el norte de Colombia*. Bogotá: Uniandes.

JIMÉNEZ O., Sandro (2012): "La administración de los efectos de la guerra como tecnología de gobierno: una mirada post-liberal al conflicto armado en Colombia, 1980-2010". Tesis doctoral. Quito: Facultad Latinoamericana de Ciencia Sociales (Flasco).

LAKATOS, Imre (1989): *La metodología de los programas de investigación*. Madrid: Alianza.

LATOUR, Bruno (2008): *Reensamblar lo social: una introducción a la teoría del actor-red*. Buenos Aires: Manantial.

LEFRANC, Sandrine (2004): *Políticas del perdón*. València: Cátedra/Universitat de València.

LLORENTE, María Victoria/VRANCKX, An (2012): "El control democrático de las armas ilegales en Colombia: una apuesta de construcción de paz". In: Rettberg, Angelika (Hg.): *Construcción de paz en Colombia*. Bogotá: Uniandes, S. 383-403.

MEDINA, Luis F. (2008): "A Critique of Resource-Based Theories of Colombia's Civil War". In: *Análisis Político*, 62, S. 44-57.

MONTENEGRO, Armando/POSADA, Carlos E./PIRAQUIVE, Gabriel (2000): "Violencia, criminalidad y justicia: otra mirada desde la economía". In: *Coyuntura Económica*, 30, 2, S. 85-132.

MORA-GÁMEZ, Fredy (2016): "Reparation beyond Statehood: Assembling Rights Restitution in Pos-conflict Colombia". Thesis. University of Leicester.

Nasi, Carlo (2012): "Instituciones políticas para el postconflicto". In: Rettberg, Angelika (Hg.): *Construcción de paz en Colombia*. Bogotá: Uniandes, S. 51-85.

Ortega, Francisco (2008): "Rehabitar la cotidianidad". In: Ortega, Francisco (Hg.): *Veena Das: sujetos del dolor, agentes de dignidad*. Bogotá: Pontificia Universidad Javeriana/ Universidad Nacional, S. 15-69.

Palacios, Marco/Safford, Frank (2002): *Colombia: país fragmentado, sociedad dividida*. Bogotá: Norma.

Pécaut, Daniel (2003): "Acerca de la violencia de los años cincuenta". In: *Violencia y Política en Colombia. Elementos de reflexión*. Medellín: Hombre Nuevo Editores, S. 29-44.

— (2015): "Un conflicto armado al servicio del status quo social y político". In: CHCV (Hg.): *Contribución al entendimiento del conflicto armado en Colombia*. Bogotá: Desde Abajo, o.S., <http://www.altocomisionadoparalapaz.gov.co/mesadeconversaciones/PDF/Informe%20Comisi_n%20Hist_rica%20del%20Conflicto%20y%20 sus%20V_ctimas.%20La%20Habana%2C%20Febrero%20de%202015.pdf> (13.6.2017).

Pizarro L., Eduardo (2015): "Una lectura múltiple y pluralista de la historia". In: CHCV (Hg.): *Contribución al entendimiento del conflicto armado en Colombia*. Bogotá: Desde Abajo, o.S. <http://www.altocomisionadoparalapaz.gov.co/mesadeconversaciones/PDF/Informe%20Comisi_n%20Hist_rica%20del%20Conflicto%20 y%20sus%20V_ctimas.%20La%20Habana%2C%20Febrero%20de%202015.pdf> (13.6.2017).

Posada, Eduardo (2001): *¿Guerra civil? El lenguaje del conflicto en Colombia*. Bogotá: Alfaomega.

Posada, Eduardo/Nasi, Carlo/Ramírez, William/Lair, Eric (2003): "Debate sobre Guerra Civil". In: *Revista Estudios Sociales*, 15, S. 159-162.

PNUD (Programa de las Naciones Unidas para el Desarrollo) (2003): *El conflicto. Callejón con salida*. Bogotá: PNUD.

Ramírez Tobón, William (2002): "¿Guerra Civil en Colombia?" In: *Análisis Político*, 46, S. 151-163.

Rettberg, Angelika (2003): "Diseñar el futuro. Una revisión a los dilemas de la construcción de paz para el post conflicto". In: Cárdenas, Miguel Eduardo (Koord.): *La construcción del posconflicto en Colombia: Enfoques desde la pluralidad*. Bogotá: FESCOL/ CEREC, Dezember, S. 83-111, re-editado de *Revista de Estudios Sociales*, 15, S. 15-28.

— (2012): "Construcción de paz en Colombia: contexto y balance". In: Rettberg, Angelika (Hg.): *Construcción de paz en Colombia*. Bogotá: Universidad de los Andes, S. 3-50.

— (2013): "La construcción de paz bajo la lupa: una revisión de la actividad y de la literatura académica internacional". In: *Estudios Políticos*, 42, S. 13-36.

Robinson, James (2013): "Colombia: Another 100 years of Solitude". In: *Current History*, 112, S. 43-48.

— (2016): "La miseria en Colombia". In: *Desarrollo y Sociedad*, 76, S. 9-90.

Romero, Flor Alba (2001): "El movimiento de derechos humanos en Colombia". In: Archila, Mauricio/Pardo, Mauricio (Hg.): *Movimientos Sociales, Estado y democracia en Colombia*. Bogotá: Universidad Nacional de Colombia, S. 441-470.

ROTH DEUBEL, André -Noel (2006): *Discurso sin Compromiso. La política pública de derechos humanos en Colombia.* Bogotá: Ediciones Aurora.

RUBIO, Mauricio (1999): *Crimen e Impunidad. Precisiones sobre la Violencia.* Bogotá: Tercer Mundo Editores/Universidad de los Andes.

TORRES PEDRAZA, Johanna (2015): "Las memorias públicas sobre el conflicto colombiano. Perspectiva analítica desde los centros de memoria". Tesis para optar al título de socióloga por la Escuela de Ciencias Humanas, Carrera de Sociología. Bogotá: Universidad del Rosario.

UGARRIZA, Juan Esteban (2013): "La dimensión política del postconflicto: discusiones conceptuales y avances empíricos". In: *Colombia Internacional*, 77, S. 141-176.

URIBE, Mauricio (2011): "Lo político en la guerra civil colombiana". In: *Análisis Político*, 72, S. 23-42.

— (2013): *La nación vetada. Estado, desarrollo y guerra civil en Colombia.* Bogotá: Universidad Externado de Colombia.

— (2015): "Ordenamiento Territorial como Infraestructura de Paz en Colombia". Ponencia presentada en el VIII Congreso Latinoamericano de Ciencia Política, organizado por la Asociación Latinoamericana de Ciencia Política (ALACIP). Pontificia Universidad Católica del Perú, Lima, 22. bis 24. Juli 2015.

VÁSQUEZ, Teófilo (2015): *Territorios, conflicto armado y política en el Caquetá: 1900-2010.* Bogotá: Uniandes.

WILLS, María E. (2015): "Los tres nudos de la guerra colombiana". In: CHCV (Hg.): *Contribución al entendimiento del conflicto armado en Colombia.* Bogotá: Desde Abajo, o.S. <http://www.altocomisionadoparalapaz.gov.co/mesadeconversaciones/PDF/Informe%20Comisi_n%20Hist_rica%20del%20Conflicto%20y%20sus%20V_ctimas.%20La%20Habana%2C%20Febrero%20de%202015.pdf> (13.6.2017).

Geschichts- und Vergangenheitspolitik

Benedikt Kraus / Sven Schuster

Land ohne Erinnerung?

Bis vor wenigen Jahren war von Intellektuellen und Historikern häufig
der Vorwurf zu hören, dass es sich bei Kolumbien um ein "Land ohne
Erinnerung" handle (Caballero 1986: 7-9; Sánchez 2006: 83-84; Schuster 2010a). Als Grund hierfür wurde in erster Linie die Geschichts- und
Vergangenheitspolitik der letzten Jahrzehnte angeführt, die statt einer
Aufarbeitung des Mitte der 1940er Jahre ausgebrochenen Binnenkonflikts
zumeist "Versöhnung und Vergessen" einforderte.

Als nach der Ermordung des populären liberalen Politikers Jorge Eliécer Gaitán am 9. April 1948 die so genannte *Violencia* – der nicht erklärte
Bürgerkrieg zwischen den Liberalen und Konservativen – mit der Zerstörung großer Teile des Zentrums von Bogotá ihren vorläufigen Höhepunkt erreicht hatte, begannen die politischen Eliten erstmals damit, sich
für die historischen Ursprünge der Auseinandersetzung zu interessieren.
Obwohl es unmittelbar nach dem so genannten *Bogotazo* zu einer öffentlich geführten Debatte über die Gründe für den historisch gewachsenen
Hass zwischen den Parteianhängern kam, war der von immer heftiger werdenden Kämpfen auf dem Land geprägte Kontext kaum geeignet, eine
tiefergehende Beschäftigung mit den Vorläufern der *Violencia* anzuregen.
Oberflächlich diskutiert wurden zu diesem Zeitpunkt etwa die blutigen
Zusammenstöße der Liberalen und der Konservativen zu Beginn der
1930er Jahre, die weniger aus parteipolitischen Differenzen als vielmehr
aus der zunehmend ungerechten Landverteilung resultierten. Viele Historiker sind daher der Meinung, dass die Ursprünge des anhaltenden bewaffneten Konflikts in jener Zeit zu suchen seien (LaRosa/Mejía 2013: 113).
Tatsächlich sollte sich der Konflikt in den Jahren zwischen 1948 und 1953
im Zeichen der konservativen Hegemonie noch intensivieren. Während
einer historisch einmaligen Phase der Militärdiktatur unter Gustavo Rojas Pinilla (1953-1957), der von den beiden Traditionsparteien eingesetzt
worden war, konnte die Gewalt zunächst eingedämmt werden. Am Ende
von Rojas' Amtszeit, als der Diktator aufgrund des ausufernden Nepo-

tismus und seiner Unfähigkeit, das Land dauerhaft zu befrieden, durch einen erneuten Putsch der Parteieliten abgesetzt wurde, hatte die *Violencia* lediglich andere Formen angenommen. Von der Regierung angeordnete Militärschläge und eine zunehmende Ideologisierung der bewaffneten Akteure unter dem Eindruck der Kubanischen Revolution (1959) hatten nun dazu geführt, dass der ursprünglich zwischen Konservativen und Liberalen ausgetragene Konflikt allmählich zu einem Kampf der Weltanschauungen mutierte.

Im Zeichen dieser Kämpfe, die zwischen 1945 und 1965 etwa 200.000 Todesopfer forderten, schlossen sich die beiden einstmals verfeindeten Parteien zusammen und gründeten im Jahre 1958 die Nationale Front (*Frente Nacional*), bei der sich Liberale und Konservative in einem alternierenden System alle vier Jahre bis 1974 an der Regierung abwechselten, und zwar unabhängig vom Wahlausgang. Andere politische Kräfte hatten keine Möglichkeit, im Rahmen dieses kartellhaft organisierten Systems am politischen Prozess teilzuhaben. Die für Kolumbien charakteristische Zwei-Parteien-Herrschaft (*bipartidismo*) setzte sich de facto bis in die 1990er Jahre fort. Nur über verschiedene Plattformen innerhalb der beiden Parteien war somit politische Partizipation möglich, was freilich für radikalere Gruppen keine realistische Option darstellte. Aufgrund ihres exkludierenden Charakters wird die Nationale Front daher häufig als ein wichtiger Faktor für das Entstehen linksgerichteter Guerillaorganisationen wie das *Ejército de Liberación Nacional* (ELN), die *Fuerzas Armadas Revolucionarias de Colombia – Ejército del Pueblo* (FARC) und das *Movimiento 19 de Abril* (M-19) ausgemacht (Hartlyn 2012: 108-109).

In dieser Zeit, in der sich die *Violencia* zu einer zunehmend diffusen Auseinandersetzung zwischen immer neuen Akteuren wie linken Guerilleros, konservativen paramilitärischen Gruppen oder entpolitisierten bewaffneten Banden (*bandoleros*) wandelte, versuchten sich die politischen Eliten der Nationalen Front erstmals an einer tiefergehenden Analyse der Gewalt, um damit einen Beitrag zum Ende des Konflikts zu leisten. So wurde im Jahre 1958 eine Kommission ins Leben gerufen, welche die Gründe der *Violencia* aufklären und im Anschluss konkrete Vorschläge zu deren Beendigung unterbreiten sollte. Das aus der Arbeit der im Hinblick auf einen dauerhaften Frieden wenig erfolgreichen *Violencia*-Kommission hervorgegangene zweibändige Werk *La Violencia en Colombia* (1962/1964) wird häufig als die Geburtsstunde der so genannten *violentología* (Gewaltforschung) bezeichnet, die seither den akademischen Diskurs in den Geistes-

und Sozialwissenschaften Kolumbiens beherrscht (Guzmán et al. 2005 [1962/1964]; Jaramillo 2014: 91-102).[1] Die Veröffentlichung des Buches hatte zudem die erste größere Debatte über die Interpretation der Gewaltgeschichte Kolumbiens zur Folge.

Nach dieser öffentlichkeitswirksamen und polemischen Abrechnung mit der blutigen Vergangenheit sollten weitere Kommissionen und Debatten folgen. Ausschlaggebend hierfür war vor allem der Umstand, dass die von der ersten *Frente Nacional*-Regierung erlassenen Amnestiegesetze und die damit verbundene "Politik des Vergessens" die Gewalt nicht beenden konnten (Schuster 2009: 157-161). Nach zwei Jahrzehnten ideologisch motivierter Konflikte eher niedriger Intensität brach gegen Ende der 1970er Jahre eine neue Gewaltwelle über das Land herein. Als Folge des boomenden Drogenhandels (zunächst Marihuana und dann Kokain) und der damit einhergehenden finanziellen Möglichkeiten erlangten einige der sich bereits im Niedergang befindenden Guerillaorganisationen Anfang der 1980er Jahre eine nie gekannte militärische Stärke, während zugleich neue Gewaltakteure auftraten. Dabei handelte es sich in erster Linie um die in Kartellen organisierten *narcotraficantes* sowie die ursprünglich zur Verteidigung gegen die Guerillas gegründeten rechtsgerichteten Paramilitärs (Henderson 2012: 185-213). Der stark zunehmende transnationale Drogenhandel der 1980er und 1990er Jahre führte schließlich dazu, dass die von der illegalen Ökonomie profitierenden Gruppen immer mächtiger wurden und das Gewaltmonopol des Staates faktisch aushöhlten. In der Folge kam es zu ähnlichen Gewaltexzessen wie zu Zeiten der *Violencia*, wobei diesmal auch urbane Räume stärker betroffen waren. Die verschiedenen Gewaltakteure brachten den Staat dadurch an die Grenzen seiner Handlungsfähigkeit, so dass Kolumbien in dieser Zeit von politischen Analysten häufig als "gescheiterter Staat" beschrieben wurde (Pizarro 2004: 206-220). In diesem von allgemeinem Pessimismus geprägten Kontext wurde im Jahre 1987 erneut eine Kommission von der Regierung beauftragt, die Ursprünge der Gewalt zu ergründen, die nun von der dualistischen *Violencia* der 1950er Jahre zu einem vielgestaltigen Kaleidoskop von *violencias* mutiert war. Auch dieser Kommission war im Hinblick auf

---

1 Tatsächlich wurde das Wort wohl erst in den 1980er Jahren geläufig, als es erstmals in der Presse Verwendung fand. Obwohl viele kolumbianische Geistes- und Sozialwissenschaftler die Bezeichnung *violentólogo* heute als abwertend begreifen, hat kein anderes Thema die Forschungstätigkeit so sehr geprägt wie die diversen Manifestationen politischer und alltäglicher Gewalt seit dem 19. Jahrhundert.

ein Ende des Konflikts kein großer Erfolg beschieden. Der im Anschluss veröffentlichte Bericht löste jedoch erneut eine heftige geschichtspolitische Debatte aus (Jaramillo 2014: 147-157).

Erst zu Beginn des neuen Jahrtausends sollte es dem zwar demokratisch gewählten, aber autoritär regierenden Präsidenten Álvaro Uribe (2002-2010) schließlich gelingen, den Guerillas militärisch Einhalt zu gebieten und gleichzeitig Teile der Paramilitärs gegen Zugeständnisse zur Demobilisierung zu bewegen – die Nachhaltigkeit beider Maßnahmen darf jedoch bezweifelt werden. So steht außer Frage, dass Uribe durch die Militarisierung der Gesellschaft und seinen neo-populistischen, autoritären Regierungsstil den demokratischen Institutionen erheblichen Schaden zugefügt hat (Galindo 2007). Weite Teile der scheinbar demobilisierten Paramilitärs formierten sich zudem in fragmentierten Splittergruppen neu, während zahlreiche militärische Siege gegen die FARC und den ELN nur unter Inkaufnahme erheblicher Menschenrechtsverletzungen errungen werden konnten (Zelik 2009: 280-315).

Wie auch immer man zu der umstrittenen zweifachen Amtszeit Uribes steht, so fällt in dessen Präsidentschaft jedoch auch die Einrichtung der *Comisión Nacional de Reparación y Reconciliación* (CNRR) auf der Grundlage des Gesetzes "Gerechtigkeit und Frieden" vom Juli 2005. Obwohl dieses Gesetz zunächst erlassen wurde, um der seit 2003 informell stattfindenden Demobilisierung der Paramilitärs einen legalen Rahmen zu verschaffen und ganz allgemein die Entwaffnung und Wiedereingliederung aller illegalen Kombattanten im Kontext transitionaler Gerichtsbarkeit zu ermöglichen, enthielt es auch konkrete Bestimmungen, die Ursprünge des Binnenkonfliktes historisch aufzuarbeiten, die Ergebnisse breitenwirksam zu veröffentlichen und erinnerungskulturelle Institutionen aufzubauen. Mit dieser Aufgabe wurde ab 2007 der unter dem Dach der CNRR agierende *Grupo de Memoria Histórica* (GMH) betraut. Bei den unter Uribe und seinem Nachfolger Juan Manuel Santos (seit 2010) angestoßenen Initiativen zur Konstruktion eines neuen, integrativen "historischen Gedächtnisses" (*memoria histórica*) handelt es sich um die bis dato weitreichendsten geschichts- und vergangenheitspolitischen Maßnahmen in der Geschichte Kolumbiens.

Im Wesentlichen sollte diese Politik die angestrebte Transition im Sinne einer Beilegung des Konflikts und der demokratischen Einbindung der nichtstaatlichen Konfliktakteure flankieren. Eine zentrale Herausforderung auf diesem Weg stellt nach der zumindest teilweise erfolgten Demobilisierung der Paramilitärs bis heute die Einbindung der FARC dar. Im Rahmen der im September 2012 in Havanna begonnenen Friedensverhandlungen zwischen den Guerilleros und der Regierung, die im September 2016 mit dem Friedensschluss vorläufig beendet wurden, spielt daher auch das historische Selbstverständnis der FARC eine große Rolle. Da sich die FARC mit dem 2013 vorgelegten Abschlussbericht der staatlichen Historiker-Kommission nicht einverstanden zeigten und eine alternative geschichtliche Aufarbeitung des Konflikts forderten, legte Anfang 2015 eine zur Hälfte von den FARC bestimmte Historiker-Kommission einen weiteren über 800 Seiten umfassenden Bericht vor. Dieser nähert sich bezüglich der Vorgeschichte des Konflikts stärker der Sichtweise der Guerilleros an. In der Öffentlichkeit sind beide Berichte indes heftig umstritten. Als ebenso polarisierend erwiesen sich daneben die Aktivitäten des 2011 geschaffenen *Centro Nacional de Memoria Histórica* (CNMH), in dem der GMH nach dem Ende des auf acht Jahre angelegten Mandats der CNRR mittlerweile aufgegangen ist. Durch zahlreiche Veröffentlichungen, künstlerische Aktionen, Filme, Podiumsdiskussionen, die Schaffung von Erinnerungsorten im gesamtem Staatsgebiet sowie über die geplante Errichtung eines *Museo Nacional de Memoria* hat das CNMH in jüngster Zeit wichtige Debatten über den Sinn und die Aneignung von Geschichte angestoßen. Diese wurden durch lokale Initiativen wie das *Centro de Memoria, Paz y Reconciliación* in Bogotá und das *Museo Casa de la Memoria* in Medellín zusätzlich angeregt.

Zum Kontext des gegenwärtig zu beobachtenden "Erinnerungsbooms" (*ola memorial*) passt es auch, dass im Rahmen des Friedensschlusses zwischen FARC und Regierung nun auch die Einrichtung einer Wahrheitskommission geplant ist, die sich auf die Vorarbeit der vorangegangenen Kommissionen und Initiativen stützen soll (Jaramillo 2014: 175-180). Bevor jedoch im Folgenden die vom kolumbianischen Staat in den letzten Jahren mitgetragenen maßgeblichen Debatten und politischen Maßnahmen in Bezug auf die Aufarbeitung der von staatlicher und nichtstaatlicher Gewalt geprägten Vergangenheit sowie die Ermöglichung einer demokratischen Einbindung der Konfliktakteure näher beleuchtet werden, ist noch zu klären, was in konzeptueller Hinsicht eigentlich unter Geschichts- und Vergangenheitspolitik zu verstehen ist.

Geschichts- und Vergangenheitspolitik

Wie die vorangegangene überblicksartige Schilderung der kolumbianischen Konfliktgeschichte und die Versuche, diese zu verstehen und öffentlich zu diskutieren, gezeigt haben, ist es schwierig, klar zwischen Ge-
schichts- und Vergangenheitspolitik zu trennen. Sofern ersteres Konzept
eine öffentliche und breitenwirksame Beschäftigung mit einer schwierigen
Vergangenheit (etwa in Form von Debatten oder Ausstellungen) meint,
und letzteres eine eher praktische Herangehensweise, etwa in Form der Bestrafung der Täter und der Entschädigung der Opfer, zeigt sich am Beispiel
der behandelten Kommissionen, dass in Kolumbien beide Dimensionen
von jeher miteinander verknüpft waren. Die alles bestimmende Frage war
seit 1958, ob und wie durch eine breitenwirksame Aufarbeitung der Vergangenheit verhindert werden könnte, dass sich die Gewalt wiederholt,
beziehungsweise perpetuiert, und wie durch eine "neue nationale Erzählung", also durch die Einbindung der Perspektiven aller beteiligten Gewaltakteure, der Opfer, der politischen Eliten und der Zivilgesellschaft, die
Grundlage für einen dauerhaften Frieden zu erreichen sei. Ein besonders
gut geeignetes Konzept, die relevanten Bereiche der Geschichts- und Vergangenheitspolitik abzustecken, hat der Historiker Edgar Wolfrum vorgelegt (Wolfrum 1999).

Wolfrum zufolge sind Veränderungen im Geschichtsbewusstsein der
Menschen nicht so sehr auf die neuesten historischen Forschungen zu-
rückzuführen, sondern vielmehr auf neue Erfahrungen des Alltags, neue
Problemkonstellationen sowie das Nachwachsen neuer Generationen. Im
Mittelpunkt müsse daher die aktiv betriebene Politik in Bezug auf die
Geschichte stehen. Insgesamt betrachtet seien es weniger professionelle
Historiker, als vielmehr politische und gesellschaftliche Eliten, von denen
nachhaltige und breitenwirksame Impulse auf die Geschichtsbilder in der
Bevölkerung ausgehen (Wolfrum 1999: 20).

Gerade in Kolumbien ist zu beobachten, welch großen Einfluss die
traditionellen Eliten bei der Konstruktion kollektiver Identität ausgeübt
haben und noch immer ausüben. Im Wechselspiel mit Publizistik, Wissenschaft und öffentlicher Meinung bedienen sie sich unterschiedlicher
Erinnerungsstrategien, Inszenierungen, (des-)integrierender Rituale und
polarisierender Diskurse. Sie betreiben somit Geschichtspolitik und prägen die Geschichtskultur. Geschichtspolitik ist jedoch nicht mit Vergangenheitspolitik zu verwechseln. Denn letztere bezieht sich vornehmlich

auf praktisch-politische Maßnahmen, wie sie in Kolumbien etwa zwischen 2005 und 2013 von der CNRR umgesetzt wurden, wenngleich mit mäßigem Erfolg (Schuster 2010b: 16-17).

Ziel und Aufgabe der Vergangenheitspolitik, die meist im Umgang mit dem institutionellen und personellen Erbe eines überwundenen Systems eine Rolle spielt, sind demnach die Bestrafung von Tätern, deren Disqualifikation und die Kompensation der Opfer (Wolfrum 1999: 32). Gleichzeitig können in diesem Rahmen auch Amnestien oder sogenannte Schlusspunkterlasse erfolgen, welche auf Vergeben und Vergessen abzielen und daher oftmals die Straffreiheit der Täter zur Folge haben. Geschichtspolitik ist dagegen weiter gefasst. Sie ist das Feld, auf dem verschiedene gesellschaftliche Akteure Geschichte mit ihren spezifischen Interessen befrachten und politisch zu nutzen versuchen. Deren Ziel ist es laut Wolfrum, legitimierende, mobilisierende, politisierende, skandalisierende oder diffamierende Wirkungen auf die Öffentlichkeit zu erzielen (Wolfrum 1999: 26).

Auch im kolumbianischen Kontext können die verschiedenen Geschichtsdebatten und vergangenheitspolitischen Maßnahmen unter Berücksichtigung dieser Kriterien beleuchtet werden. Obwohl, wie eingangs geschildert, die ersten großen geschichtspolitischen Debatten bereits zu Beginn der 1960er Jahre stattfanden, konzentriert sich die folgende Darstellung auf die Diskussionen und Maßnahmen der letzten zehn Jahre, die ihre Vorläufer im Hinblick auf Intensität und Reichweite deutlich übertreffen.

Geschichts- und Vergangenheitspolitik seit 2005

Hauptauftrag der 2005 auf der Grundlage des Gesetzes "Frieden und Gerechtigkeit" gegründeten CNRR war es, die vollständige Demobilisierung der paramilitärischen Verbände zu unterstützen, die Wiedereingliederung demobilisierter Paramilitärs und Guerilleros ins zivile Leben zu begleiten sowie eine Wiedergutmachung für die Opfer zu ermöglichen (Jaramillo 2010: 45-47). Da die CNRR selbständig weder juristische Schritte noch politische Maßnahmen veranlassen konnte, bestand ihre Funktion weitgehend in der Ausarbeitung von Empfehlungen zur Umsetzung des Gesetzes. In erster Linie erfolgte so die Lieferung des nötigen Datenmaterials für den von ihr unabhängigen Justizapparat, der auf dieser Basis "politische"

Straftäter amnestieren oder verurteilen konnte. Somit kann die CNRR formal als Instrument staatlicher Vergangenheitspolitik verstanden werden, dessen Relevanz bei der konkreten Umsetzung jedoch eher gering war. Gleichzeitig kam dem unter dem Dach der CNRR agierenden GMH mit der Rekonstruktion des Ursprungs und der Evolution des bewaffneten Konflikts sowie der Schaffung einer Grundlage für die Erinnerung an denselben eine klar geschichtspolitische Funktion zu. Durch die interne Vorgabe des GMH, die verschiedenen Sichtweisen auf den bewaffneten Konflikt innerhalb der kolumbianischen Gesellschaft aufzunehmen sowie die gleichzeitige Schwerpunktsetzung auf die Zeugnisse und Erinnerungen der Konfliktopfer wollten die Mitglieder der Gruppe eine integrative und von der bisherigen Geschichtsschreibung abweichende Interpretation des bewaffneten Konflikts bieten (Cristancho/Herrera 2013: 189). Somit befanden sich die Aktivitäten des GMH in einem Spannungsverhältnis zwischen akademischer Freiheit und staatlichen Vorgaben, da sich dessen Mitglieder zwar bewusst von der politischen Instrumentalisierung durch die Regierung abgrenzen wollten und nach alternativen Erklärungsansätzen für die Gründe des bewaffneten Konflikts strebten, gleichzeitig aber ihrem staatlichen Mandat Folge zu leisten hatten.

Eine zentrale Aufgabe des GMH war es, einen umfassenden Bericht über die seit Beginn des bewaffneten Konflikts verübten Verbrechen und Menschenrechtsverletzungen zu erstellen, ohne dabei die historischen Hintergründe aus den Augen zu verlieren (Jaramillo 2014: 159). Zudem sollten sie konkrete Vorschläge zur Konzeption eines zukünftigen *Museo Nacional de Memoria* – verstanden als nationaler Erinnerungsort – unterbreiten. Nachdem ein spanisch-kolumbianisches Konsortium die Ausschreibung für dieses Vorhaben im August 2015 gewonnen hat, befindet sich das vom CNMH betreute Vorhaben derzeit im Bau. Geschichtspolitisch relevant sind zudem die zahlreichen von GMH-Mitgliedern erarbeiteten Publikationen, Dokumentarfilme, Ausstellungen, Diskussionsforen und Berichte zu verschiedenen Sachverhalten des bewaffneten Konflikts, insbesondere unter Einbeziehung der Erfahrungen der Konfliktopfer.[2]

Mit dem Inkrafttreten des so genannten "Opfergesetzes" von 2011 (*Ley de Víctimas y Restitución de Tierras*) und der damit einhergehenden

---

2   Zum Beispiel der Dokumentarfilm *No hubo tiempo para la tristeza*. Sämtliche Publikationen sind auf der Website des CNMH verfügbar: <http://www.centrodememoriahistorica.gov.co> (29.11.2016).

Auflösung der CNRR verschob sich, vereinfacht dargestellt, der Fokus der Staatsorgane von den Tätern auf die Konfliktopfer. Die nun in das neugegründete CNMH integrierten Mitglieder der *Memoria Histórica*-Gruppe konnten ihre bisherige Arbeit fortsetzen und sogar intensivieren; der offizielle Auftrag war nunmehr festgelegt als Beitrag zur Erfüllung des Rechts der Kolumbianer, insbesondere der Konfliktopfer, auf Wahrheit, Erinnerung und (zumindest symbolische) Wiedergutmachung (Cristancho/Herrera 2013: 188-189). Der bisherige Höhepunkt der Arbeit des CNMH war 2013 die viel beachtete Veröffentlichung des abschließenden Berichts mit dem Titel *¡Basta ya!* (Es reicht!), der aufgrund seines Gehalts und der akademischen Reputation seiner Verfasser durchaus als Grundlage für eine zukünftige Wahrheitskommission dienen könnte (Centro Nacional de Memoria Histórica 2013). Bei der Erstellung des Berichts erwies sich vor allem die Frage nach der "korrekten" Periodisierung des Konflikts als große Herausforderung. Denn, wie der Historiker Gonzalo Sánchez – Kolumbiens bekanntester *violentólogo* und Koordinator des Projekts – betonte, hinge die Festlegung des Beginns der bewaffneten Auseinandersetzung stark von den jeweiligen ideologischen Überzeugungen ab. In diesem Zusammenhang nannte er beispielsweise die Jahre 1948 (*Bogotazo*), 1964 (Gründung der FARC) und 1985 (Erstürmung des von der M-19-Guerilla besetzten Justizpalastes durch Regierungstruppen) als mögliche Ausgangspunkte des gegenwärtigen Konflikts. Da eine Periodisierung bereits Werturteile in sich trage, sei der abschließende Bericht für die unterschiedlichen Sichtweisen aller Akteure offenzuhalten. So gehe es dem CNMH darum, eine "integrative" Erinnerung zu konstruieren (Cristancho/Herrera 2013: 189; Schuster 2009: 421).

Tatsächlich kommt dem Zeitraum von 1948 bis 1964 im Bericht *¡Basta ya!* jedoch nur ein untergeordneter Stellenwert zu; so werden die maßgeblichen historischen Prozesse jener Zeit höchstens als verschärfende Momente der allgemeinen Konfliktdynamik gewertet. Die für die Entstehungsgeschichte und das Selbstbild der FARC entscheidenden politischen und sozialen Entwicklungen der 1940er und 1950er Jahre sowie insbesondere die Verantwortung der politischen Eliten für den Ausbruch der *Violencia* werden indes weitgehend ausgeblendet (Centro Nacional de Memoria Histórica 2013). Es wundert daher wenig, dass die Guerilleros die Datierung des Konfliktbeginns im Bericht auf das Jahr 1964 nicht akzeptierten. Auch der im Rahmen des Opfergesetzes von 2011 festgelegte Anfangszeitpunkt für mögliche Opferentschädigungen auf das Jahr 1985 erfolgte wohl in erster Linie aus pragmatischen Erwägungen. Ausschlaggebend für die Eingrenzung des relevanten "Entschädigungszeitraums" waren vor allem die möglichen Kosten sowie die Schwierigkeit, eine gerichtliche Aufarbeitung der zahlreichen seit Mitte des 20. Jahrhunderts begangenen Verbrechen zu leisten. Selbst bei einer Festlegung auf die vergangenen 30 Jahre ist jedoch zu bezweifeln, ob genügend finanzielle Mittel für eine umfassende Entschädigung der über 6 Millionen Opfer des Binnenkonflikts zur Verfügung stehen, von einer gerichtlichen Aufarbeitung der Verbrechen durch die chronisch überlastete Justiz ganz zu schweigen. Da sich die Datierung des Konfliktbeginns auf das Jahr 1985 historisch kaum rechtfertigen lässt, wird sie sowohl von Opferorganisationen als auch von den FARC abgelehnt (Schuster 2015: 76-78).

Die Einrichtung des GMH im Rahmen des Gesetzes "Gerechtigkeit und Frieden" kann als politische Reaktion der Regierung Uribe auf den hohen zivilgesellschaftlichen Druck und eine Vielzahl von Initiativen zur Konstruktion eines "historischen Gedächtnisses" seit Beginn der 1990er Jahre gewertet werden.[3] So sollte eine vom kolumbianischen Staat legitimierte Institution und ihre somit offizielle Version der Konfliktinterpretation garantiert werden, welche, um ihr Glaubhaftigkeit zu verleihen, trotz klarer Auftragsstellung mit relativ weitreichender Autonomie ausgestattet wurde. Diese wurde zunächst vom GMH und anschließend dem CNMH genutzt, um die traditionelle staatliche Geschichtspolitik im Rahmen des Möglichen zu revidieren.

Obwohl sie sich gleichermaßen die Versöhnung und die friedliche Beilegung des Konflikts auf die Fahnen geschrieben hatten, zeichnete sich die Arbeit der GMH-Mitglieder durch die intensive Auseinandersetzung mit den Umständen des Konflikts, die Aufnahme alternativer Sichtweisen von Opfern und zivilgesellschaftlichen Gruppen sowie eine anklagende Haltung gegenüber den politischen Eliten aus. In gewisser Weise entwickelten sie sich daher zu Kritikern ihrer eigenen Dachorganisation, der CNRR, die eher auf die seit jeher praktizierte Strategie von "Versöhnung und Vergessen" setzte, um den angestoßenen Demobilisierungs- und Reintegrationsprozess von nichtstaatlichen Kombattanten zu vereinfachen. Nach dem Ende der CNRR behielt das CNMH diese kritische und relativ

---

3   Unter anderem haben das *Centro de Investigación y Educación Popular* (CINEP), die *Ruta Pacífica de las Mujeres* und der *Movimiento de Víctimas de Crímenes de Estado* (MOVICE) einen wichtigen Beitrag zur Dokumentation von Menschenrechtsverletzungen und Konfliktgeschehen geleistet.

unabhängige Haltung bei (Cristancho/Herrera 2013: 186-188; Sánchez 2014: 17-19).

Obgleich der GMH und später das CNMH aufgrund ihrer eingeschränkten und nicht bindenden Mandate sowie aufgrund des anhaltenden bewaffneten Konflikts nicht den Status von Wahrheitskommissionen erlangten, so kann ihnen doch eine breiten- und öffentlichkeitswirksame Vermittlung des Konflikts und der damit einhergehenden Notwendigkeit zur Konstruktion eines integrativen "historischen Gedächtnisses" bescheinigt werden. Die aufgrund des klaren Mandats durch den kolumbianischen Staat vom CNMH beanspruchte Deutungshoheit in Bezug auf die Ursprünge und den Verlauf des bewaffneten Konflikts wird dennoch immer wieder kritisch hinterfragt (Jaramillo 2014: 210-211).

Die kritischen Stimmen weisen darauf hin, dass das Vorgehen und die Ziele des CNMH stets als Konsequenz des Gesetzes "Gerechtigkeit und Frieden", also im Kontext des anhaltenden Konflikts und somit im Zusammenhang mit der Politik der Regierungen Uribe und Santos zu werten seien (Jaramillo 2014: 210-211). Jedoch nimmt das CNMH weniger die Funktion eines Produzenten staatlich gewünschter Geschichtsbilder wahr, sondern grenzt sich vielmehr klar von der offiziösen Historiografie vergangener Epochen ab. Von den Forschern als "emblematisch" eingeschätzte Konflikthandlungen, wie verschiedene von Paramilitärs verübte Massaker, wurden als zentrale Erklärungselemente der Konfliktgeschichte im Detail aufgearbeitet. Außerdem erfolgte insgesamt eine starke Fokussierung auf die Erinnerungen und Zeugnisse der in den vorangegangenen Kommissionen weitgehend oder komplett vernachlässigten Opfergruppen. So verschwimmen die Grenzen zwischen geschichtlichen Fakten und den stark betonten, nach wenig belastbaren Kriterien ausgewählten subjektiven Wahrnehmungen der Konfliktopfer. Zusätzlich wird die Geschichtsschreibung des CNMH durch seine intrinsische Unterstützung der als notwendig gesehenen Beilegung des Konflikts sowie der Demokratisierung des politischen Prozesses beeinflusst. Das CNMH zeigt mit diesem Vorgehen also über die wissenschaftlichen Kriterien hinaus eine politische Motivation als Anwalt der Sache der Konfliktopfer, welche die vorgenommene Geschichtsschreibung subjektiv, entgegen der eigenen Ansprüche nicht ausreichend integrativ und somit angreifbar macht. Realitäten und Wahrnehmungen möglicherweise unterrepräsentierter Konfliktopfer, aber auch anderer Bevölkerungsgruppen, finden in diesem Szenario unter Umständen geringere Beachtung. Die somit politisch aufgeladene Konstruktion eines "historischen Gedächtnisses" des CNMH kann demnach als Gegendarstellung zu staatsnahen und unkritischen Geschichtsinterpretationen früherer Zeiten verstanden werden, weil sie erstmals die Konfliktopfer in den Mittelpunkt der Forschung und des Bewusstseins rückt. In historischer Perspektive ist dies bemerkenswert, da es sich ja um einen vom Staat legitimierten und mit einem klaren Mandat zur Erklärung des Konfliktgeschehens ausgestatteten Akteur handelt (Jaramillo 2014: 210-211; Schuster 2015: 68-70).

Friedensverhandlungen – Historikerkommission – Wahrheitskommission

Im Kontext der zwischen September 2012 und September 2016 zwischen dem kolumbianischen Staat und den FARC geführten Friedensgespräche kam es erneut zu einer Intensivierung der geschichts- und vergangenheitspolitischen Auseinandersetzungen. Die allgemeine Einschätzung ist, dass ein nachhaltiger Frieden nur auf der Basis einer kohärenten Geschichts- und Vergangenheitspolitik Erfolg haben kann. Die Aufarbeitung der Ursachen des Konflikts soll dabei die Grundlage der kommenden sozio-politischen Veränderungen darstellen. So fordern weite Teile der organisierten Zivilgesellschaft einen "nachhaltigen Frieden mit sozialer Gerechtigkeit", die Aufklärung der schlimmsten Verbrechen sowie die Entschädigung der Opfer (Vera Piñeros 2010). Gleichzeitig torpedierte die politische Rechte unter der Führung von Ex-Präsident Uribe die Friedensverhandlungen durch die Einforderung eines "Friedens ohne Straflosigkeit", wobei in erster Linie die Bestrafung der FARC-Guerilleros gemeint war. Unabhängig von der politischen Motivation warnten Experten und Menschenrechtsverteidiger davor, den Frieden um den Preis von Straffreiheit für die Täter aller Konfliktparteien und der Aberkennung der Opferrechte auf Wahrheit und Wiedergutmachung zu erkaufen (Schuster 2015: 66).

Während der Verhandlungen in Havanna zeigte sich, dass für die FARC das eigene Geschichtsbild von zentraler Bedeutung ist. Angesichts der staatlich initiierten Vergangenheitsaufarbeitung unter der Federführung des CNMH, das die Entstehungsgeschichte der FARC wenig beleuchtete und somit aus Perspektive der Guerilleros die historische Rechtfertigung ihres Kampfes als Verteidigung gegen die staatliche Aggression unterschlagen habe, forderten die Guerilleros die Einsetzung einer "objektiven" Geschichtskommission (Schuster 2015: 68-70). Als Ergebnis wurde 2014 eine Kommission beschlossen, deren zwölf Mitglieder und zwei Berichterstatter jeweils zur Hälfte von den FARC und der Regierung bestimmt wurden. Es handelte sich also erstmals in der kolumbianischen Geschichte um eine offizielle, aber nicht alleine von der Regierung oder vom Staat legitimierte Kommission. Die Aufgabe der Politologen, Historiker und Soziologen war es, die Ursprünge des Konflikts in "neutraler" Weise aufzuarbeiten und innerhalb weniger Monate einen vollständigen und integrativen Bericht zu erstellen. Im Unterschied zum weithin begrüßten und breitenwirksamen Bericht *¡Basta ya!* wurde dieser im August 2015 veröffentlichte Text jedoch kaum von der Öffentlichkeit wahrgenommen (Valencia 2015: 44; CHCV 2015). Ein Grund hierfür war auch, dass sich der "Bericht" als solcher kaum lesen lässt. Tatsächlich handelt es sich um eine wenig kohärente Aneinanderreihung zwölf völlig verschiedener Perspektiven, die sich nur schwer auf einen gemeinsamen Nenner bringen lassen. Während auf der einen Seite die Interpretationen der von Regierungsseite bestimmten Mitglieder der Kommission weitgehend mit früheren Berichten und Kommissionen konform sind, legten die von der FARC vorgeschlagenen Mitglieder Wert auf die Feststellung, dass der Staat eine Mitschuld am Ausbruch der *Violencia* trage. Ferner sei der Ausbruch der revolutionären Gewalt auch aus dem Kontext des Kalten Kriegs und der negativ zu wertenden Beteiligung der USA zu erklären. Die abschließenden Berichte des CNMH und der Historikerkommission präsentierten also stark voneinander abweichende Interpretationen der Vergangenheit. Ausgeklammert blieb jedoch in beiden Fällen das Problem der historischen und strafrechtlichen Verantwortung.

Im Rahmen der Friedensgespräche wurde schließlich die Einrichtung einer Wahrheitskommission (*Comisión para el esclarecimiento de la verdad, la convivencia y la no repetición*) beschlossen. Diese soll im Falle der Umsetzung des bislang erreichten Friedensschlusses ihre Arbeit über einen Zeitraum von drei Jahren aufnehmen, um eine gemeinsame Lesart des Konflikts und eine allgemeine Anerkennung der nationalen Katastrophe zu befördern. Auch sie soll keinerlei bindenden Charakter oder strafrechtliche Kompetenzen haben, sondern durch die Aufklärung der Verantwortlichkeiten aller Konfliktakteure zu einer Aussöhnung der kolumbianischen Gesellschaft beitragen. Der Schwerpunkt soll auf der kollektiven Verantwortung der Konfliktakteure liegen, wobei insbesondere systematische und massive Verbrechen wie Massaker, "Verschwindenlassen" oder sexuelle

Gewalt im Fokus stehen. Individuelle Verantwortlichkeiten oder Schicksale sollen dagegen nur nachrangig behandelt werden. Aussagen vor der Kommission sollen freiwillig sein und keine strafrechtlichen Konsequenzen haben (Mesa de Conversaciones de La Habana 2014).

Angesichts dieser Kriterien ist zu vermuten, dass die zukünftige Wahrheitskommission der Sichtweise der FARC entgegenkommt. So haben beide Seiten bereits beschlossen, dass ein Auswahlausschuss mit neun Mitgliedern (drei von der FARC, drei von der Regierung sowie drei ausländische Experten) über die Zusammensetzung der elfköpfigen Kommission entscheiden soll. Die FARC werden ebenso wie im Falle der vorangegangenen Historiker-Kommission alles daran setzen, dass der Schlussbericht ihre Sicht der Dinge widerspiegelt. Demnach sehen sie sich als Opfer eines kartellhaften, undemokratischen und kapitalistischen Systems. Ihre Entstehung im Jahre 1964 sei in erster Linie als legitime Reaktion auf staatliches Versagen und staatliche Gewalt zu interpretieren. Die Guerilleros wollen also nicht nur als Täter, sondern auch als Opfer verstanden werden. Es besteht somit die Gefahr, dass die FARC durch ein rein symbolisches Eingeständnis ihrer Schuld und die Abwälzung der eigentlichen Verantwortung auf den Staat versuchen, einer Strafverfolgung zu entgehen. Gleichzeitig wurde von der Verhandlungsrunde aber bereits festgelegt, dass die strafrechtliche Aufarbeitung des Konflikts unabhängig von der Wahrheitskommission stattfinden muss, und die beiden parallel verlaufenden Prozesse sich nicht gegenseitig beeinflussen oder ersetzen dürfen (Mesa de Conversaciones de La Habana 2014).

Die Einigung der Konfliktparteien auf einen vertretbaren Kompromiss betreffend der Geschichtsinterpretation ist eine wichtige Grundlage für einen erfolgreichen und weithin akzeptierten Friedensschluss sowie dessen nachhaltige Umsetzung. Der Wahrheitskommission steht zur Bewältigung von über 50 Jahren Gewaltgeschichte jedoch lediglich ein sehr kurz angesetzter Zeitraum von drei Jahren zur Verfügung. Ob die Arbeit der Wahrheitskommission tendenziell den Prämissen "Wahrheit" und "Gerechtigkeit" folgt oder aber auf die alten Muster von "Versöhnen" und "Vergessen" zurückfällt, bleibt abzuwarten – ebenso ob die Kommission einen substanziellen Beitrags zur Erlangung eines stabilen Friedens leisten kann. Auch nach dem Friedensschluss mit den FARC werden Staat und Gesellschaft weiterhin mit einer Vielzahl nichtstaatlicher bewaffneter Akteure konfrontiert sein. Aufgrund des entstehenden Machtvakuums und des Kampfes um Macht und Einfluss der verbliebenen Gruppen ist es daher durchaus möglich, dass ein Friedensschluss mit den FARC keineswegs das Ende der Gewalt in Kolumbien bedeutet. Stattdessen könnte es zu einer "Veralltäglichung" vormals politisch motivierter Gewalt kommen – wie Erfahrungen aus Postkonflikt-Kontexten in Zentralamerika mit bedauerlicher Deutlichkeit mahnen.

Die Geschichts- und Vergangenheitspolitik in Kolumbien ist also weiterhin von der Herausforderung geprägt, im anhaltenden Konflikt vorangetrieben zu werden. Fortdauerndes Leid, perpetuierte Gewalt und verfestigte Strukturen des Konflikts werden somit zur Geschichte erklärt, ohne jemals ein Ende gefunden zu haben. Geschichte, Geschichtsbild und Erinnerung stellen gleichzeitig wichtige Faktoren am Verhandlungstisch dar – sowohl mit den FARC als auch mit dem ELN. Die Deutungshoheit über die nationale Geschichte und somit hinsichtlich der "Wahrheit" in Bezug auf Ursachen und Konsequenzen des Konflikts sind für die Zuschreibung von Verantwortung, die Bestrafung der Täter, die Entschädigung der Opfer und im Allgemeinen für die Bestimmung notwendiger Maßnahmen zur konkreten Umsetzung der im Friedensprozess vereinbarten Inhalte von zentraler Bedeutung. So stellt sich abschließend die Frage, welchen Preis Kolumbien für den Frieden bezahlen wird. Das Gleichgewicht zwischen Anreizen zur Niederlegung der Waffen und Versöhnung auf der einen und der Wahrheitsfindung, Opferentschädigung sowie der Bestrafung der Täter auf der anderen Seite, muss minutiös ausgependelt werden, um einem möglichen Frieden Legitimität und Akzeptanz zu verschaffen.

Literaturverzeichnis

CABALLERO, Antonio (1986): "Prólogo". In: Behar, Olga (Hg.): *Las guerras de la paz*. Bogotá: Planeta, S. 7-9.

CHCV (Comisión Histórica del Conflicto y sus Víctimas) (2015): *Contribución al entendimiento del conflicto armado en Colombia*. Bogotá: Ediciones Desde Abajo.

CNMH (Centro Nacional de Memoria Histórica) (2013): *¡Basta ya! Colombia: Memorias de guerra y dignidad*. Bogotá: Imprenta Nacional.

CRISTANCHO, Jóse/HERRERA, Martha (2013): "En las canteras de Clío y Mnemosine: apuntes historiográficos sobre el Grupo Memoria Histórica". In: *Historia Crítica*, 50, S. 183-210.

GALINDO, Carolina (2007): "Neopopulismo en Colombia: el caso del gobierno de Álvaro Uribe Vélez". In: *Íconos*, 27, S. 147-162.

GUZMÁN, Germán et al. (2005 [1962/1964]): *La Violencia en Colombia*. 2 Bde. Bogotá: Taurus.

HARTLYN, Jonathan (2012): "Sobre el impacto del Frente Nacional". In: Caballero Argáez, Carlos et al. (Hg.): *Cincuenta años de regreso a la democracia. Nuevas miradas a la relevancia histórica del Frente Nacional*. Bogotá: Universidad de los Andes, S. 93-116.

HENDERSON, James (2012): *Víctima de la globalización. La historia de cómo el narcotráfico destruyó la paz en Colombia*. Bogotá: Siglo del Hombre.

JARAMILLO, Jefferson (2010): "La reconstrucción de la memoria histórica del conflicto colombiano en el actual proceso de Justicia y Paz. Alcances, desafíos y preguntas". In: *Desafíos*, 2, S. 31-70.

— (2014): *Pasados y presentes de la violencia en Colombia. Estudio sobre las Comisiones de Investigación (1958-2011)*. Bogotá: Pontificia Universidad Javeriana.

LaROSA, Michael/MEJÍA, Germán (2013): *Historia concisa de Colombia (1810-2013)*. Bogotá: Pontificia Universidad Javeriana/Universidad del Rosario.

MESA DE CONVERSACIONES DE LA HABANA (2014): *Informe conjunto de la mesa de conversaciones entre el Gobierno Nacional y las Fuerzas Armadas Revolucionarias de Colombia*. <http://www.altocomisionadoparalapaz.gov.co/mesadeconversaciones/index.html> (18.05.2017).

PIZARRO, Eduardo (2004): *Una democracia asediada: Balance y perspectivas del conflicto armado en Colombia*. Bogotá: Norma.

SÁNCHEZ, Gonzalo (2006): *Guerras, Memoria e Historia*. Medellín: La Carreta Histórica.

— (2014): "Presentación". In: Jaramillo, Jefferson (Hg.): *Pasados y presentes de la violencia en Colombia. Estudio sobre las Comisiones de Investigación (1958-2011)*. Bogotá: Pontificia Universidad Javeriana, S. 17-23.

SCHUSTER, Sven (2009): *Die Violencia in Kolumbien: Verbotene Erinnerung?* Stuttgart: Heinz.

— (2010a): "Colombia: ¿país sin memoria? Pasado y presente de una guerra sin nombre". In: *Revista de Estudios Colombianos*, 36, S. 30-49.

— (2010b): "Frieden im Krieg? Kolumbien und die Mär vom Postkonflikt". In: *Welt-Trends – Zeitschrift für Internationale Politik*, 73, S. 14-19.

— (2015): "50 Jahre FARC – Geschichtsbild und Selbstverständnis der ältesten Guerilla Lateinamerikas". In: *Sozial.Geschichte Online*, 15, S. 62-80.

VALENCIA, León (2015): "El fracaso de la comisión histórica del conflicto". In: *Revista Semana*, 1722 (Mai), S. 44.

VERA PIÑEROS, Diego Felipe (2010): "El camino hacia la reconciliación nacional en Colombia: avances y retos entre paradojas políticas". In: Pastrana Buelvas, Eduardo et al. (Hg.): *Más allá de la Seguridad Democrática. Agenda hacia nuevos horizontes*. Bogotá: Konrad-Adenauer-Stiftung, S. 115-127.

WOLFRUM, Edgar (1999): *Geschichtspolitik in der Bundesrepublik Deutschland. Der Weg zur bundesrepublikanischen Erinnerung*. Darmstadt: Wissenschaftliche Buchgesellschaft.

ZELIK, Raul (2009): *Die kolumbianischen Paramilitärs. "Regieren ohne Staat?" oder terroristische Formen der Inneren Sicherheit*. Münster: Westfälisches Dampfboot.

Die Gewerkschaften: zwischen Gewalt und Informalisierung

Rainer Dombois / Luz Jeannette Quintero

Gewerkschaften artikulieren und vertreten die Interessen der abhängig Beschäftigten in den Arbeitsbeziehungen wie auch in Politik und Gesellschaft. In Tarifvereinbarungen handeln sie Beschäftigungsbedingungen (Löhne, Arbeitszeiten, Arbeitsbedingungen), Rechte und Pflichten bei der Arbeit selbst sowie Partizipationsrechte aus und setzen so der unternehmerischen Markt- und Verfügungsmacht Schranken. Sie versuchen auch, die politischen und wirtschaftlichen Rahmenbedingungen mitzugestalten, die die soziale Situation sowie Chancen und Risiken von abhängig Beschäftigten und ihren Familien bestimmen. Ihr Einfluss im Betrieb, auf dem Arbeitsmarkt, in der Politik und in der Gesellschaft insgesamt hängt von verschiedenen Faktoren ab. Dazu gehören die Entwicklung des Beschäftigungssystems und des Arbeitsmarkts, die Formen, Strukturen und Politiken gewerkschaftlicher Interessenvertretung, die zur Verfügung stehenden politischen und rechtlichen Spielräume und Garantien sowie die Akzeptanz der Gewerkschaften seitens der Unternehmen und in der Öffentlichkeit.

Die Gewerkschaftsbewegung in Kolumbien besteht aus einer Vielzahl von Organisationen, die nur einen kleinen Teil der Bevölkerung vertritt. Bereits das hohe Ausmaß an informeller Beschäftigung von fast 60 % der Erwerbsbevölkerung begrenzt die Basis für gewerkschaftliche Organisation stark. Gut 40 % der Erwerbstätigen sind Selbständige und Familienangehörige. Aber auch ein beträchtlicher Teil der abhängig Beschäftigten kann seine Arbeitnehmerrechte faktisch nicht wahrnehmen (CEPAL 2012).

Die Arbeitsbeziehungen Kolumbiens weisen aber darüber hinaus auch im lateinamerikanischen Vergleich einige Besonderheiten auf. Erstens gehört Kolumbien zu den Ländern mit dem geringsten gewerkschaftlichen Organisationsgrad. Nachdem im Jahre 1965 noch 13 % der Erwerbstätigen Mitglieder von Gewerkschaften waren, ist der Organisationsgrad seit 1980 stark und kontinuierlich gesunken auf heute 4,5 % der Erwerbstätigen (oder etwa 9 % der Lohnabhängigen) (Urrutia 2016: 217; Vásquez

Fernández 2016). Zweitens zeigt sich eine hochgradige organisatorische Zersplitterung: Die vielen und meist kleinen Gewerkschaften – fast 4000 Verbände mit im Durchschnitt kaum mehr als 200 Mitgliedern – schließen sich überwiegend auf Betriebs- oder Berufsbasis zusammen. Es gibt nur wenige Organisationen, die ganze Berufsgruppen oder Branchen umfassen (SISLAB 2015). Die Gewerkschaften gehören drittens einem der drei Dachverbände an, die sich nach politischen und ideologischen Orientierungen unterscheiden und nur begrenzt in der Lage sind, mit einer Stimme die Mitgliedschaft auf der politischen Bühne zu vertreten. Viertens werden Tarifverträge in dem fragmentierten System der Arbeitsbeziehungen ganz überwiegend dezentral, auf der betrieblichen Ebene, ausgehandelt, so zumindest im privaten Sektor. Dies alles trägt dazu bei, dass die zwischen Gewerkschaften und Arbeitgebern ausgehandelten Tarifverträge nur einen sehr geringen Teil von abhängigen Beschäftigungsverhältnissen – etwa 10 % – abdecken (Vásquez Fernández 2016).

Im Folgenden werden wir zunächst einen kurzen Überblick über die Entwicklung der Gewerkschaften geben, um dann auf neuere, widersprüchliche Tendenzen seit den 1980er Jahren einzugehen: die Verbreitung physischer Gewalt, welche die Gewerkschaften vor allem in den beiden vergangenen Dekaden getroffen hat; die neoliberale Wende, welche die Informalisierung des Arbeitsmarkts förderte; schließlich auch neue Handlungsoptionen, wie sie sich durch die Verfassung von 1991 sowie durch die transnationale Vernetzung der Gewerkschaften eröffnet haben.

Entwicklung der Gewerkschaften und Arbeitsbeziehungen

Der Aufbruch der kolumbianischen Gewerkschaftsbewegung in den 1930er Jahren war nicht nur das Ergebnis sozialer Konflikte, sondern verdankte sich vor allem der von der liberalen Partei vorangetriebenen staatlichen Entwicklungs- und Modernisierungspolitik. In der "liberalen Revolution" wurde von oben und gegen den Widerstand von Grundbesitzern und Unternehmern ein erster Rahmen kollektiver Arbeitsbeziehungen geschaffen, der den Gewerkschaften Mobilisierungs- und Handlungsfähigkeit vermittelte, ohne ihnen auch politischen Einfluss einzuräumen.[1]

---

1 Zum Folgenden: Pécaut 1987; Dombois/Pries 1999:162ff.; Collier/Collier 2007: 271ff.; Urrutia 2016.

Insbesondere die Regierung López Pumarejo (1934-38; 1942-45) förderte aktiv die Gründung von Gewerkschaften und zumal des einzig zugelassenen Dachverbandes *Confederación de Trabajadores de Colombia* (CTC), intervenierte in Arbeitskonflikten zugunsten der Beschäftigten und befestigte insgesamt die staatliche Schiedsrolle in Arbeitskonflikten. Sie war dabei von dem Interesse geleitet, mit der Mobilisierung der jungen Industriearbeiterschaft der liberalen Partei politischen Rückhalt zu verschaffen. Die Machtungleichgewichte verstärkten sich freilich, als sich nach der kurzen Aufbruchszeit Mitte der 1940er Jahre die Allianz zwischen politischer Klasse und "plutokratischer Elite" (Palacios 1995: 176) wieder schloss und nach dem Bürgerkrieg der *Violencia* (1948-1957) in der großen Koalition der beiden Parteien, dem *Frente Nacional*, für mehr als zwei Jahrzehnte besiegelt wurde. Gewerkschaften hatten in der Folge nicht nur gegen den Widerstand der Unternehmen zu kämpfen. Sie wurden in ihrem institutionellen Handlungsrahmen eingeschränkt, administrativ diszipliniert, politisch instrumentalisiert oder repressiv bekämpft (Palacios 1995: 239-240). Indem gewerkschaftlichen Föderationen und Dachverbänden das Recht auf Kollektivverhandlungen verweigert und demgegenüber die gewerkschaftliche Organisation auf Basis des Betriebs und des Berufs gestärkt wurde, wurde ein hochgradig dezentralisiertes System von Arbeitsbeziehungen geschaffen und rechtlich zementiert. Auch wurden bald Parallelgewerkschaften auf betrieblicher Ebene zugelassen. Zudem gibt die eigentümliche Figur der faktisch einseitigen Kollektiven Pakte (*Pactos Colectivos*) – prozedural nicht geregelten Vereinbarungen mit gewerkschaftlich nicht organisierten Beschäftigten – bis heute den Unternehmen ein wirksames Instrument in die Hand, die Bildung von Gewerkschaften überhaupt zu verhindern. Weiter bekam das Arbeitsministerium weitgehende Befugnisse, Gewerkschaften die Anerkennung und Tariffähigkeit zu verweigern, Zwangsschiedsverfahren einzuleiten und Streiks für illegal zu erklären. Schließlich wurde für weite Bereiche öffentlicher Dienstleistungen, über den staatlichen Sektor hinaus, das Recht auf Tarifverhandlungen eingeschränkt und das Streikrecht versagt. Bis 1990 waren auch politische Aktivitäten von Gewerkschaften verboten (Ortiz 2011: 18ff.).

Die Gewerkschaften konnten unter diesen Bedingungen selbst in Großunternehmen lange Zeit nicht das Recht auf Tarifverhandlungen durchsetzen. Erst in den 1960er und 1970er Jahren, vor allem im Zuge der Ansiedlung transnationaler Unternehmen, gewannen Kollektivverhandlungen als Regelungsform an Verbreitung. Insgesamt bildete sich ein hochgradig fragmentiertes System von Arbeitsbeziehungen aus. Es waren in der Regel Betriebs- oder Berufsgewerkschaften und individuelle Unternehmen, die ohne zwischen- oder überbetriebliche Koordinierung meist für jeweils kleine, betriebliche Beschäftigtengruppen Tarifverträge aushandelten.

Bereits von früh an wurde die organisatorische Fragmentierung der Gewerkschaftsbewegung durch ideologisch-politische Differenzen überlagert und vertieft. In Medellín, dem traditionellen Zentrum der Textilindustrie, bildeten patronale Unternehmensgewerkschaften den Kern des 1946 von der Allianz aus Klerus, Industriellen und der Konservativen Partei geförderten Dachverbandes *Unión de Trabajadores de Colombia* (UTC), der in seinem Grundsatzprogramm die Kooperation zwischen Kapital und Arbeit propagierte (Pécaut 1987: 429ff.).

Das Panorama veränderte sich in den 1960er Jahren, als die Gewerkschaftsbewegung, begünstigt durch das starke Wachstum der Ökonomie, die Ansiedlung transnationaler Unternehmen und die Ausweitung des staatlichen Sektors, stark expandierte und sich zugleich sozial, politisch und regional weiter differenzierte. Konflikte in der liberalen Partei und die Entstehung von Guerillagruppen stießen auch eine politische Mobilisierung und Radikalisierung von Gewerkschaften jenseits der beiden herrschenden, oligarchisch dominierten Parteien an. Diese drückte sich in engen Beziehungen zu linken politischen Organisationen, antagonistischen Konzeptionen der Arbeitsbeziehungen und klassenkämpferischer Militanz aus. Die CTC verlor an Bedeutung, als im Jahre 1964 der kommunistische Dachverband *Confederación Sindical de Trabajadores de Colombia* (CSTC) und im Jahre 1971 die *Confederación General del Trabajo* (CGT) gegründet wurden. Die Aufspaltung von Dachverbänden nach politisch-ideologischen Gesichtspunkten, die auch jeweils unterschiedliche Stile der Beziehungen zu Unternehmen und Regierung einschlossen, erschwerte eine einheitliche Interessenvertretung der Arbeitnehmer auf der politischen Bühne. Dies setzte sich selbst nach 1986 fort, als die *Central Unitaria de Trabajadores* (CUT) als neuer größter Dachverband gebildet wurde, der die Konföderationen UTC und CSTC absorbierte und damit ein breites politisches Spektrum von Gewerkschaften repräsentierte.

Die ideologische Nähe vieler Gewerkschaften zu politischen Organisationen der bewaffneten Linken machte es leicht, Gewerkschaften als Helfershelfer der Subversion zu stigmatisieren, ihnen die juristische Anerkennung zu verweigern und Streiks als Anschläge auf die gesellschaftliche Ordnung und die öffentliche Sicherheit zu etikettieren, die administrativ unterbunden, manchmal im Rahmen des jahrelang geltenden Ausnahmezustands gar mit Militäreinsatz unterdrückt wurden. Ihre Anführer wurden oft kriminalisiert, konnten (bis zur Verfassungsreform von 1991) vor *Consejos de Guerra*, Militärgerichte, gestellt werden oder wurden Opfer von illegalen Festnahmen und Gewalttaten (Ortiz 2011: 20ff.).

Insgesamt, so lässt sich resümieren, bildete sich bis in die 1980er Jahre ein wenig gefestigtes, zersplittertes und staatlich reglementiertes System von Arbeitsbeziehungen aus, mit sehr beschränkter sektoraler Reichweite und prekärer Legitimität, eingebettet in ein politisches System, in dem Gewerkschaften allenfalls als Klientel, wenn nicht gar als politisch, administrativ und polizeilich zu bekämpfende Gegner galten. Sie trafen nicht nur in der betrieblichen Arena auf Widerstand, sei es, weil sie als politisch subversiv galten, sei es weil sie überhaupt die Autorität des 'Herrn im Hause' infrage- und unter Kompromisszwänge stellten. Und sie mussten schließlich gegen das Zerrbild der öffentlichen Meinung ankämpfen, das sie als Hemmnis von Produktivität und wirtschaftlicher Entwicklung, wenn nicht gar als Helfershelfer der Subversion zeichnete (Ortiz 2011: 19ff.; FIP 2010).

Bedingungen seit den 1980er Jahren: Gewalt, Deregulierung, Re-Regulierung

Mitte der 1980er Jahre setzten sehr widersprüchliche Prozesse ein, die direkt oder indirekt die Handlungsbedingungen der Gewerkschaften veränderten und ihre Strategien beeinflussten. Es begann erstens eine Phase, in der Mitglieder von Gewerkschaften extremer physischer Gewalt ausgesetzt waren. Zweitens setzte mit der neoliberalen Wende, der *Apertura,* die Öffnung und Deregulierung der Wirtschaft und des Arbeitsmarkts ein. Zugleich aber leiteten drittens die Verfassungsreform und die Rechtsprechung des neu gegründeten Verfassungsgerichts eine gewisse Re-Regulierung der Arbeitsbeziehungen ein. Diese wurde durch internationalen Druck auf die Regierung als Ergebnis der Initiativen kolumbianischer Gewerkschaften und ihrer transnationalen Allianzen verstärkt.

Bewaffneter Konflikt und Gewalt[2]

Die Gewalt des bewaffneten Konflikts – des Bürgerkriegs, der mit der Bildung von Guerillagruppen in den 1960er Jahren begann und bis heute 220.000 Todesopfer gekostet hat (GMH 2013: 32) – hat auch die Gewerkschaften und ihre Mitglieder stark getroffen. In den vergangenen drei Jahrzehnten, in denen sie extreme Ausmaße annahm, wurden fast 3.000 Mitglieder ermordet. Eine noch sehr viel größere Zahl wurde Opfer anderer Gewalttaten wie Morddrohungen, Verschleppungen, illegalen Verhaftungen und Vertreibungen. Dies hatte enorme Auswirkungen auf die Organisationen selbst: kritische Stimmen wurden von Gewaltakteuren – paramilitärischen Gruppen und ihren Hintermännern, Guerillagruppen, staatlichen Sicherheitskräften – eingeschüchtert oder zum Schweigen gebracht, kleinere Gewerkschaften lösten sich auf (Ortiz 2011; Castaño González 2015).

Seit den 1980er Jahren lassen sich drei Phasen der politischen Entwicklung und des politisch-militärischen Konflikts unterscheiden, die jeweils mit unterschiedlicher Intensität der Gewalt gegen Gewerkschafter einhergingen (Archila et al. 2012; Valencia/Celis 2012). Die erste Phase begann in den 1980er Jahren im Zuge der demokratischen Öffnung und der letztlich gescheiterten Friedensverhandlungen des Präsidenten Belisario Betancur mit den Guerillagruppen. Die politischen Organisationen der Linken konnten nun legale Parteien bilden. Zugleich weiteten die Guerillas ihre bewaffneten Aktivitäten über ihre bisherigen Einflussgebiete hinaus aus. Als Reaktion bildeten sich zunächst auf lokaler Ebene *Autodefensas*, erste paramilitärische Gruppen, die von politischen und ökonomischen Eliten, nicht zuletzt auch von Drogenhändlern unterstützt wurden und oft auch auf die Kooperation staatlicher Sicherheitskräfte zählen konnten. Sie suchten die lokalen und regionalen Machtstrukturen gegenüber der politischen Linken und den expandierenden Guerillagruppen zu verteidigen und richteten ihre Gewalt nicht nur gegen die Guerilla selbst, sondern auch und vor allem gegen alle, die als deren politische oder soziale Unterstützer angesehen wurden. Ins Visier gerieten insbesondere Gewerkschaften mit Nähe zu politischen Organisationen wie den kommunistischen Parteien, die das Prinzip der Kombination der politischen, sozialen

---

2   Vgl. zum Folgenden: Dombois/ Ortiz 2016, 246ff. Zur Geschichte und den Phasen des bewaffneten Konflikts siehe GMH 2013: 116ff.; Valencia/Celis 2012.

und bewaffneten Formen des Klassenkampfs (*combinación de todas formas de lucha*) vertraten. Politische wie auch gewerkschaftliche Aktivitäten ließen sich so als Spielarten der Subversion etikettieren. Ein schmutziger Krieg traf in besonderem Maße Gewerkschaftsmitglieder, die in der neuen Partei *Unión Patriótica* (UP) aktiv waren. Aber auch die politischen Organisationen mit ihren Guerillagruppen trugen zeitweise ihre Konkurrenz gewaltsam aus. In dieser ersten Phase von 1985 bis 1990 wurden 380 Gewerkschaftsmitglieder ermordet (Valencia/Celis 2012: 43ff.).

Die Gewalt erreichte ihre Extreme in der zweiten Phase mit insgesamt 2.088 Toten. Die Zeit zwischen 1991 und 2004 wurde durch die schrittweise Intensivierung und Ausweitung des bewaffneten Konflikts, schließlich den Siegeszug der paramilitärischen Allianz und die Zurückdrängung der Guerilla in periphere Zonen markiert (Valencia/Celis 2012:73ff.). Sie begann mit der territorialen Expansion der bewaffneten Aktivitäten der Guerillagruppen wie auch der regionalen, schließlich nationalen Ausweitung und Koordinierung der Aktivitäten der paramilitärischen Gruppen. In dem weitgehend aus der Drogenökonomie finanzierten bewaffneten Konflikt geriet die Zivilbevölkerung in vielen Regionen ins Kreuzfeuer der bewaffneten Akteure: zwischen den weiterhin aktiven, erstarkten Guerillagruppen und der Allianz aus Paramilitärs, staatlichen Sicherheitskräften und Agenturen. Die Gewalt beider Konfliktparteien traf insbesondere solche Organisationen und Personen, die aufgrund ihrer Aktivitäten – seien diese gewerkschaftlicher, politischer oder auch bürgerschaftlicher Art – als Unterstützer der jeweiligen Gegenseite etikettiert wurden (Valencia/Celis 2012: 15ff.). Freilich verbarg die Etikettierung oft die wirklichen Interessen: Aneignung von Land, Verteidigung von politischer Macht oder auch gewaltsame Lösung von Arbeitskonflikten. Die gewaltsame politische Homogenisierung ließ in den umkämpften Gebieten kaum mehr Raum für autonome soziale Organisationen. Wenn die Gewalt auch meist nicht darauf zielte, Gewerkschaften selbst auszulöschen, so schüchterte sie ein und lähmte die Aktivitäten, brachte die Aktiven vielfach zum Schweigen oder zur Flucht in andere Regionen (Ortiz 2011: 135 ff.).

In der dritten, gegenwärtigen Phase ging zugleich mit der geringeren Intensität des bewaffneten Konflikts im Lande auch die Gewalt gegen Gewerkschaftsmitglieder stark zurück – im Zuge der Demobilisierung des Gros der Paramilitärs zwischen 2003 und 2006 und der wachsenden Kontrolle der Zentren des Landes durch das Militär (Valencia/Celis 2012: 143ff.). Dennoch bleibt das Ausmaß der Gewalttaten gegen Gewerkschafter im internationalen Vergleich (so mit 364 Toten zwischen 2005 und 2011) sehr hoch (Valencia/Celis 2012: 25f.). Neuere Studien weisen auf eine systematische und selektive Anwendung von Gewalt hin. Besonders traf sie die große Lehrergewerkschaft, die Gewerkschaften der Bananenarbeiter und die des Erdölsektors, die zusammen zwei Drittel aller Todesopfer verzeichneten (Ortiz 2011: 69ff.). Sie traf aber auch eine große Zahl kleinerer Organisationen. Auch geografisch war die Gewalt sehr ungleich verteilt. Sie konzentrierte sich auf diejenigen Regionen, die im Mittelpunkt des bewaffneten Konflikts standen. Demgegenüber war z.B. die Metropole Bogotá vergleichsweise wenig betroffen (Valencia/Celis 2012: 23ff.). Soweit die Gewalttaten überhaupt Tätergruppen zugeschrieben werden können – die Dunkelziffer bei den Todesfällen liegt bei 72 % –, zeigt sich ein verwirrendes Bild: Das Gros wird paramilitärischen Gruppen zugerechnet, ein kleinerer Teil auch Militärs und auch die Guerilla war in beträchtlichem Maße an der Gewalt gegen Gewerkschafter beteiligt (Ortiz 2011: 106ff.). Wie Gewalttaten im Lande überhaupt, sind auch diejenigen gegen Mitglieder von Gewerkschaften zu mehr als 90 % straflos geblieben (Ortiz 2011: 153ff.).

Insgesamt zeigt sich über die gesamte Zeitspanne eine Vielfalt von unterschiedlichen regionalen politischen Kontexten, Akteurs- und Interessenkonstellationen, die sich gegen einfache Erklärungen der Gewalt sperrt. Allgemein lässt sich aber schlussfolgern, dass die Gewalt gegen Gewerkschafter sich nicht zu allererst aus Arbeitskonflikten erklären lässt. Sie ist vielmehr eng mit der Dynamik des bewaffneten Konflikts im Lande und dem Kampf um die territoriale und lokale Macht verbunden. Es waren vor allem die Ausweitung des bewaffneten Konflikts und in ihrem Zuge die politische Polarisierung, welche Gewerkschaften und ihre Mitglieder in vielen Regionen ins Kreuzfeuer der bewaffneten Akteure geraten ließ.

Apertura, Deregulierung und Informalisierung

Die 1980er Jahre markieren auch den Übergang vom herkömmlichen binnenorientierten Entwicklungsmodell zur *Apertura,* der neoliberalen Wende, die im folgenden Jahrzehnt eine weitreichende Deregulierung der Wirtschaft und Privatisierungspolitiken mit sich brachte. Sie förderte die Informalisierung des Arbeitsmarkts und veränderte die Organisationsbasis wie auch die Handlungsbedingungen der Gewerkschaften. Auf die Dere-

gulierung von Arbeitsmarkt und Beschäftigung zielten die Arbeitsrechts-
reformen ab. Auch wenn diese sich nicht auf das kollektive Arbeitsrecht
bezogen, so hatten sie doch beträchtliche Auswirkungen auf die Organi-
sations- und Mobilisierungsfähigkeit der Gewerkschaften. In den 1990er
Jahren wurden die rechtlichen Spielräume für Befristung, Leiharbeit und
auch für Entlassungen erweitert und die Nebenkosten von formeller Arbeit gesenkt. Das System der sozialen Sicherung und das der Gesundheitsversorgung wurden privatisiert – dies alles gegen den Widerstand der gewerkschaftlichen Dachverbände (Pineda Duque 2014).

Die Unternehmen nutzten die Spielräume für neue Politiken der
Flexibilisierung. Verbreitung haben vor allem Praktiken des Outsourcing
von Arbeitskräften und der Informalisierung der Beschäftigung gewonnen: Die kurzzeitige Arbeitnehmerüberlassung durch Zeitarbeitsfirmen
wurde durch neue Formen der Leiharbeit erweitert, welche sich arbeits-
rechtlicher und kollektivvertraglicher Regelung ganz entziehen. Dies begann in den 1990er Jahren mit der raschen Verbreitung der *Cooperativas
de Trabajo Asociado* (CTA): Unternehmen gliederten ihre Beschäftigten in
formell selbständige Kooperativen aus. Die Mitglieder der Kooperativen
verrichteten weiter die gleichen Arbeiten, nun aber ohne den Schutz des
Arbeits- und Sozialrechts und ohne das Recht auf Kollektivverhandlungen. Diese Art der Informalisierung der Beschäftigung griff schnell um
sich, wurde selbst in großen Handelsketten, Industriebetrieben und Krankenhäusern angewandt. Die Formen des Outsourcing von Arbeitskräften
über Zeitarbeitsfirmen und CTAs betrafen bereits 2005 mehr als eine Million Personen, etwa 10 % aller Erwerbstätigen in den Städten (Archila et
al. 2012: 134).

Unter der Regierung Uribe wurde zudem mit den *contratos sindicales*
eine weitere höchst kontroverse Form des Outsourcing von Arbeitskräften legalisiert und propagiert. Als neuer Organisations- und Geschäftsbe-
reich sogar aktiv vom gewerkschaftlichen Dachverband CGT betrieben,
sind es hier Gewerkschaften selbst, die Leiharbeitspools aufbauen, das
Arbeitsverhältnis an die Mitgliedschaft in der Gewerkschaft binden und
die Mitglieder auf Basis von Werkverträgen an Unternehmen verleihen.
Die Arbeitsbedingungen werden nach dem internen Reglement der Gewerkschaft geregelt. Diese Form der Leiharbeit, in der die Gewerkschaft
faktisch zum Arbeitgeber der Mitglieder mutiert, ohne an Mindeststan-
dards des Arbeitsrecht gebunden zu sein, gewann ab 2010 an Verbreitung,
als die CTAs in die internationale Kritik gerieten und strenger staatlich

reglementiert und überwacht wurden. Sie schloss 2014 mehr als 100.000 Beschäftigte ein (SISLAB 2015).

Die verschiedenen Formen der Flexibilisierung und Informalisierung haben in den letzten beiden Jahrzehnten nicht nur zu einer drastischen Verringerung des Anteils der dauerhaft Beschäftigten beigetragen – so allein in der Industrie bis 2012 von über 80 % auf unter 60 % (Pineda 2014: 16) –, sondern auch einen wachsenden Teil der Erwerbstätigen faktisch oder rechtlich ganz von arbeitsrechtlichem Schutz und Kollektivvereinbarungen ausgeschlossen.

Re-Regulierung und Internationalisierung der Arbeitspolitik

So sehr Deregulierung und Informalisierung den Arbeitsmarkt verändert haben, so sind andererseits Tendenzen einer Re-Regulierung nicht zu übersehen, mit denen sich die Handlungsspielräume der Gewerkschaften erweitert haben. Sie wurden durch die neue Verfassung von 1991 angestoßen und in der vergangenen Dekade vor allem unter internationalem Druck verstärkt. Die Verfassung von 1991, mit der sich Kolumbien als sozialer Rechtsstaat konstituierte, schreibt die rechtliche Verbindlichkeit internationaler Abkommen vor, so auch die der zahlreichen von Kolumbien bereits in den 1960er und 1970er Jahren ratifizierten Konventionen der Internationalen Arbeitsorganisation (IAO). Sie bekräftigt ausdrücklich die Vereinigungsfreiheit, das Recht auf Kollektivvereinbarungen und das Streikrecht, auch für Teile der Beschäftigten des Öffentlichen Diensts. Als ein zentrales Medium des sozialen Dialogs wurde die *Comisión de Concertación de Políticas Salariales y Laborales* verfassungsrechtlich verankert, die mit Beteiligung der drei gewerkschaftlichen Dachverbände den gesetzlichen Mindestlohn festlegt. In den folgenden Jahren trug die Rechtsprechung des neu geschaffenen Verfassungsgerichts zur weiteren Verrechtlichung der Arbeitsbeziehungen bei. So hob das Gericht einige rechtliche und administrative Restriktionen auf, denen Gewerkschaften und Kollektivvereinbarungen ausgesetzt waren. Es nahm zudem den Arbeitsbehörden die Befugnis, Gewerkschaften die Anerkennung zu verweigern, Streiks für illegal zu erklären oder durch eine Zwangsschlichtung zu beenden. Schließlich weitete es das Recht auf Kollektivvereinbarungen für Bereiche des Öffentlichen Diensts aus und definierte restriktivere Bedingungen für Kooperativen und die Gestaltung von Kollektiven Pakten (Vásquez Fernández 2013).

Bereits seit den 1980er Jahren nutzten die kolumbianischen Gewerkschaften die Foren der IAO sowie ihre transnationalen Kontakte, um auf die schwerwiegenden Verletzungen von Menschenrechten und Arbeitsstandards aufmerksam zu machen und internationalen Druck auf die Regierung zu erzeugen. So legten sie dem Komitee für Vereinigungsfreiheit immer wieder Beschwerden zur wachsenden Zahl von Gewalttaten gegen Gewerkschafter vor und erreichten es mit Unterstützung internationaler und ausländischer Gewerkschaftsverbände, dass mehrere hochrangige Missionen der IAO Kolumbien besuchten, welche die Regierung jeweils nachdrücklich zu korrektiven Maßnahmen aufforderten. Auch wenn Präsident Uribe die Gewalt lange herunterspielte, so nahm doch die Bereitschaft der Regierung zu Konzessionen zu, als es um die Freihandelsabkommen mit den USA, später auch mit der Europäischen Union ging. Kolumbianische Gewerkschaften nutzten ihre Verbindungen zu Akteuren in den USA und Europa, so vor allem zu Gewerkschaften, Abgeordneten in den Parlamenten und Menschenrechtsorganisationen. Sie wiesen auf die massiven, straflos gebliebenen Gewalttaten gegen Gewerkschafter hin, thematisierten aber auch weitere rechtliche oder faktische Behinderungen der Vereinigungsfreiheit und des Rechts auf Kollektivverhandlungen, so die Verbreitung von CTA-Kooperativen, die Möglichkeit der Unternehmen, durch Kollektive Pakte Gewerkschaften aus den Betrieben fernzuhalten und Tarifverträge auszuhebeln, sowie die Mängel der staatlichen Arbeitsinspektion. Schließlich war klar, dass das Freihandelsabkommen nur eine Mehrheit im US-Kongress finden würde, wenn die kolumbianische Regierung sich glaubhaft zu rechtlichen und administrativen Reformen und Maßnahmen verpflichtete. Der internationale Druck seitens der IAO und zunehmend auch aus Politik und Zivilgesellschaft der USA, schließlich auch aus Europa zeigte beträchtliche Wirkung. Der kolumbianische Kongress verabschiedete ein Gesetz zur "Formalisierung und Förderung der Beschäftigung", das die Bildung und Nutzung von Kooperativen und anderen Formen der Leiharbeit einschränken sollte. Weitreichende Reformen versprach auch die Regierung mit einem "Aktionsprogramm zu den Arbeitsrechten", das rechtzeitig vor der Ratifizierung des Freihandelsabkommens im April 2011 zwischen den Regierungen Obama und Santos vereinbart wurde und im Wesentlichen die Kernforderungen kolumbianischer Gewerkschaften und Menschenrechtsorganisationen aufnahm. In dem Aktionsprogramm verpflichtete sich die Regierung zu einem umfangreichen Paket von Gesetzesreformen und Maßnahmen, "um die international anerkannten Arbeitsstandards und Gewerkschaftsrechte zu schützen, die Gewalt gegen Gewerkschaftsfunktionäre zu verhindern und die Gewalttäter zu bestrafen". Wichtige Punkte bezogen sich auf die strafrechtliche Verfolgung von Gewalttaten, den Personenschutz von gefährdeten Gewerkschaftern, die Kontrolle von Kooperativen und anderen Formen der Leiharbeit, die auch strafrechtlich bewehrte Kontrolle Kollektiver Pakte, den Ausbau der staatlichen Arbeitsinspektion sowie die Kooperation mit der IAO (PAL 2011: 1). Die Vereinbarung des Aktionsprogramms mit seinen präzisen Zielen, Maßnahmen und Fristen zur Umsetzung ebnete den Weg zur Ratifizierung des Freihandelsabkommens durch den US-Kongress im Oktober 2011 und zur Ratifizierung des Handelsabkommens der EU mit Kolumbien im Dezember 2012.

Auch der Einfluss über die IAO zeigte Wirkung, so etwa in der Ausweitung des Rechts auf Kollektivvereinbarungen im Öffentlichen Dienst. Auf Grundlage der Konvention 151 können Gewerkschaften des Öffentlichen Diensts seit 2012 in betriebsübergreifenden *acuerdos laborale*s Arbeits- und Beschäftigungsbedingungen aushandeln, oft für ganze Berufsgruppen von Beamten (Vásquez Fernández 2016).

Insgesamt zeigt sich in den letzten Jahrzehnten, welchen Einfluss die Internationalisierung von Arbeitspolitik in einem Land gewinnen kann, in dem Gewerkschaften weder genügend eigene soziale Mobilisierungskraft noch starke politische Alliierte und gesellschaftlichen Rückhalt haben, um der Verletzung von Menschenrechten und internationalen und nationalen Arbeitsstandards, der Prekarisierung und Informalisierung in der Arbeitswelt zu begegnen. Die transnationalen Netzwerke der Gewerkschaften, ihre zunehmende Erfahrung im Umgang mit internationalen Organisationen sowie ein internationales Normengefüge aus Menschenrechtskonventionen und Konventionen der IAO – dies alles hat dazu geführt, dass die kolumbianische Regierung unter internationalem Druck zu Reformen und Maßnahmen bereit war, die auch durch die Rechtsprechung des Verfassungsgerichts flankiert wurden. Die Grenzen solcher über internationalen Einfluss vermittelten Veränderungen zeigen sich freilich nicht nur, weil sich mit der Ratifizierung der Freihandelsverträge die Druckmittel vermindert haben. Die Reformen haben zwar die Schutzrechte von Beschäftigten und die Handlungsspielräume der Gewerkschaften erweitert, sie zeigten aber über den rechtlich-administrativen Rahmen hinaus faktisch wenig Wirkung auf Beschäftigungspraktiken und Arbeitsmarkt.

Fazit

Gewerkschaften in Kolumbien haben sich in einem restriktiven, instabilen Kontext voller Widersprüche und Veränderungen entwickelt. Der bewaffnete Konflikt, institutionelle Hemmnisse und ein durch hohe Informalität geprägtes Beschäftigungssystem haben zu ihrer Fragmentierung und politischen Fraktionierung beigetragen. Die Zeit zwischen 1985 und 2015 markiert eine Phase, in der Gewerkschaften und ihre Mitglieder einem enormen, oft existenziellen Druck ausgesetzt waren: extremer physischer Gewalt, politischer Diskriminierung und Marginalisierung, Widerstand der Unternehmen auf der betrieblichen Ebene, Deregulierung und Informalisierung des Arbeitsmarkts. Die Re-Regulierung im Zuge der Verfassungsreform und der Internationalisierung von Arbeitspolitik vermochte diesen Druck kaum abzuschwächen. Infolgedessen ging die bereits zuvor sehr geringe Gewerkschaftsdichte weiter zurück, wenn auch in einzelnen Sektoren – etwa in Bereichen des öffentlichen Diensts – ein hoher Organisationsgrad fortbesteht. Auch die Zahl der Beschäftigungsverhältnisse im privaten Bereich, die tariflich geregelt werden, nahm in dieser Zeit ab – nicht zuletzt aufgrund der Konkurrenz zu Kollektiven Pakten, die einseitig Arbeits- und Beschäftigungsbedingungen regelten. Auch die Flexibilisierung und Informalisierung setzte sich fort, wenn auch in neuen Formen (Vásquez Fernández 2013).

Es ist bei alledem nicht einfach eine *cultura antisindical,* eine antigewerkschaftliche Kultur, welche gewerkschaftliche Organisation und Kollektivvereinbarungen behindert. Nach wie vor sind die Arbeitsbeziehungen, wie die *Fundación Ideas para la Paz* (FIP) feststellt, antagonistisch geprägt: Wie Unternehmer dazu neigen, Gewerkschaften für überflüssig oder gar schädlich zu halten, so betrachten umgekehrt Gewerkschaftsmitglieder Unternehmer oft als Feinde der Arbeitnehmer (FIP 2010: 90). Dennoch ist nicht zu übersehen, dass sich im Zuge des bewaffneten Konflikts und der neoliberalen Wende Orientierungen, Aktionsmuster und die Arbeitsbeziehungen selbst verändert haben und dass einige Gewerkschaften neue Wege suchen. So hat eine Organisation wie die Bananenarbeitergewerkschaft, die sich einst als Protagonist des Klassenkampfs verstand, eine pragmatische Wende vollzogen. Sie konzentriert sich nun auf Arbeitspolitiken, um Organisationsbereich, Mitgliederbasis und Reichweite von Tarifverhandlungen auszudehnen (Dombois/Ortiz 2016). Die traditionsreiche Gewerkschaft der Erdölarbeiter sucht Kollektivverhandlungen in den neu angesiedelten multinationalen Erdölfirmen durchzusetzen. In Unternehmen, welche vom Outsourcing abgehen und wieder Stammbeschäftigte einstellen, entstehen neue Gewerkschaften. Die Dachverbände – zumindest CUT und CTC – öffnen sich für neue Organisationen, die auch die Interessen informell Beschäftigter vertreten. Die Spitzenorganisationen des Öffentlichen Dienstes handeln neuerdings mit der Regierung Tarifverträge für Beschäftigte nach besonderen Verfahren aus.

Die Dach- und Spitzenverbände haben auch die Regierung Santos bei ihrer Politik der inneren Versöhnung unterstützt – so bei den Friedensverhandlungen mit den *Fuerzas Armadas Revolucionarias de Colombia – Ejército del Pueblo* (FARC) – und für das Plebiszit 2016 mobilisiert. Der bewaffnete Konflikt hat zwar im letzten Jahrzehnt an Intensität verloren und seit der Demobilisierung der Paramilitärs sind auch die Gewalttaten gegen Gewerkschafter deutlich zurückgegangen, aber das nach wie vor hohe Niveau an Gewalt zeigt die großen Risiken auf, denen Gewerkschaftsmitglieder weiter ausgesetzt sind. Nicht zuletzt aus diesem Grund zählt der Globale Index der Arbeitnehmerrechte Kolumbien seit Jahren zu den "schlechtesten Orten für Beschäftigte", weil sie die Rechte nicht garantieren können (CSI 2016: 12). Die institutionelle staatliche Ordnung selbst ist bislang zu prekär, um einen sicheren Rahmen für gewerkschaftliche, politische und soziale Aktivitäten zu bieten und vor Akteuren zu schützen, die ihre Interessen mit Gewalt durchzusetzen suchen. Und so bleibt zu hoffen, dass die Friedensabkommen mit den Guerillagruppen dazu beitragen, die Gewalt weiter zu reduzieren, ihrer politischen Begründung den Boden zu entziehen und Konflikte in institutionellen Bahnen zu regeln.

Literaturverzeichnis

Archila Neira, Mauricio/Angulo Novoa, Alejandro/Delgado Guzmán, Álvaro/García Velanda, Martha Cecilia/Guerrero Guevara, Luis Guillermo/Parra, Leonardo (2012): *Violencia contra el sindicalismo 1984-2010.* Bogotá: Centro de Investigación y Educación Popular (CINEP).

Castaño González, Eugenio (Hg.) (2015): *Nos hacen falta. Memoria histórica de la violencia antisindical en Antioquia, Atlántico y Santander (1975-2012).* Medellín: Escuela Nacional Sindical. <http://www.verdadabierta.com/audios/2015/noviembre/informe-nos-hacen-falta.pdf> (30.9.2016).

CEPAL (Comisión Económica para América Latina y el Caribe) (2012): *Eslabones de Desigualdad. Heterogeneidad estructural, empleo y protección social.* Santiago: CEPAL. <http://www.cepal.org/es/publicaciones/27973-eslabones-la-desigualdad-heterogeneidad-estructural-empleo-proteccion-social> (30.9.2016).

Collier, David/Collier, Ruth (2007): *Shaping the Political Arena. Critical Junctures, the Labor Movement and Regime Dynamics in Latin America.* Notre Dame: University of Notre Dame Press.

CSI (Confederación Sindical Internacional) (2016): "Índice Global de los derechos de la CSI. Los peores lugares del mundo para los trabajadores y trabajadoras". <http://www.ituc-csi.org/IMG/pdf/survey_ra_2016_sp.pdf> (30.9.2016).

Dombois, Rainer/Ortiz, Carlos Miguel (2016): "Die Institutionalisierung von Arbeitsbeziehungen inmitten von Gewalt. Der Fall der kolumbianischen Bananenarbeitergewerkschaft Sintrainagro". In: *Peripherie*, 142-143, S. 242-267. <http://www.budrich-journals.de/index.php/peripherie/article/view/24679> (30.9.2016).

Dombois, Rainer/Pries, Ludger (1999): *Neue Arbeitsregimes im Transformationsprozeß Lateinamerikas. Arbeitsbeziehungen zwischen Markt und Staat.* Münster: Westfälisches Dampfboot.

FIP (Fundación Ideas para la Paz) (2010): *Estudio sobre la Cultura frente al sindicalismo en Colombia.* Bogotá: Programas de las Naciones Unidas para el Desarrollo (PNUD).

GMH (Grupo de Memoria Histórica) (2013): *¡Basta ya!* Bogotá: Centro de Memoria Histórica. <http://www.centrodememoriahistorica.gov.co/micrositios/informeGeneral/descargas.html> (30.9.2016).

Ortiz, Carlos Miguel (Hg.) (2011): *Reconocer el Pasado. Construir el Futuro. Informe sobre la violencia contra sindicalistas y trabajadores sindicalizados 1984-2011.* Bogotá: Programas de las Naciones Unidas para el Desarrollo (PNUD).

PAL (Plan de Acción de Colombia y Estados Unidos para Derechos Laborales) (2011). <http://www.mintrabajo.gov.co/tlc-plan-de-accion-laboral/314-documentos/369-plan-de-accion-santos-obama.html> (20.09.2016).

Palacios, Marco (1995): *Entre la legitimidad y la violencia, Colombia (1875-1994).* Bogotá: Norma.

Pécaut, Daniel (1987): *Orden y Violencia: Colombia 1930-1954*, 2 Bände. Bogotá: Siglo XXI.

Pineda Duque, Javier (2014): *El sesgo antilaboral del desarrollo colombiano y las políticas laborales.* Bogotá: Friedrich-Ebert-Stiftung.

SISLAB (2015): *Sistema de Información Sindical y Laboral*. Medellín: Escuela Nacional Sindical.

URRUTIA, Miguel (2016): *Historia del Sindicalismo Colombiano, 1850-2013*. Bogotá: Universidad de los Andes.

VALENCIA, León/CELIS, Juan Carlos (2012): *Sindicalismo asesinado. Reveladora investigación sobre la violencia contra los sindicalistas colombianos*. Bogotá: Random House.

VÁSQUEZ FERNÁNDEZ, Héctor (2013): "La negociación colectiva en Colombia". In: Confederación Sindical de Trabajadores y Trabajadoras de las Américas/Confederación Sindical Internacional: *Estrategias sindicales por una mayor y mejor negociación colectiva en América Latina y Caribe*. São Paulo: CSA/CSI, S. 258-291. <http://www.ilo.org/actrav/info/pubs/WCMS_230682/lang--es/index.htm> (30.9.2016).

— (2016): *La negociación colectiva en Colombia*. Medellín: Escuela Nacional Sindical.

Ethnische soziale Bewegungen

Ulrich Morenz

Kolumbien: Land der Gegensätze

Während die meisten lateinamerikanischen Staaten von den 1960er bis in die 1980er Jahre diktatorisch oder zumindest stark autoritär regiert wurden, vermittelte die politische Elite des Landes ein Bild demokratischer Stabilität. Diese wurde durch eine "friedvolle" Machtteilung im Rahmen der Nationalen Front *(Frente Nacional)* ermöglicht. Die Vorstellung von Kolumbien als einer der ältesten Demokratien der Subregion steht jedoch im Kontrast zur exklusiv gestalteten politischen Teilhabe und der immer wiederkehrenden Gewalt. Hinsichtlich der Ausstattung mit natürlichen Ressourcen ist Kolumbien ein reiches Land. Von diesem Reichtum profitieren aber längst nicht alle Gruppen der Gesellschaft; vielmehr ist das Land von einer krassen sozioökonomischen Ungleichheit geprägt. Obwohl ein progressiver Verfassungstext Kolumbien als sozialen Rechtsstaat definiert, ist das Land in Wirklichkeit von Kontrasten und Spannungen geprägt, die durch die Logik des auf Ressourcenextraktion ausgerichteten neoliberalen Entwicklungsmodells verstärkt werden (Murillo 2014: 151-152).

Zu keiner Zeit vermochte es der kolumbianische Staat in ausreichendem Maße, auf gesellschaftlichen Konsens ausgerichtete Werte und Normen zu gestalten (Archila Neira 2006: 10). Vielmehr wurden damit verbundene soziale Konflikte meist repressiv mit staatlichen und zunehmend privatisierten Formen von Gewalt unterdrückt. An dieser Stelle lässt sich eine weitere Widersprüchlichkeit ausmachen: Trotz der systematisierten Gewalt – häufig gegen die ohnehin stark marginalisierten Bereiche der Bevölkerung – haben sich innerhalb der kolumbianischen Zivilgesellschaft diverse Strukturen herausgebildet, die in diesen "widrigen Kontexten" (Jenss 2013) Resistenz erlauben und auf die Transformation sozialer Realitäten abzielen. Mit Recht muss hier gefragt werden, wie sich soziale Bewegungen in einem derart militarisierten Umfeld ausbilden können. Wie lässt sich ziviler Widerstand dauerhaft aufrechterhalten, wenn der Raum für widerständiges öffentliches Handeln geschlossen zu sein scheint und

Aktivistinnen und Aktivisten gezielt bedroht und selektiv getötet werden? Zweifellos wirken bewaffnete Konflikte wesentlich auf soziale Strukturen zurück und können das Sozialgefüge einer Gesellschaft zerstören (Kurtenbach 2009: 452). Die Zahl von etwa sieben Millionen Binnenvertrieben als Folge des Krieges in Kolumbien verdeutlicht diesen Befund (UNHCR 2016: 30). Dennoch haben sich bis heute vielerorts, trotz oder gerade aufgrund des verheerenden Wirkens der verschiedenen bewaffneten Akteure, kollektiv organisierte Strategien des pazifistischen Empowerments herausgebildet. Insbesondere im ruralen Raum scheint die Gewalt so stark verankert zu sein, dass sie also soziale und politische Organisation nicht nur durchdringt oder verhindert, sondern auch entstehen lässt (Zibechi 2012: 166).

In den ländlichen Gebieten Kolumbiens ist heute der Widerstand der indigenen und afrokolumbianischen Bevölkerung besonders präsent. Obwohl die offiziell insgesamt 87 indigenen Ethnien laut dem letzten nationalen Zensus von 2005 lediglich 3,4 % der Gesamtbevölkerung ausmachen, können die Indigenen auf eine durchaus bemerkenswerte Mobilisierungsgeschichte zurückblicken. Auf Grundlage der gleichen Volkszählung wurden etwa vier Millionen Menschen bzw. gut 10 % der Gesamtbevölkerung als "afrokolumbianisch" kategorisiert, während andere Schätzungen von einem Bevölkerungsanteil von 15-35 % ausgehen (Dixon 2008: 186). Die afrokolumbianischen Gemeinden gelten im Vergleich zu indigenen Bewegungen zwar als weniger organisiert, ihre Kämpfe scheinen sich in den letzten Jahren jedoch zu verstetigen (Helfrich 2009: 100; Velasco Jaramillo 2014: 147).

Kolumbien: Land der Regionen

Peter Wade hebt die gängige Vorstellung von Kolumbien als "Land der Regionen" als entscheidenden Umstand hervor, um die Mobilisierungsprozesse der ethnischen Bewegungen richtig verorten zu können. Gemeint ist die gedachte Aufteilung des Landes in verschiedene, stark mit stereotypisierten Assoziationen aufgeladene Zonen – etwa die zentrale Andenregion als fortschrittlich, mestizisch und "weiß" oder die Pazifikregion als rückständig und überwiegend "schwarz" bevölkert. Regionen, die mit indigener oder afrokolumbianischer Bevölkerung zusammengedacht werden, seien oft sozioökonomisch marginalisiert und vom Zugang zu politischer Macht stärker abgeschnitten. Diese *racialized geography* habe dem-nach die Fortsetzung der Vernachlässigung dieser Regionen zur Folge und kann ferner hilfreich sein, will man die "selektive Stärke"[1] des kolumbiani-schen Staates begründen (Wade 2012: 137-138). Solche Zuschreibungen eröffnen allerdings auch Chancen für ethnische Bewegungen: "At the same time, the status of particular regions as the country's 'black' [or indige-nous] territories opens avenues for political mobilization and racial-ethnic identification around issues that affect those areas" (Wade 2012: 138). Der Rückgriff auf und die Ausformung von Ethnizität ist hierbei wirkungs-mächtige politische Ressource für diese Bewegungen (Büschges 2015: 110). Auf diese Weise wird die Konstruktion oppositioneller Identitäten erleichtert und die Anerkennung politischer Forderungen erfährt gegebe-nenfalls Legitimation.

Ethnische Organisationsprozesse bis 1991 im Überblick

Bereits die spanische Krone etablierte ein Reservatssystem (*resguardos*), das es Indigenen ermöglichte, innerhalb bestimmter Territorien partikulares Recht zu praktizieren und diese Gebiete selbst zu verwalten. Im Zuge von Privatisierungsprozessen nach der Unabhängigkeit Kolumbiens wurde die indigene Bevölkerung jedoch vielerorts ihres Landes beraubt (Troyan 2015: 14-15). Widerständige Reaktionen formierten sich im ersten Viertel des 20. Jahrhunderts zunächst im Departamento del Cauca im Südwesten des Landes. Unter der Führung von Manuel Quintín Lame begann die als *Quintinada* bekannte indigene Bewegung für kulturellen Erhalt und die Verteidigung der *resguardos* einzutreten. Neben Landbesetzungen griff die Bewegung auf juristische Strategien zurück. Lame identifizierte das Recht als zentrales Element für die Diskriminierung der Indigenen in Kolum-bien und begann die koloniale und die republikanische Gesetzgebung zu studieren und anzuwenden – eine Taktik, die sich schnell indigene Grup-pen in anderen Teilen des Landes aneigneten und die Einzug in deren

---

1 Archila Neira argumentiert, dass im Falle Kolumbiens die schlichte Annahme eines "schwachen" oder "abwesenden" Staates nicht ausreiche. Eine derartige Betrachtung greife u.a. deshalb zu kurz, da in einigen Gegenden (v.a. urbane) die materielle und immaterielle staatliche Präsenz sehr stark, in anderen Regionen jedoch nicht oder kaum spürbar sei. Aus diesem Grund spricht er von "unterschiedlicher und ungleicher Präsenz" und einer "selektiven Stärke" (*fortaleza selectiva*) des kolumbianischen Staates (Archila Neira 2006: 12-13).

Widerstandstraditionen und historische Interpretationen hielt (Benavides Vanegas 2012: 63-65).

Eine der auch heute noch wichtigsten indigenen Organisationen wurde 1971 mit dem *Consejo Regional Indígena del Cauca* (CRIC) gegründet. Vorangegangen waren eine gescheiterte Landreform zu Beginn der 1960er Jahre und der erfolglose Versuch bäuerlicher Gewerkschaften, die Indigenen der Region zu organisieren. Der CRIC betonte hingegen die doppelte Diskriminierung als Bauern und als Indigene und bildete unter partiellem Rückgriff auf die Forderungen der *Quintinada* einen stark ethnischen Bewegungsdiskurs aus. Über die Vereinigung der regionalen *cabildos* – als politische Verwaltungsautoritäten der *resguardos* – und der in den ersten Jahren sehr erfolgreichen Rückgewinnung usurpierten Landes sollte der Marginalisierung der indigenen Bevölkerung im Cauca entgegengewirkt werden (Rappaport 2009: 109). Nach ähnlichem Muster entstand rasch eine Vielzahl weiterer regionaler indigener Bewegungsorganisationen. Ohne die geschaffenen Strukturen auf lokaler Ebene aufzugeben, schlossen sich 1982 Teile der Bewegungen zur *Organización Nacional Indígena de Colombia* (ONIC) zusammen. Die ONIC vertritt bis heute Anliegen der Indigenen auf nationaler und internationaler Ebene (Helfrich 2009: 92).

Zunehmende staatlich organisierte Unterdrückung zivilgesellschaftlicher Resistenz ab dem Ende der 1970er Jahre, die Drogenwirtschaft als dynamisierender Faktor des Konflikts sowie die damit verbundene Verschärfung der Gewalt im ländlichen Raum engten den Aktionsradius des zivilen Bewegungshandelns ein. In den indigenen Territorien des Cauca operierten inzwischen alle Guerillagruppen sowie paramilitärische Verbände (Helfrich 2009: 93). In diesem Kontext formierte sich 1984 der *Movimiento Armado Quintín Lame* (MAQL) als bewaffnete Form indigener Selbstverteidigung. Wenn andere bewaffnete Akteure mobilisierten, vermochte es der MAQL jedoch kaum, der Schutzfunktion für die indigenen Gemeinden nachzukommen. Nach anfänglicher Nähe distanzierte sich der CRIC vom MAQL, auch weil die Gruppe schrittweise von der Guerillaorganisation *Movimiento 19 de Abril* (M-19) vereinnahmt wurde und der ethnische Charakter des bewaffneten Widerstandes sukzessive verloren ging. 1990 wurde der MAQL demobilisiert und spielte eine Schlüsselrolle in der verfassungsgebenden Versammlung, die 1991 zur Anerkennung umfangreicher konstitutioneller indigener Rechte führte (Benavides Vanegas 2012: 68-69).

Das Jahr 1991 hatte auch für die afrokolumbianische Bevölkerung und ihre sozialen Bewegungen Zäsurcharakter. In der neuen Verfassung wurde die Grundlage für das zwei Jahre später implementierte *Ley 70* geschaffen. Das Gesetz beinhaltet Regelungen zur Ausweitung der Rechte der afrokolumbianischen Gemeinden (*comunidades negras*) und erlaubt ihnen kollektiven Landbesitz sowie die autonome Verwaltung eigener Territorien (Oslender/Agnew 2013: 131).

Bis zu diesem Zeitpunkt wird den afrokolumbianischen sozialen Bewegungen eine relativ geringe Mobilisierungskapazität attestiert und diese Schwäche stark mit dem Phänomen der *invisibilidad* (Unsichtbarkeit)[2] in Verbindung gebracht. Afrokolumbianische ethnische Bewegungen sind jedoch kein neues Phänomen der 1990er Jahre. Inspiriert durch das Erstarken der indigenen Bewegungen der Zeit und durch Persönlichkeiten wie Martin Luther King oder Malcolm X wurde ab den 1970er und 1980er Jahren die Ausbildung des afrokolumbianischen Widerstands konkreter. In dieser Phase waren es v.a. schwarze Studierende, die ausgehend von den urbanen Zentren begannen, rassistische Praktiken und Ideologien zu dekonstruieren und herauszufordern (Dixon 2008: 188). 1975 entstand auf Initiative des afrokolumbianischen Aktivisten Amir Smith Córdoba in Bogotá das *Centro para la Investigación de la Cultura Negra*, welches die Zeitung *Presencia Negra* verlegte. Im gleichen Jahr gründeten Studierende in Pereira die Gruppe *Soweto*, aus der 1982 in Buenaventura *Cimarrón* hervorging – eine der heute noch einflussreichsten afrokolumbianischen Bewegungsorganisationen. Im Kern des Aktionsrepertoires dieser Organisationen standen Maßnahmen zur ethnischen Bewusstseinsbildung. Über Publikationen zu afrokolumbianischer Geschichte und weitere Bildungsangebote wurde versucht, für eigene Schicksale in Diskriminierung und Marginalisierung zu sensibilisieren. Damit konnte die ethnische Autoidentifikation als "schwarz" erhöht werden (Wade 2012: 139-140). An der

---

2   Die schwarze Bevölkerung wurde im herrschenden nationalen Diskurs nie völlig ausgeblendet, denn der Verweis auf die Existenz der Afrokolumbianer war für die Eliten im Land zentral, um das Bild einer vermeintlichen Überlegenheit und Modernität der "aufgeweißten" Mestizennation zu vermitteln. Das Phänomen der *invisibilidad* beschreibt vielmehr die Tatsache, dass Afrokolumbianer gesellschaftlich nicht als ernstzunehmende Subjekte wahrgenommen wurden und sie einen stark untergeordneten Rang in den kulturellen und sozialen Hierarchien des Landes einnahmen (Wade 2012: 150). Dies führte, zusammen mit der Tatsache, dass Afrokolumbianer vor den konstitutionellen Reformen der 1990er Jahre praktisch keine Rechtspersönlichkeit hatten, zu ihrer Konstruktion als *noncitizens* (Dixon 2008: 187).

Pazifikküste, etwa im Departamento del Chocó, wo die afrokolumbianische Bevölkerung 80-90 % ausmacht, bildete sich in den 1980er Jahren eine Bewegung aus, die es vermochte, das Thema ethnischer Territorialität verstärkt auf die nationale politische Agenda zu heben. Regionale Organisationen wie die *Asociación Campesina Integral del Atrato* (ACIA) standen mit Unterstützung der indigenen *Organización Regional Embera-Wounaan* (OREWA) erfolgreich für die Verteidigung afrokolumbianischer Territorialitäten ein (Velasco Jaramillo 2014: 137-138).

Vom verfassunggebenden Prozess ab dem Jahr 1990 blieb die schwarze Bevölkerung zunächst jedoch vollständig ausgeschlossen. Die Existenz einer weiteren ethnischen Minderheit neben der indigenen Bevölkerung Kolumbiens wurde von staatlichen Behörden negiert. Der vorangegangene Kampf gegen die politische und kulturelle *invisibilidad* hatte jedoch Spuren hinterlassen und führte, zusammen mit massiver Lobbyarbeit durch Organisationen wie *Cimarrón*, im letzten Moment schließlich doch zur Berücksichtigung afrokolumbianisch-ethnischer Anliegen in der neuen Verfassung – Voraussetzung für die Implementierung des *Ley 70* von 1993 (Dixon 2008: 187).

Umkämpftes Terrain: Territoriales Recht, Gewalt und Neoliberalismus

Das multikulturelle Verfassungsdesign von 1991 verpflichtet den kolumbianischen Staat, die kulturelle und ethnische Diversität des Landes anzuerkennen und zu schützen. Ethnischen Minderheiten wurden umfangreiche Rechte innerhalb eigener Territorien zugeschrieben. Gleichwohl ist die Bilanz im Hinblick auf die Verfassungswirklichkeit für die indigene und afrokolumbianische Bevölkerung ambivalent.

Neben der umfangreichen Vergabe von Land an indigene und afrokolumbianische Gemeinden, ermöglichte der neue Rechtskorpus ihren sozialen Bewegungen Postulate ethnischer Differenz besser im öffentlichen Raum zu platzieren, ihre Kämpfe in universalistische Kontexte einzubetten und diese auch auf die Agenda internationaler Politiken zu heben (Benavides Vanegas 2012: 63-65). Im Rahmen des Kampfes um die Implementierung des verfassungsrechtlich vorgesehenen *Ley 70* kam es zu einem Anstieg (ländlicher) afrokolumbianischer Mobilisierung und einer Vervielfältigung ihrer Organisationen. Vor diesem Hintergrund entstand auch der *Proceso de Comunidades Negras* (PCN), ein kraftvolles Netzwerk mit regionalem Schwerpunkt auf der Pazifikregion, bestehend aus heute etwa 120 Organisationen (Dixon 2008: 191).

Während viele Aktivistinnen und Aktivisten im *Ley 70* ein wichtiges Werkzeug für schwarzes Empowerment sehen, erfährt es in anderen Teilen der afrokolumbianischen Bewegungen starke Kritik. Das Gesetz definiert zwar die *comunidades negras* als ethnische Gruppen, zielt jedoch im Wesentlichen auf die Bereitstellung von kollektiven Landtiteln für die rurale Bevölkerung der pazifischen Küstenregion ab und reflektiert auf diese Weise die eingangs erwähnte regionale und ethnisch verzerrte Wahrnehmung.[3] Insbesondere die urbane schwarze Bevölkerung blieb von den Privilegien des *Ley 70* ausgeschlossen. Dementsprechend hatte das Gesetz eine ruralisierende Wirkung auf die afrokolumbianischen Mobilisierungen und bevorrechtete die Ethnizität und Differenz einer spezifischen Region (Wade 2012: 141-142).

In vielerlei Hinsicht wird der Verfassung zudem ein demobilisierender Effekt auf soziale Bewegungen im Land nachgesagt, bewies der neugeschaffene institutionelle Rahmen doch die Existenz inklusiver demokratischer Strukturen und brachte den Nachweis für eine hohe Responsivität des politischen Systems. Trotz der anhaltenden Rechtsbrüche des kolumbianischen Staates hemmte dieser Umstand die Legitimität zivilgesellschaftlicher Forderungen (Murillo 2014: 155). Ethnische Bewegungen änderten zudem ihr politisches Handeln. Im Falle der indigenen Bewegungen gingen traditionelle Mobilisierungsformen (z.B. Landbesetzungen, Protestmärsche) zurück und wurden verstärkt durch wenig erfolgreiche Strategien des Rechtsstreits ersetzt. Die oftmals mangelhafte Umsetzung konstitutioneller Garantien in die Praxis lässt Benavides Vanegas vom kolumbianischen *myth of rights* sprechen. Vor diesem Hintergrund wird die Verfassung als Instrument eines staatlichen Korporatismus interpretiert: "Constitutionalism became important in the development of a myth of rights as a part of the attempt to control social movements" (Benavides Vanegas 2012: 71). Organisationen wie der CRIC resignierten nach

---

3   Peter Wade betont, dass entgegen der vielfachen (auch akademischen) Wahrnehmung die Pazifikküste nicht Heimat der Mehrheit der schwarzen Bevölkerung ist. Nur etwa ein Fünftel der Afrokolumbianer werden dort verortet, während viele in den urbanen Zentren des Landes und an der Karibikküste leben. Bevölkerungsstark sind die Afrokolumbianer auch im Departamento de Antioquia – eine Region, die allgemein als eine der "weißesten" des Landes gilt (Wade 2012: 137).

einiger Zeit und begannen ab Ende der 1990er Jahre ihr Protestrepertoire wieder stärker zu diversifizieren.

Um den Charakter ethnischer Mobilisierungen in Kolumbien richtig einordnen zu können, müssen zwei weitere Spannungsfelder zwischen Verfassungslogik und gesellschaftlicher Realität offengelegt werden. Zum einen ist die Berücksichtigung der divergierenden Deutungen und Vorstellungen über die Kategorie "Land" essentiell. Während der kolumbianische Staat über die Verteilung kollektiver Landtitel spricht, fordern ethnische Bewegungen Territorium ein (Oslender 2012: 107). Dieser Interpretation geht ein Verständnis voraus, das über die physische Materialität von Land und Boden hinausreicht. Land wird nicht allein als Produktionsmittel und Nahrungsquelle verstanden (*tierra*), sondern auch als Entität, die historische, kulturelle oder mythische Elemente integriert (*territorio*). Das Territorium wird symbolisch aufgeladen und auf diese Weise zur kollektiven Identitätsressource für indigene und afrokolumbianische Bewegungen und zum entscheidenden Referenzpunkt ihrer Kämpfe (Jenss 2013: 207; Ulloa 2015: 39-40). Zum anderen stand die in der Verfassung von 1991 festgeschriebene soziale Verantwortung des Staates im Konflikt mit den Folgen der nahezu parallel forcierten neoliberalen Öffnung der kolumbianischen Wirtschaft. Umfangreiche Privatisierungspolitiken und der Abbau des ohnehin wenig ausgebildeten Sozialstaats bedeuteten katastrophale Folgen für die marginalisierten Bereiche der kolumbianischen Gesellschaft.

Gleichzeitig transformierten die makropolitischen Reformen die Produktionsstrukturen des ruralen Raums entscheidend, was eine erneute Aufweichung des konstitutionellen Rechts auf kollektiven Landbesitz nach sich zog (Archila Neira 2006: 16-17). Denn gerade afrokolumbianische und indigene Territorien sind oft von hoher geostrategischer und ökonomischer Bedeutung und gelten vielfach als Hotspots der Biodiversität. Dieser Umstand ließ die ansässige Bevölkerung und ethnische Bewegungen verstärkt ins Zentrum des Gewaltgeschehens eines in diesen Regionen ohnehin dynamisch auftretenden bewaffneten Konflikts rücken. Drogenökonomien, der monokulturelle Anbau von Ölpalmen, Bergbau oder industrielle Garnelenzucht sind klassische Beispiele für extraktive Wirtschaftssektoren, die sich in dieser Phase in ethnischen Territorialitäten ausbreiten – oftmals illegal und durch bewaffnete Strukturen begleitet, da nur auf diese Weise durchsetzbar (Velasco Jaramillo 2014: 144-146). Mord, Terror und massive Vertreibungen etablierten sich ab Mitte der 1990er Jahre als strategische Ressourcen aller am Konflikt beteiligten bewaffneten Akteure. Insbesondere paramilitärische Verbände, z.T. unterstützt durch staatliche Sicherheitskräfte, "bereinigten" ganze Gegenden von Menschen und öffneten auf diese Weise das Land für die kapitalistische Kommodifizierung. Große Teile der indigenen und insbesondere afrokolumbianischen Bevölkerung sind angesichts ihrer geographischen Situierung stark überproportional von solchen Vertreibungsphänomenen betroffen (Escobar 2008: 18). Aufgrund der besonderen Verbundenheit mit dem *territorio*, bedeutet Vertreibung hier nicht nur physische Verschiebung an einen anderen Ort, sondern auch identitäre Entwurzelung (*desterritorialización*) (Jenss 2013: 207).

Der Kampf um Land als Leitmotiv des kolumbianischen Konflikts manifestiert sich zudem in den multiplen "offiziellen" staatlichen Antworten auf die Einforderungen sozialer Bewegungen. Als etwa 2008 Indigene im Cauca Land besetzten, dass sie als Teil der *resguardos* beanspruchten, denunzierte der damalige Präsident Álvaro Uribe (2002-2010) die indigene Bevölkerung als "größten Landbesitzer Kolumbiens", die ihre Böden zusätzlich nicht ausreichend in Wert setzen würden. Die Rhetorik Uribes ignorierte jedoch die Tatsache, dass die Mehrheit des rechtlich zugeschriebenen Landes in der Praxis nicht umverteilt wurde und sich somit auch nicht unter der Kontrolle indigener Verwaltungsstrukturen befand. Zudem liegen große Teile der ethnischen Territorialitäten innerhalb ökologischer Schutzzonen (Velasco Jaramillo 2014: 133). Bereits 2003 wurde unter Uribes Administration das 1961 gegründete und mit der Umverteilung von Land beauftragte *Instituto Colombiano de la Reforma Agraria* (INCORA) aufgelöst und durch das *Instituto Colombiano de Desarrollo Rural* (INCODER) ersetzt. Letzteres wurde lediglich mit ca. 20 % des Etats von INCORA ausgestattet (Murillo 2009: 29).

Weitere Gesetze weichten in der Folgezeit die Errungenschaften ethnischer Selbstbestimmung auf und öffneten Privatisierungen auch von kollektivem Landbesitz die Tür (Velasco Jaramillo 2014: 131). Stark in Kritik geraten ist u.a. das *Ley de Víctimas y Restitución de Tierras*. Das Gesetz von 2011 sieht die Rückgabe von Land an Vertriebene vor, laut Opferorganisationen orientiert es sich jedoch am hegemonialen ökonomischen Entwicklungsmodell. Wer tatsächlich Land zurückerhält, verpflichtet sich zur Fortführung der nach der Vertreibung begonnen Bewirtschaftung, z.B. in Form monokultureller Ölpalmplantagen (Jenss 2013: 212).

Eine buchstäbliche "Gegenlandreform" fand in Kolumbien somit auf zwei sich überschneidenden Ebenen statt: Durch die Anwendung von Gewalt im ländlichen Raum sowie durch institutionalisierte Politik. Gleichzeitig ist es wiederum der Kontext des bewaffneten Konflikts selbst, der dem Staat (und Paramilitärs) eine entscheidende Grundlage bietet, um oppositionelle Expressionen zu delegitimieren. Forderungen sozialer und ethnischer Bewegungen wurden wiederholt kriminalisiert, als subversiv stigmatisiert und auf diese Weise in die Nähe der Aktivitäten der Guerilla gerückt (Murillo 2014: 153).

Parallel zur rechtlichen Inklusion im Rahmen des Multikulturalismus scheint die Exklusion der indigenen und afrokolumbianischen Bevölkerung in der Praxis also in gewohnter Weise fortzudauern, zeigte sich ab Mitte der 1990er Jahre allerdings verstärkt über verschiedene Formen der Gewalt: "It seems that making difference public and inscribing it in the law has brought with it more drastic and violent forms of disciplining difference" (Wade 2012: 150). Die Verschärfung des bewaffneten Konflikts hat viele ethnische Organisationsstrukturen zerstört, verhindert oder geschwächt. Allerdings schafften es Gemeinschaften auch, innovative Mobilisierungs- und Aktionsstrategien zu entwerfen und Solidaritätsnetzwerke aufzubauen und somit ihren Widerstand auf Dauer zu stellen.

Pazifistische Antworten und Impulse: Formen des ethnischen Widerstands

Ländliche ethnische Bewegungen in Kolumbien betten ihr politisches Handeln in eine territoriale Logik ein. Territorium ist Gegenstand und gleichzeitig sinnstiftende Quelle ihrer Forderungen – über die historische und kulturelle Konstruktion von Territorialität lässt sich Autonomie erst denken (Ulloa 2015: 41-42). So entwerfen schwarze Gemeinden an der Pazifikküste "territories of difference" (Escobar 2008). Konstruiert werden dabei Modelle territorialer Entwicklung, die sich erheblich von der Logik kapitalistischer Inwertsetzung unterscheiden. Differenz etablierten afrokolumbianische Organisationen ab Mitte der 1980er Jahre außerdem über die Mobilisierung kultureller kollektiver Erinnerungen und dem Entwurf der Pazifikregion als Ort einer gemeinsamen Geschichte der Marginalisierung (Oslender 2012: 103). Indigene Bewegungen stellen *planes de vida* (Lebenspläne) auf. Dabei handelt es sich um holistische Entwicklungsprogramme, die eigene Politiken in Bereichen wie Bildung, Gesundheit oder der Nutzung von Land diskutieren, auf lokaler Ebene implementieren und auf diese Weise Selbstbestimmungsrechte im Hinblick auf kulturelle Praktiken oder den Umgang mit Umwelt und Natur einfordern (Wirpsa/ Rothschild/Garzón 2009: 238-239).

Afrokolumbianische und indigene Organisationen haben außerdem eine Vielzahl an Mechanismen geschaffen, die auf den Gewaltkonflikt reagieren und auf die Relativierung seiner Folgen ausgerichtet sind. So wurden etwa direkte Kommunikationskanäle mit bewaffneten Akteuren etabliert und humanitäre Zentren errichtet, die im Falle besonders intensiver Phasen des Konfliktes Schutz bieten und auf diese Weise präventiv gegen Zwangsvertreibungen wirken können (Hernández Delgado 2009: 127-129). In den Städten entstanden eigene Strukturen zur Unterstützung von Vertriebenen, etwa die *Asociación Nacional de Afrocolombianos Desplazados* (AFRODES) (Oslender 2012: 109).

Als sehr wirksames Instrument zur Herstellung territorialer Kontrolle erweist sich seit einigen Jahren die *Guardia Indígena* (Indigene Schutzwache). 2001 im Cauca gegründet, zählt sie heute etwa 8.000 Mitglieder. Ausgestattet lediglich mit Funkgeräten und *bastón de mando*, ein aus der Chonta-Palme hergestellter Stab und sakrales indigenes Machtobjekt der Region, erfüllt sie die Funktion interner und externer Kontrolle des Territoriums sowie des Schutzes der Gemeinden und begleitet weitere Prozesse des pazifistischen Widerstands (Wirpsa/Rothschild/Garzón 2009: 234). Auf diese Weise schaffte es die indigene Bewegung des Cauca mehrfach, bewaffnete Akteure aus ihren Territorien zu vertreiben, Rekrutierungen durch die Guerilla zu verhindern oder entführte Gemeindemitglieder zu befreien (Hernández Delgado 2009: 127-129). Auch wenn die *Guardia Indígena* in einen vermeintlich lokalen indigenen Zusammenhang eingebettet ist, wird sie in anderen ethnischen Kontexten inzwischen reproduziert – was von den Indigenen des Cauca proaktiv gefördert wird. Ein Mitglied der *Guardia Indígena* berichtet:

> Wir glauben, dass die *Guardia Indígena* ein Pilotprojekt für die Kontrolle des Territoriums darstellt [...]. In anderen Gemeinden – wie im Fall der *Guardia Cimarrón* – haben wir beim Aufbau der *Guardia* mitgewirkt, weil sie mit der *bastón* das Militär und die Guerilla stoppen können; und das hat man noch nirgendwo sonst auf der Welt gesehen. Die Menschen, die uns kennen, merken, dass das die beste Option ist, um Frieden zu schaffen (El Espectador, 7.5.2016, Übersetzung des Autors).

Wie das Beispiel der *Guardia Indígena* aufzeigt, ist die dezidierte Betonung des pazifistischen Charakters eigener Widerstandspraktiken im Sinne einer moralischen Überlegenheit im militarisierten Umfeld von großer Wichtigkeit für die ethnischen Bewegungsidentitäten. Interessant ist vor diesem Hintergrund die Wahrnehmung des MAQL innerhalb der heutigen indigenen Bewegung des Cauca. Die Erfahrung der eigenen Bewaffnung wird dabei im Bewegungsdiskurs nicht abgelehnt, sondern über aktive Aufarbeitung als verstärkendes Element in aktuelle Widerstandskontexte integriert. Das Niederlegen der Waffen wird vor dem Hintergrund der Probleme, die der MAQL verursachte, als Resultat eines kollektiven internen Reflektionsprozesses interpretiert (Wirpsa/Rothschild/Garzón 2009: 233). Eine solche Einordnung bedient eine klare Abgrenzungslogik gegenüber den Aktivitäten bewaffneter Akteure im Territorium und trägt auf diese Weise dazu bei, Strategien der Delegitimierung des kolumbianischen Staates entgegenzutreten.

Im Rahmen einer öffentlichen Veranstaltung des CRIC gedenken Mitglieder der *Guardia Indígena* dem bewaffneten Widerstand des Movimiento Armado Quintín Lame. Santo Domingo, Norte del Cauca. Foto: Ulrich Morenz, März 2016.

Ethnischer Widerstand und Frieden in Kolumbien: Ein Ausblick

Der Krieg in Kolumbien hat die Beschaffenheit sozialer Bewegungen im Land wesentlich geprägt. Die Art und Weise, wie heute Kämpfe ausgetragen werden, wie Bewegungshandeln national und international wahrgenommen wird und welche Protestthemen aufgerufen werden, hat sich verändert (Murillo 2014: 153). Haben sich soziale Kämpfe lange Zeit auf "materielle" Gegenstände bezogen – etwa Einkommen, Arbeit oder Land –, werden diese heute durch Fragen von Ethnizität, Sexualität oder Geschlecht ergänzt und stärker in kulturelle Zusammenhänge gerückt (Archila Neira 2006: 26).

Kämpfe der ethnischen sozialen Bewegungen entspringen innerhalb der kolumbianischen Bewegungslandschaft meist ländlich-territorialen Kontexten. Sie beschränken sich jedoch nicht nur auf rurale Räume und sind deshalb nicht als isolierte Prozesse zu verstehen. Ihre Mobilisierungen sind in hohem Maße sichtbar und wirken auf bemerkenswerte Art und Weise über die Lebensrealitäten der jeweiligen lokalen Kontexte hinaus. Die Konstruktion von Gegenöffentlichkeiten und die Schaffung von Orten der Begegnung (Aneignung von Medien, Treffen auf nationaler und internationaler Ebene) erlauben dabei den verstärkten Austausch von Erfahrungen und führen zu gegenseitigen Lernprozessen (Hernández Delgado 2009: 127). Auf dieser Grundlage haben indigene und afrokolumbiansiche Bewegungen wiederholt Handlungsvorschläge für die Konstruktion einer friedlicheren und gerechteren Gesellschaft unterbreitet. Prozesse des pazifistischen Widerstands zeigen auch immer Szenarien lokaler Friedenskonstruktionen auf, die Alternativen für eine ursachenorientierte Lösung der Gewalt in Kolumbien anbieten. Begrenzte Möglichkeiten zur politischen Partizipation oder Situationen sozioökonomischer und kultureller Marginalisierung werden als direkte oder indirekte Folge, aber auch als Wurzel des bewaffneten Konflikts betrachtet.

Ein dauerhafter Frieden scheint in Kolumbien in der Tat nicht möglich, ohne das dominierende ökonomische Entwicklungsmodell zu hinterfragen. Durch ihre alternativen Konzeptionen des gesellschaftlichen Zusammenlebens haben die ethnischen sozialen Bewegungen solche scheinbar nicht streitbaren Themen wieder repolitisiert und auf diese Weise zur gesellschaftlichen Demokratisierung beigetragen.

Auch während der Friedensverhandlungen (2012-2016) zwischen der kolumbianischen Regierung unter Präsident Juan Manuel Santos und den

Fuerzas Armadas Revolucionarias de Colombia (FARC) haben indigene und afrokolumbianische Organisationen eine stärkere Einbindung der Zivil-gesellschaft gefordert und wiederholt herausgestellt, dass der erfolgreiche Abschluss des Verhandlungsprozesses nicht mit dem Ende des bewaffneten Konflikts gleichzusetzen sei. Trotzdem fanden im Vorfeld des im Okto-ber 2016 realisierten Plebiszits über die Friedensverträge starke Mobili-sierungen zur Annahme des Abkommens statt, das als notwendige Vor-bedingung für den Weg hin zu einer gerechteren Gesellschaft betrachtet wurde. Während eine knappe Mehrheit der kolumbianischen Wähler die Implementierung der Verträge schließlich ablehnte, wurden in Regionen mit hohem afrokolumbianischem oder indigenem Bevölkerungsanteil die Abkommen oftmals mit deutlicher Mehrheit angenommen. Beispielswei-se stimmten im Chocó 79,76 % für die Annahme; im Cauca waren es 67,39 % (INDEPAZ 2016).

Literatur

ARCHILA NEIRA, Mauricio (2006): "Los movimientos sociales y las paradojas de la demo-cracia en Colombia". In: *Controversia*, 186, S. 10-31.

BENAVIDES VANEGAS, Farid Samir (2012): "Indigenous Resistance and the Law". In: *Latin American Perspectives*, 39, 1, S. 61-77.

BÜSCHGES, Christian (2015): "Politicizing Ethnicity – Ethnicizing Politics. Comparisons and Entanglements". In: University of Cologne Forum "Ethnicity as a Political Re-source" (Hg.): *Ethnicity as a Political Resource: Conceptualizations across Disciplines, Regions, and Periods*. Bielefeld: Transcript, S. 107-116.

DIXON, Kwame (2008): "Transnational Black Social Movements in Latin America. Af-ro-Colombians and the Struggle for Human Rights". In: Stahler-Sholk, Richard/Van-den, Harry E./Kuecker, Glen David (Hg.): *Latin American Social Movements in the Twenty-First Century. Resistance, Power, and Democracy*. Lanham: Rowman & Little-field, S. 181-195.

El Espectador (7.5.2016): "La Guardia Indígena en medio del fuego". <http://www.elespectador.com/noticias/nacional/viaje-al-corazon-del-cauca-donde-guardia-indige-na-vive-articulo-631193> (03.01.2017).

ESCOBAR, Arturo (2008): *Territories of Difference. Place, Movements, Life, Redes*. Durham: Duke University Press.

HELFRICH, Linda (2009): "Zwischen Staat und Gewaltakteuren. Soziale Bewegungen in Kolumbien". In: Mittag, Jürgen/Ismar, Georg (Hg.): *¿"El pueblo unido"? Soziale Bewe-gungen und politischer Protest in der Geschichte Lateinamerikas*. Münster: Westfälisches Dampfboot, S. 81-107.

HERNÁNDEZ DELGADO, Esperanza (2009): "Resistencia para la paz en Colombia. Experiencias indígenas, afrodecendientes y campesinas". In: *Revista Paz y Conflictos*, 2, S. 117-134.

INDEPAZ (Instituto de estudios para el desarrollo y la paz) (2016): "El resultado del plebiscito en cifras y mapas". <http://www.indepaz.org.co/wp-content/uploads/2016/10/el-resultado-del-Plebiscito-en-cifras.pdf> (03.01.2017).

JENSS, Alke (2013): "Widriger Kontext, vielfältige Antworten: kolumbianische Bewegungen im Ringen um emanzipatorische Räume". In: Ehlers, Torben (Hg.): *Soziale Proteste in Lateinamerika. Bolivars Erben im Kampf um Eigenmacht, Identität und Selbstbestimmung*. Hamburg: Argument-Verlag, S. 200-228.

KURTENBACH, Sabine (2009): "Zivile Mittel gegen Krieg, Terror und Gewalt. Zivilgesellschaftliche Akteure und Peace-building in Lateinamerika". In: Mittag, Jürgen/Ismar, Georg (Hg.): *¿"El pueblo unido"? Soziale Bewegungen und politischer Protest in der Geschichte Lateinamerikas*. Münster: Westfälisches Dampfboot, S. 445-462.

MURILLO, Mario A. (2009): "Embattled Cauca: A New Wave of Violence and Indigenous Resistance". In: *NACLA Report on the Amercias*, 42, 4, S. 25-29.

— (2014): "Introduction. Colombia's Countercurrent: Historical Paradoxes of a Democracy in Crisis". In: Ross, Clifton/Rein, Marcy (Hg.): *Until the Rulers Obey. Voices from Latin American Social Movements*. Oakland: PM Press, S. 151-158.

OSLENDER, Ulrich (2012): "The Quest for a Counter-Space in the Colombian Pacific Coast Region. Toward Alternative Black Territorialities or Co-optation by Dominant Power?". In: Rahier, Jean (Hg.): *Black Social Movements in Latin America. From Monocultural Mestizaje to Multiculturalism*. New York: Palgrave Macmillan, S. 95-112.

OSLENDER, Ulrich/AGNEW, John (2013): "Overlapping Territorialities, Sovereignty in Dispute. Empirical Lessons from Latin America". In: Nicholls, Walter/Beaumont, Justin/Miller, Byron A. (Hg.): *Spaces of contention. Spatialities and Social Movements*. Farnham: Ashgate, S.121-140.

RAPPAPORT, Joanne (2009): "Civil Society and the Indigenous Movement in Colombia. The Consejo Regional Indígena del Cauca". In: Fischer, Edward F. (Hg.): *Indigenous Peoples, Civil Society, and the Neo-Liberal State in Latin America*. New York: Berghahn Books, S. 107-123.

TROYAN, Brett (2015): *Cauca's Indigenous Movement in Southwestern Colombia. Land, Violence, and Ethnic Identity*. Lanham: Lexington Books.

ULLOA, Astrid (2015): "Territorialer Widerstand in Lateinamerika". In: *Perspectivas Lateinamerika. Politische Analysen und Kommentare*, 1, S. 39-42.

UNHCR (United Nations High Commissioner for Refugees) (2016): "Global Trends. Forced Displacement in 2015". <http://www.unhcr.org/576408cd7.pdf> (29.10.2016).

VELASCO JARAMILLO, Marcela (2014): "The Territorialization of Ethnopolitical Reforms in Colombia. Chocó as a Case Study". In: *Latin American Research Review*, 49, 3, S. 126-152.

WADE, Peter (2012): "Afro-Colombian Social Movements". In: Dixon, Kwame/Burdick, John (Hg.): *Comparative Perspectives on Afro-Latin America*. Gainesville: University of Florida Press, S. 135-155.

Wirpsa, Leslie/Rothschild, David/Garzón, Catalina (2009): "The Power of the Bastón. Indigenous Resistance and Peacebuilding in Colombia". In: Bouvier, Virginia M. (Hg.): *Colombia. Building Peace in a Time of War*. Washington, D.C.: United States Institute of Peace, S. 225-242.

Zibechi, Raúl (2012): *Territories of Resistance. A Cartography of Latin American Social Movements*. Oakland: AK Press.

Frauen und Geschlechterbeziehungen

Teresa Huhle

> Libres, libres como el viento. Como yo aprendí a volar
> y a mi me encanta volar. A pesar del conflicto, que me
> cortaron las alas, pero estoy otra vez intentando el vuelo. [...]
> No voy a dejar de que mis alas no me crezcan
> (Ruta Pacífica de las Mujeres 2013).

Die afrokolumbianische Friedensaktivistin María del Socorro Mosquera stammt aus dem berüchtigten Stadtteil Comuna 13 in Medellín. In den 1980er und 1990er Jahren galt die Comuna 13 als Stützpunkt des Medellín-Kartells von Pablo Escobar und symbolisierte die fehlende staatliche Kontrolle über weite Gebiete Kolumbiens. Um diese zu demonstrieren, leitete der damalige Präsident Álvaro Uribe kurz nach seinem Amtsantritt 2002 vier Militäroperationen ein, die sich formal gegen die in dem Stadtteil aktiven Guerillagruppen, de facto aber auch gegen große Teile der Zivilbevölkerung richteten. So wurde María del Socorro Mosquera, die zu diesem Zeitpunkt Vorsitzende der *Asociación de Mujeres de las Independencias* (AMI) war, im Zuge der *Operación Orion* im November 2002 gemeinsam mit zwei Mitstreiterinnen von Polizei und Militär festgenommen und elf Tage lang festgehalten. Zwei Jahre später wurde eine der gleichzeitig mit ihr verhafteten Frauen von Paramilitärs ermordet und María del Socorro Mosquera war gezwungen, ihr Wohnviertel zu verlassen.

Die lokal tätige Frauenorganisation AMI stärkt seit 1996 auf vielfältige Art und Weise die Rechte von Frauen, Kindern und Jugendlichen aus der Comuna 13. Sie ist Teil des landesweiten feministischen und pazifistischen Netzwerkes *Ruta Pacífica de las Mujeres*, das sich seit 1996 für einen nachhaltigen, von der Zivilbevölkerung getragenen Friedensprozess und für die Achtung von Menschen- und Frauenrechten einsetzt sowie dafür, die spezifischen Auswirkungen des Bürgerkrieges auf Frauen sichtbar zu machen. Davon zeugt ein umfassendes Testimonialprojekt, im Zuge dessen zwischen 2010 und 2013 über tausend kolumbianische Frauen über die vielfältigen Formen von Gewalt, denen sie seitens der verschiedenen Konfliktparteien ausgesetzt waren, Zeugnis ablegten (u.a. Gallego Zapata 2013). Auch María del Socorro Mosquera hat in diesem Rahmen ihre

Geschichte von Engagement, Vertreibung, Bedrohung und Widerstand erzählt. Wie das Schicksal ihrer 2004 ermordeten Mitstreiterin sowie bis in die Gegenwart reichende Morddrohungen paramilitärischer Gruppen gegen Frauen der *Ruta Pacífica* zeigen, birgt ihre Arbeit große Gefahren.

María del Socorro Mosquera, ihre gemeindeorientierte Organisation AMI und das landesweit bekannte Netzwerk *Ruta Pacífica* sind Beispiele für unzählige Frauen und Frauenorganisationen, die trotz massiver Bedrohungen für Frieden, Frauen- und Menschenrechte in Kolumbien kämpfen. Sie können dabei de jure seit der Verfassung von 1991 von umfassenden Rechten und Schutzmechanismen profitieren. Diese Situation ist nicht zuletzt angesichts der historischen Entwicklung Kolumbiens bemerkenswert, galt das stark katholische geprägte Land im westlichen Vergleich doch lange Zeit als Spätzünder im Bereich der Frauenrechte.

Frauen in der Politik und Frauenpolitik

Eine erste, bürgerliche Frauenbewegung entstand in Kolumbien in den 1930er Jahren, als die Liberale Partei umfassende Reformen im Bildungs-, Gesundheits- und Agrarsektor durchführte und den politischen Raum für eine wachsende Gewerkschafts- und Frauenbewegung öffnete. Letztere erkämpfte wichtige Rechte für die Kolumbianerinnen, wie dasjenige auf Eigentum und den Zugang zu Universitäten. Das passive und aktive Wahlrecht für Frauen wurde jedoch erst 1954 auf Bestreben einer Gruppe von Frauen um die liberale Juristin Esmeralda Arboleda unter dem populistischen Diktator Gustavo Rojas Pinilla erstritten und 1957 erstmals ausgeübt. Das ist deutlich später als in den meisten anderen lateinamerikanischen Ländern (Coker González 2000).[1] Die Frauenrechtlerin Esmeralda Arboleda wurde 1958 auch die erste Senatorin und 1961 die erste Ministerin Kolumbiens (Pinzón de Lewin 2014). In den 1960er Jahren war sie an zahlreichen Gesetzentwürfen zur weiteren juristischen Gleichstellung von Frauen beteiligt, vor allem im Bereich des Ehe- und Scheidungsrechts. Die Einführung des zivilen Scheidungsrechts scheiterte jedoch 1964 am Wi-

---

1   In der Literatur wird dieser Anachronismus in erster Linie auf die starke Position der katholischen Kirche in der kolumbianischen Politik und Gesellschaft zurückgeführt, die in der über hundert Jahre gültigen Verfassung von 1886 als Staatsreligion verankert worden war und mit dem Konkordat von 1887 Hoheit über das Bildungswesen und Zivilstandsfragen erhalten hatte.

derstand der katholischen Kirche und ist erst mit der Trennung von Kirche und Staat in der Verfassung von 1991 umgesetzt worden (Luna/Villarreal 1994). Während es in den folgenden Jahrzehnten vereinzelte prominente Politikerinnen gab, die Arboledas Beispiel folgten und hohe staatliche Ämter bekleideten, blieb der Weg für Frauen in die kolumbianischen Parlamente steinig. Noch 2014 waren nur 19,4 % der Sitze im kolumbianischen Parlament mit Frauen besetzt (Wills Obregón 2007).

Verfassungsrang bekam die Gleichstellung in der Verfassung von 1991, auf die eine erstarkte und breitere Frauenbewegung erheblichen Einfluss ausgeübt hatte. So hatte ein Bündnis aus Frauenorganisationen und unabhängigen Feministinnen, als Ende der 1980er Jahre der Prozess einer Verfassungsreform begonnen wurde, Gleichstellungsprinzipien, einen laizistischen Staat, besonderen Schutz für Mütter und politische Maßnahmen gegen Gewalt gegen Frauen gefordert. Zwar waren unter den 70 Mitgliedern der *Asamblea Constituyente* nur vier Frauen und keine davon lässt sich der Frauenbewegung zuordnen, dennoch wird deren Lobbyarbeit im Vorfeld der Versammlung erheblicher Einfluss auf den Verfassungstext zugesprochen (Villarreal Méndez 2011).

Festgeschrieben wurden in der Verfassung von 1991 folgende Gleichstellungsrechte: das allgemeine Recht auf Gleichheit und das Verbot von Diskriminierung (Art. 13); das Recht von Frauen, politische Ämter auszuüben und die Verantwortung der Politik, ihnen Zugang zu diesen zu verschaffen (Art. 40); die Gleichberechtigung von Frauen innerhalb von Ehen und Paarbeziehungen (Art. 42) sowie der besondere Schutz schwangerer Frauen, junger Mütter und weiblicher Familienoberhäupter (Art. 43).

Der Verfassungstext hatte weitreichende positive Auswirkungen auf die Gesetzgebung und erweiterte die Möglichkeiten der Frauen, ihre Rechte vor Gericht einzufordern. Zu den wichtigsten gesetzlichen Maßnahmen gehören das Gesetz 294 von 1996, mit dem staatliche Schutzmaßnahmen für Opfer interfamiliärer Gewalt eingeführt wurden, das als Quotengesetz bekannte Gesetz 581 von 2000, mit dem u.a. festgelegt wurde, dass 30 % der hohen Regierungsämter mit Frauen besetzt werden müssen, und das Gesetz 1257von 2008, mit dem der kolumbianische Staat anerkannte, dass es angesichts der weitverbreiteten Gewalt gegen Frauen einer umfassenden staatlichen Strategie zur Bekämpfung der Gewalt bedarf. Auch in der Gesetzgebung zu reproduktiven Rechten sowie der Gleichstellung von

LGBT-Personen[2] hat die Verfassung Wirkung gezeigt (Arango Gaviria et al. 2011).

Hinter der konstanten Verbesserung der juristischen Schutzmechanismen steht jedoch auch die erfolgreiche Mobilisierung seitens der zahlreichen Frauen, die außerhalb des Parlaments, in feministischen Organisationen, sozialen Bewegungen und der Friedensbewegung für ihre Rechte kämpfen.

Frauen als Friedensakteurinnen

Die *Ruta Pacífica de las Mujeres* ist ein Verband aus knapp 400 Frauenorganisationen, der sich seit Mitte der 1990er Jahre für die Wiederaufnahme von Friedensverhandlungen einsetzte und die 2012 begonnenen Gespräche zwischen der Regierung von Juan Manuel Santos und der Guerillagruppe *Fuerzas Armadas Revolucionarias de Colombia – Ejército del Pueblo* (FARC-EP) in Havanna, Kuba unterstützte. Die *Ruta Pacífica* setzt auf künstlerisch symbolträchtige Aktionsformen, laute Demonstrationen und Slogans wie "Mi cuerpo no es botín de guerra" (Mein Körper ist keine Kriegsbeute) und "Las mujeres no parimos hijos e hijas para la guerra" (Wir Frauen gebären keine Söhne und Töchter für den Krieg). Damit knüpft sie an die lange lateinamerikanische Tradition an, Mutterschaft als politisches Instrument in der Frauenbewegung einzusetzen. Seinen Sitz hat das Netzwerk im Haus der *Unión de Ciudadanas* in Cali, die in den 1950er Jahren für das Frauenwahlrecht kämpfte. Hier zeigt sich symbolisch die Verbindung zwischen der ersten Frauenbewegung und den Organisationen der zweiten Generation. Darin dominierten in den 1970er Jahren zunächst feministische Gruppen, die sich für sexuelle und reproduktive Selbstbestimmung einsetzten. In den 1980er und 1990er Jahren kam es dann zur 'NGOisierung' der Frauenbewegung und zur Gründung zahlreicher Frauenorganisationen, die sich für Frieden und Menschenrechte einsetzen (Lamus Canavate 2010). Gleichzeitig sind Frauen seit den 1970er Jahren auch in den Kämpfen um Land sichtbar, so organisieren sie sich innerhalb der *Asociación Nacional de Usuarios Campesinos* (ANUC) und auch in einem eigenständigen Bäuerinnenverband (Meertens 2000).

2　Das Kürzel LGBT stammt aus dem englischen Sprachraum und steht für "Lesbian, Gay, Bisexual, Transgender", wird aber auch in zahlreichen anderen Sprachen verwendet.

Hinsichtlich der 2012 begonnenen Friedensverhandlungen kritisierten Frauenorganisationen zunächst die fehlende Beteiligung von Frauen sowie die fehlende Berücksichtigung der spezifischen Gewalterfahrungen weiblicher Opfer des Bürgerkrieges. Wirkmächtig formuliert wurden ihre Kritik und Forderungen auf der *Cumbre Nacional de Mujeres y Paz*, bei der 2013 über 400 Frauen aus neun Netzwerken in enger Zusammenarbeit mit der Frauenorganisation der Vereinten Nationen zusammenkamen, um ihre Vorschläge für die Herstellung von Frieden zu formulieren und nach Havanna zu tragen. Die Initiative zeigte sichtbaren Erfolg, als im September 2014 die *Subcomisión de Género de la Mesa de Conversaciones de la Habana* eingerichtet wurde. Die zehnköpfige Kommission aus Mitgliedern beider Verhandlungsparteien überprüfte die bis dahin verabschiedeten Verhandlungspunkte auf ihre Auswirkungen auf Frauen und LGTB-Personen und forderte die Regierung und FARC-EP dazu auf, geschlechterspezifische Fragen stärker in den Friedensprozess zu integrieren. Direkt und aktiv einwirken konnte die Kommission auf die Verhandlungen zum Themenkomplex "Opfer", bei dem Fragen von Entschädigung und Wiedergutmachung diskutiert wurden.

Die *Cumbre Nacional*, die sich nach dem Treffen 2013 als Bündnis verstetigt hat, entsandte wiederum im November 2014 eine Delegation nach Havanna, um ihre im Vorjahr verabschiedeten Forderungen an die Kommission heranzutragen.[3] Die Vertreterinnen verlangten, Frauenrechte in das Zentrum der Vereinbarungen zu Opferrechten zu stellen, um im Zuge der Transition nicht nur individuelle Menschenrechtsverletzungen zu bestrafen, sondern zugrundeliegende Machtstrukturen auch aus einer Geschlechterperspektive heraus zu verändern und damit nachhaltigen Frieden möglich zu machen. Sie forderten, Anklagen aus Perspektive der Opfer zu betrachten und sexuelle Gewalt von Amnestieregelungen auszunehmen, um sexuelle Gewalt auch in Friedenszeiten bekämpfen und verringern zu können. Weiterhin verlangten sie, die Vielzahl verletzter Frauenrechte in den Regelungen zur Transitionsjustiz zu berücksichtigen (sexuelle Gewalt, Folter, Mord, Verschwindenlassen, Entführungen, Vertreibungen, Rekrutierung, Verlust von Angehörigen, ökonomische Verlus-

---

3   Insgesamt gab es im Verlauf der Friedensverhandlungen drei Delegationsreisen von Frauen- und LGBT-Verbänden nach Havanna. Frauen haben jedoch nicht nur als Vertreterinnen der Frauenbewegung sondern auch als Delegierte beider Verhandlungsparteien und im Zuge von Opferanhörungen umfassend an den Friedensverhandlungen mitgewirkt.

te und Beeinträchtigungen der physischen, psychischen und emotionalen Gesundheit) und spezifische präventive Maßnahmen durchzuführen, um zu verhindern, dass rückkehrende Kämpfer Gewalt gegen Frauen ausüben (Mejía Duque, 15.12.2014).

Diese Forderungen fanden zu großen Teilen Eingang in die Mitte Dezember 2015 verabschiedeten Vereinbarungen über die Opfer des Konflikts. So wurde darin sexuelle Gewalt in die Liste der von Amnestieregelungen ausgenommenen Verbrechen integriert und grundsätzlich festgehalten, bei den Mechanismen zur Wahrheitsfindung und Wiedergutmachung, aber auch bei der juristischen Aufarbeitung die differenzielle und geschlechterspezifische Viktimisierung der kolumbianischen Bevölkerung zu berücksichtigen (*Acuerdo sobre las Víctimas del Conflicto*, 15.12.2015). Wenige Wochen nach dem Waffenstillstandsabkommen vom 23. Juni 2016 veröffentlichten die Verhandlungsparteien ein umfassendes Communiqué, das die bis dato erreichten Einigungen hinsichtlich der Einbeziehung einer Gender-Perspektive in den Friedensvertrag zusammenfasste, u.a. den gleichberechtigten Zugang zu Landbesitz und die institutionelle Stärkung von Frauen- und LGBT-Organisationen (Comunicado Conjunto #82, 24.7.2016). Die knappe Ablehnung des Friedensvertrags im Referendum vom 2. Oktober 2016 geht nicht zuletzt darauf zurück, dass anti-feministische und homophobe Argumente gegen diese vermeintliche 'Gender-Ideologie' auf breite Resonanz in der kolumbianischen Gesellschaft stoßen. Dementsprechend sahen sich die Regierung und die FARC bei der Überarbeitung des Friedensvertrags gezwungen, den Begriff "género" an einigen Stellen zu streichen und durch Formulierungen wie "Männer und Frauen" oder "verwundbare Gruppen und Personen" zu ersetzen. Diese Fassung wurde am 24. November 2016 unterzeichnet und eine Woche später vom Kongress ratifiziert.

Den Analysen und Forderungen, die die kolumbianischen Frauenorganisationen erfolgreich nach Havanna getragen haben, ist die Erkenntnis gemein, dass Frauen in besonderem Ausmaß und auf spezifische Art und Weise Opfer des Bürgerkriegs waren und sind.

Frauen und Krieg – Opfer und Kämpferinnen

In dem Bürgerkrieg, der seit Mitte der 1960er Jahre zwischen aufständischen, staatlichen und paramilitärischen Kräften gefochten wird, sind Frauen in besonderem Maße von Gewalt betroffen. Vertreibungen und illegale Landnahmen in den Kriegsgebieten treffen vor allem die zahlreichen alleinstehenden Frauen, die zudem geschlechtsspezifischer Gewalt, konkret sexueller Gewalt ausgesetzt sind (Meertens 2010). Sexuelle Gewalt – darin herrscht zwischen kolumbianischen Frauen- und Menschenrechtsorganisationen und dem kolumbianischen Verfassungsgericht Einigkeit – wird von allen Konfliktparteien systematisch als Kriegswaffe eingesetzt. Sie umfasst Vergewaltigungen und sexuelle Übergriffe, Zwangsprostitution sowie erzwungene Schwangerschaften und Abtreibungen. Indigene und afrokolumbianische Frauen und Mädchen aus dem ruralen Kolumbien sind von der sexuellen Gewalt in besonders hohem Maße betroffen (ABColombia et al. 2013). Die Gewalt gegen Frauen seitens der bewaffneten Akteure kann jedoch nicht getrennt von dem hohen Ausmaß an sexueller Gewalt im häuslichen Bereich betrachtet werden (Estrada et al. 2007). 2010 gaben 9,7 % der befragten Frauen in einer repräsentativen Umfrage an, von ihrem Partner vergewaltigt worden zu sein, 37,4 % hatten physische Gewalt erfahren. Vergewaltigungen außerhalb der Partnerschaft hatten 5,7 % der Frauen erlitten. Sexuelle Übergriffe im Kontext des bewaffneten Konfliktes wurden zwischen 1985 und 2015 an die 12.000 registriert, was einem Durchschnitt von 360 pro Jahr entspricht (ONU Mujeres 2016). Nicht zuletzt deshalb war es eine zentrale feministische Forderung, diese Straftaten von Amnestieregelungen im Kontext der Friedensverhandlungen auszuklammern (ABColombia et al. 2013).

Die unterschiedlichen Akteure greifen zu verschiedenen Formen sexueller Gewalt. Bei den FARC-EP dominieren sexuelle Übergriffe gegen Frauen und Mädchen in den von ihnen kontrollierten Gebieten und vor allem gegen diejenigen, denen Zusammenarbeit mit der Gegenseite vorgeworfen wird. Zudem müssen die Kombattantinnen Verhütungsmittel einnehmen und werden zur Abtreibung gezwungen, falls sie dennoch schwanger werden. In den hitzigen Debatten, die darüber geführt werden, zeigt sich, dass die Frauen der FARC-EP in der öffentlichen Wahrnehmung zwischen Opfern und Täterinnen oszillieren. Die Guerilleras machen je nach Schätzung 30-40 % der Kämpfenden aus und stellen das Zusammenleben in den aufständischen Truppen, in denen per Statut schon seit den 1970er Jahren Gleichberechtigung herrscht, als revolutionär in Sachen Geschlechterbeziehungen dar. Die oberste Führungsebene der FARC-EP ist jedoch fest in männlicher Hand. Kolumbianische und ausländische Medien zeichnen ein heroisierendes und sexualisierendes Bild der Kämpferinnen, in denen ihre militärischen und politischen Strategien kaum Aufmerksamkeit erlangen. Bei den Verhandlungen in Havanna spielten Frauen der FARC-EP jedoch eine wichtige Rolle (Ibarra Melo 2009; Hörtner 2009).

Auch die seit den 1980er Jahren aktiven paramilitärischen Gruppen Kolumbiens hatten und haben weibliche Mitglieder, deren Anteil jedoch deutlich geringer ausfällt und auf 6-10 % geschätzt wird. Im Gegensatz zu den Guerillas herrscht dort jedoch geschlechtsspezifische Arbeitsteilung, sind die Frauen nicht Teil der militärischen Führung, sondern vielmehr am Aufbau einer neuen sozialen Ordnung beteiligt (GMH 2011). Auch die von paramilitärischen Gruppen eingesetzte genderspezifische und speziell sexuelle Gewalt steht im Zusammenhang mit dem Aufbau einer dichten sozialen und territorialen Kontrolle. Das bekannteste Beispiel einer solchen Form der Herrschaft hat der paramilitärische Dachverband *Autodefensas Unidas de Colombia* (AUC) von den späten 1990er Jahren bis zu seiner Auflösung 2006 in großen Teilen der kolumbianischen Karibikprovinzen ausgeübt. Das Ausüben von Herrschaft über die Zivilbevölkerung und der Kampf gegen die 'Subversion' in den einstmals von Guerillaaktivitäten geprägten Gebieten ging mit massiven Eingriffen in das Alltagsleben und dem Aufbau einer autoritären patriarchalen Ordnung und brutalen, oftmals sexualisierten Sanktionen für vermeintlich 'subversives' und 'deviantes' Verhalten einher. Rigide Geschlechternormen waren hier kein 'Beiprodukt' des Krieges, sondern ein zentrales Instrument der Machtausübung. Die AUC machten den Frauen und Männern in 'ihren' Regionen Verhaltensvorschriften hinsichtlich des 'richtigen' 'männlichen' und 'weiblichen' Aussehens und Auftretens und bestraften Frauen und Männer, die sich diesen Regeln widersetzten, öffentlich, z.B. mit Schlägen, Rasuren oder stundenlangem nackten Verharren in der gleißenden Sonne. Vergewaltigungen, Folter und sexualisierte Gewalt wurden von den Paramilitärs gezielt und strategisch zur Inbesitznahme von Körpern und Regionen eingesetzt. Paramilitärische Anführer und Großgrundbesitzer tauschten das 'Recht', junge Mädchen zu entjungfern, gegen den Schutz ihrer Familien. Frauen, die sichtbare Positionen in den sozialen Strukturen ihrer Gemeinden einnahmen oder zivilgesellschaftlich organisiert waren, fanden sich zudem häufig auf ihren Todeslisten (GMH 2011).

Die wenigsten Vergewaltigungen und sexuellen Übergriffe (sowohl im Kontext des bewaffneten Konfliktes als auch in privaten Zusammenhängen) werden von den betroffenen Frauen angezeigt und somit auch nicht von den Strafbehörden verfolgt. Die eben dargestellten Erfahrungen der

Opfer und Praktiken der Täter und Täterinnen können nur dank zahlreicher und umfangreicher Erinnerungsprojekte dokumentiert und symbolisch sowie juristisch angeklagt werden. *Testimonios* und *Memoria* – in der sozialwissenschaftlichen Auseinandersetzung mit der Gewaltgeschichte Kolumbiens werden diese Modi der Erkenntnisgewinnung schon seit den 1960er Jahren angewendet. Der inzwischen umfangreiche Korpus an Darstellungen der genderspezifischen Gewalt gegen Frauen und LGBT-Personen in Kolumbien hat seinen Ursprung in der bereits skizzierten Frauenbewegung der 1980er und 1990er Jahre. So machen es sich zahlreiche Frauenorganisationen seit dieser Zeit zur Aufgabe, die an Frauen und Mädchen begangenen Verbrechen erzählen zu lassen und aufzuschreiben. Die Bandbreite der Akteurinnen und Akteure reicht dabei von lokal agierenden Basisorganisationen wie der *Asociación de Mujeres del Magdalena* (ADEMAG) und der eingangs erwähnten Initiative *Cuenta la 13* bis zu dem Großprojekt *Comisión de Verdad y Memoria de las Mujeres Colombianas* der *Ruta Pacífica* und einer *testimonio*-Sammlung mit Frauenberichten des Verbandes der Opfer von Staatsverbrechen MOVICE (*Movimiento de Víctimas de Crímenes de Estado*) (Castro Sánchez et al. 2015). Einen besonders sichtbaren Platz nehmen die Forschungsprojekte und Publikationen des *Centro Nacional de Memoria Histórica* (CNMH) ein, das 2011 mit dem Gesetz zum Schutz der Opfer und Rückgabe der Länder *(Ley de Víctimas y Restitución de Tierras)* von der Regierung Santos gegründet wurde. Zu den Aufträgen der aus renommierten Wissenschaftlerinnen und Wissenschaftlern bestehenden Einrichtung gehört die Sammlung von *testimonios* der Opfer des bewaffneten Konflikts in all ihrer Heterogenität.

Queer Colombia

Nicht zuletzt im Rahmen der Memoria-Projekte des *Centro Nacional* wurde deutlich, dass auch die LGBT-Bevölkerung Kolumbiens in hohem Maße von systematischer geschlechtsspezifischer und sexueller Gewalt betroffen ist und darüber ein noch viel größeres Schweigen herrscht. Deshalb erarbeite das *Centro Nacional de Memoria Histórica* in Zusammenarbeit mit LGBT-Basisorganisationen 2015 einen umfangreichen Bericht, der die *testimonios* dieser Bevölkerungsgruppe erstmals umfassend darstellt. Die Publikation zeigt, dass die Gewaltakte, denen Lesben, Schwule, Bisexuelle und Transgender ausgesetzt sind und die das Ziel verfolgen, eine heteronormative soziale Ordnung und Moral herzustellen, von Mord und Folter bis zu Vergewaltigungen und symbolischen sexuellen Gewaltakten reichen. Dabei stellen die interviewten LGBT-Personen heraus, dass sich die durch die bewaffneten Akteure erfahrene Gewalt in Diskriminierungen und Übergriffe im privaten Umfeld sowie durch Institutionen wie Schulen, Gesundheitsbehörden oder die Kirche einreiht (CNMH 2015). Im August 2014 erlangte der Fall des 16-jährigen Schülers Sergio Urrego traurige Berühmtheit, der von den homophoben Diskriminierungen durch Lehrkräfte und Schulpsychologen und -psychologinnen in den Selbstmord getrieben wurde. Auch Meinungsumfragen zeugen von gesellschaftlich breit verankerter LGBT-Feindlichkeit, so spricht sich eine große Mehrheit der Kolumbianerinnen und Kolumbianer in Umfragen gegen die erfolgte Gleichstellung der Ehe und das verabschiedete Adoptionsrecht für Schwule und Lesben aus.

Auch in diesem Bereich wird also eine für Kolumbien charakteristische Diskrepanz zwischen brutaler Diskriminierung in weitgehend rechtsfreien Räumen einerseits und progressiver Rechtsstaatlichkeit andererseits deutlich. Wie auch im Bereich der Frauenrechte ist es in erster Linie das kolumbianische Verfassungsgericht, von dessen Seite die Diskriminierung auf Grund von geschlechtlicher Identität oder sexueller Orientierung Stück für Stück abgebaut wird. Dieser Prozess hat seinen juristischen Ursprung in der Verfassung von 1991, ist aber auch das Ergebnis eines zähen und erfolgreichen Kampfes der in den frühen 2000er Jahren geformten LGBT-Bewegung Kolumbiens. Seit 2007 sorgten die Richter und Richterinnen für gleiche bürgerliche, politische, wirtschaftliche und soziale Rechte, haben das Migrations- und Strafrecht angeglichen sowie innerhalb des Sozial- und Gesundheitssystems die Gleichstellung durchgesetzt (Serrano Amaya 2011). 2015 wurde endgültig das volle Adoptionsrecht für gleichgeschlechtliche Paare eingeführt und seit dem Frühjahr 2016 sind alle Notare und Standesbeamten dazu angehalten, auch gleichgeschlechtlichen Paaren die Ehe zu schließen. Das Gericht argumentierte bei diesen beiden Entscheidungen in erster Linie familiär, d.h. es postulierte im Zusammenhang mit dem Eherecht, dass auch gleichgeschlechtliche Paare eine Familie bildeten, und strich im Kontext des Adoptionsrechts das Recht von Kindern auf eine Familie heraus. Diesem Argument schloss sich auch das staatliche *Instituto Colombiano de Bienestar Familiar* (ICBF) und damit die in Kolumbien für Adoptionen zuständige Behörde an. Doch auch die Gegner dieser höchst umstrittenen und die kolumbianische Gesellschaft polarisierenden Entscheidungen setzen in ihrer Argumentation auf die Familienkarte und sehen sich als Verteidiger der vermeintlich natürlichen und mit der christlichen Lehre übereinstimmenden heterosexuellen Kleinfamilie. Sie können sich dabei auch darauf berufen, dass Familie in der Verfassung von 1991 als Keimzelle der Gesellschaft bezeichnet wird, die als freiwillige Verbindung zwischen einem Mann und einer Frau definiert wird.

Familie und Reproduktion

Die Verfassung von 1991 formuliert jedoch nicht nur ein spezifisches und sehr enges Familienbild, sondern auch die Verpflichtung des kolumbianischen Staates, Familien und insbesondere Kinder zu schützen. Dieses Selbstverständnis familienpolitischen Engagements geht auf das *Ley de Paternidad Responsable* von 1968 und die darin verankerte Gründung des ICBF zurück, das an das Gesundheitsministerium angegliedert ist. Der kolumbianische Staat beanspruchte damit Autorität über gesellschaftliche Bereiche, die bis dahin primär in kirchlicher Hand gelegen hatten. Das Gesetz nahm Väter in die Pflicht, die Vaterschaft ihrer Kinder anzuerkennen und für sie zu sorgen, und übertrug dem Staat in Form des ICBF die Aufgabe, diejenigen Kinder zu versorgen, deren Eltern nicht zur Verantwortung gezogen werden konnten. Von der feministischen Frauen- und Geschlechterforschung werden sowohl die Arbeit des ICBF als auch andere familienpolitische Maßnahmen der letzten Jahrzehnte grundsätzlich für ihre geschlechterpolitischen Auswirkungen kritisiert, da diese eine traditionelle Arbeitsteilung zementierten, in der Männer in der produktiven Sphäre und Öffentlichkeit verortet werden und Frauen als diejenigen konzipiert werden, die für Familien im Besonderen und das 'Private' im Allgemeinen verantwortlich sind (Rodríguez Pizarro/Ibarra Melo 2013). Dies zeigen auch seit 2006 staatlich finanzierte Umfrageprojekte zu bezahlter und unbezahlter Arbeit. Sie unterstreichen, dass sich Hausarbeit und Kindererziehung trotz der Verschiebungen im Arbeitsmarkt fest in Frauenhand befinden (Villamizar García-Herreros 2011).

Die Kernfamilie aus Vater, Mutter und zwei oder drei Kindern, wie sie in der Verfassung von 1991 skizziert wird, stellt in Kolumbien nur ein Familienmodell unter vielen dar – wenn auch eines, das seit den 1950er Jahren von vielen Seiten als 'natürliches' Ideal und Norm propagiert und definiert wird. Die Soziologin und Anthropologin Virgina Gutiérrez de Piñeda, die als Gründungsmutter der kolumbianischen Familiensoziologie gilt, stellte in einflussreichen Werken jedoch schon in den frühen 1960er Jahren die historisch gewachsene Vielfalt der Familienmodelle und -konstellationen Kolumbiens dar und führte diese in erster Linie auf die ethnische und territoriale Heterogenität des Landes zurück (u.a. Gutierréz de Piñeda 1963). Sie konnte z.B. aufzeigen, dass in den Karibik- und Pazifikregionen matrifokale Familien, in denen die Großmutter mütterlicherseits den familiären Mittelpunkt bildete, dominierten, Polygamie in Kolumbien weit verbreitet war und in den andinen Regionen viele Mütter alleinerziehend waren. Auch gegenwärtig zeigen Umfragen von privaten und staatlichen Institutionen sowie soziologische Studien, dass neben der 'vollständigen' Nuklearfamilie eine Vielfalt anderer Modelle existiert, seien es Großfamilien oder Familien mit weiblichen Familienvorständen (Puyana Villamizar 2012). Als markanteste Veränderung in den Familienstrukturen seit den 1950er Jahren kann der Rückgang der Kinderzahl pro Frau gelten, die 2010 bei 2,1 lag (Ojeda et al. 2011). Dieser sogenannte demographische Übergang wird auf die Verbreitung moderner Verhütungsmittel, die Urbanisierung Kolumbiens, den Ausbau des Bildungswesens und den stark erweiterten Zugang von Frauen sowohl zum Bildungssystem als auch zu Lohnarbeitsverhältnissen zurückgeführt (Serrano Amaya et al. 2010).

Dieser Zusammenhang zwischen der Entwicklung und Verbreitung neuer Verhütungsmittel wie der 'Pille' und der Spirale, sich wandelnden weiblichen Biografien und der Senkung der Geburtenrate war kein Zufall, sondern das Ergebnis der Bemühungen international vernetzter Bevölkerungsexperten. Diese sahen in kinderreichen Familien und schnellem Bevölkerungswachstum eine 'Überbevölkerungsgefahr', welche der ökonomischen Entwicklung und gesellschaftlichen Modernisierung Kolumbiens im Wege stehe und der mit eben diesen Mitteln begegnet werden müsse (Huhle 2017). Gleichzeitig forderten auch Frauen und Frauenorganisationen in Kolumbien den freien Zugang zu Verhütungsmitteln – der vor allem seitens der katholischen Kirche eingeschränkt wurde – und das Recht auf Familienplanung ein. Die Regierung wiederum verankerte das Ziel, die Geburtenrate zu senken, im Entwicklungsplan von 1969 und begann schon Mitte der 1960er Jahre, Familienplanung im Rahmen von Mutter-Kind-Programmen im staatlichen Gesundheitssystem zu verankern. Im gleichen Zeitraum wurde mit der *Asociación Probienestar de la Familia Co-*

lombiana (Profamilia) die erste private Familienplanungsorganisation gegründet. Sie versorgte schon bald mehr Frauen als die staatlichen Stellen und dominiert das Feld bis heute, wobei ihre Aktivitäten Forschung, Sexualerziehung, Politikberatung, die kommerzielle Verbreitung von Verhütungsmitteln und medizinische Versorgung umfassen.

Seit den 1980er Jahren fordern feministische Gruppen jedoch sexuelle und reproduktive Rechte ein, die losgelöst von bevölkerungspolitischen Zielen freie Entscheidungen jeder und jedes Einzelnen garantieren sollen. Ihnen ist es zu verdanken, dass auch staatlicherseits eine konzeptionelle Verschiebung stattfand und reproduktive Fragen weniger als kollektive nationale Verantwortung und stärker als individuelle Rechte verhandelt werden. So wurde in Art. 42 der Verfassung von 1991 formuliert, dass Paare das Recht haben, frei und verantwortungsvoll über die Anzahl ihrer Kinder zu entscheiden und dazu verpflichtet sind, für den Unterhalt und die Erziehung ihrer minderjährigen Kinder zu sorgen. 2003 wurden sexuelle und reproduktive Rechte dann in einer Direktive des *Ministerio de Protección Social* zu Menschenrechten erklärt. Der Staat verpflichtete sich dazu, über das Sozialversicherungs- und Gesundheitssystem Zugang zu Verhütungsmitteln und medizinischer Versorgung zu gewährleisten. Kolumbien setzte damit internationale Normen um, die auf der Weltbevölkerungskonferenz in Kairo 1994 und der Weltfrauenkonferenz 1995 in Peking verabschiedet worden waren (Serrano Amaya et al. 2010). Inwiefern das gelingt, d.h. welche Kenntnisse kolumbianische Frauen über Verhütungsmethoden und sexuelle Gesundheit haben und welche Mittel sie verwenden, wird seit 1990 am umfassendsten von Profamilia erforscht, die seither im 5-Jahres-Takt eine landesweite repräsentative Umfrage, die *Encuesta Nacional de Demografía y Salud,* durchführt. Gemäß der Umfrage von 2010 kennen 99,9 % der kolumbianischen Frauen mindestens eine moderne Verhütungsmethode, wobei Kondome am bekanntesten sind (98,9 %), gefolgt von der Pille (98,8 %) und Hormonspritzen (97,9 %). 97 % der befragten verheirateten Frauen und 99 % der sexuell aktiven Frauen gaben an, schon einmal Verhütungsmittel benutzt zu haben, wobei die Sterilisation von Frauen (24 %) die am stärksten verbreitete Methode ist, gefolgt von Hormonspritzen und Kondomen (je 8 %) (Ojeda et al. 2011).

Das Thema Abtreibung ist im Vorfeld der Verfassung von 1991 auch in Kolumbien stärker in die Öffentlichkeit gerückt und wird seither regelmäßig gesellschaftlich und juristisch diskutiert. Die *Asamblea Constitu-*

yente entschied sich dazu, das Thema nicht im Verfassungstext zu behandeln, bei der Neuformulierung des Strafgesetzbuchs im Jahr 2000 wurde Abtreibung jedoch wie erstmals 1980 ausnahmslos unter Strafe gestellt. Daraufhin kam es zu zahlreichen Klagen vor dem Verfassungsgericht, das 2006 schließlich Abtreibung in drei Fällen legalisierte: bei Schwangerschaften, die aus einer Vergewaltigung resultieren, wenn eine starke Fehlbildung des Embryos vorliegt und wenn die Schwangerschaft das Leben der schwangeren Frau bedroht. In der Praxis bestehen jedoch auch für die Frauen, deren Schwangerschaften in eine dieser Kategorien fallen, nach wie vor Hürden. Zahlreiche Mediziner und Medizinerinnen weigern sich aus Gewissensgründen, den Eingriff vorzunehmen, Krankenversicherungen legen bürokratische Hürden in den Weg und die katholische Kirche übt Druck aus (Serrano Amaya et al. 2010). Die Zahl illegaler und oftmals gesundheitsgefährdender Abtreibungen ist durch die Entscheidung von 2006 kaum zurückgegangen, wobei es auch schwierig ist, zuverlässige Daten zu erheben (Rubio 2015). Frauenorganisationen setzen sich seit den 1970er Jahren für die vollständige Legalisierung von Abtreibungen ein, wobei gegenwärtig vor allem das 1993 geformte Bündnis *La Mesa por la Vida y la Salud de las Mujeres* aktiv ist. Auch in diesem Feld zeigt sich also der große Einsatz, mit dem kolumbianische Frauen unterschiedlicher politischer Couleur und regionaler Herkunft für ihre Rechte kämpfen.

Literaturverzeichnis

ABColombia/Sisma Mujer/U.S. Office on Colombia (2013): "Colombia. Mujeres, Violencia Sexual en el Conflicto y el Proceso de Paz". <http://www.abcolombia.org.uk/downloads/Sexual_violence_report_Spanish.pdf> (8.8.2016).

Acuerdo sobre las Víctimas del Conflicto (15.12.2015). <http://www.altocomisionadoparalapaz.gov.co/mesadeconversaciones/PDF/borrador-conjunto-acuerdo-sobre-las-victimas-del-conflicto-1450190262.pdf> (29.5.2017).

Arango Gaviria, Luz Gabriela et al. (Hg.) (2011): *Las mujeres y el género en Colombia. 20 años después de la Constitución.* Bogotá: Universidad Nacional de Colombia.

Castro Sánchez, Clara Patricia/Melo Amaya, Alejandra (2015): *Crímenes de estado desde la perspectiva de las mujeres.* Bogotá: Movimiento de Víctimas de Crímenes de Estado (MOVICE).

CNMH (Centro Nacional de Memoria Histórica) (2015): *Aniquilar la diferencia. Lesbianas, gays, bisexuales y transgeneristas en el marco del conflicto armado colombiano.* Bogotá: Imprenta Nacional.

Coker González, Charity (2000): "Agitating for Their Rights. The Colombian Women's Movement, 1930-1957". In: *Pacific Historical Review*, 69, 4, S. 689-706.

Comunicado Conjunto #82 (24.07.2016). <http://www.altocomisionadoparalapaz.gov. co/mesadeconversaciones/PDF/comunicado-conjunto-82-la-habana-cuba-24-de-julio-de-2016-1469328377.pdf> (29.5.2017).

Estrada, Ángela María/Ibarra, Carolina/Sarmiento, Estefanía (2007): "Regulation and Control of Subjectivity and Private Life in the Context of Armed Conflict in Colombia". In: *Community, Work & Family*, 10, 3, S. 257-281.

Gallego Zapata, Marina (2013): *La verdad de las mujeres. Víctimas del conflicto armado en Colombia*. Bogotá: Ruta Pacífica de las Mujeres.

GMH (Grupo de Memoria Histórica) (2011): *Mujeres y guerra. Víctimas y resistentes en el Caribe colombiano*. Bogotá: Taurus.

Gutiérrez de Piñeda, Virginia (1963): *La familia en Colombia. Trasfondo histórico*. Bogotá: Universidad Nacional de Colombia.

Huhle, Teresa (im Druck): *Bevölkerung, Fertilität und Familienplanung in Kolumbien. Eine transnationale Wissensgeschichte im Kalten Krieg*. Bielefeld: transcript.

Hörtner, Maria (2009): *Die unsichtbaren Kämpferinnen. Frauen im bewaffneten Konflikt in Kolumbien zwischen Gleichberechtigung und Diskriminierung*. Köln: Papyrossa.

Ibarra Melo, María Eugenia (2009): *Mujeres e insurrección en Colombia. Reconfiguración de la identidad femenina en la guerrilla*. Cali: Pontificia Universidad Javeriana.

Lamus Canavate, Doris (2010): *De la subversión a la inclusión. Movimientos de mujeres de la segunda ola en Colombia, 1975-2005*. Bogotá: Instituto Colombiano de Antropología e Historia.

Luna, Lola G./Villarreal Méndez, Norma (1994): *Historia, género y política. Movimientos de mujeres y participación política en Colombia 1930-1991*. Barcelona: Promociones y Publicaciones Universitarias.

Meertens, Donny (2000): *Ensayos sobre tierra, violencia y género. Hombres y mujeres en la historia rural de Colombia 1930-1990*. Bogotá: Universidad Nacional de Colombia.

Mejía Duque, Claudia María (15.12.2014): "Los derechos de las mujeres víctimas en el centro de los derechos de las víctimas para una paz sostenible y duradera". <http://media.wix.com/ugd/ff58cd_b27b82f568714bcc827dd3b0a99f81fb.pdf> (7.9.2016).

Ojeda, Gabriel/Ordoñez, Myriam/Ochoa, Luis Hernando (2011): *Encuesta Nacional de Demografía y Salud 2010*. Bogotá: Profamilia/Ministerio de Protección Social.

ONU Mujeres (2016): "Datos y cifras claves para la superación de la violencia contra las mujeres". <http://www2.unwomen.org/-/media/field%20office%20colombia/documentos/publicaciones/2016/001%20m%C3%B3dulo%20general.pdf-?v=1&d=20160817T222515> (8.11.2016).

Pinzón de Lewin, Patricia (2014): *Esmeralda Arboleda. La mujer y la política*, Bogotá: Taller de Edición-Roca.

Puyana Villamizar, Yolanda (2012): "Las políticas de familia en Colombia. Entre la orientación asistencial y la democrática". In: *Revista Latinoamericana de Estudios de Familia*, 4, S. 210-226.

Rodríguez Pizarro, Alba Nubia/Ibarra Melo, María Eugenia (2013): "Los estudios de género en Colombia. Una discusión preliminar". In: *Sociedad y Economía*, 24, S. 15-46.

Rubio, Mauricio (2015): "El mito de los 400 mil abortos en Colombia". In: *Revista de Economía Institucional*, 17, 33, S. 253-274.

Ruta Pacífica de las Mujeres (2013): "La verdad de las mujeres. Víctimas del conflicto armado en Colombia". <https://www.youtube.com/watch?v=i0D4n8bel0g#t=779> (5.9.2016).

Serrano Amaya, José Fernando (2011): "Challenging or Reshaping Heteronormativity with Public Policies? A Case Study from Bogotá, Colombia". In: *IDS Working Papers*, 361, S. 1-41.

Serrano Amaya, José Fernando et al. (2010): *Panorama sobre derechos sexuales y reproductivos y políticas públicas en Colombia*. Bogotá: Universidad Nacional de Colombia.

Villamizar García-Herreros, María Eugenia (2011): *Uso del tiempo de mujeres y hombres en Colombia. Midiendo la inequidad*. Santiago de Chile: Naciones Unidas.

Villarreal Méndez, Norma (2011): "El movimiento de mujeres y la constitución de 1991". In: Arango Gaviria, Luz Gabriela et al. (Hg.): *Las mujeres y el género en Colombia. 20 años después de la Constitución*. Bogotá: Universidad Nacional de Colombia, S. 42-46.

Wills Obregón, María Emma (2007): *Inclusión sin representación. La irrupción política de las mujeres en Colombia (1970-2000)*. Bogotá: Grupo Ed. Norma.

— (2010): "Forced Displacement and Women's Security in Colombia". In: *Disasters*, 34, 2, S. 147-164.

Die Kirche

José Darío Rodríguez Cuadros, S.J.

Einleitung

Artikel 38 der bis 1991 gültigen kolumbianischen Verfassung von 1886 lautete folgendermaßen: "Die katholische, apostolische, römische Religion gehört zur Nation; die öffentlichen Gewalten werden sie schützen und dafür sorgen, dass sie als ein wesentliches Element der sozialen Ordnung respektiert wird". Diese Verfassung hatte das Ziel, die Einheit einer fragmentierten Nation wiederherzustellen, die sich nach fast drei Jahrzehnten radikal liberaler Regierungen im späten 19. Jahrhundert in einer tiefen wirtschaftlichen und politischen Krise befand. Allerdings reichte es nach Ansicht der Hauptautoren der Verfassung – Rafael Núñez und Miguel Antonio Caro – nicht aus, das Land mittels Zentralisierung der Nationalbank, Schaffung einer nationalen Armee und Streben nach einer friedlichen Koexistenz zwischen der liberalen und der konservativen Partei zu stabilisieren. Es war notwendig, ein die Gesellschaft einigendes Element zu finden, das die Durchführung von erforderlichen Verwaltungsreformen für die Gestaltung der neuen Republik erleichtern würde. Die Antwort auf diese Herausforderung des späten 19. Jahrhunderts findet sich in dem oben genannten Verfassungsartikel, in dem die katholische Kirche als ein wesentliches Element der sozialen und moralischen Ordnung der Nation bezeichnet wurde. Sie genoss den Schutz durch die öffentlichen Gewalten und erhielt weitreichende Kontrolle über das Bildungssystem. Insofern kann man sagen, dass die Beziehungen zwischen Kirche und Staat nahezu im gesamten 20. Jahrhundert – mit Ausnahme von gewissen Momenten der Spannung – durch eine Atmosphäre großer Nähe und wechselseitiger Beeinflussung charakterisiert waren.

Doch dieser starke soziale und politische Einfluss der Kirche erlebte im Laufe der Zeit verschiedene Veränderungen. Insbesondere seit Beginn der 1990er Jahre ist er zurückgegangen und hat sich gewandelt. Dazu haben Faktoren wie die Intensivierung des bewaffneten Konflikts, die Ausdehnung des Drogenhandels, die Stärkung der paramilitärischen Gruppen, die Legitimitätskrise der traditionellen politischen Parteien und insbesondere die Verfassung von 1991 beigetragen. Die neue Verfassung war nicht konfessionsgebunden, sondern offen für Religionsfreiheit. Sie leitete ihre Legitimität nicht mehr von der Autorität Gottes ab, sondern vom kolumbianischen Volk. Infolgedessen sah sich die katholische Kirche dazu gezwungen, andere Mechanismen in Gang zu setzen, um ihre Präsenz im Land zu gewährleisten. Die daraus hervorgegangene Dynamik von Dialog und Aktion ist Gegenstand dieses Kapitels, das sich der Entwicklung des religiösen Panoramas in Kolumbien in den vergangenen 25 Jahren widmet.

Der Beitrag ist in erster Linie theologisch orientiert, weniger soziologisch oder politisch. Es geht vor allem darum zu verstehen, welche religiösen Entwicklungen in Kolumbien im Hinblick auf die Rolle der katholischen Kirche stattgefunden haben. Dazu werden die zwischen 1991 und 2015 abgegebenen offiziellen Erklärungen der Vollversammlung der kolumbianischen Bischofskonferenz analysiert. Zunächst geht es um die Entwicklung der theologischen Ansätze. In einem zweiten Schritt werden die wichtigsten thematischen Linien vorgestellt, die sich aus diesen Unterlagen ergeben. Danach folgt eine kurze Darstellung der protestantischen und evangelischen Kirchen in Kolumbien. Am Ende des Beitrages werden einige Herausforderungen präsentiert, mit denen die katholische Kirche und die anderen Konfessionen im Zuge der Friedensvereinbarungen zwischen der Regierung und der Guerilla der *Fuerzas Armadas Revolucionarias de Colombia* (FARC) konfrontiert sind.

Der theologische Hintergrund der Aussagen der kolumbianischen Bischofskonferenz

Die kolumbianische Bischofskonferenz hat in den vergangenen zwei Jahrzehnten vielfältige offizielle Erklärungen zu zahlreichen Aspekten der nationalen Realität abgegeben. Warum nimmt eine Kirche, von der man annehmen könnte, dass sie sich darauf beschränkt, über doktrinäre, liturgische oder pastorale Aspekte zu sprechen, die ihre Gläubigen betreffen, Stellung bezüglich neuralgischer Fragen der allgemeinen Entwicklung der Gesellschaft wie der Agrarpolitik, den Freihandelsabkommen oder der staatlichen Sozialpolitik? Um diese Frage zu beantworten, werden zunächst die päpstlichen und bischöflichen Dokumente analysiert, mittels derer die Kirche ihre Autorität zur Interpretation der Heiligen Schrift sowie im Hinblick auf Fragen des Glaubens und der Einheit der Gläubigen ausübt. Im Mittelpunkt stehen dabei die Abschlussdokumente der zweimal jährlich stattfindenden Vollversammlung des kolumbianischen Episkopats. Am häufigsten wurden von der Bischofskonferenz drei Typen von Dokumenten genutzt: a) die Heilige Schrift; b) die Enzykliken und die päpstlichen apostolischen Ermahnungen und c) die Ansprachen der Päpste zu Anlässen wie dem Weltfriedenstag, dem Ende einer Versammlung von Bischöfen aus Lateinamerika oder einem offiziellen Besuch in Kolumbien.

In Bezug auf die Texte der Heiligen Schrift wird die große und überwältigende Präferenz für Texte des Neuen Testaments deutlich, insbesondere für die Evangelien, unter denen wiederum das Johannes-Evangelium an erster Stelle steht, gefolgt von Matthäus, Lukas und Markus. Hinzu kommen einige Briefe des heiligen Paulus, insbesondere der an die Römer, sowie Zitate aus der Epistel an die Epheser, Galater und Korinther. Warum ist es interessant, dies festzustellen? Weil es zeigt, wie die Bibel von der kolumbianischen Kirche verwendet wird, um die Gläubigen zu "lehren" und zu evangelisieren. Noch interessanter ist es, den Inhalt der Zitate zu analysieren sowie den Kontext, in dem sie verwendet werden, denn dies vermittelt einen Eindruck davon, welches Bild von Jesus gefördert wird, welche Ermahnungen formuliert werden und auf welche grundlegenden Prinzipien die Aussagen der Bischöfe verweisen.

Die bevorzugte Verwendung des Johannes-Evangeliums konzentriert sich auf zwei Zitate: "Ich bin gekommen, damit sie Leben haben und es in Überfluss haben" (Joh. 10, 10) und "Frieden lasse ich euch, meinen Frieden gebe ich euch. Der Friede, den ich euch gebe, ist nicht wie der, den die Welt gibt" (Joh. 14, 27). In der Regel wird das erste Zitat bei Themen wie der Ablehnung der Abtreibung oder der Suche nach besseren Lebensbedingungen für die Ärmsten der Gesellschaft verwendet. Das zweite wurde seit 1998 in einer berühmten "Pastorale für den Frieden" verwendet, die bis heute die Position der Kirche gegenüber dem bewaffneten Konflikt und der Gewalt im Land prägt. Mit der Verwendung dieses Zitats wird zu verstehen gegeben, dass der Friede in Fülle, nach welchem die Kirche strebt, in erster Linie der von Jesus von Nazareth angebotene Friede ist. Zusammen mit diesen beiden Zitaten gilt unsere Aufmerksamkeit auch der Verwendung einiger Zitate von Matthäus, Lukas und Markus über die Nähe Jesu zu den Armen, die Seligpreisungen und die Hoffnung auf Erlösung durch den auferstandenen Jesus. Das Bild Jesu, das man vermitteln möchte, ist das des "Friedensboten", des "Schöpfers und Herrn des

Lebens", der "Nähe zu den Ärmsten" und der "Hoffnung" auf eine bessere Zukunft. Offensichtlich stellt die Kirche ihr Interesse an der zentralen Rolle Jesu im Rahmen des Glaubens dar. Die meisten der Zitate aus anderen biblischen Texten konvergieren mit diesen Bildern von Jesus.

Im Hinblick auf die Briefe des heiligen Paulus ist vor allem der an die Römer gerichtete Brief auffällig, dessen Kapitel 12 am häufigsten verwendet wird; ein Kapitel, das sich mit ethischen Fragen im Hinblick auf ein harmonisches Zusammenleben in der Gemeinschaft der Gläubigen beschäftigt, basierend auf Demut und Wohltätigkeit, selbst gegenüber den Feinden. Die Bischöfe von Kolumbien verwenden dieses Kapitel aus verschiedenen Anlässen, aber unter Betonung der anfänglichen Ermahnung des Heiligen Paulus, die sich auf den "Rückzug aus der gegenwärtigen Welt" und den Aufruf zur "Bekehrung" bezieht. Wiederholt ist in den Erklärungen der Vollversammlung von Kolumbien als einem "moralisch kranken" Land die Rede, dessen Heilmittel die Bekehrung der Herzen sei. Ausgehend von dieser Logik, die bis Ende der 1990er Jahre häufig genutzt wurde, nahm die Kirche eine Position als moralischer Richter der Nation ein. Allerdings änderte sich dies gegen Ende des Jahrzehnts mit der "Pastorale für den Frieden" und den neuen Herausforderungen an das Land ab Anfang des neuen Millenniums. Es kam zu einem Perspektivenwechsel der Kirche gegenüber dem bewaffneten Konflikt, der nicht mehr nur als moralisches Übel der Nation betrachtet wurde, sondern als soziales Phänomen, dessen strukturelle Ursachen man verstehen und denen man entgegenwirken muss.

Von den Enzykliken und apostolischen Briefen werden insbesondere Dokumente berücksichtigt, die mit der Soziallehre der Kirche im 20. Jahrhundert zusammenhängen, vor allem die während des Pontifikats von Johannes Paul II. geschriebenen Dokumente. Sehr häufig vom kolumbianischen Episkopat verwendet wurde die Enzyklika "Centesimus Annus" anlässlich des Jahrestages des *Rerum Novarum* von Leo XIII über die Lage der Arbeiter. Diese Enzyklika öffnete die Kirche seit dem späten 19. Jahrhundert für die Notwendigkeit einer Antwort auf die "soziale Frage" der Epoche hin, gekennzeichnet durch den Aufstieg des Individualismus, die Ausbeutung der Arbeiter, die zunehmende Ungleichheit und den Triumph des Kapitals über die Würde des einzelnen Menschen. Diese sozialen Lehren werden von der Kirche weder als eine dem Liberalismus, Kapitalismus, Sozialismus oder Kommunismus vergleichbare Doktrin verstanden, noch als ein auf einer philosophischen Weltanschauung basierendes Gesellschaftssystem. Vielmehr handelt sich um die Darlegung der sozialen Implikationen eines religiösen Glaubens, in dessen Mittelpunkt Jesus Christus steht (Calvez/Perrin 1959: 11).

Auf diesem Kontext basiert zum Beispiel der kontinuierliche Ruf der Kirche nach einer gesunden Demokratie, nach Verteidigung der nach dem Bild und Gleichnis Gottes geschaffenen Menschenwürde sowie nach Lobpreisung des Gemeinwohls und der sozialen Gerechtigkeit. Daraus abgeleitet wird auch die Berechtigung, die "Gewissen zu formen", wenn es um moralische Fragen oder die Ausübung des Wahlrechts geht, sich einem bestimmten Familienmodell zuzuneigen, das als Kern der Gesellschaft betrachtet wird, die Menschenrechte zu verteidigen oder sich zur Bedeutung einer integralen Entwicklung auf der Grundlage einer gerechten Verteilung von Gütern und Land zu äußern. Diese Elemente gehören zu denjenigen, die von der kirchlichen Soziallehre behandelt werden und die wiederkehrend und systematisch von den Päpsten im Laufe des 20. und 21. Jahrhunderts verwendet wurden. Mit diesen Fragen beschäftigen sich insbesondere folgende Dokumente, die sehr oft von der kolumbianischen Bischofskonferenz zitiert wurden: *Rerum Novarum* (Papst Leo XIII.), *Quadragesimo anno* (Papst Pius XI.), *Mater et Magistra* (Papst Johannes XXIII.), *Populorum Progressio, Evangelii Nuntiandi, Octogesima Adveniens* (Papst Paul VI.), *Centesimus annus, Evangelium Vitae, Laborem Excercens, Novo Millenium Ineunte, Redemptor Hominis, Redemptoris Missio, Sollicitudo Rei Socialis* (Papst Johannes Paul II.) und *Deus Charitas Est* (Papst Benedikt XVI.). Hinzu kommen selbstverständlich die Texte des Zweiten Vatikanischen Konzils, von denen die dogmatische Konstitution *Gaudium et Spes* über soziale Fragen der modernen Welt besonders wichtig ist.

Unter den päpstlichen Reden sind alle von Paul VI. und Johannes Paul II. zwischen 1973 und 2001 auf den Weltkonferenzen für den Frieden gehaltenen Reden von großer Relevanz. Diese Botschaften wurden in den späten 1990er und frühen 2000er Jahren häufig von der kolumbianischen Bischofskonferenz verwendet, als die durch den bewaffneten Konflikt und den Drogenhandel verursachte Gewalt zunahm und sich auf große Teile des nationalen Territoriums ausweitete. Normalerweise werden solche mündlichen Erklärungen der Päpste in den bischöflichen Dokumenten als Ermahnung an die Gläubigen in Angelegenheiten von allgemeinem Interesse zitiert. Dazu gehören beispielsweise der Frieden, die Transparenz von Wahlen sowie die Bedeutung von Vergebung, Barmherzigkeit, Solidarität, Nächstenliebe und Gerechtigkeit.

Somit können wir feststellen, dass die öffentlichen Erklärungen der kolumbianischen katholischen Kirche in den vergangenen 25 Jahren von einem Jesus-Bild inspiriert waren, das ihn in enger Beziehung zu den Armen sieht, als Boten des Friedens, der zugleich einen Gott als Schöpfer und Herrn des Lebens repräsentiert, Hoffnung verkündet und zu einer kontinuierlichen Umkehr aufruft. Die katholische Soziallehre hat es möglich gemacht, dass die Erklärungen der Kirche sich nicht auf doktrinäre und moralische Fragen beschränken, sondern sich auch für andere Aspekte des gesellschaftlichen, politischen und wirtschaftlichen Lebens öffnen. Gleichwohl handelt es sich um eine sehr "römische" Kirche, denn sie orientiert sich nahezu ausschließlich an der aus Rom verfügten Lehrautorität und ignoriert fast vollständig die auf dem eigenen Kontinent entstandenen Lehrmeinungen. So erfolgt keinerlei Bezugnahme auf die Dokumente der Lateinamerikanischen Bischofskonferenzen von Medellín (1968), Puebla (1979), Santo Domingo (1992) und Aparecida (2007), die starken Einfluss auf die Entwicklung und die Positionen der Kirche in großen Teilen Lateinamerikas hatten. Allerdings hat es in der Vergangenheit innerhalb des Klerus eine am Zweiten Vatikanischen Konzil und an der Befreiungstheologie ausgerichtete Strömung gegeben, die sich radikalisierte. Diese im Gegensatz zur katholischen Amtskirche stehende Richtung ist innerhalb des *Ejército de Liberación Nacional* (ELN) sehr einflussreich.

Es handelt sich somit um eine sehr lokal ausgerichtete und gleichzeitig stark an den Vorgaben aus Rom orientierte Kirche, die dazu neigt, sich zu allgemeinen Themen zu äußern wie Frieden, dem Erhalt einer demokratischen Ordnung, die auf der Moralität ihrer Repräsentanten basiert, Bildung auf der Grundlage christlicher Werte, der Verteidigung der Menschenwürde und der Familie, dem Kampf gegen Abtreibung und Sterbehilfe sowie der Suche nach neuen Alternativen für eine gerechtere Verteilung der gesellschaftlichen Güter.

Erklärungen der Bischofskonferenz: Tendenzen und allgemeine theologische Linien

Der Erlass der Verfassung von 1991 war ein wichtiger historischer Moment für die katholische Kirche Kolumbiens. Die Kirche war davon überzeugt, dass die Reformen nur die Anpassung der kolumbianischen Demokratie an die veränderten Zeiten betreffen würden, aber nicht etwa:

den katholischen Charakter der Verfassung, die Vorrangstellung Gottes in der Präambel des Textes, die Wirksamkeit und Gültigkeit sämtlicher Punkte des Konkordats von 1973 mit dem Vatikan sowie die Rolle der Kirche als Garant der sozial-moralischen Ordnung der Familie und des kolumbianischen Bildungssystems in Hinblick auf die religiöse Erziehung in öffentlichen und privaten Einrichtungen. In diesem Sinne war das Ergebnis für die Kirche alles andere als zufriedenstellend. In der Präambel der neuen Verfassung wurde Gott durch das kolumbianische Volk ersetzt, der Text verteidigte die Religionsfreiheit, erkannte neben der katholischen Kirche auch andere Religionen offiziell an und reduzierte die Privilegien, welche die katholische Kirche im 20. Jahrhundert genossen hatte. Im Jahr 1993 wurde die Hälfte der Artikel des Konkordats von 1973 für verfassungswidrig erklärt. Ein neues Bildungsgesetz im Jahr 1994 schaffte den obligatorischen Religionsunterricht an öffentlichen Schulen ab. Über Themen wie Scheidung, Abtreibung und Sterbehilfe kam es zu hitzigen Debatten.

Im Folgenden werden die allgemeinen Grundlinien des Denkens der kolumbianischen Kirchenhierarchie und ihre Entwicklung in den letzten zwei Jahrzehnten dargestellt. Der Beginn dieser Phase (1990-1997) war gekennzeichnet durch die Diskussionen über die neue Verfassung, das nationale Bildungsgesetz von 1994, das Rollenverständnis der Kirche, das Scheidungsrecht sowie die kontinuierlichen Klagen über die durch den Drogenhandel verursachte Gewalt. Ein wichtiger Beitrag der Kirche zum öffentlichen Leben war die 1995 veröffentlichte Studie der Bischofskonferenz von Kolumbien über das Phänomen der Vertreibungen im Land (CEC 1995).

Zwischen 1998 und 2002 bezogen sich viele Deklarationen der Kirche auf die zunehmenden Menschenrechtsverletzungen, Entführungen und die Tötung von Geistlichen im Zuge der Verschärfung des bewaffneten Konflikts. Die Rufe nach Frieden wurden immer häufiger. Auch die Zunahme der Korruption veranlasste die Kirche zu Deklarationen. Insbesondere im Kontext von Wahlen versuchte sie auf das Gewissen der Wähler einzuwirken. Die Verteidigung des Lebens spielte für die Kirche auch in anderer Hinsicht eine wichtige Rolle, und zwar im Hinblick auf den Kampf gegen Abtreibung und Sterbehilfe. Das einflussreichste Dokument in dieser Zeit war die "Pastorale des Friedens" von 1998. In diesem Dokument wurden der offizielle Standpunkt der Kirche und die von ihr eingegangenen Verpflichtungen im Angesicht der im Land grassierenden Gewalt zum Ausdruck gebracht.

In der dritten Phase (2003 bis 2010) äußerte sich die Kirche vor allem zur Notwendigkeit einer Verhandlungslösung für den bewaffneten Konflikt, während die Regierung von Präsident Álvaro Uribe eine militärische Lösung anstrebte. Weiterhin wurden Menschenrechtsverletzungen und politische Korruption angeprangert, insbesondere, als Verbindungen von mehr als der Hälfte der Parlamentsabgeordneten mit paramilitärischen Gruppen festgestellt wurden, die sogenannte Para-Politik. Man begann auf eine nachhaltigere Art und Weise über die Notwendigkeit von Gerechtigkeit und Wiedergutmachung für die Opfer der Gewalt zu sprechen. Zudem sprach sich die Kirchenhierarchie für die Notwendigkeit einer Agrarpolitik aus, welche die Grundlagen der bäuerlichen Landwirtschaft stärkt und so zu einem strukturellen und dauerhaften Frieden beiträgt. In Bezug auf moralische Fragen wurde die Entkriminalisierung von Abtreibung und Sterbehilfe weiterhin abgelehnt.

Zwischen 2011 und 2015 standen die Opfer des bewaffneten Konflikts, die Unterstützung der Friedensgespräche zwischen Regierung und FARC und die Notwendigkeit zur Bekämpfung der Korruption im Vordergrund der kirchlichen Deklarationen. Neben Abtreibung und Sterbehilfe wurden jetzt auch die Themen gleichgeschlechtliche Partnerschaften und Adoptionsrecht für diese Paare aufgegriffen. Die Kirche sprach sich in diesem Zusammenhang für ein traditionelles Familienmodell aus.

Aus einer systematischen Perspektive können drei große theologische Linien unterschieden werden, die von der kolumbianischen Bischofskonferenz in den vergangenen zwei Jahrzehnten entwickelt wurden. Eine erste Linie könnten wir "theologisch-politisch" nennen. Sie hat sich im Laufe der Zeit verändert. Während des größten Teils des 20. Jahrhunderts war die Kirche in "die Politik" und die parteipolitischen Machtspiele involviert. Demgegenüber hat sie sich in jüngerer Zeit stärker auf dem Gebiet "des Politischen" engagiert und wurde nach und nach zu einem wichtigen Ansprechpartner und Akteur in Fragen von nationalem Interesse. Dazu gehörten seit 1991 die Erklärungen der Kirche während lokalen und nationalen Wahlkampagnen. Sie sprachen sich nicht für konkrete Kandidaten oder Parteien aus, sondern forderten die Bürger dazu auf, von ihrem Wahlrecht Gebrauch zu machen und dabei ihrem Gewissen zu folgen. Andere Beispiele betrafen die Überlegungen der Kirche im Hinblick auf Gesetzentwürfe zur Bildung (1994) und zur Gesundheit (2013) sowie bezüglich der sozialen Auswirkungen bestimmter Wirtschaftspolitiken und des Freihandelsabkommens mit den USA (2007). Auch zu den Herausforderungen, die der bewaffnete Konflikt für die Kirche selbst und für die gesamte Gesellschaft bedeutet, hat sich die Kirche seit Ende der 1990er Jahre wiederholt geäußert. Dabei hat sie sich stets für eine Verhandlungslösung ausgesprochen und ist bei den Friedensgesprächen mit den FARC im Jahr 1998 in San Vicente del Caguán sowie 1992 in Caracas und Tlaxcala und mit der ELN im Jahr 1998 in Mainz als Vermittler und Moderator aktiv gewesen. Erwähnenswert sind in diesem Zusammenhang auch die pastoralen Dialoge mehrerer Bischöfe mit verschiedenen Akteuren des bewaffneten Konflikts in peripheren Regionen des Landes, die besonders von der Gewalt betroffen sind. Dabei ging es nicht darum, mit den Mitgliedern dieser Gruppen zu verhandeln. Vielmehr waren diese Dialoge Teil der Gemeindearbeit der Kirche, die sich darum bemüht, den Sünder aufzunehmen und zur Umkehr zu bewegen. Zu guter Letzt sind auch die wiederholten Deklarationen der Kirche gegen Menschenrechtsverletzungen, Korruption, Drogenhandel und die zunehmende Ausbreitung einer "Kultur des leichten Geldes" (siehe dazu den Beitrag von Fischer in diesem Band) Teil der theologisch-politischen Linie.

Eine zweite wichtige und permanente Linie der Erklärungen des kolumbianischen Episkopats war die "theologisch-pastorale". Dazu gehörten, vor allem in jüngerer Zeit, die Betreuung und Unterstützung der Opfer des bewaffneten Konflikts; die an Arbeiter und Bauern gerichteten Erklärungen, in denen das Recht auf Arbeit, faire Löhne und eine gerechte Verteilung von Gütern und Land betont wurde; die Äußerungen zugunsten der Anerkennung der Würde und der Rechte der indigenen und afrokolumbianischen Gemeinschaften; die Einladung zu Friedensmärschen wie dem im Jahr 2008 sowie die Aufforderung an Jugendliche, Kinder und Frauen, eine evangelisierende Funktion innerhalb der kolumbianischen Gesellschaft wahrzunehmen. Zwei wichtige Beiträge der Kirche im Rahmen dieser Linie stellten die schon erwähnte "Pastorale für den Frieden" sowie die Studie zur Binnenvertreibung dar. Letztere war nicht nur eine Pionierstudie, sondern sie entwickelte sich auch zur Grundlage für humanitäre Aktivitäten kirchlicher und nichtkirchlicher Organisationen zugunsten der von Gewalt und Vertreibung betroffenen Bevölkerung. Zudem war sie eine relevante akademische Quelle für die Ausarbeitung des Gesetzes 387 von 1997 über die Binnenvertreibung.

An dritter Stelle ist die "theologisch-moralische" Linie zu nennen. Sie ist weniger umfangreich als die beiden anderen, wird aber von den Medien stark beachtet. Hierzu gehören die Erklärungen gegen die Abtreibung in den 1990er Jahren und gegen ihre Entkriminalisierung in den 2000er Jahren. In ähnlicher Weise findet man Einwände gegen die Sterbehilfe, gegen die Befugnis des Staates zur Auflösung von kirchlich geschlossenen Ehen – ein vor allem in den 1990er Jahren viel diskutiertes Thema – und in neuerer Zeit gegen die gesetzliche Anerkennung von gleichgeschlechtlichen Partnerschaften. Die diesbezüglichen Argumente der Kirche verweisen auf den höchsten Wert des Lebens und die Notwendigkeit, es von Beginn an bis zum Ende zu schützen, auf die Bedeutung der Familie als Keimzelle der Gesellschaft sowie auf die Verteidigung eines traditionellen Familienmodells, das nach Ansicht der Bischöfe durch den moralischen Relativismus der modernen Gesellschaft angegriffen wird.

Wir verfügen somit über Schlüsselelemente, die es uns erlauben, eine analytische, chronologische und systematische Bilanz im Hinblick auf die Inhalte und die Entwicklung der offiziellen Erklärungen der katholischen Kirche in den vergangenen 25 Jahren zu ziehen. Wir haben es mit einer Kirche zu tun, die aufgrund der durch die Verfassung von 1991 entstandenen Herausforderungen von einer passiven zu einer viel aktiveren Rolle übergeht und die sich dabei an den sozialen, politischen und wirtschaftlichen Veränderungen des Landes orientiert. Es handelt sich um eine Kirche, die sich von der moralischen Führungsinstanz einer katholischen Nation zum Ansprechpartner einer pluralistischen Gesellschaft in ständiger Transformation entwickelt; eine Kirche, die sich machtlos gegenüber der intensiven Gewaltsituation fühlt; eine Kirche, die versteht, dass der Aufruf zu Bekehrung und Moralität nicht ausreicht, um den Krieg zu beenden, vor allem in den späten 1990er Jahren; eine Kirche, die ihre Haltung ändert, indem sie sich darum bemüht, die durch den Konflikt entstandenen Wunden zu heilen, die sich für alternative strukturelle Lösungen einsetzt, um Frieden zu erreichen. Die Etiketten "progressiv" oder "konservativ" passen nicht so recht auf eine intern heterogene kirchliche Institution. Obwohl sie offiziell ihre doktrinären und moralischen Positionen bewahrt hat, hat sie gleichzeitig versucht, sich zu öffnen und zusammen mit ihrem Volk im gleichen Rhythmus zu gehen, den ihr die Wirklichkeit im Hinblick auf die sozialen, pastoralen, wirtschaftlichen und politischen Bereiche des täglichen Lebens aufgezwungen hat. Die Bischöfe haben diesen Weg zu einem guten Teil begleitet und unterstützt.

Die Rolle der protestantischen Kirchen

Vielleicht ist das Auftauchen der protestantischen Kirchen und der Pfingstbewegung eines der neuen Elemente in den letzten 25 Jahren in Kolumbien. Begünstigt durch Artikel 19 der Verfassung von 1991, der die Religionsfreiheit und die religiöse Gleichheit garantiert, und geregelt durch das
Gesetz 133 vom Mai 1994 tragen diese Minderheitskirchen mit ihrer Existenz und ihrer rechtlichen Anerkennung seit den frühen 1990er Jahren zur
Öffnung des religiösen Spektrums des Landes bei, welches vorher durch
eine unwiderlegbare katholischen Hegemonie geprägt war. Zwar hat die
katholische Kirche bis heute ihre Mehrheit nicht verloren, aber die Säkularisierung der Gesellschaft, vor allem in der Mittel- und Oberschicht, war
offensichtlich, ebenso wie die verstärkte Präsenz der Pfingstbewegung und
anderer religiöser Kulte in der kolumbianischen Öffentlichkeit. Wir wollen einige Aspekte darstellen, die wir im politischen und sozialen Kontext
des Landes in Bezug auf die Rolle dieser religiösen Glaubensbekenntnisse
für relevant halten. Das ist vor allem deshalb wichtig, weil diese Kirchen
nicht mehr verfolgt oder zumindest ignoriert werden, sondern inzwischen
selbst wichtige Rollen innerhalb des politischen Spiels einnehmen und sich
an öffentlichen Debatten von nationaler Bedeutung über Themen wie Abtreibung, Sterbehilfe und gleichgeschlechtliche Partnerschaften beteiligen.

Welche praktische Bedeutung hatte die neue Gesetzgebung zur Freiheit der Religionen und Kulte? Zunächst wurde der Staat gegenüber den
religiösen Überzeugungen seiner Bürger als eine neutrale Instanz verstanden, die keine Religion gegenüber den anderen privilegiert. Dies verursachte große Spannungen mit der katholischen Religion, der sich nach wie
vor die Mehrheit der Kolumbianer zugehörig fühlt, aber es ermöglichte
anderen religiösen Konfessionen die freie Ausübung ihrer Religion und
einen gewissen Schutz vor Belästigungen. Zweitens erhielten sie das Recht,
religiöse Zeremonien, Feste, Beerdigungen und Hochzeiten individuell
und kollektiv, privat und öffentlich zu praktizieren und zu feiern (Gesetz
133 von 1994, Artikel 6). Hinzu kam das Recht auf religiöse Erziehung
und geistlichen Beistand entsprechend des jeweiligen Bekenntnisses in
öffentlichen Schulen, Kasernen, Krankenhäusern und Gefängnissen. Die
katholische Kirche büßte ihr Monopol auf diese religiösen "Dienstleistungen" ein. Drittens darf niemand aufgrund seines religiösen Glaubens beim
Zugang zu einem Arbeitsplatz oder einer zivilen Aktivität diskriminiert
werden. Davon ausgenommen sind nur Arbeitsplätze und Funktionen in-

nerhalb einer Glaubensgemeinschaft, für die entsprechende Bekenntnisse und Befähigungsnachweise vorausgesetzt werden dürfen. Viertens wurden die zivilrechtlichen Wirkungen von religiösen Ehen und Scheidungen anerkannt, insofern die Glaubensgemeinschaft über eine Rechtspersönlichkeit verfügt. Fünftens wurden die Einrichtung von Gebets- und Versammlungsstätten, das Praktizieren des jeweiligen Kultes an diesen Orten sowie die Gründung und Leitung von Ausbildungsinstituten und theologischen Studien unterschiedlicher Glaubensgemeinschaften genehmigt. Die staatliche Anerkennung von Abschlüssen dieser Institutionen hängt allerdings davon ab, ob sie mit den vom nationalen Bildungsministerium für Institutionen der höheren Bildung etablierten Anforderungen übereinstimmen (Arias Trujillo 2003: 344-345).

Welche politischen Positionen und welche sozialen Rollen haben diese Konfessionen, vor allem die evangelische und die protestantische, in den vergangenen 25 Jahren in Kolumbien eingenommen? Paradoxerweise und anders als die katholische Kirche, die sich ausdrücklich von politischen Machtspielen entfernte, entstanden in diesem Zeitraum einige konfessionsgebundene Parteien, die sogar Sitze in der Verfassungsgebenden Nationalversammlung und später im nationalen Kongress bekleideten. Dazu gehörte die Christliche Union (*Unión Cristiana*), entstanden nach der Einberufung der Verfassunggebenden Nationalversammlung mit der festen Absicht, an der Formulierung einer neuen Verfassung zu partizipieren und dabei die "christlichen" Interessen zu vertreten (Arias Trujillo 2003: 357). Andere solche Parteien waren die Partei Christliches Bürgerengagement für die Gemeinschaft (*Compromiso Cívico Cristiano por la Comunidad*) und die Nationale Christliche Partei (*Partido Nacional Cristiano*). Sie gehörten zu denjenigen Parteien, die großen Einfluss auf die Ausarbeitung des bereits erwähnten Gesetzes 133 von 1994 hatten. In Bezug auf ihre politischen Positionen haben diese Parteien vor allem ihre jeweiligen Partikularinteressen vertreten, jeweils inspiriert durch ihre spezifische Art und Weise, den Staat und die Religion zu verstehen. Aufgrund ihrer sehr konservativen Tendenzen in moralischen Fragen haben sie sich in Bezug auf Abtreibung, Sterbehilfe und gleichgeschlechtliche Partnerschaften den ablehnenden Positionen der katholischen Kirche angeschlossen bzw. zum Teil noch deutlich radikalere Positionen dazu vertreten. Mit ihrer Stimmungsmache haben sie 2016 dazu beigetragen, dass das ursprüngliche Friedensabkommen zwischen Regierung und FARC in der Referendumsabstimmung zu Fall gebebracht wurde.

Die Öffnung des politischen Spektrums nach dem Inkrafttreten der Verfassung von 1991 war ein positives Element für die kolumbianische Demokratie, denn sie erlaubte die Partizipation anderer politischer Parteien neben den traditionellen Konservativen und den Liberalen. In ähnlicher Weise nahm nach 1991 die Zahl der evangelischen und der Pfingstkulte in Kolumbien beträchtlich zu, auch wenn sie nach wie vor eine Minderheit darstellen. Ihr Anteil an der Gesamtbevölkerung ist nicht vergleichbar mit dem in Ländern wie Guatemala – wo sie in der Mehrheit sind – oder Brasilien – wo ihr proportionales Wachstum viel größer ausgefallen ist als in Kolumbien. Bezüglich des sozialen Zusammenlebens ist zu betonen, dass die Gläubigen der verschiedenen Religionen sich im Allgemeinen mit Toleranz begegnen, es gibt keine explizite Diskriminierung aufgrund der Zugehörigkeit zu einer bestimmten Konfession. Dazu haben die brüderlichen Annäherungen und der Dialog zwischen den Vertretern der katholischen und der evangelischen Kirchen in verschiedenen ökumenischen Foren einen großen Beitrag geleistet. Diese Foren erlauben die Existenz von Beziehungen wechselseitigen Respekts zwischen der Mehrheit des kolumbianischen Volkes, das sich – trotz der Existenz verschiedener christlicher Kirchen – nach wie vor mit großer Mehrheit zum "christlichen" Glauben bekennt.

Religiöse und spirituelle Herausforderungen im Kontext der Friedensvereinbarungen

Die Situation des Landes wurde in der jüngeren Vergangenheit stark durch die Verhandlungen zwischen der kolumbianischen Regierung und den FARC geprägt. Inzwischen wurden auch Verhandlungen mit der Nationalen Befreiungsarmee (ELN) aufgenommen. Glücklicherweise hat sich ein beträchtlicher Teil der Gesellschaft für konkrete Vorschläge eingesetzt, um den Herausforderungen zu begegnen, die sich nach dem Friedensabkommen ergeben. Zu einem solchen Kontext gehören beispielsweise die demobilisierten und in eine politische Partei umgewandelten FARC sowie strukturelle Übereinkünfte im Hinblick auf Land, Opfer, Drogenhandel und Übergangsjustiz. Eine Herausforderung besteht in der effektiven Umsetzung solcher Vereinbarungen. Die Herausforderungen an die kolumbianische Gesellschaft beschränkten sich allerdings nicht auf politische, wirtschaftliche und militärische Aspekte. Dieses Land, das seit so vielen

Jahren von bewaffneter Gewalt geprägt war, ist in seinem sozialen und spirituellen "Gewebe" nach wie vor verletzt und gebrochen. In diesem Sinne halten wir es für notwendig, die Augen auch gegenüber der spirituellen und religiösen Wirklichkeit zu öffnen. Dies wird von essenzieller Bedeutung sein, um einen dauerhaften Frieden aufzubauen und neue Gewalt zu verhindern, die aus nicht verheiltem Hass und Rache wegen "offener Rechnungen" resultiert.

In diesem Rahmen werden wir über zukünftige spirituelle und religiöse Herausforderungen sprechen. Spirituell in einem weiten Sinne, unabhängig von der jeweils ausgeübten religiösen Konfession, und religiös vor allem im Hinblick auf das, was die katholische Kirche an Arbeit leisten kann oder bereits leistet in diesen entscheidenden Momenten für das Land, vor allem in den abgelegenen und den am stärksten von der bewaffneten Gewalt der vergangenen Jahrzehnte betroffenen Regionen.

Bezüglich der spirituellen Herausforderungen, denen sich alle Kolumbianer, unabhängig von ihrer Religionszugehörigkeit, stellen müssen, kann man bestimmte Einstellungen nennen, die vielleicht für sich allein keinen großen Unterschied im Hinblick auf die nationale Situation machen, aber ohne die sich die Kette des Hasses und der Rache endlos verschlimmern und fortsetzen kann. Wir beziehen uns zum Beispiel auf die Fähigkeit, eine große Anzahl von demobilisierten Guerilleros "aufzunehmen", die einen Prozess der Wiedereingliederung in die Gesellschaft beginnen. Wir sprechen hier von mindestens 10.000 Menschen, die viele Jahre ihres Lebens dem bewaffneten Kampf gewidmet haben und die nun plötzlich einen Job suchen müssen, um wie jeder Bürger ihren Lebensunterhalt zu verdienen, oder die vielleicht ein Studium oder eine Berufsausbildung anstreben. Ohne eine Gesellschaft, die in der Lage ist, diese Menschen aufzunehmen – wir meinen nicht die öffentliche Ordnung, für die der Staat verantwortlich ist, sondern die reale und konkrete Haltung einer Person, die einen Ex-Guerillero als Nachbarn, Mitarbeiter oder Ausbildungskollegen haben wird –, werden wir dazu verurteilt sein, fehlgeschlagene Erfahrungen zu wiederholen. Gemeint ist die Demobilisierung der paramilitärischen Gruppen, die zur Entstehung neuer bewaffneter Gruppen führte, die heute als "kriminelle Banden" bekannt sind und sich dem Drogenhandel und der Erpressung widmen. Die erwähnte Haltung des "Aufnehmens" ist keine exklusiv katholische. Im Gegenteil. Man findet sie auch bei vielen anderen religiösen Konfessionen, die in einem Fremden, in einem Ausländer oder in einem Sünder eine Chance sehen, in dieser Welt die Barmherzigkeit Gottes walten zu lassen, indem er sich dem Schwachen annähert, dem, der den falschen Weg eingeschlagen hat, dem, der sein Leben neu ausrichten will.

Eine weitere spirituelle Herausforderung besteht darin, Nähe gegenüber den Opfern zu zeigen und für die Wiederherstellung ihrer Rechte zu kämpfen. Es ist nicht damit getan, die Verantwortlichen für die Gewalt "aufzunehmen". Vielmehr ist es wichtig, die Opfer des Krieges zu begleiten, ihnen nahe zu sein und ihre Forderungen nach Gerechtigkeit zu unterstützen. Diese geistige Haltung der "Versöhnung" und der Wiederherstellung der "Gemeinschaft" (*comunión*) (Castro Quiroga 2004) wird von verschiedenen religiösen Konfessionen geteilt. Die Nähe zu den Armen und den Gedemütigten und das Streben nach Gerechtigkeit erinnern zum Beispiel an den Gott der jüdisch-christlichen Tradition, der mit seinem Volk durch die Wüste ins gelobte Land geht, eine Tradition, die von Juden, Katholiken und Protestanten weitgehend geteilt wird. Selbst Personen ohne religiöse Konfession sind als Kolumbianerin oder Kolumbianer dazu aufgerufen, Anstrengungen in dieser Hinsicht zu unternehmen, denn sonst wird weder Vergebung noch Gerechtigkeit möglich sein und es wird im Gegenteil zu neuen Formen von Rache und Selbstjustiz kommen.

An spezifischen Herausforderungen, denen die katholische Kirche Kolumbiens bereits verpflichtet ist oder sich in naher Zukunft stellen könnte, sind folgende zu nennen: An erster Stelle und aufgrund ihrer Präsenz in weiten Teilen des kolumbianischen Territoriums wird es sehr wichtig sein, die Gemeinden in Regionen wie Caquetá, Meta, Cauca und Nariño, die traditionell von den FARC kontrolliert wurden, zu begleiten. Die Nähe und die engagierte Verbindung mit Wiedereingliederungsprojekten, die von Organisationen geleitet werden, die von der Kirche unterstützt werden, können einen großen Beitrag zum Aufbau dessen leisten, was auch als "regionaler Frieden" bezeichnet wurde.

An zweiter Stelle und ebenfalls im Sinne des regionalen Friedens ist zu berücksichtigen, dass nach der Demobilisierung der FARC in Gebieten, die vorher von ihr kontrolliert waren, viele Leerräume bleiben werden, von denen noch nicht klar ist, ob der Staat dazu in der Lage sein wird, sie mittels öffentlicher Institutionen und Güter oder zumindest mit Hilfe der Streitkräfte zu besetzen und zu füllen. Die Unterstützung der Kirche für Bauernorganisationen und das kirchliche Engagement für eine angemessene Nutzung der nicht mehr durch die Guerilla besetzten Räume sind in dieser Hinsicht sehr relevant. Das gilt auch für Forderungen der Kirche gegenüber dem Staat, seine institutionelle Präsenz in den nicht mehr von Gruppen am Rande des Gesetzes besetzten politischen und sozialen Räumen zu verstärken.

Drittens wird es wichtig sein, Mängel bei der Umsetzung des Gesetzes für die Opfer und die Rückgabe von Land anzuzeigen, mögliche Menschenrechtsverletzungen anzuklagen und die Opfergruppen bei der Einforderung ihrer Rechte spirituell zu unterstützen. Der Beitrag der Kirche zur Verteidigung der Menschenrechte in einem Land, das sich mitten in einem Prozess des Wiederaufbaus und der Projektion in die Zukunft befindet, ist nicht zu unterschätzen.

Viertens wird die humanitäre Arbeit der Kirche durch ihre Hierarchie und ihre Gläubigen im Sinne des Strebens nach einer spirituellen Versöhnung des Landes von großer Bedeutung sein. Dazu gehört, dass sie zur Gemeinschaft aufruft, zur Vergebung einlädt, Barmherzigkeit anbietet, Gerechtigkeit fordert, Straflosigkeit denunziert und eine angemessene Implementierung der Friedensabkommen fördert.

Die katholische Kirche sollte auch darüber nachdenken, wie sie – aus ihrer Position der Mehrheitsreligion heraus – mit ihrer Gemeindearbeit neue Wege aufzeigen kann, die zur Versöhnung des kolumbianischen Volkes nicht nur mit Gott, sondern auch mit seiner schmerzhaften jüngeren Geschichte, mit sich selbst und mit der Schöpfung beitragen können; eine Versöhnung, die ausgehend von einer spirituellen Dimension, zum Aufbau eines brüderlicheren und friedlicheren Zusammenlebens in diesem Kolumbien führen kann, das zweifellos über ausreichende menschliche und wirtschaftliche Ressourcen verfügt, um sich eine vielversprechende, gerechtere und menschlichere Zukunft zu geben.

Literaturverzeichnis

ARIAS TRUJILLO, Ricardo (2003): *El Episcopado colombiano: Intransigencia y laicidad 1850-2000*. Bogotá: Imprenta Nacional.

BIBLIA DE JERUSALÉN (1970). Bilbao: Editorial Española Desclée de Brouwer.

CALVEZ, Jean-Yves/PERRIN, Jacques (1959): *Église et société économique: l'enseignement social des Papes de Léon XIII à Pie XII (1878-1958)*. Paris: Montaigne.

CASTRO QUIROGA, Luis Augusto (2004): *A la conquista de la comunión. Aportes de la Iglesia católica en Colombia para la construcción de la reconciliación y la paz*. Bogotá: Secretariado Nacional de Pastoral Social.

Concilio Vaticano II (1965). <http://www.vatican.va/archive/hist_councils/ii_vatican_council/index_sp.htm> (10.11.2015).

CEC (Conferencia Episcopal de Colombia) (1990-2015): *Declaraciones finales de la Asamblea Plenaria Ordinaria.* <www.cec.org.co>, (10.11.2015).

— (1995): *Desplazados por violencia en Colombia: investigación sobre Derechos Humanos y desplazamiento interno en Colombia.* Bogotá: CEC.

Congreso de la República (1994): *Ley 133 de 1994.* Bogotá: 23. Mai 1994. <http://www.alcaldiabogota.gov.co/sisjur/normas/Norma1.jsp?i=331> (10.11.2015).

Constitución Política de Colombia (1886). <http://www.alcaldiabogota.gov.co/sisjur/normas/Norma1.jsp?i=7153#1> (10.11.2015).

— (1991): <http://www.senado.gov.co/images/stories/Informacion_General/constitucion_politica.pdf> (10.11.2015).

Juan Pablo II, Papa (1991): *Centesimus annus.* Ciudad del Vaticano: 1. Mai 1991. <http://w2.vatican.va/content/john-paul-ii/es/encyclicals/documents/hf_jp-ii_enc_01051991_centesimus-annus.html> (10.11.2015).

León XIII, Papa (1891): *Rerum novarum.* Rom: 15. Mai 1891. <http://w2.vatican.va/content/leo-xiii/es/encyclicals/documents/hf_l-xiii_enc_15051891_rerum-novarum.html> (10.11.2015).

Kolumbien als internationaler Akteur

Eduardo Pastrana Buelvas / Peter Birle

Einleitung

Die kolumbianische Außenpolitik war während großer Teile des 20. Jahrhunderts und auch zu Beginn des 21. Jahrhunderts durch eine enge Allianz mit den USA charakterisiert, was oft auf Kosten der Zusammenarbeit mit den lateinamerikanischen Nachbarn sowie im multilateralen Rahmen ging. Zudem wurde die internationale Einbindung und Wahrnehmung des Andenstaates während der vergangenen 25 Jahre durch den internen Gewaltkonflikt und das Problem des Drogenhandels geprägt. Der damalige Präsident Andrés Pastrana (1998-2002) machte die Friedenssuche mit der Guerilla zu seiner Priorität, was zu den – letztlich gescheiterten – Friedensgesprächen von El Caguán mit den Revolutionären Streitkräften Kolumbiens (*Fuerzas Armadas Revolucionarias de Colombia*, FARC) führte. Pastrana setzte auf eine "Diplomatie für den Frieden", die darin bestand, im Ausland wirtschaftliche Hilfen für die Entwicklung von Investitionsprogrammen für den sozialen Bereich und die Stärkung des Militärapparats zu suchen. Nach dem Scheitern der Friedensgespräche forcierte Pastrana die sicherheitspolitische Zusammenarbeit mit den USA. Die milliardenschwere Militärhilfe der USA im Rahmen des *Plan Colombia* war Teil eines in den USA entwickelten Sicherheitskonzepts für die westliche Hemisphäre.

Während der beiden Amtszeiten von Präsident Álvaro Uribe (2002-2010) dominierte das Thema Sicherheit noch stärker als zuvor die internationale Agenda des Landes. Die politische Nähe zwischen der Regierung Uribe und der von US-Präsident George W. Bush führte dazu, dass der innerkolumbianische Konflikt in den Kontext des seit den Ereignissen des 11. September 2001 geführten globalen Kampfs gegen den Terrorismus gerückt wurde. Zugleich wurde auf handelspolitischer Ebene der Abschluss eines bilateralen Freihandelsabkommens mit den Vereinigten Staaten zum

Hauptanliegen. Insofern behielt Kolumbien das *réspice polum*[1]-Prinzip bei und betrachtete die Beziehungen zu den Vereinigten Staaten als prioritär. Demgegenüber wurde weder den lateinamerikanischen Nachbarn, noch Europa, Asien oder Afrika große Aufmerksamkeit zuteil. Auch die Themen der regionalen und globalen Agenda spielten für Kolumbien nur eine untergeordnete Rolle (Carvajal 2006: 146; Carvajal/Amaya 2005: 5-69).

Demgegenüber leitete Uribes Nachfolger, Präsident Juan Manuel Santos, einen außenpolitischen Richtungswechsel mit dem Ziel einer geografischen und thematischen Diversifizierung der Außenbeziehungen ein. Die *réspice polum*-Doktrin wurde durch einen *réspice similia*[2]-Ansatz ersetzt, der das Spektrum der internationalen Vernetzung Kolumbiens erweitern und die Beziehungen mit den lateinamerikanischen Staaten wiederbeleben sollte. Die Normalisierung der Beziehungen mit den Nachbarländern Venezuela und Ecuador gehörte zu den Prioritäten der seit August 2010 amtierenden Regierung Santos. Die Beziehungen zur Europäischen Union (EU) erhielten neue Impulse und es kam zu einer Wiederbelebung der bilateralen Beziehungen mit Schlüsselakteuren wie Deutschland, Spanien, Frankreich, Großbritannien und Schweden. Zugleich entwickelte die Regierung Santos eine Strategie gegenüber dem pazifischen Asien.

In thematischer Hinsicht begann Kolumbien damit, die Bedeutung von Themen wie Drogenhandel, Sicherheit und Terrorismus für sein außenpolitisches Programm zu relativieren. Demgegenüber erfuhren Themen wie Umwelt, Handel, Menschenrechte, Energie, soziale Entwicklung, Migration und wissenschaftliche Zusammenarbeit mehr Aufmerksamkeit. Dieser Wandel war Teil der Bestrebungen der Regierung Santos, ein geeignetes internationales Umfeld für die interne Entwicklung des Landes zu schaffen. Seit Beginn der Friedensverhandlungen mit den FARC war die

---

1   Aus historischer Sicht räumten die unterschiedlichen Regierungen Kolumbiens den während des 20. Jahrhunderts engen Beziehungen zu den Vereinigten Staaten eine Sonderrolle ein. Diese Tendenz setzte sich nach dem Verlust Panamas durch die Intervention und die Hilfe der Vereinigten Staaten 1903 durch. Die politischen und ökonomischen Eliten waren der festen Überzeugung, dass eine enge Anbindung an die USA die beste Strategie zur Verteidigung nationaler Interessen sei. Diese Konstante, die von Ex-Präsident Marco Fidel Suárez (1918-1921) geprägt wurde, ist in der kolumbianischen Außenpolitik als *réspice polum* (nach Norden schauen)-Doktrin bekannt.

2   Als *réspice similia* wurde die von Expräsident Alfonso López Michelsen (1974-1978) geprägte Außenpolitik Kolumbiens bezeichnet, die die Konsolidierung der Beziehungen zu den lateinamerikanischen Staaten zum Ziel hat. Während der vergangenen vierzig Jahre fand sie ihren Ausdruck in verschiedenen Initiativen zur Stärkung der regionalen Zusammenarbeit und Integration.

Regierung darum bemüht, internationale Unterstützung für den Friedensprozess zu erhalten und dadurch die Legitimation des Prozesses zu stärken. Dabei ging es auch darum, mittel- und langfristig eine neue regionale und globale Identität Kolumbiens zu konstruieren.

Der vorliegende Beitrag geht der Frage nach, welche Chancen und Herausforderungen sich für die kolumbianische Außenpolitik und für die internationale Rolle des Landes nach dem Abschluss des Friedensabkommens mit den FARC ergeben. Dabei werden sechs Themenbereiche angesprochen: die internationale Dimension des Friedensprozesses, die Beziehungen Kolumbiens mit seinen Nachbarländern, die Haltung gegenüber den regionalen Kooperations- und Integrationsprozessen, die Beziehungen mit den USA, die Beziehungen mit Europa sowie die Gestaltungsansprüche und Kooperationsmöglichkeiten Kolumbiens auf globaler Ebene.

Die internationale Dimension des Friedensprozesses

Seit Beginn der Friedensgespräche mit den FARC war die Regierung von Präsident Santos darum bemüht, ein internationales Klima zur Unterstützung der Gespräche zu schaffen und denjenigen Faktoren entgegenzuwirken, die während der Amtszeit von Präsident Uribe das Misstrauen gegenüber Kolumbien von Seiten der lateinamerikanischen Nachbarn erhöht hatten (Pastrana Buelvas/Vera 2015: 106-108). Das gewachsene Selbstvertrauen vieler lateinamerikanischer Länder gegenüber den USA, der Aufstieg Brasiliens zu einem *global player* sowie die neuen – postliberalen bzw. posthegemonialen – regionalen Kooperations- und Integrationsprozesse waren auch für die Friedenssuche in Kolumbien wichtige Rahmenbedingungen (Riggirozzi/Grugel 2015). In dem Bewusstsein, dass die Unterstützung eines möglichen Friedensprozesses durch die USA sowie durch europäische und lateinamerikanische Länder von enormer Bedeutung für dessen Erfolg sein würde, erhöhte die Regierung Santos ihre Präsenz auf regionaler und globaler Ebene. Sie passte die Außenpolitik des Landes damit an ein zunehmend multipolares internationales System an.

Der Friedensprozess ist in mindestens vier Dimensionen mit der Außenpolitik Kolumbiens und der Rolle der internationalen Gemeinschaft verknüpft. Dazu gehören die Aushandlung von Friedensabkommen mit den FARC und der ELN, die Begleitung der Umsetzung solcher Abkommen in einem Post-Konflikt-Szenario, die rechtliche Aufarbeitung von

Menschenrechtsverletzungen durch Prozesse der Übergangsjustiz unter Beteiligung internationaler Akteure sowie die Unterstützung des Wiederaufbaus und der für einen dauerhaften Frieden zentralen sozio-ökonomischen Entwicklung des Landes. Die internationale Beteiligung war für die Aushandlung des Friedensabkommens mit den FARC von großer Bedeutung, sie wird auch für dessen Umsetzung wichtig sein. Die kolumbianische Politik steht dabei vor der Herausforderung, die aufgrund der anstehenden Implementierungsprozesse unbedingt notwendige Involvierung internationaler Akteure auch gegenüber der kolumbianischen Bevölkerung und den verschiedenen politischen Akteuren zu legitimieren, eine angesichts der traditionellen Animositäten gegenüber jeder Art von externer Einmischung nicht einfache Aufgabe (Betancourt Vélez 2016).

Gerade die Internationalisierung des Verhandlungsprozesses, etwa die Rolle Kubas und Norwegens als Garanten sowie die Chiles und Venezuelas als Begleiter der Verhandlungen, trug entscheidend zu deren Erfolg bei. Auch bei den laufenden Verhandlungen mit der ELN spielt internationale Begleitung und Vermittlung eine wichtige Rolle. Die Vereinten Nationen haben sich dazu verpflichtet, im Rahmen einer Sondermission die Verifizierung des Waffenstillstands sowie die Entwaffnung und Wiedereingliederung der ehemaligen FARC-Kämpfer zu unterstützen. Auch die Gemeinschaft der Lateinamerikanischen und Karibischen Staaten erklärte Anfang 2016 ihre Bereitschaft zur Unterstützung des Friedensprozesses. Das Engagement der internationalen Gemeinschaft ist auch für die Unterstützung der sozio-ökonomischen Entwicklung Kolumbiens im Post-Konflikt wichtig. Verschiedene Länder und internationale Organisationen haben Fonds zur Unterstützung des Friedensprozesses aufgelegt, darunter die Interamerikanische Entwicklungsbank, die EU, Deutschland und die USA (Borda/Gómez 2015; Pastrana Buelvas/Gehring 2017).

Zu den Herausforderungen an die kolumbianische Außenpolitik in der Phase des Post-Konfliktes gehört es, gemeinsam mit den Nachbarstaaten eine Politik zu entwickeln, mit der die Grenzen konsolidiert werden und die grenzüberschreitende Kriminalität eingedämmt wird. Dazu ist auch eine Harmonisierung der Politik der öffentlichen Sicherheit mit den Nachbarländern notwendig. Der Friedensprozess könnte dazu beitragen, neue regionale Schwerpunkte im Kampf gegen die Drogen zu setzen. Voraussetzung dafür ist allerdings eine weitere Vertiefung der bi- und multilateralen Beziehungen Kolumbiens in Südamerika.

Die Beziehungen mit den Nachbarländern in Südamerika

Der interne Gewaltkonflikt hatte gravierende Auswirkungen für die Beziehungen Kolumbiens mit seinen Nachbarn in Südamerika. Dies war vor allem deshalb der Fall, weil ein Teil des Konfliktes sich in den Grenzzonen abspielte oder negative Auswirkungen auf diese Räume hatte. Daraus ergaben sich im Lauf der Zeit immer wieder Spannungen mit den Nachbarländern, die sich besonders während der Amtszeit von Präsident Uribe (2002-2010) vertieften. Dazu trugen nicht nur unterschiedliche Sicherheitskonzepte, unautorisierte Grenzübertritte der kolumbianischen Streitkräfte sowie Belastungen der Nachbarländer durch Vertriebene und Flüchtlinge aus Kolumbien bei, sondern auch unterschiedliche ideologische Ausrichtungen der Regierungen. Während die konservative Regierung von Präsident Uribe gegenüber der Region distanziert blieb und die Nähe der USA suchte, wurden viele lateinamerikanische Länder von progressiven, den USA gegenüber kritisch eingestellten und um einen Ausbau der regionalen Zusammenarbeit bemühten Präsidenten regiert, darunter mit Brasilien, Venezuela und Ecuador auch drei von vier Nachbarn Kolumbiens in Südamerika.

Insbesondere mit der Regierung des venezolanischen Präsidenten Hugo Chávez (1999-2013) ergaben sich offene Spannungen. Während Uribe der Regierung Venezuelas wiederholt vorwarf, sie gewähre Terroristen Unterschlupf, bezeichnete Chávez Kolumbien u.a. als "Flugzeugträger der USA" in der Region. Die Situation gegenüber Ecuador war ähnlich spannungsgeladen. Die kritischste Situation ergab sich nach der sogenannten *Operación Fénix* im Jahr 2008, als das kolumbianische Militär ecuadorianisches Territorium bombardierte, um den FARC-Kommandanten Raúl Reyes zu töten. Diese Aktion führte in ganz Südamerika zu einem erheblichen Maß an Misstrauen gegenüber Kolumbien. Ähnlich wie gegenüber Venezuela behauptete die Regierung Uribe kurz nach der Verletzung der ecuadorianischen Souveränität, sie verfüge über Beweise dafür, dass Ecuadors Präsident Rafael Correa Kontakte mit den FARC unterhalte. Mit Brasilien entwickelten sich keine vergleichbaren Spannungen wie mit Venezuela und Ecuador, gleichwohl zeigte sich das Nachbarland besorgt über das Agieren illegaler Gruppen im Grenzgebiet zwischen beiden Ländern. Ein konfliktträchtiges Thema zwischen der Regierung Uribe und den von der Arbeiterpartei PT gestellten brasilianischen Regierungen unter den Präsidenten Lula und Rousseff war auch die militärische Zusammenarbeit Kolumbiens mit den USA, beispielsweise die Autorisierung der Nutzung von kolumbianischen Militärbasen durch US-Militär (Pastrana Buelvas 2011).

Der Amtsantritt von Präsident Santos führte 2010 zu einer deutlichen Verbesserung der Beziehungen mit den Nachbarländern. Seine erste Auslandsreise führte Santos nach Brasilien und sehr rasch bemühte er sich um eine Wiederherstellung der Beziehungen mit Venezuela und Ecuador. Die Annäherung der Regierung Santos an die Region war nicht nur den Bemühungen um eine thematische und geographische Diversifizierung der kolumbianischen Außenpolitik geschuldet, sondern auch der Notwendigkeit, den beginnenden Friedensprozess mit den FARC zu legitimieren. Die Nachbarländer waren nicht mit der einseitig auf eine militärische Lösung abzielenden Strategie einverstanden gewesen, mit der Präsident Uribe den internen Gewaltkonflikt lösen wollte. Sie begrüßten eine Verhandlungslösung. Insofern trug der Beginn der Friedensgespräche 2012 dazu bei, dass der kolumbianischen Regierung wieder mehr Vertrauen von Seiten der Nachbarländer entgegengebracht wurde.

Für die Friedensgespräche zwischen der kolumbianischen Regierung und den FARC spielte Venezuela eine wichtige Rolle. Der damalige venezolanische Präsident Chávez agierte als Vermittler zwischen der Regierung Santos und der Guerillaorganisation. Mit dem Tod von Chávez und dem Amtsantritt seines Nachfolgers Nicolás Maduro im Jahr 2013 verschlechterten sich die bilateralen Beziehungen allerdings erneut. Die tiefgreifende politische, wirtschaftliche und soziale Krise, die Venezuela seit einigen Jahren durchlebt, macht stabile Beziehungen mit Kolumbien äußerst schwierig. 2015 veranlasste die venezolanische Regierung die Ausweisung zahlreicher in Venezuela lebender Kolumbianer, immer wieder wurden in den vergangenen Jahren die bilateralen Grenzen geschlossen. Hinzu kommt, dass im Grenzgebiet zwischen beiden Ländern diverse illegale Gruppen operieren. Schmuggel, Korruption und Gewalt gehören dort zum Alltag. Die Regierung Maduro hat der kolumbianischen Regierung wiederholt vorgeworfen, für die wirtschaftliche und soziale Krise in Venezuela mitverantwortlich zu sein. Die bilateralen Spannungen zwischen den Regierungen führten dazu, dass die dringend notwendige bilaterale Zusammenarbeit zur Bekämpfung der sozialen Probleme und der Kriminalität in den gemeinsamen Grenzräumen allenfalls ansatzweise stattfindet. Ein vollständiger Zusammenbruch Venezuelas könnte auch für die Entwicklung in Kolumbien gravierende Folgen haben (Márquez Restrepo 2017).

Eines der am stärksten durch den innerkolumbianischen Gewaltkonflikt betroffenen Länder war der südliche Nachbar Ecuador. Die Zivilbevölkerung auf beiden Seiten der bilateralen Grenze hatte besonders unter den Konsequenzen des bewaffneten Konflikts zu leiden. Die Verbesserung der Lebensumstände dieser Bevölkerung gehört zu den großen Herausforderungen der Zeit nach dem Friedensabkommen. Trotz fortbestehender ideologischer Divergenzen konnte das Vertrauen zwischen den Regierungen Kolumbiens und Ecuadors seit 2010 durch umfassende diplomatische Aktivitäten, darunter wiederholte Treffen der Staatspräsidenten und ein regelmäßiger Dialog der Außenminister, stark verbessert werden. Die Regierung von Präsident Correa unterstützte nicht nur den Friedensprozess mit den FARC, sie bot auch darüber hinaus ihre Zusammenarbeit an. Die Friedensgespräche zwischen der kolumbianischen Regierung und der Rebellengruppe ELN finden seit Februar 2017 in der ecuadorianischen Hauptstadt Quito statt.

Eine zentrale Sorge Ecuadors betrifft die Grenzregionen mit Kolumbien, denn in den Departements Nariño und Putumayo operieren verschiedene illegale Gruppen, die Gewaltindices in diesen Regionen sind sehr hoch. Eine Befürchtung Ecuadors besteht darin, dass ehemalige Mitglieder der FARC sich nicht den Abmachungen im Rahmen des Friedensabkommens unterwerfen und sich kriminellen Banden anschließen, wodurch Gewalt und illegale Aktivitäten in den Grenzregionen weiter zunehmen könnten. Um den Bedrohungen wirkungsvoll zu begegnen, wurde die bilaterale Zusammenarbeit in den Bereichen Sicherheit und Verteidigung ausgebaut. Dazu gehören gemeinsame Militäroperationen im Grenzraum und ein verbesserter Informationsaustausch. 2013 unterzeichneten beide Länder einen binationalen Grenzentwicklungsplan für die Jahre 2014-2022. Er sieht unter anderem Investitionen in die Infrastruktur, in die Gesundheitssysteme sowie binationale Mechanismen zur Handhabung und zur Reduzierung von Naturkatastrophen vor. Ein 2015 verabschiedetes Abkommen sieht darüber hinaus eine intergouvernementale Zusammenarbeit bei der grenzüberschreitenden Verbrechensbekämpfung vor (Márquez Restrepo 2017).

Auch Brasilien hat die Friedensgespräche in Kolumbien von Anfang an unterstützt. Bei einem Staatsbesuch im Jahr 2015 äußerte die damalige brasilianische Präsidentin Dilma Rousseff ihr Interesse, ein wichtiger Alliierter Kolumbiens in einer Periode des Post-Konflikts zu sein. Mit dem Friedensabkommen ergibt sich somit die Möglichkeit, dass beide

Länder ihre bilaterale Zusammenarbeit in Bereichen ausbauen, die über die traditionellen Themen Sicherheit und Verteidigung hinausgehen. Ein solcher Bereich ist die kleinbäuerliche Landwirtschaft. Für die zukünftige Entwicklung des kolumbianischen Agrarsektors ist dieses Thema von großer Relevanz. Wenn die Möglichkeit besteht, von den brasilianischen Erfahrungen in diesem Bereich zu lernen, wäre dies für Kolumbien von großem Vorteil. Der Grenzraum zwischen beiden Ländern besteht zum größten Teil aus Urwald. Zu einem großen Problem hat sich dort in den vergangenen Jahren der illegale Bergbau entwickelt, weshalb es für beide Länder von großer Relevanz wäre, die polizeiliche Zusammenarbeit durch gemeinsame Operationen und einen verbesserten Informationsaustausch zu stärken. Auch in diesen Gebieten besteht die Gefahr, dass ehemalige Guerilleros, die nicht zur Demobilisierung bereit sind, sich anderen illegalen Gruppen oder Netzwerken anschließen. Aus diesem Grund ist eine Intensivierung der Zusammenarbeit zwischen Kolumbien und Brasilien im Rahmen der Binationalen Grenzkommission notwendig. Brasilien ist für Kolumbien ein wichtiger Handelspartner. 2015 unterzeichneten beide Länder ein Doppelbesteuerungsabkommen und eine Vereinbarung, auf deren Grundlage die Exporte des brasilianischen Automobilsektors nach Kolumbien angekurbelt werden sollen. Ebenfalls unterzeichnet wurden Kooperations- und Investitionsabkommen. Eine Intensivierung der bilateralen Zusammenarbeit bietet sich auch in den Bereichen Umwelt und Biodiversität an. Beide Länder verfügen über ein herausragendes Ausmaß an Biodiversität, weshalb die Entwicklung gemeinsamer Positionen und Strategien im Rahmen multilateraler und globaler Kooperationsforen sinnvoll wäre (Candeas 2013).

Die über weite Phasen der Geschichte durch wechselseitiges Desinteresse und gelegentliche Konflikte charakterisierten bilateralen Beziehungen zwischen Kolumbien und Peru haben sich seit Mitte der 1980er Jahre deutlich intensiviert und diversifiziert. In großen Teilen übereinstimmende Entwicklungsmodelle und Strategien der internationalen Einbindung ermöglichten in relativ kurzer Zeit Fortschritte bei der Vertiefung der Zusammenarbeit. Ein wichtiges Thema der Beziehungen ergibt sich aus der Tatsache, dass der größte Teil des gemeinsamen Grenzraums in der Amazonas-Tiefebene liegt. Die Zusammenarbeit wird allerdings dadurch erschwert, dass die Grenzgebiete unterschiedlich stark besiedelt und zum Teil schwer zugänglich sind. So ist das Gebiet um den Fluss Putumayo auf kolumbianischer Seite gut über Straßen erreichbar, auf peruanischer Seite dagegen nur schwer zugänglich. Den auf kolumbianischer Seite entstandenen Bevölkerungszentren und wirtschaftlichen Aktivitäten stehen auf peruanischer Seite isoliert lebende indigene Gemeinschaften gegenüber. Umgekehrt ist die peruanische Präsenz im Grenzraum rechtsseitig des Amazonas deutlich stärker als auf kolumbianischer Seite. Seit den 1990er Jahren wurden verschiedene Entwicklungspläne und Konsultationsmechanismen zur Intensivierung der grenzüberschreitenden Zusammenarbeit und zur Förderung der integrativen Entwicklung in den Grenzräumen geschaffen. Zudem besteht bereits seit 1994 ein bilateraler Konsultationsmechanismus der Außen- und Verteidigungsminister. Er dient der Beratung von außen-, sicherheits- und verteidigungspolitischen Themen, die für beide Länder von vitaler Bedeutung sind (Birle 2016; Novak/Namihas 2011).

Die größte Aufmerksamkeit der bilateralen Zusammenarbeit in den Grenzräumen gilt der Bekämpfung des Drogenhandels, der für beide Länder eine sicherheitspolitische Herausforderung ist. Sowohl in Kolumbien als auch in Peru gibt es in den Grenzgebieten illegale Anbauflächen von Coca, die sich in den 1990er Jahren angesichts einer effizienten Verbotspolitik in Peru zunächst stärker nach Kolumbien verlagerten (Balloneffekt). Im vergangenen Jahrzehnt reduzierten sich dagegen die Anbauflächen in Kolumbien und erhöhten sich erneut in Peru. Eine 2007 geschaffene Binationale Kommission für Grenzsicherheit hat die Aufgabe, die Sicherheitslage im gemeinsamen Grenzraum zu überwachen und gemeinsame Maßnahmen zu koordinieren. Sie wird ergänzt durch Gesprächsrunden und Arbeitsgruppen zwischen hochrangingen Militärs beider Länder (Namihas 2012: 55-61).

Die Haltung gegenüber den regionalen Kooperations- und Integrationsprozessen

Die regionale Zusammenarbeit in Süd- und Lateinamerika zeichnete sich seit Beginn des 21. Jahrhunderts durch sehr dynamische Entwicklungen aus. Neben älteren Organisationen wie der bereits 1960 gegründeten regionalen Freihandelsorganisation *Asociación Latinoamericana de Libre Comercio* (ALALC; 1980 umbenannt in *Asociación Latinoamericana de Integración*, ALADI) und subregionalen Organisationen wie der 1969 gegründeten CAN (*Comunidad Andina de Naciones*, Andengemeinschaft;

früher: Andenpakt) entstanden mit der ALBA (*Alianza Bolivariana para los Pueblos de Nuestra América*, Bolivarianische Allianz für Amerika, gegründet 2004), der UNASUR (*Unión de Naciones Suramericanas*, Union Südamerikanischer Nationen, gegründet 2008), der CELAC (*Comunidad de Estados Latinoamericanos y Caribeños*, Gemeinschaft Lateinamerikanischer und Karibischer Staaten, gegründet 2011) und der AP (*Alianza del Pacífico*, Pazifikallianz, gegründet 2012) innerhalb von weniger als zehn Jahren vier neue Regionalorganisationen. Diese organisatorische Vielfalt ist aber auch Ausdruck der ideologischen und entwicklungsstrategischen Divergenzen, die das heutige Lateinamerika auszeichnen.

Kolumbien ist Mitglied von ALADI, CAN, UNASUR, CELAC und AP. Die Regierung Uribe machte ihre Haltung gegenüber internationalen Organisationen stark davon abhängig, inwiefern deren Ausrichtung mit den sicherheitspolitischen Vorstellungen des Präsidenten übereinstimmte. Entsprechend skeptisch betrachtete sie die Entstehung der neuen postliberalen Regionalorganisationen ALBA und UNASUR. Insbesondere die Gründung der ALBA verursachte Beunruhigung, da deren linke, US-kritische Positionen sowie die Distanzierung gegenüber dem neoliberalen Kapitalismus als internationale Unterstützung für den politischen Diskurs der kolumbianischen Guerilla verstanden wurden (Betancourt Vélez 2016: 331). Aber auch der UNASUR begegnete man mit Misstrauen, obwohl diese sehr viel moderatere Positionen vertrat. Das lag nicht zuletzt daran, dass Brasilien und Venezuela die wesentlichen Impulsgeber für die Gründung der UNASUR gewesen waren. Beide Länder lehnten, genauso wie die UNASUR selbst, eine Kategorisierung der kolumbianischen Guerillas als terroristische Organisationen ab. Kolumbien trat zwar der UNASUR bei, aber Präsident Uribe weigerte sich 2008, an der protokollarischen Sitzung zur Gründung der Organisation teilzunehmen.

Mit der Ablösung der Regierung Uribe durch Präsident Santos änderte sich auch die Haltung Kolumbiens gegenüber den regionalen Kooperations- und Integrationsprozessen in Lateinamerika. Die Skepsis und Distanz gegenüber der ALBA blieb bestehen, aber im Rahmen der UNASUR übernahm Kolumbien jetzt eine aktivere Rolle (Pastrana Buelvas/Vera 2012a: 617-623; 2012b: 160-167). Es trat auch dem Südamerikanischen Verteidigungsrat bei, dessen pro tempore Präsidentschaft es 2013/2014 gemeinsam mit Surinam übernahm. Schon 2012 hatte das Land den Anstoß für die Einrichtung des *Consejo Suramericano en Materia de Seguridad, Justicia y Coordinación de Acciones contra la Delincuencia Organizada*

Transnacional im Rahmen der UNASUR gegeben. Nicht zuletzt der Ausbau von Mechanismen zur besseren Überwachung des Amazonasraums stand relativ weit oben auf der multilateralen Agenda Kolumbiens. 2015 bezeichnete die kolumbianische Regierung die UNASUR als wichtigstes politisches Dialog- und Konzertierungsforum in Südamerika und nahm sich vor, die eigene Rolle im Rahmen des Organismus zu stärken (Betancourt Vélez 2016: 337-338).

Nicht zuletzt im Hinblick auf die sicherheitspolitische Zusammenarbeit in Südamerika kommt der UNASUR eine Schlüsselrolle zu. Die militärische Modernisierung und Aufrüstung Kolumbiens unter Präsident Uribe führte in den Nachbarstaaten zu Beunruhigung. Nicht nur die kolumbianischen Verteidigungsausgaben nahmen dementsprechend seit Beginn des 21. Jahrhunderts deutlich zu, sondern auch die anderer südamerikanischer Länder. Die zwölf Mitgliedsländer der UNASUR gaben zwischen 2006 und 2010 mehr als 126 Mrd. US-Dollar für ihre Streitkräfte aus, davon entfielen 43,7 % auf Brasilien, 17 % auf Kolumbien, 9 % auf Venezuela, 8,3 % auf Chile und 4,5 % auf Argentinien (Consejo de Defensa Suramericano 2014). Gemessen an seiner Größe war Kolumbien dasjenige Land, das am meisten in diesen Sektor investierte. Gerechtfertigt wurde dies mit dem Argument, dass die Ausgaben für die Bekämpfung des internen Konflikts gedacht seien und davon keine Bedrohung für die Nachbarstaaten ausgehe. Auch nach der Unterzeichnung der Friedensabkommen ist nicht mit einem raschen Rückgang der kolumbianischen Militärausgaben zu rechnen, da die Streitkräfte im Rahmen der Implementierung des Friedensprozesses wichtige Aufgaben übernommen haben und ein Teil der bisherigen Bedrohungen fortbesteht. Eine aktive Mitarbeit Kolumbiens im Südamerikanischen Verteidigungsrat der UNASUR ist angesichts dieser Umstände von grundlegender Bedeutung, um durch vertrauensbildende Maßnahmen zu verhindern, dass Misstrauen von Seiten der Nachbarländer zu einem Rüstungswettlauf in Südamerika führt (Arroyave 2012).

Neben der UNASUR spielt auch die 2012 gegründete Pazifikallianz eine wichtige Rolle für die regionale Einbindung Kolumbiens. Die AP steht für einen offenen Regionalismus, d.h. für eine liberale und wettbewerbsorientierte Integration in die Weltwirtschaft. Die vier Mitgliedsländer Peru, Chile, Mexiko und Kolumbien weisen ähnliche Strategien der internationalen Einbindung auf und waren schon vor Gründung der AP durch bilaterale Freihandelsabkommen untereinander vernetzt. Sie betrachten die AP als ein Instrument zur Vereinfachung und Harmonisierung untereinander existierender Handelsregeln und als Plattform einer gemeinsamen Projektion gegenüber dem Rest der Welt, vor allem aber gegenüber dem pazifischen Asien. Aus kolumbianischer Perspektive ist die Mitgliedschaft in der AP Teil der Strategie zur Konsolidierung der wirtschaftlichen Entwicklung des Landes. Dazu gehört, dass der illegale Handel, der den Konflikt genährt hat, durch die Eingliederung der peripheren Gebiete des Landes in eine moderne Volkswirtschaft und deren Integration in die Weltwirtschaft eingedämmt wird (Pastrana Buelvas/Betancourt Vélez/Castro 2014).

In der CELAC ist Kolumbien wie alle anderen lateinamerikanischen Länder vertreten, allerdings hat sich die Zusammenarbeit in diesem Rahmen bislang vor allem auf symbolische Politik und allgemeine Deklaration beschränkt. Aus kolumbianischer Perspektive besteht nicht zuletzt ein Interesse daran, die bisher bilateral organisierte Sicherheitskooperation mit Mexiko, Zentralamerika und der Karibik in Zukunft auch über die CELAC zu kanalisieren.

Insgesamt hat sich die regionale Agenda Kolumbiens in den vergangenen Jahren stark erweitert und diversifiziert. Auch wenn Themen wie Sicherheit und Bekämpfung der grenzüberschreitenden Kriminalität nach wie vor von zentraler Bedeutung sind, haben andere Themen, beispielsweise ökologische Nachhaltigkeit, wirtschaftliche Zusammenarbeit und Migration an Bedeutung gewonnen. Angesichts der thematischen Erweiterung der außenpolitischen Agenda gewinnt die Region für Kolumbien an Bedeutung und in vielen Themenbereichen könnte die Zusammenarbeit mit den Nachbarländern in Zukunft wichtiger werden als mit Akteuren außerhalb der Region.

Allerdings hat sich zwischenzeitlich die innenpolitische Situation in einigen südamerikanischen Ländern geändert. So sind in Brasilien und Argentinien konservative Regierungen an die Macht gelangt. Die Dynamik der innerlateinamerikanischen Kooperations- und Integrationsprozesse hat sich gegenüber dem ersten Jahrzehnt des 21. Jahrhunderts deutlich reduziert. Zweifellos wäre eine Konsolidierung des Friedensprozesses in Kolumbien ein großer Gewinn für ganz Südamerika, nicht nur im Hinblick auf Sicherheitsaspekte, sondern auch im Hinblick auf die Möglichkeiten, die sich durch den Ausbau der Wirtschafts- und Handelsbeziehungen sowie der wissenschaftlichen und technologischen Zusammenarbeit bieten. Gleichwohl gibt es keinen automatischen Zusammenhang zwischen einem erfolgreichen Friedensprozess und gutnachbarlichen Beziehungen. Dies zeigt sich insbesondere an den bilateralen Beziehungen zwischen Kolumbien und Venezuela, die trotz der erfolgreichen Friedensbemühungen durch gravierende Spannungen gekennzeichnet sind.

Die Beziehungen mit den USA

Zu Beginn dieses Beitrages wurde bereits darauf hingewiesen, dass die USA über weite Phasen des 20. Jahrhunderts der wichtigste außenpolitische Partner Kolumbiens waren. Der bilaterale Schulterschluss zwischen beiden Ländern wurde durch den von den Präsidenten Clinton und Pastrana ins Leben gerufenen *Plan Colombia* bekräftigt und während der Amtszeit von Präsident Uribe nochmals verstärkt. Bis 2016 flossen im Rahmen des Plans mehr als 10 Mrd. US-Dollar nach Kolumbien, überwiegend für Militärhilfe (Miles 2017). Während der Amtszeit von US-Präsident George W. Bush erhielt Kolumbien durchschnittlich 630 Mio. US-Dollar pro Jahr an US-Hilfsgeldern, nach einer Reduzierung im Zuge der internationalen Finanzkrise von 2008 waren es 2013 immer noch 328 Mio. US-Dollar. Die von vielen Experten als "exzessiv" kritisierte Präsenz der USA in Kolumbien seit der Regierung Pastrana war allerdings nicht durch ein Interventionsinteresse der USA verursacht. Vielmehr handelte es sich um eine "Intervention auf Einladung" (Tickner 2007), d.h. die kolumbianischen Eliten forderten geradezu eine Einmischung der USA in diejenigen internen Angelegenheiten Kolumbiens, die mit dem Kampf gegen den bewaffneten Aufstand und den Drogenhandel zusammenhingen.

Mit dem Amtsantritt von Präsident Santos begann der Versuch einer geographischen und thematischen Diversifizierung der kolumbianischen Außenpolitik. Es kam nicht zu einer Abkehr von den USA, aber zu einer Hinwendung zu anderen Partnern. Gleichwohl blieben die USA nicht zuletzt in wirtschaftlicher Hinsicht der wichtigste Partner des Landes (zu den Wirtschaftsbeziehungen mit den USA siehe den Beitrag von Vera in diesem Band). Die Regierungen Obama und Santos stimmten darin überein, den Kampf gegen Drogenhandel und bewaffneten Aufstand mit einer geänderten Strategie fortzuführen, die nicht mehr ausschließlich auf militärische Elemente setzte. Von Anfang an unterstützte die US-Regierung den Friedensprozess von Havanna, ohne selbst dabei eine größere Rolle zu spielen. In den ersten Verhandlungsjahren beschränkte sie sich darauf, in öffentlichen Erklärungen wiederholt ihre Unterstützung für die Friedensbemühungen zu signalisieren. Im Jahr 2015 ernannten die USA einen Sondergesandten zur Unterstützung des Verhandlungsprozesses in Havanna, Bernie Aronson. Auch er erhielt allerdings keine privilegierte Rolle bei den Verhandlungen.

Im Februar 2016 erinnerten beide Länder im Rahmen eines Treffens zwischen den Präsidenten Santos und Obama im Weißen Haus an die Lancierung des *Plan Colombia* 15 Jahre zuvor. Sie sprachen dabei auch über einen Nachfolgeplan zur technischen und finanziellen Zusammenarbeit, um die Kontinuität der US-Unterstützung zu gewährleisten. Einen Monat später traf der Oberkommandierende der US-Streitkräfte, Joseph Dunford, bei einem Kolumbienbesuch mit Präsident Santos und der Führungsspitze der kolumbianischen Streitkräfte zusammen. Bei seiner Abreise informierte Dunford, dass Kolumbien um eine Fortsetzung der finanziellen und technischen Unterstützung durch die USA gebeten habe. Präsident Obama bat den Kongress 2016 um die Verabschiedung eines Hilfspakets in Höhe von 450 Mio. US-Dollar für Kolumbien. Die Hilfsgelder sollen nicht mehr weitestgehend in den Militärapparat fließen, sondern für Wirtschaftshilfe, Demobilisierung, Minenentsorgung und ähnliche Zwecke verwendet werden (Pastrana Buelvas/Gehring 2017: 35-40).

Mit der überraschenden Wahl von Donald Trump zum US-Präsidenten stellte sich die Frage, wie sich die USA in Zukunft zum Friedensprozess in Kolumbien verhalten und ob sie die von Präsident Obama gemachten Zusagen einhalten würden. Trump hatte sich zwar im Wahlkampf nicht direkt zum Thema Kolumbien geäußert, aber eine frontale Opposition im Hinblick auf einen "exzessiven" Gebrauch von US-amerikanischen Ressourcen zur Unterstützung der Sicherheit und Verteidigung anderer Länder angekündigt (Hawley 2017). Trumps Entscheidung, sich im April 2017 noch vor dem ersten USA-Besuch des amtierenden kolumbianischen Präsidenten Santos mit den beiden ehemaligen Präsidenten Uribe und Pastrana zu treffen, weckte zusätzliche Zweifel an der Haltung der US-Regierung gegenüber dem Friedensprozess in Kolumbien, denn Uribe und Pastrana gehören zu den schärfsten Kritikern der Politik von Präsident Santos, dem sie vorwerfen, den FARC gegenüber zu umfangreiche Zugeständnisse gemacht zu haben. Anfang Mai 2017 bewilligte der US-Kongress die für das Haushaltsjahr 2017 eingeplanten Hilfsgelder von 450 Mio. US-Dollar in vollem Umfang. Die Gelder sind u.a. für einen Fonds zur Unterstützung der wirtschaftlichen Entwicklung (187 Mio.), für die

Drogenbekämpfung (143 Mio.), Militärhilfe (38,5 Mio.) sowie für Anti-Terrorismus-Politiken, Minenentsorgung und verwandte Programme (21 Mio.) vorgesehen. Zudem stehen 20 Mio. für afrokolumbianische und indigene Gemeinschaften, 19 Mio. für Menschenrechtsprogramme sowie 4 Mio. für Biodiversitätspolitiken zur Verfügung.[3] Somit stehen die USA zumindest in der ersten Phase der Implementierung des Friedensprozesses zu ihren Hilfszusagen, was für Kolumbien von zentraler Bedeutung ist.

Die Beziehungen mit Europa

Die Beziehungen zwischen Kolumbien und der EU sind auf drei Ebenen angesiedelt. Erstens ist Kolumbien als Mitglied der Andengemeinschaft (CAN) Teil der Beziehungen zwischen CAN und EU und genießt dadurch seit Ende der 1960er Jahre einen privilegierten Zugang zum europäischen Binnenmarkt. Zweitens unterhält Kolumbien direkte Beziehungen mit der EU, beispielsweise existiert seit 2013 ein Freihandelsabkommen EU-Kolumbien/Peru. Drittens bestehen umfangreiche bilaterale Beziehungen mit einzelnen Mitgliedsstaaten der EU.

Als der damalige Präsident Pastrana sich Ende der 1990er Jahre im Rahmen seiner "Diplomatie für den Frieden" um internationale Unterstützung für Kolumbien bemühte, hoffte er auch auf umfassende Unterstützung durch die EU. Aufgrund unterschiedlicher Vorstellungen über die einzuschlagende Strategie stießen seine Hilfsappelle in Europa jedoch nicht auf großen Zuspruch. Für Pastrana war es ebenso wie für die USA von grundlegender Bedeutung, den kolumbianischen Militärapparat zu stärken, während die EU die Finanzierung von Projekten in den Bereichen Soziales und Menschenrechte für notwendig hielt, um die Ursachen und nicht die Symptome des bewaffneten Konflikts zu bekämpfen. Die relative Distanz zwischen Kolumbien und der EU während der Regierung Pastrana vertiefte sich mit dem Amtsantritt von Präsident Uribe angesichts diametral entgegengesetzter Positionen im Hinblick auf die Lösung des bewaffneten Konflikts. Trotz der distanzierten Positionen erhielt Kolumbien jedoch im Rahmen der europäischen Entwicklungszusammenarbeit umfangreiche Hilfsgelder, wobei Spanien zu den wichtigsten Gebern ge-

---

3   Colombia Reports, <https://colombiareports.com/us-congress-approves-vowed-450m-peace-colombia-aid-package/>, (7.6.2017).

hörte. Die europäische Unterstützung konzentrierte sich allerdings auf die Finanzierung von Programmen zugunsten der Opfer des bewaffneten Konflikts, zur Bekämpfung der Ungleichheit sowie zum Schutz der Menschenrechte. Zwischen 2002 und 2006 flossen europäische Hilfsgelder in Höhe von 105 Mio. Euro nach Kolumbien. Auch die europäische Zivilgesellschaft, darunter zahlreiche Nichtregierungsorganisationen, leistete einen wichtigen Beitrag zur humanitären Unterstützung Kolumbiens. Als Handelspartner war die EU bis 2010 nach den USA der zweitwichtigste Partner Kolumbiens.

Infolge des außenpolitischen Kurswechsels unter Präsident Santos kam es nach 2010 rasch zu einer politischen Annäherung zwischen Kolumbien und der EU. Der Beginn der Friedensgespräche mit den FARC zeigte eine weitreichende Übereinstimmung zwischen den Vorstellungen der kolumbianischen Regierung und der EU. Dies ermöglichte es, dass die EU zu einem wichtigen Akteur im Hinblick auf die internationale Legitimation des Friedensprozesses wurde. Seit 2011 wurden die diplomatischen Treffen auf höchster Ebene intensiviert. Die europäische Unterstützung für die Entwicklungen in Kolumbien schlug sich auch in der Entscheidung nieder, im Jahr 2015 die Visapflicht für die Einreise kolumbianischer Staatsbürger in den Schengen-Raum abzuschaffen.

Seit Beginn der Friedensgespräche zwischen der kolumbianischen Regierung und den FARC erklärte die EU ihre Unterstützung für den eingeschlagenen Weg sowie ihre Bereitschaft, die Implementierung eines möglichen Friedensabkommens finanziell zu unterstützen. Die EU spielte eine führende Rolle bei der Einrichtung eines Multi-Geber-Fonds im Rahmen der Weltbank, über den diverse internationale Hilfsgelder für Kolumbien kanalisiert werden. Im Mai 2016 kündigte die Hohe Vertreterin der EU für Außen- und Sicherheitspolitik, Federica Mogherini, bei einem Besuch in Kolumbien Hilfsgelder in Höhe von 575 Mio. Euro für die Implementierung der Friedensabkommen an.

Neben den gemeinschaftlichen Geldern der EU haben auch einzelne Mitgliedsländer erhebliche Mittel zur Unterstützung des Friedensprozesses zur Verfügung gestellt, unter anderem Deutschland, Frankreich und Spanien (Pastrana Buelvas/Gehring 2017: 42-43; zu den deutsch-kolumbianischen Beziehungen siehe den Beitrag von Peter Birle in diesem Band). Die EU als Block und in Form einzelner Mitgliedsländer ist somit ein wichtiger strategischer Partner für Kolumbien im Rahmen der Umsetzung des Friedensabkommens. In Themenbereichen wie Wiedereingliederung von ehemaligen Kämpfern, Übergangsjustiz, ländliche Entwicklung und Bildung kann Europa mit der dort vorhandenen Expertise und mit finanzieller Unterstützung einen grundlegenden Beitrag zum Erfolg des Friedensprozesses leisten. Dabei besteht allerdings stets die bereits erwähnte Herausforderung, ein angemessenes Gleichgewicht zwischen erwünschter externer Unterstützung und Abwehr gegenüber externer Einmischung zu bewahren.

Gestaltungsansprüche und Kooperationsmöglichkeiten Kolumbiens auf globaler Ebene

Im Hinblick auf seine globale Ausrichtung sieht sich Kolumbien in den kommenden Jahren mit verschieden Herausforderungen konfrontiert. Dabei verfolgt das Land eine mehrdimensionale Strategie. Erstens möchte es Teil derjenigen internationalen Wirtschaftsinstitutionen sein, in denen die etablierten Mächte präsent sind und versucht daher, sich nach der Stagnation der Verhandlungen in der Welthandelsorganisation (WTO) an den sich konsolidierenden Mega-Wirtschaftsblöcken zu beteiligen. Ein Hauptanliegen ist dabei die Mitgliedschaft in der Transpazifischen Partnerschaft. Sie ist auch Teil der Bestrebungen um eine tiefere wirtschaftliche Einbindung in den asiatisch-pazifischen Raum. Kolumbien bevorzugt weiterhin die traditionelle Nord-Süd-Kooperation gegenüber der Süd-Süd-Kooperation mit anderen lateinamerikanischen Staaten und aufstrebenden Mächte des Südens. 2013 beschloss die Regierung Santos, ihre globalen Mitwirkungs- und Gestaltungsansprüche durch die Aufnahme von Beitrittsgesprächen mit der Organisation für wirtschaftliche Zusammenarbeit und Entwicklung (OECD) zu untermauern.[4] Damit unterwirft sich das Land jedoch auch dem Gruppenzwang und den *best practice*-Bewertungskriterien dieses von Industrieländern dominierten Clubs. Bei der Einführung von OECD-konformen Standards sieht sich Kolumbien mit zahlreichen innenpolitischen Herausforderungen konfrontiert. Diese hängen sowohl mit den sozialen Kosten der umzusetzenden Reformen als auch mit deren Ablehnung durch interne Akteure, die ihre Interessen dadurch beeinträchtigt sehen, zusammen.

---

4   Zum Stand der Überprüfung des Entwicklungsstands des Landes durch die OECD siehe: <http://www.oecd.org/latin-america/countries/colombia/> (7.6.2017).

Die zweite Dimension der globalen Strategie bezieht sich auf die Transformation der internationalen Wahrnehmung Kolumbiens und die Rolle, die das Land in den globalen Organisationen spielt. Das internationale Image Kolumbiens war lange Zeit durch Themen wie Drogenhandel, Gewalt und Unsicherheit geprägt. Der Andenstaat wurde in erster Linie als "Problemland" wahrgenommen, dessen innere Konflikte zu einem Überfließen der Gewalt in die Nachbarländer führen oder gar die gesamte Subregion in eine geopolitische Dynamik unter der Hegemonie der USA bringen könnten. Das Bemühen um eine Überwindung dieses Images sowie der Randstellung im regionalen und globalen Maßstab dauert schon seit mehr als einer Dekade an und ist Teil der außenpolitischen Strategien verschiedener Präsidenten gewesen (Cardona 2011; Randall 2011). Dabei ging es auch um die Frage, wie das Land seine geopolitische Lage besser nutzen kann, sei es mit Blick auf die USA, den karibischen Raum und Zentralamerika oder auch im Hinblick auf das Amazonasbecken mit seinem Ressourcenreichtum und seinen Sicherheitsherausforderungen. Aus dieser Sicht heraus sind jene Positionen entstanden, die dem Land eine Rolle als "Scharnier" zwischen den verschiedenen regionalen Zugehörigkeiten zuweisen wollen und das Bild eines "Brückenlandes" diskutieren (Carvajal 2012). Zunehmend hat das kolumbianische Außenministerium allerdings von solchen Festlegungen Abstand genommen und demgegenüber die Beteiligung Kolumbiens an der globalen Agenda betont, wobei insbesondere die Ziele nachhaltiger Entwicklung, die Neuorientierung der internationalen Drogenpolitik und die Klimaziele in den Vordergrund gerückt werden. Zu den Bemühungen, Kolumbien als *emerging power* zu positionieren, die sich durch internationale Einbindung und eine aktive Gestaltungsrolle zu Fragen der Weltpolitik beweisen will, gehört auch die Übernahme von Verantwortung im Rahmen von UN-Friedensmissionen (Ramírez 2015).

Die dritte Dimension der globalen Strategie Kolumbiens berücksichtigt den Wandel, der mit der Klassifizierung Kolumbiens als Land mit mittlerem Einkommen seit 2010 einhergeht. Im Hinblick auf die Entwicklungszusammenarbeit hat der Andenstaat damit den Kreis derjenigen Länder verlassen, die stark von internationalen Hilfen abhängig sind. Infolgedessen ist Kolumbien in zunehmendem Maße dazu gezwungen, finanzielle Ressourcen zur Lösung interner Probleme selbst aufzubringen. Gleichzeitig verfügt das Land nun über die Möglichkeit, seine Rolle als internationaler Kooperationspartner zu stärken. Dabei ist Kolumbien insbesondere darum bemüht, sein im jahrzehntelangen Kampf gegen den Drogenhandel und gegen aufständische Gruppen erworbenes Know-how anderen Staaten sowie internationalen Organisationen zur Verfügung zu stellen. Beispielsweise hat man damit begonnen, Mexiko, Guatemala, El Salvador sowie verschiedenen karibischen Ländern eine verstärkte Kooperation im Bereich Sicherheit anzubieten.

Fazit

Die internationale Einbindung Kolumbiens und die Außenpolitik des Andenstaates unterliegen seit einigen Jahren grundlegenden Veränderungen. Dazu hat neben dem Regierungswechsel von Präsident Uribe zu Präsident Santos im Jahr 2010 insbesondere der Friedensprozess mit den FARC beigetragen. Die Transformationsprozesse betreffen alle Bereiche der Außenpolitik, angefangen von den Beziehungen mit den Nachbarländern und der Haltung Kolumbiens gegenüber den regionalen Kooperationsprozessen bis hin zu den Beziehungen mit den USA und Europa sowie der Rolle Kolumbiens in globalen Foren und Prozessen. Die Veränderungen können in vier zentralen Tendenzen zusammengefasst werden:

- Erstens ist es zu einer thematischen und geographischen Diversifizierung der Außenpolitik gekommen, allerdings unter Beibehaltung der engen bilateralen Beziehungen mit den USA.
- Zweitens hat Kolumbien seine bilateralen Beziehungen mit den Nachbarländern ausgebaut und seine Partizipation an multilateralen Prozessen in Süd- und Lateinamerika verstärkt.
- Drittens ist der Andenstaat um eine proaktivere und gestaltende Rolle in globalen Organisationen und Foren bemüht.
- Viertens ist es Kolumbien gelungen, das Image als Problemland zu überwinden und sich stattdessen als aufstrebende Macht zu präsentieren. Dieser Prozess ist allerdings noch längst nicht abgeschlossen.

Der von Präsident Santos initiierte Friedensprozess ist in doppelter Hinsicht ein zentrales Thema für die kolumbianische Außenpolitik: Einerseits wären die skizzierten Veränderungen der internationalen Rolle des Landes ohne den Friedensprozess mit den FARC kaum möglich gewesen; andererseits war die internationale Gemeinschaft nicht nur enorm wichtig für die Legitimation der Verhandlungen mit der Guerilla, sondern die internationale Unterstützung wird auch von grundlegender Bedeutung für eine erfolgreiche Implementierung des Friedensprozesses sein.

Literaturverzeichnis

ARROYAVE, Mario (2012): "La UNASUR en la estrategia regional de Colombia y Brasil". In: Pastrana Buelvas, Eduardo/Jost, Stefan/Flemes, Daniel (Hg.): *Colombia y Brasil: ¿socios estratégicos en la construcción de Suramérica?* Bogotá: Fundación Konrad Adenauer/Pontificia Universidad Javeriana, S. 239-283.

BETANCOURT VÉLEZ, Ricardo (2016): "Los organismos hemisféricos y regionales en el posconflicto colombiano". In: Pastrana Buelvas, Eduardo/Gehring, Hubert (Hg.): *Política exterior colombiana: escenarios y desafíos en el posconflicto.* Bogotá: Fundación Konrad Adenauer/Pontificia Universidad Javeriana, S. 317-344.

BIRLE, Peter (2016): "Außenpolitik und internationale Wirtschaftsbeziehungen seit Beginn des 21. Jahrhunderts". In: Paap, Iken/Schmidt-Welle, Friedhelm (Hg.): *Peru heute. Politik. Wirtschaft. Kultur.* Madrid/Frankfurt a.M.: Iberoamericana/Vervuert, S. 193-217.

BORDA, Sandra/GÓMEZ, Santiago (2015): "The Internationalization of Colombia's Peace Process: From Isolation to Containment". In: Bagley, Bruce M./Rosen, Jonathan D. (Hg.): *Colombia's Political Economy at the Outset of the 21ˢᵗ Century: From Uribe to Santos and Beyond.* Lanham: Lexington Books, S. 163-192.

CANDEAS, Alessandro (2013): "Brasil y Colombia: Vecinos otrora distantes descubren el potencial de su relación". In: Pastrana Buelvas, Eduardo/Jost, Stefan/Flemes, Daniel (Hg.): *Colombia y Brasil: ¿socios estratégicos en la construcción de Suramérica?* Bogotá: Fundación Konrad Adenauer/Pontificia Universidad Javeriana, S. 283-308.

CARDONA, Diego (Hg.) (2011): *Colombia: una política exterior en transición.* Bogotá: Friedrich Ebert Stiftung en Colombia (FESCOL).

CARVAJAL, Leonardo (2006): "Tres años del gobierno de Uribe (2002-2005): un análisis con base en conceptos dicotómicos de política exterior". In: *OASIS*, 11, S. 135-149.

— (2012): *Colombia: país puente en política exterior: retos y desafíos.* Bogotá: Centro de Pensamiento Estratégico/Ministerio de Relaciones Exteriores.

CARVAJAL, Leonardo/AMAYA, Rodrigo (2005): "La Política Exterior de la Administración de Uribe (2002-2004): Alineación y securitización". In: *Cuadernos del CIPE*, 15, S. 5-69.

CONSEJO DE DEFENSA SURAMERICANO (2014): *Registro Suramericano de Gastos Agregados en Defensa 2006-2010.* Bogotá: UNASUR.

HAWLEY, Alexander (2017): *The Future of U.S.-Latin American Relations under President Donald Trump.* Ibero-Analysen, Heft 28. Berlin: Ibero-Amerikanisches Institut.

MÁRQUEZ RESTREPO, Martha (im Druck): "Colombia's Role on the Sub-regional Level". In: Birle, Peter/Maihold, Günther/Pastrana Buelvas, Eduardo (Hg.): *Colombia's New International Role.* Berlin: Ibero-Amerikanisches Institut.

MILES, Richard G. (2017): "Does Trump Have a Plan for Colombia?". In: *Foreign Policy*, 27.4.2017, <http://foreignpolicy.com/2017/04/27/does-trump-have-a-plan-for-colombia/> (7.6.2017).

NAMIHAS, Sandra (2012): "La construcción de una asociación estratégica y un desarrollo fronterizo entre el Perú y Colombia". In: Instituto de Estudios Internacionales (IDEI) (Hg.) (2012): *Veinte años de política exterior peruana*. Lima: Fondo Editorial de la Pontificia Universidad Católica del Perú, S. 53-74.

NOVAK, Fabián/NAMIHAS, Sandra (2011): *Perú-Colombia: La construcción de una asociación estratégica y un desarrollo fronterizo*. Lima: Fundación Konrad Adenauer/Instituto de Estudios Internacionales (IDEI).

PASTRANA BUELVAS, Eduardo (2011): "La política exterior colombiana hacia Sudamérica: de Uribe a Santos". In: *IX curso para diplomatas sul-americanos. Textos académicos*. Brasilia: Fundação Alexandre de Gusmão/Ministério das Relações Exteriores, S. 67-82.

PASTRANA BUELVAS, Eduardo/BETANCOURT VÉLEZ, Ricardo/CASTRO, Rafael (2014): "Colombia y la Alianza del Pacífico: Un proyecto regional de cara a la multipolaridad creciente". In: Pastrana Buelvas, Eduardo/Gehring, Hubert (Hg.): *Alianza del Pacífico: Mitos y Realidades*. Cali: Universidad Santiago de Cali, S. 75-116.

PASTRANA BUELVAS, Eduardo/GEHRING, Hubert (Hg.) (2017): *La política exterior colombiana de cara al posconflicto*. Bogotá: Pontificia Universidad Javeriana/Fundación Konrad Adenauer.

PASTRANA BUELVAS, Eduardo/VERA, Diego (2012a): "Los desafíos de Colombia frente a la proyección de Brasil como potencia regional y jugador global". In: Jost, Stefan (Hg.): *Colombia: una potencia en desarrollo. Escenarios y desafíos para su política exterior*. Bogotá: Fundación Konrad Adenauer, S. 613-642.

— (2012b): "Rasgos de la política exterior brasileña en su proceso de ascenso como potencia regional y jugador global". In: Pastrana Buelvas, Eduardo/Jost, Stefan/Flemes, Daniel (Hg.): *Colombia y Brasil: ¿socios estratégicos en la construcción de Suramérica?*. Bogotá: Fundación Konrad Adenauer/Pontificia Universidad Javeriana, S. 135-186.

— (2015): "La política exterior colombiana y el proceso de paz". In: *Foreign Affairs Latinoamérica*, 15, 3, S. 104-111.

RAMÍREZ, Socorro (2015): "La presidencia de Santos: avances e incertidumbres en Colombia". In: *Nueva Sociedad*, 260, S. 4-14.

RANDALL, Stephen J. (2011): "The Continuing Pull of the Polar Star: Colombian Foreign Policy in the Post-Cold War Era". In: Gardini, Gian Luca/Lambert, Peter (Hg.): *Latin American Foreign Policies*. New York: Palgrave Macmillan, S. 139-157.

RIGGIROZZI, Pía/GRUGEL, Jean (2015): "Regional Governance and Legitimacy in South America: The Meaning of UNASUR". In: *International Affairs*, 91, S. 781-797.

TICKNER, Arlene (2007): "Intervención por invitación. Claves de la política exterior colombiana y de sus debilidades principales". In: *Colombia Internacional*, 65, S. 90-111.

Die deutsch-kolumbianischen Beziehungen

Peter Birle[1]

Einleitung

Der vorliegende Beitrag beschreibt nach einem kurzen historischen Rückblick die Entwicklung der deutsch-kolumbianischen Beziehungen in den
Bereichen Politik und Diplomatie, Handel und wirtschaftliche Zusammenarbeit, Entwicklungszusammenarbeit, Bildung, Wissenschaft und
Forschung sowie Kultur im Verlauf des vergangenen Jahrzehnts.

Die verbesserte Sicherheitslage in Kolumbien hat in diesem Zeitraum
dazu beigetragen, dass sich die bilateralen Beziehungen deutlich intensiviert haben, und zwar nicht nur auf der zwischenstaatlichen Ebene, sondern auch zwischen den vielfältigen zivilgesellschaftlichen Akteuren auf
beiden Seiten.

Ein Blick in die Geschichte

Die ersten Deutschen betraten bereits im 16. Jahrhundert den Boden des
heutigen Kolumbien. Zwischen 1529 und 1546 erkundeten Beauftragte der Augsburger Welser-Gesellschaft im Rahmen der Konquista-Politik
der spanischen Krone u.a. die im Osten des Landes gelegene Halbinsel
Guajira, das Flusstal des Rio Magdalena, den Norden der kolumbianischen Ostkordillere und das Gebiet um die heutige Hauptstadt Bogotá
(Denzer 2005). Alexander von Humboldt, der das wissenschaftliche Interesse für Südamerika in Deutschland entscheidend prägte, verbrachte
die Jahre 1801 und 1802 im damaligen Vizekönigreich Neu Granada
(Werkmeister/Hernández Barajas 2013). Ab 1845 nahmen die Hansestäd-
te konsularische Beziehungen mit der unabhängigen Republik Neu Granada auf. 1854 erfolgte der Abschluss von Freundschafts-, Handels- und
Schifffahrtsverträgen (Wolff 1974). Während Länder wie Großbritannien
oder die USA den unabhängigen kolumbianischen Staat bereits in den

---

1 Ich danke Pia Berghoff für die Unterstützung bei den Recherchen für diesen Aufsatz.

späten 1820er Jahren anerkannt hatten, etablierte Preußen erst 1852 diplomatische Beziehungen mit Neu Granada (Roballo Lozano 2012). Ab den 1870er Jahren leisteten deutsche pädagogische Missionen einen Beitrag zur Herausbildung eines nationalen Bildungssystems in Kolumbien (Serrano 2012). Die erste Mission traf 1872 ein, die zweite 1924. 1922 wurde die erste deutsche Schule in Bogotá gegründet (Wolff 1974). Auch die deutsche Philosophie stieß in Kolumbien auf breite Rezeption (Torregroza Lara/Cárdenas Díaz 2012).

Nach der Gründung des Deutschen Reichs dauert es zwei Jahrzehnte, bis 1892 ein bilateraler Freundschafts-, Handels- und Schifffahrtsvertrag unterzeichnet wurde. Im frühen 20. Jahrhundert kam es zu einem Aufschwung der Wirtschafts- und Handelsbeziehungen. Auch wenn Kolumbien anders als Länder wie die USA, Argentinien und Chile kein primäres Ziel deutscher Auswanderung im 19. Jahrhundert war, so wurden doch einige bis heute bekannte kolumbianische Unternehmen, beispielsweise die Brauerei Bavaria oder die Fluglinie Avianca, von deutschstämmigen Unternehmern gegründet. Während der Zeit des Nationalsozialismus (Bosemberg 2006) fanden mehrere Tausend politisch Verfolgte aus Deutschland, darunter ca. 5000 Juden, Aufnahme in Kolumbien (Jüdisches Museum Berlin/Haus der Geschichte, Bonn 2006). Der Zweite Weltkrieg führte 1941 zum Abbruch der bilateralen Beziehungen und schließlich am 26.11.1943 zur Erklärung der kolumbianischen Regierung über das Bestehen des Kriegszustandes zwischen der Republik Kolumbien und dem Deutschen Reich. Nach dem Ende des Zweiten Weltkrieges erfolgte eine schrittweise Institutionalisierung der bilateralen Zusammenarbeit zwischen Kolumbien und der Bundesrepublik Deutschland durch Abkommen in den Bereichen Handel (1957), Kultur (1960) und Finanzielle Zusammenarbeit (1965). Das wiedervereinigte Deutschland und Kolumbien unterzeichneten Rahmenabkommen über Technische Zusammenarbeit (1998) und Finanzielle Zusammenarbeit (2012).

Politische und diplomatische Beziehungen

Neben der verbesserten Sicherheitslage trugen auch der außenpolitische Richtungswechsel unter Präsident Santos (siehe dazu den Beitrag von Pastrana Buelvas/Birle in diesem Band) und der Beginn der Friedensgespräche mit den FARC (*Fuerzas Armadas Revolucionarias de Colombia*) seit 2010 zu einer Intensivierung der bilateralen Beziehungen zwischen Deutschland und Kolumbien bei. Ein klares Zeichen dafür ist die rege Besuchsdiplomatie auf hoher und höchster Ebene.[2] Im Jahr 2008 stattete Angela Merkel als erste Regierungschefin der Bundesrepublik Deutschland Kolumbien einen Besuch ab. In Gesprächen mit Präsident Álvaro Uribe sicherte sie deutsche Hilfe für den Kampf gegen Drogenwirtschaft und Gewalt zu. 2011 reiste Uribes Nachfolger Juan Manuel Santos erstmals zu einem Staatsbesuch nach Deutschland. Ganz oben auf seiner Agenda stand der Wunsch, ein neues Image von Kolumbien in Deutschland und Europa zu etablieren und die Beziehungen in den Bereichen Wissenschaft und Forschung auszubauen.

2013 besuchte Bundespräsident Joachim Gauck Kolumbien und berichtete im Rahmen eines Vortrages an der *Universidad de los Andes* über die deutschen Erfahrungen mit Geschichtsaufarbeitung und Versöhnung und diskutierte die Möglichkeiten des Austausches auf diesem Feld zur Stärkung des Friedensprozesses (Gauck 2013).

Im November 2013 empfing Außenminister Guido Westerwelle seine kolumbianische Kollegin María Ángela Holguín beim 64. Lateinamerikatag in Hamburg. Dabei sicherte er deutsche Unterstützung für die Verhandlungen über ein Freihandelsabkommen zwischen der Europäischen Union (EU) und Kolumbien sowie den von Kolumbien angestrebten Beitritt zur OECD (*Organisation for Economic Co-operation and Development*) zu. 2014 stattete Präsident Santos Deutschland einen erneuten Besuch ab. Im Zentrum stand dabei der innerkolumbianische Friedensprozess. Dies gilt auch für die Kolumbienreisen von Außenminister Frank-Walter Steinmeier, der den Andenstaat 2015 und dann nochmals im Januar 2017 im Rahmen seiner letzten Auslandsreise vor der Wahl zum Bundespräsidenten besuchte. Im April 2015 ernannte Steinmeier den Bundestagsabgeordneten Tom Koenigs zum "Beauftragten des Bundesministers des Auswärtigen zur Unterstützung des Friedensprozesses in Kolumbien". Die Ernennung war in erster Linie als symbolische Geste zur Unterstützung eines verhandelten Friedens gedacht, führte aber gleichwohl in Kolumbien zunächst zu Befürchtungen einer externen Einmischung. Diese Bedenken konnten jedoch rasch überwunden werden (Koenigs 2015: 3). Koenigs sieht

---

2 Offizielle Informationen zu den bilateralen Beziehungen mit Kolumbien finden sich auf der Website des Auswärtiges Amts: <http://www.auswaertiges-amt.de/DE/Aussenpolitik/Laender/Laenderinfos/Kolumbien/Bilateral_node.html> (10.6.2017).

sich auch als Brücke zwischen den Zivilgesellschaften Deutschlands und Kolumbiens, um gemeinsame Projekte für den Frieden voranzubringen.[3] Seine bislang vier Berichte vermitteln nicht nur Eindrücke von den Verhandlungs- und Implementierungsprozessen, sie setzen sich auch mit der Rolle und Verantwortung Deutschlands gegenüber den Entwicklungen in Kolumbien auseinander.[4] So schreibt Koenigs beispielsweise in seinem jüngsten Bericht, der sich vor allem mit dem Verlauf der Friedensverhandlungen mit der *Ejército de Liberación Nacional* (ELN) auseinandersetzt:

> Die frühen deutschen Sympathisanten für die Guerilla in Zivilgesellschaft (Studentenbewegung), Kirche (Himmelspforten), Wirtschaft (Mannesmann) und Regierung (Kohl, Schmidbauer) haben mit Selbstkritik und Kritik an den Waffen bisher gespart. Eine gewisse deutsche Mitverantwortung für Krieg und Frieden in Kolumbien besteht, deshalb sollte die deutsche Unterstützung des Friedensprozesses zuverlässig und nachhaltig angelegt bleiben (Koenigs 2017: 13).

Die deutsche Politik hat den Friedensprozess in Kolumbien in den vergangenen Jahren nicht nur symbolisch und diskursiv unterstützt, sondern auch durch finanzielle und technische Hilfe. Die entsprechenden Zusagen beliefen sich seit 2014 auf fast 500 Mio. Euro. Davon entfielen 457,5 Mio. Euro auf Kredite, 27,5 Mio. auf Programme der technischen Zusammenarbeit, 3 Mio. auf den von der EU eingerichteten Fonds für Kolumbien, 5 Mio. auf den Fonds der Vereinten Nationen und 2,3 Mio. auf Programme zu Minenräumung. Seit Herbst 2016 erfolgt mit Mitteln des Auswärtigen Amtes in Bogotá der Aufbau eines Deutsch-Kolumbianischen Friedensinstituts (DKFI; spanisch CAPAZ, *Instituto Colombo-Alemán para la Paz*), an dem mehrere deutsche und kolumbianische Institutionen beteiligt sind.[5]

Handel und wirtschaftliche Zusammenarbeit

> Kolumbien ist ein attraktiver Markt. Die Geschäftsbedingungen sind gut und der Friedensprozess ist ein wichtiges Signal an ausländische Firmen. Jedoch belastet die unterentwickelte Transportinfrastruktur die Wettbewerbsfähigkeit und die Befriedung des Landes ist nicht abgeschlossen. Kolumbien bietet deutschen Anbietern mit 49 Mio. Einwohnern und einem Bevölke-

---

3   <http://www.eltiempo.com/archivo/documento/CMS-15702373> (10.6.2017).
4   Die Berichte sind in deutscher, spanischer und teilweise in englischer Sprache zu finden unter <http://www.tom-koenigs.de/kolumbien.html> (10.6.2017).
5   <http://cedpal.uni-goettingen.de/index.php/instituto-capaz> (10.6.2017).

rungswachstum von 1,1 % pro Jahr (2016) einen großen Markt mit einer wachsenden Mittelschicht, die für deutsche Produkte sehr aufgeschlossen ist. Auch als überregionaler Standort mit Zugang zu Pazifik und Atlantik spielt Kolumbien für deutsche Logistik- und Industriefirmen eine Rolle. Gleichzeitig ist das Land reich an Rohstoffen wie Öl, Kohle und Gold. Die schwierige Topografie Kolumbiens erschwert aber den Ausbau der Transportinfrastruktur (GTAI 2017: 1).

Das Zitat zeigt, wie Kolumbien als Wirtschafts- und Handelspartner aus der Perspektive der deutschen Wirtschaft eingeschätzt wird. Aufgrund des 2013 in Kraft getretenen Freihandelsabkommens zwischen Kolumbien und der EU besitzen die Wirtschaftsakteure in beiden Ländern weitgehend zollfreien Zugang zu den wechselseitigen Märkten. Mit einem Anteil von 4,2 % an den kolumbianischen Importen lag Deutschland 2015 auf Rang 4 hinter den USA (28,8 %), China (18,6 %) und Mexiko (7,1 %) (GTAI 2016). Innerhalb der EU ist Deutschland der größte Handelspartner Kolumbiens. Umgekehrt lag Kolumbien in der deutschen Importstatistik 2016 auf Rang 60, bei den Exporten auf Rang 54.[6]

	2013		2014		2015		2016	
	Absolut	Veränderung	Absolut	Veränderung	Absolut	Veränderung	Absolut	Veränderung
Importe BRD	1,520	8,8	1,476	-2,9	1,431	-3,0	1,247	-12,9
Exporte BRD	1,449	-11,9	1,791	23,6	1,829	2,1	1,428	-21,9
Saldo	-0,071		0,315		0,398		0,181	

Tabelle 1: Der deutsche Außenhandel mit Kolumbien 2013-2016 (in Mrd. Euro und Veränderungen in %). Quelle: Eigene Zusammenstellung mit Daten von GTAI 2016 und DIHK (siehe Fußnote 5).

Der Warenaustausch zwischen beiden Ländern hat sich seit Beginn des 21. Jahrhunderts zunächst deutlich erhöht, in den vergangenen Jahren jedoch eher stagniert. Von dem 2013 in Kraft getretenen Freihandelsabkommen

---

6   <https://www.dihk.de/themenfelder/international/aussenwirtschaftspolitik-recht/um-fragen-und-zahlen/statistiken-zum-aussenhandel> (10.6.2017).

zwischen Kolumbien und der EU scheint die deutsche Wirtschaft bislang deutlich mehr zu profitieren als die kolumbianische, denn wie Tabelle 1 zeigt, rutschte die Handelsbilanz aus kolumbianischer Perspektive in den vergangenen Jahren ins Minus. Der Warenaustausch folgt nach wie vor dem klassischen Muster der Handelsbeziehungen zwischen Industrienationen und Schwellen- bzw. Entwicklungsländern, d.h. aus kolumbianischer Perspektive: Export von Rohstoffen und Agrarprodukten, Import von verarbeiteten Produkten. Wichtigste deutsche Ausfuhrgüter waren 2015 Maschinen (16,7 %), Andere Beförderungsmittel (13,8 %), Arzneimittel (13 %), Kfz und -Teile (9 %), Elektrotechnik (5,7 %) und Mess-/Regeltechnik (5 %). Die deutschen Einfuhren setzten sich im gleichen Jahr vor allem aus Kohle (40,1 %), Nahrungsmitteln (39 %), Erdöl (13 %) sowie Natürlichen Ölen, Fetten, Wachsen (1,5 %) zusammen (GTAI 2016).

Der Bestand an deutschen Direktinvestitionen in Kolumbien belief sich 2014 auf 1,034 Mrd. Euro, das waren 176 Mio. Euro weniger als noch im Jahr zuvor (GTAI 2016). Die größten deutschen Investoren stammen aus den Bereichen Chemie und Pharma (u.a.: BASF; Bayer, Merck), Technik (Festo, Siemens), Logistik und Gütertransport (Hamburg Süd, Kühne & Nagel, Mercedes).

Institutionelle Unterstützung erfahren die bilateralen Wirtschaftsbeziehungen durch die Deutsch-Kolumbianische Industrie- und Handelskammer, die im Jahr 2015 ihr 80-jähriges Bestehen feierte und mehr als 300 Mitglieder aus beiden Ländern vertritt.[7]

Ein in offiziellen Erklärungen zu den deutsch-kolumbianischen Beziehungen in der Regel ausgespartes Thema betrifft den Steinkohleimport, der ca. 40 % der deutschen Importe aus Kolumbien ausmacht und einen wichtigen Beitrag zur Sicherstellung der deutschen Energieversorgung leistet. Zahlreiche Nichtregierungsorganisationen beklagen seit vielen Jahren massive Menschenrechtsverletzungen sowie die Nichteinhaltung von grundlegenden Sozial- und Umweltstandards beim Kohleabbau in Kolumbien.[8] Sie werfen den betroffenen Unternehmen und der Bundesregierung vor, die Augen nicht nur vor den gravierenden Folgen der Verbrennung

---

7 Siehe <http://www.ahk-colombia.com/> (10.6.2017).

8 Siehe <http://www.sueddeutsche.de/wirtschaft/kolumbien-blutige-kohle-fuer-deutsche-konzerne-1.2018064> (10.6.2017). Siehe auch PAX (2014).

von Kohle für den Klimawandel zu verschließen, sondern auch vor den Abbaubedingungen in Kolumbien.[9]

Die staatliche und zivilgesellschaftliche Entwicklungszusammenarbeit

Die zwischenstaatliche Entwicklungszusammenarbeit (EZ) zwischen der Bundesrepublik Deutschland und Kolumbien besteht seit mehr als 50 Jahren. Die prioritären Bereiche der Kooperation werden alle zwei Jahre im Rahmen von Konsultationen und Verhandlungen zwischen den Regierungen der beiden Länder vereinbart. Die Durchführung der Projekte im Rahmen der technischen Zusammenarbeit liegt in den Händen der GIZ (Deutsche Gesellschaft für internationale Zusammenarbeit), für die finanzielle Zusammenarbeit ist die KfW (Kreditanstalt für Wiederaufbau) zuständig. Für die Jahre 2015 und 2016 standen insgesamt 327 Mio. Euro für Projekte zur Verfügung. Die bilaterale EZ konzentriert sich auf die drei Bereiche Friedensentwicklung und Krisenprävention, Umweltpolitik, Schutz und nachhaltige Nutzung natürlicher Ressourcen sowie Nachhaltige Wirtschaftsentwicklung im ländlichen Raum.[10] In diesen Bereichen wurden im Frühjahr 2017 folgende Projekte gefördert:[11]

Wiederaufbau und Frieden:
- ProPAZ: Unterstützung der Friedensentwicklung
- RETORNO: Unterstützung rückkehrender Binnenvertriebener und aufnehmender Gemeinden bei Ernährungssicherung und Wiederaufbau
- MAPP/OEA: Unterstützung der Organisation Amerikanischer Staaten beim Opferschutz in Kolumbien Umwelt und Klima

---

9 Siehe <https://www.fian.de/artikelansicht/2017-01-25-kolumbien-ermordung-von-menschenrechts-verteidiger-in-el-hatillo/> (10.6.2017).

10 <http://www.bmz.de/de/laender_regionen/lateinamerika/kolumbien/zusammenarbeit/index.html> (10.6.2017).

11 Informationen zu den einzelnen Projekten finden sich auf der Website der GIZ: <https://www.giz.de/kolumbien> (10.6.2017). Zu den Projekten im Bereich Wiederaufbau und Frieden siehe auch Birle (2016).

Umwelt und Klima:
- Strategien ökosystembasierter Anpassung an den Klimawandel in Kolumbien und Ecuador
- REDD+: Wald- und Klimaschutz
- Chiribiquete: Stärkung des kolumbianischen Nationalparksystems zum Klimaschutz und Erhalt der Biodiversität (BMUB)
- PROMAC: Umweltpolitik und nachhaltiges Management der natürlichen Ressourcen

Wirtschaft und Beschäftigung
- PROINTEGRA: Wirtschaftliche Integration von Binnenvertriebenen und aufnehmenden Gemeinden in Norte de Santander
- PRODES: Förderung der nachhaltigen Wirtschaftsentwicklung

Die deutsche EZ in Kolumbien hat einen guten Ruf. Dies betrifft zunächst einmal die Analyse der bestehenden Herausforderungen, denn nur wenn externe Akteure über eine angemessene Sicht auf die Situation in einem Partnerland verfügen, ist es überhaupt möglich, adäquate Strategien mit einem langfristigen Zeithorizont und einem zufriedenstellenden Grad an Kohärenz zwischen einzelnen Projekten und Programmen zu entwickeln. Grundsätzlich sind EZ-Projekte kaum dazu in der Lage, lokale, regionale oder gar nationale Machtstrukturen zu verändern. In einem Land wie Kolumbien, wo lokale Regierungen oft wenig Autonomie gegenüber bewaffneten Gewaltakteuren besitzen, kann dies zu einem zentralen Problem für EZ-Projekte werden, insbesondere für Projekte im Bereich Friedensentwicklung. In Deutschland selbst werden Projekte in regelmäßigen Abständen evaluiert um zu überprüfen, inwiefern die Erwartungen der Realität entsprechen. Die wenigen öffentlich zugänglichen Evaluierungen zeigen, dass es trotz allgemein positiver Beurteilungen immer auch kritische Punkte gibt. Eine zentrale Herausforderung – nicht nur in Kolumbien – betrifft in der Regel das Thema *Scaling*: viele Projekte erzielen gute Ergebnisse auf individueller oder lokaler Ebene; es gelingt aber nicht oder allenfalls ansatzweise, diese positiven Resultate auch auf die regionale oder gar nationale Ebene zu übertragen (GIZ 2011).

Neben der zwischenstaatlichen EZ spielen auch die Aktivitäten der politischen Stiftungen eine wichtige Rolle. Als Institutionen der politischen Bildung weisen sie enge Bindungen mit den politischen Parteien auf, sind jedoch juristisch von diesen unabhängig. Dadurch, dass die einzelnen

Stiftungen im Rahmen ihrer Auslandsarbeit Netzwerke mit unterschiedlichen politischen Parteien und zivilgesellschaftlichen Akteuren etablieren, decken sie in ihrer Gesamtheit ein breites ideologisches Spektrum ab, das sich seit langem als ein wertvolles komplementäres Element gegenüber der offiziellen deutschen Außenpolitik und Entwicklungszusammenarbeit erwiesen hat. In Kolumbien sind gegenwärtig drei politische Stiftungen mit eigenen Büros vertreten: die Friedrich-Ebert-Stiftung (FESCOL), die Konrad-Adenauer-Stiftung (KAS) und die Hanns-Seidel-Stiftung (HSS). Ein Blick auf die Veranstaltungen, Bildungsprogramme, Publikationen und weitere Aktivitäten der Stiftungen in Kolumbien zeigt, dass auch für sie die Unterstützung des Friedensprozesses ein zentrales Thema ist.[12]

Die politischen Stiftungen leisten auch einen wichtigen Beitrag zur Information der deutschen Gesellschaft über die Entwicklungen in Kolumbien und zum deutsch-kolumbianischen Dialog. Sie laden regelmäßig Repräsentanten ihrer kolumbianischen Partnerorganisationen nach Deutschland ein und führen mit ihnen dort Seminare, Expertentreffen, Vorträge und Gespräche mit Entscheidungsträgern durch. Diese Art des grenzüberschreitenden Dialogs ist eine wichtige Ergänzung zu den zwischenstaatlichen Beziehungen auf Regierungsebene.

Dies gilt auch für die Aktivitäten anderer Nichtregierungsorganisationen, die zum Teil ebenfalls öffentliche Gelder erhalten, größtenteils aber privat finanziert sind. Einige dieser Organisationen sind kirchlichen Ursprungs, beispielsweise Brot für die Welt, Caritas oder Diakonie Katastrophenhilfe, andere privater Natur, beispielsweise das Deutsche Rote Kreuz, Terre des Hommes oder der Verein kolko e.V. – Menschenrechte für Kolumbien. Alle genannten Organisationen unterstützen Hilfsprojekte für benachteiligte soziale Gruppen in Kolumbien, die oft mit den Themen Friedenssuche und Überwindung der Gewalt zusammenhängen.

---

12 Siehe dazu den Überblick in Birle (2016) sowie die Webseiten der einzelnen Stiftungen: < http://www.fes-colombia.org/> (10.6.2017); <http://www.kas.de/kolumbien/> (10.6.2017); <www.hss.de/colombia> (10.6.2017).

Die Beziehungen in den Bereichen Bildung, Wissenschaft und Forschung

Gerne wird mit Blick auf die Wissenschaftsbeziehungen zwischen Deutschland und Kolumbien auf Alexander von Humboldts Amerikareise zu Beginn des 19. Jahrhunderts verwiesen. So schreiben etwa Sven Werkmeister und Angélica Hernández Barajas in der Einleitung des von ihnen herausgegebenen Sammelbandes zur Bedeutung der Gebrüder Humboldt für die deutsch-kolumbianischen Wissenschaftsbeziehungen:

> […] die Reise nach Amerika beschränkte sich nicht auf das intensive Studium der Natur, Geographie, Geschichte und Anthropologie des amerikanischen Kontinents, sondern sie schloss auch Treffen mit den wichtigsten lateinamerikanischen Wissenschaftlern der damaligen Zeit ein. […] Humboldt konstruierte die Grundlagen für eine erfolgreiche wissenschaftliche Zusammenarbeit zwischen Lateinamerika und Europa und gleichzeitig entwarf er ein Modell internationaler Wissenschaft, das bis heute wichtige Impulse für die Forschung in einer globalisierten Welt geben kann (Werkmeister/Hernández Barajas 2013; Ü.d.A.).

Die Autoren weisen darauf hin, dass nicht nur Alexander von Humboldt aus der Perspektive der bilateralen Wissenschaftsbeziehungen interessant sei, sondern auch dessen jüngerer Bruder Wilhelm. Auch wenn dessen direkter Einfluss in Kolumbien begrenzt gewesen sei, so hätten doch die durch ihn geprägten deutschen Bildungsideale auch in entsprechenden kolumbianischen Diskussionen eine wichtige Rolle gespielt. Diese Aussage deckt sich mit der eingangs erwähnten Tatsache, dass deutsche pädagogische Missionen, die auf Einladung der kolumbianischen Regierung nach Kolumbien reisten, ab dem letzten Drittel des 19. Jahrhunderts eine nicht unbedeutende Rolle beim Aufbau eines nationalen Bildungssystems spielten. Heute gibt es in dem Andenstaat vier deutsche Schulen, die von Deutschland aus finanziell und durch die Entsendung deutscher Lehrer auch personell unterstützt werden. Das *Colegio Andino* – Deutsche Schule Bogotá ist eine Begegnungsschule, die sowohl zum kolumbianischen Schulabschluss als auch zum deutschen Abitur führt. Die Deutschen Schulen in Barranquilla, Cali und Medellín sind Landesschulen mit verstärktem Deutschunterricht, die zum kolumbianischen Abschluss bzw. zum Gemischtsprachigen Internationalen Baccalaureate (GIB) führen und das Deutsche Sprachdiplom (DSD) I und II anbieten. Daneben gibt es in Bogotá, Barranquilla und Medellín sechs sogenannte PASCH-Schulen, die ihren Schülern verstärkten Deutsch-Unterricht anbieten.[13]

Auch wenn Werkmeister/Hernández Barajas von einer "Geschichte, die sich durch enge wissenschaftliche Bindungen zwischen beiden Ländern auszeichnet" (2013: 11; Ü.d.A.) sprechen, so waren die bilateralen Kontakte in Wissenschaft und Forschung bis vor einigen Jahren doch in erster Linie durch individuelle Initiativen und Kontakte und eine begrenzte Anzahl von Austauschprogrammen und Forschungsprojekten charakterisiert. Es gibt aber auch Beispiele für seit langem bestehende institutionalisierte Formen der Zusammenarbeit. So pflegen die Universitäten Mainz und Kaiserslautern seit den späten 1960er Jahren Kontakte zur *Universidad Nacional de Colombia* in Bogotá. Die Justus-Liebig-Universität Gießen betreibt seit 1963 eine biologische Forschungsstation in Santa Marta an der Karibikküste, Vorgängerin des heutigen Vorzeigeprojekts CEMarin (*Corporation Center of Excellence in Marine Sciences*) (Gate Germany 2013: 16).

Im Laufe des vergangenen Jahrzehnts hat sich der wissenschaftliche Austausch zwischen beiden Ländern deutlich verstärkt und wurde in zunehmendem Maße institutionalisiert. Auf kolumbianischer Seite hing dies u.a. damit zusammen, dass die Regierung von Präsident Santos den Bereich Bildung und Wissenschaft zu einem ihrer Schwerpunkte erklärte. Seit 2012 fließen jährlich 10 % der Lizenzgebühren (*regalías*) aus dem Rohstoffabbau in die Förderung von Forschung und Innovation. In den Jahren 2015 und 2016 sah der Staatshaushalt erstmals mehr Mittel für Bildung und Forschung als für Verteidigung vor. Dementsprechend standen beim Besuch des kolumbianischen Präsidenten in Deutschland 2011 der wissenschaftliche Austausch und die Zusammenarbeit in Bildung und Forschung im Fokus der Gespräche mit der deutschen Regierung (Gate Germany 2013: 13).

Von Seiten der deutschen Wissenschafts- und Förderinstitutionen ist ebenfalls ein steigendes Interesse zu beobachten, was nicht zuletzt der verbesserten Sicherheitslage in Kolumbien und den Fortschritten bei der Überwindung des bewaffneten Konflikts zu verdanken ist. Der Deutsche Akademische Austauschdienst (DAAD), das Bundesministerium für Bildung und Forschung (BMBF) und die Deutsche Forschungsgemeinschaft (DFG) betrachten Kolumbien inzwischen als strategisches Schwerpunkt-

---

13 <http://m.bogota.diplo.de/Vertretung/bogota/de/06Kultur/Deutsche_20Schulen_20i n_20Kolumbie/seite__deutscheschulen.html> (10.6.2017).

land in Lateinamerika. Bildungsministerin Schavan besuchte Kolumbien 2009 und 2012, um die Institutionalisierung der wissenschaftlichen Beziehungen voranzubringen. Gemeinsam mit ihrer kolumbianischen Kollegin María Fernanda Campo eröffnete sie 2012 ein Forschungszentrum für Berufsbildung, das die Kooperation zwischen dem Bundesinstitut für Berufsbildung (BIBB) und seinem kolumbianischen Pendant SENA (*Servicio Nacional de Aprendizaje*) ergänzen soll.[14] Im gleichen Jahr fanden erst Gespräche über den Abschluss eines Abkommens zur wissenschaftlich-technologischen Zusammenarbeit (WTZ-Abkommen) zwischen beiden Ländern statt, die 2015 in Deutschland fortgesetzt wurden. Die DFG unterzeichnete 2013 eine Vereinbarung mit der *Universidad de los Andes*, in deren Rahmen Wissenschaftler_innen aus Deutschland und von der *Universidad de los Andes* seit 2016 Anträge für gemeinsame Forschungsvorhaben in allen Fachgebieten mit einer Laufzeit von bis zu drei Jahren stellen können.

Von deutscher Seite besteht im Rahmen der Forschungszusammenarbeit mit Kolumbien ein besonderes Interesse an der Biodiversitätsforschung. Dies ist insofern nicht verwunderlich, als der Andenstaat weltweit zu den Ländern mit der höchsten Biodiversität gehört. So wird das 2009 gegründete Exzellenzzentrum CEMarin für Meereswissenschaften als eines von weltweit vier binationalen Forschungszentren aus Mitteln der Außenwissenschaftsinitiative des Auswärtigen Amts gefördert (Werkmeister 2013). Mitgliedsinstitutionen des CEMarin sind von kolumbianischer Seite die *Universidad de Los Andes* (Bogotá), die *Universidad Nacional de Colombia* (Bogotá), die *Universidad de Antioquia* (Medellín), die *Universidad Jorge Tadeo Lozano* (Bogotá) sowie die *Universidad del Valle* (Cali) und von deutscher Seite die Justus Liebig Universität Gießen.[15] Die staatliche kolumbianische Wissenschafts- und Forschungsförderungsorganisation COLCIENCIAS richtete 2015 in Zusammenarbeit mit der Max-Planck-Gesellschaft (MPG) sechs MPG-Partnergruppen zu den Themen Infektionskrankheiten und Biodiversität ein. Auch die Fraunhofer-Gesellschaft hat seit 2015 verschiedene Kooperationen mit kolumbianischen Hochschulen und Forschungseinrichtungen vereinbart (DAAD 2016: 4).

---

14 <http://www.bogota.diplo.de/Vertretung/bogota/de/09Presse/eventosDE/Schavan2012.html> (10.6.2017)

15 <http://www.cemarin.org/> (10.6.2017).

Das auf beiden Seiten gewachsene Interesse an einer Zusammenarbeit in Wissenschaft und Forschung zeigt sich auch in der Zunahme der Kooperationsabkommen zwischen Hochschulen aus beiden Ländern. Der Hochschulkompass der HRK (Hochschulrektorenkonferenz) verzeichnete im Juni 2017 177 Partnerschaften zwischen deutschen und kolumbianischen Hochschulen, eine deutliche Steigerung gegenüber 2013 (114).[16]

Neben dem BMBF ist der DAAD die wichtigste Förderinstitution im wissenschaftlichen Austausch mit Kolumbien. Seit 2005 existiert ein Informationszentrum des DAAD in Bogotá, das als Anlaufstelle für an einem Austausch interessierte Studierende und Wissenschaftler dient. Darüber bestehen Regionallektorate in Medellín und Cali, Sprachassistenzen in Bogotá, Cali und Medellín und Langzeitdozenturen in Bogotá, Barranquilla und Santa Marta. Die Förderung des deutsch-kolumbianischen Austauschs durch den DAAD hat sich in den vergangenen Jahren deutlich erhöht. 2015 wurden im bilateralen Austausch 1.362 Personen gefördert (2007: 509). 474 Kolumbianer in Deutschland und 91 Deutsche in Kolumbien wurden über Individualstipendienprogramme bzw. über das Programm PROMOS gefördert. 562 Kolumbianer und 271 Deutsche wurden im Rahmen der Projektförderung unterstützt. Darunter befanden sich 94 im Rahmen des STIBET-Programms geförderte Kolumbianer, mit dem der DAAD deutschen Hochschulen Mittel für die Vergabe von Stipendien und für die fachliche und soziale Betreuung ausländischer Studierender zur Verfügung stellt (DAAD 2016).

Während bei den 2015 geförderten Deutschen die Fächer Rechts-, Wirtschafts- und Sozialwissenschaften (128), Sprach-, Kultur- und Geisteswissenschaften (102) sowie Mathematik und Naturwissenschaften (15) dominierten, waren es bei den geförderten Kolumbianern die Fächer Ingenieurwissenschaften (354), Rechts-, Wirtschafts- und Sozialwissenschaften (236) und Mathematik und Naturwissenschaften (191) (DAAD 2016: 15).

---

16 <http://www.hochschulkompass.de/auslandskooperationen/kooperationen-nach-staaten.html> (9.6.2017).

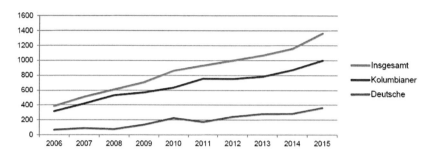

Grafik 1: DAAD-Geförderte Kolumbien, 2006-20015. Quelle: DAAD 2016: 15

Die Anzahl kolumbianischer Studierender in Deutschland hat sich seit dem Jahr 2000 vervierfacht, sie belief sich 2016 auf 2.600. Damit ist die Bundesrepublik zum viertbeliebtesten Zielland kolumbianischer Studierender geworden. Studierende aus Kolumbien stellen nach Brasilien und Mexiko die drittstärkste Gruppe lateinamerikanischer Studierender in Deutschland. Aber auch von deutscher Seite hat das Interesse an Studien- oder Forschungsaufenthalten in Kolumbien zugenommen, wie die Förderzahlen des DAAD zeigen.

Neben den Programmen des DAAD bietet die Alexander von Humboldt-Stiftung (AvH) exzellenten Postdoktoranden die Möglichkeit eines Forschungsstipendiums bzw. die Förderung durch Forschungspreise, um in Deutschland an ihrem Projekt zu arbeiten. Seit Beginn des Programms 1953 bis 2014 hat die AvH insgesamt 52 Humboldt-Forschungsstipendien und ein Feoder Lynen-Forschungsstipendium an kolumbianische Wissenschaftler_innen vergeben, wobei die Naturwissenschaften bei den Förderzahlen leicht überwiegen. In den Jahren 2012-2016 entfielen auf Kolumbien 3 AvH-Forschungsstipendien, 11 Georg-Forster-Forschungsstipendien sowie ein Friedrich Wilhelm Bessel-Forschungspreis. Damit liegt Kolumbien im lateinamerikanischen Vergleich deutlich hinter Argentinien, Brasilien und Chile, zumal weltweit weniger als 8 % der AvH-Stipendien auf Mittel- und Südamerika entfallen. Seit 2013 ist Kolumbien neben der Türkei, Korea, Äthiopien und Kenia eines von fünf Ländern, in denen die AvH sich verstärkt um den Ausbau ihres Netzwerkes bemüht, um das wissenschaftliche Potenzial dieser Länder besser auszuschöpfen. Durch verstärkte Information und gezielte Werbung für die Programme der AvH sollen mehr exzellente Forscher_innen zu einer Bewerbung um

ein Humboldt-Forschungsstipendium ermutigt und für einen Forschungs-
aufenthalt in Deutschland gewonnen werden.[17]

Kultureller Austausch

Der kulturelle Austausch zwischen Kolumbien und Deutschland findet
auf vielfältigen Ebenen statt. Oft sind es private Akteure oder über den
Markt vermittelte Austauschprozesse, die kolumbianische Musik, Kunst,
Theater, Literatur, Filme und andere Kulturformen in Deutschland bzw.
deutsche Kultur in Kolumbien bekannt machen. Die institutionalisierte
Förderung des Kulturaustauschs obliegt auf deutscher Seite insbesondere
dem Goethe-Institut, auf kolumbianischer Seite gehört sie zu den Aufgaben der diplomatischen Vertretung. Die Botschaft in Berlin organisiert
wechselnde Ausstellungen kolumbianischer Künstler und in unregelmä-
ßigen Abständen auch Filmvorführungen in ihren Räumlichkeiten und
unterstützt die kolumbianischen Vertretungen auf Tourismusmessen. Sie
fördert zudem Projekte wie das mehrtägige Panorama Colombia Film-
festival, das 2015 von einem Zusammenschluss aus der Gruppe *Filmes
Mutantes*, dem Mobile Kino und dem Filmtheater Babylon erstmalig in
Berlin organisiert wurde und im März 2017 zum dritten Mal stattfand.[18]
Solche Projekte ermöglichen es, die Diversität und Qualität des zeitgenössischen kolumbianischen Films einem breiteren Publikum zugänglich zu
machen und ergänzen die sonst oft stereotypen Bilder US-amerikanischer
Filmproduktionen über Kolumbien. Ohne ein eigenes kolumbianisches
Kulturinstitut sind solche Vorstöße allerdings vor allem von der Initiative
von Einzelpersonen, Vereinen und selbstorganisierten Gruppen abhängig.
Insofern zeichnet sich die wechselseitige Kulturvermittlung zwischen Kolumbien und Deutschland durch starke Asymmetrien im Hinblick auf die
Bedeutung staatlicher Strukturen und Förderung aus.

Die Vermittlung deutscher Sprache und Kultur in Kolumbien ist
Aufgabe des Goethe-Instituts (GI) in Bogotá. Es bietet Deutschkurse für
Erwachsene auf allen Niveaus und ein umfangreiches Prüfungsprogramm
an, fungiert als Ansprechpartner für kolumbianische Deutschlehrer,
unterhält ein Selbstlernzentrum mit multimedialem Übungsprogramm

---

17 <https://www.humboldt-foundation.de/web/newsletter-4-2013-5.html> (10.6.2017).
18 <https://www.panoramacolombia.com/> (10.6.2017).

und kooperiert in der Sprachausbildung mit zahlreichen Universitäten sowie mit den deutsch-kolumbianischen Kulturgesellschaften in Cali, Cartagena, Manizales und Medellín. Das kulturelle Angebot des GI erstreckt sich auf die Bereiche Medien, Film, Theater, Tanz, Musik und Zeitgeschichte, es ist dialogorientiert und setzt einen Schwerpunkt auf aktuellen Tendenzen. Neben der Auseinandersetzung und dem Austausch mit Deutschland hat auch der innerlateinamerikanische Dialog an Bedeutung für die Arbeit des GI gewonnen. So werden beispielsweise im Rahmen des Regionalprojekts "Die Zukunft der Erinnerung" mit Ko-Kuratoren aus Bogotá, Buenos Aires, Montevideo, Rio de Janeiro, São Paulo und Santiago de Chile mit den Mitteln der Kunst und der Reflexion Fragestellungen diskutiert, die mit dem Thema Erinnerung zusammenhängen und denen sowohl in Deutschland als auch in vielen südamerikanischen Ländern eine wichtige Rolle in aktuellen Debatten zukommt.[19]

Schlussbemerkung

Die deutsch-kolumbianischen Beziehungen zeichnen sich durch große Vielfalt aus. Das in beiden Ländern existierende Interesse am jeweils anderen Land besteht nicht nur von Seiten der Regierungen und Unternehmen, sondern auch bei zahlreichen Institutionen, Einzelpersonen und gesellschaftlichen Gruppen. Zentrale Dimensionen dieses Austauschs sind Wissenschaft und Kultur. Zwischen Kolumbien und Deutschland hat sich ein dichtes Netz an staatlichen und nichtstaatlichen Formen des Austauschs und Dialogs herausgebildet, das viele Potenziale für eine weitere Intensivierung der Beziehungen bietet. Die verbesserte Sicherheitslage in Kolumbien und die Aussicht auf eine Beendigung des jahrzehntelangen internen Gewaltkonflikts in dem Andenstaat haben zusätzlich dazu beigetragen, dass Deutschland in Kolumbien und Kolumbien in Deutschland heute wesentlich präsenter sind als noch vor einem Jahrzehnt. Dies trägt auch dazu bei, wechselseitige Stereotypen und Vorurteile abzubauen und in beiden Ländern eine von Offenheit, Diversität und gesellschaftlichem Miteinander geprägte Demokratie zu stärken.

---

19 <https://www.goethe.de/ins/co/de/index.html> (11.6.2017).

Literaturverzeichnis

BIRLE, Peter (2016): "El rol de la cooperación alemana en la construcción de la paz en Colombia". In: Pastrana Buelvas, Eduardo/Gehring, Hubert (Hg.): *Política exterior colombiana: escenarios y desafíos en el posconflicto*. Bogotá: Pontificia Universidad Javeriana/Fundación Konrad Adenauer, S. 481-507.

BOSEMBERG, Luis E. (2006): "Alemania y Colombia, 1933-1939". In: *Iberoamericana. América Latina. España. Portugal*, VI, 21, S. 25-44.

DAAD (Deutscher Akademischer Austauschdienst) (2016): *Kolumbien. Kurze Einführung in das Hochschulsystem und die DAAD-Aktivitäten*. Bonn: DAAD. <https://www.daad. de/medien/der-daad/analysen-studien/laendersachstand/kolumbien_daad_sachstand. pdf> (10.6.2017).

DENZER, Jörg (2005): *Die Konquista der Augsburger Welser-Gesellschaft in Südamerika (1528-1556). Historische Rekonstruktion, Historiografie und lokale Erinnerungskultur in Kolumbien und Venezuela*. München: Beck.

GATE-Germany (2013): "Länderprofil Kolumbien". Bonn: DAAD. <http://www.gate-germany.de/fileadmin/bilder/Expertenwissen/Laenderprofile/Laenderprofil_Kolumbien.pdf> (17.6.2017)

GAUCK, Joachim (2013): "Discurso del presidente federal Joachim Gauck sobre 'Reconciliación y cultura de la memoria en Alemania'". In: *Colombia Internacional*, 78, S. 213-222.

GTAI (Germany Trade & Invest) (2016): *Wirtschaftsdaten Kompakt. Kolumbien. November 2016*. Berlin: GTAI.

— (2017): *SWOT-Analyse – Kolumbien*. Berlin: GTAI.

GIZ (Gesellschaft für Internationale Zusammenarbeit) (2011): *Synthesebericht Krisenprävention und Friedensentwicklung*. Eschborn: GIZ.

JÜDISCHES MUSEUM BERLIN/HAUS DER GESCHICHTE, BONN (Hg.) (2006): *Heimat und Exil, Emigration der deutschen Juden nach 1933*. Frankfurt a.M.: Jüdischer Verlag im Suhrkamp Verlag, S. 143-155 (Kapitel "Lateinamerika").

KOENIGS, Tom (2015): *1. Bericht*. <http://www.tom-koenigs.de/kolumbien/1-bericht-ueber-den-friedensprozess-in-kolumbien.html> (15.6.2017).

— (2017): *4. Bericht. Schwerpunkt ELN (Ejercito de Liberación Nacional/Heer der nationalen Befreiung)*. <http://www.tom-koenigs.de/kolumbien/4-bericht-ueber-den-friedensprozess-in-kolumbien.html> (9.6.2017).

PAX (2014): *The Dark Side of Coal. Paramilitary Violence in the Mining Region of Cesar, Colombia*. Utrecht: PAX.

ROBALLO LOZANO, Julio (2012): "Relaciones del Estado colombiano con Alemania: doscientos años de amistad y cooperación". In: Constaín, Juan Esteban (Koord.): *200 años de la presencia alemana en Colombia*. Bogotá: Universidad del Rosario, S. 5-23.

SERRANO, Enrique (2012): "Las misiones pedagógicas alemanas y la formación de las Escuelas Normales: el hilo conductor de la modernidad en Colombia". In: Constaín, Juan Esteban (Koord.): *200 años de la presencia alemana en Colombia*. Bogotá: Universidad del Rosario, S. 25-37.

TORREGROZA LARA, Enver/CÁRDENAS DÍAZ, Javier (2012): "La recepción de la filosofía alemana en Colombia. Breve historia del profundo impacto del pensamiento alemán en la conciencia filosófica nacional". In: Constaín, Juan Esteban (Koord.): *200 años de la presencia alemana en Colombia*. Bogotá: Universidad del Rosario, S. 91-111.

WERKMEISTER, Sven (2013): "Partner mit Potenzial. Zur deutsch-kolumbianischen Hochschul- und Forschungskooperation". In: Mueller, Susanne (Hg.): *Modernes Kolumbien. Für Investoren und Manager*. Frankfurt a.M.: Cross-Culture Publishing, S. 40-42.

WERKMEISTER, Sven/HERNÁNDEZ BARAJAS, Angélica (2013): "Introducción. Los hermanos von Humboldt y la actualidad de las relaciones científicas entre Alemania y Colombia". In: dies. (Hg.): *Los hermanos Alexander y Wilhelm von Humboldt en Colombia. Huellas históricas de la cooperación científica entre dos continentes*. Bogotá: Pontificia Universidad Javeriana, S. 9-21.

WOLFF, Reinhard (1974): *100 Jahre deutsch-kolumbianische Beziehungen 1845-1945*. Bogotá: Italgraf.

Wirtschaft

Die kolumbianische Wirtschaft zwischen *apertura* und Extraktivismus

Álvaro Zerda Sarmiento

Einführung

In den ersten beiden Jahrzehnten dieses Jahrhunderts verzeichnete die kolumbianische Wirtschaft einen Aufschwung, nachdem sie die tiefe Krise
der Jahre 1998 und 1999 – Folge der Strukturanpassungsmaßnahmen der
1980er Jahre und des von Präsident Gaviria zwischen 1990 und 1994 eingeleiteten Prozesses der Öffnung (*apertura*) – überwunden hatte. Die wirtschaftliche Erholung verdankte sich der Steigerung der Rohstoffpreise auf
dem Weltmarkt, die der Regierung hohe Einnahmen aus dem Export von
Erdöl, Kohle und anderen Rohstoffen brachte. Zudem verstärkten wie in anderen lateinamerikanischen Ländern ausländische Direktinvestitionen mit
Steigerungsraten nie gekannten Ausmaßes das Wachstum; sie flossen insbesondere in den Erzabbau. Dieser Zyklus der kolumbianischen Wirtschaft
trug zur Verbesserung einiger sozialer Indikatoren, so der Beschäftigung und
der Einkommen, und zur Abnahme der Armutsraten bei. Die Politiken der
jeweiligen Regierungen vermochten aber weder die Einkommensverteilung
– eine der weltweit ungleichsten – noch die hohe Vermögenskonzentration
zu korrigieren. Mehr noch, das Land erlebte den Niedergang der industriellen und landwirtschaftlichen Produktion und eine wachsende Abhängigkeit
vom Rohstoffabbau. Die Reprimarisierung der Wirtschaft, die bereits Mitte
der 1970er Jahre eingesetzt hatte, verstärkte sich.

Der Beitrag stellt zunächst die Entwicklungstendenzen der Wirtschaft
im Rahmen des seit Ende der 1980er Jahre herrschenden ökonomischen
Modells vor. Der zweite Abschnitt resümiert die neuere Entwicklung seit
der Jahrhundertwende. Im dritten Kapitel geht es um den Kontext der
Wirtschafts- und Sozialpolitiken der Regierungen Uribe und Santos. Im
vierten Kapitel werden die Auswirkungen auf Beschäftigung, Einkommen,
Armutsentwicklung und Einkommensverteilung analysiert. Das Schluss-
kapitel enthält Überlegungen zu den Perspektiven der kolumbianischen
Wirtschaft in den nächsten Jahren.

Langfristige Entwicklungstendenzen

Seit Ende der 1970er Jahre gab die politische und wirtschaftliche Führungsschicht Kolumbiens das Projekt der Industrialisierung des Landes auf. Sie verabschiedete sich nach und nach vom Modell der Industrialisierung durch Importsubstitution, wie es die *Comisión Económica para América Latina y el Caribe* (CEPAL) in Person von Raúl Prebisch propagiert hatte. Ende der 1980er Jahre führte sie ein ökonomisches Entwicklungsmodell ein, das die Ausrichtung an internationalen Märkten durch Export von Primärgütern zur Grundlage hatte. Dies hatte zur Folge, dass die makroökonomische Wachstumsstrategie im gesamten Zeitraum auf externe Ersparnisse setzte, die durch Leistungsbilanzüberschüsse erzielt würden.

In dieser Periode durchlief die kolumbianische Wirtschaft zwei große Wachstumsphasen. Aufgrund der externen und internen Bedingungen ist sie nun in eine dritte Phase eingetreten (Grafik 1). Die beiden ersten Phasen werden durch Zyklen von Wachstum und Krise bestimmt; sie werden durch Politiken der Öffnung der Wirtschaft und der Deregulierung der Märkte geprägt und zeigen den Prozess der Reprimarisierung der Wirtschaftsstruktur an. Die letzte Phase entspricht der gegenwärtigen Dekade und zeigt wohl den Beginn einer Krise des rohstoffbasierten Akkumulationsmusters an.

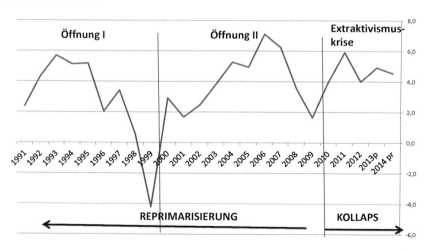

Grafik 1: Jährliches Wachstum des BIP. Quelle: Eigene Berechnungen auf Basis der Daten des DANE.

Der Zeitraum zwischen 1991 und 1999 markierte die erste Phase der wirtschaftlichen Öffnung. Sie war geprägt durch Programme der Strukturanpassung, wie sie den lateinamerikanischen Ländern von der Weltbank und dem Internationalen Währungsfond als Rezept aufgezwungen wurden, um die in den 1980er Jahren ausgebrochene Schuldenkrise zu überwinden. Die Maßnahmen schlossen eine kräftige Senkung der Zölle sowie Reformen des Arbeitsmarkts und der Sozialversicherung ein und hatten das Ziel, die Märkte zu flexibilisieren, die Arbeitskraft zu verbilligen und die soziale Sicherung mit ihren Säulen Gesundheit, Pensionen und Abfindungen zu privatisieren. Wenn auch in den ersten fünf Jahren dieser Phase moderate Wachstumsraten zu verzeichnen waren, so erlebte die Wirtschaft in den folgenden vier Jahren einen Einbruch, Folge der negativen Auswirkungen der Reformen auf die Nachfrage.

In der zweiten Phase wurde die Öffnung gegenüber dem Weltmarkt weiter vertieft, stimuliert durch die zwischen 2002 und 2010 jährlich durchschnittlich um 13 % gewachsenen Importe wie auch durch die Verhandlungen über die Freihandelsabkommen mit den USA (seit 2003) und der Europäischen Union (seit 2007), aber auch mit Ländern wie Kanada, Korea und Israel. Sowohl die Erwartungen, die sich an die Versprechen des Freihandels knüpften, als auch günstige externe ökonomische Bedingungen trugen zu Wachstumsraten von 2 % bis 7 % im Zeitraum zwischen 2002 und 2006 bei. Freilich erfuhr die Wirtschaft dann zwischen 2007 und 2009 erneut einen Abschwung, teilweise als Folge der internationalen Finanzkrise.

Die letzte Phase der Periode beginnt mit einem erneuten Wachstum von 4 % bis 6 %, wie auch in anderen Ländern Region gefördert durch den Zustrom ausländischer Direktinvestitionen, die hauptsächlich für die Extraktion natürlicher Ressourcen bestimmt waren. Allerdings zeigt sich seit 2012 eine Trendwende der globalen Wirtschaftsentwicklung und mit ihr auch eine Tendenz zum Rückgang der ausländischen Direktinvestitionen. Zugleich ist die nationale Währung von einer starken Abwertung betroffen. Dies alles schwächt das Wachstum. Daher hat man diese Phase als Krise des Extraktivismus bezeichnet.

Bis 2015 hatte Kolumbien insgesamt 16 Freihandelsverträge mit Ländern unterschiedlicher Entwicklungsniveaus abgeschlossen. Sie zeitigten jedoch nicht die Ergebnisse, mit denen sie gegenüber der öffentlichen Meinung gerechtfertigt wurden: Statt der Exporte haben vielmehr die Importe in beträchtlichem Maße zugenommen. Insbesondere die Kleinbauern wurden durch die Importe von Lebensmitteln hart getroffen, bis zu dem Punkt, dass sie 2013 aus Protest gegen die Auswirkungen der Freihandelsabkommen und das Fehlen von Produktion und Einkommen stabilisierenden öffentlichen Politiken einen Generalstreik organisierten, der große Teile des Landes lahm legte.

Der Anteil des Agrarsektors am Bruttoinlandsprodukt (BIP) ging in der Periode um 5 % zurück. Über die gesamte Phase hinweg durchlief die kolumbianische Wirtschaft einen tiefgreifenden Wandel ihrer Produktionsstruktur. Die von Industrie und Landwirtschaft mit ihren schrumpfenden Beiträgen zum BIP hinterlassene Lücke wurde durch den Handel und die Extraktion von Rohstoffen gefüllt, in der letzten Phase auch durch die Bauindustrie. Das herrschende ökonomische Modell sorgte dafür, dass das Wachstum nicht mehr Beschäftigung hervorbrachte. Die wirtschaftlichen Überschüsse und der erwirtschaftete Reichtum verblieben vielmehr in den Händen der Kapitaleigentümer (Zerda Sarmiento 2015).

Kolumbien gehört weltweit zu den Ländern mit der ungleichsten Einkommensverteilung (Platz 14), die ländliche Armutsrate ist mit 41,4 % der Bevölkerung sehr hoch und die informelle Beschäftigung verharrt bei einem Niveau um die 50 %. In der Landwirtschaft zeigt sich die Verminderung des Anbaus. Traditionelle Anbauarten sind spezialisierten Monokulturen (Ölpalmen, Zuckerrohr) gewichen und die Abhängigkeit von importierten Lebensmitteln und Vorprodukten hat zugenommen. Dies geht einher mit der allmählichen Konsolidierung eines Produktionsmodells, das auf kapitalintensive Technologien setzt und auf großem Kapitaleigentum basiert.

Tendenzen der Wirtschaft seit 2000

Das Wachstum der kolumbianischen Wirtschaft wurde seit Anfang des Jahrhunderts durch die Bauindustrie und den Handel geprägt, während sich die Entwicklung der Landwirtschaft, der Industrie und der Dienstleistungen abschwächte (Grafik 2).

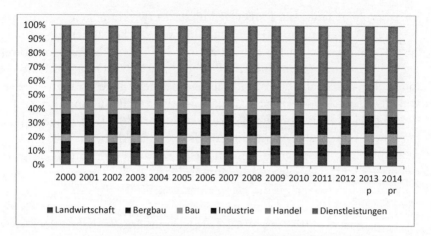

Grafik 2: Zusammensetzung des BIP nach Sektoren (2000-2014). Quelle: Eigene Berechnungen auf Basis der Daten des DANE.

Die hohe Liquidität der Wirtschaft, die niedrigen Zinssätze und die wirtschaftspolitischen Förderungsmaßnahmen trugen dazu bei, dass die Bauwirtschaft ihren Anteil am BIP zwischen 2000 und 2014 von 4,8 % auf 8,0 % vergrößerte und damit ein beträchtliches Gewicht im Wachstumsprozess gewann. Allerdings zeigte sie eine sehr viel unbeständigere Entwicklung als die Wirtschaft insgesamt, da sie sehr viel empfindlicher auf externe Schocks und Signale des Marktes reagierte. Ein dynamischer Sektor war in dieser Periode auch der Handel, der von 2000 bis 2014 seinen Anteil am BIP von 8,6 % auf 13,4 % steigerte, geprägt vor allem durch den Einzelhandel, der starke Impulse durch die Verbreitung internationaler Ketten wie Casino, Carrefour, Sencocud und Fallabella erhielt.

Demgegenüber setzte sich der Niedergang der verarbeitenden Industrie fort. Nachdem sie Mitte der 1970er Jahre noch ein Viertel zur nationalen Produktion beitrug, repräsentierte sie im Jahre 2000 nur noch 14,8 % und schrumpfte bis zum Ende der Periode gar auf 12,4 %, dies alles als Ergebnis der in den 1980er Jahren eingeschlagenen Wirtschaftsstrategie. Über die ganze Periode hinweg fehlten Politiken der Industrieförderung. Die Konsequenzen für die einheimische Industrie wurden noch verschärft durch die starke Konkurrenz durch importierte Produkte infolge der langjährigen Aufwertung der Währung.

Ein ähnliches Schicksal erfuhr der Agrarsektor, dessen Anteil am BIP von 12 % in den 1970ern auf 8,6 % im Jahre 2000 und weiter auf 6,8 %

im Jahre 2014 sank. Ein großer Teil dieser Entwicklung geht auf die gewaltsame Aneignung von Bauernland im Zuge des bewaffneten Konflikts zurück – sie wurde im Jahre 2010 auf 6,6 Millionen Hektar, ein Drittel der landwirtschaftlichen Anbaufläche, geschätzt (PNUD 2011). Darüber hinaus ließ die staatliche Politik während der beiden Regierungsperioden von Präsident Álvaro Uribe jegliche Initiative zur Förderung der ländlichen Entwicklung vermissen; sie baute vielmehr alle institutionellen Hilfen für die Bauern ab. Demnach sollte die kleinbäuerliche Produktion verschwinden zugunsten eines Agrarmodells, das auf große, am Weltmarkt orientierte Unternehmen und auf großflächigen Anbau setzte, wie den von Ölpalmen, Grundlage für die Herstellung von Bio-Kraftstoffen.

Der Dienstleistungssektor verdient eine eigene Betrachtung. Wenn er auch mehr als 50 % der Wirtschaftsleistung erstellt, nahm doch sein Gewicht seit der Jahrhundertwende ab, teils Ausdruck einer gewissen Stagnation, teils aufgrund des starken Wachstums des Bergbaus und der Bauindustrie. Bei alledem stellt der Finanzsektor weiterhin einen wichtigen Bereich der nationalen Wirtschaft dar, obwohl die Mehrheit der Kolumbianer nur sehr beschränkten Zugang zu Krediten hat. Das Bankwesen erlebte zwischen 2000 und 2009 ein Jahrzehnt des Aufschwungs: Das Eigenkapital nahm um 377,1 % zu und die Gewinne stiegen um 1.035,9 %. Kritisch ist dabei, dass 70 % der Vermögenswerte der Banken sich auf nur vier Unternehmen konzentrieren (Grupo Aval, Bancolombia, Davivienda und Banco Bilbao Vizcaya (BBVA) (Villabona 2015).

Die Entwicklung der Nachfrage

Was die Nachfrage betrifft, wurde das BIP durch das Wachstum der Investitionen sowie die Zunahme der Importe bestimmt, deren Beitrag an der gesamten Binnennachfrage jeweils um ca. 15 % zunahm.

Komponenten	2000	2005	2010	2014 (vorläufig)
Privater Konsum	68,1	65,7	65,7	64,7
Öffentlicher Konsum	16,5	16,0	16,6	17,4
Investitionen	14,5	20,2	24,5	29,5
Exporte	16,1	16,8	16,1	16,2
Importe	15,4	18,8	22,9	29,0

Tabelle 1: Zusammensetzung der Gesamtnachfrage (2000-2014). Quelle: Eigene Berechnungen auf Basis der Daten des DANE.

Die übrigen Komponenten hielten ihre Anteile an der Gesamtnachfrage, bei einem leichten Wachstum des privaten (1,7 %) und des öffentlichen Verbrauchs (2 %).

Bemerkenswert ist, dass die Exporte mit einem Wachstum von durchschnittlich 4,5 % in den fünf Jahren in der Gesamtperiode nur eine sehr geringe Dynamik entfalteten, ganz im Gegensatz zu den an das Wirtschaftsmodell geknüpften Erwartungen: Demnach war es ja der externe Sektor, der im Rahmen der durch die zahlreichen Freihandelsabkommen angestoßenen wirtschaftlichen Öffnung das ökonomische Wachstum anspornen sollte. Auch die Entwicklung der Importe zeigt, dass die Öffnung der Wirtschaft eher nach innen wirkte. Die Art und Weise, wie die Freihandelsabkommen ausgehandelt wurden, diente nur dem Schutz ausländischer Investitionen, die durch die großen transnationalen Unternehmen in Kolumbien getätigt wurden.

Relative Preise und Exporte

Zum Ende der vergangenen Dekade brachte die starke Steigerung der Rohstoffpreise eine gewisse wirtschaftliche Stabilität mit sich. Wie für die meisten lateinamerikanischen Länder verbesserten sich auch für Kolumbien die traditionell ungünstigen *Terms of Trade*. Kolumbien profitierte dabei ab 2008 sogar überdurchschnittlich, wenn auch 2014 ein Rückgang zu beobachten war. Dank dieser Entwicklung nahm nach den Erhebungen des *Departamento Administrativo Nacional de Estadística* (DANE) das BIP pro Einwohner von 2.480 US-Dollar im Jahre 2000 auf 8.024 US-Dollar im Jahr 2013 zu.

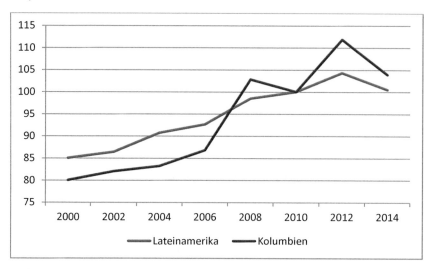

Grafik 3: Entwicklung der *Terms of Trade*, 2000-2014 (2010 = 100). Quelle: Eigene Berechnungen auf Basis der Daten der CEPAL.

Aufgrund dieser Entwicklung der *Terms of Trade* konnten bis 2012 die Exporte stärker als die Importe wachsen; danach kehrte sich die Tendenz freilich um (Grafik 4).

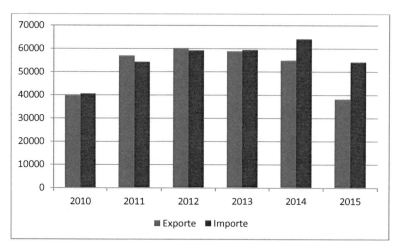

Grafik 4: Exporte und Importe 2010-2014. Quelle: Eigene Berechnungen auf Basis der Daten des DANE.

Die Zusammensetzung der Exporte zeigt die Abhängigkeit von den mineralischen Rohstoffen, deren Anteil an den Gesamtexporten von 38,2 % auf 67,9 % im Jahr 2013 stieg (Tabelle 2).

	2002	2004	2006	2008	2010	2011	2012	2013	2014	2015*
Landwirtschaftliche Produkte	21,4	20,7	20,2	17,8	14,5	12,4	11,0	11,4	13,4	18,4
Mineralische Rohstoffe	38,2	39,3	40,8	48,0	58,4	66,1	66,7	67,9	66,5	57,0
Industrieprodukte	36,1	35,8	35,6	31,5	21,7	16,6	16,6	16,9	17,1	21,8
Andere	4,3	4,2	3,43	2,75	5,37	4,93	5,7	3,87	2,92	2,72

*vorläufige Daten

Tabelle 2: Zusammensetzung der Exporte, 2002-2015 (in %). Quelle: Eigene Berechnungen auf Basis der Daten des DANE.

Ausländische Direktinvestitionen (ADI) und Wechselkurse

Der auf der Extraktion von Rohstoffen gegründete wirtschaftliche Aufschwung wurde in großem Maße durch das beträchtliche Wachstum der ADI gefördert, die in der Mehrheit der Länder der Region zunahmen, in Kolumbien aber bis zum Ende des Beobachtungszeitraums um das 8,7-fache (Grafik 5).

Mehr als die Hälfte der gesamten ADI in Kolumbien ging in den Erdölsektor, in Bergwerke und den Tagebau, während nach Informationen der *Banco de la República* in die verarbeitende Industrie und den Finanzsektor jeweils 15 % flossen.

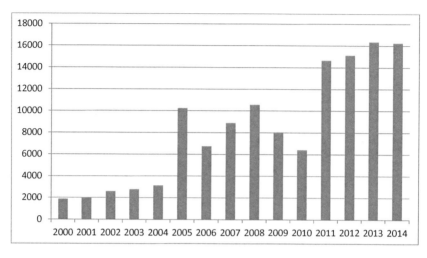

Grafik 5: Entwicklung ausländischer Direktinvestitionen, 2000-2014 (in Millionen US-Dollar). Quelle: Eigene Berechnungen auf Basis der Daten des DANE.

Allerdings kommen Zweifel am Nutzen des massiven Zuflusses von ADI auf, wenn man die Rückflüsse von Gewinnen und Dividenden in die Heimatländer der Unternehmen betrachtet: Sie stiegen von 938 Millionen US-Dollar im Jahr 2000 auf 8,518 Milliarden US-Dollar im Jahr 2013 – das machte im Ergebnis zwischen 65 % und 80 % der Investitionen aus.

Andererseits trugen die 2008 ausgebrochene internationale Krise, die hohen Rohstoffpreise, die Höhe der ADI und der Aufschwung des Abbaus von Mineralien zu einer Zunahme der Devisenreserven ohnegleichen bei, die zu einer starken Aufwertung der nationalen Währung führte. Diese Tendenz kehrte sich aber 2015 abrupt um, als bis September der Wert des US-Dollars von 2.000 Pesos – dem durchschnittlichen Wert im Jahre 2014 – auf 3.000 Pesos stieg, eine Abwertung der Landeswährung von rund 50 % (Grafik 6).

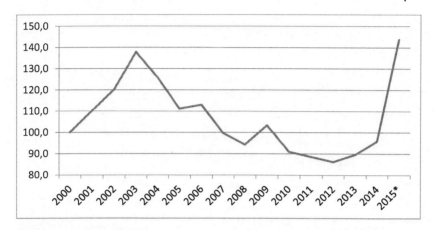

Grafik 6: Index der Wechselkurse des Pesos zum US-Dollar, 2000-2015 (2000 = 100).
Quelle: Eigene Berechnungen auf Basis der Daten der Banco de la República.

Beschäftigung und Einkommen

Die Entwicklung der untersuchten Variablen hat zusammen mit Sozialprogrammen der Regierungen dazu beigetragen, dass sich einige soziale
Indikatoren verbessert haben, insbesondere soweit sie die Arbeitslosigkeit
und die Armut betreffen. Im Allgemeinen ermöglichte der starke Zufluss
ausländischer Investitionen den lateinamerikanischen Ländern, die Sozialausgaben zu erhöhen, so etwa im Falle Brasiliens, wo nach offiziellen Angaben 22 Millionen Personen aus der Armut herausgeführt wurden (Montevideo Portal 2013). In Kolumbien ging die Arbeitslosigkeit seit Beginn
der vorigen Dekade von den hohen Raten der 1990er Jahre um 20 % auf
8 % zurück. Diese Rate, wie sie bereits in den 1980er Jahren vorherrsch-
te, kann als langfristige oder strukturelle Rate der Arbeitslosigkeit angesehen werden (Grafik 7). Zu einem guten Teil erklärt sich die Verbesserung
der Indikatoren aus der Umsetzung von Sozialprogrammen wie 'Familien
in Aktion', die darauf zielen, bessere Einkommensmöglichkeiten für die
ärmste Bevölkerung zu schaffen.

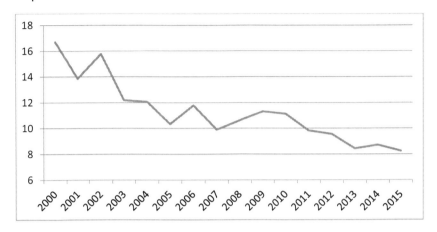

Grafik 7: Entwicklung der Arbeitslosenraten, 2000-2015. Quelle: Eigene Berechnungen auf Basis der Daten des DANE.

Zugleich mit dem Rückgang der Arbeitslosigkeit hat auch das Lohnniveau einen Teil seiner Kaufkraft zurückgewonnen. So wuchsen die Mindestlöhne seit 2000 real um 25 % und damit mehr als die Arbeitsproduktivität. Allerdings gilt dies nicht gleichermaßen für alle Wirtschaftsbereiche. Die Beschäftigung in der verarbeitenden Industrie etwa verzeichnete zwar in der vergangenen Dekade einen leichten Zuwachs, lag aber kaum über dem niedrigen Volumen der 1980er Jahre und war auf einen Anteil von 13 % an der Gesamtbeschäftigung geschrumpft.

Ein wichtiger Aspekt ist, dass sich im Laufe der letzten beiden Jahrzehnte der Typ der Beschäftigungsverhältnisse in der kolumbianischen Industrie verändert hat. Der Anteil der unbefristet beschäftigten Arbeiter ging von 83 % auf etwas mehr als 50 % im Jahre 2011 zurück. Die Tertiarisierung, die Arbeitskräfteüberlassung durch Zeitarbeitsfirmen oder Kooperativen, hat sich verallgemeinert und machte bereits 2006 ein Viertel der Beschäftigung in der Industrie aus (siehe auch den Beitrag von Dombois/Quintero in diesem Band). Zugleich nahmen befristete Einstellungen durch die Industrieunternehmen zwischen 1992 und 2011 um mehr als 15 % zu (Ifarma 2014).

Die wachsende Lohnspreizung, das stagnierende Beschäftigungsvolumen und die Veränderungen der Beschäftigungsverhältnisse gingen mit einer systematischen Reduktion der Lohnquote einher. Der Anteil der Löhne an der Wertschöpfung hat sich halbiert – dies wurde möglich durch den Wandel der Beschäftigungsverhältnisse, der die Lohnkosten beträchtlich verminderte. Die informelle Erwerbstätigkeit verharrte auf hohem Niveau, auch wenn sie nach den Haushaltsbefragungen des DANE von 60 % auf rund 50 % gesunken ist.

Die Entwicklung der Preise

Die Verfassung Kolumbiens betraut die *Banco de la República* mit der Aufgabe, die Kaufkraft der Bürger mittels der Kontrolle des Preisniveaus zu sichern. In diesem Sinne hat die Bank über die letzten beiden Dekaden hinweg eine restriktive Politik verfolgt, die einen ausgeprägten Rückgang der Inflation von 22 % in den 1990er Jahren auf 4 % im Jahre 2015 zum Ergebnis hatte. In der Grafik 8 zeigt sich diese Entwicklung seit dem Jahre 2000.

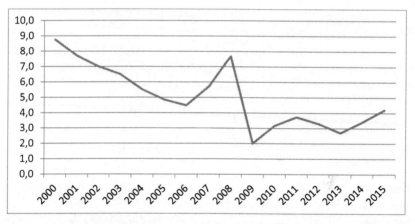

Grafik 8: Entwicklung der Inflationsrate, 2000-2010. Quelle: Eigene Berechnungen auf Basis der Daten des DANE.

Armut

Den Messwerten des DANE nach, die auf den Haushaltsbefragungen basieren und die Einkommen der Familien erfassen, ist auch die Armut zurückgegangen, von 50 % der Bevölkerung im Jahre 2000 auf 28,5 % im Jahre 2014. Dabei fiel die extreme Armut von 24 % auf 8,1 %. Allerdings bleibt die ländliche Armut auf dem hohen Niveau von 41,4 %. Sie betrifft

655.000 landlose Haushalte sowie 2,2 Millionen Eigentümer von Klein-
und Kleinstbetrieben, für die es keinerlei staatliche Hilfen gibt.

Die Entwicklung der sozialen Indikatoren hat der Regierung Grund
zu der Behauptung gegeben, dass 2014 30,5 % der Kolumbianer der
konsolidierten Mittelschicht angehörten und damit einen größeren Teil
der Bevölkerung ausmachen als die 29,3 %, die in Armut lebten. Freilich werden 37,6 % der Bevölkerung einem Segment zugerechnet, das als
'verwundbar' angesehen werden kann. Es sind Personen, die zwar nicht
mehr nach ihrem Einkommen als arm zu bezeichnen sind, aber nicht mit
hinreichend soliden Lebensbedingungen rechnen können und so mit dem
Risiko leben, in Armut zurückzufallen (*El Tiempo*, 20.9.2015).

Perspektiven der kolumbianischen Wirtschaft

Im Folgenden werden einige Überlegungen zur weiteren Entwicklung der
Wirtschaft Kolumbiens in den kommenden Jahren vor dem Hintergrund
der neueren internationalen und nationalen Entwicklungen vorgestellt,
die zweifellos einen beträchtlichen Einfluss auf die wichtigsten wirtschaftlichen und sozialen Variablen des Landes ausüben werden.

Holländische Krankheit

Wie im Verlauf des Textes dargestellt, führten der Boom der Rohstoffex-
porte und der entsprechende Zufluss ausländischer Direktinvestitionen zu
einer starken Aufwertung der Landeswährung, wodurch sich die Importe
verfünffachten und Industrie und Landwirtschaft in eine Krise gerieten.
Ein großer Teil des Verbrauchs von industriellen und landwirtschaftlichen
Produkten richtete sich auf Importgüter aus. Die Kaufkraft nahm mit
der Verbilligung dieser Importe zu, während gleichzeitig die internen Ersparnisse zurückgingen. Wie die Erfahrungen anderer Länder und Zeiten
lehren, wird es allerdings in dem Moment, in dem sich die Aufwärtsbe-
wegung der Rohstoffpreise umkehrt, schwierig, den Rhythmus der wirtschaftlichen Binnenentwicklung aufrecht zu erhalten. Genau dies ist in
den letzten Jahren geschehen, als der Index für die Rohstoffpreise auf dem
Weltmarkt um 15 % zurückging (Grafik 9). Besonders schwerwiegend ist
für Kolumbien der Rückgang der Erdölpreise von 120 US-Dollar im Jahre

2012 auf rund 40 US-Dollar im Jahre 2015, denn das Erdöl macht 60 % der gesamten Exporte aus.

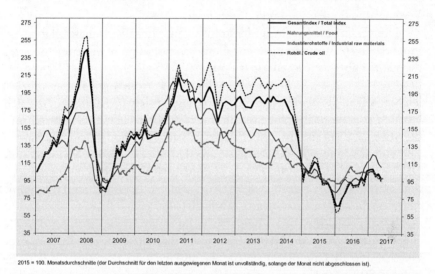

2015 = 100. Monatsdurchschnitte (der Durchschnitt für den letzten ausgewiesenen Monat ist unvollständig, solange der Monat nicht abgeschlossen ist).

Grafik 9: HWWI-Index der Weltmarktpreise für Rohstoffe (US-Dollar-Basis). © HWWI. Quelle: <http://hwwi-rohindex.de/> (5.7.2017).

Als Folge dieser Entwicklung wies die Handelsbilanz im gleichen Jahr ein Defizit von 7,5 % des BIP auf. In diesem allgemeinen Kontext schrumpft die Nachfrage und die Fiskalpolitik hat nur wenige Möglichkeiten, den Wechselkurs zu regulieren. Auch die Geldpolitik kann nicht eingesetzt werden, da der Kampf gegen die Inflation mit einer Rezession bezahlt werden würde. Andererseits erhöhen sich aufgrund der hohen Importanteile, seien dies Rohstoffe oder Technologien, die Kosten der nationalen Produktion, die doch den Fall der verteuerten Importe auffangen soll. In der Folge könnte die Inflation, die in den letzten Jahren unter Kontrolle war, wieder anziehen und damit auch die Arbeitslosigkeit. Angesichts dieser Situation wird von einigen politischen und wirtschaftlichen Gruppen die optimistische Sicht verbreitet, dass die Abwertung der Landeswährung die Chance bietet, sich auf die verbilligten Exporte auszurichten und damit dem Devisenmangel entgegenzuwirken; so könne das Land die externen Restriktionen überwinden. Allerdings berücksichtigt diese Sichtweise nicht, dass Abwertungen nur dann positive Effekte haben können, wenn gleichzeitig Konsum und Realeinkommen zurückgehen. Ihr Einfluss auf Exporte und Importe wird zudem durch die Freihandelsabkommen abgeschwächt und führt, wie einige Experten hervorgehoben haben, zu einer Verteuerung der Außenschuld (Sarmiento 2015).

Die veränderte Situation der kolumbianischen Wirtschaft zeigt schon ihre negativen Auswirkungen auf die Beschäftigungsentwicklung. So stieg die städtische Arbeitslosenrate im August 2015 auf 9,9 %, eine Trendwende gegenüber 2014. Unter den 22 Millionen Personen, die in den offiziellen Statistiken als Beschäftigte gelten, befinden sich 10 Millionen, die sich letztlich mit Beschäftigungen schlechter Qualität begnügen müssen und die vom DANE als unterbeschäftigt klassifiziert werden. So zeichneten sich von den 543.000 Beschäftigungsverhältnissen, die im Mai und Juni 2015 entstanden, 413.000 durch Merkmale der Unterbeschäftigung aus, d.h. sie waren der Überlebenswirtschaft, schlecht bezahlten und unqualifizierten Arbeiten zuzurechnen (DANE 2015).

Die Entwicklung des allgemeinen Preisniveaus belegt ihrerseits die Auswirkungen der abwertungsbedingten Kostensteigerung importierter Güter. Sie trifft Unternehmen, für die ausländische Rohstoffe und Technologie 80 % der Kostenstruktur ausmachen. Aber auch die Verbraucher sind betroffen, da Kolumbien 60 % der Lebensmittel importiert. Die Inflation wird 2015 über dem von der *Banco de la República* festgesetzten Wert von 3 % liegen, eine Herausforderung für die Wirtschaftspolitik der nächsten Jahre.

Aktuelle Wirtschaftspolitik

Die Regierung von Präsident Santos hat bei verschiedenen Anlässen versucht, die wirtschaftliche Krise des Landes klein zu reden. Alles sei unter Kontrolle und das Land befinde sich weder in einer Wechselkurs- noch in einer Haushaltskrise. Die Wirtschaftsbehörden bleiben bei ihrer Linie, die Preissteigerungen im Rahmen der jeweils angepeilten Inflationszielgröße zu kontrollieren und den freien Wechselkurs beizubehalten. Zugleich sollen rentable staatliche Unternehmen privatisiert werden, beispielsweise Isagen, eines der größten Energieversorgungsunternehmen Südamerikas.

Die Steuereinnahmen sind in den vergangenen Jahren zurückgegangen: Anders als erwartet nahm der Staat 2014 nicht 112,3 Billionen Pesos ein, sondern nur 108 Billionen – eine Differenz von fast fünf Billionen bzw. von 0,7 % des BIP. Der Haushaltsentwurf für 2016 berücksichtigte die großen Finanzprobleme der Regierung und sah Kürzungen der Investitionen in die Landwirtschaft um 38 %, in den Bergbau um 20 % und in die Industrie um 9 % vor. Diese Haushaltskürzungen bezeichnete die Regierung als "intelligente Austerität". Eine solche Wirtschaftspolitik, die die Nachfrage reduziert und das Einkommen der Bevölkerung senkt, dürfte allerdings, wie der Fall einiger europäischer Länder zeigt, einem neuerlichen wirtschaftlichem Aufschwung wenig förderlich sein.

Bei alledem brachte die Steigung der Inflationsrate die *Banco de la República* dazu, den Referenzzinssatz zu erhöhen und weitere Steigerungen anzukündigen. Diese Maßnahmen werden die Liquidität der Wirtschaft einschränken und Produktion und Beschäftigung zusätzlich beeinträchtigen.

Der Friedensprozess

Den Abschluss der Friedensverhandlungen mit den *Fuerzas Armadas Revolucionarias de Colombia* (FARC) hat die Regierung mit der optimistischen Erwartung verknüpft, dass dem Land dadurch ein Wachstum um 2 % beschert werden könne. Zweifellos dürfte das Ende des bewaffneten Konflikts das Leben der Kolumbianer in politischer, sozialer wie auch ökonomischer Hinsicht tiefgreifend verändern. Allerdings erscheinen die Prognosen der Regierung in diesem Punkt allzu optimistisch angesichts der gegenwärtigen Situation der Wirtschaft und auch der Budgetkürzungen, welche das Finanzministerium zur Lösung der Krise verordnet hat.

Um die Vereinbarungen zur Demobilisierung der Guerillakämpfer und ihrer Integration in das zivile Leben umzusetzen (ein zentraler Punkt des angestrebten Friedensmodells), sind nach vorliegenden Schätzungen bis zu 18,8 Milliarden US-Dollar über die nächsten zehn Jahre notwendig (BBC Mundo 2015). Zwar wird erwartet, dass ein großer Teil davon durch die internationale Hilfe finanziert wird. Das Land müsste aber dennoch beträchtliche Ressourcen bereitstellen, bevor mit positiven Auswirkungen auf das Wirtschaftswachstum zu rechnen ist.

Zudem weist bereits der Entwicklungsplan "Alle für ein neues Land, 2014-2018", den Präsident Juan Manuel Santos für seine zweite Regierungsperiode vorgelegt hat, Finanzierungslücken auf, weil die Prognosen der Deviseneinnahmen auf der Basis eines Erdölpreises von 89 US-Dollar pro Barrel kalkuliert wurden, ohne zu berücksichtigen, dass der Preis sehr viel niedriger sein könnte.

Schlussfolgerung

Zusammenfassend lässt sich feststellen: Zwar durchlief die kolumbianische Wirtschaft im Verlauf des letzten Jahrzehnts eine Phase des Wachstums, welche zur Verbesserung einiger sozialer Indikatoren führte. Im Rahmen des Modells, auf dem die Wachstumsstrategie beruhte, war es aber nicht möglich, den Boom dafür zu nutzen, eine Produktionsbasis zu schaffen, welche die Wirtschaft in die Lage versetzt hätte, den veränderten internationalen Bedingungen zu begegnen. Dazu gehören die Krise in Europa, die Abschwächung der chinesischen Wirtschaft und die nur langsame wirtschaftliche Erholung der USA, all jene Entwicklungen, die der Rückgang der Rohstoffpreise vorangetrieben hat.

Es ist kaum damit zu rechnen, dass es eine automatische Anpassung an die Aufwertung des Peso und den Einbruch der Exporte geben wird. Angesichts eines Entwicklungsplans ohne finanzielle Basis und großer Unsicherheit darüber, wie die bei den Friedensverhandlungen in Havanna vereinbarten Investitionen finanziert werden sollen, geben die von der Regierung getroffenen Maßnahmen wenig Anlass zum Optimismus. Am ehesten gangbar wäre wohl der Weg, tiefgreifende Änderungen des seit den 1980er Jahren vorherrschenden Wirtschaftsmodells in Betracht zu ziehen; mit Zielen, Strategien und Maßnahmen, die den Neoliberalismus in der Praxis überwinden.

Literaturverzeichnis

BBC MUNDO (2015): "Cuánto cuesta, cómo se paga y qué se puede ganar con una eventual paz en Colombia". <http://www.bbc.com/mundo/noticias/2015/07/150717_colombia_economia_cuanto_cuesta_paz_nc> (30.11.2016).

DANE (Departamento Administrativo Nacional de Estadística) (2015): *Gran encuesta integrada de Hogares*. Bogotá: DANE.

El Tiempo (20.9.2015): "Más clase media que pobres, un logro que implica un gran reto".

IFARMA (Fundación para la investigación en medicamentos) (2014): *Desindustrialización farmacéutica en Colombia*. Bogotá: Informe de investigación.

MONTEVIDEO PORTAL (2013): "El gobierno de la presidenta Dilma Rousseff habrá sacado en marzo a 22 millones de brasileños de la extrema pobreza". <http://www.montevideo.com.uy/auc.aspx?193016,1,1149> (30.11.2016).

PNUD (Programa de Naciones Unidas para el Desarrollo) (2011): *Colombia Rural – Razones para la esperanza. Informe nacional de desarrollo humano*. Bogotá: PNUD.

SARMIENTO, Eduardo (2015): "Enfermedad holandesa y déficit estructural en cuenta corriente". In: *El Espectador*, 11.4.2015.

VILLABONA, Orlando (2015): *Un país trabajando para los bancos. Estudio sobre la concentración, margen de intermediación y utilidades de los bancos en Colombia (2000-2009)*. Bogotá: Centro Editorial Facultad de Ciencias Económicas/Universidad Nacional de Colombia.

ZERDA SARMIENTO, Álvaro (2015) "La industria en Colombia: tres décadas sin política sectorial – consecuencias sobre empleo e ingresos en el sector". Documentos FCE-CID, 53. Bogotá: Centro Editorial Facultad de Ciencias Económicas/Universidad Nacional de Colombia.

Handelspolitik und Außenhandel

Diego Vera P.

Rahmenbedingungen und Handelspolitik

Der kolumbianische Außenhandel ist traditionell stark von den Veränderungen der Rohstoffpreise auf dem Weltmarkt abhängig. Beispielsweise führte der Anstieg der Kaffeepreise zwischen den 1930er und den 1950er Jahren zu deutlichem Wachstum des Außenhandels, aber der nachfolgende Einbruch der Weltmarktpreise hatte zur Folge, dass die kolumbianische Außenwirtschaftspolitik zwischen protektionistischen Maßnahmen, Bemühungen um eine Diversifizierung der Exportstruktur und Exportförderungsmaßnahmen schwankte (Garay 2004: 20). Die Politik der Öffnung gegenüber dem Weltmarkt seit Ende der 1980er Jahre hat eine Diversifizierung von Exportprodukten und Handelspartnern ermöglicht, aber die Einbindung in den Weltmarkt blieb abhängig von den jeweiligen Konjunkturen auf den externen Märkten. Demgegenüber ist es nur ansatzweise gelungen, die zunehmenden wirtschaftlichen Interdependenzen zu nutzen. Dafür sind nicht nur die negativen Folgen des bewaffneten Konflikts und der Drogenwirtschaft verantwortlich, die sich vor allem für die Landwirtschaft nachteilig auswirken, sondern auch weitere Faktoren wie das Fehlen langfristig angelegter Landwirtschafts-, Industrie- und Handelspolitiken.

Kolumbien hat sein landwirtschaftliches Produktions- und Exportpotenzial in historischer Perspektive nicht so ausgeschöpft, wie dies möglich gewesen wäre. Obwohl das Land über diverse Klimazonen und ausgedehnte Flächen verfügt, die landwirtschaftlich genutzt werden können, hat es im vergangenen Jahrzehnt prioritär den Bergbau und den Energiesektor (Öl und Biokraftstoffe) gefördert und damit auf Konjunkturanreize aus Importmärkten wie den USA, China und Südostasien reagiert. Dabei handelte es sich um einen internationalen Boom, der durch die erhöhte Nachfrage nach Primärgütern und *commodities* ausgelöst wurde und von dem fast alle lateinamerikanischen Exportwirtschaften profitierten. Organisationen wie die UN-Wirtschaftskommission für Lateinamerika und die Karibik (*Comisión Económica para América Latina y el Caribe*, CEPAL) weisen darauf hin, dass die Boomjahre 2003-2013 vorbei sind. Bereits 2014-2015 sind die Rohstoffpreise auf dem Weltmarkt gesunken, für die nächsten Jahre zeichnen sich beängstigende Tendenzen ab.

Die offensichtliche Re-Primarisierung der Exporte ist eine Entwicklung, die mit externen Phänomenen wie der Nachfrage nach fossilen Brennstoffen und Mineralien von Seiten Chinas und anderer aufstrebender Volkswirtschaften verbunden ist, jedoch direkt mit endogenen und endemischen Bedingungen in Lateinamerika zusammenhängt, insbesondere mit den wenig entwickelten Industriesektoren, ihrer niedrigen Wettbewerbsfähigkeit, der Schwierigkeit, innerhalb von Blöcken wie dem *Mercado Común del Sur* (Mercosur) oder der *Comunidad Andina de Naciones* (CAN) Wertschöpfungsketten zu schaffen, und den hohen Logistikkosten, vor allem in Ländern, die wie Kolumbien über eine unzureichende Verkehrsinfrastruktur (Häfen, Straßen, Flughäfen) verfügen. Im Inland kann die Spezialisierung und Konzentration auf die Primärgüterproduktion die Anreize für Investitionen in die Fertigungsindustrie und den Dienstleistungssektor schwächen. Die Konzentration auf die Produktion von *commodities* im Energiebereich kann zu Wachstumseinbußen bei der landwirtschaftlichen Produktion führen.

Obgleich sich die Handelspartner in einer zunehmend interdependenten Welt diversifizieren, erhöht sich durch die Abhängigkeit des Wachstums von der Entwicklung des Primärsektors in Lateinamerika auch die Vulnerabilität der Region insgesamt, was sich sowohl in zurückgehenden sozialen Investitionen als auch in weniger ambitionierten Außenpolitiken niederschlägt.

Auch wenn der verarbeitende Sektor in Kolumbien seinen Anteil an den Exporten in einigen Phasen erhöhen konnte, muss berücksichtigt werden, dass die nationalen Industriebetriebe im Wesentlichen kleine und mittlere Unternehmen sind. Ihre Anzahl schwankt von Jahr zu Jahr, denn ihre Gründung und Konsolidierung ist eine große Herausforderung. Viele von ihnen sind den technischen Bedingungen und den Kosten nicht gewachsen, die für den Zugang zu den wichtigsten internationalen Märkten notwendig sind. Dies bedeutet, dass lediglich eine kleine Anzahl von Großindustrien dazu in der Lage ist, die Chancen zu nutzen, die sich durch die von der Regierung abgeschlossenen Handelsabkommen ergeben haben.

Der Agrarsektor hat traditionell mit der Viehzucht und den Großgrundbesitzern zu kämpfen, die mit Landbesitz spekulieren. Er sieht sich zudem vielfältigen Hindernissen gegenüber, die sein Wachstum sowohl auf dem Binnenmarkt als auch im Hinblick auf den Außenhandel bremsen. Dazu gehört nicht zuletzt die dramatische Struktur des Landbesitzes in Kolumbien. Gerade einmal 1,15 % der Kolumbianer besitzen 52 % des Landes, wie der Bericht über Menschliche Entwicklung von 2011 des Entwicklungsprogramms der Vereinten Nationen (*Programa de Naciones Unidas para el Desarrollo*, PNUD) aufgezeigt hat. Diese profunde Ungleichheit ist nicht nur eine der ursprünglichen Ursachen des bewaffneten Konfliktes, sie hängt auch mit der geringen Präsenz des Staates in einigen Teilen des Landes zusammen. Zudem ist sie eine Folge der Gegen-Agrarreform die einige bewaffnete illegale Gruppen – insbesondere die Paramilitärs – de facto im Laufe des bewaffneten Konfliktes durchgesetzt haben. Der Bericht des PNUD weist darauf hin, dass Kolumbien über ein Potenzial von 21,5 Mio. Hektar bebaubaren Landes verfügt, von dem nur 22,7 % als landwirtschaftliche Anbaufläche genutzt werden. Demgegenüber werden die 39,2 Mio. Hektar Weideland zu fast 81 % für die Viehwirtschaft genutzt.

Sowohl für den Binnenkonsum als auch für den Export wäre es somit sinnvoll, die Agrargrenze auszudehnen. Aber da der Sektor aufgrund zahlreicher Probleme wenig wettbewerbsfähig ist, haben die letzten Regierungen sich dafür entschieden, Anreize für den Import landwirtschaftlicher Produkte zu schaffen. Dies geschah mit dem Hinweis, dass der einheimische Markt nicht dazu in der Lage sei, die Binnennachfrage zu befriedigen, wodurch sich das Phänomen allerdings noch akzentuierte. Mitte 2015 offenbarte die *Sociedad de Agricultores de Colombia* (SAC) der Tageszeitung *El Espectador*, dass fast ein Drittel (27 %) der Nahrungsmittel, die die Bevölkerung jährlich konsumiert, importiert werden, vor allem Gemüse, Obst und Getreide. Dies vollständig der asymmetrischen Form zuzuschreiben, in der einige der Freihandelsabkommen, beispielsweise die mit den USA und der EU, ausgehandelt und implementiert wurden, wäre eine Vereinfachung des Problems. Aber es ist nicht von der Hand zu weisen, dass diese Abkommen nicht jene positiven Auswirkungen gehabt haben, die man sich von ihnen versprochen hatte, sei es aufgrund der hohen Brennstoffpreise, der langen Transportwege oder der hohen Kosten für importierte Vorprodukte, sei es, weil die Produkte der nationalen Landwirtschaft nicht den Standards der Konsumenten in den Empfängerländern entsprechen, da ihre Produktion nicht auf angemessene Art und Weise durch ländliche Entwicklungspolitiken gefördert wurde, bevor die Freihandelsabkommen abgeschlossen wurden. Hinzu kommt, dass die landwirtschaftliche Produktion in Kolumbien nicht in einem Maße subventioniert und geschützt wird, das mit der Situation in den USA oder in der EU vergleichbar wäre.

Seit Inkrafttreten des Freihandelsabkommen mit den USA im Mai 2012 existiert diesbezüglich eine Kontroverse zwischen dem SAC und einigen Oppositionsparteien einerseits und dem Handelsministerium sowie dem Handelsrepräsentanten der USA andererseits. Während erstere beklagten, dass die Agrarproduzenten in den USA nach wie vor Exportsubventionen erhalten, obwohl dies laut Freihandelsabkommen ausdrücklich verboten sei, argumentierten letztere, dass es dafür keine Belege gebe bzw. dass ihnen dazu keine Informationen vorlägen. Der Konflikt verschärfte sich im Jahr 2014. Zum einen wurde nun argumentiert, die entsprechende Vertragsklausel verbiete keine Subventionen für die landwirtschaftliche Produktion. Zum anderen verabschiedete der US-Kongress ein von Präsident Obama eingebrachtes Gesetz (*Farm Bill*), das Subventionen in Höhe von 956 Mio. US-Dollar vorsah. Durchschnittlich 97 Mio. US-Dollar jährlich sollten in Programme zur Preisstützung, Ernteversicherung, Exportsubventionierung und zur Ankurbelung des Binnenkonsums fließen. Das US-Landwirtschaftsministerium verteidigte das Gesetz als Mechanismus zur Schaffung von Arbeitsplätzen im ländlichen Sektor, zur Ausdehnung des Binnenmarktes und des Außenhandels, zur Stärkung der Bemühungen um Umweltschutz sowie zur Etablierung von lokalen und regionalen Systemen zur Erzeugung von Nahrungsmitteln. Das Ministerium bestätigte zudem, dass durch das Gesetz 200 Mio. US-Dollar jährlich zur Verfügung gestellt werden, um den Zugang zu internationalen Märkten zu verbessern.

Ein positiver Aspekt des Gesetzes ist die Tatsache, dass 80 Mio. US-Dollar jährlich in das Programm "Local and Regional Procurement" (LRP) fließen. Das Programm soll dazu beitragen, die Nahrungsmittelsicherheit in Ländern zu verbessern, die unter Naturkatastrophen oder bewaffneten Konflikten leiden. Es geht darum, den Zugang der betroffenen Gemeinden zu Produkten zu erleichtern, die den lokalen Anforderungen entsprechen und leicht zu transportieren sind, d.h. es sollen nicht mehr wie bei den traditionellen Nahrungsmittelhilfen der USA Produkte von dort mit US-Schiffen in das Bestimmungsland transportiert werden. Koordiniert wird das Programm unter Beteiligung von lokalen Nichtregierungsorganisationen und Kooperativen. Dies ist eine positive Entwicklung gegenüber der traditionellen Hilfsstrategie der *United States Agency for International Development* (USAID). Die EU und die Länder der Cairns-Gruppe hatten die traditionellen Nahrungsmittelhilfen der USA als eine indirekte Form der Stabilisierung der Preise für landwirtschaftliche Produkte in den USA sowie als implizite Form der Exportsubvention kritisiert. Gemeinsam mit Argentinien, Australien, Bolivien, Brasilien, Kanada, Chile, Costa Rica, Guatemala, Indonesien, Malaysia, Neuseeland, Pakistan, Paraguay, Peru, den Philippinen, Südafrika, Thailand und Uruguay ist Kolumbien Mitglied der Cairns-Gruppe, die etwas mehr als 25 % der weltweiten Agrarexporte repräsentiert.

Auch wenn die *Farm Bill* somit zumindest teilweise einen positiven Beitrag zu den internationalen Hilfsanstrengungen für Kolumbien nach der Unterzeichnung des Friedensabkommens bedeuten könnte, ist es keineswegs auszuschließen, dass die neue Agrarpolitik der USA in Kombination mit den internen kolumbianischen Problemen die Ungleichheit im bilateralen Austausch zwischen den beiden Volkswirtschaften auf mittlere Sicht noch weiter akzentuiert. Dies wäre nur durch eine kontinuierliche Diversifizierung der Handelsbilanz, eine Neuverhandlung einiger Punkte des Freihandelsabkommens sowie den Rückgriff auf die Streitschlichtungsmechanismen der Welthandelsorganisation (WTO) zu verhindern. Letzteres erscheint jedoch höchst unwahrscheinlich angesichts des ängstlichen Verhaltens Kolumbiens sowohl in der Cairns-Gruppe als auch im Rahmen der WTO. Zu erklären ist dieses Verhalten durch die "spezielle" Natur der Beziehungen zwischen Kolumbien und den USA, eine gewisse ideologische Identifikation zwischen den Eliten der beiden Länder und eine lange wirtschaftliche und militärische Abhängigkeit. Unter Präsident Santos hat sich diese Abhängigkeit seit 2010 leicht abgeschwächt, sie ist jedoch längst nicht verschwunden.

Während Länder wie Brasilien seit 2003 für eine Strategie der Förderung von Süd-Süd-Koalitionen optierten, um im Rahmen der Doha-Runde der WTO ein Gegengewicht zu den Industrieländern zu schaffen (Pastrana Buelvas/Vera 2012), trat Kolumbien bei diesen Bemühungen kaum in Erscheinung. Brasilien und andere Länder des Südens haben es auch sehr viel besser als Kolumbien verstanden, die Streitschlichtungsmechanismen der WTO als Mittel gegen asymmetrische Praktiken und unilaterale Handelsbeschränkungen von Seiten der USA und der EU einzusetzen. Zwischen 1995 und 2008 verklagte Brasilien die USA zehn Mal und gewann in sechs Fällen. Zwischen 1998 und 2010 verklagte es die EU sieben Mal und gewann in vier Fällen (Pastrana Buelvas/Vera 2012: 160). 2002 reichte Brasilien Klage gegen die Subventionen im Baumwollsektor der USA ein und wurde dabei von zahlreichen Ländern unterstützt. Kolumbien beteiligte sich nicht an dieser Strategie. Letztlich war Brasilien erfolgreich, denn 2009 erlaubte die WTO dem Land, Sanktionen in Höhe von 830 Mio. US-Dollar gegenüber den USA zu verhängen, da diese auf einer Aufrechterhaltung ihrer Subventionspolitik bestanden. Während Brasilien zwischen 1996 und 2015 27 Beschwerden gegenüber der WTO vorgebracht hat, waren es im Falle Kolumbiens lediglich 5. An weiteren drei Verfahren beteiligte Kolumbien sich als Drittpartei.

Diese Beispiele zeigen, dass der kolumbianischen Handelspolitik eine kontinuierliche und aktive Strategie der Einbindung in die Weltwirtschaft fehlte. Man hat zu sehr passiv darauf gewartet, welche Ergebnisse sich aus den Handlungen anderer Länder ergeben. Die Regierung Uribe beteiligte sich nur marginal an der Cairns-Gruppe und entschied sich für einen Austritt aus der G20 für Landwirtschaft. In beiden Fällen hatten die USA unter Präsident George W. Bush darauf hingewiesen, dass eine Beteiligung Kolumbiens an diesen Foren nicht zu einer Verbesserung der bilateralen Beziehungen beitragen würde. Hinzu kam von kolumbianischer Seite auch die Hoffnung auf einen positiven Abschluss der Verhandlungen über ein bilaterales Freihandelsabkommen sowie die Befürchtung, die Präferenzen im Rahmen des *Andean Trade Promotion and Drug Eradication Act* (ATPDEA) einzubüßen (Kwa 2005: 58-59).

Kolumbien optierte für eine Strategie der Unterzeichnung individueller Freihandelsabkommen mit großen Volkswirtschaften und Blöcken, was zum Bedeutungsverlust der CAN beitrug. Jahrzehntelang war die Andengemeinschaft für Kolumbien das prioritäre Instrument seiner regionalen Integration gewesen und hatte eine wichtige Rolle für die Wertschöpfung gespielt. Mit dem Austritt von Venezuela 2006 und der massiven Kritik der Regierungen von Bolivien und Ecuador an der Freihandelspolitik der USA verlor das Schema an Bedeutung. Kolumbien und Peru begeisterten sich demgegenüber für die ursprünglich vom peruanischen Präsidenten Alan García vorgeschlagene Gründung einer Pazifikallianz (*Alianza del Pacífico*, AP), die auch eine Alternative zu den "posthegemonialen" bzw. "postliberalen" Kooperationsbündnissen ALBA (*Alianza Bolivariana para los Pueblos de Nuestra América*) und UNASUR (*Unión de Naciones Suramericanas*) sein sollte. Die 2011 gegründete AP war zuletzt eine Antwort der US-freundlichen und freihandelsorientierten Länder der Region auf das Scheitern der Verhandlungen über eine Gesamtamerikanische Freihandelszone (*Área de Libre Comercio de las Américas*, ALCA), die US-Präsident Bill Clinton 1994 vorgeschlagen hatte.

Die AP befürwortet den freien Fluss von Kapital, Gütern, Dienstleistungen und Personen ohne supranationale Integrationsmechanismen und identifiziert sich mit der repräsentativen Demokratie, den Menschenrechten und der liberalen Marktwirtschaft. Ihre Mitgliedsländer Kolumbien, Peru, Chile und Mexiko sind an einem Ausbau der Handelsbeziehungen mit dem pazifischen Asien interessiert und sehen die AP auch als Brücke zwischen Lateinamerika und dem asiatisch-pazifischen Raum.

Neben der Ausrichtung an den USA und der Passivität der Handelsdiplomatie war auch die Orientierung am "chilenischen Modell" ein wichtiger Referenzpunkt für die kolumbianische Handelspolitik: keine Supranationalität, kein tiefgehendes Engagement mit irgendeinem Handelsblock, normative Flexibilität bei dem Bemühen um ausländische Direktinvestitionen, Unterzeichnung zahlreicher bilateraler Handelsabkommen, Liberalisierung außerhalb der WTO, Orientierung in Richtung pazifisches Asien und Förderung des Bergbaus als zentraler Bereich der Internationalisierungsstrategie. Ein anderer wichtiger Bezugspunkt für Kolumbien ist Mexiko mit seiner Industrialisierungs- und Technologiepolitik, was allerdings angesichts der extremen Abhängigkeit Mexikos von den USA viele Fragen offen lässt.

2016 verfügte Kolumbien über Freihandelsabkommen mit dem "Norddreieck" (El Salvador, Guatemala und Honduras), mit Mexiko, Chile, der *European Free Trade Association* (EFTA), den USA, der EU, Südkorea, Costa Rica, Israel und Panama. Die beiden letztgenannten Abkommen mussten noch ratifiziert werden. Hinzu kommen Vereinbarungen mit dem Mercosur, die zu einem Abkommen zwischen Pazifikallianz und Mercosur ausgewertet werden könnten, ein bilaterales Teilabkommen mit Venezuela, ein Ergänzungsabkommen mit Kuba sowie ein Teilabkommen mit der Karibischen Gemeinschaft CARICOM. Zwei weitere Abkommen befanden sich in Verhandlung: mit der Türkei und Japan. Weitere Freihandelsabkommen wurden von der Regierung Santos angestrebt: mit Ländern wie China, Indien, Singapur und der Dominikanischen Republik aufgrund des bereits bestehenden bilateralen Handelsvolumens, mit Russland, Australien und den Golfstaaten wegen des Kaufpotentials ihrer großen Märkte, mit Malaysia wegen der gemessen am vorhandenen Potenzial niedrigen Exporte sowie mit Nicaragua, da es sich um einen Markt handelt, der die *best practices* des internationalen Handels respektiert. (MINCIT 2011).

Die Freihandelsabkommen werden allerdings innerhalb Kolumbiens sehr unterschiedlich eingeschätzt. So spricht sich die SAC für ein Freihandelsabkommen mit China aus, während sich die *Asociación Nacional de Industriales* (ANDI) vehement dagegen wendet.

Während der Regierungszeit von Präsident Uribe (2002-2010) bemühte sich Kolumbien um eine Mitgliedschaft in der Asiatisch-Pazifischen Wirtschaftsgemeinschaft (*Asia-Pacific Economic Cooperation*, APEC), allerdings besteht seit längerer Zeit ein Moratorium für die Aufnahme neuer Mitglieder, weshalb Kolumbien bislang nicht beitreten konnte. Daher setzte die Regierung Santos zur Stärkung der Beziehungen mit dem pazifischen Asien stärker auf die bereits erwähnte AP sowie auf multilaterale Freihandelsabkommen wie die *Transpacific Partnership* (TPP).

Exporte und Importe nach Handelspartnern

Für den Zeitraum 2002-2016 ergibt sich bei den jährlichen Exporten Kolumbiens nach Handelspartnern das folgende Bild:

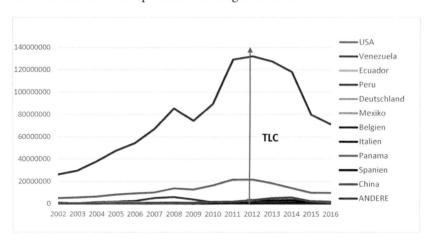

Abb. 1: Exporte nach Bestimmungsländern in Tsd. USD. Datenquelle: ALADI (2017c).

Die Abbildung zeigt, dass sich der Wert der Exporte in die USA bis 2011 deutlich erhöhte. Danach ging er zurück und stagnierte dann 2015/2016. Das bilaterale Freihandelsabkommen zwischen den beiden Ländern (*Tratado de Libre Comercio*, TLC) ist zwar nicht die Ursache dieser Entwicklung, es scheint sie aber auch nicht verhindert zu haben. Eine Erklärung für den Rückgang des Exportwerts liefern zum Teil der Preissturz beim Rohöl sowie die Auswirkungen der Wirtschaftskrise von 2008/2009, von denen sich die USA nur langsam erholten. Zu beobachten sind für den Zeitraum 2002-2012 zudem ein signifikanter Anstieg der Exporte in "sonstige" Länder, große Unregelmäßigkeiten bei den Exporten nach Venezuela sowie ein deutlicher Anstieg der Verkäufe nach China, das nach den USA inzwischen zum zweitwichtigsten Handelspartner aufgestiegen ist. Insgesamt ist der Wert der kolumbianischen Exporte aufgrund der Krise der regionalen und globalen Märkte zwischen 2012 und 2016 zurückgegangen.

Wenn man die Anteile der einzelnen Märkte an den Gesamtexporten zugrunde legt, ergibt sich der Eindruck, dass sich die Exporte geographisch diversifiziert haben:

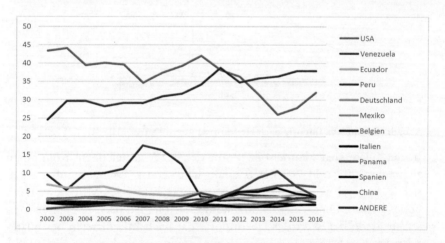

Abb. 2: Exporte nach Bestimmungsländern, Anteile in Prozent. Datenquelle: ALADI (2017c).

Der Anteil der USA an den Exporten verringerte sich zwischen 2002 und 2014 von 44% auf ca. 26% des exportierten Gesamtwertes. Zwischen 2014 und 2016 nahm er jedoch wieder auf 31,9% zu, was auch daran lag, dass die Importe einiger traditioneller Handelspartner aus Kolumbien (Venezuela, Ecuador, Peru, Deutschland, Italien, Spanien) noch stärker rückläufig waren als die der USA. Der Anteil sonstiger Länder erhöhte sich von 24,5% auf 36,5%. Der Anteil Chinas erhöhte sich zwischen 2002 und 2014 von 0,23% auf 10,5%, er war 2015/2016 jedoch stark rückläufig. Auch die Exporte nach Panama nahmen bis 2014 zu und gingen in den beiden Folgejahren stark zurück.

Trotz der Rezession von 2008/2009 blieben die USA das wichtigste Herkunftsland der kolumbianischen Importe. Der Wert der von dort importierten Waren hat sich bis 2014 sogar weiter erhöht, was allerdings auch mit dem Kursverfall des Pesos gegenüber dem Dollar zusammenhing. Bis 2016 gingen die Importe dann um mehr als 6 Mrd. Dollar zurück.

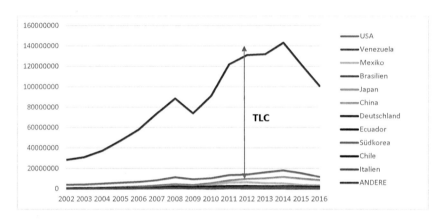

Abb. 3: Kolumbiens Importe nach Herkunftsländern. Datenquelle: ALADI (2017c).

In der bilateralen Handelsbilanz mit den USA verzeichnete Kolumbien zwischen 2002 und 2013 stets einen Überschuss. Demgegenüber ergab sich 2014 (-4,1 Mrd.), 2015 (-5,5 Mrd.) und 2016 (-1,8 Mrd.) jeweils ein hohes Defizit. Diese Entwicklung könnte sich in den nächsten Jahren fortsetzen, denn der Wert der US-Importe hat nach Inkrafttreten des bilateralen Freihandelsabkommens stark zugenommen. Zudem haben die USA neue Ölreserven im eigenen Land erschlossen, wodurch sich ihr Bedarf an importiertem Erdöl wie dem aus Kolumbien verringert. Der "Faktor Trump" sorgte ab 2017 für einen wachsenden Handelsprotektionismus der USA, wodurch sich die Situation für Kolumbien weiter verschlechterte. Auch die Importe aus China haben deutlich zugenommen, wodurch die kolumbianische Industrie insbesondere in Sektoren wie Schuhe, Textilien und metallmechanische Produkte verletzbar wird. Im Kraftfahrzeugsektor sind sowohl China als auch Mexiko eine Bedrohung für die einheimische Industrie.

Die prozentualen Anteile der verschiedenen Importmärkte an den Gesamtimporten Kolumbiens verteilen sich folgendermaßen:

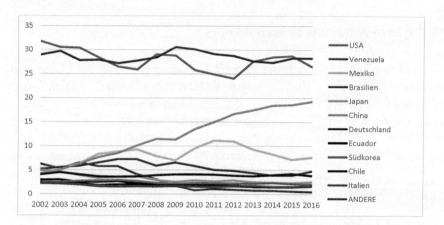

**Abb. 4: Kolumbianische Importe nach Herkunftsländern in Prozent. Datenquelle: ALA-
DI (2017c).**

Der Anteil der USA an den Importen lag 2002 bei 31,7 %, sank bis 2012
auf 24 % und stieg dann 2014 wieder auf 27,3 %. 2016 betrug er 26,5 %.
Die Abhängigkeit von den USA hat somit leicht abgenommen. Dies
könnte sich allerdings wieder ändern, wenn es US-Unternehmen infolge des bilateralen Freihandelsabkommens gelingt, den kolumbianischen
Markt mit ihren Waren zu überfluten. Noch größer könnte die Bedrohung
werden, sollte die Regierung Trump ähnlich wie gegenüber Mexiko auch
gegenüber Kolumbien auf eine Neuverhandlung und Revision des bilateralen Freihandelsabkommens drängen. Mitte 2017 gab es dafür jedoch
noch keine Anzeichen.
Gegenüber anderen Ländern bzw. nichttraditionellen Handelspartnern
existiert eine starke Diversifizierung der Importe. Der Anteil dieser Länder an den Importen lag zwischen 2002 und 2014 relativ stabil bei 26-
27 %, 2015/2016 bei 28 %. Der Anteil Chinas an den Importen nahm
von knapp 5 % im Jahr 2002 auf 19 % im Jahr 2016 zu, wodurch das Land
zum zweitwichtigsten individuellen Handelspartner avancierte. Nach den
USA, den sonstigen Handelspartnern und China lag Mexiko mit einem
Importanteil von 7,6 % 2016 an vierter Stelle. Mexiko ist ein Land, mit
dem Kolumbien traditionell Handelsbilanzdefizite aufweist. Die Importe

aus Brasilien erreichten in den Jahren 2006/2007 ihren Höhepunkt mit
7 % der Gesamtimporte, in den Folgejahren ging der Anteil leicht zurück.

Exporte und Importe nach Regionen

Im Hinblick auf die Exporte sind die drei Mitgliedsländer des Nordamerikanischen Freihandelsabkommens NAFTA (USA, Kanada, Mexiko) trotz
eines Rückgangs in den Jahren 2013-2015 nach wie vor prioritär für Kolumbien. Der europäische Binnenmarkt steht an zweiter Stelle, allerdings
stagnierte die Nachfrage aus Europa ab 2011 und ging ab 2014 um mehr
als 4 Mrd. US-Dollar zurück. Tendenziell exportiert Kolumbien immer
weniger in die eigene Region. Die Exporte in die Länder der Vereinbarung
von Bangkok (Thailand, Bangladesch, China, Indien, Südkorea, Laos und
Sri Lanka) waren in den Jahren 2013 und 2014 umfangreicher als diejenigen in die Mitgliedsländer des Mercosur und fast ebenso umfangreich wie
diejenigen in die Mitgliedsländer der Andengemeinschaft. Die Exporte in
die Länder der Pazifikallianz (Chile, Mexiko, Peru) übertrafen 2016 erstmals die in die Länder der Andengemeinschaft.

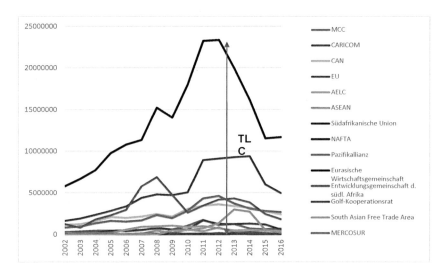

Abb. 5: Exporte nach Regionen in Tsd. USD. Datenquelle: ALADI (2017e).

Bei den Importen dominieren die Produkte aus den Mitgliedsländern der NAFTA eindeutig den kolumbianischen Markt. Trotz eines vorübergehenden Einbruchs im Jahr 2009 hat sich die Distanz zu den anderen Blöcken im vergangenen Jahrzehnt weiter erhöht.

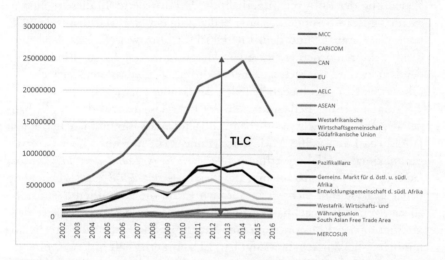

Abb. 6: Importe nach Regionen in Tsd. USD. Datenquelle: ALADI (2017f).

Auch bei den Importen liegt die EU an zweiter Stelle. Das Freihandelsabkommen mit der EU scheint sich auf die kolumbianischen Importe zunächst kaum ausgewirkt zu haben. Zwischen 2014 und 2016 gingen die Importe aus der EU von 8,7 Mrd. US-Dollar auf 6,3 Mrd. zurück, wodurch sich zeigte, dass die Auswirkungen der globalen Rezession auch durch das Handelsabkommen nur wenig abgefedert wurden. Drittwichtigste Importregion war 2016 erstmals die Pazifikallianz. Der Mercosur fiel auf den fünften Platz zurück, die Andengemeinschaft auf Rang 6, dicht gefolgt von den Ländern des Abkommens von Bangkok. Ein eventuelles Abkommen zwischen der Pazifikallianz und dem Verband Südostasiatischer Nationen (*Association of Southeast Asian Nations*, ASEAN), wie es von Singapur vorgeschlagen wurde, könnte dem Handel mit Asien weitere Impulse geben. Diese geographischen Prioritäten Kolumbiens könnten auch mit dazu beitragen, dass Ecuador und Bolivien ihre Handelsinteressen noch stärker in Richtung Mercosur ausrichten, zumindest dann, wenn keine Anstrengungen zur Wiederbelebung der Andengemeinschaft unternommen werden.

Exporte und Importe nach Produktkategorien

Ein auffälliges Merkmal der kolumbianischen Exporte im Laufe des Vergangenen Jahrzehnts ist deren Re-Primarisierung, d.h. eine zunehmende Bedeutung der Rohstoffe innerhalb der Exportpalette. In diesem Zusammenhang ist insbesondere auf die Bedeutung der *commodities* aus dem Bereich des Bergbaus und dem Energiesektor hinzuweisen. Das Wachstum dieser Sektoren bedeutet eine große Herausforderung für die Biodiversität des Landes und hat sich zu einer Bedrohung für das Gleichgewicht der Ökosysteme in verschiedenen Teilen des Landes entwickelt.

Angesichts der Bedeutung, die der Energiesektor für den Außenhandel des Landes spielt, ist es beunruhigend, dass Kolumbien bei einem Jahresbedarf von 2,308 Mrd. Barrel Ende 2014 nur noch über Reserven für maximal 6,4 Jahre verfügte. Die *Agencia Nacional de Hidrocarburos* (ANH) wies 2014 darauf hin, dass erstmals seit 2008 die Erschließung neuer Lagerstätten nicht mehr ausreichte, um die verkauften Brennstoffe zu ersetzen. Eine nachhaltige Entwicklung dieses Sektors, der seit dem internationalen Rohstoffboom eine herausragende Bedeutung für die kolumbianische Wirtschaft erlangt hat, ist somit ernsthaft in Frage gestellt.

Der Anteil von Primärprodukten wie Kaffee, Kohle, Erdöl und Ferronickel an den Gesamtexporten hat sich von weniger als 50 % im Jahr 1992 auf mehr als 70 % im Jahr 2014 erhöht (Abb. 7). Auf Erdöl und Erdölderivate allein entfiel 1992 ein Anteil von 20 %, 2014 waren es 53 %. Daraus lässt sich die Schlussfolgerung ziehen, dass die kolumbianische Agrar- und Industrieproduktion wenig internationalisiert ist, während die starke Zunahme der Erdölexporte zu einer Re-Primarisierung der Exporte geführt hat.

Wie die Abbildung zeigt, sind die traditionellen Exporte in den Jahren 2014-2016 deutlich zurückgegangen. Dies betraf insbesondere den Erdölsektor. Die Exporteinkünfte aus diesem Bereich beliefen sich im Jahr 2016 auf 10,4 Mrd. US-Dollar. Dies entsprach einem Rückgang von 36 % in zwei Jahren.

Abb. 7: Prozentsatz des Exports von Primärgütern. Datenquelle: DANE (2017a) (incl. Kaffee, Kohle, Erdöl, Erdölderivate und Ferronickel).

Seit der Präsidentschaft von César Gaviria haben sich die kolumbianischen Regierungen darum bemüht, Industriepolitiken zu implementieren, die zu Modernisierungs- und Rationalisierungsprozessen beitragen und so die internationale Wettbewerbsfähigkeit der heimischen Wirtschaft im Zuge der Liberalisierung des Außenhandels steigern sollten. In einigen Jahren ist es tatsächlich gelungen, die Produktion von Manufakturgütern nennenswert zu steigern. Gleichwohl wurde die nationale Industrie nicht nur durch die Importe von wettbewerbsfähigeren Konsumgütern unter Druck gesetzt, sondern auch durch die starken Schwankungen der Landeswährung gegenüber dem Dollar, die hohen Zinssätze für Kredite und den Schmuggel unter Druck gesetzt (Garay 2004: 460). Die starke Abhängigkeit des kolumbianischen Außenhandels vom Erdöl und der drastische Preisverfall dieses Produktes führten dazu, dass der kolumbianische Peso in den vergangenen Jahren stark an Wert gegenüber dem US-Dollar verlor. Daraus ergaben sich auch für die heimische Industrie negative Auswirkungen, denn die Importe von für die Produktion benötigten Gütern wie Maschinen, Software und Technologie verteuerten sich deutlich. Gleichwohl waren die negativen Auswirkungen der Außenöffnung für die Industrie weniger gravierend als für die Landwirtschaft (Garay 2004: 461). Die Abbildungen 8, 9, 10 und 11 zeigen die Zusammensetzung der Exportpalette nach Produktgruppen in den Jahren 2002, 2008, 2014 und

2016. Während sich der Anteil der Brennstoffe fast verdoppelt hat, ist der Anteil der verarbeiteten Produkte von 38 % auf 17 % zurückgegangen. Auch der Anteil von Lebensmitteln, Getränken und Tabak ist rückläufig, allerdings weniger stark. Obgleich der Anteil der verarbeiteten Produkte an den Exporten 2014 geringer war als 2002, erhöhte sich ihr Wert, wobei allerdings einige Schwankungen zu verzeichnen waren (Abb.11). Mit durchschnittlich 8,4 Mrd. US-Dollar jährlich war ihr Exportwert 2014-2016 fast doppelt so hoch wie 2002-2003.

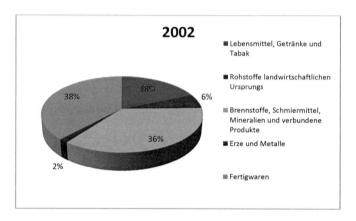

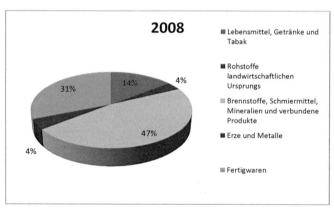

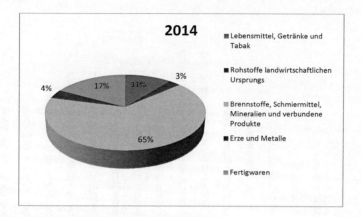

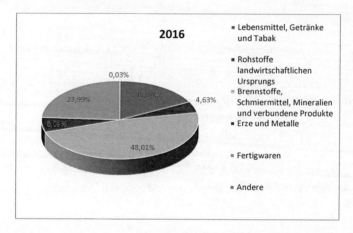

Abbildungen 8, 9, 10 und 11: Exporte 2002, 2008, 2014 und 2016. Datenquelle: ALA-DI (2017a).

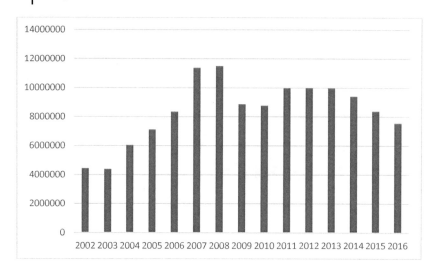

Abb. 12: Wert der exportierten Fertigwaren in Tsd. USD. Datenquelle: ALADI (2017a).

Die andere Seite der Re-Primarisierung der Exporte besteht in einem hohen Anteil der Importe von Fertigwaren und Maschinen. Dies war allerdings bereits 2002 der Fall und kann als Beleg für die geringe Wettbewerbsfähigkeit der kolumbianischen Volkswirtschaft und ihre technologische Schwäche gewertet werden. Der Anteil der Manufakturgüter an den Gesamtimporten ging leicht zurück von 81 % (2002) auf knapp 76 % (2016). Der Anteil der Brennstoffe an den Importen erhöhte sich im gleichen Zeitraum von 2 % auf 8,5 %.

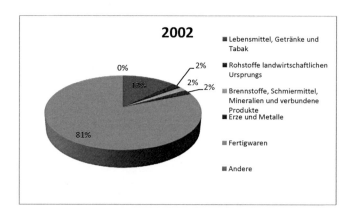

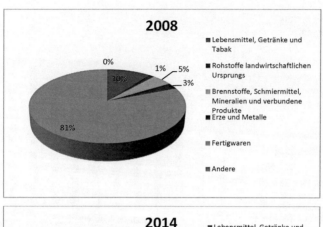

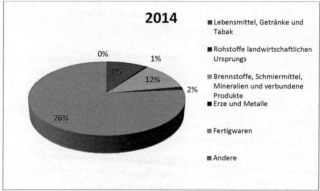

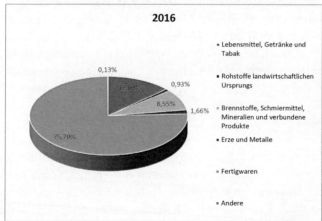

Abbildungen 13, 14, 15 und 16: Importe 2002, 2008, 2014 und 2016. Datenquelle: ALADI (2017b).

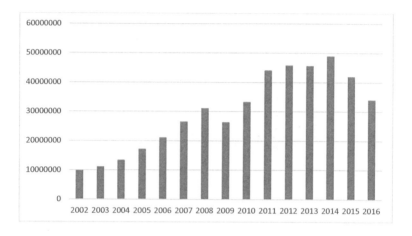

Abb. 17: Wert der importierten Fertigwaren in Tsd. USD. Datenquelle: ALADI (2017b).

Abbildung 17 zeigt, dass der Wert der importierten Fertigwaren von 2002 bis 2014 deutlich angestiegen ist. Dabei ist allerdings auch die Entwicklung der Landeswährung gegenüber dem US-Dollar zu berücksichtigen. In den Jahren 2015-2016 ging der Import von Fertigwaren zurück. Mit einem durchschnittlichen Importwert von knapp 30 Mrd. US-Dollar jährlich zwischen 2002 und 2016 übersteigt der Import von Fertigwaren den Export von Manufakturgütern um das Dreifache, Ausdruck einer klaren Asymmetrie gegenüber den Volkswirtschaften der Industrieländer, die sich zudem weiter auszudehnen scheint. Die Notwendigkeit einer neuen Industrie- und Exportpolitik ist angesichts derartiger Entwicklungen offensichtlich.

Die Handelsbilanz

Seit der von Präsident Virgilio Barco in den Jahren 1989/1990 eingeleiteten und von seinen Nachfolgern fortgesetzten Abwendung vom Entwicklungsmodell der Importsubstituierenden Industrialisierung und der Öffnung der kolumbianischen Volkswirtschaft gegenüber dem Weltmarkt hat die volkswirtschaftliche Bedeutung des Außenhandels stark zugenommen. Die entwicklungsstrategische Orientierung wurde in Zusammenarbeit mit den

Beratern der Weltbank modifiziert und konzentriert sich seitdem insbesondere auf den externen Sektor als Wachstumsmotor (Garay 2004: 344).

Jahr	Exporte	Importe	Bilanz
1990	6.765	5.149	1.616
1991	7.244	4.569	2.676
1992	7.065	6.145	920
1993	7.123	9.089	-1.965
1994	8.538	11.094	-2.556
1995	10.201	12.952	-2.751
1996	10.648	12.792	-2.144
1997	11.549	14.369	-2.820
1998	10.866	13.768	-2.902
1999	11.617	9.991	1.626
2000	13.158	10.998	2.160
2001	12.330	11.997	333
2002	11.975	11.897	78
2003	13.129	13.026	103
2004	16.788	15.649	1.140
2005	21.190	19.799	1.392
2006	24.391	24.534	-134
2007	29.991	30.816	-824
2008	37.626	37.152	473
2009	32.846	31.181	1.665
2010	39.713	38.154	1.559
2011	56.915	51.556	5.358
2012	60.125	56.102	4.023
2013	58.824	56.620	2.203
2014	54.795	61.088	-6.292

Abb. 18: Handelsbilanz in Mio. US-Dollar. Quelle: DANE 2017.

Der Wert der Exporte und Importe hat sich seit dieser Zeit stark erhöht. Während zwischen 1980 und 1989 jährlich Waren im Durchschnittswert von ca. 4,1 Mrd. US-Dollar exportiert wurden, waren es zwischen 1990 und 2014 durchschnittlich mehr als 23 Mrd. US-Dollar. Bei den Importen ergibt sich ein ähnliches Bild. Diese beliefen sich in den Jahren 1980-1989 auf durchschnittlich 4,2 Mrd. US-Dollar, zwischen 1990 und 2014 auf mehr als 23 Mrd. US-Dollar. Die Abbildung 18 zeigt, wie sich die Handelsbilanz zwischen 1990 und 2014 entwickelt hat.

Die Gesamtentwicklung seit Beginn der Außenöffnung ist leicht negativ. Das Handelsvolumen hat sich zwar mehr als verfünffacht, aber die Handelsbilanz weist ein durchschnittliches Minus von 136 Mio. US-Dollar pro Jahr auf, wobei 2011 das Jahr mit dem größten Überschuss und 2014 das Jahr mit dem höchsten Defizit war. Das durchschnittliche Defizit der Jahre 1990-2014 unterschied sich allerdings nur unwesentlich von dem der Jahre 1980-1989, das bei ca. 130 Mio. US-Dollar lag. Somit kann auch nicht davon die Rede sein, dass die neoliberalen Reformen verheerende Auswirkungen auf die Außenhandelsbilanz gehabt hätten. Zu berücksichtigen ist dabei auch, dass die neoliberalen Rezepte in Kolumbien nicht in Reinform angewendet wurden. Ein gewisser Schutz für die einheimischen Produzenten blieb bestehen, um ihnen Zeit für Anpassungsprozesse gegenüber der Weltmarktkonkurrenz zu geben und um gravierende Ungleichgewichte der Zahlungsbilanz zu verhindern (Garay 2004: 344). Allerdings ist das Defizit in den Jahren 2015 (-15,6 Mrd.) und 2016 (-11,5 Mrd.) nochmals deutlich höher gewesen als 2014. Aus diesem makroökonomischen Ungleichgewicht ergaben sich in den vergangenen beiden Jahren auch Impulse für Steuererhöhungen, die auf Kosten von Sozialpolitiken sowie der Implementierung von Reformen im Rahmen der Umsetzung des Friedensabkommens mit den FARC gehen könnten.

Fazit

Obgleich es Kolumbien seit Anfang der 1990er Jahre gelungen ist, seine Handelspartner und seine Exportpalette zu diversifizieren, insbesondere unter den Regierungen Uribe und Santos, fällt die Bilanz des Öffnungsprozesses leicht negativ aus. Die Freihandelsabkommen mit den USA und der EU sind erst seit wenigen Jahren in Kraft, allerdings zeichnet sich bislang ab, dass sie offenbar nicht zu den erhofften Motoren für den kolumbianischen Exportsektor zu werden scheinen. Abgesehen von der asymmetrischen Form, in der die Abkommen ausgehandelt wurden, da Kolumbien es seit 2003 praktisch ablehnte, sich an Koalitionen und Blöcken zu beteiligen, die sich für eine gleichmäßigere und gerechtere Multilateralisierung des Welthandels einsetzen, sind es vor allem endogene Faktoren, die sich im kommenden Jahrzehnt nachteilig auf den kolumbianischen Außenhandel auswirken könnten. Die Re-Primarisierung der Exportpalette, die traditionelle Schwäche der Industrie (auch wenn von einem De-Industrialisierungsprozess nicht die Rede sein kann), die großen Herausforderungen, denen sich die Landwirtschaft als durch den bewaffneten Konflikt besonders beeinträchtigter Sektor gegenüber sieht, Spekulation, Ungleichheit und Rückständigkeit sind einige der Hürden, die es zu überwinden gilt. Notwendig wäre eine Reform, die dafür sorgt, dass Landwirtschaft, Industrie und Außenhandel besser aufeinander abgestimmt werden. Eine zentrale Rolle würden in diesem Zusammenhang der Ausbau der Infrastruktur und des Bildungssektors spielen, denn nur auf diesem Weg können wirkungsvolle Anreize für Innovation und unternehmerisches Engagement geschaffen werden. Die Rahmenbedingungen für den kolumbianischen Außenhandel werden durch die *Farm Bill* der USA, die Überlegenheit der europäischen Standards, aggressive Wettbewerber wie die Volksrepublik China sowie die Instabilität der internationalen Märkte für *commodities* aus Energie und Bergbau geprägt. Die kolumbianische Außenhandelspolitik muss sich diesen Herausforderungen stellen. Es bleibt abzuwarten, welche Rolle die Pazifikallianz in diesem Zusammenhang spielen kann und ob sie wirklich das geeignete Instrument ist, um den sich verändernden Dynamiken des internationalen Systems zu begegnen, das durch den relativen Abstieg der USA und anderer OECD-Ökonomien und den Aufstieg neuer Wettbewerber geprägt wird.

Literaturverzeichnis

ALADI (Asociación Latinoamericana de Integración) (2017a): "Exportaciones Totales de Colombia – Selección a nivel de Grandes Categorías (Valores en miles de U$S)". <http://consultawebv2.aladi.org/sicoexV2/jsf/home.seam> (26.06.2017).

— (2017b): "Importaciones Totales de Colombia – Selección a nivel de Grandes Categorias - (Valores en miles de U$S)". <http://consultawebv2.aladi.org/sicoexV2/jsf/home.seam> (26.06.2017).

— (2017c): "Principales socios comerciales de las Exportaciones de Colombia". <http://consultawebv2.aladi.org/sicoexV2/jsf/home.seam> (26.06.2017).

— (2017d): "Principales socios comerciales de las Importaciones de Colombia". <http://consultawebv2.aladi.org/sicoexV2/jsf/home.seam> (26.06.2017).

— (2017e): "Exportaciones Totales de Colombia hacia Áreas seleccionadas". <http://consultawebv2.aladi.org/sicoexV2/jsf/home.seam> (26.06.2017).

— (2017f): "Importaciones Totales de Colombia hacia Áreas seleccionadas". <http://consultawebv2.aladi.org/sicoexV2/jsf/home.seam> (26.06.2017).

DANE (Departamento Administrativo Nacional de Estadística) (2017): "Colombia, balanza comercial anual". <http://www.dane.gov.co/index.php/estadisticas-por-tema/comercio-internacional/balanza-comercial> (26.06.2017).

Garay, Luis (2004): *Colombia: estructura industrial e internacionalización 1967-1996. Biblioteca Virtual del Banco de la República*. Bogotá: Departamento Nacional de Planeación/Colciencias/Consejería Económica y de Competitividad/Ministerio de Comercio Exterior/Ministerio de Hacienda y Crédito Público/Proexport. <http://www.banrepcultural.org/sites/default/files/libro.pdf> (10.11.2015).

Kwa, Aileen (2005): *Tras las bambalinas de la OMC: la cruda realidad del comercio internacional*. Barcelona: Intermón Oxfam.

MINCIT (Ministerio de Comercio, Industria y Turismo) (2011): "Agenda de negociaciones comerciales de Colombia: actualización". CSCE–Sesión 89. Consejo Superior de Comercio Exterior. <https://www.mincomercio.gov.co/mincomercioexterior/publicaciones> (10.11.2015).

Pastrana Buelvas, Eduardo/Vera P., Diego (2012): "Rasgos de la política exterior brasileña en su proceso de ascenso como potencia regional y jugador global". In: Pastrana Buelvas, Eduardo/Jost, Stefan/Flemes, Daniel (Hg.): *Colombia y Brasil: ¿Socios estratégicos en la construcción de Suramérica?*. Bogotá: Fundación Konrad Adenauer/Pontificia Universidad Javeriana, S. 135-186.

Bergbau und Extraktivismus

Kristina Dietz

Einleitung

Kolumbien erlebt seit Anfang der 2000er Jahre eine Phase des ökonomischen Aufschwungs. Mit Wachstumsraten von nahezu 7 % im Jahr 2011 scheint sich die Wirtschaft des Landes gegenwärtig von den Krisen der 1980er und späten 1990er Jahre zu erholen. Seit 2012 ist das jährliche Wirtschaftswachstum gemessen am Bruttoninlandsprodukt (BIP) zwar gesunken, liegt mit guten 3 % in 2015 aber immer noch über dem globalen Durchschnitt. Ein Sektor, der die positive Konjunktur seit 2008 beeinflusst, ist der Bergbau.[1] Unter dem Einfluss hoher Weltmarktpreise, einer gestiegenen Nachfrage an metallischen und mineralischen Rohstoffen insbesondere aus China und Europa hat sich Kolumbien in den letzten 15 Jahren in ein *país minero* (UPME 2006) verwandelt, mit Produktionssteigerungen vor allem in den Bereichen Steinkohle, Gold und Ferro-Nickel. Mit einem gestiegenen Anteil von Primärgütern an den Gesamtexporten veränderte der Rohstoffboom sowohl die Exportstruktur des Landes als auch die nationale Entwicklungsstrategie. Nicht die Modernisierung und Förderung des Industriesektors standen zuletzt im Mittelpunkt wirtschaftspolitischer Maßnahmen, sondern die Stabilisierung und Ausweitung des Bergbaus. In seiner ersten Amtszeit (2010-2014) identifizierte Präsident Juan Manuel Santos diesen als eine von fünf zentralen Wachstumslokomotiven.[2] Die *locomotora minera* (Bergbaulokomitive, República de Colombia 2011) soll Entwicklungsprozesse in ländlichen Regionen anstoßen und das nationale Wohlstandsniveau insgesamt steigern.

Das Ziel, soziale und ländliche Entwicklung mittels Rohstoffausbeutung zu fördern, ist ein zentrales Element einer Entwicklungsstrategie, die den lateinamerikanischen Subkontinent seit der Jahrtausendwende prägt

---

1 Bergbau bezieht sich im Folgenden auf Erze, Metalle und Kohle. Die nach wie vor ökonomisch bedeutendere Ölförderung wird nicht betrachtet.

2 Die anderen Wachstumslokomotiven sind Wissen und Innovation, Landwirtschaft und ländliche Entwicklung, Infrastruktur und Verkehr, Wohnen und Stadtentwicklung (República de Colombia 2011).

und als Extraktivismus oder Neo-Extraktivismus international bekannt wurde. Damit wird eine Entwicklungsstrategie beschrieben, die wesentlich auf der Ausbeutung und dem Export von Rohstoffen und Agrarland basiert (Gudynas 2012; Svampa 2015; Burchardt/Dietz 2014; Brand/Dietz 2014). Anders als in den Ländern der Region mit linken Reformregierungen, wie etwa Bolivien, Ecuador und Venezuela (zu Bolivien: Ernst 2015), gab es in Kolumbien in den vergangen Jahren keinen Bruch mit dem neoliberalen Wirtschaftsmodell. Staatliche Abgaben und Steuern auf private Gewinne aus dem Bergbau wurden nicht erhöht und auch ein Wiedererstarken staatlicher Kontrolle über zentrale Ressourcen mittels einer Nationalisierung von Unternehmen des Rohstoffsektors hat nicht stattgefunden. Stattdessen zielten gesetzliche Reformen und eine Verschlankung der Bergbauverwaltung auf die Förderung ausländischer Investitionen. Kolumbien gilt daher in der lateinamerikanischen Debatte als Beispiel für einen so genannten "klassischen" Extraktivismus, der durch die Kontinuität und Perpetuierung neoliberaler Politikmuster wie Deregulierung und Privatisierung gekennzeichnet ist (Gudynas 2012).

In der kolumbianischen Gesellschaft ist die Entwicklungsstrategie des Extraktivismus umstritten. Die wirtschaftspolitischen Schwerpunktsetzungen auf agrarindustrielle Landnutzung und Bergbau haben dazu beigetragen, dass ländliche Gebiete und Rohstofflagerstätten, die bislang als "unproduktiv" oder als für profitable Kapitalverwertungen schwer erschließbar galten, in den Fokus von Staat, transnationalen Unternehmen sowie nationalen Akteuren geraten sind, die – etwa im Bereich des Goldbergbaus – auf das schnelle Geld hoffen. Bei den Gebieten, in denen Rohstoffe erkundet und ausgebeutet werden, handelt es sich jedoch nicht um "ungenutzte" oder "leere" Flächen. Im Gegenteil überlagern sich viele Konzessionen für den Bergbau mit anderen Nutzungen, Interessen und territorialen Forderungen. Diese Überlagerungen sind Ausgangspunkt für eine Vielzahl sozialer Konflikte, die seit 2008 zunehmen.

Im Folgenden wird die jüngere Geschichte des Bergbaus in Kolumbien nachgezeichnet. Dabei richtet sich der Fokus der Betrachtung zunächst auf die Entwicklung des Sektors seit Ende der 1990er Jahre und anschließend auf aktuelle Konflikte.[3] Im Schlussteil richtet sich der Blick auf die

---

3 Die Beispiele von Konflikten um den Bergbau stützen sich auf eigene Interviews, Beobachtungen und Dokumentenanalysen bei Feldforschungen in Kolumbien im März und September 2015, Oktober 2016 und März 2017. Die Forschungen fanden im Rahmen der vom BMBF geförderten wissenschaftlichen Nachwuchsgruppe "Global Change –

Zukunft. Seit 2012 sinken die Rohstoffpreise auf dem Weltmarkt, die globalen politisch-ökonomischen Bedingungen haben sich damit zumindest vorübergehend zu Ungunsten des Extraktivismus entwickelt. Welche Auswirkungen globale politisch-ökonomische Entwicklungen auf den kolumbianischen Extraktivismus haben (könnten) und vor welche Herausforderungen der Bergbauboom der letzten Jahre den Friedensprozess stellt, ist Gegenstand des Fazits.

Bergbau in Kolumbien

Kolumbiens (Kolonial-)Geschichte ist eng mit dem Bergbau, insbesondere dem Goldbergbau verknüpft. Zwischen dem 16. und 19. Jahrhundert waren die Förderung und der Export von Gold die wichtigsten wirtschaftlichen Aktivitäten Nueva Granadas (des heutigen Kolumbien). Auch nach der Unabhängigkeit blieb Gold wichtiges Exportprodukt. Ende des 19. Jahrhunderts war Kolumbien der größte Goldproduzent der Welt (Meschkat et al. 1983: 42-44; Duarte 2012). Etwa um 1940 verlor Gold an ökonomischer Bedeutung. Mit der steigenden globalen Nachfrage nach fossilen Energieträgern für die industrielle Produktion und Automobilität verschob sich der Fokus im Rohstoffsektor zunächst von Gold zu Öl und ab den 1980er Jahren zur Kohle. Ausgelöst durch den globalen Rohstoffpreisboom in den 2000er Jahren weitet sich im 21. Jahrhundert auch der Goldbergbau wieder aus.

Makroökonomische Indikatoren

Zwischen 2010 und 2014 flossen mehr als die Hälfte aller ausländischen Direktinvestitionen (FDI) in den Bergbau, 2015 war es trotz fallender Rohstoffpreise noch über ein Drittel (CEPAL 2015, 2016). Zwei Drittel aller Exporte stammten 2014 aus dem Bergbau (inkl. Öl), wichtiges Exportprodukt neben Öl ist Steinkohle, gefolgt von Gold und Ferro-Nickel (García Granados 2014). Gemäß nationalen Statistiken stieg die Goldproduktion zwischen 2009 und 2014 von 48 Tonnen (t) auf 59 t mit einem

Local Conflicts?" (GLOCON) am Fachbereich Politik- und Sozialwissenschaften der Freien Universität Berlin statt.

Hoch von 66 t im Jahr 2012.[4] Die Produktion von Steinkohle hat sich zwischen 2000 und 2015 von 38 Millionen Tonnen (Mio. t) auf 85 Mio. t nahezu verdreifacht.[5] Ähnlich wie Gold ist auch Steinkohle zu 100 % für den Export bestimmt. Kolumbien ist nach Indonesien, Australien, Russland und Südafrika der fünftgrößte Exporteur von Steinkohle weltweit (IEA 2015). Hauptimportländer bzw. -regionen kolumbianischer Steinkohle sind die Europäische Union (vor allem die Niederlande, Großbritannien und Deutschland), die Türkei, Israel und die USA.

Mit einem Anteil am BIP von knapp 12 % im Jahr 2013 war der Bergbau (inkl. Öl) ökonomisch nahezu gleichbedeutend mit dem Industriesektor. Ohne Öl lag der Anteil des Bergbaus an der Gesamtwirtschaftsleistung immerhin bei 2,3 % (UPME 2014). Seit 2012 sinken die Rohstoffpreise auf dem Weltmarkt. Für Kolumbiens Bergbausektor besonders von Bedeutung ist der Rückgang der Preise für Steinkohle und Gold. Während sich der Preis für Steinkohle zwischen 2011 und 2016 nahezu halbierte (von ca. 76 auf unter 40 US-Dollar/t), reduzierte sich der Goldpreis bis 2015 um etwas mehr als ein Drittel (von 1.900 in 2011 auf 1.100 US-Dollar/Feinunze bis Ende 2015). Im Zusammenhang mit Unsicherheiten an den Finanzmärkten und ökonomischen Krisen steigt der Goldpreis seither wieder, was die Bedeutung von Gold als Krisenwährung unterstreicht.[6]

Mit dem Rückgang der Preise auf den Weltmärkten ging auch der Anteil des Bergbaus an der kolumbianischen Wirtschaftsleistung leicht zurück. 2015 trug dieser mit nur noch knapp 2 % zum BIP bei (MINMINAS 2016). Dieser Rückgang bedeutet jedoch nicht, dass der Sektor insgesamt an wirtschafts- und entwicklungspolitischer Relevanz einbüßt. Mit der Hoffnung auf Preiserholungen und Erschließung neuer Märkte für Kohleexporte (u.a. Asien) sowie der Gewissheit, dass Gold in Krisenzeiten als sichere Kapitalanlage stark nachgefragt ist, werden derzeit bestehende Minen in der Steinkohleförderung erweitert, geplante Vorhaben im Bereich des industriellen Goldbergbaus zur Realisierung gebracht und neue Konzessionen für Erkundungen und Förderungen vergeben.

Das politische Festhalten an einer expansiven Bergbaupolitik erklärt sich vor allem durch die staatlichen Einnahmen aus diesem Sektor. Zwar

---

4   <http://www.upme.gov.co/generadorconsultas/Consulta_Series.aspx?idModulo=4&tipoSerie=116&grupo=355> (12.8.2016).

5   <http://www.upme.gov.co/generadorconsultas/Consulta_Series.aspx?idModulo=4&tipoSerie=121&grupo=368> (17.8.2016).

6   <http://www.finanzen.net/rohstoffe/goldpreis> (19.8.2016).

ist der Bergbau in Kolumbien mehrheitlich privat organisiert, eine direkte Beteiligung des Staates gibt es nicht. Dennoch profitiert dieser durch direkte Abgaben der Unternehmen, die so genannten *regalías* und Steuereinnahmen (v.a. Gewinnsteuern) vom Bergbau. Staatliche Einnahmen verhalten sich proportional zu den Rohstoffpreisen und Fördermengen: Je höher beide sind, desto mehr nimmt der Staat ein. Die Höhe der direkten Abgaben ist gesetzlich geregelt; für Kohle betragen sie 10 %, für Nickel 12 % und für Gold 4 % des Bruttogewinns (Rudas Lleras/Espitia Zamora 2013b). Zwischen 2004 und 2013 hat der kolumbianische Staat basierend auf diesen Regeln mehr als elf Milliarden US-Dollar aus dem Bergbau eingenommen. Über 90 % dieser Einnahmen stammen aus der Steinkohle- und Nickelförderung (García Granados 2014).

Politisch-institutioneller Rahmen

Globale politisch-ökonomische Faktoren und Wandelprozesse waren entscheidend für die Herausbildung des kolumbianischen Extraktivismus, sie interagieren jedoch mit politisch-institutionellen Veränderungen auf nationaler Ebene. Ähnlich wie in anderen Ländern des Globalen Südens wurde der kolumbianische Bergbausektor im Rahmen der neoliberalen Öffnung der 1990er Jahre durch ein neues Minengesetz (*Ley 685, Código de Minas*) reformiert, das bis heute in Kraft ist (Vélez-Torres 2014). Ziel dieser Reform war eine Liberalisierung und Privatisierung des Sektors und damit verbunden dessen Öffnung für internationales Kapital.

Die Erarbeitung des 2001 in Kraft getretenen *Códigos de Minas* begann bereits in den 1990er Jahren unter Mitwirkung von internationalen Entwicklungs- und Finanzinstitutionen wie der Weltbank und der Kanadischen Internationalen Entwicklungsagentur CIDA (heute *Global Affairs Canada*) (Duarte 2012). In dieser Zeit begann auch der Umbau der staatlichen Verwaltung für Bergbau mit dem Ziel der (Teil-)Privatisierung, Verschlankung und Anpassung an die Liberalisierung des Sektors. 1999 erhielt der Sektor eine neue Verwaltungsstruktur, 2003 wurde das ehemalige staatliche Erdölunternehmen ECOPETROL in eine öffentliche Aktiengesellschaft umgewandelt, ehemals staatliche Unternehmen wie Carbones de Colombia S.A. wurden aufgelöst. Mit diesen Reformen hat sich der kolumbianische Staat nahezu vollständig aus einer direkten Beteiligung an der Rohstoffausbeutung zurückgezogen. Vertreten durch das Ministerium für Bergbau und Energie übernimmt er seither die Rolle eines Garanten für die Ausbeutung der Bodenschätze durch private Unternehmen.

Gemäß dem Gesetz 685 und im Einklang mit der Verfassung von 1991 unterliegen Bodenschätze der Verfügungsgewalt des Staates. Bergbauvorhaben müssen von öffentlichem Nutzen sein und dem Gemeinwohl dienen (Art. 13, *Ley 685*). Um dies zu garantieren, entscheidet die nationale Regierung hoheitlich über die Nutzung und Ausbeutung von Bodenschätzen mittels der Vergabe von Konzessionen. Konzessionen sind Verträge zwischen der nationalen Regierung und Dritten (Unternehmen, Privatpersonen, etc.). Sie geben Letzteren über einen bestimmten Zeitraum, in der Regel 30 Jahre (plus zwei möglichen Verlängerungsphasen um jeweils 30 Jahre) und für ein bestimmtes Gebiet das Recht, Rohstoffe auszubeuten. Im Gegenzug verpflichten sich die Konzessionsträger_innen zur Zahlung von Steuern und Abgaben an den Staat. Bereits zwischen 1930 und Ende der 1960er Jahre regelte der Staat die Ausbeutung der Erdölvorkommen durch die Vergabe von Konzessionen, damals vor allem an US-amerikanische Firmen wie Standard Oil (heute Exxon) oder Gulf Oil Company. Nach einer kurzen Phase stärkerer staatlicher Kontrolle der Bodenschätze in den 1970er Jahren, in der das Konzessionensystem aufgehoben wurde, stellt es heute erneut das zentrale Element staatlicher Regulierung dar.

Nach Inkrafttreten des *Ley 685* im Jahr 2001 nutzte die Regierung von Álvaro Uribe (2002-2010) die Vergabe von Konzessionen als Mittel, um transnationale Unternehmen und internationales Kapital anzulocken. Über 60 % der heute in Kolumbien gültigen Konzessionen wurden in den beiden Amtsperioden von Uribe vergeben, die meisten an transnationale Unternehmen zur Ausbeutung von Gold und Kohle. In absoluten Zahlen stieg die Zahl vergebener Konzessionen zwischen 2002 und 2010 von 1.900 auf 7.774. Aufgrund dieses rasanten Anstiegs sprechen Beobachter_innen von dieser Phase auch als *piñata de los titulos mineros*[7] (Rudas Lleras 2014: 323). Bis April 2015 hatte der Staat 9.602 gültige Konzessionen in einem Umfang von über fünf Millionen Hektar vergeben.

---

7   Als *piñata* werden im Spanischen Figuren aus Pappmaché bezeichnet, in deren Innerem sich ein Tongefäß gefüllt mit Süßigkeiten befindet. Sie darf auf keinem Kindergeburtstag fehlen. Um an die Süßigkeiten zu gelangen, muss die Figur zerschlagen werden. Auf die Person, der das gelingt, regnet es Bonbons, Schokolade und manchmal auch Geld.

Subnationale Gebietskörperschaften haben in bergbaupolitischen Entscheidungen keine Mitspracherechte. Räumliche Beschränkungen oder Ausschlüsse, etwa durch gemeindliche Zonierungspläne, sind verboten (Art. 37, *Ley 685*). Diese Tendenz der Zentralisierung der Bergbaupolitik ist in den letzten Jahren zum Gegenstand politischer und juristischer Auseinandersetzungen geworden. 2014 erklärte das Verfassungsgericht den Artikel 37 des *Ley 685*, der jegliche Einmischung von lokalen Regierungen in die Nutzung der Bodenschätze verbietet, für ungültig (Urteil C-123, 2014). Im Urteil argumentierten die Richter mit den in der Verfassung verankerten politischen Ordnungsprinzipien: Dezentralisierung und Autonomie subnationaler Gebietskörperschaften. Hierauf bezugnehmend forderte das Gericht die Regierung auf, sich vor der Vergabe von Konzessionen mit den betroffenen Gemeinden zu einigen. Allerdings sagt das Urteil nichts darüber aus, wie dieser Einigungsprozess verlaufen soll. Bis heute wird über diese Frage zwischen Bürgermeister_innen, lokalen Verwaltungen und dem Ministerium für Bergbau und Energie gestritten.

Die Aufhebung des Artikels 37 des Minengesetzes ist nicht das einzige Beispiel für juristische Auseinandersetzungen um den Bergbau in Kolumbien. Der Bergbau ist aktuell neben dem Friedensprozess und der Übergangsjustiz einer der zentralen Gegenstände verfassungsrechtlicher Debatten. 2010 trat mit dem *Ley 1382* ein neues Bergbaugesetz in Kraft. Mit diesem beabsichtigte die Regierung Santos, den Sektor weiter zu modernisieren, die Verfahren bei der Konzessionsvergabe zu beschleunigen und zu vereinfachen. Bereits im Mai 2011 erklärte das Verfassungsgericht die Gesetzesreform für verfassungswidrig (Urteil C-366, 2011). Das gemäß kolumbianischer Verfassung und der ILO-Konvention 169 bestehende Recht indigener Völker auf vorherige Konsultation (*consulta previa*), das auch in Bezug auf Gesetzesreformen gilt, wurde missachtet, eine *consulta previa* hatte es nicht gegeben. 2013 trat daraufhin *Ley 685* wieder in Kraft, nachdem eine zweijährige Frist zur gesetzlichen Neuregelung verstrichen war. Politisch-institutionelle Reformen setzt die Regierung seither per Dekret durch und umgeht damit die parlamentarische Einflussnahme. Ein Beispiel ist die Verabschiedung der Verordnung 2041 im Oktober 2014 (*Decreto 2041/2014*), mit der das Verfahren für die Vergabe von Umweltgenehmigungen im Bereich Bergbau neu geregelt wird. Ziel des Dekrets ist die Rationalisierung und Beschleunigung des Verfahrens. Seither sind die zuständigen Umweltbehörden angehalten, über Anträge auf Umweltgenehmigungen für die Rohstoffförderung in maximal drei statt wie bisher vier bis fünf Monaten zu entscheiden. Kritiker_innen sehen hierin eine Herabstufung von Umweltbelangen gegenüber Bergbauinteressen.

Formen des Bergbaus

In Kolumbien gibt es unterschiedliche Formen des Bergbaus: industriellen Bergbau, mechanisierten Kleinbergbau (*small-scale mining*, SSM) und handwerklichen Bergbau (*artisanal mining*, ASM). Industrieller Bergbau findet unter formellen Bedingungen mehrheitlich als offener Tagebergbau statt, ist räumlich konzentriert und wird primär von transnationalen Unternehmen betrieben, die über technologisches Know-how und Kapital verfügen, formell Arbeiter_innen beschäftigen, in Transportinfrastruktur investieren, über gute Beziehungen zum Staat verfügen und lokale Entwicklungsprojekte finanzieren, um sich gesellschaftlich und politisch Anerkennung zu verschaffen. Demgegenüber lässt sich *small-scale mining* als ein eher informeller, räumlich dezentraler Bergbau beschreiben, der mit einem Minimum an Technologie ausgestattet (Bagger, Wasserpumpen, kleinere Förderbänder, etc.) und ohne Konzessionen operiert. Arbeit ist hier vor allem informell organisiert, Förderstätten werden häufig schnell installiert und wenn nötig auch schnell wieder verlassen. Eine spezifische Form des SSM ist handwerklicher oder traditioneller Bergbau. ASM wird meist manuell durch Auswaschen und unter Zuhilfenahme kleinerer Maschinen (Wasserpumpen, Flaschenzüge, kleine Bagger) betrieben. ASM findet mehrheitlich informell statt, wobei es auch anerkannte Formen von ASM gibt, vor allem dort, wo ASM Teil sozio-kultureller Identitätskonstruktionen ist, etwa in afrokolumbianischen Gemeinschafen in den Provinzen Chocó, Antioquia und Cauca. Im kleinen und handwerklich betriebenen Goldbergbau kommen häufig Chemikalien wie Quecksilber oder Zyanid zur Trennung des Goldes vom Gestein zum Einsatz, mit gravierenden Folgen für die Umwelt und Gesundheit der in diesem Sektor Tätigen (Urán 2013; Engels 2016).

Die Bedeutung dieser unterschiedlichen Formen variiert je nach Rohstoffsektor. Einen operierenden industriellen Goldbergbau gibt es bislang nicht. Dies soll sich in den nächsten Jahren ändern. Das südafrikanische Unternehmen AngloGold Ashanti bereitet die Eröffnung von zwei industriellen Goldminen in Kolumbien vor. Das Minenprojekt "Gramalote", Gemeinde San Roque in der Provinz Antioquia soll 2019 mit der Förderung beginnen, das Projekt "La Colosa", Gemeinde Cajamarca, Provinz Tolima im Jahr 2023. Mit geschätzten Goldreserven von über 30 Millionen Unzen würde die La Colosa-Mine bei Realisierung zu einer der größten Goldminen weltweit zählen[8] (AngloGold Ashanti 2015). Bisher stammt der Großteil des in Kolumbien produzierten Goldes jedoch aus informellem SSM und ASM. Das Ministerium für Bergbau und Energie geht davon aus, dass ca. 86 % des in Kolumbien geförderten Goldes aus informell betriebenen Minen stammt (Ministerio de Minas y Energia 2012). Seit dem Goldpreisboom von 2011 weitet sich der informelle Goldbergbau rasant aus. Konservativen Schätzungen zu folge sind zwischen 270.000 und 418.000 Menschen im handwerklichen und SSM tätig (Seccatore et al. 2014: 666). Die hohen Goldpreise haben Akteure aus unterschiedlichen gesellschaftlichen Sektoren, die bislang kaum oder keine Berührung mit dem Goldbergbau hatten, motiviert, sich am kolumbianischen *goldrush* des 21. Jahrhunderts zu beteiligen. Mit der räumlichen Ausweitung von SSM und ASM gehen tiefgreifende sozial-räumliche und sozio-kulturelle Transformationen und Menschenrechtsverletzungen einher, die oftmals zu Konflikten führen. Das Phänomen des informellen Goldbergbaus bestimmt die öffentliche Debatte um den Bergbau in Kolumbien seit einigen Jahren, auch deshalb, weil Guerillaorganisationen und neoparamilitärische Gruppen durch das Eintreiben von Schutzzöllen offenbar in die informelle Goldökonomie involviert sind.[9] Seit 2013 bemüht sich die Regierung um eine stärkere Kontrolle und Formalisierung dieses Sektors, bisher mit geringem Erfolg. Für viele handwerkliche Goldschürfer sind die institutionellen Hürden für die Formalisierung und Anerkennung ihrer Tätigkeit zu hoch, andere suchen das schnelle Geld und haben daher kaum Interesse an einem langwierigen Formalisierungsprozess.

Anders als der Goldsektor ist der Steinkohlebergbau hochgradig industrialisiert und mehrheitlich transnational organisiert. Hauptförderregionen sind die Provinzen La Guajira und Cesar im Norden des Landes. 90 % der Steinkohle wird hier gefördert. Die größten Produzenten sind das Unternehmenskonsortium Cerrejon, bestehend aus den Unternehmen

---

8   Zum Vergleich: In der Yanacocha-Mine in Peru wurden seit Inbetriebnahme etwa 26 Millionen Unzen Gold produziert. Ende 2012 lagen die noch vorhandenen Reserven bei etwa drei Millionen Unzen (<http://www.goldseiten.de/artikel/177102--Die-drei-groessten-Goldminen-der-Welt.html>, 12.8.2016).

9   *Semana* (1.4.2015): "El nuevo flagelo que devora a Colombia". In: <http://www.semana.com/nacion/multimedia/la-guerra-contra-la-mineria-ilegal-criminal-en-colombia/422834-3> (19.8.2016).

Anglo American (USA/Großbritannien), BHP Billiton (Australien) und Glencore (Schweiz), das US-amerikanische Unternehmen Drummond sowie Prodeco, eine Tochterfirma des Schweizer Konzerns Glencore. Cerrejón betreibt in der Guajira den größten Steinkohletagebau Lateinamerikas, die Mine "Cerrejón Zona Norte". Drummond und Prodeco fördern Steinkohle in verschiedenen Minen im Cesar. Kleinere Kohleminen befinden sich in den Provinzen Boyacá und Córdoba (UPME 2016).

Konflikte um den Bergbau

Obgleich die staatlichen Einnahmen aus dem Bergbau in den letzten Jahren deutlich gestiegen sind und diese in Sozialausgaben etwa im Bereich Bildung fließen, profitiert die Bevölkerung in den Gemeinden mit Bergbauprojekten nur geringfügig von dem Sektor. Weder wirkt sich der Bergbau positiv auf den Anstieg formaler Arbeit aus, noch hat er signifikante Folgen im Hinblick auf die Reduzierung von Armut. Im Gegenteil, einige Gemeinden in der Provinz Cesar, wo seit über 30 Jahren Kohle gefördert wird, zählen mit sehr niedrigen sozialen Entwicklungsindizes zu den ärmsten des Landes (Rudas Lleras/Espitia Zamora 2013a). Auch vor dem Hintergrund fehlender sozioökonomischer Entwicklungsimpulse auf lokaler Ebene nehmen seit einigen Jahren die sozialen Konflikte um den Bergbau zu. Der *Environmental Justice Atlas*, eine interaktive Weltkarte zur Visualisierung von Konflikten um Naturnutzung, -aneignung und -kontrolle geht aktuell von über 50 Konflikten um den Bergbau in Kolumbien aus.[10] Vor allem direkt betroffene Bevölkerungsgruppen mobilisieren gegen die Eröffnung oder Ausweitung industrieller Minen sowie informeller Bergbauaktivitäten. Dabei werden sie von NGOs, lokalen Regierungen, Gewerkschaften und sozialen Bewegungen aus dem In- und Ausland unterstützt. Die Zunahme von sozialen Auseinandersetzungen um den Bergbau erklärt sich durch die Überlagerung unterschiedlicher territorialer Ansprüche, Interessen und Forderungen. Nicht immer geht es dabei um den Gegensatz zwischen pro und contra Bergbau. Je nach vorheriger Landnutzung, Akteurskonstellationen und Machtpositionen, Formen und kulturellen Bedeutungen des Bergbaus sowie politischen Kontextbedingungen

---

10 <http://ejatlas.org/country/colombia> (19.8.2016).

variieren die Konfliktgegenstände, Forderungen und Protestrategien von Fall zu Fall.

Territoriale Überlagerungen führen dann zu Konflikten um den Bergbau, wenn lokale Akteure diesen als eine Bedrohung ihrer territorialen und kulturellen Selbstbestimmungsrechte, ihrer ökonomischen Lebensgrundlagen (z.B. Landwirtschaft, handwerklicher Bergbau) und ihrer politischen Rechte als *citizens* interpretieren und erleben. Letzteres ist in Kolumbien von zentraler Bedeutung. Infolge der politischen Liberalisierung und Demokratisierung sowie des Erstarkens indigener und afrokolumbianischer Bewegungen in den 1980er und 1990er Jahren wurden weitreichende politische, soziale und kulturelle Rechte in der Verfassung von 1991 verankert, Maßnahmen zur politischen Dezentralisierung eingeleitet und neue Gesetze zur Gemeindeautonomie, zum Schutz ethnischer Minderheiten und zur politischen Partizipation erlassen. Die aktuellen Konflikte um den Bergbau sind einerseits Ausdruck neuer politischer Handlungsräume, die aus diesen Wandlungsprozessen hervorgegangenen sind. Andererseits zeigen sie, dass zwischen Rechtsnorm und Rechtswirklichkeit eine Lücke klafft. Diese Lücke politisieren soziale Akteure in Auseinandersetzungen um den Bergbau. Wie sie dabei vorgehen, wer die Akteure sind und um was und mit welchen Effekten gestritten wird, zeigen die folgenden drei Fälle exemplarisch.

Dort, wo handwerklicher Bergbau ein prägendes Element soziokultureller Identität ist, etwa in vielen afrokolumbianischen Gemeinschaften der Provinzen Chocó, Antioquia oder der nördlichen Cauca-Region, wehren sich lokale Gruppen gegen die Verdrängung durch industriellen oder mechanisierten, informellen Bergbau. Sie sprechen sich mehrheitlich nicht gegen den Bergbau per se aus, sondern fordern die Anerkennung und Sicherung des eigenen handwerklichen Bergbaus, verbunden mit einem Stopp von Bergbauaktivitäten, bei denen machtvolle Akteure von außen sich der Rohstoffe in ihren Territorien bedienen. Der Konflikt um den industriellen und informellen Goldbergbau in der afrokolumbianischen Gemeinschaft La Toma, Gemeinde Suárez im Norden der Provinz Cauca, ist hierfür exemplarisch (Vélez-Torres 2014). Die 1.300 Haushalte umfassende Gemeinschaft weist eine bis in die Ära des spanischen Kolonialismus zurückreichende Tradition des Goldbergbaus auf. Die Bevölkerung von La Toma identifiziert sich selbst als *agro-mineros,* deren Lebensgrundlagen auf kleinbäuerlicher Landwirtschaft kombiniert mit handwerklichem Bergbau basieren. La Toma ist gemäß der kolumbianischen Verfassung von 1991 und des Gesetzes Nr. 70 von 1993, das den Minderheitenschutz schwarzer Gemeinschaften regelt, als afrokolumbianische Gemeinschaft mit eigener politischer Vertretung anerkannt, verfügt aber über keine territorialen Selbstbestimmungsrechte. Im Jahr 2006 erhielt AngloGold Ashanti zwei Konzessionen für die Erkundung und Förderung von Gold, die weite Teile des Gebietes von La Toma umfassten. Zur Durchsetzung und Absicherung der Erkundungsarbeiten ordnete der Bürgermeister von Suárez 2009 die Räumung der Siedlung an. Die Bevölkerung widersetzte sich und klagte anschließend vor dem Verfassungsgericht gegen die Regierung, die ohne vorherige Konsultationen Bergbaulizenzen in einem Gebiet vergeben hatte, in dem anerkannt afrokolumbianische Gemeinschaften leben, die laut Verfassung ebenso wie indigene Gemeinschafen ein Recht auf vorherige Konsultationen besitzen. In einem Urteil (T-1045A) vom 25. April 2011 suspendierte das Gericht die in La Toma vergebenen Bergbautitel. Was zunächst wie ein Erfolg aussah, stellte sich jedoch als eine Verschiebung der Konfliktkonstellation dar. Etwa zeitgleich mit dem Urteilsspruch begannen *small-scale miners* aus anderen Landesteilen mit Baggern und ohne formale Genehmigung den Fluss Oveja, der durch die Siedlung La Toma fließt, umzugraben und nach Gold zu suchen. Am 17. November 2014 entschieden sich daraufhin 23 Frauen aus La Toma für einen Protestmarsch nach Bogotá und besetzten dort Räume des Innenministeriums (*El Espectador*, 26.11.2014). In Verhandlungen mit dem Ministerium forderten sie die Suspendierung nicht legaler Bergbauaktivitäten in ihrer Siedlung, die Anerkennung ihres Status' als handwerkliche Goldschürfer_innen und eine staatliche Entschädigung für Einkommensverluste infolge des Konflikts mit den "neuen" Minenbetreibern. Im März 2015 waren die Bagger aus La Toma verschwunden, einige der Frauen, die sich an dem Protest beteiligt hatten, mussten jedoch aufgrund von anonymen Drohungen die Gemeinschaft ebenfalls verlassen.

Forderungen nach der Anerkennung demokratischer Mitbestimmungsrechte sind auch im Fall des Protests gegen die Goldmine "La Colosa" in der Gemeinde Cajamarca, Provinz Tolima zentral (Dietz 2017a, 2017b). Anders als in La Toma protestiert hier ein breites klassen- und parteiübergreifendes Bündnis aus sozialen Bewegungen, Umwelt- und Kleinbäuer_innenorganisationen, lokalen Regierungen, Unternehmer_innen und Studierenden gegen die Eröffnung einer industriellen Goldmine. 2007/2008 erhielt AngloGold Ashanti mehrere Konzessionen zur Erkundung und Förderung von Goldvorkommen in der Gemeinde Cajamarca. Kurz darauf veröffentlichte das Unternehmen Pläne, eine industrielle Goldmine (die Mine "La Colosa") in Cajamarca zu eröffnen. Dagegen formiert sich seit 2011 ein breiter Widerstand. Ein zentraler Slogan der Protestmobilisierung des Bündnisses *Comité Ambiental en Defensa de la Vida* lautet "El Agua vale más que el Oro" (Wasser ist wertvoller als Gold). Mit der Bezugnahme auf Wasser als Lebensgrundlage wird die Forderung nach einem Stopp des Vorhabens mit einer Forderung nach einer demokratischen Bestimmung über die Aneignung und Nutzung von Gemeingütern und Bodenschätzen verbunden. Letzteres wird nicht nur in Protestmärschen gefordert, sondern unter Bezugnahme auf bestehende Gesetze auch politisch-praktisch umgesetzt. So fand im Juli 2013 in Piedras, einer der Nachbargemeinden von Cajamarca, in der das Unternehmen eine Abraumhalde für nicht mehr verwendetes und kontaminiertes Material aus der Mine vorgesehen hatte, eine "von unten" initiierte Bürger_innenbefragung (*consulta popular*) statt. Die Initiatoren der Befragung, Bewohner- und Landnutzer_innen der Gemeinde, NGOs aus der Region und Bogotá gemeinsam mit dem Bürgermeister und Gemeinderat von Piedras, bezogen sich für die Durchführung der Befragung auf das aktuelle Gemeindegesetz, das eine direkte Beteiligung der Bevölkerung vorsieht, wenn Bergbauprojekte die Bodennutzung in erheblichem Maße beeinträchtigen könnten (*Ley 136*, Art. 33*)*. In der *consulta* vom 28. Juli 2013 stimmten 99 % der Beteiligten gegen Bergbauprojekte in ihrer Gemeinde. Obwohl die Regierung und das Unternehmen die Abstimmung bis heute nicht anerkennen, reagierte AngloGold Ashanti: 2015 präsentierte das Unternehmen ein neues Projektdesign, das keine Abraumhalde in Piedras mehr vorsieht. Die Erfahrungen von Piedras haben dazu beigetragen, dass auch in anderen Gemeinden lokale Konsultationsverfahren vorbereitet und durchgeführt werden. Im März 2017 waren die Bewohner_innen von Cajamarca, der Gemeinde, in der das Minenprojekt geplant ist, aufgerufen, in einer *consulta popular* darüber abzustimmen, ob in in ihrem Gemeindegebiet Bergbauvorhaben stattfinden sollten oder nicht. Wie in Piedras stimmte auch hier eine große Mehrheit mit Nein (Dietz 2017b).

Die Entstehung strategischer Bündnisse charakterisiert auch den Konflikt um die Erweiterung der Steinkohlemine "Cerrejón Zona Norte" in der Provinz La Guajira. Das Unternehmen Cerrejón plant hier seit einigen Jahren die Ausweitung der Mine in ein Gebiet, das überwiegend von der indigenen Gemeinschaft der Wayuu bewohnt wird. Hierbei droht nicht nur, wie bereits in anderen Fällen im Rahmen des Kohlebergbaus von

Cerrejón geschehen, die Umsiedlung von Dörfern und damit verwoben die Zerstörung ortsgebundener Identitäten und Lebensgrundlagen sowie die Missachtung territorialer Selbstbestimmungsrechte, sondern auch die Umleitung eines für die Wasserversorgung der ländlichen Gemeinschaften in der Guajira wichtigen Fließgewässers namens Bruno. Das ist der Grund, warum eine breite Allianz aus direkt betroffenen Akteuren der indigenen Gemeinschaft der Wayuu, nationalen Umwelt- und Menschenrechtsorganisationen mit Sitz in Bogotá, einer städtischen Bürgerinitiative in der Provinzhauptstadt Rioacha und der Gewerkschaft der Kohlekumpel von Cerrejón, *Sintracarbón* gegen die Minenvergrößerung protestiert. Die Wahrnehmung der Ausweitung der Steinkohleförderung als eine kollektive Bedrohung von existenziellen Lebensgrundlagen (Wasser) in der Guajira, einem der trockensten Gebiete Kolumbiens, ist zu einem verbindenden Element zwischen sozialen Akteuren geworden, die andernorts eher für ihre Interessengegensätze (z.B. Gewerkschaften und Umweltgruppen) als für gemeinsame Interessen bekannt sind.

Fazit und Ausblick

Der Bergbau ist in Kolumbien gesellschaftlich umstritten. In vielen der aktuellen Auseinandersetzungen geht es zuvorderst um die Verhinderung neuer industrieller Bergbauprojekte, der Ausdehnung bestehender Minen sowie der Ausweitung eines informellen Bergbaus, von dem lokale Bevölkerungsgruppen kaum profitieren. Bewusst oder unbewusst fordern Protestakteure darüber hinaus mehr demokratische Mitsprache, die Neugestaltung der gesellschaftlichen Formen der Naturnutzung und -aneignung, der Verteilung von Land sowie die Umsetzung und Ausweitung bestehender sozialer, politischer und kultureller Rechte. Damit wenden sich die Protestakteure gegen den Staat und beziehen sich gleichermaßen auf ihn. Dies ist insbesondere dann der Fall, wenn sich soziale Bewegungen auf staatlich verfasste Partizipations- und Konsultationsrechte sowie direktdemokratische Instrumentarien berufen. Das Beispiel des Konflikts um die Mine La Colosa ist hierfür exemplarisch. Mittels neuer Bündnisse (soziale Bewegungen und lokale Regierung; Kleinbäuer_innen und Großgrundbesitzer, etc.) und Strategien (*consulta popular*) mobilisieren die beteiligten Akteure für die Verhinderung einer industriellen Goldmine und für ein Mehr an Demokratie in rohstoffpolitischen Entscheidungen. In den Konflikten um den Bergbau wird das seit der Verfassung von 1991 bestehende Spannungsverhältnis zwischen gesetzlich verankerten politischen und territorialen Rechten und einer zum Teil gewaltförmigen Missachtung derselben besonders deutlich.

Inwiefern sich dieses Spannungsverhältnis im Kontext des aktuellen Friedensprozesses in Richtung einer verbesserten Anerkennung von Rechten auflöst, ist derzeit schwer zu bestimmen. Die gegenwärtige Zunahme von Morddrohungen gegen und Ermordungen von Mitgliedern von Menschenrechtsorganisationen, sozialen Bewegungen, afrokolumbianischen und indigenen Organisationen deutet nicht darauf hin. Eine wichtige Voraussetzung für den Frieden in ländlichen Räumen wäre es in jedem Fall. Ebenso schwierig ist es, die Zukunft des Bergbaus im Kontext volatiler Weltmarktpreise, sozialer Konflikte und des Friedensprozesses zu bestimmen. Sinken die Rohstoffpreise weiterhin und werden die in Paris 2015 während der UN-Klimakonferenz formulierten Klimaziele international ernst genommen, womit Kohle als Energieträger mittelfristig an Bedeutung verlieren würde, dann sind die Aussichten für die kolumbianische extraktive Entwicklungsstrategie aus makroökonomischer Perspektive nicht gerade rosig. Eine Trendwende in der wirtschaftspolitischen Schwerpunktsetzung der Regierung Santos ist jedoch nicht in Sicht. Um staatliche Einnahmen auch in Zeiten fallender Rohstoffpreise zu garantieren, ist der kolumbianische Staat auf die Steigerung der Rohstoffförderung, vor allem im Kohlesektor angewiesen. Denn anders als etwa in Chile, Südafrika oder Kanada erhebt Kolumbien keine Steuern auf Gewinntransfers internationaler Bergbauunternehmen ins Ausland (Rudas Lleras/Espitia Zamora 2013b: 142-143). Basierend auf den Zielen des aktuellen Nationalen Entwicklungsplans (2014-2018) soll der Bergbau weiter ausgebaut werden. Über ein wirtschaftliches Wachstum des Sektors erhofft sich die Regierung wichtige Finanzmittel für die Umsetzung des Friedensprozesses (República de Colombia 2015). Zentrales Planungsinstrument zur weiteren Förderung des Bergbaus ist die Ausweisung so genannter "strategischer Projekte mit nationalen Interesse" (*Proyectos de Interés Nacional y Estratégicos*, PINES). Gebiete und Flächen, die als PINES ausgewiesen werden, unterliegen besonderen gesetzlichen Bestimmungen. Hierzu zählt eine beschleunigte Umweltprüfung oder die Ausnahme dieser Flächen von dem Gesetz 1448, das die Rückgabe von Land (*Restitución de Tierras*) an Opfer und Vertriebene des bewaffneten Konfliktes regelt (Art. 49 ff.). Mit dem Abschluss der Friedensverhandlungen zwischen der Regierung und der

Guerillaorganisation FARC-EP und der Umsetzung des Friedensvertrages verbinden sich darüber hinaus weitere territoriale Anforderungen. Hierzu zählen etwa die 27 Gebiete zur Demobilisierung und Reintegration der FARC-Kämpfer_innen in das zivile Leben, die so genannten *Zonas Veredales Transitorias de Normalización* (ZVTN). In vielen Regionen Kolumbiens überlagern sich diese Gebiete mit Bergbauinteressen transnationaler Unternehmen, den Forderung von Kleinbäuer_innen nach einer langfristig gesicherten Landnutzung sowie den Forderungen indigener und afrokolumbianischer Bevölkerungsgruppen nach territorialer Selbstbestimmung. Hier sind neue Konflikte bereits im Entstehen oder vorprogrammiert.

Der Bergbau stellt den Friedensprozess in Kolumbien vor allem wegen seiner territorialen Exklusivität und der Nicht-Zulassung alternativer Nutzungen von Land vor Herausforderungen. So lange machtvolle ökonomische Interessen die Umsetzung und Sicherung politisch-territorialer Ansprüche von Kleinbäuer_innen, Opfern des Konflikts, afrokolumbianischen und indigenen Bevölkerungsgruppen auf Selbstbestimmung, Teilhabe und auf Land verhindern, wird sich ein nachhaltiger Frieden in Kolumbien nicht erreichen lassen.

Literaturverzeichnis

AngloGold Ashanti (2015): "La Colosa, una oportunidad de oro para el Tolima". <http://www.anglogoldashanti.com.co/saladeprensa/Presentaciones/presentacion_la-colosa_2015.pdf> (29.11.2015).

Brand, Ulrich/Dietz, Kristina (2014): "(Neo-)Extraktivismus als Entwicklungsoption? Zu den aktuellen Dynamiken und Widersprüchen rohstoffbasierter Entwicklung in Lateinamerika". In: Müller, Franziska/Sondermann, Elena/Wehr, Ingrid/Jakobeit, Cord/Ziai, Aram (Hg.): *Entwicklungstheorien: weltgesellschaftliche Transformationen, entwicklungspolitische Herausforderungen, theoretische Innovationen.* Politische Vierteljahresschrift, Sonderheft 48. Baden-Baden: Nomos, S. 128-165.

Burchardt, Hans-Jürgen/Dietz, Kristina (2014): "(Neo-)Extractivism – A New Challenge for Development Theory from Latin America". In: *Third World Quarterly*, 35, 3, S. 468-486.

CEPAL (Comisión Económica para América Latina y el Caribe)(2015): *La Inversión Extranjera Directa en América Latina y el Caribe.* Santiago de Chile: Naciones Unidas.

— (2016): *La Inversión Extranjera Directa en América Latina y el Caribe.* Santiago de Chile: Naciones Unidas.

DIETZ, Kristina (2017a): "Politcs of Scale and Struggles over Mining in Colombia". In: Engels, Bettina/Dietz, Kristina (Hg.): *Contested Extractivism, Society and the State: Struggles over Mining and Land*. London: Palgrave Macmillan, S. 127-148.

— (2017b): "Direkte Demokratie in Konflikten um Bergbau in Lateinamerika: das Goldminenprojekt La Colosa in Kolumbien". GLOCON Working Paper Nr. 4. Berlin: Freie Universität Berlin.

DUARTE, Carlos (2012): *Gobernabilidad minera: cronologías legislativas del subsuelo en Colombia*. Cali: Centro de Pensamiento Raizal.

ENGELS, Bettina (2017): "Not All That Glitters is Gold: Mining Conflicts in Burkina Faso". In: Engels, Bettina/Dietz, Kristina (Hg.): *Contested Extractivism, Society and the State: Struggles over Mining and Land*. London: Palgrave Macmillan, S. 149-169.

ERNST, Tanja (2015): "Jenseits des 'westlichen' Fortschrittsparadigmas? Zum widersprüchlichen Verhältnis von Dependenz, Differenz und Demokratie in Bolivien". In: *Journal für Entwicklungspolitik (JEP)*, 31, 3, S. 60-85.

GARCÍA GRANADOS, Javier (2014): "Perfil Tributario de la Minería en Colombia". <https://www.imf.org/external/spanish/np/seminars/2014/natres/pdf/garcia3.pdf> (17.8.2016).

GUDYNAS, Eduardo (2012): "Der neue progressive Extraktivismus in Südamerika". In: Forschungs- und Dokumentationszentrum Chile-Lateinamerika (FDCL)/Rosa-Luxemburg-Stiftung (Hg.): *Der Neue Extraktivismus – Eine Debatte über die Grenzen des Rohstoffmodells in Lateinamerika*. Berlin: FDCL, S. 46-62.

IEA (International Energy Agency) (2015): "Coal Information 2015". <http://www.oecd-ilibrary.org/energy/coal-information-2015_coal-2015-en> (17.8.2016).

MESCHKAT, Klaus/ROHDE, Petra/TÖPPER, Barbara (1983): *Kolumbien. Geschichte und Gegenwart eines Landes im Ausnahmezustand*. Berlin: Klaus Wagenbach.

MINISTERIO DE MINAS Y ENERGIA (2012): *Censo Minero Departamental 2010-2011*. Bogotá: Ministerio de Minas y Energia.

MINMINAS (Ministerio de Minas y Energía) (2016): "Análisis del comportamiento del PIB Minero. Cuarto trimestre de 2015". <https://www.minminas.gov.co/documents/10180/558364/PIB-IV_Trim-a%C3%B1o+2015.pdf/7936cbf7-a1b6-4ae4-9491-c44d9151bb1c> (12.8.2016).

REPÚBLICA DE COLOMBIA (2011): *Bases del Plan Nacional de Desarrollo 2010-2014. Prosperidad para todos*. Bogotá: Departamento Nacional de Planeación.

— (2015): "Ley 1753 de 2015 por la cual se expide el Plan Nacional de Desarrollo 2014-2018 'Todos por un nuevo país'". In: *Diario Oficial*, 49538 (9.6.2015).

RUDAS LLERAS, Guillermo (2014): "Revisitando el debate sobre renta minera y government take: el carbón a gran escala en Colombia". In: Garay Salamanca, Luis Jorge (Hg.): *Minería en Colombia. Daños ecológicos y socio-económicos y consideraciones sobre un modelo minero alternativo*. Bogotá: Contraloría General de la República, S. 309-378.

RUDAS LLERAS, Guillermo/ESPITIA ZAMORA, Jorge Enrique (2013a): "La paradoja de la minería y el desarrollo. Análisis departamental y municipal para el caso de Colombia". In: Garay Salamanca, Luis Jorge (Hg.): *Minería en Colombia: Institucionalidad y territorio, paradojas y conflictos*. Bogotá: Contraloría General de la República, S. 27-82.

— (2013b): "Participación del Estado y la sociedad en la renta minera". In: Garay Salamanca, Luis Jorge (Hg.): *Minería en Colombia. Derechos, Políticas Públicas y Gobernanza*. Bogotá: Contraloría General de la República, S. 125-174.

SECCATORE, Jacopo/VEIGA, Marcello/ORIGLIASSO, Chiara/MARIN, Tatiane/DE TOMI, Giorgio (2014): "An Estimation of the Artisanal Small-scale Production of Gold in the World". In: *Science of The Total Environment*, 496, S. 662-667.

SVAMPA, Maristella (2015): "Commodities Consensus: Neoextractivism and Enclosure of the Commons in Latin America". In: *South Atlantic Quarterly*, 114, 1, S. 65-82.

UPME (Unidad de Planeación Minero Energético) (2006): *Colombia País Minero. Plan Nacional para el Desarrollo Minero. Visión al año 2019*. Bogotá: Ministerio de Minas y Energía/UPME.

— (2014): *Indicadores de la Minería en Colombia. Versión preliminar*. Bogotá: Ministerio de Minas y Energía, Unidad de Planeación Minero Energético.

— (2016): "Produccíon de Carbón Por Departamentos". <http://www.upme.gov.co/generadorconsultas/Consulta_Series.aspx?idModulo=4&tipoSerie=121&grupo=371> (18.8.2016).

URÁN, Alexandra (2013): "La legalización de la minería a pequeña escala en Colombia". In: *Letras Verdes. Revista Latinoamericana de Estudios Socioambientales*, 14, S. 255-283.

VÉLEZ-TORRES, Irene (2014): "Governmental Extractivism in Colombia: Legislation, Securitization and the Local Settings of Mining Control". In: *Political Geography*, 38, S. 68-78.

Drogenwirtschaft und Drogenhandel

Kai Ambos[1]

Das Drogenproblem

Trotz der in den letzten Jahrzehnten verstärkten Drogenbekämpfung gilt Kolumbien noch immer als einer der zentralen Vertriebsplätze des internationalen Kokainhandels. Das Land verminderte zwar in den 2000er Jahren die Kokaanbaufläche um 58 % und belegte zwischen 2011 und 2013 nicht mehr den ersten Platz beim Kokaanbau (UNODC 2010: 20; 2015: 143), doch gilt es neuerdings wieder als weltgrößter Hersteller von Koka und Kokain (UNDOC/Gobierno de Colombia 2015: 17-54; UNODC 2015: 53; UNDOC/Gobierno de Colombia 2016: 13; UNODC 2016: 35). Die Kokainherstellung hat sich von 2013 bis 2015 von 290 auf 446 Metrische Tonnen erhöht. Die Kokaanbaufläche ist ebenso von 48.189 (2013) auf 69.132 (2014) bzw. 96.000 (2015) Hektar gestiegen (UNDOC/Gobierno de Colombia 2016: 17).

Anders als in den 1970er und 1980er Jahren stammen die zur Kokainherstellung notwendigen Kokablätter inzwischen aus nationaler Eigenproduktion. Die nur schwer zugänglichen Anbaugebiete befinden sich hauptsächlich in den Departments Antioquia, Bolivar, Caquetá, Cauca, Guaviare, Meta, Nariño und Putumayo. Die Verarbeitung und der Vertrieb finden auch in den Departments statt, in denen die Guerillas und *Bandas Criminales Emergentes* (BACRIM) (s.u.) angesiedelt sind. Neben der Verarbeitung zu Rohkokain für den ausländischen Markt werden auch der sogenannte *basuco* (rohe Kokapaste) und die Kokainbase für den inländischen Markt hergestellt.

Daneben hatte sich Kolumbien in den 1990er und Anfang der 2000er Jahre auch zu einem wichtigen Heroinproduzenten entwickelt, aber die Zerstörungsbemühungen mittels flächendeckender Giftbesprühung führten in den vergangenen Jahren zu einer beträchtlichen Reduzierung des

---

1   Ich danke meinem Doktoranden Diego Tarapués, Cali, für die Aktualisierung des Beitrags und für seine wichtigen Anmerkungen.

Schlafmohnanbaues.[2] Während es 1994 ca. 20.000 Hektar gab, wurden 2014 nur noch 386 Hektar registriert. Die Anbaugebiete befinden sich hauptsächlich in den Departments Cauca, Cesar, Huila, Nariño, Tolima und Valle del Cauca.[3] Auch Marihuana wird in Kolumbien produziert (US Department of State 2015: 136). Die Anbaufläche betrug in den Neunzigerjahren 4.200 Hektar. Aus den verfügbaren Berichten ergibt sich eine Verringerung der beschlagnahmten Menge von 409 Tonnen im Jahr 2013 auf 182 Tonnen im Jahr 2015.[4] Die Anbaufläche verringerte sich von 266 Hektar (2014) auf 206 Hektar (2015), was einen Rückgang von 21,6 % bedeutet (UNDOC/Gobierno de Colombia 2016: 65).

Der illegale Konsum erscheint nach wie vor (Ambos 1993: 32-35) nicht als vorrangiges gesellschaftliches Problem in Kolumbien selbst, da es sich überwiegend um einen einmaligen Konsum handelt.[5] Allerdings wird von staatlicher und nichtstaatlicher Seite immer wieder auf die Zunahme des Konsums, insbesondere von Heroin und Opium hingewiesen (UNDOC/Gobierno de Colombia 2015: 66); laut Umfrageergebnissen lässt sich ein leichter Anstieg von 8.6 % im Jahr 2008 auf 12.17 % im Jahr 2013 bezüglich des Einmalkonsums von Marihuana, Basuco, Ecstasy und Heroin verzeichnen (UNDOC/Gobierno de Colombia 2016: 68). In den letzten Jahren ist ein Konsumanstieg zu konstatieren, doch betrifft dieser vor allem synthetische Drogen (OAS 2015: 140) und Kokain (UNODC 2015: 53-56, 68-73).

Folgen

Kartelle und Drogenkrieg

Die traditionellen Drogenorganisationen beruhen nicht auf formalisierten Rechtsbeziehungen, sondern auf familiären bzw. freundschaftlichen Bindungen, was gerade ihre relative Geschlossenheit und Stärke ausmacht. Das Verhältnis der Organisationen zu Staat und Gesellschaft wird nicht

---

2   <http://www.odc.gov.co/portals/1/cultivos/images/txtAmapola.pdf> (23.11.2016).
3   <http://www.odc.gov.co> (23.11.2016).
4   <http://www.odc.gov.co> (23.11.2016).
5   Siehe etwa die Nationale Studie über den Drogenkonsum bei Schülern (Gobierno Nacional de Colombia 2011: 63-94).

von formalen rechtlichen Normen bestimmt, sondern es existiert eine komplexe, auf außerrechtlichen Mechanismen beruhende Interdependenz zwischen Drogenhandel einerseits und Staat/Gesellschaft andererseits.

So besteht der illegale Markt aus zahlreichen kleinen Unternehmen und nicht aus wenigen großen, leichter zu zerschlagenden Kartellen. Diese "Kleinunternehmen" erfüllen streng abgegrenzte Aufgaben im Koka-Kokain-Prozess und sind durch zahlreiche Vermittler untereinander verbunden. In diesem Sinne wurde auch von der US-amerikanischen *Drug Enforcement Administration* (DEA) festgestellt, dass innerhalb der Kartelle einzelne Gruppen existieren, die für die verschiedenen Handelsphasen – vom Kokaankauf bis zum Kokainvertrieb – zuständig sind, wobei zwischen diesen Gruppen ein personeller Austausch stattfinden kann. Entscheidendes Strukturelement der Marktorganisation ist bis heute eher Kooperation als Hierarchie (Krauthausen/Sarmiento 1991: 30, 51-52, 214; Uprimny 1994).[6]

Über die internen Organisationsstrukturen existieren nur vage Vorstellungen, die zudem umstritten sind. Der kolumbianische Soziologe Camacho Guizado (1991: 68) etwa verweist auf "die Bereicherungsabsicht als Hauptziel, das Geheimnis, die Willkür, den Mangel an Skrupeln, die nicht in Frage zu stellende Hierarchie, den blinden Gehorsam, die äußerste Verteidigung des Privateigentums, die Waffen als Mittel von Recht, Gesetz und Freiheit". Dem gegenüber stellen etwa Betancourt Vélez/García, eher Krauthausen folgend, fest:

> Die Tatsache, dass die kolumbianische Mafia nicht hierarchisch und zentralistisch operiert, hat zur Folge, dass sie sich mit einem Netz von lokalen Vertretern [...] begnügt, die in einer Gemeinde, Stadt oder Region zusammengeschlossen sind und die mit Hilfe von Vetternwirtschaft, Hilfeleistungen und Stiftungen [...] Popularität und eine soziale Basis erreichen (zitiert nach Uprimny 1994: 24).

Nach der Zerschlagung der großen Kartelle von Medellín, Cali und Norte del Valle entstanden keine neuen derartigen Organisationen mehr. Verschiedene Faktoren führten zu dieser Entwicklung. Der innere Krieg zwischen den zwei größten Kartellen (Cali und Medellín) war nur der

---

6 Dies belegt beispielsweise die Kooperation zwischen den verschiedenen kriminellen Organisationen, die ein gemeinsames Interesse an Drogen oder illegalen Märkten haben (CITpax 2012: 11).

Anfang vom Ende der monopolartigen Marktbeherrschung. Zum Krieg zwischen dem Medellín-Kartell und dem Staat kam es, als der damalige Präsident Belisario Betancur noch am Sarg des ermordeten Justizministers Lara Bonilla die Auslieferung des Drogenhändlers Carlos Lehder an die USA ankündigte und damit den ersten Drogenkrieg einleitete. Danach wurde die Eliminierung von staatlichen Repräsentanten, die sich dem Geschäft entgegenstellten, zur ständigen Praxis des Medellín-Kartells, und die Regierung reagierte mit neuerlichen Kriegserklärungen auf den *narcoterrorismo*. Den vorläufigen Schlusspunkt dieser Eskalation stellten die Morde an Carlos Valencia, Richter am Obersten Gerichtshof in Bogotá, am 16. August 1989 sowie an Valdemar Franklin Quintero, Polizeichef in Antioquia, und Luis Carlos Galán, Senator und Präsidentschaftskandidat der Liberalen Partei, am 18. August des gleichen Jahres, dar.[7] Daraufhin erklärte Präsident Barco (1986-1990) den nächsten Drogenkrieg, dies unter anderem auch wegen der politischen Bestrebungen Pablo Escobars. Umstritten bleibt bis heute, ob man dem Kartell auch die Morde an Bernardo Jaramillo, Präsidentschaftskandidat der *Unión Patriótica* (UP), am 22. März 1990 und an Carlos Pizarro, Präsidentschaftskandidat der AD/M-19, am 26. April 1990 zurechnen kann.[8] Keiner dieser Morde, einschließlich desjenigen an Lara Bonilla, ist bisher aufgeklärt worden. Nach langer Zeit staatlicher Inaktivität in diesen Fällen kommt es seit einigen Jahren zu verstärkten Ermittlungen.[9] Viele der sogenannten *magnicidios* wurden von der kolumbianischen Rechtsprechung zu Verbrechen gegen

---

7   Zwischen der Ermordung von Lara Bonilla und der Galáns lagen unter anderem die Morde an Guillermo Cano (Direktor des *El Espectador),* Jaime Ramírez (Direktor der Antidrogenpolizei), Hernando Baquero Borda (Richter am Obersten Gerichtshof), Jaime Pardo Leal (Präsident der *Unión Patriótica),* Carlos Mauro Hoyos (nationaler Generalstaatsanwalt) und Antonio Roldán (Gouverneur von Antioquia) (Americas Watch 1990).

8   Dies ist fraglich, da Jaramillo, Pizarro und ihre Bewegungen (UP, M-19) aus nationalistischen Gründen stets gegen die Auslieferung von Kolumbianern an die USA waren und deshalb von den "Auslieferbaren" als "Freunde des Dialogs" betrachtet wurden (Orozco 1990: 52). Die jüngsten Ermittlungen der Staatsanwaltschaft weisen darauf hin, dass Pablo Escobar, Rodríguez Gacha und Henry Pérez (paramilitärischer Kommandant) insoweit unterschiedlicher Meinung waren, aber jedenfalls im Rahmen eines kriminellen Unternehmens zusammengearbeitet haben. <http://www.elespectador.com/noticias/nacional/reconstruccion-de-los-magnicidios-articulo-459142> (23.11.2016).

9   Noch heute laufen die Ermittlungen zu diesen Fällen auf der Grundlage einer neuen Strategie der Priorisierung (Aponte 2014).

die Menschlichkeit erklärt, um die Ermittlungen ungeachtet von Verjährungsfristen fortführen zu können.

Im Laufe der Verfolgung Pablo Escobars nach dessen Flucht aus dem Gefängnis im Juli 1992 bis zu seinem Tod im Dezember 1993 wurde die militärische Struktur des Medellín-Kartells durch den zur Ergreifung Escobars gegründeten *Bloque de Búsqueda* (Suchblock) vollkommen zerschlagen. Ab 1995 richtete sich dann die Hauptaufmerksamkeit der Drogenbekämpfung auf das Cali-Kartell. Der wegen des *narcocasete*-Skandals (s.u.) unter Druck geratene Präsident Ernesto Samper hatte es bis Ende 1995 geschafft, die führenden Köpfe des Kartells festnehmen zu lassen. Die USA drängten auf die Auslieferung der Brüder Rodríguez Orejuela und nach einer 1997 erfolgten erneuten Verfassungsänderung, die die Auslieferung kolumbianischer Staatsangehöriger wieder ermöglichte, wurden sie Ende 2004 (Gilberto) bzw. Anfang 2005 (Miguel) an die USA ausgeliefert.

Nach der Zerschlagung des Cali-Kartells entstand das in den 1990er und 2000er Jahren konsolidierte Kartell *Norte del Valle*. Es wurde von einigen ehemaligen Untergebenen der Brüder Rodríguez Orejuela gegründet. Neben Orlando Henao Montoya und seinen Geschwistern befanden sich darunter auch bekannte Drogenhändler wie Iván Urdinola Grajales, Efraín Hernández Ramírez, Víctor Patiño Fómeque, Juan Carlos Ramírez Abadía (Chupeta), Diego León Montoya Sánchez (Don Diego) und Wilber Varela (Jabón). Die neue Organisation erlangte traurige Berühmtheit bei der der Neugestaltung der Drogenökonomie, vor allem durch einen internen Machtkampf seiner letzten beiden Führungsfiguren. Don Diego, in den 2000er Jahren auf Platz zwei der FBI-Fahndungsliste (nach Bin Laden!), gründete die paramilitärische Gruppierung *Los Machos*. Jabón war der Anführer der sogenannten *Los Rastrojos*.

Mit diesen beiden paramilitärischen Gruppen wurde die Grundlage für die heute aktiven *Bandas Criminales Emergentes* (Bacrim) geschaffen. Als Bacrim bezeichnet man die neuen kriminellen Gruppierungen, die nach der Demobilisierung der rechtsgerichteten paramilitärischen Dachorganisation *Autodefensas Unidas de Colombia* (AUC) und nach dem Ende der Epoche der großen Kartelle entstanden (McDermott 2013). Insofern kann man von einer Autonomisierung des Drogenhandels sprechen, weil dieser inzwischen von zahlreichen Kleingruppen organisiert wird. Die staatliche Drogenbekämpfung konzentriert sich auf diese Gruppen, die in den letzten Jahren durch Festnahmen und Tötungen führender Mitglieder erheblich geschwächt wurden. Die Generalstaatsanwaltschaft klassifiziert derzeit drei kriminelle Organisationen als Bacrim, nämlich *Los Rastrojos* mit ca. 800 Mitgliedern, *Los Urabeños* mit ca. 3.000 Mitgliedern und *El Eparc* mit ca. 350 Mitgliedern. Neben dem Drogenhandel gehören Erpressung, Auftragsmorde und illegaler Bergbau zu ihren Hauptaktivitäten.

Die mit dem Drogenhandel zusammenhängende Gewalt drückt sich traditionell auf drei verschiedene Arten aus (Camacho Guizado 1991: 66): als Gewalt innerhalb der Drogenorganisationen, polizeilich als *ajuste de cuentas* bezeichnet; als antistaatliche Gewalt in Form des *narcoterrorismo* in selektiver (Attentate gegen Persönlichkeiten) oder willkürlicher Form (Terroranschläge, etwa Autobomben); und als paramilitärische Gewalt gegen Guerilla und Volksbewegungen. Von diesen Gewaltformen existiert die zweite nicht mehr, insofern hat sich die staatliche Drogenbekämpfung normalisiert und besteht heute, wie in vielen anderen Ländern, im Wesentlichen in polizeilicher und justizieller Strafverfolgung. Die beiden anderen Gewaltformen werden von den Drogenorganisationen weiterhin verwendet. Ihre ursächliche Bedingung ist die Existenz eines illegalen Marktes, der Gewalt als Mittel der Konfliktlösung aufgrund fehlender staatlicher Schlichtungsinstanzen und erheblicher Profite erst möglich und zum Hauptproblem gemacht hat. Das Recht wird als Ordnungsfaktor durch Gewalt ersetzt. Da die kriminellen Organisationen sich zur Konfliktlösung nicht der staatlichen Instanzen bedienen können, gleichwohl jedoch zur Sicherung der Ordnung und der Spielregeln des illegalen Marktes bestimmter Mechanismen bedürfen, schaffen sie sich ihr eigenes Gesetz, dessen Ultima Ratio die physische Eliminierung des Regelverletzers ist. Es handelt sich um eine ungeschriebene, paralegale Ordnung, da ihr wirksamstes Sanktionsmittel, die Gewalt, in der Regel rational[10] eingesetzt wird.

---

10 Man kann nach wie vor mit Krauthausen/Sarmiento (1991: 42) von einer "Rationalität des Terrors" sprechen, die sich auf zwei Arten zeigt. Zum einen dient die Gewalt der Sicherung des wirksamen Funktionierens des illegalen Marktes, indem Regelverletzungen – "Verrat" durch Zusammenarbeit mit den staatlichen Behörden, fehlender Ernst beim Geschäft und (eventuell daraus folgend) Diebstahl oder (fahrlässiger) Verlust von Ware – sanktioniert werden, womit eine erhebliche Abschreckungswirkung erreicht wird. Zum anderen wird durch den "rationalen" Einsatz von Drohung und Gewalt – neben der Bestechung – die Passivität der Sicherheitskräfte und der Justiz und damit im Ergebnis Straflosigkeit (*impunidad*) erreicht.

Drogenökonomie

Der Charakter der Drogenwirtschaft als Schattenwirtschaft macht es unmöglich, ihren Einfluss auf die legale Wirtschaft genau zu messen. Gleichwohl sollen hier einige Schätzungen vorgelegt werden, um deutlich zu machen, dass sich der Drogenhandel in Kolumbien zu einem ernst zu nehmenden Wirtschaftsfaktor entwickelt hat. Den am besten untersuchten Drogenmarkt stellt das Kokaingeschäft dar; es soll sich 2009 auf ca. 85 Milliarden US-Dollar belaufen haben (UNODC 2012: 60; OAS 2013a: 60). Der Heroinhandel führte im gleichen Jahr zu Einnahmen in Höhe von ca. 55 Milliarden US-Dollar. Am lukrativsten war mit ca. 141 Milliarden US-Dollar das Marihuanageschäft (OAS 2013a: 60). Neueren Untersuchungen zufolge beläuft sich der Reingewinn in den Transitländern auf 20 % bis 25 %, während nur knapp 1 % des gesamten Einzelhandelsumsatzes die Landwirte in der Andenregion erreicht. Die Gesamtgröße des illegalen Drogenmarkts entspricht etwa 320 Milliarden US-Dollar oder 0,9 % des BIP (UNODC 2012: 60; OAS 2013a: 5). 2013 flossen 476 Millionen US-Dollar aus drogenbezogenen Aktivitäten nach Kolumbien, was 0,2 % des BIP entsprach. Somit verminderte sich das aus der illegalen Drogenwirtschaft stammende Geld von 1,7 % des BIP im Jahr 2000 auf 0,2 % im Jahr 2013 (DANE 2014: 4).

In allen wichtigen Wirtschaftsbereichen werden durch die Drogenwirtschaft Arbeitsplätze geschaffen: Landwirtschaft (Koka-, Marihuana- und Schlafmohnanbau), Industrie (Verarbeitung zu Kokain) und Handel (Lagerung, Verteilung, Transport). Insgesamt wird geschätzt, dass ca. 200.000 Personen direkt beschäftigt sind, was ca. 1 % der Erwerbsbevölkerung (24 Mio.) entspricht. Im Rahmen des Kokainhandels entfallen auf die kolumbianischen Kokabauern 9 % der Einnahmen (OAS 2013b: 22-23). 20 % gehen an die Verarbeiter der aus dem Kokablatt extrahierten Kokainbase (OAS 2013b: 23). Die restlichen 71 % entfallen auf die Händler, die das Kokain nach Zentralamerika und zu anderen Transitpunkten transportieren (OAS 2013b: 23).

Auf regionaler Ebene zeigt sich der Einfluss des Drogengeldes unter anderem in einem wachsenden Dienstleistungssektor, höheren Löhnen und geringeren Arbeitslosenzahlen. Gleichwohl ist festzustellen, dass der illegale Bergbau – hauptsächlich von Gold – das Drogengeschäft auf regionaler Ebene mehr und mehr verdrängt (CITpax 2012: 3-5). Er soll 3,5

Mal mehr als der Kokainhandel einbringen.[11] Dieses neue Phänomen hat die Situation der regionalen Drogenökonomie grundlegend gewandelt.

Korruption und politische Einflussnahme

Unterschiedliche Geschehnisse lassen in der jüngeren kolumbianischen Geschichte eine Verknüpfung des Drogenhandels mit der Politik erkennen. Nicht nur der sogenannte *narcocasete*-Skandal der 1990er Jahre und das daraus folgende Verfahren, der sogenannte *Proceso 8000* über die mögliche Teilfinanzierung der Wahlkampagne des ehemaligen Präsidenten Samper durch das Cali-Kartell, sondern auch weitere Fälle der Infiltration von Politik, Sicherheitskräften und Justiz zeigen die Dimensionen der politischen Einflussnahme der Drogenhändler, ohne dass dies jemals nennenswerte Konsequenzen gehabt hätte. Die Drogenorganisationen haben insbesondere die Wahlkampagnen von Kongressabgeordneten finanziert, um diese zur Zusammenarbeit zu bewegen, aber auch direkten Einfluss auf die Gesetzgebung ausgeübt. So wollte etwa Pablo Escobar Mitglieder der Verfassunggebenden Versammlung bestechen, um sich ihrer Stimme gegen den Auslieferungsartikel in der Verfassung von 1991 zu versichern. Auch das Cali-Kartell nahm durch seine Anwälte auf die Vorschriften der im November 1993 verabschiedeten Strafprozessordnung in puncto Strafnachlass bei freiwilliger Stellung erheblichen Einfluss.

Der *Departamento Administrativo de Seguridad* (DAS, früherer Inlandsgeheimdienst) deckte in mehreren vertraulichen Berichten die Allianz von Großgrundbesitzern, Drogenhändlern und Mitgliedern der Armee mit paramilitärischen Gruppen und Killerbanden auf, insbesondere in der Region Magdalena Medio.[12] Danach diente etwa die *Asociación Campesina de Ganaderos y Agricultores del Magdalena Medio* (ACDEGAM, Vereinigung der Bauern und Viehzüchter des Magdalena Medio) als Fassade für gekaufte Mörder und Drogenhändler und wurde von zahlreichen staatlichen Autoritäten unterstützt. Zu einer der bekanntesten dieser Gruppen, *Muerte a los Secuestradores* (MAS, Tod den Entführern), gehörten nach Angaben des

---

11 Illegaler Bergbau findet in 233 Gemeindebezirken innerhalb von 12 Departments statt. Die Einnahmen lagen 2014 bei ca. 1,4 Milliarden US-Dollar. <https://www.dnp.gov.co/Paginas/Miner%C3%ADa-ilegal-es-contraria-al-crecimiento-verde.aspx> (23.11.2016).

12 Der DAS wurde am 31.10.2011 durch das Dekret 4057 von Präsident Santos aufgelöst.

damaligen Generalstaatsanwaltes Alfonso Gómez 59 aktive Mitglieder von Sicherheitsorganen, darunter Mitglieder aller Geheimdienste, was nach Ansicht einer renommierten Nichtregierungsorganisation nur die Spitze eines Eisbergs darstellte (Comisión Andina de Juristas/Comisión Internacional de Juristas 1990: 93). Aufgabe dieser paramilitärischen Gruppen war die Eliminierung "von Führern linksstehender Organisationen, von angeblich die Guerilla unterstützenden Bauern, von Gewerkschaftsaktivisten oder Verteidigern der Menschenrechte" (Camacho Guizado 1989: 191), womit ihnen eine entscheidende Rolle im sogenannten schmutzigen Krieg[13] zukam.

Korruption und politische Einflussnahme zeigen sich insbesondere in dem Skandal der sogenannten *Parapolítica*. Aufgrund des von der Uribe-Regierung initiierten Demobilisierungsprozesses der paramilitärischen AUC und den nachfolgenden Sondergerichtsverfahren mit umfassenden Geständnissen führender Paramilitärs wurde deren massive Einmischung in die lokale, regionale und sogar nationale Politik bekannt. Der sog. *Pacto de Ralito*, ein Abkommen zwischen Paramilitärs und Politikern, war Ausgangspunkt und Grundlage strafrechtlicher Ermittlungen. Viele Parlamentarier und andere Politiker fast aller politischen Parteien wurden wegen unterschiedlicher Straftaten verurteilt. Der Skandal führte zu massiven Legitimitätsproblemen der nationalen Regierung und des von Abgeordneten, die mit den Paramilitärs in Kontakt standen, unterwanderten Parlaments. So musste etwa die damalige Außenministerin María Consuelo Araújo aufgrund eines Verfahrens gegen ihren Bruder, den Senator Álvaro Araújo Castro, zurücktreten (Ambos 2010: 73-89).

Narcoguerilla

Mitte der 80er Jahre prägte der damalige US-Botschafter in Bogotá, Lewis Tambs, den Begriff der *narcoguerilla*[14], um eine Zusammenarbeit von Drogenhändlern und Guerillabewegungen zu suggerieren. Die USA haben Kolumbien im Rahmen des Krieges gegen Drogen finanziell unterstützt und zugleich das Vorgehen gegen die Guerillas vorangetrieben. Zwischen

---

13 Mit dem Begriff des schmutzigen Krieges wird die systematische Eliminierung jeglicher Opposition durch staatliche Sicherheitsorgane unter grober Missachtung der Menschenrechte und des Kriegsrechts bezeichnet.

14 <http://www.eltiempo.com/archivo/documento/MAM-505214> (23.11.2016).

2000 und 2006 wurde der hauptsächlich von den USA finanzierte *Plan Colombia* umgesetzt (Veillette 2005: 1-3). Ursprünglich sollte der Plan als soziales Programm zur Unterstützung des damaligen Friedensprozess (1999-2002) zwischen der Pastrana-Regierung und den *Fuerzas Armadas Revolucionarias de Colombia – Ejército del Pueblo* (FARC, Revolutionäre Streitkräfte Kolumbiens – Volksarmee) dienen, er entwickelte sich jedoch schnell zu einem überwiegend polizeilichen und militärischen Programm.

Nach den Terroranschlägen des 11. September 2001 konnte man eine Art Fusion des Krieges gegen die Drogen mit der Terrorismusbekämpfung beobachten. Die kolumbianische Guerilla, allen voran die FARC, wurde nicht nur als Unterstützer und Profiteur der illegalen Drogenökonomie wahrgenommen, sondern auch in die Liste terroristischer Organisationen aufgenommen (Tarapués 2009). Trotz der Schwächung des Drogenhandels und der Guerilla durch den *Plan Colombia* und den ebenso repressiv-militärisch ausgerichteten *Plan Patriota* (2004-2007), insbesondere während der beiden Uribe-Regierungen (2002-2010), wurde das Band zwischen Drogenökonomie und Guerilla nicht vollständig gekappt. So wird in einem DEA-Bericht von 2015 behauptet, dass die FARC und die Bacrim die wichtigsten Drogenorganisationen in Kolumbien seien und in engem Kontakt mit den mexikanischen Kartellen stünden (DEA 2015: 4-5).

Die FARC operierten zwar in Zonen, in denen Marihuana, Koka und Schlafmohn angebaut wurden und sich verstärkt Drogenhändler ansiedelten, aber deshalb konnte man sie nicht als Drogenkartell bezeichnen; zumindest waren sie kein traditionelles Kartell wie früher das Cali- und das Medellín-Kartell. In den Anfängen dieser Koexistenz fand sicherlich eine partielle Zusammenarbeit statt, wobei sich die Guerilla in erster Linie als Interessenvertreter der Kokabauern und weniger als strategisch-ideologische Verbündete der Drogenhändler betrachtete. Im Laufe der Zeit entwickelte sie sich zum schlimmsten Feind der von den Großgrundbesitzern oder Drogenhändlern gegründeten paramilitärischen Gruppen, da diese sie und ihre soziale Basis, die Bauernschaft, existentiell bedrohten.

Fest steht aber auch, dass sich die Guerilla, insbesondere die FARC, nach dem Ende der Sowjetunion und dem Zerfall des marxistisch-leninistischen Staatenblocks neue Finanzierungsquellen erschließen musste und dabei der Drogenhandel – auch in Form von Abgaben und Schutzgeldern – eine wichtige Rolle spielte. Dies wird durch mehr oder weniger verlässliche Zahlen bestätigt. Nach Angaben der Zeitschrift *Forbes* brachte die Beteiligung an der Drogenökonomie den FARC 600 Millionen US-Dollar jährlich ein.[15] Andererseits stellte die Senatorin Claudia López die These auf, die FARC seien der fünftgrößte Arbeitsgeber Kolumbiens, weil ca. 65.000 Familien in der Kokaproduktion von ihnen ökonomisch abhängig seien. Außerdem kontrollierten sie ca. 60 % der Kokaanbaufläche in Kolumbien.[16] Die Bedeutung des Themas zeigt sich auch daran, dass es einer von sechs Diskussionspunkten im Rahmen des Friedensprozesses zwischen der Santos-Regierung und den FARC war. Der 4. Teil des letztlich am 24. November 2016 unterzeichneten (überarbeiteten) Friedensabkommens betrifft die "Problemlösung der illegalen Drogen". Das Abkommen nennt insoweit insbesondere die Strategie der "alternativen Entwicklung" der betroffenen ländlichen Regionen und Aufklärung zum Konsum und erkennt die Drogenabhängigkeit als Krankheit statt als Straftat an.[17] Im Übrigen etabliert das Friedensabkommen ein spezielles Übergangsjustizsystem, welches die Verfolgung der schwersten im Konflikt begangenen Taten, die nicht amnestiefähig sind, ermöglichen soll. Strittig ist hierbei, ob der Drogenhandel als Zusammenhangstat (*delito conexo*) zu den politischen Delikten zu gelten hat und somit amnestiefähig ist.[18]

Die staatliche Antwort

Die Antwort des Staates auf das Drogenproblem hat sich seit jeher an den internationalen Vorgaben des Prohibitionsregimes orientiert. Das bis heute gültige kolumbianische Drogengesetz *Estatuto Nacional de Estupefacientes* (ENE, Gesetz 30 von 1986) beinhaltet hauptsächlich Vorschriften repressiver Art. Zusätzlich existieren zahlreiche Exekutivverordnungen, die zunächst unter dem Ausnahmezustand erlassen und dann zu ordentlicher Gesetzgebung wurden. Soweit sie die Bekämpfung des Drogenhandels zum Ziel haben, sind sie durchweg repressiver Natur (Ambos 1993: 166-169). Das ENE wurde zwar im Laufe der Zeit einige Male reformiert,

---

15 <http://www.forbes.com/pictures/edle45fmkj/3-farc-annual-turnove> (23.11.2016).

16 <http://es.insightcrime.org/investigaciones/actividades-criminales-farc-y-ganancias-de-la-guerrilla> (23.11.2016).

17 Dazu ausführlich: "Acuerdo final para la terminación del conflicto y la construcción de una paz estable y duradera", S. 98-123. <http://www.altocomisionadoparalapaz.gov.co/procesos-y-conversaciones/Documentos%20compartidos/24-11-2016NuevoAcuerdo-Final.pdf> (10.05.2017).

18 Siehe dazu *Ley 1820 de 2016* und Ambos (2017).

aber die repressive Drogenpolitik wurde in ihrem Kern nie grundlegend überarbeitet. Die strafrechtlichen Vorschriften des ENE wurden in das kolumbianische StGB (*Código Penal* von 2000) aufgenommen. In der ersten Amtsperiode von Präsident Juan Manuel Santos, insbesondere zwischen 2011 und 2013, wurde ein liberalerer Gesetzentwurf erarbeitet, der die gesundheitliche Kontrolle in den Mittelpunkt stellte.[19] Der Entwurf fand nie den Weg in das parlamentarische Gesetzgebungsverfahren. Sein liberaler, gesundheitspolitisch orientierter Ansatz spielte jedoch immerhin bei den Verhandlungen zwischen Regierung und FARC eine Rolle.[20]

Strafrechtliche Expansion, Konturenlosigkeit des Rechtsguts, faktische Kriminalisierung des Konsums und die damit einhergehende oder daraus folgende Tendenz der Kriminalisierung und Verfolgung von Konsumenten und Kleindealern lassen das materielle kolumbianische Drogenrecht dem der westlichen Konsumentenländer sehr ähnlich erscheinen. Als Unterschied bleibt die teilweise zusätzliche Kriminalisierung der Primärproduzenten. Die Kriminalisierung des Konsums wurde im Mai 1994 vom Verfassungsgericht für verfassungswidrig erklärt (Ambos 1995), jedoch fand im letzten Regierungsjahr von Präsident Uribe eine Verfassungsänderung statt, die in den Art. 49 der Verfassung das Verbot vom Besitz und Konsum von Drogen einfügte. Das Verfassungsgericht vertrat die Ansicht, dass damit nicht eine neuerliche Kriminalisierung des Konsums einhergehe, sondern nur ein Verbot aufgestellt werde. Der Besitz zum Eigenkonsum wird nicht mehr strafrechtlich verfolgt (Eigenkonsummenge: 1 gr Kokain und 20 gr Marihuana). Obwohl es sich um ein strafrechtlich relevantes Verhalten nach dem kolumbianischen Strafrechtgesetzbuch handelt, sind sich das Verfassungsgericht und der Oberste Gerichtshof insoweit einig, dass kein rechtswidriges Verhalten vorliegt, da bei derartig geringen Mengen nicht von Drogenhandel auszugehen ist und folglich keine Verletzung des Rechtsguts der öffentlichen Gesundheit vorliegt; vielmehr handelt es sich um Abhängige, die medizinischer und psychologischer Hilfe bedürfen.[21]

---

19 <http://www.razonpublica.com/index.php/conflicto-drogas-y-paz-temas-30/3538-nuevo-estatuto-nacional-de-drogas-mucho-ruido-y-pocas-nueces.html> (23.11.2016).

20 <http://www.fiscalia.gov.co/colombia/noticias/gobierno-y-fiscalia-lanzan-estrategia-contra-el-microtrafico/> (23.11.2016).

21 S. dazu Oberster Gerichtshof, Urteil SP3605-2017 v. 15.03.2017 und Verfassungsgericht, Entscheidung C-574-2011 v. 22.7.2011.

Auf prozessualer Ebene geht es im Kern um die erleichterte polizeiliche Verfolgung und gerichtliche Verurteilung. Besonders hervorzuheben ist die herausragende Bedeutung der Auslieferung an die USA. Seit 1997 spielt sie eine wichtige Rolle als schmerzhafteste Sanktion gegen Drogenhändler; sie wurde insbesondere in den zwei Amtsperioden von Präsident Uribe (2002-2010) sehr häufig (über 1140 ausgelieferte Personen in acht Jahren) angewendet. In den Bereichen Strafzumessung und Strafvollzug ist eine Tendenz zu drastischen Abschreckungsstrafen festzustellen. Zudem führt die restriktive Gewährung von Vollzugslockerungen und Strafaussetzungsmöglichkeiten in Verbindung mit der Ausdehnung von Zwangsmaßnahmen in Form von Freiheitseinschränkungen zu einem hohen Anteil wegen Drogendelikten Inhaftierter. Kaum existierende Präventionsprogramme und der rege Drogenverkehr in den Haftanstalten selbst werfen zudem neue Konsumprobleme auf.

Der Drogenkrieg zieht zahlreiche repressive Polizeiaktionen nach sich, welche die Rechte der Zivilbevölkerung einschränken und häufig verletzen. Menschenrechtsverletzungen werden bei Großrazzien in den städtischen Slums oder bei militärischen Großoperationen in den überwiegend bäuerlichen Anbauzonen in Kauf genommen oder gar vorsätzlich begangen. Die damit teilweise einhergehende Verlagerung des Drogenkrieges zu einem schmutzigen Krieg gegen die politische Opposition erklärt sich zum einen aus den strategischen Prioritäten der Streitkräfte (und in geringerem Maß der US-Außenpolitik), die im Bereich der Aufstandsbekämpfung liegen; zum anderen aus der manchmal engen Verquickung zwischen den kolumbianischen Sicherheitskräften und einigen Organisationen des Drogenhandels, die auf gemeinsamen wirtschaftlichen und strategischen Interessen beruht.

Neben staatlicher Repression hat aber auch die Substitutionsstrategie unter dem vielversprechenden Namen der alternativen Entwicklung an Bedeutung gewonnen. In den letzten Jahren wurden viele Entwicklungsprogramme gefördert, deren Ziel es ist, den Kokaanbau durch alternative Wirtschaftsformen und Produkte legaler Art zurückzudrängen, wie etwa das von der Uribe-Regierung unterstützte Ersatzprogramm von Ölpalmenanbau. Das Problem dieser – an sich begrüßenswerten – Projekte ist allerdings seit jeher, dass sie nur einen geringen Teil des Kokaanbaus erreichen und häufig keine zu Koka konkurrenzfähigen Produkte anbieten. Letztlich wird damit der illegale Handel nicht signifikant zurückgedrängt. Mit der Abschaffung des Besprühens von Koka-Pflanzungen mit Glyphosat durch präsidentiellen Beschluss im Mai 2015 wegen der dadurch verursachten Umwelt- und Gesundheitsschäden und der im Rahmen der Friedensverhandlungen mit den FARC vereinbarten Strategie für den Ersatz bzw. die Ausrottung illegalen Anbaus wird sich die Frage einer alternativen Drogenpolitik in der kolumbianischen Post-Konflikt-Gesellschaft unter anderen Vorzeichen stellen.

Wirksamkeit und Alternativen

Die Entwicklung des Drogenhandels in Kolumbien hat gezeigt, dass die offizielle Politik zu lange hinter der von den USA geforderten Kriegserklärung an die Drogenmafia gestanden hat. In der Sache war dies ohnehin ein bloßes Lippenbekenntnis, weil ein echter Krieg gegen die Drogen – ungeachtet seiner weitgehenden Unwirksamkeit – nur gegen Pablo Escobar geführt wurde, weil dieser der politischen, vor allem in Bogotá angesiedelten Oligarchie die politische Vormachtstellung – natürlich mit wenig ehrenwerten Methoden – streitig gemacht hatte. Ansonsten wurde die effektive Durchsetzung des staatlichen Gewaltmonopols jahrzehntelang durch die durch Korruption oder Drohungen erreichten Abmachungen zwischen Staat und Drogenhandel be- oder gar verhindert – und dies auch und gerade im Department Antioquia in der Anfangsphase des Medellín-Kartells. Hinzu kommt, dass strafrechtliche Normen häufig gar nicht mit dem Ziel effizienter Anwendung oder möglicher Anwendbarkeit erlassen werden, sondern eine bloße symbolische Funktion erfüllen (García 1991: 30-31).

Vor diesem Hintergrund verwundert die von der kriminologischen Forschung inzwischen nahezu übereinstimmend verlautbarte Ansicht, dass sich die internationale Prohibitionspolitik nicht nur als rechtstaatlich unverträglich, sondern auch als weitgehend unwirksam erwiesen hat, keineswegs.[22] Der Einfluss von polizeilicher Drogenkontrolle und -repression auf den Koka-Kokain-Verarbeitungsprozess in den Anbauländern und auf die Organisation des Drogenhandels ist ähnlich gering wie der der Drogenzerstörung auf die Entwicklung der Gesamtanbauflächen. Die für die Kokainherstellung notwendige Kokamenge wird von den Substitutionsbemühungen nicht signifikant berührt. Die verfügbaren Zahlen zeigen, dass

---

22 Siehe dazu hierzulande die Initiative des Schildower Kreises, verfügbar unter: <http://schildower-kreis.de> (23.11.2016).

die Gesamtanbaufläche – auf alle Anbauländer bezogen – mehr oder weniger konstant bleibt, also kein für den illegalen Handel spürbarer Rückgang eintritt.

Im repressiven Bereich mögen zwar die polizeilichen Aktivitäten (Festnahmen, Beschlagnahme, Zerstörung von Laboratorien) quantitativ beeindrucken, sie erweisen sich jedoch bei einer qualitativen Betrachtung als wenig wirkungsvoll. Festnahmen betreffen in der Regel die aus der Unterschicht stammenden kleinen Zwischenhändler, Transporteure und Konsumenten, die beliebig ersetzbar sind, so dass die Organisations- und Vertriebsstrukturen des Handels vollkommen intakt bleiben. Teilweise Erfolge, etwa die Festnahme bzw. der Tod großer Bosse oder die Beschlagnahme größerer Drogenmengen, beruhen oft auf Zufällen oder gezielten Zugeständnissen der illegalen Drogenorganisationen.

Eine neue Politik muss gerade auch aus Sicht Kolumbiens eine umfassende Entkriminalisierung, insbesondere des Kokaanbaus und -konsums, und die kontrollierte Legalisierung, also nicht-strafrechtliche Kontrolle, des Drogenkonsums zum Ziel haben (Ambos 1994: 145-146). Kolumbien ist das Hauptopfer einer internationalen Prohibitionspolitik, die in den Anbauländern besondere Formen der Gewalt erzeugt, gleichzeitig von diesen aber immer mehr staatliche Gegengewalt fordert, und somit für eine unauflösbare Gewaltspirale verantwortlich zeichnet. So verwundert es auch nicht, dass es nicht zuletzt kolumbianische Politiker – insbesondere Juan Manuel Santos, César Gaviria und Ernesto Samper – sind, die im Rahmen der *Organization of American States* (OAS) und *United Nations Organization* (UNO), insbesondere mit Blick auf die UN-Generalversammlung zu Drogen im Jahre 2016, zu einem Umdenken auffordern und eine lateinamerikanische Initiative für eine neue Drogenpolitik anführen (Ambos 2015). Am Ende ist aber aus dieser Initiative mangels Einigkeit der lateinamerikanischen Regierungen nichts geworden.

Das Versagen der strafrechtlichen Kontrolle in Kolumbien und anderen Anbauländern ist in erster Linie auf die dort bestehenden sozioökonomischen Verhältnisse zurückzuführen. Deshalb muss eine neue Politik aus Sicht der Anbauländer folgende Elemente berücksichtigen (Ambos 1994: 146-164):

- Förderung einer integralen Entwicklung, d.h. einer sozialen, wirtschaftlichen, politischen und kulturellen Entwicklung der meist isolierten und verarmten Kokaanbaugebiete.

- Umfassende Entkriminalisierung der Kokaproduktion und des Konsums von Koka und seiner Verarbeitungsprodukte (also auch Kokain) sowie des Kleinhandels; internationale Vermarktung und Streichung der Koka aus der Liste der Betäubungsmittel der *Single Convention* der Vereinten Nationen von 1961.

- Orientierung der strafrechtlichen Drogenkontrolle an den sozioökonomischen Gegebenheiten des betreffenden Produzentenlandes statt wie bislang üblich an den Gesetzen der Industrieländer unter Vernachlässigung der nationalen Besonderheiten.

Literaturverzeichnis

AMBOS, Kai (1993): *Die Drogenkontrolle und ihre Probleme in Kolumbien, Peru und Bolivien: eine kriminologische Untersuchung aus Sicht der Anbauländer, unter besonderer Berücksichtigung der Drogengesetzgebung.* Freiburg i.Br.: Max-Planck-Institut.

— (1994): *Drogenkrieg in den Anden, Rahmenbedingungen und Wirksamkeit der Drogenpolitik in den Anbauländern mit Alternativen.* München: AG Spak.

— (1995): "'Recht auf Rausch'? Anmerkungen zu den Entscheidungen des zweiten Senats des BVerfG vom 9. März 1994 und des kolumbianischen Verfassungsgerichts vom 5. Mai 1994". In: *Monatsschrift für Kriminologie und Strafrechtsreform*, 77, 1, S. 47-54.

— (2010): *Procedimiento de la Ley de Justicia y Paz (Ley 975 de 2005) y Derecho Penal Internacional.* Bogotá: Deutsche Gesellschaft für Technische Zusammenarbeit (GTZ).

— (2015): "Drogas: hacia una posición común latinoamericana". In: *El Espectador*, 10.10.2015, <http://www.elespectador.com/opinion/drogas-una-posicion-comun-latinoamericana> (28.11.2016).

— (2017): "Amnistía y Narcotráfico". In *El Espectador*, 21.01.2017, <http://www.elespectador.com/opinion/opinion/amnistia-y-narcotrafico-columna-675841> (10.05.2017)

AMERICAS WATCH (1990): *The 'Drug War' in Colombia: The Neglected Tragedy of Political Violence.* New York: Eigenverlag.

APONTE, Alejandro (2014): "Kann es einen Frieden mit Gerechtigkeit geben? Dilemmata im kolumbianischen Friedensprozess und die Funktion des Strafrechts". In: Hefendehl, Roland et al. (Hg.): *Streitbare Strafrechtswissenschaft: Festschrift für Bernd Schünemann zum 70. Geburtstag.* Berlin: De Gruyter, S. 1031-1044.

CAMACHO GUIZADO, Álvaro (1989): "Colombia: Violencia y 'Narcocultura'". In: García-Sayan, Diego (Hg.): *Coca, cocaína y narcotráfico: laberinto en los Andes.* Lima: Comisión Andina de Juristas, S. 191-205.

— (1991): "Cinco tesis sobre narcotráfico y violencia en Colombia". In: *Revista Foro*, 15.9.1991 (Bogotá), S. 65-73.

CITpax Colombia (2012): *Actores Armados Ilegales y Sector Extractivo en Colombia, V Informe*. Bogotá: CITpax.

CIJ (Comisión Andina de Juristas)/CAJ (Comisión Internacional de Juristas) (1990): *Violencia en Colombia*. Lima: CIJ/CAJ.

DANE (Departamento Administrativo Nacional de Estadística)(2014): "Producto Interno Bruto (PIB) en el enclave de cultivos ilícitos 2011, 2012 y 2013". In: *Boletín Técnico DANE* (Oktober), S. 1-14.

García, Mauricio (1991): "Eficacia simbólica y narcotráfico en Colombia". In: Bagley, Bruce et al.: *Las drogas bajo tres nuevos enfoques analíticos: de la narcodiplomacia y la simbología jurídica a la industria del placer.* Bogotá: Centro de Estudios Internacionales de la Universidad de los Andes, S. 18-39.

Gobierno Nacional de Colombia (2011): "Estudio nacional de consumo de sustancias psicoactivas en población escolar". <https://www.unodc.org/documents/colombia/2013/septiembre/Estudio_Poblacion_Escolar_2011.pdf> (23.11.2016).

Krauthausen, Ciro/Sarmiento, Luis (1991): *Cocaína & Co: un mercado ilegal por dentro.* Bogotá: Tercer Mundo.

McDermott, Jeremy (2013): "Colombia's BACRIM: On the Road to Extinction?". <http://www.insightcrime.org/news-analysis/colombia-bacrim-road-extinction> (1.12.2016).

OAS (Organization of American States) (2013a): *El problema de las drogas en las Américas*. Washington, D.C.: OAS.

— (2013b): *El problema de las drogas en las Américas. Estudios: La economía del narcotráfico*. Washington, D.C.: OAS.

— (2015): *El problema de las drogas en las Américas*. Washington, D.C.: OAS.

Orozco, Iván (1990): "Los diálogos con el narcotráfico: historia de la transformación fallida de un delincuente común en un delincuente político". In: *Análisis Político*, 11 (September-Dezember), S. 28-58.

Tarapués, Diego (2009): "Diferencias ideológicas y aumento del narcotráfico: La posición ambivalente de Venezuela". In: Pastrana Buelvas, Eduardo et al. (Hg.): *Vecindario agitado, Colombia y Venezuela: Entre la hermandad y la conflictividad*. Bogotá: KAS, S. 137-173.

UNODC (United Nations Office on Drugs and Crime) (2010): *World Drug Report 2010*. Wien: United Nations Publication Sales No. E.10.XI.13.

— (2012): *World Drug Report 2012*. Wien: United Nations Publication Sales No. E.12. XI.1.

— (2015): *World Drug Report 2015*. Wien: United Nations Publication Sales No. E.15. XI.6.

— (2016): *World Drug Report 2016*. Wien: United Nations publication, Sales No. E.16. XI.7.

UNODC (United Nations Office on Drugs and Crime)/Gobierno de Colombia (2015): *Colombia Monitoreo de Cultivos de Coca 2014*. Bogotá: UNODC/Gobierno de Colombia.

— (2016): *Colombia Monitoreo de territorios afectados por cultivos ilícitos 2016*. Bogotá: UNODC/Gobierno de Colombia.

Uprimny, Rodrigo (1994): "Die Organisation der kolumbianischen Drogenunternehmer". In: *Blätter des iz3w*, 199 (Juli-August), S. 24-25.

DEA (US-Department of Justice Drug Enforcement Administration) (2015): *2015 National Drug Threat Assessment Summary*. Washington, D.C.: DEA.

US-Department of State Bureau for International Narcotics and Law Enforcement Affairs (2015): *International Narcotics Control Strategy Report*. Bd. 1. Washington, D.C.: U.S. Department of State. Bureau of International Narcotics and Law Enforcement Affairs.

Veillette, Connie (2005): *Plan Colombia: A Progress Report*. Washington, D.C.: Congressional Research Service (CRS) Report for Congress.

Tourismus: Rahmenbedingungen und Herausforderungen

Stephan Stober

Wer an Kolumbien denkt, hat meistens zunächst nicht Urlaub im Kopf. "Und warum muss es ausgerechnet Kolumbien sein? Kolumbien ist gefährlich!" (Grohmann 2016). So oder so ähnlich mag die Reaktion im Bekanntenkreis ausfallen, wenn Kolumbien als nächstes Reiseziel bekannt gegeben wird. Doch tatsächlich ist Kolumbien als Reiseland sicherer geworden und erlebt einen Aufschwung an internationalen Ankünften. Der internationale Tourismus hat vor allem in den letzten Jahren ein beschleunigtes Wachstum verzeichnet.

Jahr	Touristenankünfte*	Wachstum %
2010	2.385.000	
2011	2.045.000	-16%
2012	2.175.000	6%
2013	2.288.000	5%
2014	2.565.000	12%
2015	2.968.000	16%

*Die Zahlen beinhalten: Ankünfte von ausländischen Gästen in Kolumbien sowie Ankünfte von im Ausland lebenden kolumbianischen Staatsangehörigen. Ankünfte von Kreuzfahrtschiffen und sog. *transfronterizos* (z.B. Pendler, die die Staatsgrenze aus beruflichen Gründen überqueren) sind nicht einberechnet.

Tabelle 1: Internationale Touristenankünfte in Kolumbien. Quelle: World Tourism Organization 2016.

Zuvor hatten der bewaffnete Konflikt zwischen den verschiedenen illegalen Gruppen und der Regierung, terroristische Anschläge, *pescas milagrosas*[1] und hohe Kriminalitätsraten in den Großstädten den Tourismus

---

1 Kolumbianischer Begriff für Entführungen während Überlandfahrten.

bis auf wenige Ausnahmen praktisch zum Erliegen gebracht. Die einheimische Bevölkerung trotzte der Gefahrenlage teilweise und fuhr an Wochenenden oder zu Ferienzeiten in von Militär begleiteten Karawanen von den Ballungsgebieten in die umliegenden touristischen Erholungsgebiete. Internationaler Tourismus fand im Grunde nur punktuell an der Karibikküste in Cartagena und auf der Insel San Andrés statt, an organisierte Rundreisen durch Kolumbien war kaum zu denken.

Seit 2002 hat sich die Sicherheitslage im Land verbessert und auch das Deutsche Auswärtige Amt stuft zumindest die Hauptrouten zwischen den wichtigen Städten und üblichen touristischen Zentren als sicher ein. So heißt es in den Sicherheitshinweisen der Deutschen Botschaft: "Die kolumbianischen Sicherheitsbehörden haben in den vergangenen Jahren erhebliche logistische und personalintensive Anstrengungen unternommen, um die Sicherheit der Straßenverbindungen zwischen den wichtigsten Städten des Landes zu gewährleisten" (Auswärtiges Amt 2016). Die Botschaften anderer Länder, die internationale Presse und die Sicherheitsabteilungen der internationalen Reiseveranstalter bewerten die Situation ähnlich, wenngleich natürlich die immer noch bestehenden Sicherheitsrisiken und das damit verbundene Image die größte Barriere für die Destination darstellen.

Für die derzeitige Entwicklung des Tourismus in Kolumbien ist dementsprechend neben den globalen wirtschaftlichen Rahmenbedingungen auch die Performance einzelner Akteure wie des Tourismus- und Exportförderbüros ProColombia entscheidend. Dieses hat große Anstrengungen unternommen und Investitionen getätigt, um das Image Kolumbiens im Ausland aufzupolieren. "Colombia, the only risk is wanting to stay" war über einige Jahre hinweg der Slogan, der im sogenannten Destinations-Marketing zum Einsatz kam und in zahlreichen internationalen Tourismusmagazinen, Zeitschriften und Plakaten als Werbung für das Land verbreitet wurde. Die allgemeine Besorgnis über die eigene Sicherheit sollte kurzerhand durch den Wunsch, für immer im Land zu bleiben, ersetzt werden. Die Imagepflege der kolumbianischen Regierung fand eine Fortsetzung in dem Slogan "The answer is Colombia", der im April 2013 sogar zehn Tage lang am Time Square in New York flimmerte (Portafolio 2013). Hierdurch sollte die Verbindung zwischen Kolumbien und dem Wort Risiko gelockert und auf die Möglichkeiten von Investitionen in den kolumbianischen Tourismus hingewiesen werden.

Es ist unschwer zu erkennen, dass die derzeitige Regierung den Tourismus fördern will und in Zukunft vermehrt auf Einkünfte aus diesem Sektor zählt. Doch welches sind die Rahmenbedingungen für die Entwicklung des Tourismus in Kolumbien? Welches sind die Herausforderungen, die es zu bewältigen gilt, um sich als touristische Destination längerfristig zu etablieren? Um diese Fragen zu beantworten, erfolgt zunächst ein Blick auf die Reisemotive der Kolumbientouristen. Es wird sich herausstellen, dass die ausländischen Gäste zum Teil ganz andere Bedürfnisse haben als die kolumbianischen Binnentouristen und daher auch andere Anforderungen an touristische Produkte stellen. Ein Vergleich zwischen dem touristischen Kolumbien-Angebot der internationalen Reiseveranstalter und jenem kolumbianischer Anbieter verdeutlicht dies. Abschließend wird die touristische Infrastruktur im Land beschrieben und die diesbezüglichen Herausforderungen werden angesprochen.

Tourismusformen und Reisemotive

Das touristische Potential Kolumbiens ist unter denen, die das Land schon bereisen durften, wohl unbestritten. Das nördlichste und zugleich einzige Land Südamerikas mit Zugang zu beiden Weltmeeren bietet Berglandschaften rund um die östliche, mittlere und westliche Andenkette, bedeutende Metropolen und kulturelle Zentren wie Bogotá, Medellín und Cali, koloniale Architektur in zahlreichen Dörfern und schön hergerichtete Altstädte. Karibisches Flair lässt sich rund um Cartagena und Santa Marta erleben, archäologische Fundstädten früherer Kulturen in San Agustín sowie an Biodiversität kaum zu überbietende Naturparadiese im Amazonasgebiet und an der Pazifikküste. Aufgrund der sehr abwechslungsreichen Geographie sowie eines vielseitigen Klimas findet man in Kolumbien einen enormen Artenreichtum bezüglich Flora und Fauna. Zudem bietet das Land mit dem höchsten Küstengebirge der Welt (mit über 5.700 m hohen, schneebedeckten Gipfeln, nur ca. 40 km von der Karibikküste entfernt) an der Sierra Nevada de Santa Marta ein echtes Alleinstellungsmerkmal. Für den Tourismus gibt es also durchaus Standortvorteile gegenüber anderen Regionen.

Entsprechend der Vielfalt des Landes lassen sich die folgenden relevanten Erscheinungsformen des Tourismus in Kolumbien unterscheiden, welche in den Angeboten internationaler und kolumbianischer Reiseveranstalter in verschiedenem Ausmaß zu finden sind.

Tourismusformen	Beispiele	Orte
Aktiv - und Abenteuertourismus	Trekking, Wandern und Bergsteigen	u.a. Nationalparks Sierra Nevada del Cocuy (Boyacá), Los Nevados (Kaffeezone) und Sierra Nevada de Santa Marta (Küstengebirge bei Santa Marta)
	Fahrradtouren	u.a. Boyacá, Kaffeezone, Santander
	Rafting, Abseiling, Caving, Paragliding, Canopy	u.a. Santander, Kaffeezone, Antioquia
Kulturtourismus	Archäologische Stätten präkolonialer Kulturen	San Agustín (Huila), Tierradentro (Cauca), Verlorene Stadt (Sierra Nevada de Santa Marta)
	Städtetourismus (mit teilweise erhaltenen kolonialzeitlichen Stadtkernen)	v.a. Bogotá, Medellín, Cartagena, Santa Marta, Cali, Popayán
	Kolonialdörfer (mit gut erhaltener, kolonialzeitlicher Architektur)	u.a. Villa de Leyva (Boyacá), Barichara (Santander), Santa Fé de Antioquia (Antioquia), Mompos (Bolivar), Honda (Tolima), Salamina (Caldas)
	Regionale Feste, Events und kulturelle Feste	v.a. Karneval in Barranquilla (Atlántico), Blumenfest in Medellín (Antioquia), Volksfest "Feria de Cali" (Valle de Cauca), Osterprozession in Popayán (Cauca)
	Gastronomischer Tourismus	in den urbanen Zentren: u.a. Bogotá, Medellín, Cartagena

Naturtourismus / Ökotourismus	Touristische Inwertsetzung der Kaffeehaciendas (Besuche und Übernachtungen)	v.a. Kaffeezone, Huila, Santander
	Besuche der Nationalparks	u.a. Tayrona Park (bei Santa Marta), La Serranía de la Macarena (in den Llanos), Parque Nacional Chingaza (bei Bogotá), uvm.
	Exkursionen und Pakete zu speziellen naturlandschaftlichen Räumen	u.a. Urwald bei Leticia (Amazonas), Steppenland bei Yopal (Casanare, Los Llanos), Urwald und Pazifikküste bei Nuqui (Chocó), Wüste bei El Cabo de la Vela (Guajira-Wüste)
	Beobachtung von Fauna (Wale, Vögel, etc.)	u.a. Walbesichtigung in Nuqui und Bahía Solano (Pazifikküste) / Vogelbesichtigung in der Kaffeezone und der Sierra Nevada de Santa Marta (bei Santa Marta)
Sonne und Strand	Große Hotelanlagen und Resorts	Cartagena und Islas del Rosario, Santa Marta, San Andrés, Providencia
	Kleinere Ecolodges und einfache Strandhütten	Palomino (bei Santa Marta), Tayrona Park (bei Santa Marta) Nuqui und Bahia Solano (an der Pazifikküste), Cabo de la Vela (Guajira-Wüste)
Sportreisen	Tauchen	Cartagena und Islas del Rosario, Santa Marta (v.a. Taganga), San Andrés, Providencia, Malpelo und Gorgona (beide Pazifikküste)
	Golfen	Bogotá, Kaffeezone (Armenia und Pereira), Medellín, Bucaramanga, Caratagena
	Surfen	Palomino (bei Santa Marta), Nuqui und Bahia Solano (an der Pazifikküste), Cabo de la Vela (Guajira-Wüste)

Tabelle 2: Tourismusformen in Kolumbien, Beispiele und Orte. Eigene Zusammenstellung.

Die Aufstellung zeigt die seit einigen Jahren begonnene Diversifizierung des touristischen Angebots. Auf Ambivalenzen und Zielkonflikte, vor allem in der groben Ausrichtung zwischen alternativem Tourismus und Massentourismus wird später eingegangen.

Bedürfnisse und Angebote für deutschsprachige Gäste

Derzeit kommen jährlich ca. 3 Millionen internationale Gäste nach Kolumbien, wobei diese Zahl in den vergangenen Jahren jeweils angestiegen ist (siehe Tabelle 1). Bei genauerer Betrachtung dieser zunächst recht eindrücklich wirkenden Zahl muss festgestellt werden, dass nur zwei Drittel (ca. 2.2 Millionen) auf ausländische Gäste entfällt, die Ihren Wohnsitz nicht in Kolumbien haben (ProColombia 2016a). Der restliche Anteil entfällt auf Kolumbianer, die nicht in Kolumbien leben (sog. ethnischer Reiseverkehr) und auf Ankünfte von Kreuzfahrtschiffen, deren Gäste nicht in Kolumbien übernachten.

Ausgehend von ca. 2,2 Millionen Ankünften internationaler Gäste muss wiederum berücksichtigt werden, dass nur ein relativ kleiner Teil von ihnen eine touristische Rundreise bei einem Reiseveranstalter bucht (nur ca. 15-20 %, nach eigener Einschätzung). Der restliche Anteil entfällt wohl vor allem auf Geschäftsreiseverkehr und Rucksacktouristen bzw. sogenannte *Flashpacker*.[2]

Ein Blick auf das Kolumbienangebot deutschsprachiger Reiseveranstalter zeigt, dass sich Kolumbienreisen mittlerweile in relativ großem Maße etabliert haben. So ist, wer heute eine organisierte Rundreise nach Kolumbien unternehmen will, längst nicht mehr auf Angebote eines Reiseveranstalters aus einem Spezialsegment, wie etwa die eines Lateinamerika- oder Abenteuer-Spezialisten angewiesen. Insgesamt bieten rund 125 Reiseveranstalter allein aus Deutschland Gruppen- und Individualreisen durch Kolumbien an, darunter auch viele der großen und etablierten wie DerTour, Studiosus, TUI oder FTI. Die typische Kolumbienrundreise dauert im Schnitt ca. 12-21 Tage und umfasst die Orte Bogotá, Villa de Leyva, San Agustín mit seinen archäologischen Ausgrabungsstädten, die Kaffeezone, Santa Marta und Cartagena an der Karibikküste. Auch

---

2   Reisende, die wie Rucksacktouristen den Kontakt zur einheimischen Bevölkerung suchen und bei denen Authentizität im Vordergrund steht, die aber ein höheres Budget als Rucksacktouristen zur Verfügung haben und in besseren Unterkünften als Hostels bleiben. Sie organisieren ihre Reise häufig selbständig.

Medellín und Popayán finden sich häufiger in den Angeboten. Andere Ziele, die in der Tabelle 2 aufgezeigt wurden, werden weniger häufig in Rundreisen eingeschlossen. Eine Rundreise durch Kolumbien enthält also typischerweise mehrere der aufgezeigten Tourismusformen. In den meisten Fällen werden Kulturtourismus, Naturtourismus und ein wenig Sonne und Strand miteinander verbunden.

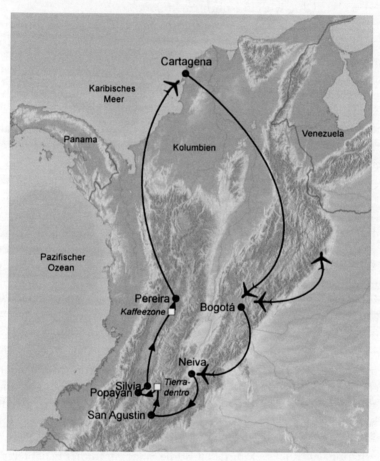

Abbildung 1: Reiseroute des Veranstalters Miller Reisen: "Kultur, Archäologie und Karibik". Quelle: Miller Reisen 2016.

Bezüglich der Vermarktung lässt sich feststellen, dass bewusst in den Angeboten immer wieder auf die Vielfalt des Landes hingewiesen wird. Auf ein klares Markenzeichen wie Peru mit dem Machu Picchu, Costa Rica mit dem Ökotourismus oder Brasilien mit den Stränden und dem Zuckerhut zielte die staatliche Tourismusförderung bislang nicht ab. Analog hierzu werden Kolumbienreisen von den Veranstaltern mit "Kolumbien intensiv: Ein Land für alle Sinne" (DerTour 2016) oder "Kaffeeduft und Karibikzauber" (Gebeco 2016) recht allgemein beschrieben und versprechen ein Land, so "vielfältig wie ein Kontinent" (Conosur 2016).

Ein Blick auf die Inhalte und spezifischen Leistungen der Rundreisen zeigt, dass die Authentizität des Reiseerlebnisses besonders wichtig ist: So werden z.B. Übernachtungen in "Landestypischen kleinen Hotels – Authentisch, Sauber & Geprüft" (SKR Reisen 2016) während der Rundreise angepriesen. Zudem wird vermehrt mit "Begegnungen auf Augenhöhe" (World Insight 2016) geworben, welches sich konkret beispielsweise bei einem vororganisierten Abendessen bei einer kolumbianischen Familie darstellt. Das Erlebnis, welches außerhalb der Logik des Alltags steht und vermittelt, das "echte Kolumbien" kennengelernt zu haben, ist ein zentrales Element des Reisemotivs. Die Ambivalenz zwischen dem Wesen der komplett durchorganisierten Rundreise, bei der der Gast genau die Leistungen erhält, welche ihm verspochen wurden und dem "Abenteuer Kolumbien" mit "authentischen Begegnungen auf Augenhöhe" wird in Kauf genommen und kann als "inszenierte Authentizität" (Schäfer 2015) beschrieben werden. Die Angebote für andere europäische Märkte (z.B. Frankreich, England, Italien) sind ähnlich.

Bei den weiteren Quellmärkten zeigt sich ein den allgemeinen Möglichkeiten entsprechendes breites Angebot. Die Reisedauer hängt dabei maßgeblich von der Entfernung vom Quell- zum Zielgebiet ab. So werden für Touristen aus einem der Nachbarländer oder nahegelegenen Quellmärkten Kurztrips z.B. an die Karibikküste nach Santa Marta oder vor allem Cartagena angeboten, die entsprechenden Flugverbindungen inklusive der Low-Cost-Anbieter (z.B. Jetblue von Miami nach Cartagena) gibt es längst.

Ein auffälliger Trend lässt sich derzeit in Medellín beobachten: Bei internationalen Rucksacktouristen ist die Stadt ein immer beliebteres Reiseziel. Diese buchen häufig Touren, die mit den Drogenkartellen der 80er und 90er Jahre und mit dem wohl berühmtesten Sohn der Stadt Pablo Escobar zusammenhängen. Der Besuch von historischen Orten, die mit Pablo Escobar in Verbindung stehen, wie sein Grab oder das Gebäude *Edificio Monaco*, sind Bestandteile der Touren. Ein Teil dieses Phänomens hängt wohl mit der Fernsehserie "Narcos" zusammen, die sich weltweit großer Beliebtheit erfreut und zeigt Parallelen zu den sogenannten "Gangster-Touren" auf den Spuren von Al Capone in Chicago (siehe auch den Beitrag von Thomas Fischer in diesem Band).

Bedürfnisse und Angebote für Binnentouristen

Der Binnentourismus hat eine große Bedeutung in Kolumbien. Auch wenn damit keine Devisen erwirtschaftet werden, ist er aufgrund der weitaus höheren Zahl der Reisenden für einen großen Anteil der Einnahmen der Tourismusbranche verantwortlich (MCIT 2016). Er ist durch eine hohe Saisonalität der Nachfrage geprägt: Osterwoche (*Semana Santa*), Sommerferien (*mitad de año*), Herbstferien (*semana de receso*) und Weihnachtsferien (*Fin de año*). Das Problem vieler Kolumbianer ein Visum in die USA oder nach Europa zu bekommen und die relativ hohen Kosten einer Reise in andere Länder dürften die Nachfrage nach Ausflugszielen im eigenen Land erhöhen. Das Tourismus-Vizeministerium hat sich außerdem zum Ziel gesetzt die chancengleiche Zugänglichkeit zum Tourismus für alle Kolumbianer zu fördern. Dies soll im Wesentlichen über eine Verbesserung der räumlichen Zugänglichkeit (Infrastruktur), sowie für Kolumbianer zugänglichere Preise touristischer Leistungen geschehen (MCIT 2014).

Das Angebot an kolumbianische Gäste umfasst vor allem 3-7 Tages-Pakete und Kurzreisen an die Karibikküste (Cartagena, San Andrés oder Santa Marta), an die Kaffeezone, oder in die großen urbanen Zentren (Medellín, Bogotá, Cali) und in weit weniger großem Umfang auch Reisen zu Ökotourismus-Zielen wie Amazonas oder die Pazifikküste (Anato 2016). Dabei steht für den kolumbianischen Gast die Funktion Erholung und Unterhaltung im Vordergrund. Große Hotelanlagen mit All-Inclusive-Angeboten wie z.B. die Hotelkette Decameron und inszenierte Erlebniswelten wie der *Parque de Chicamocha* und der *Parque Nacional del Café* sind populäre Ausflugsziele.

Strukturelle Rahmenbedingungen der touristischen Entwicklung

Der Tourismusbereich ist politisch seit 2002 im *Ministerio de Comercio, Industria y Turismo* (kurz MCIT) beheimatet. Dieses entwirft, koordiniert und regelt die nationale Tourismuspolitik. Das Vizeministerium hat sich zum Ziel gesetzt, aus Kolumbien eine weltweit wettbewerbsfähige Touristendestination zu machen und dabei die Prinzipien des nachhaltigen Tourismus zu berücksichtigen sowie die Regionalentwicklung zu fördern und einen Beitrag zum Frieden zu leisten.

> Posicionar a Colombia como destino turístico sostenible y sustentable, reconocido en los mercados mundiales y valorado en los mercados nacionales, por su multiculturalidad y mega diversidad, con oferta altamente competitiva, que lleve a su máximo nivel a la industria de los viajes y al turismo como potenciador del desarrollo regional y constructor de paz (MCIT 2014: 32).

Konkret sollen bis zum Jahre 2018 insgesamt 300.000 neue Arbeitsplätze und 6 Milliarden US-Dollar an Devisen ins Land fließen.[3] Nach dem Öl- und Kohlesektor ist schon heute der Tourismus die drittgrösste Einnahmequelle für Devisen (Semana 2015).

Ein weiterer bedeutender Akteur ist ProColombia, das dem MCIT untergeordnet ist und zum Ziel hat, den kolumbianischen Exportsektor, ausländische Investitionen und den Tourismussektor zu fördern. Außerdem ist ProColombia für das sog. *Destination Branding* (die Marke der Destination) zuständig. Die bereits zu Beginn des Textes beschriebene derzeit betriebene Imagepflege kann durchaus als Erfolg bewertet werden.

Was die infrastrukturelle Voraussetzung für den Tourismus betrifft, so muss eine zu den ambitionierten Zielen passende Infrastruktur größtenteils noch aufgebaut werden. Besonderer Nachholbedarf besteht hier beim Straßennetz und den Flughäfen bzw. Regionalflughäfen in marginalen Gegenden des Landes.

Bezüglich des Straßennetzes muss festgestellt werden, dass nur wenige Straßen die touristischen Attraktionspunkte verbinden. Zudem ist das bestehende Netz mit den vielen LKWs ständig an seiner Belastungsgrenze, da über 80 % des internen Transports über das Straßennetz abgewickelt werden (*Financial Times* 2015). Außerdem ist der Zustand der Straßen teilweise sehr schlecht (z.B. die Verbindung zwischen den touristischen Gebieten San Agustín und Popayán, die Anbindung von Mompos an Cartagena oder Santa Marta oder die des Nationalparks Sierra Nevada del Cocuy zum Rest des Landes). In der Regenzeit bricht das Straßennetz mit-

---

3   Das Ziel wurde 2015 ausgewiesen und bezieht sich auf den Zeitraum zwischen 2015 und 2018 (MCIT 2016: 21).

unter zusammen, wenn Schlammlavinen eine Durchfahrt komplett verhindern. Ausweichrouten gibt es in vielen Fällen nicht.

Für Überlandfahrten müssen im Schnitt pro 100 km je nach Verkehrszustand und Strecke zwischen 2 und 2,5 Stunden Fahrtzeit gerechnet werden, was bei einem flächenmäßig so großen Land wie Kolumbien ein Problem darstellen kann. Was das Straßennetz betrifft werden aber gerade große Anstrengungen unternommen es zu verbessern und es sollen zusätzliche 5892 km an Straßennetz in den kommenden 8 Jahren zur Verfügung gestellt werden (*Financial Times* 2015). Es bleibt abzuwarten inwieweit dieses Vorhaben umgesetzt werden kann; in der Vergangenheit haben sich Infrastrukturprojekte durch Korruption und Vetternwirtschaft immer wieder verzögert.

Die Infrastruktur der Flughäfen ist in den großen Städten und Ballungszentren, dem aktuellen Aufkommen und der allgemeinen Nachfrage gut angepasst, bzw. wird derzeit ausgebaut (*El Tiempo* 2015b). Größere Probleme gibt es z.T. bei Regionalflughäfen: ProColombia wirbt mit Reisen an die Pazifikküste um von Juli bis Oktober Wale zu sichten (ProColombia 2016b), allerdings wird der Zugang durch den kleinen Flughafen, dessen Piste in schlechtem Zustand ist, stark beeinträchtigt (*El Tiempo* 2015a) und immer wieder werden Flüge gestrichen.

Die Hotelinfrastruktur hat sich zumindest in den größeren touristischen Zentren des Landes in der Vergangenheit zum Teil stark verbessert. Dies wurde vor allem durch ein Gesetz zur Aufhebung der Einkommensteuer für Hotelbetreiber, welches für 30 Jahre ab in Betriebnahme der Hotels gültig ist, begünstigt. Viele der neuen Hotels vor allem in den großen Städten sind allerdings für den Geschäftsreiseverkehr bestimmt und passen nicht zu den Bedürfnissen vieler ausländischer (vor allem europäischer) Urlaubsreisender.

Herausforderungen

Neben den schon erwähnten infrastrukturellen Rückständen, wird im Folgenden noch auf weitere interne Herausforderungen der Tourismusindustrie eingegangen, die für die Rahmenbedingungen der touristischen Entwicklung des Landes von Bedeutung sind und die zukünftige Entwicklung beeinträchtigen könnten.

Ambivalenzen im touristischen Angebot

Kolumbiens *Destination Branding* zielt wie eingangs erwähnt auf einen breiten Markt ab. "Die Antwort ist Kolumbien" zeigt die Vielseitigkeit des Landes und der Möglichkeiten auf und spricht entsprechend unterschiedliche Zielgruppen an. Zudem sind wie aufgezeigt die Motive kolumbianischer Urlauber und europäischer Reisender verschieden und beide Gruppen beanspruchen unterschiedliche touristische Infrastrukturen. Erste Zielkonflikte lassen sich z.B. in Santa Marta, Cartagena und San Andrés gut beobachten: Die vielen großen Hotelanlagen an den Stränden des Rodadero (in Santa Marta) ziehen vor allem Binnentouristen an, während ihr reiner Anblick Rundreisetouristen aus Europa, welche kleine authentische Hotels bevorzugen, eher abschrecken dürften. Entsprechend ist der Strandabschnitt Rodadero im Angebot europäischer Reiseveranstalter kaum zu finden. Ähnliches gilt für die von Kolumbianern besonders häufig nachgefragten großen Bettenburgen der Destinationen von Cartagena und San Andrés. Cartagena ist zwar fester Bestandteil praktisch jeder Kolumbienrundreise ausländischer Reiseveranstalter, jedoch finden sich selten Hotels in Bocagrande[4] in den europäischen Veranstalterkatalogen und Besucher aus diesem Quellmarkt meiden diesen Stadtteil meistens (er stellt keinen Bestandteil einer Stadtbesichtigung dar).

Es ist möglich, dass die positive Entwicklung des zahlenmäßig deutlich überlegenen Binnentourismus in Zukunft vermehrt auf Kosten der Anzahl ausländischer Rundreisetouristen gehen könnte.

Übergeordnet ist diesen Fragestellungen natürlich ganz allgemein der Schutz des naturlandschaftlichen und kulturellen Erbes, welcher im Zielkonflikt mit vielen touristischen (vor allem die Formen des Massentourismus betreffenden) Angeboten steht.

Auch besteht in Cartagena seit einiger Zeit ein gefühlt immer gravierenderes Problem des Sextourismus und leider auch der Kinderprostitution (*El Tiempo* 2014). Diese gilt es im Sinne eines nachhaltigen Tourismus seitens der Regierung und privater Akteure gemeinsam zu bekämpfen. Erste Schritte in diese Richtung wurden bereits unternommen, da eine Zertifizierung in nachhaltigem Tourismus zukünftig vorgeschrieben wird und

---

4 Stadtteil Cartagenas mit einem großen Strandabschnitt, an dem sich hochgebaute Hotels und Hochhäuser reihen.

diese verschiedene Massnahmen zur Bekämpfung des Sextourismus und Kinderprostitution voraussetzt.

Zusammenarbeit verschiedener öffentlicher Institutionen und privater Akteure

Verschiedene Beispiele verdeutlichen eine unzureichend koordinierte Zusammenarbeit des MCIT und des Tourismusförderbüros ProColombia auf der einen Seite sowie der Nationalparkbehörde (*Parques Naturales Nacionales de Colombia*) und privater Akteuere wie Incoming-Agenturen und lokale Reisebüros auf der anderen Seite:

- (Kurzfristige) Schließungen von Nationalparks (2014 Nationalpark Sierra Nevada de Santa Marta, 2015 Tayrona-Park, 2016 Cocuy-Nationalpark, etc.), bei gleichzeitiger Bewerbung durch ProColombia (ProColombia 2016b). Für Reisebüros ist es dadurch wiederum schwierig ein längerfristiges Angebot zu kommunizieren und gegenüber internationalen Kunden Vertrauen in die Destination zu schaffen.
- Die von der Regierung kommunizierte Bewerbung von einigen vor allem peripheren Regionen ist den infrastrukturellen Bedingungen vor Ort zum Teil nicht angepasst. Für das Trekking zur Verlorenen Stadt (*ciudad perdida*) wird derzeit Werbung betrieben (ProColombia 2016b), der Ort ist aber überlaufen, die Hängemattencamps überfüllt und es wird nichts zur Verbesserung der Infrastruktur unternommen.
- Das gemeinsame Verfolgen derselben Ziele und eine einheitliche Strategie wird im Allgemeinen noch zu oft vermisst.

Ausbildung touristischer Fachkräfte

Auch im Bereich der Ausbildung touristischer Fachkräfte gilt es immense Herausforderungen zu bewältigen, möchte sich Kolumbien als Tourismusdestination langfristig auf den internationalen Quellmärkten erfolgreich etablieren. Gut ausgebildete englisch-, französisch- oder deutschsprachige Reiseleiter gibt es zwar in einzelnen Gebieten, aber noch lange nicht flächendeckend. Ausgebildetes englischsprachiges Personal ist in Provinzflughäfen oder kleineren Hotels meistens nicht auffindbar, auch wenn der internationale Tourismus in diesen Regionen bereits angekommen ist.

Beteiligung von regionalen Akteuren und Minderheiten im Tourismus

Die Eingliederung der touristischen Dienstleistungen in die regionalen Wirtschaftskreisläufe ist im Hinblick auf die nachhaltige Entwicklung des Tourismus in Kolumbien von besonderer Bedeutung, da so die Sickereffekte[5] klein gehalten werden und der Tourismus zur regionalen Entwicklung beitragen kann. Im Zuge der neoliberalen Wirtschaftspolitik der Regierung der letzten Jahre, die für gute Voraussetzungen für Investitionen gesorgt hat und der bereits genannten Aufhebung der Einkommenssteuer für Hotelbetriebe, haben viele internationale Hotelketten in Kolumbien Filialen eröffnet (z.b. die spanische Hotelkette NH, die chilenische Hotelkette Atton oder Marriott aus den USA) (Portafolio 2012). Den dadurch erreichten Deviseneinnahmen sowie der infrastrukturellen Aufwertung stehen höhere Sickereffekte und geringere Beteiligung von regionalen Akteuren im Tourismus gegenüber.

Auf der anderen Seite lässt sich feststellen, dass es durchaus schon punktuelle Bemühungen gibt regionale Bevölkerung und auch Minderheiten sowie vulnerable Bevölkerungsgruppen in den Tourismus zu integrieren. Das Programm *Posadas Turisticas de Colombia* (MCIT 2016) sieht z.b. die Einbeziehung vulnerabler Landbevölkerung in die touristische Wertschöpfungskette vor. Die kleinen Unterkünfte und Lodges gibt es z.b. im Tayrona-Park, in der Tatacoa-Wüste oder in Nuqui an der Pazifikküste. Sie werden über Booking.com vertrieben und sind auch vereinzelt in den Programmen der Reiseveranstalter integriert (World Insight 2016).

Auch werden private Akteure (Hotels, Restaurants und kolumbianische Reisebüros) dazu angehalten sich in nachhaltigem Tourismus zu zertifizieren. Die *Certificación de Calidad y Sostenibilidad Turística* (Zertifizierung in Qualität und touristischer Nachhaltigkeit) wurde vom MCIT initiiert und richtet sich nach internationalen Richtlinien zum nachhaltigen Tourismus. Die Inklusion von lokaler Bevölkerung und Minderheiten sind feste Bestandteile der Vorgaben zur Zertifizierung.

Die *Asociación Colombiana de Turismo Responsable* (Kolumbianischer Verband für verantwortlichen Tourismus, ACOTUR[6]) stellt Richtlinien für nachhaltigen Tourismus in Kolumbien auf. Mitglieder sind Incoming-Agenturen im ganzen Land sowie mehrere Hotels und Ecolodges. Die in-

---

5 Der erneute Abfluss von Devisen in andere Regionen oder ins Ausland durch Importe.
6 www.acotur.co

klusion der jeweiligen örtlichen Bevölkerung in die touristischen Aktivitäten ist eines der Ziele des Verbandes.

Allerdings lässt sich auch feststellen, dass trotz der bereits unternommenen Anstrengungen die Aufgaben und Herausforderungen in diesem Punkt, in Anbetracht der heterogenen und weiterhin sehr ungleich verteilten kolumbianischen Sozialstruktur, noch sehr groß sind.

Fazit und Ausblick

Der Tourismus steckt in Kolumbien in vielerlei Hinsicht noch in den Kinderschuhen, was einen gewissen Reiz für Reisende ausübt, weil das Land mit seinen netten und herzlichen Menschen auch ungemein sympathisch wirkt. Kolumbien will gleichzeitig sein großes touristisches Potential weiter ausschöpfen und hat sich hohe Ziele gesteckt. Die volkswirtschaftliche Bedeutung dürfte vor allem in Anbetracht der immer ungewisseren Zukunft des Ölexports für den internationalen Tourismus als Devisenbringer wichtiger werden. Dabei wird Kolumbien nicht darum herum kommen, die Zusammenarbeit der verschiedenen Akteure voranzutreiben und sich als Destination konsequent auf die Bedürfnisse seiner Gäste auszurichten. Es wurde aufgezeigt, dass sich die Bedürfnisse der kolumbianischen Touristen von denen ausländischer und speziell europäischer Gäste durchaus unterscheiden. Es wird ein Lernprozess seitens der relevanten Akteure auf den verschiedenen Ebenen nötig sein, um Angebote und Infrastruktur auf die unterschiedlichen Märkte zuzuschneiden und dabei möglichst wenige Konflikte und Spannungen zu kreieren.

Weitere Ambivalenzen entstehen im Zusammenhang mit dem vor allem punktuell (Cartagena, Santa Marta, San Andrés, etc.) generierten großen Aufkommen von Touristen und der ökologischen und sozialen Verträglichkeit der verschiedenen Tourismusformen. Die seitens der Regierung getätigten Bemühungen, touristische Akteure zur Zertifizierung in nachhaltigen Praktiken des Tourismus zu bewegen, sind ein bedeutender Schritt in die richtige Richtung. Es ist wichtig die Akteure flächendeckend in diesen guten Praktiken schulen zu können. Dies ist im Moment nur unzureichend der Fall.

Über das Thema der Wirkungen von Tourismus in Entwicklungsländern ist schon viel diskutiert und geschrieben worden (Vorlaufer 2003; Job/Weizenegger 2017). Auf die Problematik der Beteiligung regionaler Bevölkerung wurde in diesem Text schon eingegangen. Im aktuellen kolumbianischen Kontext bleibt es zudem enorm spannend wie sich der Ausgang der Friedensverhandlungen und eine mögliche Zeit nach dem bewaffneten Konflikt, mit all ihren neuen Herausforderungen auf die Entwicklungen im Tourismus auswirken. Ob der Tourismus hier vielleicht auch einen Beitrag zur Bildung einer Friedenskultur in Kolumbien schaffen kann, bleibt abzuwarten.

Literaturverzeichnis

ANATO (2016): "Resultado Encuesta de Temporada Receso Escolar 2016". <http://anato. org/sites/default/files/Resultados%20Encuesta%20de%20Receso%20Escolar%20 2016.pdf> (24.11.2016).

AUSWÄRTIGES AMT (2016): "Kolumbien: Reise und Sicherheitshinweise". <http://www. auswaertiges-amt.de/DE/Laenderinformationen/00-SiHi/Nodes/KolumbienSicher-heit_node.html> (24.11.2016).

CONOSUR (2016): "Rundreise: 'Kolumbien – so vielfältig wie ein Kontinent'". <http:// www.conosur.eu/kolumbien-94.html> (24.11.2016).

DERTOUR (2016): "Rundreise: 'Kolumbien Intensiv: Ein Land für alle Sinne'". <http:// www.dertour.de/reisemagazin/fernweh/lateinamerika/> (24.11.2016).

El Tiempo (2014): "Así opera el sexo con menores de edad en Cartagena". <http://www. eltiempo.com/colombia/otras-ciudades/asi-opera-el-turismo-sexual-con-menores-en-cartagena/14707764> (24.11.2016).

— (2015a): "Turismo en Nuquí, en vilo por mal estado de aeropuerto". <http://www. eltiempo.com/estilo-de-vida/viajar/nuqui-mal-estado-de-aeropuerto/15456635> (24.11.2016).

— (2015b): "Hay 51 aeropuertos con obras de modernización en Colombia". <http:// www.eltiempo.com/economia/sectores/infraestructura-en-colombia-modernizacion-de-aeropuertos/16406909> (24.11.2016).

Financial Times (2015): "Colombia prioritises infrastructure plans". <https://www.ft.com/ content/39e07b96-4b3d-11e5-b558-8a9722977189> (24.11.2016).

GEBECO (2016): "Rundreise: 'Kaffeeduft und Karibikzauber'". <https://www.gebeco.de/ reisen/2441000-Kolumbien-Erlebnisreise> (24.11.2016).

GROHMANN, Elke (2016): "Reisen mit Kindern, warum ausgerechnet Kolumbien". In: Passion to Travel, <http://www.patotra.com/reisen-mit-kindern-warum-ausgerech-net-kolumbien/> (24.11.2016).

JOB, Hubert/WEIZENEGGER, Sabine (2007): "Tourismus in Entwicklungsländern". In: Becker, Christoph/Hopfinger, Hans/Steinecke, Albrecht: Geographie der Freizeit und des Tourismus. Bilanz und Ausblick. München/Wien: Oldenbourg, S. 629-640.

MCIT (Ministerio de Comercio, Industria y Turismo) (2014): "Documento de Política Sectorial. Plan Sectorial de Turismo 2014-2018. Turismo para la construcción de paz". Bogotá: MCIT.

— (2016): "Informe de Gestión Sector Comercio, Industria y Turismo". Bogotá: MCIT.

MILLER REISEN (2016): "Rundreise 'Kultur, Archäologie und Karibik'". <http://www. miller-reisen.de/de/detailanzeige.htm?header=Kultur,_Arch%C3%A4ologieundKari bik&detail=true&id=48> (24.11.2016).

PORTAFOLIO (2012): "Marcas hoteleras internacionales crecen con Colombia". <http:// www.portafolio.co/negocios/empresas/marcas-hoteleras-internacionales-crecen-co lombia-40868> (24.11.2016).

— (2013): "Así fue la primera jornada de Colombia en Times Square". <http://www. portafolio.co/internacional/primera-jornada-colombia-times-square-73748> (24.11.2016).

PROCOLOMBIA (2016a): "Informe TEC. Turismo extranjero en Colombia". <http://www. procolombia.co/sites/default/files/informe_tec_marzo_2016.pdf> (24.11.2016).

— (2016b): "Colombia es realismo mágico". <http://www.colombia.travel/realismoma gico/> (24.11.2016).

SCHÄFER, Robert (2015): Tourismus und Authentizität: Zur gesellschaftlichen Organisation von Außeralltäglichkeit. Bielefeld: Transcript.

SEMANA (2015): "Turismo, el nuevo motor de la economía colombiana". <http://www. semana.com/economia/articulo/turismo-el-nuevo-motor-de-la-economia-colombia na/423615-3> (24.11.2016).

SKR REISEN (2016): "Ausgesuchte Unterkünfte". <https://www.skr.de/kolumbien-reisen/ kolumbien-rundreise-kaffee-kultur-karibik/hotels/> (24.11.2016).

VORLAUFER, Karl (2003): "Tourismus in Entwicklungsländern. Bedeutung, Auswirkung, Tendenzen". In: Geographische Rundschau, 55, 3, S. 4-13.

WORLD INSIGHT (2016): "Rundreise 'Kolumbien, 21 Tage Abenteuer'". <https://www. world-insight.de/aktivreisen/kolumbien-aktivplus/> (24.11.2016).

WORLD TOURISM ORGANIZATION (2016): "Tourism Highlights 2016 Edition". <http:// www.e-unwto.org/doi/pdf/10.18111/9789284418145> (24.11.2016).

Kultur, Bildung, Wissenschaft

Sprachenvielfalt und Sprachenpolitik

Angelika Hennecke / Hugo Lancheros

Das Spanische in Kolumbien

Kolumbien verfügt über eine enorme ethnische und linguistische Diversität. Das Spanische ist offizielle Landes- und Verkehrssprache und Muttersprache von ca. 98 % der Bevölkerung. Daneben existieren ca. 65 amerindische Sprachen und zwei Kreolsprachen. Obgleich diese Sprachen gegenüber dem Spanischen einen untergeordneten Status besitzen und nur noch von 2 % der Bevölkerung gesprochen werden, sind sie doch eine linguistische Realität und beeinflussen das Spanische in vielen Gebieten des Sprachkontakts. Die indigenen Bewegungen haben erreicht, dass die Verfassung ihre Sprachen als kooffiziell in den jeweiligen Territorien anerkannt hat und so der sprachliche Absolutismus verringert werden konnte.

Die Sprachforschung in Kolumbien gilt als eine der besten in Lateinamerika. Hier wurde am 1. Mai 1871 die erste Sprachakademie Lateinamerikas gegründet. In der Gründungsakte war u.a. die Bewahrung der sprachlichen Einheit Hispanoamerikas formuliert – ein Ziel, welches auch heute noch besteht bzw. angesichts der zunehmenden fremden sprachlichen Einflüsse neue Bedeutung erlangt. Der exzellente Ruf der kolumbianischen Sprachforschung ist auch das Verdienst der beiden großen Linguisten Miguel Antonio Caro (1843-1909) und Rufino José Cuervo (1844-1911). Das in Bogotá ansässige *Instituto Caro y Cuervo* (ICC),[1] welches 1942 durch einen Parlamentsbeschluss gegründet wurde, pflegt dieses Erbe und leistet sowohl mit verschiedenen Forschungsprojekten als auch mit der *Maestría en Literatura y Cultura* und der *Maestría en Lingüística* einen bedeutenden Beitrag zur aktuellen linguistischen Forschung. Ein Beispiel dafür ist der 1983 erschienene *Atlas Lingüístico-Etnográfico de Colombia (ALEC)*, der eine einzigartige Beschreibung der auf dem Territorium gesprochenen Varietäten und Dialekte liefert. Kolumbien war damit das erste hispanophone lateinamerikanische Land, das eine solche umfangrei-

---

1   <http://www.caroycuervo.gov.co/> (24.11.2016).

che Bestandsaufnahme und Klassifizierung der arealen Varianten des gesprochenen Spanisch vornahm.

Die Sprachpflege hat eine lange Tradition in Kolumbien. Der Linguist Rufino José Cuervo war Verfechter einer puristischen Sprachtradition, die sich bis heute in Kolumbien erhalten hat. Maßgeblich war in diesem Zusammenhang das 1960 auf Initiative der Sprachakademie erlassene Gesetz zur Verteidigung der Sprache (*Ley de defensa del idioma*), welches 1979 erneuert und erweitert wurde. Dabei geht es vor allem um die Vermeidung von Anglizismen in Medien, Verwaltung und Bildung. Allerdings rücken in der Theoretischen und Angewandten Linguistik, vor allem auch an den Universitäten, zunehmend soziolinguistische und soziokulturelle Fragestellungen in den Blick und das Interesse an interdisziplinären und anwendungsorientierten Projekten nimmt zu.

Dem Spanischen in Kolumbien eilt der Ruf voraus, die schönste und reinste gesprochene Form des Spanischen in Hispanoamerika zu sein. Insbesondere die Varietät in Bogotá genießt ein hohes Prestige und gilt als die *habla culta* schlechthin:[2]

> Colombian Spanish is often characterized in popular discussion as the "best spoken Spanish in Latin America" (Arango Cano 1994: 40) with many laypersons making (perhaps) unsubstantiated claims regarding the "natural value" of the "most comprehensible" Spanish in Latin America. The sociolinguistic prestige of Bogotá is quite strong, and its speech patterns have traditionally been considered a model for educated colombians to follow (File-Muriel/ Orozco 2012: 11).

Obgleich die meisten sprachlichen Merkmale des Spanischen in Kolumbien auch in anderen spanischsprachigen Ländern nachweisbar sind, wie etwa der *Seseo* oder der *Voseo*, so gibt es doch einige auffallende Eigenheiten, die dazu berechtigen, von einem kolumbianischen Spanisch zu sprechen. Allerdings muss einschränkend bemerkt werden, dass dies eine große Generalisierung darstellt, da im Land sehr viele verschiedene Dialekte, Soziolekte und Varietäten gesprochen werden.

---

2   Siehe dazu Instituto Caro y Cuervo (1986) und Montes Giraldo et al. (1998).

Besonderheiten des kolumbianischen Spanisch und dialektale Gliederung

Die regionale Vielfalt Kolumbiens spiegelt sich ebenso auf der sprachlichen Ebene wider. Grundsätzlich kann man zwischen zwei 'Superdialekten' unterscheiden: dem Andinen Spanisch (*español andino*), welches im Hochland, in den sogenannten *tierras altas,* gesprochen wird, und dem Küstenspanisch (*español costeño),* welches an der Pazifischen und an der Karibischen Küste, in den sogenannten *tierras bajas,* zu Hause ist. Das im Hochland, d.h. in den Andengebieten und im Zentrum gesprochene Spanisch hat starke Ähnlichkeiten mit dem Kastilisch der Iberischen Halbinsel beibehalten. Das Spanisch, welches an den Küsten gesprochen wird, ähnelt dagegen mehr der in Andalusien gesprochenen Varietät.

Die erste umfassende Bestandsaufnahme der auf dem Territorium gesprochenen Dialekte und regionalen Varianten erfolgte im *Atlas Lingüístico-Etnográfico de Colombia* (ALEC*)* (1981-1983). Der Dialektologe José Joaquín Montes Giraldo präsentierte 1982 auf der Basis der im ALEC gesammelten Erkenntnisse eine erste dialektale Einteilung, die eine Gliederung in vier Dialektzonen vorsah. Dabei nahm er auch die Untergliederung des pazifischen Dialekts von De Granda Gutiérrez (1977) auf, vertiefte diesen Aspekt jedoch nicht:

Abb. 1: Dialektale Zonen in Kolumbien. Quelle: Montes Giraldo (2000: 104).

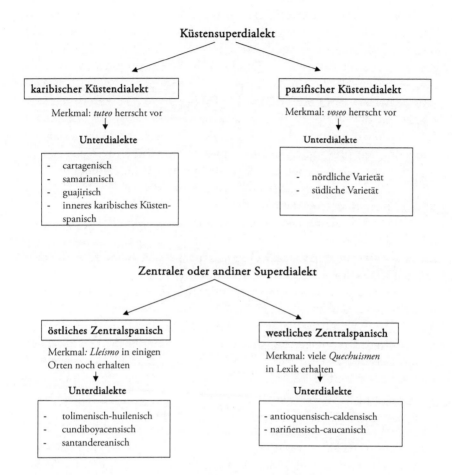

Abb. 2: Gliederung der Superdialekte. Eigene Darstellung.

Es gibt also neben den beiden Superdialekten eine Fülle von regionalen Varietäten und Dialekten, die es nahezu unmöglich machen, das Land sprachlich und kulturell auf einen gemeinsamen Nenner zu bringen. Die folgenden Ausführungen zu einigen Charakteristika der kolumbianischen Varietät des Spanischen können daher die Vielfalt der linguistischen Besonderheiten auf phonetischer, morphosyntaktischer, semantischer und pragmatischer Ebene nur skizzieren.

Auf der **phonetischen Ebene** fallen zunächst die musikalisch-melodische Intonation und die insgesamt sehr weiche Aussprache auf. Sie ist auch diejenige Ebene des Sprachsystems, auf der sich die Unterschiede zwischen den beiden Superdialekten am stärksten manifestieren, insbesondere bei der Aussprache des /-s-/ am Silbenende. Der Küstendialekt ist durch Aspiration (Behauchung) oder Elision (Auslassung) von /-s-/ gekennzeichnet: /-s-/ > [h], [ø]. Der zweite Superdialekt weist dieses Phänomen nicht auf. Dafür wird das intervokalische /-s-/ im Küstendialekt sehr selten, dagegen häufig im Zentrum und Hochland aspiriert, wie beispielsweise bei *nosotros* > [noˈhotɾos], *ese* > [ˌehe], *necesitar* >[nehesiˈtaɾ] (Montes Giraldo et al. 1998: 79).[3] Der *Yeísmo*, also der Zusammenfall der beiden Phoneme /ʎ/ und /j/, ist mittlerweile Standard im ganzen Land. Kolumbien ist zudem – wie viele andere lateinamerikanische Länder auch – eine Region des *Seseo*, d.h. die Phoneme /θ/ und /s/ werden nicht differenziert.

Auf der **morphosyntaktischen Ebene** verdienen folgende Erscheinungen eine Erwähnung: Das traditionelle Verbsystem ist reduziert.[4] Formen wie das *futuro de subjuntivo* oder das *antepretérito* sind praktisch verschwunden. Auch das synthetische Futur (*cantaré*) wird sehr selten benutzt. Gleichzeitig hat eine Ausweitung der Verwendung von periphrastischen Konstruktionen stattgefunden, mit unterschiedlichen modalen, temporalen und anderen Funktionen (z.B. *ir a* + Infinitiv, *acabar de* + Infinitiv, *tocar* + Infinitiv, *echar a* + Infinitiv). Die Opposition zwischen *Indefinido* und *Perfecto* ist erhalten geblieben. Sätze wie "Él no vino todavía" oder "No ha venido ayer" hört man daher in Kolumbien nicht. Typisch ist außerdem die Verwendung des *pretérito de subjuntivo* als indefinite Vergangenheitsform: "El discurso que pronunciara anoche el ministro" (Montes Giraldo 2001: 138). Eine andere, hybride Struktur ist sehr typisch für Kolumbien geworden: *yo se los dije, yo se los advertí* (anstelle von *yo se lo dije, yo se lo advertí*). Die Unfähigkeit von *se*, den Dativ Plural auszudrücken, führt dazu, dass dieser in den Akkusativ transportiert und damit eine hybride Form kreiert wird. Montes bringt ein Beispiel aus dem Fernsehen: "Pues esta historia hoy sí no se las garantizo como muy entretenida; pero de todas maneras se las tengo que contar" (Montes Giraldo 2001: 138).

---

3   Die wichtigsten Studien zur Phonetik finden sich im ALEC, Band VI., und bei Flórez (u.a.1963; 1973).

4   Die 2. Person Plural (*vosotros/as*) wird, wie in vielen anderen hispanoamerikanischen Ländern, nicht benutzt.

Zu den Besonderheiten auf der **pragmatischen Ebene** gehören die verschiedenen Elemente der Höflichkeit im kolumbianischen Spanisch. Die Anrede von Familienmitgliedern, insbesondere der Kinder, ist überaus liebevoll und gekennzeichnet durch eine Vielzahl an Kosewörtern (*reina, princesa, muñeca* etc.) sowie die Verwendung von Diminutivformen (*hijito/a, papito, mamita*). Außerdem wird *como* häufig als Abschwächungspartikel benutzt: "Está como feo". Ein weiteres Charakteristikum ist die Verwendung des Pronomens *usted* in der zweiten Person Singular für den formalen als auch den informalen Gebrauch (in den Regionen Cundinamarca und Boyacá). In Bogotá ist dies sogar die dominierende Form. Es ist nicht ungewöhnlich, dass sich Eheleute mit *usted* anreden; auch die eigenen Kinder werden in Abhängigkeit von der intendierten Funktion der Äußerung mit *usted* angesprochen. Die Funktionen von *usted*, das parallel zu *tú* existiert, sind sehr unterschiedlich und von soziolinguistischen Faktoren wie Status, Vertrautheit, Alter, Geschlecht u.a. abhängig. Die Nutzung kann Ausdruck von Höflichkeit und Respekt, aber auch von Ironie und Rüge sein.

Der *Voseo*,[5] der früher typisch für ganz Kolumbien war, existiert heute nur noch eingeschränkt in der westlichen Zone, in Antioquia, Caldas, Valle und Nariño, wo er ein hohes Prestige besitzt. An der Atlantikküste herrscht der *Tuteo* als nahezu einzige Anredeform vor. In Bogotá sowie in Cundinamarca und Boyacá gibt es neben dem Gebrauch von *usted* und *tú* eine dritte Anredeform: die archaische Form *su merced/su mercé*, geschrieben mittlerweile *sumercé*. In Bogotá wird *sumercé* heute benutzt, um Zuneigung und Zärtlichkeit unter Familienmitgliedern auszudrücken. Zudem findet man es häufig als Form des *captatio benevolentiae* in Verkaufssituationen zwischen Verkäufern und Kunden. Alle drei Formen existieren parallel und können je nach der konkreten Kommunikationssituation unterschiedliche Funktionen haben – vom Ausdruck der Vertrautheit, des Respekts, der Zuneigung bis hin zur Distanz und Ablehnung (siehe auch Scholpp 2000: 59). Daneben existiert noch die Anredeform *su persona* in Cundinamarca und Boyacá (Montes Giraldo 2001: 139).

Auffällig ist außerdem die häufige Verwendung der Diminutivformen. Ursprünglich dient das Diminutiv der Verkleinerung; es kann jedoch auch ganz andere Funktionen übernehmen und sogar eine Vergrößerung aus-

---

5   Die Bezeichnung *Voseo* bezieht sich auf die Verwendung des Pronomens *vos* (historisches Pronomen für die 2. Person Plural) anstelle von *tú* (2. Person Singular).

drücken.[6] Neben einer besonderen Höflichkeit kann auch das Gegenteil, nämlich Ironie bis hin zur Abwertung, kommuniziert werden (Scholpp 2000: 78-85). Eine klare und eindeutige Funktionszuordnung ist nicht möglich.

Auf der **semantischen Ebene** sind es vor allem die Besonderheiten des kolumbianischen Wortschatzes, die hervorzuheben sind. Der Ruf Kolumbiens als sprachlich sehr gut erforschtes Land bezieht sich auch auf den Wortschatz, wozu zum einen der ALEC als auch das 1993 erschienene *Nuevo Diccionario de Colombianismos* (NDCol)[7] beigetragen haben. Neben den Kolumbianismen gibt es landestypische Umdeutungen, semantische Modifikationen sowie spezifische Konnotationen bei Lexemen, die auch in anderen spanischsprachigen Ländern gebräuchlich sind. Beispielsweise wird *mono/a* (schön, hübsch) in Kolumbien zur Bezeichnung blonder und hellhäutiger Personen verwendet. Das Wort *vaina* (Hülsenfrucht) wird in Kolumbien als Sammelbegriff für Ding, Sache, Angelegenheit benutzt. Der Ausruf "¡Qué vaina!" kann Überraschung, Unbehagen oder Besorgnis ausdrücken.

In einer ebenfalls modifizierten Form wird das Wort *pena* gebraucht, und zwar in großer Häufigkeit und in allen möglichen Kommunikationssituationen: Der Ausdruck "¡Que pena con usted!" kann zum einen phatische Funktion haben, also z.B. der Gesprächseröffnung dienen. Er kann aber auch als Entschuldigung gemeint sein oder sogar als Zurechtweisung des Gesprächspartners, d.h. er fungiert auch expressiv und appelativ. Zu den häufigsten, in der Umgangssprache im zentralen Landesteil gebrauchten Kolumbianismen (Wörter und Redewendungen), gehören die folgenden:[8]

amañarse	sich anpassen und in einer neuen Umgebung wohl fühlen
bacán / bacano	gute, anständige Person / exzellent, ausgezeichnet

---

6   In dem Beispielsatz "Nos queda un poquito de trabajo" hat *poquito* eine verstärkende Funktion. Es bedeutet hier: "Wir haben noch ein großes Stück Arbeit vor uns".

7   Das unter der Leitung von Günter Haensch und Reinhold Werner erarbeitete und 1993 publizierte NDCol kann mit 8.000 Eintragungen als die bislang reichhaltigste und lexikographisch beste Dokumentation des kolumbianischen Wortschatzes angesehen werden.

8   Quelle: Academia Colombiana de la Lengua (2012).

berraco/ berraquera	mutige und starke Person / herausragendes Ereignis
dar papaya	jemandem Gelegenheit geben, einem Schaden zuzufügen
embarrar	eine Indiskretion begehen; eine Sache "vermasseln"
mamar gallo	1. sein Versprechen nicht erfüllen: "Me está mamando gallo con el pago del arriendo". 2. sich über jemanden lustig machen. 3. faul sein, seinen Verpflichtungen nicht nachkommen: "Lo echaron del puesto porque se la pasaba mamando gallo".
pilo/a	eine sehr tüchtige und fleißige Person
ponerse las pilas	sich sehr anstrengen, Mühe geben
rajar / rajarse	schlecht über jmd. sprechen / durch eine Prüfung fallen
regalar	etwas servieren, um das jemand bittet (steht auch für "verkaufen"): "Me regala un tinto [=Kaffee], por favor". "Me regala un pan, por favor".
tenaz	stark, gewaltig, gefährlich: "Esta vaina es tenaz".

Schon fast ein Markenzeichen des Landes ist die Redewendung "¿Qué hubo?"[9] – neuerdings in der Schreibweise der Aussprache angepasst, als *¿Quiubo?* oder *¿Q'ubo?*, anstelle von "¿Qué hay de nuevo?" bzw. "¿Cómo estás?".

Einflüsse aus anderen Sprachen, wie dem Englischen, Französischen, Italienischen und Deutschen (z.B. *kindergarten*) sind vorhanden und fest im Wortschatz etabliert. Dabei ist eine Zunahme der Verwendung von Anglizismen in der Jugendsprache und im Fachwortschatz in den Bereichen Technik und Medien zu konstatieren. Der angloamerikanische Einfluss ist der stärkste und manifestiert sich in vielfältigen Formen, z.B. in Form von direkten Entlehnungen, wie *hobby, shower-party, halloween*, oder in Form von semantischen Kalkierungen, wie der Verwendung von *billón* anstelle von *mil millones*. Ein weiterer produktiver Bereich sind Freizeit und Sport (*show, table dance, surfing, rafting*). Lehnwörter, die Eingang in die Umgangssprache gehalten haben, sind z.B. *chequear, parquear, tiquete, lonche-*

---

9 Dabei handelt es sich um die Verwendung des *pretérito anterior* (*hubo*) von *hay*.

ra (von engl.: *lunch*). Es gibt nicht nur semantische, sondern auch formale Kalkierungen, wie etwa bei *cientista* (scientist), anstelle von *científico*.

Zunehmend spielt auch in Kolumbien, und zwar sowohl im öffentlichen als auch im akademischen Diskurs, die Gender-Frage eine Rolle. Berufsbezeichnungen werden durchgängig gegendert: *la ministra*, *la decana*, *la directora* etc. Gibt es keinen neutralen Oberbegriff, muss auf die Verwendung des Artikels zurückgegriffen werden: *las/los estudiantes*. Die Bemühungen der Universitäten und Sprachinstitute, das *gendering* als Standardnorm zu etablieren, sind hervorzuheben.

Einflüsse der indigenen Sprachen und der afrikanischen Sprachen

Über die lange Zeit von vier Jahrhunderten der Koexistenz und des Sprachkontaktes des Spanischen mit den Sprachen Amerikas hat naturgemäß ein Prozess der gegenseitigen Sprachbeeinflussung stattgefunden. Seit dem ersten Kontakt der Spanier mit der amerikanischen Welt kam es dazu, dass amerindische Elemente in das Spanische einflossen, denn die Spanier sahen sich einer Fülle von neuen Dingen gegenüber, vor allem in der Natur, und es lag nahe, zur Bezeichnung dieser für sie neuen Realitäten die Namen der Einheimischen zu übernehmen (Montes Giraldo 2000: 171). Aber natürlich gab und gibt es auch den umgekehrten Einfluss des Spanischen auf die indigenen Sprachen, in denen eine Vielzahl von Hispanismen überlebt hat und bis heute neue hinzukommen.

Trotz der Tatsache, dass es vor der Ankunft der Spanier ca. 354 amerindische Sprachen auf dem Territorium des heutigen Kolumbiens gab und viele afrikanische Sklaven an die Küsten gebracht wurden, ist der Einfluss dieser Sprachen insgesamt gering: "[...] hay que concluir que el influjo indígena en el español de Colombia es relativamente débil y que no representa una porción notable ni del léxico usual y básico y menos aún de la estructura fónica o gramatical" (Montes Giraldo 2000: 361). Erklären kann man dies u.a. damit, dass die große Anzahl der indigenen Sprachen dazu beitrug, dass sich das Spanische schnell als erste Verständigungssprache durchsetzen konnte.

Die wichtigste und stärkste indigene Sprache in Neu-Granada war das Muisca oder Chibcha (verbreitet in Zentrum und im Nordosten), welches in der kolonialen Übergangszeit den Jesuiten u.a. als *lengua general* diente.

Allerdings gab es durch den Assimilationsdruck der Spanier schon Anfang des 18. Jahrhunderts keine Sprecher mehr (Zimmermann 1997: 405).

Der Einfluss der indigenen Sprachen beschränkt sich klar auf die lexikalische Ebene. Von den ca. 300 Indigenismen in der Gruppe mit der größten Extension (Wörter, die in vier oder mehr Ländern außerhalb des Territoriums der jeweiligen indigenen Sprache verbreitet sind) sind 65 % in Kolumbien geläufig (Sala et al. 1977). Zu diesen panhispanischen, zum Teil sogar weltweit übernommenen Begriffen gehören z.B. *aguacate, canoa, chicha, cacao, chocolate, hamaca, papa, tomate* und *yuca*. Neben diesen Begriffen sind die Quechuismen in Kolumbien am weitesten verbreitet. Von den 68 Begriffen, die Sala et al. (1977) als Wörter quechuanischen Ursprungs klassifizierten, sind die meisten in Kolumbien gebräuchlich. Die Mehrzahl der Quechuismen findet sich im Südosten des Landes. An zweiter Stelle stehen die Muisquismen. Angesichts der Wichtigkeit der karibischen Sprachfamilie kann man davon ausgehen, dass sie nach dem Quechua und Muisca die drittwichtigste Einflussgröße ist. Besonders spürbar ist der Einfluss der indigenen Sprachen in den Regionen, die eine Zweisprachigkeit behaupten konnten, wie z.B. im Departamento Nariño an der Grenze zu Ecuador, wo man eine relativ große Anzahl von Quechuismen feststellen kann (Rodríguez de Montes 1987). Am auffälligsten sind die lexikalischen indigenen Entlehnungen bei den Toponymen. In den Departamentos Cundinamarca und Boyacá sind einschließlich des Hauptstadtnamens fast alle Ortsbezeichnungen Muisca-Ursprungs: *Chiquinquirá, Zipaquirá, Factativá, Fusagasugá, Parque Nacional Chingaza, Parque Nacional Chicaque*. Ebenso groß ist die Anzahl der Hydronyme mit Muisca-Ursprung. Bedeutsam sind zudem die Derivate der indigenen Toponyme. Diese sind i.d.R. Gentilismen, wie z.B. *cundayuna, ibaguereña, pastusa* etc.; sie werden sehr häufig zur Bezeichnung der Herkunft von Personen und Sachen in der Umgangssprache benutzt: *bogotano, caleño, caucano* (Montes Giraldo 2000: 351-353).

Insgesamt ist festzustellen, dass die linguistische Vitalität der heute noch auf dem Territorium vorhandenen 65 indigenen Sprachen nachlässt. Aufgrund verschiedener Faktoren befinden sie sich in einem Prozess des Verlusts ihres Einflussbereiches. Das Spanische wird zunehmend zur Muttersprache der neuen Generationen. Faktoren wie die Kommunikationsmedien, der Kontakt mit den Behörden und das Bildungssystem tragen dazu bei, dass die jungen Sprecher die indigenen Sprachen vermehrt nur noch passiv beherrschen (García León/García León 2012: 51). Neben den genannten Gründen spielt der Fortbestand der enormen Zersplitterung dieser Sprachen eine Rolle, die schon den Spaniern Kopfzerbrechen bereitet hatte. Einige indigene Völker, wie die Pijao, Senú, Mocaná, Kankuamo und die Pastos, sprechen nicht mehr ihre eigene Sprache, sondern Spanisch. Bezüglich ihrer zukünftigen Bedeutung für Kolumbien trifft auch Montes Giraldo eine eher pessimistische Einschätzung:

> Hemos de concluir que el influjo indígena en la lengua general de Colombia seguirá debilitándose y perdiendo aún más terreno frente al alud de la formación léxica endógena y, sobre todo, de la avasalladora corriente del extranjerismo en las ramas del vocabulario técnico y científico. Ello a pesar de que el fuerte movimiento contemporáneo de alcance mundial en pro de revivir y conservar las culturas y lenguas minoritarias pueda lograr que al menos algunas de las numerosas lenguas indígenas colombianas sobrevivan algunos siglos más (Montes Giraldo 2000:360).

Der Einfluss der afrikanischen Sprachen auf das Sprachgut des kolumbianischen Spanisch ist sehr gering und es gibt nur wenige Wörter, die sicher als Afrikanismen nachgewiesen werden können. Die Nachkommen der importierten Sklaven konzentrieren sich an den Küsten (80 % sind in Cartagena ansässig). In der Pazifikregion weist die Sprache grundsätzlich die gleichen Merkmale auf wie die atlantische Varietät. Da es keine Nachweise für eine heute dort noch existente Kreolsprache gibt, ist von einer regionalen Varietät mit afrikanischen Einflüssen auszugehen. Verbreitete Afrikanismen sind die Wörter *bagaño* (Kürbis), *biche* (zart, unreif), *bongo* (Kanu), *cachumbo* (Locke), *chécheres* (Kram, Krimskram), *chimbo* (gefälscht), *guarapo* (Zuckerrohrschnaps), *marimba* (Marimba), *ñoco* (ein Mensch, dem Finger, Hand, Fuß oder Bein fehlt) u.a. (Castillo Mathieu 1992). Weitaus größer ist der kulturelle Einfluss, d.h. das Weiterleben von Traditionen und Bräuchen in den Regionen, in denen sich die Nachkommen der Sklaven ansiedelten.

Indigene Sprachen und Kreolsprachen

Auf dem gesamten südamerikanischen Kontinent sind noch ca. 400 indigene Sprachen verblieben, die von fast 20 Millionen Menschen gesprochen werden.[10] Sie werden in 113 genetische Einheiten eingeteilt (Campbell 1997; Adelaar/Muysken 2004), von denen 37 bereits ausgestorben sind. Von den noch 76 existierenden Einheiten sind 33 sogenannte isolierte Sprachen, d.h. sie können keiner Sprachfamilie zugeordnet werden. Damit ist Südamerika der Kontinent mit der größten sprachgenetischen Diversität. Die 65 in Kolumbien vertretenen indigenen Sprachen lassen sich 21 genetischen Spracheinheiten zuordnen. Neben 13 Sprachfamilien gibt es acht isolierte Sprachen. Die vertretenen Sprachfamilien sind: Chibcha, Arawak, Karibe, Quechua, Tupí-Guaraní, Barbacoa, Chocó, Guajiro, Saliva-Piaroa, Makú-Puinave, Tukano, Uitoto, Bora. Die acht isolierten Sprachen sind: Andoque, Kofan, Kamsá, Paez (oder Nasa), Tinigua, Yaruro, Tikuna, Yagua. Manche Quellen nennen noch das Okaina, welches jedoch mit seinen vor einigen Jahren gerade noch fünf Sprechern in Kolumbien schon als ausgestorben gilt; gleiches trifft auf das Tinigua mit nur noch einem Sprecher zu (Gónzalez de Pérez 2011).

Die insgesamt ca. 500.000 Sprecher verteilen sich sehr unterschiedlich: das Guajiro (auf der Halbinsel Guajira) und das Paez im andinen Hochland im Departamento Cauca weisen mit ca. 120.000 bzw. 140.000 Sprechern die höchsten Zahlen auf. Das andere Extrem bilden Sprachen mit weniger als 100 Sprechern. Die restlichen Sprecherzahlen variieren zwischen einigen hundert bis zu 5000 Sprechern (Rodríguez de Montes 1993). Die wichtigste Gemeinsamkeit aller indigenen Sprachen in Kolumbien ist das Fehlen einer Schrift, d.h. alle verfügen über eine orale Tradition. Allerdings wird seit einigen Jahren mit staatlicher Förderung im Rahmen des Programms der *etnoeducación* daran gearbeitet, die Sprachen auf der Grundlage des spanischen Alphabets zu verschriftlichen. Somit befinden sich viele indigene Sprachen derzeit in einem Übergang von der oralen zur schriftlichen Kultur.

Die indigenen Sprachen sind heute Studienfach in postgradualen Studiengängen einiger Universitäten (*Universidad Nacional de Colombia, Universidad de los Andes, Universidad del Valle, Universidad del Cauca, Universidad Antioquia*). An den Universitäten, aber auch neuerdings am ICC, gibt es ein starkes Forschungsinteresse an den indigenen Sprachen. Das Ethnolinguistik-Programm der *Universidad de los Andes*, am Institut *Cen-*

---

10 Die bedeutendsten südamerikanischen Sprachfamilien sind die Quechua-Sprachen mit 10 Mio. Sprechern, die Tupí-Sprachen mit 5,3 Mio. und das Aymara mit 2,2 Mio. Sprechern.

tro Colombiano de Estudios de Lenguas Aborígenes (CCELA), gilt als vorbildlich, ebenso wie die *Licenciatura en Etnoeducación* am *Centro de Educación Abierta y a Distancia* (CEAD) der *Universidad del Cauca* oder das Forschungsprogramm *Colombia Multilingüe* der *Universidad del Atlántico*.

Für die einzigartige sprachliche Vielfalt Kolumbiens sind nicht zuletzt auch die beiden auf dem Territorium noch gesprochenen Kreolsprachen verantwortlich. Neben dem Papiamentu, einem portugiesisch-basierten, aber stark spanisch beeinflussten Kreol, auf den niederländischen Antillen ist das in Kolumbien beheimatete Palenquero die einzige spanisch-basierte Kreolsprache, die sich bis heute erhalten hat. Erst 1970 konnten die beiden Linguisten Bickermann und Escalante nachweisen, dass es sich nicht um einen seltsamen Dialekt, sondern um eine Sprache mit den typischen Merkmalen von Kreols handelt. Bei dem Ort San Basilio de Palequero, ca. 50 km von Cartagena entfernt, handelt es sich um ein ehemaliges *cimarrón*-Dorf (*cimarrón* bedeutet 'entlaufener schwarzer Sklave') mit ca. 4.000 Einwohnern. Heute ist man darum bemüht, das Palenquero zu erhalten und es zu unterrichten. Dafür wurde eine Orthographie erarbeitet. Die Grammatik weist spanische, wenige portugiesische und zum Teil afrikanische Strukturen auf und ist im Vergleich zur Grammatik der lexikalischen Gebersprache vereinfacht.

Die Inseln St. Andrés und Providencia stellen insofern eine geographische Eigenheit dar, dass sie der nikaraguanischen Küste vorgelagert sind, jedoch 1786 Neu-Granada zugeordnet wurden. Anfang des 18. Jahrhunderts kamen Siedler aus Jamaika, die ein englisch-basiertes Kreol mitbrachten. Der jamaikanische Einfluss ist in der Sprache deutlich erkennbar, die verwendete Lexik ist Englisch. Die grammatikalische Grundstruktur ist wie beim Palenquero gekennzeichnet durch die Unveränderlichkeit des Verbstammes und die Voranstellung eines Tempus-, Modus- oder Aspekt-Markers. Auch kulturell ist der jamaikanische Einfluss heute noch deutlich spürbar. Sprachlich gesehen herrscht eine Triglossie der Sprachen Englisch, Spanisch und Creole.[11]

---

11 Umfassende Ausführungen u.a. bei Dittmann de Espinal/Forbes (1989), Dittmann de Espinal (1992) und Patiño Roselli (1991).

Sprachpolitik, Bildungspolitik und Sprachpflege

Die linguistische Forschung und Sprachpflege versteht sich in Kolumbien nach wie vor in der puristischen Tradition und ist dem Erbe der großen Linguisten des Landes verpflichtet. An den wichtigsten Universitäten des Landes ist die Theoretische und Angewandte Linguistik fest etabliert und genießt ein hohes, auch internationales Renommee. Daneben lassen sich in der aktuellen Sprachpolitik zwei Grundsäulen ausmachen: 1) sprachpolitische Maßnahmen, die das Verhältnis zwischen dem Spanischen und den Minderheitensprachen regulieren sollen, und 2) sprachpolitische Maßnahmen zur Implementierung und Förderung der modernen Fremdsprachen, vorzugsweise des Englischen.

Betrachtet man das Verhältnis zwischen dem Spanischen und den Minderheitensprachen, hat sich dieses im Laufe eines längeren historischen Prozesses grundlegend geändert. Nach der Gründung des Nationalstaates war das erklärte Bildungsziel zunächst die Assimilation und Unterordnung der ethnischen und kulturellen Vielfalt zugunsten einer einheitlichen nationalen Kultur und Sprache. In der ersten Verfassung Kolumbiens von 1886 wurden die indigenen Sprachen nicht anerkannt, denn die Nation wurde als eine homogene Einheit angesehen, in der es galt, eine einzige Sprache, eine einzige Religion und eine einzige Regierung zu implementieren (Gröll 2009). Daher wurden bis ins 20. Jahrhundert hinein die indigenen und Kreolsprachen nicht als Landessprachen angesehen. Die Suche der indigenen Völker nach einem eigenen Weg in Bildung und Erziehung lässt sich verstärkt seit den 1970er Jahren beobachten. Die konstanten Bemühungen gipfelten 1978 in einem staatlichen Dekret, welches den indigenen Völkern das Recht auf die Pflege und Ausübung ihrer kulturellen und linguistischen Identität zusprach. In der Folge dieses Dekrets wurden bilinguale indigene Lehrkräfte berufen, die aber zumeist keine Lehrerausbildung absolviert hatten. Das Jahr 1985 schließlich gilt mit der Gründung des Büros für Ethnische Bildung (*Oficina de Etnoeducación*) beim Nationalen Bildungsministerium (*Ministerio de Educación Nacional*, MEN) als die Geburtsstunde der sogenannten *etnoeducación*.

Das wichtigste legale Instrument für die indigenen, kreolen und afrokolumbianischen Völker sowie die Sinti und Roma ist bis heute die Verfassung von 1991. In Artikel 68 heißt es: "Los integrantes de los grupos étnicos tendrán derecho a una formación que respete y desarrolle su identidad cultural". Damit wurde die ethnische und linguistische Vielfalt des Landes anerkannt, was diese Verfassung, vor allem auch durch die Garantie des Schutzes der indigenen Kulturen und der Erklärung der amerindischen Sprachen zu kooffiziellen Landessprachen, zur damals fortschrittlichsten in Lateinamerika machte. In Artikel 7 heißt es: "El Estado reconoce y protege la diversidad étnica y cultural de la nación colombiana". In Artikel 10 der Verfassung wird der kooffizielle Status der indigenen und Kreolsprachen festgeschrieben:

> El castellano es el idioma oficial de Colombia. Las lenguas y dialectos de los grupos étnicos son también lenguas oficiales en sus territorios. La enseñanza que se imparta en las comunidades con tradiciones lingüísticas propias será bilingüe.

Die Mehrzahl der Kolumbianer betrachtet heute die ethnische und linguistische Vielfalt des Landes mit einem gewissen Stolz als Vorteil und Bereicherung. Nichtsdestotrotz liegt noch ein langer Weg vor allen gesellschaftlichen Akteuren, um die in der Verfassung von 1991 deklarierten Grundrechte angemessen und wirksam umzusetzen. Der gesamte Prozess seit der Gründung der *Oficina de Etnoeducación* im Jahr 1985 ist von positiven Ergebnissen, aber auch von Rückschlägen, Kontroversen und Defiziten gekennzeichnet. Die Diskussionen über die Ziele und Ausrichtung der *etnoeducación* halten daher an und spiegeln sich u.a. in einer Neudefinition des Begriffs oder in der Einbeziehung sämtlicher verletzlicher Bevölkerungsgruppen wider. Die verschiedenen Entwicklungsetappen bis zum heutigen Status quo werden in der folgenden Übersicht dargestellt:

Bildungspolitik für die ethnischen Gruppen – historischer Prozess

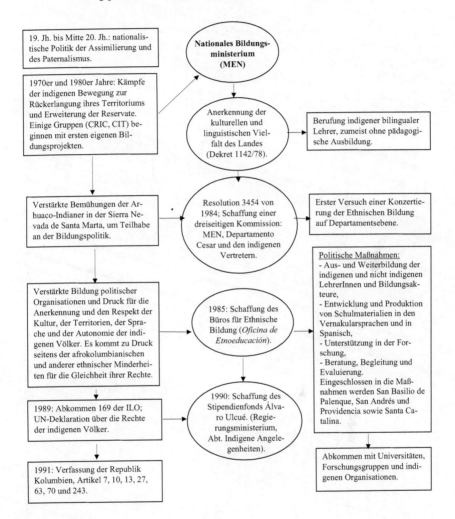

19. Jh. bis Mitte 20. Jh.: nationalistische Politik der Assimilierung und des Paternalismus.

1970er und 1980er Jahre: Kämpfe der indigenen Bewegung zur Rückerlangung ihres Territoriums und Erweiterung der Reservate. Einige Gruppen (CRIC, CIT) beginnen mit ersten eigenen Bildungsprojekten.

Nationales Bildungsministerium (MEN)

Anerkennung der kulturellen und linguistischen Vielfalt des Landes (Dekret 1142/78).

Berufung indigener bilingualer Lehrer, zumeist ohne pädagogische Ausbildung.

Verstärkte Bemühungen der Arhuaco-Indianer in der Sierra Nevada de Santa Marta, um Teilhabe an der Bildungspolitik.

Resolution 3454 von 1984; Schaffung einer dreiseitigen Kommission: MEN, Departamento Cesar und den indigenen Vertretern.

Erster Versuch einer Konzertierung der Ethnischen Bildung auf Departamentsebene.

Verstärkte Bildung politischer Organisationen und Druck für die Anerkennung und den Respekt der Kultur, der Territorien, der Sprache und der Autonomie der indigenen Völker. Es kommt zu Druck seitens der afrokolumbianischen und anderer ethnischer Minderheiten für die Gleichheit ihrer Rechte.

1985: Schaffung des Büros für Ethnische Bildung (*Oficina de Etnoeducación*).

Politische Maßnahmen:
- Aus- und Weiterbildung der indigenen und nicht indigenen LehrerInnen und Bildungsakteure,
- Entwicklung und Produktion von Schulmaterialien in den Vernakularsprachen und in Spanisch,
- Unterstützung in der Forschung,
- Beratung, Begleitung und Evaluierung.
Eingeschlossen in die Maßnahmen werden San Basilio de Palenque, San Andrés und Providencia sowie Santa Catalina.

1989: Abkommen 169 der ILO; UN-Deklaration über die Rechte der indigenen Völker.

1990: Schaffung des Stipendienfonds Álvaro Ulcué. (Regierungsministerium, Abt. Indigene Angelegenheiten).

1991: Verfassung der Republik Kolumbien, Artikel 7, 10, 13, 27, 63, 70 und 243.

Abkommen mit Universitäten, Forschungsgruppen und indigenen Organisationen.

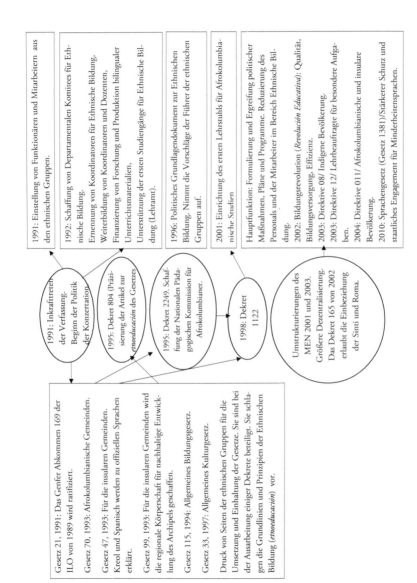

Abb. 3a und b: Etappen der *etnoeducación*. Eigene Darstellung in Anlehnung an Patiño Enciso (2004).

Der gesamte Prozess der Etablierung der *etnoeducación* hat mehrere Jahrzehnte umfasst und die Diskussion um ihre zukünftige Ausrichtung hält an. Die positiven und negativen Ergebnisse wurden über staatliche politische Maßnahmen oder Maßnahmen der ethnischen Gruppen selbst in einer Dynamik der Spannung-Entspannung ausgehandelt – es handelt sich also um eine geteilte Verantwortung:

> Si bien es cierto que la supervivencia de una lengua estriba, en gran parte, en la voluntad de sus hablantes de transmitirlas a las siguientes generaciones, esto representa, ante todo, un acto político que se puede estimular o propiciar estableciendo políticas lingüísticas acordes con la vocación multilingüe de las regiones en que se divide el país (Chaves Cuevas 2001: 19).

In Zukunft wird es neben den Herausforderungen auf pädagogischem und methodischem Terrain vor allem auch um die Sensibilisierung der Mehrheitsbevölkerung für die Bedeutung und das Potential der *etnoeducación* gehen. Dass dies ein sehr ambitiöses Vorhaben ist, welches nur langfristig erfolgreich umgesetzt werden kann, liegt auf der Hand. Im didaktischen Bereich fehlen eigene Konzepte, die die Entwicklung hin zu einer *etnopedagogía* ermöglichen. Andererseits muss die *etnoeducación* in den Städten und Gemeinden sichtbar werden, über gemeinschaftliche Projekte beispielsweise, um ein Verständis in der gesamten Bevölkerung über deren Bedeutung zu entwickeln. Die *etnoeducación* erfordert die Anerkennung der Pluralität der kolumbianischen Gesellschaft in ihrer Gesamtheit, um schließlich zu einer wirklichen Inklusion in allen Bereichen zu gelangen. Vom Staat wird dazu von vielen Sektoren ein stärkeres Engagement, auch in finanzieller Hinsicht, eingefordert. Es geht darum, das Ganze nicht als losgelöstes, folkoristisches Programm für die indigenen und anderen Minderheiten zu betrachten, sondern als Bildungsprogramm für die gesamte Gesellschaft, dessen Ziel die Anerkennung und das Verständis der kulturellen Diversität als Konstituente der kolumbianischen Gesellschaft ist. Dabei haben sich die Konzepte geändert und kulturelle Vielfalt schließt heute auch Gender, Menschen mit Behinderungen etc. mit ein. Das bedeutet, ein ursprünglich einseitig auf die indigenen Minderheiten ausgerichtet Projekt muss zu einem Projekt der "educación para la diversidad cultural" werden. Zambrano nennt das "etnoeducación radical" (Zambrano 2001: 26-27). Interkulturalität wird so zu einer Notwendigkeit im gesamten kolumbianischen Bildungssystem:

[...] la etnoeducación puede jugar y juega un papel protagónico en la cons-trucción de nuevos proyectos de vida, más comprometidos con una visión de mundo en la que la diversidad no sea vista como amenaza, sino como oportunidad para caminar hacia una sociedad más democrática. Frente a la globalización y su realidad homogeneizante, sociedades como la nuestra, ca-racterizadas por su condición pluriétnica y multicultural, requieren que la educación, particularmente en el ámbito universitario, adquiera este compro-miso (Rojas 2001: 11).

Die zweite Achse der aktuellen Sprachpolitik besteht in der Implemen-tierung von einer oder mehreren Fremdsprachen im Land, d.h. es geht vor allem um die Verankerung des Fremdsprachenunterrichts in den Curricula der Schulen und Hochschulen. Der Ursprung hierzu liegt im Jahr 1824 mit der Schaffung des Lehrstuhls für Sprachen am *Colegio San Bartolomé* in Bogotá, dessen Ziel die Lehre von Englisch und Französisch als Fremdsprachen war. 1979 wurde ein Dekret verabschiedet, welches den Unterricht in Französisch als obligatorisch für die Klassenstufen 10 und 11 und von Englisch für die Stufen 6 und 7 an den Schulen vorsah. 1982 wurde die sogenannte *The English Syllabus*-Politik eingeführt. Dies war ein Vorschlag des Bildungsministeriums gemeinsam mit dem *British Council* und dem *Centro Colombo Americano*, wodurch ein Curriculum für Englisch für die Klassenstufen 6 bis 11 entwickelt werden sollte. Die Ergebnisse waren, insbesondere aufgrund der mangelnden Kompetenz und Zahl der Englischlehrer, nicht so positiv wie erwartet. 1994 wurde das Allgemeine Bildungsgesetz (*Ley General de Educación*) verabschiedet. Das Erlernen einer Fremdsprache wurde nun ab der Primarstufe obligato-risch. Das gleiche Gesetz propagierte die *etnoeducación* für die ethnischen Minderheiten, wobei insbesondere die bilinguale Bildung festgeschrieben wurde. Im Zuge des Gesetztes wurden u.a. Kompetenzstandards für die Fremdsprachen definiert und festgelegt. Das jüngste Programm in diesem Bereich ist das *Programa Nacional de Bilingüismo* (PNB) von 2004. Das Ziel des Programms ist die Verbesserung der fremdsprachlichen Kompe-tenz im Englischen in allen Bildungsstufen und letztlich das Erreichen einer Bilingualität der Kolumbianer (Spanisch-Englisch) bis 2019. Das Programm rief ein breites Echo hevor und bewirkte das Entstehen loka-ler Programme, wie z.B. des *Programa Bogotá Bilingüe* (2006). Von vielen Linguisten und Sprachpolitikern werden dieses Programm und seine Ziel-setzung stark kritisiert. Vor allem wird der Terminus "Bilingualismus" im PNB falsch und konträr zu seinem Gebrauch in der Verfassung von 1991 definiert und benutzt. Patiño (2005) z.B. lehnt die Bezeichnung "bilingual" für das PNB ab und schlägt vor, das PNB als einen Plan zur Lehre des Englischen als Fremdsprache anzusehen und den Terminus "Bilingualismus" gemäß der Verfassung und des Sprachengesetzes (*Ley de lenguas*) für die Situation der Minderheitensprachen zu reservieren. Ansonsten würde die vorherrschende Meinung verfestigt, dass bilingual zu sein in Kolumbien bedeutet, Spanisch und Englisch zu sprechen, aber nicht, dass darunter auch die Beherrschung einer Minderheitensprache falle. Usma (2009) ist der Auffassung, dass das PNB eine Art "linguistische Stratifizierung" schaffe, die im Gegensatz zur offiziellen Anerkennung der Gleichberechtigung der Minderheitensprachen stehe. Die Kritik ist auch, dass die vorherrschende Meinung verfestigt werde, nur das Englische sei die Sprache mit instrumentellem Wert auf dem Arbeitsmarkt, welche die Teilhabe an Globalisierung und Fortschritt ermögliche. Gleichzeitig werden andere moderne Fremdsprachen, wie Französisch und Deutsch, ebenso diskriminiert (García León/García León 2012: 59). Der angestrebte angebliche Bilingualismus zwischen Spanisch und Englisch ist zugleich ein elitärer Bilingualismus, da er nur der privilegierten Oberschicht zugänglich ist. Die staatlichen Schulen und Bildungseinrichtungen haben weder die finanziellen noch die humanen Ressourcen, um einen qualifizierten Englischunterricht anzubieten:

> Mientras que en Colombia el bilingüismo en lenguas internacionales se considera prestigioso puesto que da acceso a una forma altamente "visible" y socialmente valorada, que abre posibilidades de empleo en el mercado global, el bilingüismo en lenguas amerindas o criollas lleva, más bien a una forma "invisible" del bilingüismo en el cual la lengua nativa es subvalorada y asociada con el subdesarrollo, la pobreza y el atraso (Mejía/Montes 2011: 59).

Man muss folglich einschätzen, dass der Anspruch, Kolumbien bis 2019 als bilinguales Land zu formen, höchst übertrieben und definitorisch falsch ist. Sicher ist es richtig, das Erlernen moderner Fremdsprachen, und zwar nicht nur des Englischen, zu fördern und zu stärken. Darin bestehen nach wie vor große Defizite und die mangelnde Beherrschung von Fremdsprachen ist für kolumbianische Studierende oftmals ein Hindernis bei der Bewerbung um einen ausländischen Studienplatz oder um ein Stipendium. Der wichtigste Aspekt bei allen sprachpolitischen Bestrebungen sollte in Zukunft die Anerkennung und Berücksichtigung der langen Tradition des Landes als multilinguale und multikulturelle Gesellschaft sein.

Literaturverzeichnis

ACADEMIA COLOMBIANA DE LA LENGUA (2012): *Breve diccionario de colombianismos*. Bogotá: Comisión de Lingüística de la Academia Colombiana de la Lengua.

ADELAAR, Willem F. H./MUYSKEN, Pieter C. (2004): *The Languages of the Andes*. Cambridge: Cambridge University Press.

ALEC (1982-1983): *Atlas lingüístico-etnográfico de Colombia*. 6 Bde. und ein Manual. Bogotá: Instituto Caro y Cuervo.

CAMPBELL, Lyle (1997): *American Indian Languages: The Historical Linguistics of Native America*. Oxford: Oxford University Press.

CASTILLO MATHIEU, Nicolás del (1992): "El aporte negro-africano al léxico de Colombia". In: *Encuentro Internacional sobre el español de América hacia el siglo XXI, Tomo 2*. Bogotá: Instituto Caro y Cuervo, S. 41-99.

CHAVES CUEVAS, Ignacio (2001): "Desde el Instituto Caro y Cuervo". In: Trillos Amaya, María (Hg.): *Memorias del simposio: Participación de las lenguas en la construcción de sentidos sociales. II Congreso de Etnoeducación*. Bogotá: Instituto Caro y Cuervo/Universidad del Atlántico, S. 17-19.

DITTMANN DE ESPINAL, Marcia (1992): *El criollo sanandresano. Lengua y cultura*. Cali: Universidad del Valle.

DITTMANN DE ESPINAL, Marcia/FORBES, Okley (1989): "Análisis etnolingüístico de la realidad sanandresana". In: *Estudios sobre español de América y lingüística afroamericana: ponencias presentadas en el 45 Congreso Internacional de Americanistas*. Bogotá: Instituto Caro y Cuervo, S. 186-226.

FILE-MURIEL, Richard J./OROZCO, Rafael (2012): "Colombian Spanish at the Turn of the 21st Century". In: File-Muriel, Richard J./Orozco, Rafael (Hg.): *Colombian Varieties of Spanish*. Madrid/Frankfurt a.M.: Iberoamericana/Vervuert, S. 11-20.

FLÓREZ, Luis (1963): "El español hablado en Colombia y su atlas lingüístico". In: *Thesaurus*, 18 (2), S. 268-356.

— (1973): *Las "Apuntaciones críticas" de Cuervo y el español bogotano cien años después. Pronunciación y fonética*. Bogotá: Instituto Caro y Cuervo.

GARCÍA LEÓN, Javier/GARCÍA LEÓN, David (2012): "Políticas lingüísticas en Colombia: tensiones entre políticas para lenguas mayoritarias y lenguas minoritarias". In: *Boletín de Filología*, XLVII, 2, S. 47-70.

GÓNZALEZ DE PÉREZ, María Stella (2011): *Manual de divulgación de las lenguas indígenas en Colombia*. Bogotá: Instituto Caro y Cuervo.

GRANDA GUTIÉRREZ, Germán de (1977): *Estudios sobre un área dialectal hispanoamericana de población negra: Las tierras bajas occidentales de Colombia*. Bogotá: Instituto Caro y Cuervo.

GRÖLL, Ilse (2009): "Las lenguas amerindias y criollas en Colombia. Desarrollos políticos lingüísticos en el marco de la Constitución Política de 1991". In: Aguirre, Daniel (Hg.): *Las lenguas autóctonas en Colombia. Consideraciones alrededor de su legitimación en la Constitución de 1991*. Bogotá: Universidad de Los Andes, S. 13-116.

HAENSCH, Günther/WERNER, Reinhold (1993): *Nuevo Diccionario de Americanismos. Tomo 1: Nuevo diccionario de colombianismos*. Bogotá: Instituto Caro y Cuervo.

Instituto Caro y Cuervo (1986): *El habla de la Ciudad de Bogotá: materiales para su estudio.* Bogotá: Instituto Caro y Cuervo.

Mejía, Anne-Marie Truscott de/Montes, María Emilia (2011): "El bilingüismo y el multilingüismo en Colombia: Consideraciones acerca de su valor y promulgación". In: Yoko, Elzira/Santana, Juliana (Hg.): *Bilinguismos: subjetivação e identificações nas/pelas línguas maternas e estrangeiras.* Campinas: Pontes Editores, S. 55-81.

Montes Giraldo, José Joaquín (1982): "El español de Colombia: propuesta de clasificación dialectal". In: *Thesaurus,* 37, S. 23-92.

— (2000): *Otros estudios sobre el español de Colombia.* Bogotá: Instituto Caro y Cuervo.

— (2001): "Breve panorama del español actual en Colombia". In: Bernal Leongómez, Jaime (Hg.): *Lenguaje y cognición. Universos humanos.* Bogotá: Universidad de Salamanca/Instituto Caro y Cuervo, S. 133-144.

Montes Giraldo, José Joaquín/Figueroa Lorza, Jennie/Mora Monroy, Siervo Custodio/ Lozano Ramírez, Mariano/Ramírez Caro, Ricardo Aparicio/Espejo Olaya, María Bernarda/ Duarte Huertas, Gloria Esperanza (1998): *El Español hablado en Bogotá. Análisis previo de su estratificación social.* Bogotá: Instituto Caro y Cuervo.

Patiño, Carlos (2005): *La enseñanza del español – Vigía del idioma.* Bogotá: Academia de la Lengua.

Patiño Enciso, Patricia (2004): *Estado de arte de la etnoeducación en Colombia con énfasis en política pública.* Ministerio de Educación Nacional, Dirección de Poblaciones y Proyectos Intersectoriales, Subdirección de Poblaciones. <http://red-ler.org/estado-arte-etnoeducacion-colombia.pdf> (8.5.2017).

Patiño Rosselli, Carlos (1991): "Español, lenguas indígenas y lenguas criollas en Colombia". In: *Encuentro Internacional sobre el español de América: presencia y destino: el español de América hacia el siglo XXI.* Tomo 1. Bogotá: Instituto Caro y Cuervo, S. 145-208.

Rodríguez de Montes, María Luisa (1987): "Algunos quechuismos en el ALEC". In: *BICC,* XLII, S. 97-121.

— (Hg.) (1993): *Estado actual de la clasificación de las lenguas indígenas de Colombia.* Bogotá: Instituto Caro y Cuervo.

Rojas, Axel Alejandro (2001): "Segundo Congreso Nacional Universitario de Etnoeducación. La etnoeducación en la construcción de sentidos sociales". In: Trillos Amaya, María (Hg.): *Memorias del simposio: Participación de las lenguas en la construcción de sentidos sociales. II Congreso de Etnoeducación.* Bogotá: Instituto Caro y Cuervo/Universidad del Atlántico, S. 9-13.

Sala, Marius/Munteanu, Dan/Neacu, Valeria/Sandru-Olteanu, Tudora (1977): *El léxico indígena del español americano: apreciaciones sobre su vitalidad.* București: Editura Academiei Romane.

Scholpp, Peter Wenzel (2000): *Spanisch in Kolumbien. Eine wissenschaftliche Studie interessanter Merkmale der gesprochenen Sprache.* Stuttgart: Ibidem.

Usma, Jaime (2009): "Education and Language Policy in Colombia: Exploring processes of Inclusion, Exclusion, and Stratification of Global Reform". In: *PROFILE,* 11, S. 123-141.

ZAMBRANO, Carlos Vladimir (2001): "Crisis de la modernidad y 'etnoeducación' para la crisis. Transformaciones del sentido y del modo de pensar la etnoeducación". In: Trillos Amaya, María (Hg.): *Memorias del simposio: Participación de las lenguas en la construcción de sentidos sociales. II Congreso de Etnoeducación*. Bogotá: Instituto Caro y Cuervo/Universidad del Atlántico, S. 23-44.

ZIMMERMANN, Klaus (1997): "Die Situation des Spanischen in Kolumbien". In: Altmann, Werner/Fischer, Thomas/Zimmermann, Klaus (Hg.): *Kolumbien heute: Politik, Wirtschaft, Kultur*. Frankfurt a. M.: Vervuert, S. 389-412.

Bildung und Wissenschaft

Reinhard Babel

Einleitung

Mehr als zwei Jahre, bevor Kolumbiens Präsident Juan Manuel Santos der Friedensnobelpreis verliehen wurde, verkündete er in seiner Antrittsrede zur zweiten Amtsperiode am 7. August 2014 die drei Säulen seiner Regierungspolitik für die kommenden vier Jahre. Neben der Vollendung des in der ersten Amtszeit begonnenen Friedensprozesses kündigte er an, sich besonders um die soziale Gleichheit der Gesellschaft und um das Bildungssystem kümmern zu wollen. Er machte dabei klar, dass diese drei Facetten seines Regierungsprogramms nicht voneinander zu trennen und Frieden und soziale Gerechtigkeit nicht ohne ein zusätzliches Engagement in der Bildungspolitik zu erreichen seien. Deshalb solle Kolumbien bis zum Jahr 2025 das Land mit dem besten Bildungssystem in Lateinamerika werden (Santos 2014). Zum Ende der Amtszeit muss nun festgestellt werden, dass der erfolgreiche Abschluss des Friedensabkommens zur alleinigen und zentralen Säule des politischen Programms geworden ist, während Bildungspolitik und soziale Gerechtigkeit größtenteils zu politischen Randthemen verkommen sind.

Zunächst war für das Haushaltsjahr 2015 zum ersten Mal in der Geschichte des Landes ebenso viel Geld für Bildung und Wissenschaft eingeplant worden wie für Militär und innere Sicherheit. Im Zuge des Rohstoffpreisverfalls und der Währungsabwertung wurde diese Vorgabe jedoch bald wieder zurückgenommen und die Mittel für Bildung und Forschung wurden sogar teilweise noch gekürzt. So wird es schwierig, eine Vorreiterrolle in Lateinamerika einzunehmen. Dies unterstreicht auch die PISA-Studie aus dem Jahr 2012, bei der von allen teilnehmenden Ländern aus der Region nur Peru noch schlechter abgeschnitten hat als Kolumbien. Es liegt dabei auf der Hand, dass diese Ergebnisse und die meisten Probleme des Bildungssystems ihre Ursache wiederum in den sozialen und gesellschaftlichen Konflikten finden. Aus historischer Sicht waren politische Projekte und Reformen im Bildungsbereich in Kolumbien immer ein brisantes und hoch ideologisiertes Thema, das nicht unabhängig von den bewaffneten internen Konflikten des Landes betrachtet werden kann. Es muss vielmehr konstatiert werden, dass die zahlreichen Konflikte des 19. und 20. Jahrhunderts sich teilweise direkt an Reformplänen im Bildungsbereich entzündet oder diese zumindest regelmäßig behindert haben (Díaz 2010: S. 34-35, 118-125). Deswegen ist es durchaus nachvollziehbar und notwendig, diese Bereiche als komplementär zu behandeln und eine nachhaltige Friedenspolitik mit den Fragen der sozialen Gerechtigkeit und einem verbesserten Bildungssystem zu verbinden. Voraussetzung für einen dauerhaften Frieden ist ein Bildungssystem, das für alle gesellschaftlichen Schichten zugänglich und auch im internationalen Vergleich qualitativ hochwertig ist. Ein derartiges Bildungssystem wiederum ist ohne ein Ende des bewaffneten Konflikts langfristig nicht zu etablieren.

Der Umstand, dass Kolumbien in den letzten zehn bis fünfzehn Jahren deutlich spürbare Verbesserungen im Bildungs- und Wissenschaftsbereich erzielen konnte, liegt neben gezielten staatlichen Reformen deshalb nicht zuletzt auch daran, dass der bewaffnete Konflikt zwischen Guerillas, Paramilitärs, staatlichen Streitkräften und Drogenkartellen, der das Land jahrzehntelang an seiner Entwicklung gehindert und international isoliert hat, auf abgelegene Regionen reduziert werden konnte und mit dem Friedensprozess vielleicht sogar ganz beendet werden könnte. Diese relative politische Stabilität, die deutliche Verbesserung der Sicherheitslage und das damit einhergehende wirtschaftliche Wachstum haben in den letzten Jahren insbesondere an den Universitäten zu einem spürbaren Aufschwung geführt. Die Studierendenzahlen haben sich seit dem Jahr 2000 mehr als verdoppelt, es wurde ein gut funktionierendes Akkreditierungssystem geschaffen, das die Qualität der universitären Ausbildung garantieren soll, und man hat ganz gezielt die internationale Kooperation gefördert, so dass sich die kolumbianischen Hochschulen aus ihrer erzwungenen Isolierung befreien konnten.

Allerdings konnten in so kurzer Zeit und auch aufgrund der fehlenden Mittel nicht alle Probleme behoben werden. Sowohl in der Schul- als auch in der Hochschulbildung stehen Kolumbien noch zahlreiche Herausforderungen bevor. Auch im Wissenschaftsbereich besteht nach wie vor ein großer Nachholbedarf, um in der Region tatsächlich eine Vorreiterrolle zu spielen. Alles in Allem kann aber trotzdem festgestellt werden, dass die Aussichten auf eine nachhaltige positive Entwicklung so vielversprechend sind, wie schon lange nicht mehr.

Das kolumbianische Bildungssystem

Das kolumbianische Bildungssystem basiert – ähnlich wie in den restlichen lateinamerikanischen Ländern – auf einer Mischung aus öffentlichen und privaten Institutionen. Dies hat zur Folge, dass Kinder aus einkommensstarken Haushalten in aller Regel bereits ab jungen Jahren ausschließlich private Bildungseinrichtungen besuchen, deren Qualität sich normalerweise deutlich von den öffentlichen Einrichtungen abhebt. Die sich dadurch ergebende soziale Segregation im Bildungssektor zieht sich über das Schulsystem bis zu den Hochschulen durch und sorgt für eine strukturelle Ungerechtigkeit im Zugang zu einer qualitativ hochwertigen Bildung, die in den wenigsten Fällen vom öffentlichen Bildungssektor garantiert werden kann. Während die öffentliche Schulbildung für alle Kolumbianer kostenlos zugänglich ist, werden an den öffentlichen Hochschulen Studiengebühren verlangt, so dass sich die Ungleichheit im universitären Bereich noch verschärft. Im Vergleich zu den anderen Ländern Lateinamerikas verfügt Kolumbien allerdings über ein einmaliges sozioökonomisches Klassifizierungssystem, das diese Ungleichheit immerhin etwas abzufangen weiß. Das sogenannte System der *estratos socioeconómicos* teilt die Bürger je nach Wohnsitz in sieben sozioökonomische Stufen ein. Je niedriger die Einstufung, desto weniger zahlen diese Bürger für bestimmte öffentliche oder private Dienstleitungen wie Strom, Wasser, aber auch für Telefon, Fernseh- und Internetanschlüsse. Studenten aus den drei niedrigsten *estratos* zahlen dadurch an öffentlichen Universitäten deutlich geringere oder fast gar keine Studiengebühren. Allerdings sind sie durch eine qualitativ niedrigere Schulbildung oft bereits deutlich im Nachteil gegenüber Studenten, die private Schulen besucht haben. Durch das neue staatliche Stipendienprogramm "Ser pilo paga" (Schlau sein zahlt sich aus) will die Regierung Santos den besten Schulabgängern öffentlicher Schulen in Zukunft kostenlose Studienplätze auch an den besten privaten Universitäten garantieren.

Insgesamt lagen die Bildungsausgaben Kolumbiens in den letzten Jahren meist leicht über dem OECD-Durchschnitt. Im Jahr 2012 investierte die Regierung nach Angaben der Weltbank 4,4 % des Bruttoinlandsprodukts (BIP) und 15,8 % der Gesamtausgaben ihres Haushalts in das Bildungssystem. Damit liegt das Land im lateinamerikanischen Vergleich allerdings nur im Mittelfeld. Immerhin ist allerdings eine steigende Tendenz bei den Bildungsausgaben zu verzeichnen (The World Bank 2015).

Institutionell ist das Nationale Bildungsministerium (MEN) für die politische Zielsetzung und die Koordination der Bildungspolitik zuständig, wenn auch das Arbeitsministerium im Bereich der Berufsausbildung für bestimmte administrative Aufgaben verantwortlich ist. Die folgende Beschreibung des Bildungssystems orientiert sich an der vom MEN vorgenommenen Unterteilung.

Das Schulsystem

Die vorschulische Bildung beginnt in Kolumbien schon sehr früh. Kinder besuchen ab dem zweiten Lebensjahr bereits einen Vorkindergarten, bevor sie ab dem dritten oder vierten Lebensjahr in den Kindergarten kommen. Die letzte Stufe bildet ab dem sechsten Lebensjahr eine sogenannte Übergangsphase, die die Kinder auf die Grundschule vorbereiten soll. Alle drei Stufen der vorschulischen Bildung sind in den öffentlichen Einrichtungen für alle Kinder kostenfrei. Allerdings ist nur die dritte Stufe verpflichtend, so dass die Qualität der öffentlichen Einrichtungen sehr variiert. Wer es sich leisten kann, schickt seine Kinder in private Institutionen.

Mit sechs Jahren werden Kinder eingeschult, um zunächst die *educación básica* (Grundschulbildung) zu durchlaufen, die wiederum in zwei Stufen aufgeteilt ist. Kinder von sechs bis zehn Jahren besuchen die Klassen 1 bis 5 (*educación básica primaria*) und Kinder von elf bis 14 Jahren die Klassen 6 bis 9 (*educación básica secundaria*). Diese neunjährige Grundschulausbildung ist verpflichtend und an den öffentlichen Schulen kostenfrei. Trotzdem ist die durchschnittliche Einschulungsrate laut dem EFA Global Monitoring Report 2011 im Jahr 2008 auf 93 % zurückgegangen, nachdem sie im Jahr 1999 noch bei 96 % lag (UNESCO 2011). Auch bei den Schulabbrüchen sind die Zahlen weit davon entfernt, ideal zu sein. Die Aussichten auf Zugang, erfolgreichen Verlauf und Vollendung der Grundschule hängen stark von der sozialen Herkunft ab. Kinder aus armen Verhältnissen und ländlichen Regionen (oft gleichbedeutend mit der Zugehörigkeit zu ethnischen und sprachlichen Minderheiten) sind stärker gefährdet, die Grundschulbildung nicht zu vollenden. Ca. 98 % der reicheren Bevölkerungsschichten, aber nur 72 % der ärmsten Bevölkerungsschichten beenden die Grundschulausbildung (UNESCO 2012).

Nur wer die Grundschule abgeschlossen hat, wird anschließend zur mittleren Schulbildung (*educación media*) zugelassen, die auch als Höhere Sekundarstufe (*educación secundaria alta*) oder *Bachillerato* bezeichnet wird. Sie umfasst das zehnte und elfte Schuljahr und wird in aller Regel von Kindern zwischen 15 und 17 Jahren besucht. Diese beiden Jahre, die mit der gymnasialen Oberstufe in Deutschland vergleichbar sind, bieten einen akademischen und einen eher technischen Zweig an und bereiten so bereits auf die weiteren möglichen Ausbildungswege vor. Bei erfolgreichem Abschluss der Höheren Sekundarstufe erhalten die Schüler den Titel *Bachillerato*, der sie zur Weiterbildung an Berufsschulen und Hochschulen berechtigt. Allerdings muss dazu noch eine staatliche Feststellungsprüfung (*Saber 11*) abgelegt werden, die vom ICFES (*Instituto Colombiano para la Evaluación de la Educación Superior*) durchgeführt wird. Diese Prüfung regelt über ein Punktesystem in den verschiedenen Wissensbereichen den Zugang zu bestimmten Hochschulen und einzelnen Studiengängen. Nur wer in dieser Feststellungsprüfung eine hohe Punktzahl erzielt, hat realistische Chancen, an den besten Universitäten des Landes und in den begehrtesten Studiengängen aufgenommen zu werden, weshalb die Schulen die Schüler gezielt auf diese Prüfungen vorbereiten. Bis auf wenige Ausnahmen schneiden dabei die privaten und damit kostenpflichtigen Schulen deutlich besser ab als die staatlichen Schulen.

Berufliche Ausbildung

Das höhere Bildungssystem in Kolumbien kennt vier verschiedene Ausbildungsarten, die allerdings nicht ohne weiteres alle als akademische oder universitäre Ausbildung verstanden werden können. Deshalb wird im Folgenden eine Unterscheidung in berufliche und universitäre Ausbildung vorgenommen, die das Verständnis erleichtern soll, auch wenn diese Klassifizierung im kolumbianischen System eigentlich nicht üblich ist.

Dort unterscheidet man zwischen vier Hochschularten. Die *Instituciones Técnicas Profesionales* bieten ein- bis zweijährige und die *Instituciones Tecnológicas* in aller Regel dreijährige, verstärkt theoretische Berufsausbildungen an. Beide Hochschularten sind in Deutschland am ehesten mit Berufsschulen zu vergleichen. Die *Instituciones Universitarias* bieten vier- bis fünfjährige grundständige Studiengänge sowie zweijährige Masterstudiengänge an und lassen sich mit den deutschen Fachhochschulen vergleichen. Die letzte Kategorie bilden die klassischen Universitäten (*Universidades*), die nicht nur über grundständige Studiengänge aller Fachrichtungen verfügen, sondern in den postgraduierten Bereichen neben den Master-Studiengängen auch Promotionsstudien anbieten.

Die Berufsausbildung an den *Instituciones Técnicas* und *Tecnológicas* wird mit den Abschlüssen *Técnico* und *Tecnólogo* abgeschlossen. Beide werden in Deutschland nicht als akademische Titel anerkannt. Von den im Jahr 2012 insgesamt 345 registrierten Hochschulen in Kolumbien fielen 37 in die Kategorie *Instituciones Técnicas Profesionales* und 57 in die Kategorie *Instituciones Tecnológicas*. Darüber hinaus gab es 121 *Instituciones Universitarias* und 130 registrierte klassische Universitäten.

Neben den hier aufgelisteten, überwiegend privaten Berufshochschulen bietet auch der Nationale Berufsbildungsdienst SENA (*Servicio Nacional de Aprendizaje*) flächendeckend Möglichkeiten einer Berufsausbildung in allen Bereichen an. Die Rolle des SENA im kolumbianischen Bildungssystem ist kaum zu überschätzen. Er wurde bereits 1957 im Rahmen einer Vereinbarung der kolumbianischen Regierung, der Internationalen Arbeitsorganisation ILO und des kolumbianischen Arbeitgeberverbandes gegründet. Obwohl er sich im Laufe der Zeit finanzielle Unabhängigkeit von Regierungsmitteln erwerben sollte, hat die Regierung Santos in den letzten Jahren umfangreiche öffentliche Mittel in die Verbesserung und Internationalisierung des SENA investiert. Darüber hinaus wird der SENA durch privatwirtschaftliche Mittel und eine festgesetzte Quote des Arbeitnehmerlohns finanziert. Er verfügt über zahlreiche Regionalbüros und über mehr als 100 Ausbildungszentren im ganzen Land, an denen über 18.000 Lehrkräfte tätig sind. Institutionell ist das Arbeitsministerium für den SENA zuständig, obwohl für den Bildungsbereich insgesamt nominell das Bildungsministerium verantwortlich ist. Dies lässt sich dadurch rechtfertigen, dass das Aufgabengebiet des SENA sehr weit gefasst ist. Neben der beruflichen Ausbildung werden auch berufliche und fachliche Weiterbildungen für Berufstätige durchgeführt sowie Beratung für Auszubildende, Betriebe und Unternehmen angeboten. Auch die Zulassung von Betrieben und Ausbildungsstätten obliegt dem SENA und es werden zusätzlich Förderungen für innovative Projekte und Dienstleistungen unterbreitet.

Damit wird nicht nur eine bessere Berufsqualifizierung für die Bedürfnisse des nationalen Arbeitsmarktes angestrebt, sondern auch der Versuch unternommen, kolumbianische Unternehmen für den internationalen Wettbewerb konkurrenzfähig zu machen, indem Technologieentwicklung und Innovation im Rahmen der Ausbildung gezielt gefördert werden. Allerdings veranschaulicht die institutionelle Trennung der Zuständigkeitsbereiche in Arbeits- und Bildungsministerium bereits, dass die universitäre Forschung fast vollkommen entkoppelt von der Arbeit der Unternehmen und der Berufsausbildung erfolgt. Dieses strukturelle Defizit kann durch die Umsetzung gezielter Maßnahmen im Rahmen der Finanzierungsoffensive des SENA durch öffentliche Mittel nur teilweise behoben werden, auch wenn die angestrebten Internationalisierungsbemühungen (Expertenaustausch, Mobilität von Auszubildenden oder Anschaffung moderner Technologien) durchaus positive Effekte bewirken dürften.

Insgesamt ist der SENA Garant für eine hohe Qualität der Berufsausbildung. Insbesondere seine Dezentralisierungsstrategien haben dazu geführt, dass auch in den marginalisierten Regionen des Landes Berufsbildungsangebote vorhanden sind, die Studenten aller sozialen Klassen zugutekommen.

Universitäre Bildung

Die Bevölkerungszahl Kolumbiens steigt kontinuierlich. Insbesondere die Altersgruppe der 15- bis 24-jährigen wird bis 2030 stark anwachsen, auch wenn die Statistiken mittlerweile ein zunehmend langsameres Wachstum vorhersagen. Dies bedeutet, dass die Nachfrage nach Studienplätzen, die in den letzten 15 Jahren förmlich explodiert ist, weiter ansteigen wird. Während nach Angaben der UNESCO (*United Nations Educational, Scientific and Cultural Organization*) im Jahr 1999 weniger als 900.000 Studenten an kolumbianischen Hochschulen eingeschrieben waren, liegt diese Zahl für das Jahr 2014 bei über 2.100.000. Dieses steigende Interesse an einem Studium, insbesondere auch an postgraduierten Studiengängen, kann von den kolumbianischen Hochschulen momentan nicht befriedigt werden, weshalb viele öffentliche und private Universitäten neben der staatlichen Studienzugangsprüfung ICFES zusätzlich eigene Zugangsprüfungen durchführen. Auch die teilweise sehr hohen Studiengebühren von mehreren tausend Euro pro Semester haben der Nachfrage keinen Abbruch getan. Sie haben allerdings dazu beigetragen, dass die Zahl der Studienabbrecher vor allem aus unteren sozialen Schichten enorm hoch ist (Sanchez Torres/Márquez Zúñiga 2013).

Trotz dieser Probleme ist die Qualität der universitären Bildung insgesamt als sehr gut einzuschätzen. Dies liegt unter anderem daran, dass der kolumbianische Staat in den späten 1990er Jahren ein Akkreditierungssystem für Hochschulen eingeführt hat, das vom Nationalen Akkreditierungsrat (*Consejo Nacional de Acreditación*, CNA) umgesetzt wird (Langebaek 2013). Seit dem Jahr 2003 werden neben einzelnen Studiengängen auch institutionelle Akkreditierungen für maximal 10 Jahre vergeben. Neben dieser grundlegenden Akkreditierung gibt es seit einigen Jahren auch eine sogenannte Qualitätsakkreditierung, die besonders gute Hochschulen und Studiengänge auszeichnet. Im Jahr 2016 waren 45 kolumbianische Hochschulen institutionell qualitätsakkreditiert. Die maximale Akkreditierung von 10 Jahren haben nur die drei staatlichen Universitäten *Universidad Nacional de Colombia* (Bogotá), *Universidad de Antioquia* (Medellín) und *Universidad del Valle* (Cali) sowie mit der *Universidad de los Andes* (Bogotá) eine private Universität erhalten.

Eines der entscheidenden Kriterien für die Akkreditierung ist dabei die Internationalisierung. Deshalb haben sich die kolumbianischen Hochschulen in den letzten Jahren verstärkt um den akademischen Austausch von Studierenden und Hochschullehrern bemüht und es wurden nicht nur zahlreiche bilaterale Abkommen mit ausländischen Universitäten geschlossen, sondern auch deutliche Verbesserungen der Infrastruktur (Sprachzentren und *International Offices*) vorgenommen. Die Bereitschaft unter Studenten, Dozenten und Wissenschaftlern, ein Semester oder gar einen kompletten (postgraduierten) Studiengang im Ausland zu absolvieren, ist in den letzten Jahren enorm gestiegen. Zur Veranschaulichung dieser Tendenz können Zahlen kolumbianischer Studenten herangezogen werden, die an deutschen Universitäten eingeschrieben waren. Während im Wintersemester 2000/01 nur 544 Kolumbianer in Deutschland studierten, waren es im Wintersemester 2015/16 bereits 2.898, womit Kolumbien unter den spanischsprachigen Ländern Lateinamerikas das mit den meisten Studierenden an deutschen Hochschulen ist. Dies liegt nicht nur daran, dass ein Studium in Deutschland wesentlich günstiger ist, sondern auch daran, dass der Bedarf an gut qualifizierten Dozenten an kolumbianischen Universitäten aufgrund der Akkreditierungsanforderungen und der steigenden Studentenzahlen hoch ist. Im Jahr 2015 hatten nach Angaben des Bildungsministeriums von den knapp 150.000 registrierten Hochschullehrern nur ca. 44.000 einen Masterabschluss und etwa 9.500 Dozenten einen Doktortitel (MEN 2016). Diesem Defizit begegnet man einerseits mit staatlichen Maßnahmen wie Kredit- und Stipendienprogrammen, die ein Studium im Ausland erleichtern sollen, sowie andererseits mit der zunehmenden Einführung von postgraduierten Studiengängen.

Das quantitative und qualitative Wachstum des universitären Ausbildungssystems wird unter den gegebenen politischen und sozioökonomischen Rahmenbedingungen in den nächsten Jahren aller Voraussicht nach fortgesetzt. Es bildet darüber hinaus die Voraussetzung für einen erfolgreichen Übergang für die im Friedensprozess angestrebte Zukunft des Landes, die nicht nur den bewaffneten Konflikt beenden, sondern auch die sozialen Missstände und Differenzen langfristig beseitigen will, wofür ein gutes Hochschulsystem vonnöten ist, das allen Kolumbianern zugänglich ist.

Doch eben an diesem Punkt lässt sich auch deutliche Kritik vernehmen. Denn zu Recht wird gefragt, ob das kolumbianische Bildungssystem unter den beschriebenen Bedingungen effektiv dazu beitragen kann, die sozialen Differenzen der Gesellschaft zu beseitigen oder ob es diese in Zukunft nicht noch verschärfen wird. Obwohl allgemein immer mehr Kolumbianer ein Studium aufnehmen, sorgen die ökonomischen Rahmenbedingungen dafür, dass sich nur die reicheren Schichten eine universitäre Ausbildung leisten können, während Studenten aus den ärmeren Schichten auf Stipendien und Kredite angewiesen sind, die sie meist nur dann erhalten, wenn sie überdurchschnittlich gute Leistungen erbringen. Letzteres hängt wiederum von unterschiedlichen Faktoren ab, vor allem aber von der Qualität der staatlichen Schulen, die im regionalen Vergleich deutlich variiert. Es ist darüber hinaus zu erwarten, dass sich die Studiengebühren den ständig ansteigenden Lebenshaltungskosten (insbesondere in Bogotá) anpassen werden. Das bedeutet, dass Studieren in Zukunft in Kolumbien noch teurer werden wird, so dass sich die sozialen Differenzen eher verschärfen dürften.

Ausdruck dieser Problematik waren die Studentenproteste im Jahr 2011, die sich an einem Reformvorschlag des Höheren Bildungssystems durch die Regierung Santos entzündeten. Dieser sah unter anderem vor, der wachsenden Zahl der Studierenden durch eine Flexibilisierung des Bildungsmarktes entgegenzukommen, die den gemeinnützigen Charakter aller Hochschulen nicht mehr verpflichtend vorschreiben wollte, so dass unter gewissen Umständen Bildungseinrichtungen in Zukunft auch ganz offiziell Gewinn erwirtschaften dürften. Nicht nur die Studenten, sondern auch die überwiegend staatlichen Hochschulen sahen dadurch die Qualität des universitären Bildungssystems in akuter Gefahr und leisteten heftigen Widerstand. Dieser führte schließlich dazu, dass der Gesetzvorschlag zurückgezogen wurde. Bis heute wurde das heiße Eisen einer Reform des seit 1992 bestehenden Bildungsgesetztes nicht mehr angefasst, obwohl sich fast alle einig sind, dass eine Reform aufgrund der deutlich veränderten Rahmenbedingungen längst überfällig ist.

Wissenschaft und Forschung

An den meisten kolumbianischen Universitäten (den klassischen *Universidades*) findet in aller Regel auch Forschung statt. Allerdings verfügen lediglich die wichtigsten öffentlichen Universitäten in Bogotá, Medellín und Cali bzw. Bucaramanga und Barranquilla über große Forschungsabteilungen. Hervorzuheben ist, dass sich auch die guten Privatuniversitäten als Forschungsuniversitäten verstehen und Forschergruppen und Forschungsprojekte an ihren Institutionen fördern. Nicht zuletzt geschieht dies deshalb, weil die Akkreditierung von Studienprogrammen und Institutionen ganz wesentlich von der Anzahl der Forschungsaktivitäten ihrer Wissenschaftler abhängt. Aber das Selbstverständnis der traditionellen kolumbianischen Universitäten als Bildungs- und gleichzeitig Forschungseinrichtung hat durchaus auch historische Gründe. Als in der zweiten Hälfte des 19. Jahrhundert die erste moderne und bis heute wichtigste Universität des Landes, die *Universidad Nacional de Colombia*, gegründet wurde, orientierte man sich dabei am Modell der Humboldt'schen Universität in Preußen. Auch wenn diese Tradition vorübergehend vermeintlich in den Hintergrund gerückt ist, wird in der aktuellen Debatte die Universität als Forschungseinrichtung wieder stark gemacht (Gutiérrez 2013). Insgesamt orientiert sich die Wissenschaftspolitik an verschiedenen internationalen Modellen, was auch zu unterschiedlichen Ausrichtungen der Wissenschaft an Universitäten und deren Förderung durch öffentliche Mittel geführt hat (Nupia 2014a).

Zentrale Forschungsbereiche sind Biodiversität, Biotechnologie, Meeresforschung, Tropenmedizin, Bergbau, Agrarwissenschaft, Ingenieurswissenschaften und insbesondere auch die Friedens- und Konfliktforschung.

Diese Forschungsschwerpunkte entstehen oft durch gezielte und thematisch begrenzte Förderangebote des Bildungsministeriums oder der Forschungsförderungsbehörde *Departamento Administrativo de Ciencia, Tecnología e Innovación* (Colciencias). Neuestes Beispiel für diese Top-Down-Verfahren, in welche die Universitäten nur bedingt und die Forscher meist gar nicht involviert sind, ist das Programm *Colombia Científica*, welches das Bildungsministerium mit der Hilfe eines Kredits der Weltbank im Jahr 2017 ausschreiben will. Insgesamt sollen dafür umgerechnet ca. 74 Millionen Euro zur Verfügung gestellt werden, um einerseits Stipendien für Master- und Promotionsstudien an den 500 besten Universitäten des Shanghai-Rankings zu vergeben. Andererseits sollen in der Programmlinie *Ecosistemas Científicos* Forschungscluster gefördert werden, die sich aus nationalen und internationalen Universitäten und Forschungsinstituten sowie kolumbianischen Unternehmen zusammensetzen, um angewandte Forschung unter Beteiligung des industriellen Sektors zu etablieren.

Die Forschungsförderungsbehörde Colciencias

Neben den staatlichen und privaten Universitäten ist die öffentliche Forschungsförderungsbehörde Colciencias die wichtigste Institution im kolumbianischen Wissenschaftsbereich. Sie genießt zwar nicht den Status eines Ministeriums, ihre Leitungsgremien werden jedoch direkt vom Präsidenten eingesetzt. Colciencias ist für die Förderung von Wissenschaft, Technologie und Innovation zuständig und erhält dafür öffentliche Mittel, die überwiegend für Forschungsprojekte investiert werden, deren thematische Schwerpunkte die Behörde selbst definiert (Salazar 2013). Große Teile der öffentlichen Mittel stammen direkt aus den sogenannten *regalías*, den Einnahmen des Staates aus der Vergabe von Lizenzen zum Abbau von Rohstoffen. Darüber hinaus ist Colciencias für die Anerkennung und Klassifizierung von Publikationen, Forschungszentren und Forschungsgruppen zuständig. Forschungszentren erhalten von Colciencias eine dreijährige Anerkennung, die kontinuierlich erneuert werden muss. Allerdings stehen Colciencias lediglich 0,2 % des BIP als Budget zur Verfügung, was in den letzten Jahren meist weniger als 100 Mio. Euro pro Jahr aus dem Staatshaushalt bedeutete.

Colciencias unterstützt auch das 1999 gegründete gemeinnützige Kolumbianische Observatorium für Wissenschaft und Technologie (*Observatorio Colombiano de Ciencia y Tecnología*, OCyT), dessen Aufgabe es ist, Statistiken und Indikatoren des Wissenschafts- und Forschungsbereichs zu erfassen und den öffentlichen und privaten Forschungseinrichtungen zur Verfügung zu stellen. Zu diesem Zweck veröffentlicht das OCyT neben verschiedenen themenspezifischen Publikationen jährlich einen umfassenden Bericht zu allen Forschungsaktivitäten, der einen hervorragenden Einblick in die kolumbianische Forschungslandschaft ermöglicht (OCyT 2015).

Wissenschaftskooperation mit Deutschland

Auch im Bereich der Wissenschaft und Forschung hat sich Kolumbien in den letzten 15 Jahren um eine zunehmende Internationalisierung bemüht (Nupia 2014b). Neben den traditionell engen Verbindungen zu den USA und der verstärkten regionalen Kooperation in Lateinamerika spielen auch einzelne europäische Länder eine zunehmend zentrale Rolle. Vorreiter sind dabei Frankreich und Deutschland. Im Jahr 2012 unterzeichnete das deutsche Bundesministerium für Bildung und Forschung (BMBF) eine gemeinsame Erklärung mit Colciencias, die sich den Ausbau der bilateralen Forschungskooperation zum Ziel gesetzt hat. Seitdem finden regelmäßige Gespräche und Verhandlungen mit unterschiedlichen Akteuren im Forschungsbereich statt.

Im Jahr 2014 hat die kolumbianische Regierung den sogenannten Humboldtfond eingerichtet, dessen Mittel ausschließlich für Forschungsprojekte mit Deutschland vorgesehen sind. Anfang 2015 wurde zwischen der Max-Planck-Gesellschaft, Colciencias und unterschiedlichen kolumbianischen Universitäten ein Abkommen zur Einrichtung von internationalen MPG-Partnergruppen in Kolumbien unterzeichnet. Schwerpunktthemen dieser Forschungsgruppen sind Biodiversität und Infektionskrankheiten.

Leuchtturm der deutsch-kolumbianischen Wissenschaftskooperation ist das Meeresforschungszentrum CEMarin in Santa Marta, das aus einer fast 50-jährigen Kooperation zwischen deutschen und kolumbianischen Universitäten und Forschungseinrichtungen hervorgegangen ist und seit 2010 im Rahmen der deutschen Außenwissenschaftsinitiative als eines von weltweit vier Exzellenzzentren über den Deutschen Akademischen Austauschdienst (DAAD) gefördert wird. Seit dem Jahr 2017 unterstützt der DAAD aus Mitteln des Auswärtigen Amts den Aufbau eines Deutsch-Kolumbianischen Friedensinstituts (*Instituto Colombo-Alemán para la Paz*, CAPAZ).

Schlussbetrachtung

Das kolumbianische Bildungs- und Wissenschaftssystem hat sich in den letzten 15 Jahren äußerst positiv entwickelt und es ist sicherlich nicht übertrieben, von einer allgemeinen Aufbruchsstimmung in diesen Bereichen zu sprechen. Der bewaffnete Konflikt zwischen Guerillas, Paramilitärs, staatlichen Streitkräften und Drogenkartellen hatte eine solche Entwicklung viele Jahre verhindert, so dass nun angesichts des Friedensprozesses die berechtigte Hoffnung besteht, dass sich die sichtbaren Verbesserungen langfristig und nachhaltig umsetzen lassen. Es herrscht allgemeiner Konsens, dass nicht nur der Friedensprozess Voraussetzung für ein verbessertes Bildungssystem ist, sondern dass ein gutes und sozial gerechtes Bildungssystem auch Voraussetzung dafür ist, dass der Frieden anhaltend umgesetzt werden kann.

Allerdings darf trotz aller positiven Entwicklungen zweierlei nicht vergessen werden. Erstens ist Kolumbien noch weit davon entfernt, seine ehrgeizigen Ziele im Bereich von Bildung und Wissenschaft zu erreichen. Insbesondere die soziale und ethnische Ungleichheit im Zugang zu einer qualitativ hochwertigen Bildung ist nach wie vor ein Problem. Zweitens hängt die Fortführung der positiven Entwicklungen von Faktoren wie der politischen Stimmung im Land sowie den ökonomischen Rahmenbedingungen ab. Wie schnell ambitionierte Pläne sich ändern können, zeigte sich, als Anfang 2015 die internationalen Rohstoffpreise für Öl und Kohle deutlich an Wert verloren und Präsident Santos daraufhin verkündete, dass die Haushaltsmittel aller Ministerien eingefroren oder gekürzt werden müssen. Der einzige davon nicht betroffene Bereich waren die Ausgaben für Militär und Sicherheit. Leider ist damit auch die mit großen Gesten angekündigte, historische Gleichstellung der Ausgaben für Bildung und Wissenschaft mit dem Militär- und Sicherheitsbudget schon wieder Geschichte. Im Rahmen der politisch brisanten Diskussionen des Friedensabkommens spielten Wissenschaft und Bildung nur eine marginale Rolle und es ist nicht zu erwarten, dass sich dies mit der Umsetzung des Abkommens ändern wird. Andere Themen wie die Demobilisierung, die Übergangsjustiz, die Landfrage und der Drogenanbau dürften prioritär behandelt werden.

Literaturverzeichnis

Díaz, Cristina (2010): *La Historia de un Derecho Humano: La Educación en Colombia*. Bucaramanga: Sic Editorial.

Gate-Germany (Hg.) (2013): *DAAD-Länderprofile: Kolumbien*. Frankfurt a.M.: Frankfurter Societäts-Medien GmbH.

GUTIÉRREZ, Carlos B. (2013): "Docencia e Investigación. ¿Hacia la Universidad investigativa?" In: Orozco, Luis Enrique (Hg.): *La educación superior: retos y perspectivas*. Bogotá: Ediciones Uniandes, S. 251-272.

LANGEBAEK, Carl (2013): "El impacto de la Acreditación en Colombia". In: Orozco, Luis Enrique (Hg.): *La educación superior: retos y perspectivas*. Bogotá: Ediciones Uniandes, S. 419-446.

OCyT (Observatorio Colombiano de Ciencia y Tecnología) (Hg.) (2015): *Indicadores de ciencia y tecnología Colombia 2015*. Bogotá: OCyT.

MEN (Ministerio de Educación Nacional de Colombia) (2016): "Estadísticas de Educación Superior". <http://www.mineducacion.gov.co/sistemasdeinformacion/1735/w3-article-212350.html> (21.1.2017).

NUPIA, Carlos Mauricio (2014a). *La política científica y tecnológica en Colombia, 1968-1991. Transferencia y aprendizaje a partir de modelos internacionales*. Medellín: Universidad de Antioquia.

— (Hg.) (2014b): *Reflexiones para la política de internacionalización de la educación superior en Colombia*. Bogotá: Ministerio de Educación Nacional.

SALAZAR, Mónica (Hg.) (2013): *Colciencias cuarenta años: entre la legitimidad, la normatividad y la práctica*. Bogotá: OCyT.

SÁNCHEZ TORRES, Fabio/MÁRQUEZ ZÚÑIGA, Juliana (2013): "Deserción en la Educación Superior en Colombia durante la primera década del siglo XXI: ¿Por qué ha aumentado tanto?" In: Orozco, Luis Enrique (Hg.): *La educación superior: retos y perspectivas*. Bogotá: Ediciones Uniandes, S. 307-342.

SANTOS, Juan Manuel (2014): "Palabras del Presidente Juan Manuel Santos en su posesión para el período presidencial 2014-2018". <http://wsp.presidencia.gov.co/Prensa/2014/Agosto/Paginas/20140807_03-Palabras-del-Presidente-Santos-en-su-posesion-para-el-periodo-presidencial-2014-2018.aspx> (7.3.2015).

UNESCO (United Nations Educational, Scientific and Cultural Organization) (2011): *The hidden crisis: Armed conflict and education*. Education For All Global Monitoring Report 2011. <http://unesdoc.unesco.org/images/0019/001907/190743e.pdf> (23.3.2015).

UNESCO Institute for Statistics (2012): *Global Education Digest 2012: Opportunities lost: The impact of grade repetition and early school leaving*. <http://www.uis.unesco.org/Education/Documents/ged-2012-en.pdf> (7.3.2015).

THE WORLD BANK (2015): *DataBank*. <http://data.worldbank.org/indicator/SE.XPD.TOTL.GD.ZS> (6.5.2017).

Tendenzen der zeitgenössischen Literatur

Susanne Klengel

Jenseits des Magischen Realismus und jenseits der *narcoliteratura*

Macondo, das fiktive Dorf im Hinterland der karibischen Küste, ist heute nicht nur eine klassische Referenz in der lateinamerikanischen und internationalen Literaturgeschichte, sondern auch ein anhaltender Mythos in der Alltagswelt und Populärkultur Kolumbiens. Der Name seines Schöpfers, Gabriel García Márquez (1927-2014), welcher bei seinem Tod ein ebenso breites wie vielschichtiges Œuvre hinterließ, stand lange Zeit fast alleinvertretend für die kolumbianische Literatur. *Hundert Jahre Einsamkeit* (1967) gilt bis heute als der berühmteste und erfolgreichste kolumbianische Roman; der durch ihn populär gewordene Schreibstil des magischen Realismus wurde vielfach auch international aufgegriffen und nachgeahmt. Kein leichtes Erbe für die nachfolgenden Schriftstellerinnen und Schriftsteller des Landes, die sich dem langen Schatten des magisch-realistischen Schreibens zu entziehen suchten.

Doch lange vor der Jahrhundertwende lag bereits auf der Hand, dass der magische Realismus nicht jene alleinige Gültigkeit für die Deutung Lateinamerikas beanspruchen konnte, die ihm eine internationale Leserschaft gerne zuschrieb. Die heterogenen Wirklichkeiten des Kontinents verlangten nach anderen Darstellungsformen, um wesentlichen Eigenheiten gerecht zu werden: dem rasanten Wachstum der Städte etwa und dem urbanen Lebensalltag, den Lebenswirklichkeiten der Individuen in ihrer spezifischen Problematik und Exzentrik oder der Aufarbeitung gesellschaftlicher und individueller Traumata. Ebenso verlangten diese Wirklichkeiten besondere Formen der Repräsentation von Gewalt jenseits magisch-realistischer Interpretationen von Bürgerkriegen oder Arbeiterstreiks. So sind auch in der kolumbianischen Literatur in den letzten Jahrzehnten neue literarische Schauplätze – real existierende wie fiktive – ins Blickfeld der Autoren und Leser gerückt: Medellín, Bogotá oder Cali, 'Angosta', 'Miranda', 'La Oculta' oder 'Santa María', aber auch Rom, Jerusalem oder Peking. Mit diesen Schauplätzen verbindet sich gleichzeitig eine neue Vielfalt literarischer Schreibweisen und Themen.

Ein ähnlicher Vorbehalt wie gegenüber dem Etikett des magischen Realismus gilt auch der Kennzeichnung der jüngeren kolumbianischen Literatur als *narcoliteratura*, ein sensationsheischender Begriff, der in den vergangenen zwei Jahrzehnten häufig und rasch zur Charakterisierung bestimmter kolumbianischer Romane verwendet wurde. Zwar ist der Drogenhandel und der brutale Drogenkrieg, verbunden mit vielfältigen Formen und Motiven der Gewaltausübung, ein im Kern außerordentlich wichtiges und zentrales Thema der kolumbianischen Gegenwartsliteratur.[1] Jedoch würde ihre Klassifizierung allein unter diesem Stichwort der Komplexität und Dynamik des aktuellen kolumbianischen Literaturgeschehens nicht gerecht.

Dynamik und Vielschichtigkeit der kolumbianischen Gegenwartsliteratur

Wie die meisten lateinamerikanischen Gegenwartsliteraturen ist die zeitgenössische kolumbianische Literatur ein vielschichtiges Phänomen und es wäre verkehrt, sie mit einem bestimmten Filter zu lesen und zu deuten, auch wenn die politische Realität der vergangenen Jahre den Blick auf Themen der Gewalt immer wieder nahe gelegt hat. Die literarischen Agenden kolumbianischer Schriftsteller reichen indes von den verschiedensten Formen der Auseinandersetzung mit der Politik, Gesellschaft und Geschichte Kolumbiens bis hin zu literarischen Szenarien, die sich jenseits der nationalen Grenzen im globalen Raum verorten, oder von Narrationen aus der Perspektive jüdischer Migranten und ihrer Nachfahren bis hin zur zunehmenden Sichtbarmachung der indigenen Literaturproduktion.

Literaturhistorische und literaturkritische Stimmen innerhalb und außerhalb Kolumbiens schätzen die Werke der letzten fünfzehn bis zwanzig Jahre daher auf recht unterschiedliche Weise ein. Während die tagesaktuelle Literaturkritik oft mit prägnanten Schlüsselbegriffen argumentiert, versuchen erste literaturhistorische Überlegungen zur kolumbianischen Literatur im 21. Jahrhundert vorschnelle Kategorisierungen zu vermeiden. Wo einerseits die sogenannte "Narco-" oder gar "Mörder-Literatur" ins

---

1 An dieser Stelle sei auch auf den Beitrag zur *narcocultura* von Thomas Fischer in diesem Band verwiesen.

Zentrum gestellt wird,[2] bemüht man sich andererseits, die literarischen Entwicklungen anhand ihrer spezifischen Themen und Sprachstile zu erläutern. So geht es zum Beispiel um die Frage, wie sich die neuere Literatur zum Thema der Nation verhält, wie sie mit den politisch-historischen Prozessen der jüngsten Vergangenheit umgeht, mit welchen ästhetischen Mitteln sie die Spannung zwischen Realität und literarischer Fiktion modelliert, welche Orte, Schauplätze, Topographien, etwa zwischen Stadt und Land, gewählt werden oder warum manche Handlungen im globalen Raum angesiedelt sind. Auf diese Weise macht die aktuelle kolumbianische Literaturszene seit geraumer Zeit auch jenseits der oben genannten Etikettierungen von sich reden. Sie bestätigt – um mit den Worten des Dichters und Essayisten Juan Gustavo Cobo Borda zu sprechen (Cobo Borda 2004 [1998]: 35) – eindrucksvoll das "Paradox eines gleichzeitig gewalttätigen und kultivierten Landes", das sich seit Jahren in einem fundamentalen Transformationsprozess befindet. Literatur entsteht in einem spannungsgeladenen gesellschaftlichen Umfeld, das eine geringe Leserquote aufweist, jedoch immer wieder aufhorchen lässt, weil Bibliotheken, Buchmessen oder Poesie-Festivals stets ein großes und begeistertes Publikum anziehen. Bogotá wurde im Jahre 2007 von der UNESCO zur Welthauptstadt des Buches gekürt (Ihmels 2007). Im selben Jahr nahm Kolumbien als Ehrengast an der größten lateinamerikanischen Buchmesse im mexikanischen Guadalajara teil und im Jahre 2010 am französischen Festival *Les Belles Étrangères* in Paris. Im Jahre 2012 widmete die Initiative "Berliner Bücherinseln" einen Schwerpunkt der kolumbianischen Kinderliteratur, und im Jahre 2015 nahm die Frankfurter Buchmesse zusammen mit dem Goethe-Institut erstmals offiziell an der Internationalen Buchmesse in Bogotá (*Feria Internacional del Libro de Bogotá*, FILBO) teil. Seit 2005 ist Cartagena de Indias der zentrale Ort für die Ausrichtung des jährlich stattfindenden internationalen *Hay Festival of Literature & Arts* in Kolumbien. Bei solchen Anlässen nach der Politik und den gewaltsamen Verhältnissen und ihrer Wirkung in der Literatur befragt, suchen die kolumbianischen Autorinnen und Autoren stets mit differenzierten Antworten einer stereotypen Wahrnehmung entgegenzuwirken, ohne jedoch die Situation zu verharm-

---

2 Abgeleitet von "sicario" (Mörder) spricht man auch von der Textgattung der "sicaresca", vom "sikaresken Roman" mit meist jugendlichen Mördern und Kriminellen als Protagonisten (in Anlehnung an den "pikaresken Roman" des spanischen Goldenen Zeitalters mit der Hauptfigur des "Schelms"). Der Begriff wurde erstmals von Héctor Abad Faciolince im Jahre 1995 verwendet (vgl. Abad Faciolince 2008 [1995]).

losen. Wie eine Allegorie liest sich in diesem Sinne der Kurzroman von Mery Yolanda Sánchez *El atajo* (2014, "Der Nebenweg"), der die mühselige und bedrohliche Reise einer Beauftragten für Leseförderung durch die gewaltgeprägte Region der kolumbianischen Pazifikküste aus der Sicht der Protagonistin beschreibt.

Im Folgenden werden vor dem skizzierten Hintergrund einige Tendenzen und Charakteristika der jüngeren kolumbianischen Literatur beschrieben und anhand von einschlägigen Werken veranschaulicht.

Neue Urbanität, Stadt und Land als Dystopie

Im Gegensatz zum vornehmlich ländlichen Raum als Szenario des magisch-realistischen Romans, der seinen Haupteffekt aus der Verknüpfung archaischer Perspektiven mit den Phänomenen der beginnenden Modernisierung bezieht, ist das Thema der Stadt und des städtischen Lebens in vielen zeitgenössischen Romanen augenfällig. Eine überwältigende und oft beklemmende Urbanität kennzeichnet sowohl die Darstellung real existierender Schauplätze wie Bogotá oder Medellín, aber auch fiktiver Städte wie 'Angosta' im Roman mit demselben Titel von Héctor Abad Faciolince (2003) oder 'Miranda' im Roman *Tres ataúdes blancos* (2010; *Drei weiße Särge,* 2012) von Antonio Ungar. Die Städte sind oft als Dystopien, als unheilvolle Szenarien, dargestellt, die sich durch ihr grenzenloses Wachstum, durch das Verschwinden oder Fehlen traditioneller Formen des Zusammenlebens und durch die Präsenz extremer ökonomischer Ungleichheit, die gewalttätig ist und gewalttätig macht, kennzeichnen – nicht anders als in anderen Metropolen der globalisierten Welt. In ihrer Gesamtgestalt entzieht sich die Stadt dabei oft dem Wahrnehmungsvermögen; Urbanität entsteht vielmehr durch die Blicke und Bewegungen der Protagonisten in ihrem Inneren, wenn diese ihren alltäglichen oder besonderen Beschäftigungen nachgehen, etwa als Fitnesstrainer oder Hochschullehrer, als Spekulant oder Journalist, als Geldwäscher, Drogendealer oder auch als Killer. Diese literarischen Akteure schaffen sich ihre Stadt, mit ihnen finden die Leser Einlass in die ständig in Bewegung und Veränderung befindlichen Metropolen. Am berühmtesten und gleichzeitig kanonischer Bezugspunkt für eine neue Stadtliteratur ist in dieser Hinsicht Fernando Vallejos Darstellung eines extrem gewalttätigen Medellín zu Beginn der 1990er Jahre in *La virgen de los sicarios* (1994; *Die Madonna der Mörder,* 2000), in der sich eine Liebesgeschichte zwischen einem betagten Intellektuellen und einem jugendlichen Killer entwickelt. Diesem Roman gelang das Kunststück, die unvorstellbar brutale Realität des damaligen Zentrums der Drogenkriege ästhetisch zu überhöhen und auf diese Weise zu unterminieren. Ähnlich kann man auch die Repräsentation der Stadt in dem weniger komplexen Killerinnen-Roman *Rosario Tijeras* (1999; *Die Scherenfrau*, 2002) von Jorge Franco nachlesen oder im Bogotá-Kriminalroman *Perder es una cuestión de método*, (2000; *Verlieren ist eine Frage der Methode*, 2001) von Santiago Gamboa.

Angesichts dieser weltweit Aufsehen erregenden Stadtliteratur, die bewusst die Perspektive der Gewalttäter inszeniert, wird die Erschütterung, die der radikale Blickwechsel auf das städtische Szenario im autobiographischen Text *El olvido que seremos* (2006; *Brief an einen Schatten*, 2009) von Héctor Abad Faciolince auslöste und auf den im Folgenden noch Bezug genommen wird, verständlich. Der autofiktionale Ich-Erzähler rekonstruiert zwanzig Jahre nach der Ermordung seines Vaters, eines politisch und humanitär engagierten, bekannten Mediziners, seine eigenen Erinnerungen und die Geschichte der Familie. Der Stadtraum Medellíns wird durch die psychologische Reflexion über die Situation der Opfer von extremer Gewalt literarisch nachhaltig neu besetzt.

Eine weitere Besonderheit fällt bei den Erzählhandlungen, die im städtischen Raum angesiedelt sind, auf: Die Aktionen der Protagonisten finden oft im Inneren klar definierter Orte statt, während der urbane Außenraum diffus und unfassbar bleibt. In Juan Gabriel Vázquez' Roman *El ruido de las cosas al caer* (2011; *Das Geräusch der Dinge beim Fallen*, 2014) ist dies zum Beispiel eine Bar im Bogotaner Vergnügungsviertel La Candelaria, wo der Protagonist mit dem mysteriösen Laverde Freundschaft schließt und durch diesen später versehentlich zum Opfer eines Gewaltverbrechens auf offener Straße wird. Als akzidentell Überlebender beginnt er eine Spurensuche in der Stadt und auf dem Land, die ihn zurück in seine Kindheit und gleichzeitig in die Anfänge der Drogenkriminalität führt. Eine existenzielle Angst befällt den Erzähler angesichts des ungeschützten Außenraums der Stadt (und ebenso auf dem Land), aus dem er immer wieder ins intime Innere und in die eigene Vergangenheit flüchtet, um dort eine Erklärung für sein tragisches Schicksal zu suchen. Auch in Laura Restrepos vielstimmigem Bogotá-Roman *Delirio* (2004; *Land der Geister*, 2009) ist ein zentraler Ort der Handlung die Wohnung Agustinas, der psychisch verwirrten Protagonistin, deren verstörendes Erlebnis ihr Partner zu rekonstruieren versucht. Geführt von verschiedenen Erzählstimmen und anhand mehrerer Erzählstränge bewegt sich der Leser von einem geschlossenen Raum zum nächsten, ähnlich wie es die argentinische Literaturwissenschaftlerin Josefina Ludmer beobachtet, die den Zerfall in "urbane Inseln" als charakteristisch für die zeitgenössische lateinamerikanische Stadtliteratur (Ludmer 2010: 127-148) beschreibt. So wird in Restrepos Roman ein vielbesuchtes Fitness-Zentrum zum Ort eines brutalen Verbrechens und die vermisste Agustina wird in einem der großen Stadthotels verstört aufgefunden. Im fiktiven Stadtraum in Héctor Abads Roman *Angosta* (2003) stößt man auf den gesellschaftlichen Mikrokosmos eines komplexen Wohngebäudes, in dem sich wie in einer *mise en abyme* der Makrokosmos der Stadt spiegelt. Die Bewohner leben, analog zur Gesellschaft draußen, auf verschiedenen Niveaus: in den ersten Stockwerken die Reichen, in den letzten Stockwerken die Ärmsten der Gesellschaft. Alle Bewohner sind strengen Regeln des Zusammenlebens unterworfen, doch nur die Reichen besitzen hierbei Privilegien.

Die neue Urbanität im kolumbianischen Gegenwartsroman bedeutet allerdings nicht, dass es keine ländlichen Szenarien gäbe oder dass diese nur als imaginäre Idylle dargestellt würden. Erinnert sei hier an den frühen Aussteigerroman von Tomás González *Primero estaba el mar* (1983; *Am Anfang war das Meer*, 2006), der mit lakonischem Ton die Geschichte eines Hippie-Pärchens nachzeichnet, welches die Bogotaner Gesellschaft mit dem Ziel, seinen Traum vom ländlichen Leben an der Küste zu verwirklichen, verlässt. Der Ort der Idylle wird sukzessive zur Dystopie, das Landleben endet in einer Katastrophe. Auch in González' Roman *Los caballitos del diablo* (2003; *Die Teufelspferdchen*, 2008) wird eine eingemauerte Finca mit ihrem überbordenden Garten zu einer Art von künstlichem Paradies, welches auf unheimliche Weise ständig vom Eindringen einer gefährlichen Außenwelt und vom Kippen in die Dystopie bedroht ist. Der kurze, eindringliche Roman *Los ejércitos* (2006; *Zwischen den Fronten*, 2008) von Evelio Rosero bringt wiederum das Phänomen der brutalen Vertreibungen und massiven inneren Migration zu Bewusstsein, welche aufgrund der jahrzehntelangen und bis heute virulenten Konflikte zwischen Staat, Guerilla und Paramilitärs fast sieben Millionen Menschen betreffen. Aus der Perspektive eines alten Mannes werden die Ereignisse in der Kleinstadt San José geschildert, die zwischen die Fronten geraten ist und deren Bewohner durch die stets drohende Gewalt, durch das Verschwinden von Personen, aber auch durch den anhaltenden psychischen Terror aufgerieben werden.

Aufarbeitung der Gewalt, Selbstreflexion und neue Formen nationaler Allegorisierung

Die all diesen Texten gemeinsame offene oder unterschwellige Auseinandersetzung mit verschiedenen Formen von Gewalt verweist auf die jüngere Geschichte Kolumbiens und die stets präsente reale und diskursive Gewalt, mit der die heute schreibenden Autorinnen und Autoren aufgewachsen sind. In ihrer Kindheit und Jugend erlebten sie die Gründung der verschiedenen Guerillas in den 1960er Jahren, das Erstarken der Paramilitärs, die zunehmende Expansion des Drogenhandels und der Drogenkriminalität, den Anti-Drogenkrieg und den zunehmenden Terror auf die ein oder andere Weise mit. Anschaulich thematisiert dies Antonio Ungar in einem autobiographischen Essay (2013), welcher ausgehend von einem Rückblick auf die eigene Kindheit und politische Sozialisierung die Situation von Intellektuellen aus dem bürgerlichen Mittelstand im Umgang mit revolutionären Utopien, Korruption und Terror beschreibt. Die literarische Auseinandersetzung mit diesen gesellschaftlichen Strukturen und Erlebnissen, die man zum Beispiel auch in der fiktiven Suchtgeschichte in Juan Gabriel Vázquez' Roman *El ruido de las cosas al caer* nachvollziehen kann, scheint einerseits auf eine kathartische Wirkung zu zielen, indem der Schrecken durch eine hyperrealistisch präsentierte Wiederholung gebannt wird. Andererseits ist die extreme Gewalt durchaus auch eine ästhetische Inspiration für heutige Autoren und Autorinnen. Literaturgeschichtlich gesehen ist dies nicht ungewöhnlich (abgesehen davon, dass solche Themen auf dem internationalen Buchmarkt favorisiert und gefördert werden): Der extrem gewaltfokussierte, eher defätistische als heroisierende mexikanische Revolutionsroman zum Beispiel hat gezeigt, dass die ästhetische Reflexion zur Verarbeitung kollektiver Traumata beiträgt und eine identitätsstiftende Funktion haben kann.

Vor diesem Hintergrund ist Laura Restrepos Roman *Delirio* nicht allein als Roman über den Makrokosmos der Stadt Bogotá zu lesen, vielmehr dient er auch einer allgemeinen Reflexion über die kolumbianische Gesellschaft und Nation am Ende des 20. Jahrhunderts, wie Nelson González Ortega in einer einschlägigen Studie (2013: 393-410) gezeigt hat. Mit stilistischen Anklängen an den magischen Realismus versehen, bietet Restrepos Familiengeschichte, aus der das Schicksal der verwirrten Agustina hervorsticht, ein gesellschaftliches Panorama, das Geschlechterverhältnisse, Klassenfragen und soziale Hierarchien, Einwanderungsgeschichten und das komplexe soziale Zusammenleben in der modernen Stadt ebenso wie die Geschichte des Drogenhandels und -terrors der 1980er Jahre umfasst. Dieses Gesamtbild legt eine allegorische Deutung nahe; das offene Ende des Romans deutet nicht nur für die Kranken, sondern auch für die kränkelnde Liebesbeziehung und damit für die (kranke) Nation Hoffnung auf eine vielleicht heil(ung)bringende Zukunft an. Einen ähnlichen allegorischen Effekt, obgleich mit anderen Stilmitteln, erreicht Héctor Abad mit dem bereits genannten Buch *El olvido que seremos*, in dem der Autor die brutale Ermordung seines Vaters erinnert. Der Arzt Héctor Abad Gómez, Mediziner, Humanist, engagierter Demokrat und unbequemer Publizist, war im Jahre 1987 zum Gewaltopfer geworden, er wurde auf offener Straße mit mehreren Schüssen getötet. Sein Sohn verarbeitet diese die ganze Familie betreffende Tragödie in seinem autofiktionalen Text und setzt dem Vater gleichzeitig ein literarisches Denkmal. Zwar war eine Monumentalisierung der Vaterfigur nicht primäres Ziel des Verfassers, jedoch erscheint Dr. Abad Gómez vor den Augen der Leser als ein nicht zu korrumpierender und engagierter, unbedingt beispielhafter Staatsbürger Kolumbiens, der zum Opfer extremer Gewalt wurde, und mit ihm seine Nachfahren und Umwelt. Der Text wurde nach seinem Erscheinen ein Bestseller; im Jahre 2015 wurde er verfilmt (*Carta a una sombra*). Durch dieses Werk sensibilisierte sich der Blick der Öffentlichkeit für die Perspektive der Opfer, nachdem die vorangehende Literatur durch die Perspektiven der Dealer und Killer zu faszinieren wusste, wie noch die außerordentlich erfolgreiche Verfilmung von Jorge Francos Roman über die Serienkillerin *Rosario Tijeras* im Jahre 2005 belegte. Auch mit dem Roman *La oculta* (2014; dt.: *La oculta*, 2016) breitet Héctor Abad ein allegorisch zu lesendes Familienschicksal aus, indem er die Geschichte einer Finca, und damit verbunden einer ursprünglichen Landnahme, aus der Perspektive dreier Geschwister, die ganz verschiedene gesellschaftliche Erfahrungen und Haltungen verkörpern, rekonstruiert.

Aufarbeitungsprozesse, die Frage nach den Gründen und Auswirkungen der gewaltsamen Lebenswelten auf das eigene Dasein und die Erinnerungen sowie Reflexionen über künftige Möglichkeiten gesellschaftlichen Zusammenlebens finden sich zahlreich in der jüngeren kolumbianischen Literatur, zu der auch essayistische Werke zu zählen sind: etwa Santiago Gamboas umfassende Reflexion über Krieg und Frieden, die in einer engagierten Stellungnahme zum komplexen Friedensprozess in Kolumbien mündet (2014: 197 ff.). All diese Texte sind deutlicher Ausdruck einer

Gesellschaft im politischen Übergangsprozess, in ihnen werden auf nachhaltige Weise Formen der Konvivenz zwischen Erinnerung, Vergessen und der Hoffnung auf Aussöhnung verhandelt. Sogar Antonio Ungars radikale Dystopie des fiktiven totalitären Staates 'Miranda' in *Tres ataúdes blancos*, der klare Ähnlichkeiten mit Aspekten der kolumbianischen Wirklichkeit und Geschichte aufweist, deutet den Wandel in Richtung einer positiven Zukunft an – auch hier liegt eine Deutung des Romans als nationale Allegorie nahe.

Realitätsfiktionen? Über Schreibstile und Gattungen

Wie kann man schreiben, wenn die Brutalität der Wirklichkeit das Vorstellungsvermögen übersteigt? Eine Diskussion über die Grenzen des Darstellbaren angesichts der traumatischen Erfahrungen in der jüngeren kolumbianischen Geschichte wurde bisher weder in der kolumbianischen noch in der internationalen Literaturkritik explizit geführt. Damit die Erzählungen aber mit dem Realen, welches bisweilen wie reine Fiktion erscheint, Schritt halten können, bedürfen sie besonderer Darstellungsmittel. Ein traditionell realistischer Roman würde seine Leser angesichts einer unfassbar wirklichen Wirklichkeit nicht überzeugen können. Der französische Kritiker Laurent Nunez macht subtil darauf aufmerksam, dass in der kolumbianischen Gegenwartsliteratur zwar überzeugende "Realitätseffekte" (R. Barthes) hervorgebracht würden, doch verhalte es sich eigentlich umgekehrt: Die Literatur bedürfe der Fiktionseffekte, um die gesellschaftliche Realität angemessen in die Literatur zu übersetzen. Nur mithilfe klar erkennbarer Literarisierungsstrategien setze sich der formal gestaltete Text von den dokumentarischen Aussagen ab und erfülle seine wichtige Funktion eines gesellschaftlichen Kommentars. Die Leser sollen ständig darauf gestoßen werden, dass sie einen literarischen Text lesen, der die Realität nicht abbildet, sondern diese durch Übersteigerung und Verzerrung allererst vor Augen führt und bewusst macht (Nunez 2010). Ein anschauliches Beispiel ist hierfür die sture Logik des Protagonisten im Roman *Los ejércitos*, eines alten Herrn, der in seinem Dorf, das zwischen den Fronten zerrieben wird, auf seine verschwundene Frau wartet, während um ihn herum unheimliche, mörderische Dinge geschehen. Der Text wagt sich an die Grenzen des Darstellbaren, wenn die Gewalt aus der Perspektive des Opfers bis zum letzten Moment kommentiert wird. In

Restrepos *Delirio* erfolgt die Verzerrung, teilweise zumindest, aus der Perspektive und durch die Stimme der psychisch Verwirrten, bei Juan Gabriel Vázquez erfährt man durch den gestressten Diskurs des Gewaltopfers, wie dieses seine tiefe Angst, sein Trauma und die dadurch entstandenen Beziehungsprobleme bewältigt. In Pilar Quintanas Roman *Coleccionistas de polvos raros* (2007, "Sammler seltener Puder") wird die aufgeheizte Atmosphäre der Stadt Cali zur Hochzeit des Drogenhandels aus der Perspektive und im Sprachduktus von La Flaca, welche die Liebe sucht und Sexualakte sammelt, übermittelt, teilweise als innerer Monolog, wobei die Geschichte ganz ohne Tote auskommt.

Eine weitere wichtige Stil- und Textsorte ist der bereits angedeutete "autofiktionale" Text, eine Schreibweise, die im weiten Feld zwischen Autobiographie, Zeugenberichten, fiktiven Autobiographien und dem autobiographischen Roman anzusiedeln ist. Ihren Lesern bieten diese Texte, literaturwissenschaftlich gesprochen, "Lektürepakte" an, die zwischen dem autobiographischen Pakt und dem Fiktionspakt schwanken. In diesen Werken ist die Beziehung zwischen Ich-Erzähler/in und Autor/in sehr eng, der Protagonist kann zum Beispiel eine Alter-Ego-Figur sein, oder der reale Autor macht sich durch andere strategische Eingriffe im Text bemerkbar. Diese autofiktionalen hybriden Schreibweisen haben in den zeitgenössischen lateinamerikanischen Literaturen der letzten zwanzig Jahre stark zugenommen; vor allem in den zahlreichen Werken zur Vergangenheitsbewältigung (Postdiktaturen, Bürgerkriege) gelten sie als eine literarisch kreative, aber dennoch den Realitäten angemessene Weise des Umgangs mit den historischen Erfahrungen. Neben Héctor Abads bereits erwähntem Werk *El olvido que seremos* ist zum Beispiel Fernando Vallejos Werk *El desbarrancadero* (2001; *Der Abgrund*, 2003) zu nennen, das die Beziehung des Autors/Erzählers zu seinem HIV-kranken Bruder Darío und die Reise des Ich-Erzählers in seine gewaltgeprägte Geburtsstadt Medellín literarisch verarbeitet. Das Umschlagfoto gibt einen eindeutigen autobiographischen Hinweis: Es zeigt ein Kinderfoto der beiden Brüder Fernando und Darío. In einem ebenfalls autofiktionalen Werk, das im Grunde ein Selbstgespräch ist, sucht die Lyrikerin und Schriftstellerin Piedad Bonnett in einem unruhigen, kreisenden Diskurs vergeblich das auszudrücken, was nicht benannt werden kann, weil es unfassbar ist: den unaussprechlichen Schmerz angesichts des Suizids des eigenen bereits erwachsenen Kindes. Dieser Text trägt den Titel *Lo que no tiene nombre* (2013, "Was namenlos ist").

Minoritäre literarische Diskurse in der kolumbianischen Literatur

Im Jahre 2005 hielt sich der jüdisch-kolumbianische Schriftsteller Memo Ánjel auf Einladung des Künstlerprogramms des Deutschen Akademischen Austauschdienstes (DAAD) für ein Jahr in Berlin auf. Mit diesem Gast hatte sich das Künstlerprogramm für einen kolumbianischen Autor entschieden, dessen Werk keinem der oben angesprochenen Themen zugeordnet werden kann. Memo Ánjel, Sohn sephardischer Juden aus Algerien, thematisiert bewusst nicht die Geschichte der Gewalt in Kolumbien, sondern widmet sich den Geschichten des jüdischen Lebens in seiner Stadt Medellín und anderen Themen menschlicher Lebensumstände, nicht nur in Kolumbien. Der vor allem in Deutschland als Autor bekannte Ánjel pflegt die kleine Form der Chroniken, der Erzählungen (z.B. in *Das Fenster zum Meer*, 2007) sowie des Essays; auch seine Romane haben oft den Charakter einer Serie von zusammenhängenden Erzählungen, wie zum Beispiel *Mindeles Liebe* (2009) oder sein Berlin-Roman *Todos los sitios son Berlín* (2011, "Jeder Ort ist Berlin"). Den Humor seiner Texte und den Blick für die Skurrilitäten des Alltags und der Menschen teilt er mit Marco Schwartz aus Barranquilla, Sohn polnischer Juden. Schwartz' Roman *El salmo de Kaplan* (2005; *Kaplans Psalm*, 2015) erzählt das quijoteske Abenteuer von Jacobo Kaplan, einem betagten Mitglied der jüdischen Gemeinde im fiktiven Santa María, der sich zusammen mit dem arbeitslosen Ex-Polizisten Contreras als Nazijäger späten Ruhm erwerben möchte. Schwartz' Roman ist eine humorvolle, doch nie respektlose Auseinandersetzung mit der Wunderlichkeit im Alter und gleichzeitig auch mit dem Thema der Holocaust-Memoria. Bei Schwartz wie Ánjel sind die transnationalen Referenzen der jüdischen Kulturen meist auch tief in den lokalen kolumbianischen Lebenswelten verankert.

Schließlich sei auf eine weitere wichtige Strömung literarischen und poetischen Schreibens in Kolumbien hingewiesen, die aufgrund ihrer Komplexität und zunehmenden Bedeutung einer eigenen Studie bedürfte: die indigenen Literaturen. In seinem Essay *Palabras mayores, palabras vivas. Tradiciones mítico-literarias y escritores indígenas en Colombia* (2010) präsentiert der kolumbianische Literaturwissenschaftler Miguel Rocha Vivas grundlegende Beobachtungen über die literarische Praxis und die ästhetischen Strategien indigener Autorinnen und Autoren sowie einen detailreichen kontinentalen Überblick mit Schwerpunkt auf Kolumbien, der den allmählichen Prozess des Sichtbarwerdens dieser Autoren ab dem

Jahre 1992 reflektiert und verdeutlicht. Diese neue Sichtbarkeit indigenen Schreibens hängt insbesondere mit der im Jahre 1991 verabschiedeten Verfassung zusammen, die den pluriethnischen und multikulturellen Charakter der kolumbianischen Gesellschaft anerkannte und festschrieb. Erstmals traten ab diesem Zeitpunkt indigene Autorinnen und Autoren mit Werken in die Öffentlichkeit, die einen eigenständigen literarischen Anspruch unabhängig von anthropologischen Kontexten und Kooperationen formulierten. Als eines der jüngsten Projekte sei die umfassende Wayuu-Anthologie mit dem Titel *Hermosos invisibles que nos protegen. Antología Wayuu* (Duchesne Winter 2015) genannt; in ihr findet man zum Beispiel Texte des auch international bekannten Dichters und Kulturvermittlers Miguel Ángel López Hernández, der bisweilen unter dem Heteronym Vito Apüshana schreibt. Apüshana dichtet und publiziert zweisprachig, während viele seiner Wayuu-Dichter-Kollegen ausschließlich auf Spanisch publizieren. Die Wichtigkeit und Komplexität des sprachlichen und kulturellen Übersetzens im Falle der indigenen Literaturen kann an dieser Stelle nur angedeutet werden: Grundlegende Reflexionen zu den hierfür erforderlichen Kompetenzen und möglichen Verfahrensweisen am Beispiel mündlicher Erzählungen enthält der Band *Tabaco frío, coca dulce / Jírue diona, riérue jíibina* (1993), den der Ethnologe und Ethnolinguist Juan Álvaro Echeverri zusammen mit Hipólito Candre 'Kinerai' aus der in Amazonien beheimateten Gruppe der Uitoto veröffentlicht hat. Die im Jahre 2014 verstorbene Dichterin Anastasia Candre, eine Verwandte von Hipólito Candre, war eine der ersten weiblichen indigenen Schriftstellerinnen, die auch auf nationaler Ebene breite Bekanntheit erreicht hat.

Zusammenfassend sei noch einmal auf die thematische und ästhetische Vielfalt der zeitgenössischen kolumbianischen Literaturen hingewiesen, die in diesem Überblick nur ansatzweise dargestellt werden konnten. Weitere Richtungen seien an dieser Stelle noch angedeutet: Ein bewusst transnationales Setting, etwa in Jerusalem (*Necrópolis*, 2009; "Nekropole"), Peking oder Paris, findet sich zum Beispiel in vielen Romanen von Santiago Gamboa. Auch Juan Estéban Constaín verortet seine hintergründigen historischen Romane mit Vorliebe im Süden Europas: Zum Beispiel erzählt er von der Erfindung des Fussballs im Italien der Spätrenaissance (*¡Calcio!*, 2010; "Fussball") oder er rekonstruiert aus mutmaßlichen Dokumenten des Vatikans den Versuch, G.K. Chesterton heiligzusprechen (*El hombre que no fue Jueves,* 2014; "Der Mann, der nicht Donnerstag war"). Beide Autoren gehören zu der großen Zahl von Schriftstellern und Schriftstellerinnen, die aufgrund der politischen Situation Kolumbiens lange Jahre im Ausland lebten. Historische Romane verfasst auch Pablo Montoya; bei ihm spielt die bildende Kunst oft eine konstitutive Rolle, zum Beispiel in seinem mit dem Rómulo Gallegos Preis ausgezeichneten Roman *Tríptico de la Infamia* (2015, "Triptychon der Niederträchtigkeit"), das von drei Malern des 16. Jahrhunderts handelt, darunter der Kupferstecher Theodor de Bry, dessen drastische Bilderwelten die frühen Vorstellungen von Amerika nachhaltig geprägt haben.

Die aktuelle Literatur Kolumbiens zeichnet sich durch ihre Pluralität und Dynamik aus. Vermutlich werden sich die literarischen Texte der kommenden Jahre angesichts des komplexen gesellschaftlichen Übergangsprozesses immer stärker um die Auseinandersetzung mit der Vergangenheit drehen, um die Verarbeitung vielfältiger und extremer Gewalterfahrungen, um Vertreibung, Migration und Verwaisung (beispielhaft hierfür der jüngste Kurzroman *Los niños,* 2014, "Die Kinder" von Carolina Sanín) oder um das konfliktträchtige Verhältnis zwischen Stadt und Land. Es werden mit Sicherheit schmerzliche Texte sein, aber auch Vorschläge für eine veränderte Zukunft, experimentelle Texte sowie Geschichten, die die ethnisch-kulturelle Vielfalt der kolumbianischen Nation ausloten.

Literatur hat im Kolumbien der Gegenwart eine wichtige Aufgabe. Sie ist Verarbeitung, Kommentar, Reflexion, aber auch Traum und Vision – sie ist unverzichtbar als vielschichtiges Zeugnis der menschlichen Erfahrung.

Literaturverzeichnis

ABAD FACIOLINCE, Héctor (2008 [1995]): "Estética y narcotráfico". In: *Revista de Estudios Hispánicos,* 42, S. 513-518.

COBO BORDA, Juan Gustavo (2004 [1998]): *Colombia: cultura y violencia.* Bucaramanga: Sic Editorial.

DUCHESNE WINTER, Juan (Hg.) (2015): *Hermosos invisibles que nos protegen. Antología Wayuu.* Pittsburgh: Instituto Internacional de Literatura Iberoamericana.

ECHEVERRI, Juan Álvaro/CANDRE K+NERA+, Hipólito (1993): *Tabaco frío, coca dulce. Jirue diona, riérue jííbina.* Leticia/Bogotá: Universidad Nacional de Colombia, Sede Amazonas.

GAMBOA, Santiago (2014): *La guerra y la paz.* Bogotá: Penguin Random House.

GONZÁLEZ ORTEGA, Nelson (2013): *Colombia. Una nación en formación en su historia y literatura (siglos XVI-XXI).* Madrid/Frankfurt a.M.: Iberoamericana/Vervuert.

Iʜᴍᴇʟs, Inka (2007): *Bogotá: Welthauptstadt des Buches 2007. Eine Analyse der Buchkultur in Kolumbien.* Wiesbaden: Harrassowitz.

Lᴜᴅᴍᴇʀ, Josefina (2010): *Aquí América latina. Una especulación.* Buenos Aires: Eterna Cadencia Editora.

Nᴜɴᴇᴢ, Laurent (2010): "La Colombie, le réel et l'écriture". In: *Le Magazine littéraire*, 502, S. 8.

Rᴏᴄʜᴀs Vɪᴠᴀs, Miguel (2010): *Palabras mayores, palabras vivas. Tradiciones mítico-literarias y escritores indígenas en Colombia.* Bogotá: Fundación Gilberto Alzate Avendaño.

Uɴɢᴀʀ, Antonio (2013): "Kolumbiens Blut. Zur leidenschaftlichen Liebe zwischen Mittelstand und Revolution". In: *Lettre International*, 101, S. 127-129.

Cumbia, Vallenato, Salsa, Rock.
Kolumbien: Die neue musikalische Macht des Kontinents

Torsten Eßer

Kolumbianische Musik erklingt weltweit, von Alberta bis Zweibrücken, und lockt die Menschen in Konzertsäle und auf Tanzflächen. Dieser Artikel beschreibt den internationalen Erfolg kolumbianischer Musik und ihrer Interpreten, beschränkt auf einige Ausprägungen der Populärmusik. Kunstmusik und Jazz bleiben außen vor, wobei der Einfluss der klassischen Musik auf die Entwicklung auch der populären Musik insgesamt hoch eingeschätzt werden muss, da die Jesuiten schon ab dem Jahr 1604 indigene Schüler in der Musikpraxis und im Instrumentenbau unterrichteten.

Gesellschaftliche Rahmenbedingungen

Fusion der Musikkulturen

Kolumbien, auch als "Land der 1000 Rhythmen" bezeichnet, verdankt diese Vielfalt einerseits seiner Geographie, andererseits der historisch bedingten Vermischung dreier Musikkulturen. Die Unterteilung des Landes in unterschiedliche Naturräume, verursacht u.a. durch die drei Stränge der Anden sowie die Küstenkordilliere, wirkt sich auch auf die Kultur des Landes aus. Man unterscheidet fünf kulturelle Großregionen,[1] die Subregionen haben können, und deren Grenzen dynamisch zu begreifen sind, da zwischen ihnen schon immer Wanderungsbewegungen stattfinden (Ramón 2010: 25-30):

Atlantik-Karibik-Region: gekennzeichnet durch eine dominierende Mestizo-Bevölkerung hervorgegangen aus Indigenen, Spaniern/Europäern und Afrikanern. Der frühen Inbesitznahme durch die Spanier folgte eine Dezimierung der indigenen Bevölkerung (v.a. Taironas). Die Häfen dien-

---

1   Je nach Quelle werden die Inseln der Karibikregion zugeschlagen oder nicht.

ten u.a. dem Import der afrikanischen Sklaven, die häufig dort verblieben (viele entlaufene Schwarze sammelten sich auch in eigenen Ansiedlungen, den sog. *palenques*). Von dort stammen u.a. die Musikstile *champeta*, *cumbia*, *porro* und *vallenato*.

Pazifik-Region: Stark von der afrokolumbianischen Bevölkerung dominiert, da die Sklaven dort in den Minen arbeiten mussten und die meisten Sklaven dorthin flohen. Aber es existieren auch hohe Anteile einer Mestizo-Bevölkerung sowie indigene Gemeinschaften. Dorther stammen u.a. die Musikstile *bunde*, *currulao* und *patacoré*.

Andenregion: Die am dichtesten besiedelte Region, mit einem hohen Anteil an Mestizen und Weißen sowie einigen indigenen Gemeinschaften, unterteilt sich in die vier Subregionen *Andina Oriental*, *Noroccidente-Central*, *Centro* und *Suroccidente*. In ihr liegen die größten Städte des Landes. Aus dieser Region stammen u.a. die Musikstile *bambuco*, *guabina* und *pasillo*.

Orinoko-Llanos-Region: Diese erst ab ca. 1650 von Mestizen aus der Andenregion besiedelte Region orientiert sich stark an der Kultur der venezolanischen Llanos und ihrem Hauptwirtschaftszweig, der Viehzucht. Viele indigene Gemeinschaften leben in dieser Region, in der u.a. die Musikstile *contrapunteo*, *guacharaca* und *joropo* entstanden.

Amazonasregion: In dieser vom Regenwald geprägten Region leben ebenfalls sehr viele indigene Gemeinschaften. An der Grenze übt Brasilien einen kulturellen Einfluss aus. Von dort stammen u.a. die Musikstile *carimbó*, *lambada* und *sirimbó*.

Hinzu kommt die **Inselregion**, deren afrokolumbianisch dominierte Kultur stark den karibischen Inseln wie Jamaika ähnelt und von wo u.a. die Musikstile *calipso*, *compas* und *vals isleño* stammen.

Die ethnische Zusammensetzung einer Region wird in ihren Musikstilen unmittelbar reflektiert: Dort, wo die Mestizen in der Mehrzahl sind, dominieren die spanischen Saiteninstrumente, in den Regionen mit indigener Dominanz die (präkolumbianischen) Flöten, und wo die Schwarzen die Mehrheit bilden, sind Trommeln und Marimba stärker in Gebrauch. Und damit wären auch schon die wichtigsten Instrumente genannt, die sich in vielen kolumbianischen Musikgenres vereinen.

Im 19. Jahrhundert eroberten Folkloretänze und -musik wie der *bambuco* die Städte, bis dahin hatten dort europäische Tänze und Rhythmen wie Walzer, *contradanza*, Polka oder Mazurka die Salons der Mittel- und Oberschicht dominiert. Der *bambuco* setzte sich schließlich als "National-musik" durch (Wade 2000: 47-48). Eine große Wanderungsbewegung, die zur Aufweichung der regionalen kulturellen "Grenzen" beigetragen hat, vollzogen nach Abschaffung der Sklaverei im Jahr 1851 die Schwarzen, als sie in die Städte zogen. Über die Jahrzehnte gewannen sie immer größeren Einfluss in der Musik und ab den 1970er Jahren begann die schwarze Bevölkerung mehr und mehr ausländische schwarze Musikgenres in ihre Musik zu integrieren, zur Stärkung ihrer Identität. Die Mischung aus afrokolumbianischen Genres mit z.b. dem *son* aus Kuba, dem Reggae aus Jamaika oder dem *mbaqanga* aus Südafrika nannte die Mestizo-Mittelklasse pejorativ (*música*) *champeta* (roh, geschmacklos). Die Jugend allerdings empfand diese afrikanisch-stämmige Musik cool und entspannend, nannte sie *música terapía* und verhalf ihr zum nationalen Erfolg (App 1998: 409-410). Denn wie fast überall auf der Welt spielt Musik (und Tanz) bei Jugendlichen eine wichtige Rolle, wenn sie Zeit mit Freunden verbringen und sich amüsieren, was in Kolumbien mit dem Begriff *rumbear* umschrieben wird. Ob es sich dabei um Rockmusik, Lady Gaga, *vallenato*, *reggaeton* oder Salsa handelt, ist allerdings nebensächlich (Bustos 2010: 81-82).

Musik und Gewalt

Ein bestimmendes Element für die Musik in Kolumbien ist der seit sechs Jahrzehnten andauernde Bürgerkrieg, weil durch ihn neue Wanderungsbewegungen entstanden und so z.B. viele Menschen aus dem im Norden am Pazifik liegenden Bezirk Chocó nach Medellín kamen, inkl. ihrer Musik, die dort nun den Stadtteil Comuna 13 dominiert (Henkel 2011: 104). In Bogotá siedelten sich die Flüchtlinge in den Vierteln Usme oder Soacha an. Viele Musiker beschäftigen sich in ihren Texten mit dem Bürgerkrieg und seinen politischen und sozialen Folgen inkl. des Drogenkriegs und der "Kultur der Gewalt", und zwar nicht nur Liedermacher wie Pablus Gallinazus, sondern auch die Jazzband fatsO:

> Vieles in meinen Songs ist durch Bogotá inspiriert, einerseits eine sehr schöne Stadt, wenn wir von der Lage und der Natur ausgehen, gleichzeitig aber auch sehr aggressiv. Die Stadt spiegelt – in klein – alles, was in unserem Land passiert. "Oye pelao" z.B. handelt von den Geschichten der Flüchtlinge des Bürgerkriegs, die durch Bogotá irren, "Crying out" von einem Jugendlichen, der zum Killer gemacht wird. In "Brain candy" singe ich darüber, wie die Medien unsere Meinungen manipulieren.[2]

---

2   Interview, 24.4.2015, Bremen.

Solche Themen zu behandeln, kann gefährlich werden in Kolumbien, vor allem Rapper geraten ins Schussfeld von Banden: in Medellín wurden laut *El Colombiano* von 2010 bis 2012 zehn Rapper umgebracht, in Antioquia waren es 14 von 2012 bis 2015. Die meisten dieser Morde führen die Kommentatoren und die Polizei auf unliebsame Texte zurück, die die gesellschaftliche Situation, die Drogenbanden und die Paramilitärs kritisieren, sowie auf das Engagement vieler Rapper in sozialen Einrichtungen für Jugendliche, die so dem Zugriff der Kriminellen entzogen werden sollen.[3] Die Ende der 1980er Jahre entstandene Hiphop-Szene steht unter Schock. Nichtsdestotrotz greifen die Grammy-prämierten (2010) Stars von Choc Quib Town in ihren Texten weiterhin die Vertreibung der Zivilbevölkerung an, rappen zu Rhythmen ihrer Heimatregion Chocó (*bambazú, currulao, bunde*) und unterstützen musikalische Sozialprojekte in Medellín. Ihr Song "Somos Pacífico" entwickelte sich zu einer Hymne der Afro-Kolumbianer (Henkel 2011: 105). Viele Musiker tendieren allerdings dazu, sich herauszuhalten:

> Ich denke, dass Leute, die über problematische Sachen schreiben, sich einer gewissen Gefahr aussetzen, in den Städten allerdings weniger. Aber es gibt auch nicht viele, die das machen, denn die Musikszene bewegt sich momentan in die Richtung, die Politik zu ignorieren, sich zu vergnügen, nicht nachdenken zu müssen über die Probleme. Allerdings singen viele Musiker über Themen wie die Zerstörung der Umwelt oder die Verdrängung der indigenen Bevölkerung. Das ist ja auch politisch,

erklärt Santiago Prieto von der Gruppe Monsieur Periné.[4] Und es existierten auch Profiteure der Gewalt: vor allem Salsa-Interpreten, große Orchester, wurden von der Drogenmafia großzügig gesponsert, die ihnen sogar internationale Tourneen finanzierte.[5] Nichts verdeutlicht die Verbindung von Musik und Krieg/Gewalt in Kolumbien besser, als die vom Friedens-

---

3 <http://www.elcolombiano.com/asesinado_otro_rapero_de_la_comuna_13-BGEC_215848> (10.11.2012); <http://www.elcolombiano.com/asesinan-a-disparos-en-guarne-al-rapero-bufalo-FB1164601> (10.2.2015); Thomas Milz: "Kolumbien: Rap für den Frieden" (<http://www.adveniat.de/blog/kolumbien-rap-fuer-den-frieden/>, 4.3.2015); Anna-Maria Gruber (2012): "Zwischen Bühne und Barrio. Die Rapperin Lucia Vargas macht sich stark für ein gerechteres Kolumbien". In: *Lateinamerika Nachrichten* 451 (<http://lateinamerika-nachrichten.de/?aaartikel=zwischen-buehne-und-barrio>, 27.11.2012).

4 Interview, 2.8.2015, Köln.

5 Guillermo Abril: "Cali, capital mundial de la salsa". In: *El País*, 19.9.2014 (<http://elpais.com/elpais/2014/09/18/eps/1411044578_156820.html>, 19.9.2014).

aktivisten César López im Jahr 2003 geschaffene "Escopetarra" (*escopeta* + *guitarra*), zusammengesetzt aus einem Gewehr und einer Stratocaster-Gitarre. López verschenkte einige Exemplare an Künstler und Institutionen, immer mit dem Auftrag verbunden, sie für seine Friedensbotschaft zu benutzen.

Escopetarra. Quelle: Wikimedia Commons, Mskyrider, CC0.
<https://commons.wikimedia.org/wiki/File:Escopetarra.jpg> (22.06.2017).

Kulturpolitik/Medien/Musikindustrie

Von 1930-1946, während der sog. "República Liberal", unternahmen die Eliten große Anstrengungen zur Konstruktion einer "nationalen" Kultur. Dazu benutzten sie auch die neuen Medien Radio und Fernsehen (Bravo 2010: 51-52; Wade 2000: 27). Diesen Weg führten die nachfolgenden konservativen Regierungen und die Militärdiktatur nicht fort, bis in die 1970er Jahre existierte keine definierte Kulturpolitik. Zum ersten Mal formulierte sie ab 1968 *Colcultura* (Kolumbianisches Kulturinstitut), angegliedert dem Erziehungsministerium, bis man 1997 ein Kulturministerium schuf. Ein Jahr später wurde der "Nationalplan für Kultur 2001-2010" erstellt, der auch das Bewusstsein dafür schärfte, welche Bedeutung Kultur als Weg zum Frieden haben kann (Bravo 2010: 55). Die Musik hatte lange Zeit keinen besonders hohen Stellenwert in der Politik, Hochkultur zog man der Populärkultur vor, aber immerhin erkannte man von Beginn an die Bedeutung der kulturellen Diversität des Landes und entwarf Programme zur Förderung der regionalen Kulturen, denn die nationale Identität kann nur durch eine Integration der verschiedenen kulturellen Ausdrucksformen wachsen. Bestes Beispiel dafür sind die "Regionaltage populärer Kultur", deren Organisation dazu dienen soll, die lokalen Traditionen darzustellen, und bei denen Musik und Tanz eine wichtige Rolle spielen (Wade 2000: 38-39). Immerhin erarbeitete man einen *Plan Nacional de Música 2002-2010*.

Im Gegensatz dazu spielte die Musik in den Medien schon seit der Inbetriebnahme der ersten drei Radiosender im Jahr 1929 eine bedeutende Rolle. Im Jahr 1974 beschäftigte sich erstmals ein Gesetz mit der Musik im Radio, welches Quoten für nationale Musik festlegte. 25 % mussten von kolumbianischen Komponisten stammen, 35 % von nationalen Interpreten. Das Gesetz galt bis 1992 (Wade 2000: 37). Ab 1991 erlaubte die neue Verfassung die Gründung von Medien für Jedermann und so vervielfältigte sich die Zahl der Radio- und TV-Sender. Vor allem lokale Radiosender gründeten sich in großer Zahl (Arcos Vargas 2008: 75ff.), so dass heute für die meisten Musikstile Sendeformate existieren.

Durch die Häfen und die großen Gemeinden europäischer und US-Immigranten waren Barranquilla und Cartagena die beiden Städte in Kolumbien, die immer als erste von den neuesten Sounds erreicht wurden. Folgerichtig gründete Antonio Fuentes mit Discos Fuentes 1934 das erste nationale Label in Cartagena, um es nationalen Künstlern zu ermöglichen, im eigenen Land aufzunehmen. 1943 kaufte er auch die erste Presse, denn zuvor mussten die LPs in den USA gefertigt werden. Es folgten Emilio Fortuo 1945 in Barranquilla mit Discos Tropical und Rafael Acosta 1949 mit Sonolux in Medellín (Wade 2000: 41; Arcos Vargas 2008: 58). Zu den drei bedeutenden nationalen Labels heute zählen immer noch Fuentes und Sonolux, sowie Codiscos. Ihr Anteil an den Tonträgerverkäufen lag bei 24 % (2007), der der internationalen Majors bei 62 % (Arcos Vargas 2008: 60). Der Anteil der nationalen Musiken am Gesamtmarkt lag im Jahr 2001 bei 40 %, gegenüber 58 % an internationalem und regionalem Repertoire. Damit bewegt sich Kolumbien in Lateinamerika im Mittelfeld der gemessenen Werte, allerdings mit abnehmender Tendenz, denn 1996 hatte der Anteil noch 50 % betragen (Zuleta/Jaramillo 2003: 68). Ein Einnahmeproblem für die Musiker besteht durch das hohe Piraterie-Niveau bei Tonträgern von rund 70 %, im Onlinesektor bei etwa 95 % im Jahr 2011 (IIPA 2012). Zwar stieg der *International Federation of the Phonographic Industry* (IFPI) zufolge der Konsum digitaler Musik in Lateinamerika von 2013-2014 um 124 % im Gegensatz zu 28 % global, aber in Kolumbien zahlen eben nur 5 % der User für Musik.[6]

Die Internationalisierung kolumbianischer Musik

Globalisierung kann die Standardisierung von Produkten fördern und zu einem Verlust lokaler oder regionaler Authentizität führen. Gleichzeitig kann sie zu einer gegenseitigen internationalen Befruchtung führen, aus der etwas Neues entsteht. In der Musik kann man beide Prozesse beobachten. In Kolumbien führte die Kommerzialisierung der Populärmusik zum (internationalen) Erfolg einiger Stile auf Kosten der anderen in Bezug auf die mediale Verbreitung. Die erfolgreichen Stile wurden standardisierter. Andererseits führte die Globalisierung schon in Vor-Internet-Zeiten zur erfolgreichen Einführung von Musiken anderer Länder in Kolumbien, dem Tango aus Argentinien, den *corridos* aus Mexiko, der Rumba aus Kuba und dem Foxtrot aus den USA, später dann dem Rock, eine Bereicherung für die nationalen Stile (Wade 2000: 26-27).

"Weltmusik": Totó la Momposina und die Folklore

Totó la Momposina (Sonia Bazanta) fusioniert die traditionelle Musik ihrer Heimat nicht, sie versucht sie auch im internationalen Rahmen so authentisch wie möglich zu interpretieren. Allerdings benutzen die *reina de la cumbia* und ihre Musiker für die *cumbias*, *porros* oder *fandangos* auch schon mal traditionelle Instrumente, die beim jeweiligen Stil im Land selbst nicht gespielt werden, was allerdings im internationalen Kontext nicht auffällt. Mit ihren Auftritten bei der Nobelpreisverleihung an Gabriel García Márquez (1982) und auf dem WOMAD-Festival (1982) erlangte sie nationalen und internationalen Ruhm. Danach (1993) konnte sie für das Label Real World von David Byrne ihr erstes internationales Album produzieren (Carrasquilla Baza 2009: 180-181). Heute gilt die 75-jährige als Repräsentantin der kolumbianischen Karibik in der Rubrik "Weltmusik", obwohl es im Land einige Sängerinnen ihres Niveaus gibt,

---

6   Vgl. "La tecnología es la causa y la cura de la crisis de la industria de la música". In: *La República* 2.3.2015 (<http://www.larepublica.co/la-tecnolog%C3%ADa-es-la-causa-y-la-cura-de-la-crisis-de-la-industria-de-la-m%C3%BAsica_226046>, 15.6.2015).

Graciela Salgado oder Ceferina Banquez zum Beispiel. Und so wird sie immer wieder auch von internationalen Musikstars zu Projekten eingeladen, zuletzt vom DJ Michel Cleis.

Cumbia ohne Grenzen

Bis vor wenigen Jahren kannten nur einige Lateinamerikafreunde die *cumbia*,[7] eine meist instrumentale Populärmusik, die erst einmal nur Beiwerk des gleichnamigen Paartanzes war, bei dem Frau und Mann tanzen, ohne sich zu berühren. Ob dieser nun direkt vom *cumbé*-Tanz bzw. Rhythmus aus Guinea in Afrika abstammt und ob man ihn ursprünglich noch mit Fußketten tanzte, ist nicht abschließend geklärt. Klar ist, dass der Name aus einer afrikanischen Sprache kommt: von *cum* = Trommel, und *ia* = sich bewegen (App 1998: 406/D'Amico 2002: 2). Im 17. Jahrhundert bestand die *cumbia* nur aus Perkussion: die *tambor hembra* (oder *menor*) spielt den synkopierten Vierviertel-Rhythmus, die zweiseitige tiefe *Bombo*-Trommel wird mit Stöcken gespielt und erzeugt ein Ostinato-Muster, die *tambor macho* (oder *mayor*) improvisiert oder reagiert auf den evtl. vorhandenen *call-response*-Gesang und seine Melodie. Später kamen zum traditionellen *conjunto de cumbia* als Melodieinstrumente noch die *gaita* oder die *caña de millo* (auch *pito*) hinzu. Die *gaita*, ein blockflötenähnliches Instrument indigenen Ursprungs, wird meistens paarweise gespielt, die *gaita hembra* spielt die Melodie und die *gaita macho* improvisiert dazu. Die *caña de millo*, eine aus Rispenhirse gefertigte Rohrflöte mit vier Löchern, klingt ähnlich wie eine Klarinette (App 1998: 402, 406). Die *cumbia* wird in einem mittlerem Tempo – 80-110 bpm – gespielt, während die Grundschläge auf der 1 und der 3 markiert werden, meistens von einer Trommel. Schlag 2 und 4 unterteilt man häufig in Achtel. Wann das für uns so typisch klingende Akkordeon dazu stieß (das im *vallenato* eine bedeutendere Rolle spielt) weiß man nicht genau, aber dass das Instrument vor dem Jahr 1800 nach Kolumbien gelangte, wird von alten Reisebeschreibungen untermauert. Der Franzose Henri Candelier beschreibt in diesem Jahr einen Tanz (*cumbiemba*), bei dem Akkordeon, Trommel und *guacharaca* (Instrument bestehend aus Rohrstab und Reibgabel) die Begleitmusik spielen (Blanco Arboleda 2012a: 5). Die These, dass deutsche Seeleute es ins Land brachten, passt zu der Tatsache, dass die Urform der *cumbia* in den Städ-

---

7   DIE *cumbia* im Gegensatz zu DER *cumbia* (Tanz).

ten der Karibikküste, evtl. in der Hafenstadt Cartagena, entstand, wie die Folkloreforscherin Delia Zapata Olivella (2012 [1962]: 8) schrieb. Ab den 1930er Jahren – vor allem dank neuer Medien wie Radio und Schallplatte – trat die *cumbia* ihren Siegeszug in Kolumbien an, reiste u.a. den Rio Magdalena flussaufwärts und gelangte in die Städte. Großen Anteil daran hatten die Schallplatten des legendären Labels Discos Fuentes. Die Folkloremusik veränderte sich während dieser Reise und dem damit verbundenen Eintritt in den kommerziellen Massenmarkt zur Populärmusik. Die Anpassung an nationale und später globale Hörgewohnheiten, die sog. "Einweißung" (*blanqueamiento*) der Musik, hatte mehrere Änderungen zur Folge: die indigenen Flöten verschwanden und wurden durch Klarinetten ersetzt, die Polyrhythmik glättete man in den 4/4-Takt, der Einfluss nordamerikanischer Bigbands und kubanischer Orchester, die zu dieser Zeit viel durch Lateinamerika reisten, drückt sich in erweiterter Instrumentierung (Bläser) und Vermischung z.B. mit dem Mambo aus, später kamen noch elektrische Instrumente hinzu (App 1998: 409). Das kann ein über Jahre dauernder Prozess sein, der bei der *cumbia* in den 1940er Jahren begann, als sie sich durch Musiker wie Lucho Bermúdez oder Pacho Galán zunächst zu einer urbanen Mittelklassemusik und dann zur nationalen Musik entwickelte, dabei Rassenschranken und soziale Schichten überwindend, auf Kosten des bis dahin beliebten *bambuco* (Carrasquilla Baza 2009: 177-178). Lucho Bermúdez und sein Orquesta del Caribe spielten 1944 zum ersten Mal live *porros, gaitas* und *cumbias* in Bogotá (Wade 2000: 118). Im "Goldenen Zeitalter" der *cumbia* tanzten die Kolumbianer zu Tausenden auf sog. *bailaderos*, privat veranstalteten Tanzpartys, auf denen vor allem *cumbia* lief. Lucho Bermúdez tourte gleichzeitig mit seinem Orchester durch den gesamten Kontinent, von Chile bis nach Mexiko, und legte die Samen für die Verbreitung des Genres. Unzählige zeitlose "Hits" stammen aus jener Zeit, wie z.B. "La pollera colora", das sich zu einer Art zweiter Nationalhymne entwickelte. Seit den 1970er Jahren nahm die Salsa Einfluss auf die *cumbia*: anstelle der unbetonten Akkorde gab es nun rhythmische Motive, viele Hits, wie z.B. "La colegiala", wechselten zwischen *cumbia-* und Salsarhythmus. Kolumbiens Salsa-Superstar Joe Arroyo schätzte diesen Mix, *música tropical* genannt, sehr. Mit dem Salsa- und Merengue-Boom einhergehend wurden die Bandformate verkleinert und weitere elektrische Instrumente eingeführt, v.a. aus ökonomischen und Lautheits-Gründen. Trotzdem büßten die *cumbia* u.a. traditionelle Genres ab den 1970ern stark an Popularität ein, vor allem wegen der Begeisterung der Jugend für Disco- und Rockmusik (App 1998: 410; Blanco Arboleda 2012a: 5-6).

Erst in den 1990er Jahren setzte ein Revival ein, ausgelöst vor allem durch den Sänger Carlos Vives, der den *vallenato*, aber auch die *cumbia* modernisierte und revitalisierte. Nach einigen Rock-Produktionen und Musik für Telenovelas interpretierte er in einer Telenovela *vallenato*-Klassiker und hatte damit unerwarteten Erfolg. Er produzierte dann das Album *Clásicos de la provincia* (1993), auf dem er *vallenato*-Klassiker modernisiert präsentierte, d.h. neben die klassischen Instrumente traten E-Bass und -Gitarre sowie Schlagzeug und Synthesizer, so dass sich auch die Jugend für diese Musik interessierte. Auf späteren Alben fusionierte Vives auch Klassiker anderer Musikstile, u.a. *cumbia* (Carrasquilla Baza 2009: 179). Vives mischte dann noch *cumbia*- und *vallenato*-Elemente und entwickelte die Musik weiter, und das so erfolgreich, dass diese neuen Formen sich als richtungsweisend für die gesamte nationale *cumbia*-Szene erwiesen und er sich zum Sprachrohr einer Generation entwickelte (Fernández L'Hoeste 2011: 174). Diese Anpassung der Musik an nationale bzw. globale Konsumentenbedürfnisse hatte auch Rückkoppelungen zur Folge: denn Stars wie Carlos Vives oder Joe Arroyo können einem Musikgenre einerseits zu einer Revitalisierung und Popularisierung verhelfen, andererseits dienen sie bald auch den lokalen Musikern als ausschließliche Referenz. Und das kann negative Folgen haben im Sinne einer fortschreitenden "Einweißung". Die Musiker übernehmen dann die Hits, die in dieser Region zuvor vielleicht nie gespielt wurden, versuchen auch die Produktionsmethoden und musikalischen Änderungen der Stars zu kopieren und vernachlässigen dabei das originale Repertoire (Carrasquilla Baza 2009: 178).

Seit Beginn des neuen Jahrtausends hat eine Welle von kolumbianischen Bands die eigene Musikkultur neu interpretiert. Es kam zu Mischungen der *cumbia* mit elektronischen Klängen, Rapgesang oder Merengue-Rhythmen, zunächst *tecnotropical*, heute eher *electro tropical* genannt. Zeitgenössische Instrumentierungen setzen sich heute aus Bläsern, Keyboards, E-Gitarren, Synthesizern und verschiedenen Schlaginstrumenten zusammen. Die Meridian Brothers mischen *cumbia* bevorzugt mit Farfisa-Orgeln:

> Die Fixierung auf schräge Orgelklänge hat mit bestimmten lateinamerikanischen Tastenkünstlern zu tun, die ich schätze: der wichtigste für mich ist Jaime Llano González, ein Hammondorgel-Spieler, der Easy Listening mit kolumbianischer Musik gemischt hat, und vor allem in Kolumbien sehr bekannt war,

erklärt Eblis Álvarez, Sänger und Kopf der Band.[8] Monsieur Periné, ebenfalls aus Bogotá, haben Erfolg mit einer anderen Fusion:

> Wir haben die *cumbia*, aber auch andere lateinamerikanische Rhythmen mit Swing und Gypsy-Jazz gemischt. Das passt sehr gut, denn der Manouche-Jazz ist ja eine fröhliche, tanzbare Musik. Er hat zwar auch Soli und einen intellektuellen Überbau, aber er ist eine Musik, um Spaß zu haben. Und dieser Mix aus tanzbarer, rhythmischer Musik aus Lateinamerika und tanzbarer, intellektueller Musik aus Europa, bewirkt eine Explosion,

sagt Santiago Prieto, Gitarrist der Gruppe. "Wir haben Django Reinhardts 'Minor swing' aus dem Internet heruntergeladen und nachgespielt, aber dann beschlossen, diese Musik zu transformieren, sie zu unserer Musik zu machen".[9]

Der internationale Erfolg dieser Bands, als Vorreiter wären hier noch zu nennen Sidestepper, Bomba Estéreo oder Systema Solar, hängt auch damit zusammen, dass sie fast alle auf europäischen Labels veröffentlichen: "Vor einigen Jahren suchten europäische Label neue, innovative Sounds von Bands aus Lateinamerika, und so kamen sie auf uns", erläutert Eblis Álvarez, der mit den Meridian Brothers auf dem deutsch-französischen Label Staubgold veröffentlicht.

Das Zentrum der traditionellen *cumbia*-Musik liegt heute im Tal des Río Magdalena und in Barranquilla. Während des Karnevals gibt es unzählige *cumbia*-Präsentationen, die Hauptstraße *Vía 40* wird dann in *cumbiódromo* umgetauft. Auch andere Orte im Norden sind aktiv: So findet in Cereté jährlich das Nationalfestival der *cumbia* statt. Aber *cumbia* beschallt auch jedes Fest im kleinsten Dorf, denn die *pikos* (oder *picós*), die kolumbianischen Soundsystems, reisen über die Dörfer und mischen die Musik verschiedener Generationen: *champeta* mit *breakbeats*, *cumbia* mit Rockgitarren usw. (Pacini Hernández 1996: 437).[10]

Von Cartagena oder Barranquila war es nur ein Sprung in die Nachbarländer und schließlich auf den gesamten spanischsprachigen Kontinent.

---

8   Interview, 4.7.2014, Essen.

9   Interview, 2.8.2015, Köln.

10 Die ersten *picós* tauchten in den 1950er Jahren in Barranquilla und/oder Cartagena auf. Es waren einfache Musikanlagen, die vermietet wurden, um private oder öffentliche Tanzparties zu beschallen. Nach und nach wurden sie immer weiter perfektioniert und zu bis zu zwei Meter hohen und zwei Meter breiten, portablen "Konsolen" ausgebaut, die aus bis zu 30 Lautsprechern, Verstärkern etc. bestehen und künstlerisch verziert sind (Pacini Hernández 1996: 441-444).

Die *cumbia* dehnte sich über ganz Lateinamerika aus und wurde noch kommerzieller. Dabei nahm sie auf dem Kontinent verschiedene Entwicklungspfade, allerdings immer auf einem populären Niveau. D.h., sie durchdrang nicht alle Musikstile und nicht alle gesellschaftlichen Schichten. Im Gegensatz zu Kolumbien, wo sie sich durch die "Einweißung" und Modernisierung von einem marginalen Genre der Afro-Kolumbianer in eine Nationalmusik verwandelte, blieb sie in den Ländern, wo sie hin auswanderte – u.a. Argentinien, Mexiko, Peru, USA – auf unterschiedliche Weise ein Genre der armen, urbanen Schichten, während die Mittel- und Oberschicht Rock, Pop und elektronische Musik hörte. Aber ab einem bestimmten Moment schaffte die *cumbia* in einigen Ländern auch den Sprung in höhere Gesellschaftsschichten und somit zu mehr Publikum.[11]

Und ihre Simplizität war dabei ihr großer Vorteil: denn so konnte sie einfach kopiert werden, aber auch ergänzt um jeweils lokale Klänge. Die fehlende Komplexität als der Schlüssel für ihre Flexibilität und ihre regionale, später globale Verbreitung. Hinzu kam, dass ihre nationale Verankerung zur Zeit ihrer Verbreitung über den lateinamerikanischen Kontinent noch nicht stark war. Sie propagierte selten Themen ihrer Heimat, die ja ohnehin jahrzehntelang ideologisch zersplittert war, so dass die *cumbia* nicht explizit als kolumbianisch wahrgenommen und schnell in die jeweilige Kultur integriert wurde. Viele Mexikaner halten die *cumbia* für eine nationale, viele US-Amerikaner sie für eine mexikanische Musik. Anschlussfähig machte sie aber auch, dass sie zur großen Gruppe der *música tropical* gezählt wird, tanzbarer Musikstile, afro-lateinamerikanischer Herkunft (Fernández L'Hoeste 2011: 170-172). Unbestreitbar ist, dass die Entwicklungen in anderen Ländern immer auch Rückwirkungen auf die kolumbianische *cumbia* haben.

Cumbia tiefergelegt: Mexiko

Noch vor Kolumbien ist Mexiko der größte Markt für *cumbia*-Musik. Dort presste man sehr wahrscheinlich die erste *cumbia* außerhalb Kolumbiens auf Platte, 1950 die *Cumbia cienaguera* des kolumbianischen Sängers Luis Carlos Meyer. Ab den 1960er Jahren wanderte die *cumbia* nach Mexiko-Stadt und Monterrey in Nordostmexiko ein. Die zuvor beliebte *música tropical* hatte in Mexiko einen Tiefpunkt erreicht, die großen Orchester, die vor allem kubanische und puertoricanische Rhythmen spiel-

---

11 Eblis Álvarez, Interview, 4.7.2015, Essen.

ten, begeisterten das Publikum nicht mehr. Da "erfanden" Mike Laure (er brachte *cumbia* mit Rock 'n' Roll zusammen, indem er Schlagzeug, E-Gitarre, Saxophon und Bass einführte), Linda Vera oder die Gruppe Perla Colombiana die mexikanische Version der *cumbia* und hatten damit großen Erfolg. Kolumbianische Musiker wie Alejo Durán oder Los Corraleros de Majagual sprangen auf den Zug auf und begannen durch Mexiko zu touren, oder ließen sich sogar in Mexiko nieder (Blanco Arboleda 2012b).

Nach Monterrey kam die *cumbia* in den 1960er Jahren und fand vor allem Anklang bei den Kindern der Einwanderer aus anderen Gegenden Mexikos. Eine wesentliche Rolle spielten dabei die *sonideros* aus Monterrey, Musikliebhaber und DJs, die mit ihren oft riesigen Musikanlagen (*soundsystems*) die Straßenfeste beschallten. Diese für das Partyleben der Stadt so zentralen Figuren erschufen eine "kolumbianische" Hybridkultur *made in Mexico*, den *sonido corralero*: Sie fusionierten die *cumbia* mit *vallenato* und anderen Stilen der Karibikküste und thematisierten das (mexikanische) Landleben (Blanco Arboleda 2012b). Und sie haben ein Produkt erschaffen, dass es vorher so noch nie gegeben hat: die *discos rebajados* ("tiefergelegte" Platten), 45er-Singles, die mit 33er-Geschwindigkeit abgespielt und so auch aufgenommen wurden, weil die kolumbianischen Lieder oft recht schnell waren. Drosselte man die Geschwindigkeit, konnten die Mexikaner die Texte besser verstehen und besser tanzen, die *cumbia rebajada* war geboren. Celso Piña spielte schließlich als Erster die *cumbia* in Monterrey live, und zwar so nah wie möglich am kolumbianischen Original. Nach 30 Jahren erkannte auch der kommerzielle Musikbetrieb, dass hier Geld zu verdienen war, so dass es heute überall nationale wie importierte *cumbia*-Alben zu kaufen gibt. Nun flog man auch aus Kolumbien Musiker für Konzerte ein, die in schicken Lokalitäten mit hohen Eintrittspreisen stattfanden und -finden. So hat sich das "kolumbianische Phänomen" auch auf weitere Städte in Nordmexiko ausgedehnt. 1994 veröffentlichte die mexikanische *tejano*-Sängerin Selena den Song "Techno Cumbia", eine Mischung aus Pop, Ska, Nortec, Salsa und Rap, mit Einflüssen der *cumbia*. Er kam in vielen Charts auf Platz 1 und gab dem neuen Genre seinen ersten Namen. Heute heißt der Musikstil, der größtenteils am PC entsteht, *neocumbia* oder *cumbia digital*.

Zensiert und geadelt: Argentinien

In den 1930er Jahren kam der kolumbianische Musiker Efraín Orozco mit seinem Orchester nach Argentinien. Er hatte *cumbia*, Jazz und andere lateinamerikanische Stile fusioniert. Er und die nachfolgenden kolumbianischen Künstler lösten in Argentinien das Interesse an der *cumbia* aus, die allerdings schon "geweißt" daher kam (Barragán Sandi 2004: 3). In den 1950er/1960er Jahren wurde die *cumbia* sehr populär, dank großer Tanzlokale, *bailantas* genannt, wo am Wochenende hunderte Tänzer *danzas tropicales* tanzten, zu denen auch die *cumbia* zählte. Hinzu kamen auch hier das Radio und die Schallplatte als Medien der Massenverbreitung (Barragán Sandi 2004: 4). In den 1990er Jahren entwickelte sich die sehr erfolgreiche *cumbia romántica*, eine durch elektronische Instrumente, schnulzige Texte und Melodien gekennzeichnete Variante, die kommerziell mit Playbackshows und Castings gepuscht wurde. Als Gegenbewegung dazu entstand dann ab ca. 1999 in den *villas miserias* der Vorstädte von Buenos Aires die *cumbia villera*. Sie unterstützte die Identitätsfindung der Jugendlichen in Vierteln, die de Gori als *polis de ladrones* bezeichnet (de Gori 2005: 363-364). Als ihr "Erfinder" gilt Pablo Lescano aus dem Elendsviertel La esperanza, der Mitte der 1990er Jahre in einer *cumbia*-Band namens Amar Azul cumbia romántica spielte. Mit seinen Gruppen Flor de Piedra und Damas Gratis begann er, Texte über Armut, Sex, Gewalt, Drogen, die Polizei und das Elend zu schreiben (Sosa 2006). Schnell hatten Lescanos Lieder Erfolg und fanden zahlreiche Nachahmer. Auf dem Festival *Festicumex* und im Club ZiZek (s.u.) vermischten DJs wie El Remolón die *cumbia villera* mit anderen Genres wie dem Hiphop, dem *reggaeton* oder dem Funk und beschleunigten so ihren weltweiten Erfolg. Sehr schnell sprangen kommerzielle Unternehmer auf das Phänomen auf und machten die *cumbia villera* zu einer Musik, die nun auch Mittel- und Oberschicht-Kids hörten. Diese tanzten und hörten sie, allerdings ohne sich deshalb mit den *villeros* zu identifizieren. Die Produzenten casteten zahlreiche Bands und Künstler, die so schnell Erfolg hatten, wie sie wieder verschwanden. Musikalisch änderte sich auch einiges: elektronische Klänge aus dem PC kamen hinzu, Rhythmen aus dem Techno, später auch aus dem Reggae und dem *reggaeton*. Das *keytar* (Umhängekeyboard) mit seinen "billigen" Sounds entwickelte sich zu einem Markenzeichen der Musik und Musiker. Von der *cumbia* erhalten blieben (meist) der 4/4-Takt und einige Instrumente, oft das Akkordeon. Aber der ursprüngliche Charakter verschwand zugunsten fetter Beats immer mehr (Sosa 2006). Mit der *cumbia villera* gelangte das Argot der Gauner in die Sprache der Jugend und kreierte zusammen mit bestimmten Kleidungs-Codes eine neue Subkultur (COMFER 2001: 2-5).

Cumbia global

In den 1970er/1980er Jahren nahmen international spielende Salsa-Bands aus Kolumbien die *cumbia* in ihr Repertoire auf und leisteten somit Vorarbeit für die Fusion von Musikstilen. Ein Künstler wie Manu Chao griff diese Idee in den 1990ern auf, entwickelte sie weiter und riss mit seiner Mestizomusik in der spanischsprachigen Musikwelt die Mauern zwischen Folklore und Rock endgültig ein. Die wichtigste Rolle bei der Internationalisierung der *cumbia* aber spielt die Entwicklung und Verbreitung des Internet: Plötzlich konnten Künstler im hintersten Winkel Lateinamerikas Rhythmen kennen lernen, downloaden und bearbeiten, die sie nicht gekannt hatten, und all das ohne große Kosten. Natürlich auch in den USA und Europa. Und da die *cumbia* sehr anpassungsfähig ist, trat sie ihren Siegeszug durch das Netz an. Hip-Hop- und Techno-Produzenten wie der Chilene Gonzalo Martinez popularisierten *cumbia*-Beats in ganz Lateinamerika während europäische DJs die tropischen Importe bei uns bekannt machten. Einen Schub bekam die Entwicklung auch von einigen Europäern (und einem Amerikaner), die Impulsgeber für die Fusion von *cumbia* mit Elektronik, Rock usw. waren.[12]

Ein weiterer Grund für den internationalen Erfolg der modernen *cumbia*-Stile ist, dass sich die netzaffine Anti-Globalisierungsbewegung die als warm, authentisch und ehrlich empfundene Mestizomusik als Soundtrack ihrer Proteste und Veranstaltungen aussuchte ("Tropical Rebelsound"). Den schrägsten Beitrag dazu lieferte wohl im Jahr 2011 Adriano Celentano: Der italienische Sänger kritisiert in *La cumbia di chi cambia* die Polit-Skandale in seinem Land. Auch in Deutschland feiert die *cumbia* Erfolge. In Berlin existiert seit einigen Jahren das Label La Chusma Records (von

---

12 Richard Blair, ein britischer Musiker und Toningenieur; der Niederländer Dick Verdult; der US-Amerikaner Grant C. Dull; der in den USA lebende Franzose Oliver Conan; der Brite William Holland alias "DJ Quantic" sowie der Deutsche DJ Uwe Schmidt. Yumber Vera Rojas: "La santísima trinidad de la cumbia". In: *El País*, 6.11.2012 (<http://cultura.elpais.com/cultura/2012/11/05/actualidad/1352132722_400779. html>, 6.11.2012).

Pöbel, Abschaum, in der Sprache der *cumbieros* ein Ehrentitel), inkl. der Partyreihe *Cumbia Rockers*, das sowohl Künstler aus Kolumbien/Lateinamerika für Deutschland lizenziert (z.B. Systema Solar), als auch eigene Künstler herausbringt. Einer davon ist der Deutsch-Lateinamerikaner Paco Mendoza, der mit seinem *cumbia*-Album *Consciente y positivo* "die Sozialkritik auf die Tanzfläche zurückholte" (*Die Zeit*, 9.6.2011). In Köln spielen die Gruppen La Papa Verde und Chupacabras mit Erfolg die *cumbia*.

Name	Land	Merkmale	Entstehung
cumbia	Kolumbien	4/4 Takt, Betonung auf 1 und 3; Trommeln, Flöten, Perkussion, (Akkordeon)	Vor 18. Jh.
cumbia panameña	Panama	2/4 oder 6/8 Takt; u.a. Trommeln, Flöten, Perkussion, Rebec (dreisaitige Violine), Mundbogen	Ab dem 19. Jh.
cumbia venezolana	Venezuela	mit elektrischen Orgeln und Harfe	Mitte der 1950er
cumbia marimbera	Zentral-amerika/ Südmexiko	gespielt auf der Marimba	Ab 1940er
cumbia andina/ chicha (cumbia beat)/cumbia tropical	Peru (Lima)	gemischt mit andinen Rhythmen (z.B. *huayno*), Surf-Rock	Mitte der 1960er
cumbia tropical/ cumbia sonidera/ cumbia norteña	Mexiko (D.F./ Monterrey)	vermischt mit karibischen Stilen/ mit *ranchera*, Polka, *guaracha* etc.; ländliche Texte	Mitte der 1960er

cumbia rebajada	Mexiko	vermischt mit elektronischen DJ-Samples, vom DJ langsamer abgespielt (45'er auf 33')	Mitte der 1980er
tecno cumbia	Mexiko/USA	vermischt mit elektronischen Klängen von Instrumenten	Ende der 1980er
cumbia rapera	Argentinien/ Mexiko/USA	vermischt mit Hiphop	Anfang der 1990er
cumbia romántica	Argentinien/ (Chile)	vermischt mit elektronischen Klängen/Popmusik; schnulzige Texte	Anfang der 1990er
cumbia villera	Argentinien (Buenos Aires)	vermischt mit anderen Genres, elektrische Instrumente (Umhängekeyboard), elektronische Effekte, derbe Texte	Mitte der 1990er
cumbia electrónica/ cumbia digital	Argentinien/ Mexiko/dann international	4/4 Takt, elektronische Musik vermischt mit cumbia-Klängen und Rhythmus, meist aus dem PC	Mitte/ Ende der 1990er
cumbia rock chilena	Chile	*cumbia* und Rock	Ab 2000
cumbia reggae	International	*cumbia* und Reggae	Ab 2000

Tabelle 1. Übersicht: *cumbia*-Stile. Eigene Darstellung.

Salsa, Hiphop, Pop und Rock auf kolumbianisch

Nicht nur die *cumbia* ist ein erfolgreiches Exportprodukt Kolumbiens, auch die Salsa mit Künstlern wie Joe Arroyo, La 33 oder Grupo Niche verkauft sich international sehr erfolgreich. Die Kolumbianer adaptierten die Salsa aus New York zu Beginn der 1970er Jahre schnell als ihre eigene Musik. Der im Jahr 2011 verstorbene Joe Arroyo galt als innovativer Experimentator, der die Salsa u.a. mit Merengue, aber auch *cumbia* mischte (App 1998: 410). In den letzten Jahren kommen auch aus dem Bereich Pop- und Rockmusik Weltstars.

Spätestens seit im Jahr 1962 Bill Haley in Bogotá ein Konzert gegeben hatte, zündete auch in Kolumbien die Flamme des Rock 'n' Roll. Gruppen wie Los Daro Boys spielten die US-Musik zunächst nach, um sie dann weiter zu entwickeln. Die jugendlichen Anhänger der Rockmusik entstammten meist der Mittel- und Oberschicht, und wollten sich – wie im Rest der Welt – über diese Musik von der Elterngeneration abheben, sich eine eigene Identität schaffen. In Lateinamerika kam hinzu, dass es als "cool" galt, sich an den Moden aus den USA und Europa zu orientieren. Die "erwachsene" Gesellschaft war jedoch nicht begeistert und ließ die Jugendlichen häufig von der Polizei verfolgen und bestrafen (Cepeda Sánchez 2012: 10-13). Das legte sich erst Mitte bis Ende der 1980er Jahre, als das Phänomen *rock en español*, getragen von Bands aus Spanien und Argentinien auch Kolumbien erreichte. Heute existiert eine lebendige Szene und Gruppen wie Aterciopelados oder Kraken sind lateinamerikanische Stars. Und mit *Rock al Parque* beherbergt Bogotá seit 1995 eines der größten Rockfestivals des Kontinents, mit bis zu 400.000 Besuchern. Das kann nicht darüber hinwegtäuschen, dass keine "nationale" Rockszene existiert, denn auch hier führt das Gefühl der "fragmentierten Identität" (Fernández L'Hoeste 2004: 189) des Landes, also die Zugehörigkeit zu einer Region (*patria chica*) eher als zum Nationalstaat, zu einer Zersplitterung der Szene. Das behindert aber nicht den internationalen Erfolg von Rock- bzw. Pop-Sängern wie Juanes und Shakira: Juan Esteban Aristizábal Vázquez, ehemals Sänger der Heavy-Metal-Band Ekhymosis, hat seit 2001 weltweit Millionen Alben verkauft, viele Auszeichnungen gewonnen, und wurde im Jahr 2010, aufgrund seines politischen Engagements in seiner Heimat, aber auch in Kuba und anderswo, vom Magazin *Time* zu den 100 einflussreichsten Menschen gezählt.[13] Auch Shakira Isabel Mebarak Ripoll mutierte – vor allem nach der Produktion eines englischsprachigen Albums in Miami (2001) – zum internationalen Superstar. Shakira mischt Pop- und Rockmusik mit allen möglichen lateinamerikanischen Elementen. Sie en-

---

13 Sebastian Schoepp: "Politischer Einfluss durch Pop". In: *Süddeutsche Zeitung*, 17.5.2010.

gagiert sich ebenfalls für Kinder in ihrer Heimat, für UNICEF, und mischt sich in politische Diskussionen ein. Während seines Wahlkampfs kritisierte sie den US-Präsidentschaftskandidaten Donald Trump für dessen rassistische Äußerungen gegenüber lateinamerikanischen Einwanderern.[14]

Literaturverzeichnis

APP, Lawrence J. (1998): "Afro-Colombian Traditions". In: Olsen, Dale A./Sheehy, Daniel E. (Hg.): *South America, Mexico, Central America, and the Caribbean. The Garland Encyclopedia of World Music, Vol. 2.* New York: Garland, S. 400-412.

ARCOS VARGAS, Andrea (2008): *Industria musical en Colombia: una aproximación desde los artistas, las disqueras, los medios de comunicación y las organizaciones.* Tesis. Bogotá: Pontificia Universidad Javerina.

BARRAGÁN SANDI, Fernando (2004): *La cumbia villera, testimonio del joven urbano marginal (censura y premiación).* Rio de Janeiro: Anais do V Congresso Latinoamericano da International Association for the Study of Popular Music (IASPM).

BLANCO ARBOLEDA, Darío (2012a): "So klingt Hispanoamerika. Überblick und Weiterentwicklung der Cumbia in Lateinamerika". In: *ila, Zeitschrift der Informationsstelle Lateinamerika*, 353, S.4-6.

— (2012b): "Cumbia – Grenzwelten einer Subkultur". <http://norient.com/de/stories/cumbia-grenzwelten/> (23.8.2015).

BRAVO, Marta Elena (2010): "Políticas culturales en Colombia". In: Ministerio de Cultura (Hg.): *Compendio de Políticas Culturales.* Bogotá: Ministerio de Cultura, S. 49-79.

BUSTOS, Alexandra (2010): "La rumba: un viaje por el mundo del contacto, la expresión y las sensaciones". In: Santamaría, Flor Alba (Hg.): *Diálogos con jóvenes. Escrituras y lecturas, violencias, sexualidad y rumba.* Bogotá: Universidad Distrital Francisco José de Caldas, S. 81-90.

CARRASQUILLA BAZA, Deibys (2009): "Entre las tradiciones de la tierra y los sonidos industrializados. Música tradicional e industrias culturales en el Caribe colombiano". In: Pardo Rojas, Mauricio (Hg.): *Música y sociedad en Colombia. Traslaciones, legitimaciones e identificaciones.* Bogotá: Universidad del Rosario, S. 170-191.

CEPEDA SÁNCHEZ, Hernando (2012): *Imaginarios sociales, política y resistencia. Las culturas juveniles de la música 'rock' en Argentina y Colombia desde 1966 hasta 1986.* Bogotá: Universidad del Rosario.

COMFER (Comité Federal de Radiodifusión) (2001): *Pautas de evaluación para los contenidos de la cumbia villera.* Buenos Aires: COMFER.

---

14 <http://www.spiegel.de/panorama/leute/shakira-kritisiert-donald-trump-fuer-rassistische-rede-a-1041482.html> (1.7.2015).

D'Amico, Leonardo (2002): "La cumbia colombiana: análisis de un fenómeno musical y socio-cultural". In: *Actas del IV Congreso Latinoamericano de la International Association for the Study of Popular Music*, México: IASPM.

de Gori, Esteban (2005): "Notas sociológicas sobre la cumbia villera. Lectura del drama social urbano". In: *Convergencia*, 38, S. 353-372.

Fernández L'Hoeste, Héctor (2004): "On How Bloque de Búsqueda Lost Part of its Name: The Predicament of Colombian Rock in the U.S. Market". In: Pacini Hernández, Deborah/Fernández L'Hoeste, Héctor/Zolov, Eric (Hg.): *Rockin' las Américas. The Global Politics of Rock in Latin/o America*. Pittsburgh: University of Pittsburgh Press, S. 179-199.

— (2011): "Todas las cumbias, la cumbia: la latinoamericanización de un género tropical". In: Semán, Pablo/Vila, Pablo (Hg.): *Cumbia. Nación, etnia y género en Latinoamérica*. Buenos Aires: Gorla, S. 167-208.

Henkel, Knut (2011): "Bogotá entdeckt den Afrobeat". In: *Jazzthing*, 89, S. 104-105.

IIPA (International Intellectual Property Alliance) (2012): *Colombia. 2012 Special 301 Report on Copyright Protection and Enforcement*. Washington: IIPA.

Pacini Hernández, Deborah (1996): "Sound Systems, World Beat, and Diasporan Identity in Cartagena, Colombia". In: *Diaspora. A Journal of Transnational Studies*, 3, S. 429-466.

Ramón, Andrés (2010): *Colombian Folk Music in an International Context. An Overview*. Thesis. Reykjavík: Iceland Academy of the Arts.

Sosa, Catalina (2006): "Cumbia villera: ¿fenómeno popular? Música made in la villa". <http://periodicotribuna.com.ar/2260-cumbia-villera-fenomeno-popular.html> (23.8.2015).

Wade, Peter (2000): *Music, Race, & Nation. Música Tropical in Colombia*. Chicago: University of Chicago Press.

Zapata Olivella, Delia (2012 [1962]): "Wiege aus Stein. Wie die Cumbia zur musikalischen Synthese der kolumbianischen Nation wurde". In: *ila, Zeitschrift der Informationsstelle Lateinamerika*, 353, S. 6-8.

Zuleta, Luis Alberto/Jaramillo, Lino (2003): *Impacto del sector fonográfico en la economía colombiana*. Bogotá: Convenio Andrés Bello.

Das "Nuevo Cine Colombiano": zwischen Tradition und Aufbruch

Peter W. Schulze

Ein Neubeginn des kolumbianischen Kinos?

Das Kino Kolumbiens erlebt einen beispiellosen Aufschwung, der um die Jahrtausendwende allmählich einsetzte und zu einer nachhaltigen Konsolidierung der Filmproduktion geführt hat. Am Anfang des retrospektiv ausgerufenen "Booms" standen vereinzelte Filme – insbesondere *La vendedora de rosas* (1998) von Víctor Gaviria und *La virgen de los sicarios* (2000) von Barbet Schroeder –, die große Erfolge erzielten und dem kolumbianischen Kino zu internationaler Sichtbarkeit verhalfen. Schon bald wurde das Etikett "Nuevo Cine Colombiano" für die neueren Filmproduktionen gebräuchlich. Anders als der Begriff suggerieren mag, handelt es sich beim "Neuen Kolumbianischen Kino" keineswegs um eine eigentliche Filmbewegung – wie etwa das *Nuevo Cine Latinoamericano* der 1960er Jahre, das wiederum aus nationalspezifischen Bewegungen bestand, darunter das *Nuevo Cine Cubano*, das brasilianische *Cinema Novo* etc. Der Begriff "Nuevo Cine Colombiano" bezieht sich vielmehr auf das gesamte Kino Kolumbiens seit etwa dem Jahr 2000. Kennzeichnend ist eine ausgeprägte stilistische Heterogenität und eine große Bandbreite an Themen und Genres (auch wenn sich starke Tendenzen innerhalb der Gesamtproduktion abzeichnen, wie noch auszuführen sein wird). Zweifellos hat die Rede von einem "Neuen Kino" nicht zuletzt die strategische Funktion, kolumbianische Produktionen auf Filmfestivals und auf dem internationalen Filmmarkt zu positionieren. Es handelt sich bei dem Etikett mithin um einen medienwirksamen Verstärker der Präsenz des kolumbianischen Kinos, wobei die Durchsetzung des Begriffs erst durch den tatsächlichen Aufschwung der Filmproduktion möglich wurde, der sich nicht nur in einer quantitativen Zunahme, sondern auch in kommerziell und künstlerisch erfolgreichen Filmen niederschlägt.

Für das kolumbianische Kino ist die stabile bzw. signifikant zunehmende Filmproduktion durchaus ein Novum. Seit dem Jahr 2000 sind über 150 Langfilme entstanden, durchschnittlich also gut zehn Filme pro Jahr, mit stark steigender Tendenz. Denn während in den vier Jahren bis zur Verabschiedung des sogenannten *Ley de Cine* in 2003 zur Förderung des kolumbianischen Kinos im Schnitt jährlich fünf Langfilme produziert wurden, sind seit 2010 durchschnittlich knapp zwanzig Filme pro Jahr entstanden. Dies ist besonders bemerkenswert, da die Geschichte des kolumbianischen Kinos bis zum Beginn des "Nuevo Cine Colombiano" stark durch Diskontinuität in der Filmproduktion geprägt war. Grund hierfür waren sowohl die prekären Produktionsbedingungen als auch die fehlenden Absatzmärkte – einschließlich des nationalen Filmmarkts, der kaum bedient werden konnte aufgrund unzureichender lokaler Produktions-, Distributions- und Exhibitionssektoren sowie der übergroßen Dominanz ausländischer Filmkonzerne. Insofern erscheint die Rede von einem "Neuen Kolumbianischen Kino" mehr als nur eine Marketing-Strategie oder eine geschichtsvergessene Klassifizierung des Gegenwartskinos. Es handelt sich durchaus um eine "neue" Phase der Konsolidierung kolumbianischer Filmproduktionen.

Dennoch wäre es irreführend, mit dem "Nuevo Cine Colombiano" eine Zäsur anzusetzen und es als Neubeginn schlechthin zu stilisieren. Dies hieße eine Reihe von Entwicklungen auszublenden, die das Gegenwartskino sowohl positiv als auch negativ geprägt haben. Zum einen etwa die Tatsache, dass bedeutende Filmschaffende der Gegenwart schon lange vor dem Jahr 2000 tätig waren und zu diesem Zeitpunkt bereits signifikante Werke geschaffen hatten, darunter auch durchaus stilbildende Filme. Zum anderen sind die ökonomischen Strukturen zur Vermarktung lokaler Filme nach wie vor unzureichend, es bestehen weiterhin gravierende Probleme in der Distribution und Aufführung kolumbianischer Filmproduktionen, auch wenn partielle Verbesserungen erzielt werden konnten. Wie aus den beiden eingangs angeführten Beispielen hervorgeht, ermöglicht erst ein Rückblick auf die Geschichte des kolumbianischen Kinos bestimmte Phänomene der gegenwärtigen Filmproduktion zu verstehen, sowohl was die Neuerungen als auch die Kontinuitäten anbelangt.

Das neue und das alte Kino Kolumbiens

Wenngleich seit dem Beginn des "Nuevo Cine Colombiano" viele, meist junge Filmschaffende ihr Debüt und weitere Werke vorgelegt haben, prä-

gen auch eine Reihe von Altmeister_innen das kolumbianische Gegenwartskino und sind für dessen Entwicklung und Erfolg mit verantwortlich. Zu nennen sind vor allem Marta Rodríguez (*1938), Luis Ospina
(*1949), Jorge Alí Triana (*1942) und Víctor Gaviria (*1955), die bereits
zu zentralen Figuren der kolumbianischen Filmgeschichte geworden sind
und nach wie vor bemerkenswerte Filme realisieren.

Marta Rodríguez zählt seit ihrem Debüt *Chircales* (1972, Ko-Regie:
Jorge Silva) über die Ausbeutung und prekären Arbeitsbedingungen eines Ziegelbrenners und seiner Familie zu den maßgeblichen engagierten
Dokumentarfilmer_innen Lateinamerikas. Sie setzt ihr Werk unermüd-
lich fort und kritisiert darin die sozialen und politischen Missstände in
Kolumbien, wobei sie auch das Aufbegehren gegen die bestehenden Repressionen darstellt. Rodríguez hat das "Neue kolumbianische Kino" mit
mehreren Filmen nachhaltig bereichert. Etwa mit *Nunca más* (2001, Ko-
Regie: Fernando Restrepo) über die Vertreibung der Landbevölkerung
durch Guerilla, Paramilitärs und Armee, mit *La hoja sagrada* (2002) über
die Verunglimpfung der indigenen Bevölkerung aufgrund ihres traditionellen Gebrauchs von Kokablättern sowie mit *Una casa sola se vence* (2004,
Ko-Regie: Fernando Restrepo) und *Soraya, amor no es olvido* (2006), Filmen über die Marginalisierung der afrokolumbianischen Bevölkerung
und deren Widerstand gegen die Unterdrückung. Die Dokumentarfilme
von Marta Rodríguez entstehen in Zusammenarbeit mit den dargestellten Menschen, deren Aufbegehren gegen ihre Marginalisierung durch das
Medium und seine mögliche Funktion als Gedächtnisträger zum Ausdruck kommt. Deutlich wird dies insbesondere in *Testigos de un etnocidio:
Memorias de resistencia* (2009), Marta Rodríguez' Rückblick auf 40 Jahre
Dokumentarfilmarbeit, in dem sie Völkermorde dokumentiert und "Erinnerungen des Widerstands" filmisch festhält.

Luis Ospina ist seit Jahrzehnten als Filmemacher aktiv und hat ein be-
deutendes, vielschichtiges Werk geschaffen, in dem er die soziale Realität
Kolumbiens kritisch reflektiert. Evident ist dies bereits in seinem Debüt
Agarrando pueblo (1978, Ko-Regie: Carlos Mayolo), einem Mockumen-
tary über einen fiktiven kolumbianischen Regisseur, der für das deutsche
Fernsehen einen sensationsheischenden Dokumentarfilm über Armut in
Kolumbien dreht, wobei der Film diese Kommerzialisierung des Elends
in satirischer Form kritisiert. Neben zahlreichen Dokumentarfilmen hat
Ospina zwei Spielfilme vorgelegt. Bemerkenswert ist vor allem der Hor-
rorfilm *Pura sangre* (1982) über die Ermordung von Menschen, mit deren

Blut ein greiser Patriarch am Leben gehalten wird. Der Film lässt sich als sozialkritische Allegorie über die Ausbeutung der marginalisierten Bevölkerung Kolumbiens deuten. Auch wenn Ospina noch den Detektiv-Thriller *Soplo de vida* (1999) realisierte, hat er sich vor allem als bedeutender Dokumentarist profiliert, zuletzt mit *La desazón suprema: Retrato incesante de Fernando Vallejo* (2003) über das Werk und die Person des bekannten titelgebenden Autors und Filmemachers sowie mit *Un tigre de papel* (2007) über den – fiktiven – Collage-Künstler und Nonkonformisten Pedro Manrique Figueroa, dessen abenteuerliches Leben als Spiegel der Geschichte Kolumbiens zwischen 1934 und 1981 dient.

Jorge Alí Triana ist seit knapp 50 Jahren als Theaterregisseur tätig, wobei er seit den frühen 1980er Jahren auch bei zahlreichen Fernsehproduktionen und einer Reihe von Spielfilmen Regie geführt hat. Sein filmisches Werk ist durch den Rekurs auf unterschiedliche Genres, literarische Vorlagen und Mythen gekennzeichnet. So handelt es sich bei seinem ersten eigenen Langfilm, *Tiempo de morir* (1985), um ein Remake des 1965 von Arturo Ripstein realisierten gleichnamigen mexikanischen Westerns, einer Rachegeschichte nach einem Drehbuch von Gabriel García Márquez. In *Edipo alcalde* (1996) greift Alí Triana den Ödipus-Mythos der Sophokles'schen Tragödie auf, um die eskalierende Gewalt im Kolumbien der Gegenwart zu thematisieren. *Bolívar soy yo* (2002) ist eine tiefgründige Tragikomödie, in der ein Schauspieler, der Simón Bolívar in einer Telenovela verkörpert, sich zunehmend auch im realen Leben für den "Libertador" hält und damit gleichsam für ein Land steht, "das verrückt ist", um eine Formulierung von Oswald Osorio (2010: 41) aufzugreifen. Der bislang letzte Kinofilm von Alí Triana ist *Esto huele mal* (2007), eine Tragikomödie über einen untreuen heuchlerischen Ehemann nach dem Roman von Fernando Quiroz; der umtriebige Regisseur ist indes nach wie vor medienübergreifend tätig, wobei seine audiovisuellen Produktionen vor allem im Bereich von Fernsehserien angesiedelt sind.

Víctor Gaviria zählt zu den Regisseuren, die das "Nuevo Cine Colombiano" stilistisch und thematisch wohl am stärksten mit geprägt haben. In dem Spielfilm *Rodrigo D: No futuro* (1990) stellt er mit dokumentarischem Duktus die hoffnungslose Situation der von Kriminalität und Gewalt geprägten Umwelt marginalisierter Jugendlicher in Medellín dar, verkörpert von Laienschauspielern, die eben diesem Milieu entstammen. *Rodrigo D: No futuro*, der als erster kolumbianischer Film beim Festival in Cannes lief und beim Publikum sowie besonders auch bei der Kritik sehr erfolgreich war, kann als stilbildend gelten hinsichtlich des harschen Realismus in der Darstellung urbaner Gewalt. Während bis dato Gewalt vor allem in Konflikten auf dem Land dargestellt wurde (Kantaris 2008), zählt Gaviria zu den Vorreitern filmischer Repräsentation von Kriminalität und Gewalt im urbanen Milieu, die zu zentralen Themen im "Neuen Kolumbianischen Kino" avancierten. Gaviria hat die Thematik drogenbezogener Gewalt in seinen beiden folgenden Spielfilmen erfolgreich aufgegriffen und variiert. In *La vendedora de rosas* (1998), der zu den bekanntesten Filmen des kolumbianischen Kinos zählt und eine Reihe ähnlicher Produktionen nach sich zog, gerät eine dreizehnjährige Rosenverkäuferin in Medellín in eine verhängnisvolle Spirale aus Drogen und Gewalt; es handelt sich dabei um eine freie Adaption von Hans Christian Andersens Erzählung *Das kleine Mädchen mit den Schwefelhölzern*. Auch in seinem bislang letzten Spielfilm, *Sumas y restas* (2005), befasst sich Gaviria mit demselben Themenkreis, wobei die Welt der Drogenkartelle in Medellín diesmal aus der Perspektive einer Figur dargestellt wird, die der Mittelschicht angehört. Wie Jorge Ruffinelli (2005) in seiner Monografie über das Werk Víctor Gavirias herausgestellt hat, weisen die Filme des Regisseurs stets eine kritische Perspektive auf. Gewalt wird bei Gaviria nie ästhetisiert oder zum bloßen Spektakel stilisiert, wie dies in vielen kolumbianischen Filmen tendenziell der Fall ist; stattdessen zeigt Gaviria stets die sozialen und politischen Ursachen der Marginalisierung.

Die bedeutenden, seit Jahrzehnten bis in die Gegenwart fortentwickelten Werke von Marta Rodríguez, Luis Ospina, Jorge Alí Triana und Víctor Gaviria dürfen aber nicht darüber hinwegtäuschen, dass Filmschaffende in Kolumbien traditionell mit größten Schwierigkeiten bei der Realisierung von Kinofilmen konfrontiert waren. Aufgrund der Inexistenz einer kolumbianischen Filmindustrie bestanden – von wenigen Ausnahmen abgesehen – nur sehr begrenzte Möglichkeiten, kontinuierlich zu arbeiten und Produktionen kommerziell einträglich zu lancieren. Marta Rodríguez und Luis Ospina haben stets kostengünstige Filme gedreht, die primär auf Festivals liefen und trotz ihres Erfolgs bei der Fachkritik kaum einen größeren Verleih fanden. Bezeichnenderweise konnte Ospina aus finanziellen Gründen in den letzten 33 Jahren nur zwei Spielfilme drehen, obwohl sein fiktionales Debüt *Pura sangre* durchaus einen größeren Bekanntheitsgrad erreichte. Sowohl Jorge Alí Triana als auch Víctor Gaviria brauchten im Schnitt acht Jahre, um einen Spielfilm für das Kino zu realisieren (wobei sich die Situation inzwischen verbessert hat). Dass künstlerisch bedeutsame und auch kommerziell recht erfolgreiche Filme keineswegs eine kontinuierliche Produktion garantierten, lässt sich beispielhaft an dem Werk von Francisco Norden (*1929) veranschaulichen. Obwohl er mit *Cóndores no entierran todos los días* (1984) einen preisgekrönten und international beachteten Spielfilm über *La Violencia*[1] vorlegt hatte, konnte er erst 2006 seinen nächsten Kinofilm, *El trato*, fertigstellen. Dies lag nicht etwa am Filmemacher und ist auch kein Einzelfall, sondern erweist sich als durchaus symptomatisch für das kolumbianische Kino, das auch bedeutenden Regisseur_innen in den meisten Fällen kein kontinuierliches Filmschaffen ermöglicht.

Das kolumbianische Kino ist von Beginn an durch prekäre Strukturen in den drei grundlegenden Sektoren Produktion, Verleih und Aufführung geprägt.[2] Obwohl Edisons Vitascope und der Kinematograph der Brüder Lumière bereits 1897 in Kolumbien präsentiert wurden, war das kolumbianische Kino bis in die 1960er Jahre stark von Diskontinuität geprägt und bildete im 20. Jahrhundert keine tragfähige Industrie aus. Der erste kolumbianische Langfilm – *María* von Máximo Calvo Olmedo und Alfredo del Diestro – entstand bezeichnenderweise erst im Jahr 1922. Das kolumbianische Kino fiel nicht nur bei den kapitalintensiven technischen Entwicklungen zurück, sondern konnte vor allem aus wirtschaftlichen Gründen auch keine kontinuierliche Produktion etablieren. So kam die Filmproduktion in den 1930er Jahren, von den Wochenschauen abgesehen, gänzlich zum Erliegen. Es wurde lediglich ein Langfilm produziert, *Al son de las guitarras* (1938) von Alberto Santana, doch gelang diese musikalische Komödie nicht einmal zur kommerziellen Aufführung. Mit den verstärkt auf den Markt drängenden ausländischen Filmproduktionen konnte das kolumbianische Kino nicht konkurrieren. Trotz widriger Bedingungen entstand in der ersten Hälfte der 1940er Jahre ein kleiner Boom in der kolumbianischen Kinoproduktion; es wurden über zehn Langfilme produziert. Allerdings konnten diese Produktionen es nicht mit der Konkurrenz ausländischer Filmindustrien aufnehmen und erreichten das Publikum kaum. In den 1950er Jahren sank die Filmproduktion auf lediglich vier

---

1 *La Violencia* wird der gewaltsame Konflikt genannt, der 1948 zwischen der liberalen und der konservativen Partei Kolumbiens nach der Ermordung des populären Präsidentschaftskandidaten Jorge Eliécer Gaitán ausbrach und dem bis Ende der 1950er Jahre weit über 100.000 Menschen zum Opfer fielen.

2 Für eine konzise, detaillierte Darstellung der Geschichte des kolumbianischen Kinos vgl. Schulze 2012.

Langfilme. Obgleich die Filmproduktion in der Dekade sehr gering war, entwickelte sich die kolumbianische Filmkultur erheblich, mit langfristigen Auswirkungen. 1949 wurde der *Cineclub de Colombia* gegründet und acht Jahre später entstand die *Cinemateca Colombiana*. Beide Einrichtungen lieferten wichtige Impulse für das Kino des Landes – sowohl für die informelle Ausbildung von Filmschaffenden als auch für die Entstehung eines cinephilen Publikums und eines Bewusstseins für das kolumbianische Filmerbe. In Einklang mit dieser Entwicklung kam es 1960 zur Gründung des *Festival Internacional de Cine de Cartagena de Indias*, bis heute eins der wichtigsten und traditionsreichsten Filmfestivals in Lateinamerika. Die Filmproduktion stieg in den 1960er Jahren signifikant an; es wurden an die dreißig Langfilme gedreht und im folgenden Jahrzehnt konnte dieses Output in etwa gehalten werden. Es entstanden signifikante Filme wie *El hermano Caín* (1962) von Mario López, der erste Film, der den sogenannten *Bogotazo*[3] und das Phänomen *La Violencia* explizit adressiert; oder *El río de la tumbas* (1964) von Julio Luzardo, ein Politfilm mit neorealistischem Ton über die Einwohner eines Dorfes, die indifferent auf im Fluss herangetriebene menschliche Kadaver reagieren. In den 1970er Jahren zeichnen sich dann zwei markante Tendenzen ab: zum einen ein dezidiert politisches und sozial engagiertes Kino, zum anderen ein Genrekino, das auch kommerziell erfolgreiche Filme hervorbrachte. Vor allem im Bereich des Dokumentarfilms wurde Armut und soziale Ausgrenzung kritisch thematisiert. Neben dem Politkino entstand auch ein kommerziell tragfähiges Genrekino. Sehr erfolgreiche Komödien, vor allem mit dem Hauptdarsteller Carlos Benjumea, realisierte Gustavo Nieto Roa, so etwa in *Colombian connection* (1979), *El taxista millonario* (1979) oder *El inmigrante latino* (1980). Den Horrorfilm etablierte Jairo Pinilla Téllez mit Filmen wie *Funeral siniestro* (1977) oder *27 horas con la muerte* (1981). In den 1980er Jahren konnte sich das kolumbianische Kino konsolidieren, nicht zuletzt auch durch die 1978 gegründete *Compañía de Fomento Cinematográfico* (FOCINE), eine dem *Ministerio de Comunicaciones* zugehörige Institution zur Unterstützung der Filmproduktion, die bis 1993 existierte. Die Produktion stieg auf durchschnittlich sechs Langfilme pro Jahr an, wobei auch die Qualität und Vielfältigkeit der Filme zunahm. Unter ästhetisch-künstlerischen Gesichtspunkten besonders bemerkenswert sind

---

3   *Bogotazo* bezeichnet die gewaltsamen Proteste und Repressionen in Bogotá nach der Ermordung des Präsidentschaftskandidaten Jorge Eliécer Gaitán am 9. April 1948.

u.a. die Filme des sogenannten "gótico tropical" (Mayolo 2007: 2-3), bizarre, ironisch gebrochene Variationen des Horrorfilms im tropischen Milieu, die als Allegorien Kolumbiens erscheinen, insbesondere *Pura sangre* (1982) von Luis Ospina sowie *Carne de tu carne* (1983) und *La mansión de Araucaíma* (1986) von Carlos Mayolo. Stilbildend für seinen harschen Realismus in der Darstellung urbaner Gewalt wurde das bereits erwähnte filmische Meisterwerk *Rodrigo D: No futuro* (1988) von Víctor Gaviria. Nach einer gewissen "Blütezeit" des kolumbianischen Kinos in den 1970er und 80er Jahren sank die Filmproduktion in den 1990er Jahren auf etwa die Hälfte der vorangegangenen Dekade, wobei diese Entwicklung mit dem Ende von FOCINE einherging. Dennoch entstanden vereinzelt Erfolgsfilme, so Sergio Cabreras (*1950) *La estrategia del caracol* (1993), eine Komödie über verarmte Nachbarn, die aus ihrem Haus geworfen werden sollen und Wege finden, um dies abzuwenden; ferner der bereits erwähnte Film *La vendedora de rosas* (1998) von Víctor Gaviria, der als Vorläufer des "Nuevo Cine Colombiano" gelten kann. Ebenfalls besonders erwähnenswert für den Aufschwung des kolumbianischen Kinos in den 2000er Jahren waren zwei Filmschaffende, die neben ihrer kreativen Filmarbeit in den Bereichen Regie, Drehbuch und Montage vor allem auch als Produzenten wirkten und in dieser Funktion kommerziell ausgesprochen erfolgreiche Kinofilme auf den Markt brachten: Jaime Osorio Gómez (1947-2006) und Dário Armando – genannt Dago – García (*1962).

Facetten und Tendenzen des "Nuevo Cine Colombiano"

Als Teil der angestiegenen Filmproduktion ist auch erstmals in der Geschichte des kolumbianischen Kinos ein relativ stabiler Sektor kommerziellen Kinos entstanden, in dem Dago García die herausragende Figur ist. Nachdem er in den frühen 1990er Jahren als Autor für Fernsehen, Film und Theater zu arbeiten begonnen hatte, gründete er 1995 die Dago García Producciones, eine Filmproduktions- und -verleihfirma. Im darauffolgenden Jahr produzierte er seinen ersten Langfilm fürs Kino, *La mujer del piso alto*, unter der Regie von Ricardo Coral-Dorado, mit dem er gemeinsam das Drehbuch verfasste. Dieser Film steht am Anfang einer für das kolumbianische Kino beispiellosen Erfolgsgeschichte. Dago García hat ein "cine de productor-autor" (Osorio 2010: 113) etabliert, ein Produzenten-Autoren-Kino. Bei den Filmen handelt es sich zunächst überwiegend um leichte Komödien im Milieu der Mittelklasse, die in der Tradition der Erfolgsfilme von Gustavo Nieto Roa stehen. Inzwischen ist Dago García der produktivste Filmschaffende der kolumbianischen Filmgeschichte, dem es gelingt, jedes Jahr einen meist sehr erfolgreichen, wenn auch künstlerisch wenig anspruchsvollen Film auf den Markt zu bringen. Dies liegt nicht zuletzt daran, dass er – der ebenso erfolgreich zahlreiche Fernsehserien und Telenovelas realisiert hat – Kapital vom Privatfernsehsender Caracol Televisión erhält und damit in Werbung und Verleihstrukturen investieren kann. Überdies gewann er junge Regietalente für die Umsetzung einiger von ihm konzipierter Filmerzählungen: neben Ricardo Coral-Dorado auch Jorge Echeverri und Harold Trompetero. Letzter hat mit *Diástole y sístole* (1999) ein beachtliches Spielfilmdebüt realisiert, das sich etwas von dem konventionellen Erzählkino Dago Garcías abhebt: Die romantische Komödie weist eine recht komplexe narrative Struktur auf, basierend auf 35 Episoden, welche die möglichen Stadien einer Liebesbeziehung zeigen. Während Dago García stets für das Drehbuch verantwortlich zeichnet, hat er zudem – insbesondere in den letzten Jahren – auch die Montage übernommen und wiederholt Regie geführt, wobei er die Anzahl der Produktionen erhöhen konnte. Inzwischen deckt er eine breite Palette an Genres ab und adressiert damit offenbar gezielt unterschiedliche Publika. So realisierte Dago García im Jahr 2015 drei Filme, bei denen er sowohl Regie als auch Drehbuch und Montage übernahm: das Musikmelodrama *Vivo en el limbo*, das auf Shakespeare'schen Figuren basierende Flugzeugdrama *Shakespeare, los espías de Dios* und *Reguechicken*, einen Animationsfilm für Kinder.

Während Jaime Osorio Gómez selbst nur zwei Spielfilme realisieren konnte – nach seinem meisterhaften Langfilmdebüt *Confesión a Laura* (1990) über den *Bogotazo* auch das Dreiecksbeziehungsdrama *Sin Amparo* (2004) –, avancierte er zu Beginn des "Nuevo Cine Colombiano" zu einem der erfolgreichsten Filmproduzenten des Landes. Die von ihm koproduzierten Filme behandeln Drogen- und Gewaltkonflikte, also den kommerziell einträglichsten und am häufigsten aufgegriffenen Themenkreis des kolumbianischen Kinos der letzten zwei Jahrzehnte. Osorio Gómez, der bereits 1983 die Produktionsfirma Tucán Producciones gegründet hatte, war an einigen der bekanntesten und lukrativsten Filme Kolumbiens beteiligt, darunter *La virgen de los sicarios* (2000, Regie: Barbet Schroeder), *La sombra del caminante* (2004, Regie: Ciro Guerra) und *María, llena eres de gracia* (2005, Regie: Joshua Marston). Durch seine Tätigkeit als Produzent zählt er zu den maßgeblichen Personen, die eine erfolgreiche Internationalisierung des kolumbianischen Kinos durchsetzen konnten. Auch wenn bereits vor dem "Nuevo Cine Colombiano" internationale Koproduktionen existierten, hat diese Produktionspraxis seit dem "Boom" des kolumbianischen Kinos beträchtlich zugenommen. Osorio Gómez' Regiearbeiten sind symptomatisch für diese Entwicklung: Aufgrund der damals prekären Bedingungen der Filmproduktion in Kolumbien drehte der Regisseur 1990 *Confesión a Laura* komplett in Havanna; der Film über den *Bogotazo* ist eine Koproduktion zwischen dem kubanischen Filminstitut *Instituto Cubano del Arte e Industria Cinematográficos* (ICAIC) und dem spanischen Fernsehsender TVE ohne kolumbianische Beteiligung. *Sin Amparo* hingegen entstand 2004 als Koproduktion zwischen Kolumbien, Spanien und Venezuela in Bogotá. Es handelt sich hierbei um das besonders seit den 2000er Jahren gängige Modell der Filmproduktion, wobei Spanien bzw. Ibermedia mit seinem *Fondo Iberoamericano de Ayuda* bei den Koproduktionen mit Kolumbien besonders präsent ist.

Während einige kolumbianische Regisseure in der Vergangenheit teils nur im Ausland die Chance bekamen ihre Produktionen zu realisieren, entstehen inzwischen regelmäßig finanziell solide ausgestattete internationale Koproduktionen in Kolumbien. Dabei beteiligen sich nicht nur ausländische Produktionsfirmen, sondern gelegentlich auch ausländische Filmschaffende am kolumbianischen Kino, das dadurch verstärkt transnationale Züge erhält. Bei drei der bekanntesten und erfolgreichsten Filme des "Nuevo Cine Colombiano" führten Ausländer die Regie: in *La virgen de los sicarios* der Schweizer Barbet Schroeder, in *María, llena eres de gracia* der US-Amerikaner Joshua Marston und in *Rosario Tijeras* (2005) der Mexikaner Emilio Maillé. Die ersten beiden Filme behandeln direkt eins der gängigsten Themen des kolumbianischen Kinos, den Drogenhandel und die damit verbundene Gewalt; in *Rosario Tijeras* spielen Drogen im Kontext von Prostitution und Auftragsmord ebenfalls eine Rolle. *La virgen de los sicarios* ist eine kolumbianisch-französisch-spanische Koproduktion nach dem gleichnamigen Erfolgsroman des kolumbianischen Autors Fernando Vallejo, der sich dem Genre der *narcoliteratura* zurechnen lässt und über die Beziehung eines homosexuellen Autors mittleren Alters mit einem sechzehnjährigen *sicario* bzw. Auftragsmörder das Drogenmilieu im Medellín der frühen 1990er Jahre charakterisiert. Schroeder gelang eine vielgelobte, preisgekrönte Adaption des Romans, welche die Spirale der Gewalt und die Hoffnungslosigkeit des geschilderten Milieus meisterhaft in eine fast dokumentarisch anmutende filmische Form transponiert. *María, llena eres de gracia* ist eine US-amerikanisch-kolumbianische Koproduktion unter Beteiligung von HBO Films und wurde teilweise in Ecuador gedreht. Wie Schroeders Film, der u.a. beim *Festival Internacional del Nuevo Cine Latinoamericano* in Havanna sowie bei den Internationalen Filmfestspielen in Venedig ausgezeichnet wurde, erhielt auch Marstons Film bedeutende Preise, darunter den Alfred-Bauer-Preis bei den Internationalen Filmfestspielen von Berlin und den Silbernen Bären als Beste Darstellerin für Catalina Sandino Moreno, außerdem eine Nominierung für den Oscar. *María, llena eres de gracia* erzählt die Geschichte einer jungen Frau die als *mula* bzw. Drogenkurierin Kokain in ihrem Körper in die USA schmuggelt. Die Thematik der *mulas* wurde bereits in *Nieve tropical* (1993) von Ciro Durán oder in *Hábitos sucios* von Carlos Palau (2003) dargestellt, und auch spätere Filme widmen sich diesem Thema, etwa *El arriero* (2009) von Guillermo Calle. Einer der größten Kassenerfolge des kolumbianischen Kinos, *Rosario Tijeras*, entstand unter der Regie von Emilio Maillé, der vor allem Dokumentarfilme und Serien für das mexikanische Fernsehen realisiert hat. Bei *Rosario Tijeras*, einer Koproduktion mit Spanien, Mexiko und Brasilien, handelt es sich um eine Adaption des gleichnamigen Erfolgsromans des kolumbianischen Autors Jorge Franco Ramos. Maillés Action-Thriller ist in Medellín gegen Ende der 1980 Jahre angesiedelt; die Protagonistin arbeitet als *sicaria* und ermordet Männer, während sie diese küsst, aus Rache für die selbst erlittenen Vergewaltigungen.[4]

Durchaus kein Einzelfall für das "Nuevo Cine Colombiano" – und insbesondere für die vielfach aufgegriffene *narcotráfico*-Thematik –, ist der Film *Rosario Tijeras* Teil einer transmedialen Verwertungskette, bei der Produzenten und Filmemacher an den kommerziellen Erfolg der vorangehenden Werke anknüpfen. So folgte auf den 1999 erschienenen Roman *Rosario Tijeras* nicht nur Maillés gleichnamiger Spielfilm von 2005, sondern auch eine ebenfalls gleichnamige Adaption als Fernsehserie, die mit 60 Episoden von Februar bis Juli 2010 sehr erfolgreich auf RCN Televisión (Radio Cadena Nacional) lief und in mehr als zehn Ländern ausgestrahlt wurde. Ein weiteres Beispiel für die gängige Praxis von Adaptionen erfolgreicher Produktionen ist Rodrigo Trianas Spielfilm *Soñar no cuesta nada*

---

4   Vergleiche hier auch den Beitrag von Susanne Klengel zu den neuen Tendenzen der kolumbianischen Literatur in diesem Band.

(Kolumbien/Argentinien 2006), der mit knapp 1,2 Millionen Zuschauern zu den großen Publikumserfolgen des kolumbianischen Kinos zählt. Basierend auf einer wahren Begebenheit, erzählt der Film im tragikomischen Modus die Geschichte einer Gruppe von Soldaten, die auf den Spuren der FARC 46 Millionen US-Dollar finden und daraufhin einen verschwenderischen Lebensstil pflegen, bis sie der Unterschlagung überführt werden. Eine Fortsetzung des Films – die ursprünglich als Sequel für das Kino geplant war – wurde 2009 als Fernsehserie für RCN Televisión unter dem Titel *Regreso a la guaca* von Triana realisiert, wobei CMO Producciones, die bereits den Kinofilm koproduzierte, erneut als Produktionsfirma fungierte, nun in Verbindung mit dem Fernsehsender. Nicht nur der Film, sondern auch die Serie wurden nach der Kino- bzw. Fernsehverwertung auf DVD vermarktet – ebenfalls eine gängige Praxis des "Nuevo Cine Colombiano" bzw. der Film- und Fernsehindustrie generell.

Während im kolumbianischen Kino ländliche Schauplätze bis etwa in die späten 1980er Jahre bestimmend waren (Osorio 2010: 4), erfolgt in den frühen 1990er Jahren eine Verlagerung hin zu städtischen Milieus (Rivera Betancur 2008: 44), wobei zahlreiche dieser urbanen Filme gewaltbezogene Themen behandeln, insbesondere im Kontext des Drogenhandels. Gleichwohl zeichnet sich das "Nuevo Cine Colombiano" durch seine Vielfältigkeit aus. So lässt sich seit etwa Mitte der 2000er Jahre auch eine gegenläufige Tendenz zu den urbanen Filmen ausmachen, für die María Luna treffend den Begriff "neues Kino der globalen Provinz" (2013: 73) geprägt hat. Es handelt sich hierbei um Filme, die ländliche Räume "entfernter Weltgegenden" darstellen und damit einem gängigen Topos des neueren sogenannten *world cinema* entsprechen, teils mit Tendenz zur Auto-Exotisierung, aber auch in kritischer Reflexion sozialer und politischer Probleme in ländlichen Gegenden. Einige dieser Filme waren bei bedeutenden Filmfestspielen wie in Berlin und Cannes vertreten, so etwa Ciro Guerras Roadmovie *Los viajes del viento* (Kolumbien/Argentinien/Deutschland/Niederlande 2009), welches pittoreske Landschaften und die kulturelle Vielfältigkeit Kolumbiens darstellt, ferner der Film *El vuelco del cangrejo* (Kolumbien/Frankreich 2009) von Óscar Ruiz Navia über eine traditionelle afrokolumbianische Gemeinschaft in einem pazifischen Küstendorf oder William Vegas *La sirga* (Kolumbien/Frankreich/Mexiko 2012), der die Geschichte einer jungen Frau schildert, die durch den kriegerischen Konflikt in Kolumbien traumatisiert in einer Hütte am Ufer eines großen andinen Sees Zuflucht nimmt.

Von den angeführten Tendenzen abgesehen, existiert eine Reihe von Filmen, die sich nur schwer einer bestimmten Strömung zuordnen lassen und das breite thematische und stilistische Spektrum des "Nuevo Cine Colombiano" deutlich machen. Beispielhaft anführen lässt sich etwa Felipe Aljures *El Colombian Dream* (2006), ein tragikomischer Spielfilm aus der Perspektive eines abgetriebenen Kindes, der in stark stilisierten, teils psychedelisch anmutenden Aufnahmen offenbar den Versuch unternimmt, die gegenwärtige kolumbianische Gesellschaft zu charakterisieren. Oder *Pequeñas voces* (2010), ein semi-dokumentarischer Animationsfilm von Oscar Andrade und Jairo Eduardo Carrillo, der den kriegerischen Konflikt in Kolumbien aus der Sicht heimatvertriebener Kinder schildert und dabei auf deren Zeichnungen und Zeugenschaft zurückgreift.

Der kolumbianische Filmsektor nach dem *Ley de Cine*

Die Vielfalt des kolumbianischen Gegenwartskinos und die stark gestiegene, inzwischen konsolidierte Filmproduktion sind nicht zuletzt auch Resultate einer neuen staatlichen Filmförderpolitik, die mit der Durchsetzung des sogenannten *Ley de Cine* (*Ley 814*) aus dem Jahr 2003 ihren Ausgang nahm. Ziel des Gesetzes sei die Förderung der "kinematografischen Aktivität in Kolumbien", die zum "kulturellen Erbe der Nation" gehöre und für die "Ausbildung der kollektiven Identität" relevant sei; als solches müsse ihr ein "besonderer Schutz" zukommen (*Ley de Cine, Artículo 1°*). Das Gesetz regelt die obligatorische Abgabe von 8,5 % der Einnahmen sowohl der Kinobetreiber als auch der Filmdistributoren sowie von 5 % des Nettoeinkommens der Produzenten von Langfilmen (*Ley de Cine, Artículo 5°*). Die Mittel fließen in einen Fonds ein, aus dem 70 % für die Förderung von kolumbianischen Filmproduktionen ausgegeben werden (*Ley de Cine, Artículo 11°*), während die restlichen Mittel dem Ausbau der filmischen Infrastruktur, der Entwicklung der Filmkultur und der Pflege des Filmerbes dienen. Auch die Verbreitung von Kurz- und Langfilmen wird gefördert, indem man den Kinobesitzern bei Aufführung von kolumbianischen Produktionen einen Teil der Abgaben für den Fonds erlässt (*Ley de Cine, Artículo 14°* sowie *Artículo 15°*). In der Folge des *Ley de Cine* sind von Seiten der kolumbianischen Regierung verschiedene Förderinstrumente eingerichtet worden, um die Filmkultur des Landes weiter zu entwickeln. Im Jahre 2005 publizierte das *Ministerio de Cultura* unter der Schirmherrschaft von David Melo, dem Leiter des Bereichs Kino im Kulturministerium, eine kostenfreie *Ruta de apreciación cinematográfica*. Dieses Manual, das mehrfach neu aufgelegt wurde, dient dem Erlernen der Grundlagen des Films zu didaktischen Zwecken, insbesondere zur Filmbildung im Unterricht oder in Einrichtungen wie Cineclubs und in der Gemeindearbeit (Ministerio de Cultura 2008: 5). Neben der Förderung der Filmbildung begannen staatliche Institutionen, sich zunehmend der Pflege und Verbreitung des filmischen Erbes Kolumbiens zu widmen. Unter der Schirmherrschaft der *Fundación Patrimonio Fílmico Colombiano* entstand 2011 die erste audiovisuelle Filmgeschichte des Landes in Form eines sechsstündigen Dokumentarfilms auf DVD, der den Zeitraum von 1897 bis 2010 darstellt, basierend auf Filmausschnitten und Interviews mit Spezialisten und Filmschaffenden. Regie führten u.a. zwei der zentralen Figuren des kolumbianischen Kinos: die bereits angeführten Filmemacher Julio Luzardo González und Luis Ospina. Der Dokumentarfilm wird durch ein 90-seitiges Booklet zur kolumbianischen Filmgeschichte ergänzt, wobei die beiden komplementären Medien erklärtermaßen dazu dienen, das audiovisuelle Erbe Kolumbiens "als künstlerischen Ausdruck und Gedächtnis unserer Nationalität" (Fundación Patrimonio Fílmico Colombiano 2012: 8) zu bewahren und zu verbreiten. Während die Direktorin der *Fundación Patrimonio Fílmico Colombiano* im Jahre 2009 noch die "spärliche Literatur über das kolumbianische Kino" (Garzón de García 2009: 17) kommentierte, steht das Buch, in dem sie dies diagnostiziert, exemplarisch für die Verbesserung der bemängelten Situation. Die exzellente filmhistorische Publikation wird durch eine DVD mit Filmausschnitten ergänzt und erschien parallel zu der Ausstellung *¡Acción! Cine en Colombia* im Nationalmuseum Kolumbiens. Inzwischen liegen bereits mehrere substantielle filmhistorische Publikationen zum kolumbianischen Kino vor, darunter die herausragende Studie von Juana Suárez (2009), die auch ins Englische übersetzt wurde (Suárez 2012). Bemerkenswert ist, dass auch eine Reihe von Studien zur Filmpolitik und zu den ökonomischen Dimensionen des kolumbianischen Kinos aus sozial- und wirtschaftswissenschaftlicher Perspektive publiziert wurden (etwa Castañeda López 2009 bzw. Calvachi Prieto et al. 2011), Sektoren, die seit dem *Ley de Cine* besondere Aufmerksamkeit erlangt haben und von zentraler Bedeutung für die Entwicklung einer stabilen Filmproduktion sind.

Insgesamt lässt sich in den letzten Jahren eine zunehmende Professionalisierung des Filmsektors erkennen. Eine bedeutende Rolle kommt hierbei insbesondere den Universitäten und Filmhochschulen zu, die ein praktisch ausgerichtetes Filmstudium ermöglichen, etwa an der *Universidad Nacional de Colombia*, an der *Fundación Universitaria Manuela Beltrán* oder an der *Escuela de Cine Black Maria*. Das zunehmende Interesse am Kino Kolumbiens belegen auch die zahlreichen Filmfestivals des Landes. So sind neben dem renommierten *Festival Internacional de Cine de Cartagena de Indias* (seit 1960) und dem *Festival de Cine de Bogotá* (seit 1984) selbst in kleinen Städten viele weitere Filmfestivals entstanden. Auch wenn der kolumbianische Filmmarkt nach wie vor von ausländischen Produktionen, insbesondere aus Hollywood, dominiert wird, zeugen die hier dargelegten Entwicklungen von einer ausgesprochen dynamischen Filmkultur in Kolumbien.

Literaturverzeichnis

CASTAÑEDA LÓPEZ, Liliana (2009): "The Post-Neoliberal Colombian Film Policy". In: *Revista de Estudios Colombianos*, 33-34, S. 27-46.

CALVACHI PRIETO, Natalia/CÁRDENAS MÉNDEZ, Jeisson/GALVIS OSORIO, Luis Felipe/RIVERA RODRÍGUEZ, Hugo Alberto (2011): *Turbulencia empresarial en Colombia: sector cines*. Bogotá: Universidad del Rosario.

FPFC (Fundación Patrimonio Fílmico Colombiano)(2012) (Hg.): *Historia del cine colombiano 1897-2008*. 6 DVDs samt Booklet. Bogotá: FPFC.

GARZÓN DE GARCÍA, Myriam (2009): "Bienvenida la información, el cuestionamiento y el debate". In: Ministerio de Cultura – Dirección de Cinematografía, Museo Nacional de Colombia, Fundación Patrimonio Fílmico Colombiano (Hg.): *Versiones, subversiones y representaciones del cine colombiano. Investigaciones recientes*. Bogotá: Museo Nacional de Colombia, S. 17-18.

KANTARIS, Geoffrey (2008): "El cine urbano y la tercera violencia colombiana". In: Ministerio de Cultura – Dirección de Cinematografía, Museo Nacional de Colombia, Fundación Patrimonio Fílmico Colombiano (Hg.): *Versiones, subversiones y representaciones del cine colombiano. Investigaciones recientes*. Bogotá: Museo Nacional de Colombia, S. 109-130.

LEY DE CINE (Ley 814 de 2003). <http://www.proimagenescolombia.com/secciones/cine_colombiano/legislacion/legislacion.php> (3.10.2015).

LUNA, María (2013): "Los viajes transnacionales del cine colombiano". In: *Archivos de la Filmoteca*, 71, S. 69-82.

MAYOLO, Carlos (2007): "Estados góticos. Entrevista con Carlos Mayolo" [erstmals *Arcadia va al cine* 16, 1987]. In: *Valle de película 1. Retrospectiva del audiovisual vallecaucano: Carlos Mayolo*. Cali: Lugar a dudas, S. 2-7.

MINISTERIO DE CULTURA (2008) (Hg.): *Ruta de apreciación cinematográfica*. Bogotá: Imprenta Nacional de Colombia.

OSORIO, Oswaldo (2010): *Realidad y cine colombiano 1990-2009*. Medellín: Universidad de Antioquia.

RIVERA BETANCUR, Jerónimo León (2008): "Personajes con sello colombiano". In: Correa Herrera, Ernesto (Hg.): *Narrativas audiovisuales. Personajes, acciones y escenarios*. Medellín: Universidad de Medellín, S. 19-47.

RUFFINELLI, Jorge (2005): *Víctor Gaviria. Los márgenes al centro*. Madrid: Casa de América/ Turner.

SCHULZE, Peter W. (2012): "Colombian Cinema". In: Maurer Queipo, Isabel (Hg.): *Socio-critical Aspects in Latin American Cinema(s). Themes – Countries – Directors – Reviews*. Frankfurt a.M.: Peter Lang, S. 51-55.

SUÁREZ, Juana (2009): *Cinembargo Colombia: ensayos críticos sobre cine y cultura*. Cali: Universidad del Valle.

— (2012): *Critical Essays on Colombian Cinema and Culture. Cinembargo Colombia*. Translated by Laura Chesak. New York: Palgrave Macmillian.

Das *Festival de Performance de Cali* (1997-2012): Kunst und Partizipation

Óscar Ardila

Anfang der 1990er Jahre wurde der Begriff der "partizipatorischen Kunst" in den globalen Kunstbetrieb eingeführt. Er bezeichnete die Zusammenarbeit zwischen sozial engagierten, bildenden Künstlern und verschiedenen gesellschaftlichen Gruppen, die eine politische und soziale Wirkung in der gesellschaftlichen Realität anstrebten. Der Begriff entstand im Kontext einer als "social turn" (Bischop 2012) bezeichneten breiteren Tendenz, in deren Folge bildende Künstler die im 20. Jahrhundert entwickelten Gruppen- und andere kollektive Dynamiken, z.b. im Kulturbetrieb, im Theater oder im Bereich der politischen Bildung sowie bei anderen pädagogischen Praxen, neu interpretierten. Die Performance-Kunst war somit eine alternative Kunstrichtung unter anderen, bei der verschiedene Disziplinen zusammenwirkten und eine kritische wie politische Rolle des Publikums sowie den Dialog über demokratische Ideale ermöglichten.

Die Performance-Kunst als aktive künstlerische Praxis, die von der Kritik bis hin zum Protest reicht, hat auch in Kolumbien im Laufe der 1990er Jahre stark an Bedeutung gewonnen. Performances, die künstlerisches Handeln, den offiziellen Kunstbetrieb (Cerón 2006), einen vielschichtigen Feminismus oder den bewaffneten Konflikt in Kolumbien thematisierten, besaßen eine beeindruckende politische Reichweite. In welchen Formen und Formaten sich dieses künstlerisch-politische Potenzial innerhalb und außerhalb des Kunstbetriebs entwickelte und zu welchen neuen Ausdrucksmöglichkeiten es dabei kam, kann beispielhaft anhand der Entstehungsgeschichte des *Festival de Performance de Cali* verfolgt werden, das auf einer zunehmend partizipatorischen Plattform basierte.

Bei diesem im Jahre 1997 in der Stadt Cali gegründeten Festival der Performance-Kunst ist von Beginn an direkt und offensiv die Diskussion zwischen Künstlern, Besuchern und Kritikern gesucht worden: Thematisiert werden vielerlei Aspekte der möglichen sozialen Wirkung und Reichweite von Kunst, die Art und Zusammensetzung des Publikums, die Bedeutung von Performance-Kunst auf lokaler Ebene sowie alternative Formen gesellschaftlicher Interaktion im Allgemeinen. Auf diese Weise gelang in Cali die erfolgreiche Positionierung der Performance-Kunst als "Plattform des Dialogs". Man entwickelte Strategien und Kunstszenarien, die neuartige Beziehungen zwischen dem Publikum und der zeitgenössischen künstlerischen Praxis förderten und dadurch alternative Zugänge zu Demokratie und Partizipation eröffneten (Sarria 2002).

Die Förderung gesellschaftlicher Partizipation erfolgte dabei in drei zentralen Schritten: Zunächst wurden die Beteiligung junger Künstler und die Entstehung einer offenen Plattform für den wechselseitigen Austausch ermöglicht. Danach wurde die Interaktion zwischen Künstlern und Bürgern mithilfe einer Verlagerung der Performances in den städtischen Raum, z.B. auf öffentliche Plätze, in kulturelle Zentren und pädagogische Einrichtungen, an historische Orte, in nicht-konventionelle Räumlichkeiten und auf die Straße im Allgemeinen, deutlich erweitert. Auf diese Weise konnten völlig neue Szenarien für die Performance-Kunst erschlossen werden.

In einem dritten Schritt wurde schließlich gezielt die Herausbildung der *imaginación cívica,* d.h. der Imaginationskraft und Kreativität der einzelnen Bürger, in den Blick genommen. Die Erkenntnis und das Verständnis für das der Kunst inhärente politische und soziale Potenzial bildete hierbei in der Zusammenarbeit zwischen Künstlern und Bürgern das Zentrum der Aufmerksamkeit.

Dieser Beitrag gründet auf einer umfassenden Recherche zum Festival unter dem Titel "Abierto, cerrado y no programado: Arte y espacio público en el Festival de Performance de Cali".[1] Hierfür wurden nicht nur mehrere umfassende Interviews mit den Mitgliedern des Künstlerkollektivs *Helena Producciones* geführt und das von ihnen angelegte digitale Archiv des Festivals untersucht (<http://www.helenaproducciones.org/>, 30.10.2015), sondern es wurde auch der räumlichen Entwicklung und Verbreiterung des Festivals auf der Basis einer Auswertung von Stadtkarten detailliert nachgegangen.

---

1 "Offene, geschlossene und ungeplante Räume: Kunst im öffentlichen Raum beim *Festival de Performance de Cali*" (gefördert im Jahre 2015 vom *Programa Nacional de Estímulos* des kolumbianischen Kulturministeriums).

Drei zentrale Momente des Festivals für Performance-Kunst in Cali

Mit seinem Fokus auf die Gattung der Performance-Kunst hat sich das *Festival de Performance de Cali* als eine der bedeutendsten unabhängigen und alternativen Veranstaltungen in den letzten zwei Jahrzehnten in der kolumbianischen Kunstszene positioniert. Im Jahre 2012 fand es bereits zum achten Mal statt. Das Festival war im Jahre 1997 von den Künstlern Juan Mejía und Wilson Díaz in Zusammenarbeit mit Studenten der Bildenden Künste der Städtischen Kunstakademie (*Instituto Departamental de Bellas Artes*) initiiert worden; im Jahre 1998 übernahm das Künstlerkollektiv *Helena Producciones* die Organisation. Das Festival vergrößerte und erweiterte sich dann im Verlauf der nächsten Jahre erheblich in Hinblick auf die beteiligten Akteure, die künstlerischen Aktivitäten und die Örtlichkeiten der Aufführung. Drei wesentliche Momente verdeutlichen diese Entwicklungen:

1) Ursprünglich waren die vier ersten Performance-Festivals zwischen 1997 und 2001 als eine kurze Veranstaltung außerhalb des normalen Kunstbetriebs an "nicht offiziellen" Orten geplant worden (Díaz 2006b): Im Jahre 1997 war dies z.b. ein ehemaliger Billardsalon und im Jahre 1998 die Sporthalle einer öffentlichen Schule. Die *Jornada de Performance*, der sogenannte "Performance-Tag", bildete jeweils die Hauptveranstaltung, bei der sich zwölf bis siebzehn Stunden lang Performances ohne Unterbrechung aneinanderreihten (Millán/Sandoval 2015). Zunächst wurden diese Performances in geschlossenen Räumen aufgeführt; sie besaßen, wie Presse und Kunstkritik anmerkten, aufgrund ihres Körpereinsatzes bzw. mit ihren Verweisen auf die Psyche des Performers eine deutliche Nähe zum Theater (Los espectadores 1998). Darüber hinaus wurden von der Kritik auch ein interaktiver Aktionismus und "fiktive Aktionen" beobachtet, die sich vor allem auf soziale und politische Probleme richteten (González 1999). Gerne verwiesen die Sachverständigen dabei auf die bekannten Modelle der dadaistischen Avantgarde oder auf die Happenings der 1960er Jahre (Moncada 1999) sowie auf den Wiener Aktionismus, um den Charakter und die primäre Zielsetzung des Festivals zusätzlich hervorzuheben: Es ging entschieden um den künstlerisch-politischen Widerstand gegen den Kunstbetrieb (*El Tiempo*, 11.6.2002).

Durch diese Umstände war das Kunstfestival von Cali schon im Jahre 1999 ebenso bekannt wie umstritten. Stets wurde dort das Undenkbare erwartet. Niemand wusste, so hieß es in der Presse, ob vielleicht Blut fließen,

ob sich jemand aus dem Fenster stürzen oder ob es zu anderen spektakulären Aktionen kommen würde (*El Tiempo*, 27.10.1999). Als Beispiel für
besonders umstrittene Aufführungen sei hier die Performance von Fernando Pertuz erwähnt, der 1997 seine eigenen Exkremente und Urin verzehr-
te (Mejía 2006), oder die Performance von Pierre Pinocelli, der als Zeichen
seines Protestes gegen die Entführung der damaligen Präsidentschaftskandidatin Ingrid Betancourt durch die Guerilla-Gruppe der *Fuerzas Armadas
Revolucionarias de Colombia – Ejército del Pueblo* (FARC) im Jahre 2002
seinen Finger abschnitt (*El Tiempo*, 10.6.2002); erwähnt sei nicht zuletzt
auch die Performance "Mugre" (Schmutz) von Rosemberg Sandoval, der
einen Obdachlosen wie ein Objekt in einem Museum platzierte (*El Tiempo*, 27.10.1999). Während seiner Performance trug Rosemberg Sandoval
einen tatsächlich obdachlosen Menschen auf seinen Schultern von der In-
nenstadt ins Museum. Der Schmutz auf dem Körper des Obdachlosen
diente dann gleichsam als "Zeichenkohle", mit der Sandoval eine Linie auf
die Ausstellungswand malte.

2) In den Jahren zwischen 2002 und 2006 nahm das *Festival de Performance de Cali* noch deutlicher den Charakter eines Festivals für zeitgenössische Kunst an und vergrößerte sich erheblich in räumlicher und
konzeptioneller Hinsicht. Neben der *Jornada de Performance* gab es neue
Aktivitäten, Akteure und Orte. Schon beim fünften Kunstfestival im Jahre
2002 waren innovative Ausstellungsformate integriert worden: Es fanden
Interventionen im öffentlichen Raum statt, es gab Videovorstellungen und
Vorträge sowie ein Programm, das der Kunstvermittlung gewidmet war.
Im Ergebnis diversifizierte sich also die Performance-Kunst auf diese Weise
immer stärker und erreichte nun auch unterschiedliche Stadträume und
Gesellschaftsschichten (Lozano 2010).

Auf diese Weise bildete sich im Rahmen des Festivals ein Netzwerk, an
dem sich verschiedene kulturelle Einrichtungen, die bis dahin einzeln und
verstreut aufgetreten waren, beteiligten. Dabei trafen oft sehr unterschiedliche kulturelle Akteure aufeinander. Es kam z.B. zu einer produktiven
Zusammenarbeit zwischen dem Museum für Gegenwartskunst (*Museo La
Tertulia*), dem historischen Museum *Museo La Merced*, der Kunstakademie (*Instituto Departamental de Bellas Artes*) und verschiedenen kulturellen
Zentren, etwa dem im Jahr 2000 eröffneten *Centro Cultural Comfandi*,
der *Alianza Francesa* sowie weiteren Projekträumen wie dem *Lugar a Dudas*. Nicht-konventionelle Orte für Kunstpräsentationen wurden ins Programm eingegliedert: So gab es Performances auf belebten Plätzen im öf-

fentlichen Raum wie z.B. auf der Plaza de San Francisco und der Plaza de la Gobernación. Auch das *Centro Administrativo Municipal* (CAM), verschiedene Denkmäler oder Straßenzüge, das Ufer des Cali-Flusses sowie Märkte wie die *Galeria La Alameda* wurden zu Schauplätzen des Festivals. Ein Großteil der Performances wurde wie bisher während der *Jornada de Performance* präsentiert, doch nun fand alles gleichzeitig und im gesamten Stadtgebiet statt. Drei Performances seien hierfür beispielhaft angeführt:

In seiner Performance "Campaña re-presidencial" stellte Fernando Arias im Jahre 2006 die Präsidentenwahl in Frage. Er verteilte bedruckte T-Shirts und Plakate auf der Straße, deren Druckmotive eine Verstrickung des Präsidentschaftskandidaten mit paramilitärischen Einheiten nahelegten (Von der Walde 2006). Bei einer mit "Caja Fuerte" betitelten Performance von Yuri Forero wurde vor dem städtischen Verwaltungszentrum (CAM) ein Tresor den Platz entlang geschoben. An diesem Platz befinden sich sowohl das Städtische Finanzamt, das Rathaus als auch der Justizpalast: Kritisiert wurde auf diese Weise eine städtische Politik, die keinerlei "soziale Investitionen" in der Stadt vornahm (Forero 2006). Die Performance "Máquina democrática de apropiación" ("Demokratische Aneignungsmaschine") des Künstlerkollektivs Estrato Cero wiederum reflektierte über die Kunst, das kapitalistische System und die Arbeiterklasse öffentlich auf der Straße. Im Zuge dieser Performance wurden Passanten an vielbesuchten kommerziellen Orten der Stadt durch Vorträge und Plakataktionen mit Passagen aus provokativen und umstrittenen Texten konfrontiert (Colectivo Estrato Cero 2006).

3) Beim siebten und achten Festival in den Jahren 2008 und 2012 erfolgte eine weitere Verbreiterung dank der zusätzlichen Förderung eines umfangreichen Programms für Kunstvermittlung und durch die Einbeziehung zahlreicher Bürgerinitiativen. In diesem Rahmen wurden nun parallel zu den bereits bekannten Performances und Aktivitäten auch in manchen Schulen und Ausbildungszentren Workshops angeboten, in denen Grundkenntnisse der Performance-Kunst vermittelt wurden. Mit Bürgerinitiativen, etwa der *Unión de Ciudadanas de Colombia*, der *Asociación de Mujeres Cabeza de Hogar*, der *Central Unitaria de Trabajadores* (CUT-Valle) und der *Fundación Nueva Luz: Ruta Pacífica de las Mujeres* (Helena Producciones 2012) wurden Kurse durchgeführt, die auf das erwähnte Konzept der "imaginación cívica", also die Förderung der Kreativität der Bürger zielten (*Esfera Pública*, 16.1.2012). Durch solche *Jornadas Pedagógicas* erfolgte eine weitere Dezentralisierung des Festivals, da die Veran-

staltungen in Bürgereinrichtungen, Stiftungen und Vereinen durchgeführt wurden, deren Wirkungsfelder oftmals in den Randvierteln der Stadt und somit weit entfernt vom eigentlichen Kunstbetrieb lagen.

Zur Entstehung einer alternativen partizipatorischen Kunstszene (1997-2001)

Die Anfänge des *Festival de Performance de Cali* sind, wie bereits angedeutet, mit einem partizipatorischen Netzwerk von Künstlern verbunden, das als Alternative zu einem als instabil und unzureichend wahrgenommenen Kunstbetrieb entstanden war. Aufgrund der defizitären Kunstförderung einer ganzen Generation junger Künstler – damalige Kunststudenten und Künstler unter 35 Jahren – sowie eines akuten Mangels an Ausstellungsräumen war die alternative Kulturszene völlig zusammengebrochen (Ramírez 1999). Ein anderer Grund für diesen Zusammenbruch bestand auch im direkten Einfluss des Drogenhandels auf den Kunstbetrieb, welcher schon in den 1980er Jahren zum Großteil durch Gelder der Drogenkartelle gesteuert wurde (Rueda 2009). Dieser Kunstmarkt war vor allem vom Handel mit Malerei und Grafik, d.h. mit konkreten künstlerischen Objekten geprägt. Die Eindämmung der Drogenkartelle in der Mitte der 90er Jahre führte wiederum auch diesen Kunstmarkt in eine Krise und zog nicht nur den Rückgang verfügbarer Räumlichkeiten, sondern auch der Kunstförderung nach sich. In Cali schlossen in jenen Jahren zahlreiche Galerien, Projekträume und private kulturelle Einrichtungen, wie z.B. die *Galería El Museo* und die *Galería Figuras*. Eine völlig unzureichende lokale Kulturpolitik versagte der Zusammenarbeit zwischen kulturellen Einrichtungen, Kunstakademien und weiteren Akteuren des lokalen Kunstbetriebs ihre Unterstützung und stellte deshalb einen weiteren Grund für die Instabilität der Kunstszene dar. In den damals laufenden Förderprogrammen, die sich auf die zeitgenössische Malerei, Grafik und Bildhauerei bezogen, hatte die Performance-Kunst keinen Platz, weil sie den traditionellen künstlerischen Gattungen nicht entsprach (Díaz 2006a). Obwohl sich immer mehr Kunststudierende und Künstler dem Feld der Performance-Kunst mit Installationen, Aktionen und partizipatorischen Arbeiten zuwandten, schafften sie es nicht, in der Kulturszene Calis eine größere Sichtbarkeit zu erzielen (Millán/Sandoval 2015).

Das Festival ging, wie bereits erwähnt, aus der Zusammenarbeit marginaler Akteure hervor, die Ende der 90er Jahre eine Underground-Kunstszene abseits des offiziellen Kunstbetriebes schufen. Hierzu zählte insbesondere das im Jahre 1998 gegründete Künstlerkollektiv *Helena Producciones*. Ihm gehörten verschiedene Künstler an, von denen sich Wilson Díaz, Ana María Millán, Claudia Sarria, Andrés Sandoval und Gustavo Racines auch heute noch aktiv beteiligen (Lozano 2012). Durch ihre Übernahme der Festival-Organisation im Jahre 1998 entwickelte sich diese Veranstaltung zu einem langfristigen Kunstprojekt weit jenseits von thematischen Ausstellungen in Cafés oder Kneipen. Vielmehr bot sie den Kunststudierenden und jungen Künstlern ein attraktives Podium, um ihre Performance-Kunst in der Öffentlichkeit bekannt zu machen. Dem Wunsch der Organisatoren entsprechend nahm das Festival offiziell den Charakter einer partizipatorischen Plattform an, die sich unter dem Einfluss von Punk und dem künstlerischen Format des *Do it* herausbildete (Díaz 2006b). Die künstlerische Annäherung an den Punk-Stil muss als Ausdruck einer bewusst "gegenkulturellen Strömung" verstanden werden, die sich den konventionellen Anforderungen des Kunstbetriebs, etwa geschlossenen Ausschreibungen, thematischen und konzeptuellen Vorgaben, uniformen und konventionellen Ausstellungsräumen und der Ausrichtung auf ein bestimmtes Publikum widersetzte. Favorisiert und produziert wurde vielmehr ein "positives Chaos" (Millán/Díaz 2008) als Reibungsfläche für den organisierten und reglementierten Kunstbetrieb: So vermied das *Festival de Performance de Cali* z.B. bewusst die Verwendung kuratorisch exakter Begriffe, es verweigerte die Nutzung traditioneller musealer Räumlichkeiten und präsentierte Ausstellungsformate, die nicht eindeutig zuzuordnen waren.

Die partizipatorische Plattform entsprach somit in keiner Weise den Schemata und Formaten des herkömmlichen Kunstbetriebs: Sie verstand sich als "nicht programmatisch", "nicht offiziell" und "ungeplant" (Escobar/Rodríguez 2008). Von besonderer Relevanz war das Motto "Partizipation statt Ausschluss". Es zielte auf die Ermöglichung einer Teilnahme aller Interessierten an einer nicht limitierten Ausschreibung einige Wochen vor Festivalbeginn (Mejía 2006). Der Begriff der Partizipation im Kontext des Kunstfestivals bezog sich aber auch auf weitere Formate wie Themenpartys und -ausstellungen, die in Cali seit dem Beginn der 90er Jahre organisiert wurden. Die Umsetzung solcher Party-Ausstellungen organisierten Kunststudenten und Künstler in ungewöhnlichen Räumlichkeiten, z.B. in

leer stehenden Häusern oder in verwaisten, ursprünglich kommerziell genutzten Lokalitäten, die als temporäre Treff- und Ausstellungsorte dienten:
etwa das *Fórum*, *El Oasis* und *El Diván*, die sich alle in Granada, einem
Stadtviertel im nördlichen Cali, befinden (Ruíz/Tenorio 2011).

Die Bezeichnung des Performancekunstfestivals als "Feria" im Sinne
von Volksfest oder ganz allgemein als Festival unterstreicht den Charakter
einer offenen Plattform und unterscheidet es von den traditionellen Formaten des Kunstbetriebs, etwa den Biennalen und Kunstmessen. Paquita
la del Barrio war eine der teilnehmenden Künstlerinnen des sechsten Festivals, die hierzu sagte:

> Ich kann jedoch bestätigen, dass das Festival ein Festival und keine Kunst-
> messe oder Biennale ist; es hat die Bestandteile eines Festes und Chaos ist
> hier nicht abwertend gemeint. Vielmehr ist es ein Motor für sich wandelnde
> Welten und neue Beziehungen. Das Kunstfestival ist so etwas wie das volks-
> tümliche Fest des Esels, des *Porro* und der Yucca; aber nicht wie die Biennale
> von São Paulo oder die Art Basel oder die Artbo (Paquita la del Barrio 2006,
> übers. von O.A.).

An dieser Stelle muss auch der Einfluss der künstlerischen Bewegung des
Do it erwähnt werden, den das Künstlerkollektiv der Festivalorganisatoren
als bedeutsam einschätzt. *Do it* geht auf einen Vorschlag von Hans-Ulrich
Obrist zurück, einem Schweizer Kurator für zeitgenössische Kunst, der ein
Handbuch mit Anleitungen für "offene Ausstellungen" und die Besetzung
von Räumen verfasst hatte. Das Ziel besteht demnach in der Schaffung
alternativer Ausstellungsszenarien für Kunstwerke, die selbst aufgebaut
und mit niedrigsten Kosten hergestellt werden können. Der Schweizer
Ausstellungsmacher bezieht sich explizit auf "arme" Künstlerszenen, die
ihre Mittel maximal ausschöpfen und sich an die zur Verfügung stehenden Räumlichkeiten anpassen müssen. Modellhaft kuratierte Hans-Ulrich
Obrist dann eine Wanderausstellung mit dem Titel *Do it*. Diese wurde im
Jahr 1997 in den Ausstellungsräumen der *Banco de la República* in Bogotá
präsentiert; im selben Jahr organisierte die Künstlerin Gloria Posada eine
kolumbianische Version von *Do it* in Medellín (Banco de la República
1997).

Das *Festival de Performance de Cali* und die dadurch geförderte partizipatorische Kunstszene eroberten gegen Ende der 90er Jahre den öffentlichen Raum der Stadt Cali als zivilen Bürgerraum zurück. Der Kunsthistoriker Santiago Rueda sprach von einer "symbolischen Rechtfertigung" der
Rolle, die den Künstlern nach dem Machtverlust der Drogenkartelle in der

nationalen Kunstszene zufiel. Ihre künstlerischen Initiativen vermittelten häufig positive symbolische Inhalte (Rueda 2009). Die offene Plattform wurde auch zum Ausgangspunkt für weitere Künstlerkollektive in Cali, wie z.b. für die *Casa Tomada* (2004-2007), die *Des-carrilados* (seit 2005) und für *El Camión*. Mit ähnlichen künstlerischen Formaten – etwa eine Besetzung von privaten oder aufgegebenen Räumlichkeiten, die Durchführung temporärer Ausstellungen (*Casa Tomada*), die Initiierung von Aktivitäten zur kulturellen Bildung (*Des-carrilados*) oder Interventionen im öffentlichen Raum (*El Camión*) – stellten sie einen engen Bezug zum *Festival de Performance de Cali* und seiner partizipatorischen Kunstszene her.

Jornada de Performance als Plattform des Dialogs (2002-2006)

Seit dem Jahr 2002 weitete sich die *Jornada de Performance* also deutlich aus, es wurden mehr Performances präsentiert und erheblich mehr Orte und Akteure eingebunden. Parallel stattfindende zusätzliche Veranstaltungen wie Vorträge und Initiativen zur Kunstvermittlung sollten den Dialog zwischen den Künstlern und dem Publikum stärken (Sarria 2002). Die *Jornada de Performance* war somit nicht nur eine Plattform für die Performance-Künstler, sondern auch für Bürgerinitiativen und zivilgesellschaftliche Projekte.

Während des dritten, vierten und fünften Kunstfestivals fand die *Jornada de Performance* im *Museo La Tertulia* statt. Diese Verknüpfung des Festivals mit einer etablierten Kultureinrichtung ermöglichte eine öffentliche Reflexion über die Rolle des Museums und seine physikalischen Grenzen als architektonisches Objekt sowie über seine Wirkmächtigkeit in der Stadt. Es gelte, "den musealen Raum zu überschreiten", sagte der teilnehmende Künstler Juan Medina, indem er die Erweiterung der *Jornada de Performance* über die "Mauern und Inszenierung des Museums" hinaus unterstrich (Medina 2006) – und damit auch die Bedeutung von Veranstaltungsorten jenseits der Kontrolle durch offizielle Institutionen. Auf diese Weise wurden z.B. auch Gärten und andere Räume außerhalb des Museums in die Performance eingebunden. Als Beispiel sei eine Aktion des Künstlerkollektivs *El Grupo* erwähnt: Die Künstler befüllten einen Lastwagen mit Erde und begruben sich selbst darin bis zum Hals. Danach wurde der Lastwagen im Garten des Museums abgestellt. In der ursprünglichen Planung des Projekts war – noch viel drastischer – vorgesehen, dass die Künstler sich direkt im Garten des Museums begraben sollten. Doch die Museumsleitung lehnte dieses Vorhaben ab (Medina 2006). Solche und ähnliche "Interventionen im öffentlichen Raum" bildeten im Kontext des fünften Kunstfestivals eine neue künstlerische Kategorie. Alejandra Gutiérrez führte z.B. ihre Intervention "Perchero" (Garderobe) im Stadtzentrum Calis durch: Es kam dabei zu einer spezifischen Zusammenarbeit mit Obdachlosen und anderen prekären Gruppen, denn die Künstlerin errichtete eine Art "offener Garderobe", aus der man Kleidung mitnehmen konnte (Gutiérrez 2001).

Das Aufkommen künstlerischer Aktionen und Interventionen im öffentlichen Raum ist für das beginnende Interesse am Dialog zwischen künstlerischen und Bürgerinitiativen charakteristisch. Ab dem fünften Festival werden immer stärker Themen wie die "soziale Bedeutung" künstlerischer Initiativen oder die Weiterverbreitung künstlerischer Aktionen mit politischem Inhalt thematisiert (Cerón 2006).

Im Rahmen des sechsten Festivals im Jahr 2006 entstand ein Tauschlabor, das die Koexistenz künstlerischer und bürgerlicher Initiativen am selben Ort zur selben Zeit fördern sollte. Es wurde in einer stillgelegten Likörfabrik eingerichtet, in der vorher fünf Tage lang die *Jornada de Performance* stattgefunden hatte. Die Einrichtung eines Tauschlabors als "Modell für die Stadt" (Millán/Sandoval 2015) umfasste zunächst die Besetzung des leeren Gebäudes und seiner Umgebung durch Künstler, Straßenverkäufer und weitere urbane Akteure. Hinzu kamen dann "nicht offizielle" Aktivitäten wie der Verkauf von Tamales, ein Stand mit missionierenden Predigern sowie bestimmte ausgewiesene Orte, an denen man Gegenstände gegen Kokapflanzen tauschen konnte. Ebenfalls Teil des offiziellen Programms waren Wettbewerbe von Skatern, Graffiti-Sessions und andere Aktivitäten. Es sollte eine "Dialog-Plattform" (Sarria 2002) geschaffen werden, wo in Zusammenarbeit von Künstlern und Bürgern innovative Strategien für notwendige gesellschaftliche Veränderungen diskutiert und erprobt werden konnten. Hierzu war auch die *Escuela de Esgrima con Machete de Puerto Tejada* eingeladen, eine Schule für Fechtkunst, die auf eine Initiative der Bürgerschaft von Puerto Tejada, einer Kleinstadt im Westen des Departements Cauca, zurückgeht. Ihr Ziel ist die Bewahrung der traditionellen Praxis der Fechtkunst mit Macheten, einer Kunst, die aus der Kolonialzeit stammt, sich an die europäische Fechtkunst anlehnt, aber statt des Degens die Machete verwendet (Miranda Carabalí 2006). Dank der Beteiligung der *Escuela de Esgrima con Machete* konnte eine Vielzahl von Themen aus dem ländlichen Raum Kolumbiens, etwa soziale Probleme der afrokolumbianischen Gemeinschaften, Fragen der ländlichen Infrastruktur und des Bildungssystems, die Rolle der Selbstorganisation oder die Entwicklung nachhaltiger Projekte, aufgegriffen werden.

Auch im Jahre 2008 wurden beim siebten *Festival de Performance de Cali* die vielfachen Möglichkeiten der offenen Plattform ausgeschöpft. Eine entsprechende Festival-Veranstaltung fand diesmal in der Städtischen Markthalle *Galeria la Alameda*, einem traditionellen Markt im Süden Calis, statt. An einem ganz normalen Markttag "besetzte" das Festival spontan den Markt. An einem der Verkaufsplätze wurde eine Bühne mit Mikrofon errichtet: Veranstalter und Besucher des Kunstfestivals, aber auch Verkäufer und Käufer von Waren konnten die Bühne nutzen, um mögliche Probleme des Marktlebens und -alltags zu thematisieren und nach gemeinsamen Lösungen zu suchen (Helena Producciones 2008). Gerade in diesem Fall, bei dem sich überraschend und unerwartet die Möglichkeit einer öffentlichen Bühne für viele Akteure auftat, die sich sonst ungehört fühlten, führte die Performance-Kunst zu einem konstruktiven Dialog und Austausch unterschiedlichster Diskussionspartner.

Auf der Suche nach der "imaginación cívica" (Kreativität der Bürger) (2008-2012)

Im Jahr 2012 wurde *Helena Producciones* für das *Festival de Performance de Cali* der Preis "Visible Award" verliehen. Diese Auszeichnung wird von der *Fondazione Zegna* (Trivero, Italien) und der *Cittadellarte – Fondazione Pistoletto* (Biella, Italien) an Kunstprojekte vergeben, deren Ziel es ist, lokale Transformationsprozesse unter Einbindung der Zivilgesellschaft zu fördern (*El Pueblo*, 23.11.2012).

In der Laudatio für *Helena Producciones* wurde besonders deren Einsatz für die Intensivierung der Beziehung zwischen Kunst, lokalen Themen, Publikum und kollektiven Praxen sowie für die Förderung der "Kreativität der Bürger" betont (*Esfera Pública*, 16.1.2012). Das Konzept der "Kreativität der Bürger" enthält, basierend auf einer genauen Bestimmung individueller und kollektiver politischer Identitäten, auch die Förderung der demokratischen Praxis. Der öffentliche Raum erlangt durch seine künstlerische Vereinnahmung gleichzeitig auch seine politische Bedeutung zurück. Die solchermaßen skizzierte Ausrichtung des Festivals lässt sich vor allem bei den letzten beiden Festivals nachvollziehen. In beiden Veranstaltungen wurde die Geschichte sozialer Bewegungen in Cali zum Thema gemacht und eine Zusammenarbeit mit aktuell aktiven sozialen Gruppen angestrebt.

Den notwendigen Ausgangspunkt für diese Orientierung des Festivals bildete für *Helena Producciones* der Aufwuchs und die Heranbildung eines für Performance-Kunst offenen Publikums. Seit dem Jahre 2002 finden die sogenannten *Jornadas Pedagógicas* statt, an denen für Schüler, Studenten und Auszubildende verschiedene Workshops angeboten werden, in denen Grundbegriffe der Performance-Kunst und deren Geschichte im kolumbianischen Kontext erläutert werden. Dabei werden auch national und international wichtige Performance-Projekte vorgestellt.

Seit 2012 schließt das Kunstfestival auch die *Escuela Móvil de Saberes y Práctica Social* ein, eine mobile Schule des Wissens und der sozialen Praxis, in der sowohl Aspekte der Performance-Kunst als auch der sozialen Bewegungen in Cali vermittelt werden. Diese mobile Schule ist ein pädagogisches Projekt, das von *Helena Producciones* unabhängig von der Organisation des *Festival de Performance de Cali* ins Leben gerufen wurde (Helena Producciones 2012). Der Schwerpunkt ihrer Aktivitäten besteht in der Förderung der Zusammenarbeit zwischen professionellen Künstlern, Laienkünstlern und Vertretern bürgerlicher Gemeinschaftsprojekte, damit diese z.B. gemeinsam den Beitrag der Kunst im Kontext von Bürgerinitiativen in den ländlichen Distrikten von Cauca, Valle del Cauca und Nariño untersuchen. Die ursprünglich vor allem im ländlichen Raum tätige *Escuela Móvil de Saberes y Práctica Social* wurde durch ihre Einbindung in das Kunstfestival von Cali auch mit urbanen Kontexten konfrontiert. Wilson Díaz kommentiert hierzu:

> Das *Festival de Performance de Cali* ist als eine urbane Veranstaltung gedacht. Im Gegensatz dazu wurde die *Escuela Móvil de Saberes y Práctica Social* als ein Projekt für ländliche Räume entworfen, wo die Vorstellung von Kunst eine andere ist. Das Verhältnis zur Kunst ist im ländlichen Raum stark mit dem Begriff der Funktionalität verbunden. In den Städten gilt dagegen, dass Kunst nicht funktional sein muss (Díaz/Sarria 2015, übers. von O.A.).

Die *Escuela Móvil de Saberes y Práctica Social* stellte nun also ihre Fragen nach alternativen Modellen der Selbstorganisation, des Selbstbetriebs und der Selbstregulierung auch in einem urbanen Kontext und verknüpfte sie mit der Forderung nach gesellschaftlicher Veränderung auf der Basis der Kreativität jedes Einzelnen. Bei diesem achten Kunstfestival arbeitete die *Escuela Móvil de Saberes y Práctica Social* mit Vertretern verschiedener unabhängiger Stiftungen zusammen sowie mit Arbeitergewerkschaften, etwa dem Dachverband *Central Unitaria de Trabajadores* (CUT), und mit Gemeinschaften von transsexuellen, feministischen, ethnischen und indigenen Gruppen. Die Workshops zielten auf eine historische Revision zentraler sozioökonomischer und politischer Fragestellungen in Cali, wie dies z.b. bereits im Kontext der Studentenbewegung der 1970er Jahre geschehen war oder wie es in verschiedenen Bereichen der Geschichte der politischen Kunst sichtbar geworden war (z.b. in den politischen Plakaten des bekannten *Taller 4 Rojo* und des Künstlers Luis Rengifo in den 1960er und 70er Jahren). Die Workshops dienten als Austausch- und Verhandlungsplattform, bei denen insbesondere das Thema der individuellen und kollektiven politischen Identität diskutiert wurde. Nicht zuletzt ging es aber auch darum, dass die Teilnehmer selbst grafisches Material in Form von Plakaten und Schildern erstellen sollten, das dann nicht nur im Rahmen des Festivals ausgestellt, sondern auch als Material für neue Initiativen dienen sollte (Helena Producciones 2012). Die Workshops fanden in den Büros der CUT, der *Fundación Nueva Luz* im Stadtviertel Siloé und in den Grafikwerkstätten des Museums *La Tertulia* statt. Gerade in den Werkstätten kam es immer wieder zu interessanten Begegnungen und Gegenüberstellungen von Vergangenheit und Gegenwart: So wurden politische Plakate in Anlehnung an die Plakatkunst der 60er und 70er Jahre entworfen, an der damals auch die Werkstätten selbst direkt und indirekt beteiligt waren. Vor diesem Hintergrund wird im Zusammenhang mit dem Festival oftmals vom öffentlichen Raum als "Bühne des sozialen Protestes" gesprochen (Díaz/Sarria 2015). Gemeint ist hierbei die aktive gesellschaftliche Rolle, die man der Performance-Kunst beim Herbeiführen sozialer Veränderungen zusprach.

Zusammenfassung

Die Performance-Kunst in Kolumbien erfuhr um die Jahrhundertwende eine bedeutsame Erweiterung im Rahmen des *Festival de Performance de Cali* durch die Organisation von Künstlerkollektiven, von kollektiven und partizipatorischen Projekten und durch die Förderung von Kunst im öffentlichen Raum. Dieses Kunstfestival hat in der Performance-Kunst, die auf dem Dialog und einer vielschichtigen Interaktion zwischen verschiedenen kulturellen und sozialen Akteuren beruht, vor allem die politische Ebene in den Blick gerückt. Von besonderer Relevanz ist dabei die Herausbildung einer umfassenden partizipatorischen und demokratischen gesellschaftlichen Praxis auf der Basis künstlerischer Initiativen. Durch die umfassende Unterstützung einer alternativen Kunstszene mit offenen Strukturen auf horizontaler Ebene leistete das *Festival de Performance de Cali* einen bemerkenswerten Beitrag zur Förderung des Dialogs zwischen Künstlern und Bürgern, zur Wiederentdeckung des politisches Potenzials der Kunst und zur Herausbildung einer *Imaginación Cívica* – und somit zur Entstehung einer demokratischen Plattform.

Literaturverzeichnis

BANCO DE LA REPÚBLICA (1997): *Do it / Hágalo usted: versión colombiana*. Bogotá: Lerner.

BISCHOP, Claire (2012): *Artificial Hells: Participatory Art and the Politics of Spectatorship*. London: Verso.

CERÓN, Jaime (2006): "Performance en la ciudad de Cali, un festival en acción". In: *Festival de Performance de Cali – Colombia*. Cali: Helena Producciones, S. 187-192.

COLECTIVO ESTRATO CERO (2006): "Maquina democrática de apropiación". In: Helena Producciones, <http://helenaproducciones.org/festival06_60.php> (9.9.2015).

DÍAZ, Wilson (2006a): "Una versión de la historia de Helena Producciones". In: *Festival de Performance de Cali – Colombia*. Cali: Helena Producciones, S. 7-24.

— (2006b): "II Feria de Performance". In: *Festival de Performance de Cali – Colombia*. Cali: Helena Producciones, S. 26-42.

DÍAZ, Wilson/SARRIA, Claudia Patricia (2015): "Festival de Performance de Cali". Interview mit Óscar Ardila. Audio, 15. August.

El Pueblo (23.11.2012): "Del Performance a la Provocación, a propósito del Festival de Performance". <http://elpueblo.com.co/del-performance-y-la-provocacion/> (15.9.2015).

El Tiempo (27.10.1999): "Maratón de Performances".

— (10.6.2002): "Pinoncelli, performance a nueve dedos".

— (11.6.2002): "El dedo acusador de Pinoncelli".

ESCOBAR, David/RODRÍGUEZ, Lina (2008): *7 Festival de Performance de Cali*. DVD (*¡Urgente! 41 Salón Nacional de Artistas*). Cali: Ministerio de Cultura.

Esfera Pública, Noticias (16.1.2012): "El colectivo colombiano Helena Producciones recibe importante premio de la Fundación Zegna y la Fundación Pistoletto Cittadellarte". <http://esferapublica.org/nfblog/el-colectivo-colombiano-helena-producciones-recibe-importante-premio-de-la-fundacion-zegna-y-la-fundacion-pistoletto-cittadellarte/> (15.9.2015).

Forero, Yuri (2006): "Caja Fuerte". In: Helena Producciones, <http://helenaproducciones.org/festival06_51.php> (9.9.2015).

González, Miguel (1999): "Festival Nacional de Performance. Gimnasio Santa Librada. Cali, Colombia". In: *Arte en Colombia Internacional,* 77, S. 103.

Gutiérrez, Alejandra (2001): "De estacionaria a ambulante". In: Helena Producciones, <http://helenaproducciones.org/festival04_04.php> (9.8.2015).

Helena Producciones (2008): "Lanzamiento 7 Festival de Performance de Cali". 23. Mai. <http://helenaproducciones.org/7_festiva_lanzamientol.php> (15.9.2015).

— (2012): "Escuela Móvil de Saberes y Práctica Social – 2012". <http://helenaproducciones.org/escuela_mobil_2012.php> (15.9.2015).

Los Espectadores (1998): "II Feria de Performance". In: *Viceversa,* 3 (Cali: Alianza Colombo-Francesa), S. 62.

Lozano, Catalina (2012): "Festival de Performance de Cali 1998-2008". In: *Six Lines of Flight. Shifting, Geographies in Contemporary Art* [Ausstellungskatalog]. San Francisco: Museum of Modern Art, S. 78-93.

Medina, Juan David (2006): "Performance en el Contexto del Museo". In: *Festival de Performance de Cali – Colombia,* Cali: Helena Producciones, S. 43-48.

Mejía, Juan (2006): "Welcome!". In: *Festival de Performance de Cali – Colombia.* Cali: Helena Producciones, S. 164-168.

Millán, Ana María/Díaz, Wilson (2008): "Apuntes del 7 Festival de Performance de Cali". In: *¡Urgente!,* November-Januar. Cali: Ministerio de Cultura, S. 8.

Millán, Ana María/Sandoval, Andrés (2015): "Festival de Performance de Cali". Interview mit Óscar Ardila. Audio, 9. September.

Miranda Carabalí, Luis Abelardo (2006): "Nominando un Pueblo Honorable Los 15 Lanceros". In: Helena Producciones, <http://helenaproducciones.org/festival06_11.php> (15.9.2015).

Moncada Esquivel, Ricardo (1999): "Lo efímero, el arte del momento". In: *Gaceta Dominical,* 24. Oktober.

Paquita la del Barrio (2006): "Cali es Cali, lo demás no es Cali". In: *Festival de Performance de Cali – Colombia.* Cali: Helena Producciones, S. 177-179.

Ramírez, Clara (1999): "La nueva sangre". In: *El País,* 20. Oktober.

Rueda Fajardo, Santiago (2009): *Una línea de Polvo: Arte y Drogas en Colombia.* Bogotá: Alcaldía Mayor.

Ruiz, Nayibe Andrea/Tenorio, María Alejandra (2011): *Imaginarios Disidentes: Arte Performance en Cali 1997-2006.* Universidad del Valle. <http://bibliotecadigital.univalle.edu.co/xmlui/handle/10893/8290> (19.9.2015).

Sarria, Claudia Patricia (2002): "Helena Producciones V Festival: Cultura vs Industria". In: Helena Producciones, <http://helenaproducciones.org/festival05.php> (9.8.2015).

Von der Walde, Erna (2006): "Campaña re-presidencial – Hoy en el consulado en Londres paso...". 20. Mai. In: Helena Producciones, <http://helenaproducciones.org/festival06_54.php> (9.9.2015).

Zeitgenössische Kunst in/aus Kolumbien

Michael Nungesser

Rezeption und Ausstellungen in Deutschland

"Ihr habt das Pech, im verrücktesten Land dieses Planeten geboren worden zu sein". So beginnt die "an die Jugend Kolumbiens" gerichtete Brandrede des im mexikanischen Exil lebenden kolumbianischen Schriftstellers Fernando Vallejo. Sie stammt aus dem von Luis Ospina über Vallejo gedrehten Film *La desazón suprema* (2003). In Deutsch abgedruckt ist das Pamphlet im Katalog der 7. Berlin Biennale für zeitgenössische Kunst, die sich mit den engen Verflechtungen von Kunst und Politik heute auseinandersetzte. Kolumbien bildete im Katalog unter dem Titel "Bogotá Change" ein eigenes Kapitel in Anspielung auf Antanas Mockus Šivickas, Philosoph, Mathematiker und Hochschullehrer, der von 1995 bis 1997 und von 2001 bis 2003 Bürgermeister von Bogotá war. Der Slogan geht auf einen Film des Dänen Andreas Møl Dalsgaard (2009) zurück, in dem der positive Wandel Bogotás seit Mitte der 1990er Jahre dokumentiert wird. Mockus pflegte nicht nur einen ungewöhnlichen Regierungsstil, sondern veränderte das Leben der Stadt radikal, die bis dahin als eine der gefährlichsten Metropolen der Welt galt. Mit der von ihm propagierten Bürgerkultur, der *cultura ciudadana*, entwickelte er unter Einbezug der Bürger eine Ästhetik und Erziehung verbindende politische Praxis, die auf dem beruhte, was er als "Sub-Kunst" bezeichnete. Für die Biennale-Kuratorin Joanna Warsza ist er damit "einer der wenigen Politiker [...], der unter den Kulturschaffenden nach AnhängerInnen [sic] sucht, welche er ebenso sehr inspiriert wie uns, und der an die Macht der Kunst glaubt. Das macht ihn selbst zum Künstler" (Żmijewski/Warsza 2012: 158-162).

Die Präsenz Kolumbiens auf der Berlin Biennale von 2012 verdeutlicht die Veränderungen des Kunstbegriffs und die wachsende internationale, durchs Internet beförderte Vernetzung des Kunstbetriebs im globalen Maßstab. Die 8. Berlin Biennale (2014) wurde von dem in Kanada geborenen kolumbianischen Kurator und Autor Juan Andrés Gaitán geleitet.[1] Zwei neuere Gruppenausstellungen bzw. Austauschprojekte mit prozessualen, multimedialen, kollektiven und partizipatorischen Projekten standen in Berlin ebenfalls im Zeichen Kolumbiens. Eine aus deutschen, spanischen und kolumbianischen Künstlern gebildete Arbeitsgruppe der Neuen Gesellschaft für bildende Kunst "initiierte ein internationales Austauschprojekt, die Versuchsanordnung 'Berlin–Kolumbien', die sich mit persönlichen Modellen von Kontinuität und Identität in Abgrenzung zu dem Begriff der geografischen 'Herkunft' befasst" (*The Intricate Journey* 2007: 8).

Im Ratskeller – Galerie für zeitgenössische Kunst wurden Werke vorgestellt bzw. dokumentiert, "die den öffentlichen Raum als Dokumentationsobjekt, als Standort für partizipatorische Projekte oder als Erinnerungsort in Bezug auf die Geschichte der kolumbianischen Politik thematisieren" (*Erinnerungsfelder – Campos de Memoria* 2013: 9). Zwölf Künstler und ein Kollektiv "haben die Rolle des Vermittlers von historischen Ereignissen angenommen, in dem sie neue Vorschläge zur offiziellen Geschichte machen" (*Erinnerungsfelder* 2013: 43). Neben den Kapiteln "Entre el Bogotazo y el Bogotá Change" und "Memoria y democracia" nimmt sich das dritte der "Territorios fluviales" an, in welchem Flüsse als Verkehrswege sowie als Abfalldeponien und Leichengräber untersucht werden. Gabriel Andrés Posada (geb. 1962) gestaltet in seinem kollektiven, zusammen mit Anwohnern ausgeführten Projekt "Magdalenas por el Cauca" (2008) eine Art religiöses Trauerritual, indem er mit Hilfe der betroffenen Bevölkerung ausgeführte Großporträts von Opfern der Paramilitärs auf Flößen im Wasser treiben lässt (Abb. 1).[2]

Erinnerungsfelder zeugt unter anderem von dem seit den 1990er Jahren im Land selbst gestiegenen und offiziell geförderten Interesse der Künstler für die Stadt, besonders Bogotá, was sich im Projekt *Arte para Bogotá* (1995) niederschlug, einem Wettbewerb künstlerischer Reflexionen über urbane Artefakte, Aktionen und Interventionen verschiedenster Art – jenseits figurativer oder abstrakter Denkmalkunst. Es beteiligten sich 160 Künstler, 68 davon wurden ausgestellt (*Arte para Bogotá*, 1997).

---

1   Seit 2015 ist Gaitán Direktor des *Museo Tamayo Arte Contemporáneo* in Mexiko-Stadt. Im Frühjahr 2015 war er auch Kurator des Beitrags vom Gastland Kolumbien bei der ARCO in Madrid, zu deren Anlass auch in anderen Institutionen Ausstellungen zur zeitgenössischen kolumbianischen Kunst zu sehen waren.

2   Magdalena bezieht sich auf die trauernde biblische Maria Magdalena. Gedacht wird der Opfer des Massakers in dem kleinen, am Fluss liegenden Ort Trujillo/Valle de Cauca.

Auch erkundeten zahlreiche Künstler, nicht nur professionelle Fotografen, im Medium Fotografie (und Video) die Stadt. Ihre ästhetisch-soziologisch orientierten Arbeiten dominierten 2004 den renommierten *Salón Nacional de Artistas* (Gutiérrez 2009).

Abb. 1. Gabriel Andrés Posada: *Magdalenas por el Cauca* **(Magdalenas für den Cauca), 2008, Intervention.**[3]

Die Präsentation von Kunst aus Kolumbien in Deutschland ist eng verbunden mit dem Blick auf die Kunst in Lateinamerika. Die erste historisch-wissenschaftlich aufgearbeitete und umfassende Ausstellung moderner Kunst in Lateinamerika fand 1993 in Köln statt (vgl. Scheps 1993), wodurch der gesamte Subkontinent auch als gemeinsamer Raum kunstgeschichtlicher

---

3   Quelle: <https://magdalenasporelcauca.wordpress.com/> (13.6.2017), © Magdalenas por el Cauca.

Entwicklung und Teil der Kunst des 20. Jahrhunderts ins öffentliche Bewusstsein gehoben wurde. Die Ausstellung, ein Projekt des *Museum of Modern Art* in New York, war zuerst im Jahre 1992 zur 500-Jahrfeier des Kontinents auf der Weltausstellung in Sevilla zu sehen, sodann in Paris, Köln und New York. Aus Kolumbien waren sieben Künstler beteiligt: Fernando Botero, Santiago Cárdenas Arroyo, Édgar Negret, Eduardo Ramírez Villamizar, Carlos Rojas, Miguel Ángel Rojas und Bernardo Salcedo. Von ihnen steht lediglich der international bekannte Maler und Bildhauer Botero, der wohl populärste Künstler aus Lateinamerika, bis heute für das hiesige Publikum stellvertretend für die bildende Kunst Kolumbiens, wie es lange Zeit vergleichbar auch für Gabriel García Márquez in der Literatur galt. Botero ist in Deutschland durch zahlreiche Ausstellungen in Galerien, Kunstvereinen und Museen (auch Plastiken im öffentlichen Raum), Publikationen und Werken in Museen ständig präsent.

Kolumbianische Kunst war in Deutschland zuvor selten zu sehen. Außer der internationalen Wanderausstellung *Arte colombiano. Schätze aus Kolumbien* in Köln und Baden-Baden (1962), die von der Gegenwart bis zu der (immer wieder gezeigten und publizierten, im Zeichen des Mythos von El Dorado stehenden) präkolumbischen Kunst zurückging, wurde meist (kostengünstige und leicht transportierbare) Grafik gezeigt: z.B. *Grafik aus Kolumbien: Ausstellung der Corporación Prográfica Cali* (1980) in der Staatsbibliothek in Ost-Berlin sowie – organisiert vom Institut für Auslandsbeziehungen – *Zeitgenössische Grafik aus Kolumbien* (1982) in Bonn und *Kolumbianische Grafik der Gegenwart* (1985) in Stuttgart und Bonn. Erst Mitte der 1990er Jahre trat ein Wandel ein, der den Blick auf die Gegenwartskunst thematisch schärfte.

Im Kölner Kulturhaus Lateinamerika waren 1995 sechs unterschiedliche zeitgenössische Positionen zu sehen (*a propósito de Colombia*), in Dortmund kam 1996 ein Austauschprojekt mit kolumbianischen Künstlern zur Ansicht (*Inside out – outside in*), und das Institut für Auslandsbeziehungen zeigte im selben Jahr in Stuttgart und Köln fünf junge Künstler und ihr Verhältnis zur Natur (*Cultura vita – Natura mors*). Etwa zeitgleich fand in Großbritannien eine Schau statt, die im Medium der Malerei neun kolumbianische Künstler vorstellte, die in ihrem Werk ästhetisch-symbolisch Themen wie Sexualität, Gewalt und Mystizismus reflektieren (*Arte – Política – Religión* 1995). Einen kleinen, aber beachtlichen Einblick in die Malerei des späten 20. Jahrhunderts vermittelte die von dem Chemie- und Pharmaziekonzern Bayer AG in Leverkusen und Bogotá präsentierte Auswahl von zwei Malerinnen (Muriel Ángulo und María de la Paz Jaramillo) und fünf Malern (Santiago Cárdenas Arroyo, Manuel Hernández, Rafael Ortiz, Juan Antonio Roda und Alberto Sojo) verschiedener Generationen, deren Arbeiten laut Grußwort "zu einem positiven Bild ihres Landes beitragen möchten" (*Kolumbianische Kunst der Gegenwart* 1997).

Eine genauere Sicht auf Kolumbien vermittelt die seit dem Jahre 2000 von der Schweizer Sammlerin Ruth Schmidheiny im Verbund mit dem Kurator Hans-Michael Herzog in Zürich aufgebaute Sammlung Daros Latinamerica, welcher in Rio de Janeiro kurzfristig die *Casa Daros* als lateinamerikanische Vermittlungsbasis diente. Die in Europa einzigartige, etwa 1300 Werke umfassende Sammlung zeitgenössischer, vor allem gesellschaftskritischer Kunst aus Lateinamerika verfügt über kein eigenes Ausstellungshaus, kam aber in den Jahren 2005/2006 in Dublin in Auswahl zur Ansicht (*Las horas. Artes visuales de América Latina / The Hours. Visual Arts of Contemporary Latin America*, 2005) und zwei Jahre später mit ausgewählten Positionen erneut in Zürich in Gegenüberstellung mit Werken der Daros Collection, welche europäische und US-amerikanische Kunst umfasst (*Face to Face. The Daros Collections*, 2007).

Eine der ersten Sonderausstellungen der Sammlung galt Kolumbien (*Cantos cuentos colombianos*, 2004), begleitet von einem Symposium zum Verhältnis von Gesellschaft, Politik und Kunst in Kolumbien (Valdés Figueroa/Steffen 2006). Die Ausstellung war 2013 auch in der *Casa Daros* in Rio de Janeiro zu sehen, Teile davon im Museum Bochum (*Aliento. Arte de Colombia* 2013-2014), das schon 2007 die Daros Latinamerica Collection in Auswahl vorgestellt hatte (Golinsky 2007) wie unlängst auch das Kunstmuseum Wolfsburg mit *Dark Mirror* (Beil/Broek 2015). Um die Kunst der letzten Jahrzehnte in Kolumbien zu verstehen, lohnt ein kurzer Blick auf die Vorgeschichte im 20. Jahrhundert mit Fokus auf bildende Künste im engeren Sinne.

Kunst im 20. Jahrhundert – Biennalen, Institutionen, Publikationen

Die moderne Kunst setzte sich in Kolumbien nur langsam durch, der Geist des 19. Jahrhunderts blieb in der bürgerlich-akademischen Malerei präsent, die vor allem Bildnis, Landschaft, Stillleben und die aus Spanien übernommene Genremalerei des *costumbrismo* pflegte. Eine Ausnahme bildete der postimpressionistische Maler Andrés de Santa María (1860-

1945), der aber vornehmlich in Europa lebte. In den dreißiger Jahren des 20. Jahrhunderts entstand schließlich die antiakademisch-realistische, besonders vom mexikanischen *muralismo* beeinflusste und nach einer Göttin der Muisca-Indios benannte *Bachué*-Gruppe unter dem Motto *columbianizar a Colombia* (Medina 1994). Präkolumbisch-mythologische, sozialkritische und nationale Themen standen im Vordergrund, so bei dem Maler Luis Alberto Acuña (1904-1993) und dem Bildhauer Rómulo Rozo (1899-1964), der später nach Mexiko emigrierte. Verwandt ist das Werk des Freskenmalers und Aquarellisten Pedro Nel Gómez (1899-1984) und das seiner Schüler Débora Arango (1907-2005) und Carlos Correa (1912-1985), die vor allem in der Provinz Antioquia wirkten.

Erst im Laufe der 1950er Jahre begannen sich in Kolumbien die in Europa und den USA in der ersten Hälfte des 20. Jahrhunderts entstandenen modernen, vor allem abstrakten Tendenzen herauszubilden. Zu deren Protagonisten zählen die Maler Marco Ospina (1912-1983) und Guillermo Wiedemann (1905-1969), der 1939 als Exilant von Deutschland nach Kolumbien ging. Eher lyrisch-expressive Formen prägen das Werk der Maler Juan Antonio Roda (1921-2003) und Manuel Hernández (1928-2014), geometrische das der Maler Omar Rayo (1928-2010) und Carlos Rojas (1933-1997) sowie der Bildhauer Édgar Negret (1920-2012) und Eduardo Ramírez Villamizar (1923-2004). Dynamisch-abstrakte mit figurativ-symbolischen Elementen verband Alejandro Obregón (1920-1992), einer der bekanntesten Maler in Kolumbien. Für die figürliche Tradition stehen Enrique Grau Aráujo (1920-2004) mit einem komödiantisch-bühnenhaften Realismus und der weltbekannte Fernando Botero (geb. 1932), der sich als der "kolumbianischste unter den kolumbianischen Künstlern" versteht.[4] Sein Körperformen aufblähender Realismus knüpft an die Kunstgeschichte seit der Renaissance an, entwickelt aus Erfahrungen mit der Moderne. Die malerische Tradition Europas bestimmte auch die sinnlichen weiblichen Akte des Wahl-Parisers Darío Morales (1944-1988), während in Gemälden und Zeichnungen von Luis Caballero Holguín (1943-1995) fast ausschließlich der männliche Akt vorherrscht, oft homoerotisch konnotiert. Seit 1996 wird in Erinnerung an ihn der "Premio Luis Caballero" vergeben.

---

4 Botero, der heute in Italien lebt, überließ seit den 1970er Jahren zahlreiche eigene und Werke internationaler Künstler der Stadt Medellín und ihren Museen. Höhepunkt dieser in Kolumbien einmaligen mäzenatischen Praxis war im Jahr 2000 die Eröffnung des *Museo Botero* in Bogotá, ebenfalls Resultat einer großen Schenkung.

Mit den 1960er und 1970er Jahren begannen sich zahlreiche Tendenzen in der kolumbianischen Kunst herauszubilden, sie entwickelten sich aus internationalen Strömungen, die unterschiedlich rezipiert und für den eigenen Kontext fruchtbar gemacht wurden. Den historischen Hintergrund bildeten der Kalte Krieg, die Kubanische Revolution, Protestbewegungen im Umfeld von 1968 sowie die landeseigene Guerillabewegung. Großen Einfluss besaßen der Abstrakte Expressionismus und neofigurative Künstler wie der Engländer Francis Bacon und der Mexikaner José Luis Cuevas, deren düster-dramatisches Menschenbild sich in den Gemälden von Carlos Granada (1933-2015) und Norman Mejía (1938-2012) widerspiegelte. Auch der *Nouveau réalisme* aus Frankreich, *Pop art* aus England und den USA sowie die *Concept art* hinterließen Spuren, meist in parodistisch-satirischer Wendung mit Bezug auf populäre Bildwelten wie bei Santiago Cárdenas Arroyo (geb. 1937), Beatriz González (geb. 1939) und Juan Camilo Uribe (1945-2005) oder in der Objektkunst von Feliza Bursztyn (1933-1982) und Bernardo Salcedo (geb. 1939). Direkt politisch sind die Serigrafien und Fotomontagen des *Taller 4 Rojo* (1971-1974), aus welchem der *Taller Causa Roja* mit Diego Arango (geb. 1942) und Nirma Zárate (1936-1999) hervorging (Gamboa Medina 2011), sowie das grafische Werk von Pedro Alcántara (geb. 1942) und Alfonso Quijano (geb. 1927). Figurativ-malerische Tendenzen, dem internationalen Neoexpressionismus der 1980er Jahre verwandt, finden sich bei den Malern Lorenzo Jaramillo (1955-1992), Víctor Laignelet (geb. 1955) und Alberto Sojo (geb. 1956).

Der enorme Aufschwung der Künste seit den 1960er Jahren verdankt sich dem wachsenden Kunstmarkt sowie dem Entstehen von Galerien, Zeitschriften (so z.B. ab 1976 die international bekannte Zeitschrift *Arte en Colombia*, seit 1992 *Art Nexus*) und Museen für moderne oder zeitgenössische Kunst (Cali 1956, Bogotá 1962 und 1966, Cartagena 1972/79, Medellín 1980, Bucaramanga 1985). Neben dem seit 1940 unregelmäßig stattfindenden maßgeblichen *Salón Nacional de Artistas* (*Marca registrada* 2006), begleitet von regionalen Salons, haben Biennalen eine große Bedeutung: Das Spektrum reicht von der (mehrfach umbenannten) *Bienal Iberoamericana de Pintura de Coltejer* (1968, 1970, 1972, 1981) in Medellín über die *Bienal Americana de Artes Gráficas* (1971-1986) in Cali, die *Bienal Internacional de Video Arte* (1986-1992) in Medellín bis hin zur *Bienal de Arte* (1988-2009) in Bogotá. In der Hauptstadt kam im Jahre 1995 die *Bienal de Venecia de Bogotá* (BVB) mit engem Bezug zum Stadtteil

Venecia hinzu, im Jahre 2005 die *Bienal Internacional Fotográfica* (2015 war Deutschland Ehrengast) und die ARTBO *(International Art Fair of Bogotá)*; 2007 folgte *La Otra Bienal de Arte*. 2015 fand erstmals die *Bienal Internacional de Arte Contemporáneo* in Cartagena statt. 2007, 2011 und 2015 war die Stadt Medellín Schaubühne für den vom *Museo de Antioquia* organisierten *Encuentro Internacional de Arte* mit zahlreichen städtischen Plattformen.

Die institutionell-staatliche Förderung ist seit 1968 stetig gewachsen, damals dank des neuen *Instituto Colombiano de Cultura* (Colcultura), aus dem 1997 das *Ministerio de Cultura* hervorging. Im Zentrum steht die Hauptstadt Bogotá, in der die Kulturarbeit neben der *Banco de la República* und ihren Institutionen besonders von der seit 1970 bestehenden *Fundación Gilberto Alzate Avendaño* und seit 2010 von dem *Instituto Distrital de las Artes* (Idartes) wahrgenommen wird. Beide Institutionen fördern Künstler und Kunstwissenschaftler durch verschiedene Programme, vor allem in Form des Künstleraustauschs und durch Künstlerresidenzen im In- und Ausland (Villa Largacha 2012), durch Wettbewerbe und Preise, durch die Herausgabe von Zeitschriften (z.B. die *Revista de Artes Visuales Errata#*) sowie die Unterstützung des Kulturschaffens auf breiter Basis, z.B. seit 1998 durch die *Salones locales de artes plásticas* (heute *Barrio Bienal. Salones locales para artistas empíricos*).

Auch die Literatur über die bildenden Künste in Kolumbien hat in den letzten Jahren an Bedeutung und Umfang gewonnen. Wichtige Einführungen bzw. allgemeine Darstellungen zur Kunst in Kolumbien umfassen z.B. die Textsammlung eines bedeutenden Kunsthistorikers (Gil Tovar 1997) oder den reich bebilderten Überblick mit Schwerpunkt auf den beiden Sammlungen der *Banco de la República de Colombia* (Villegas/Londoño Vélez 2001) oder sie gelten der Malerei als zentraler Kunstgattung (Londoño Vélez 2005). Spezielle Untersuchungen handeln vom Entstehen einer eigenständigen modernen Kunst in den 1960er und 1970er Jahren (Jaramillo 2012), führen die mediale Vielfalt der Künste seit den 1980er Jahren vor (Monsalve Pino 2004; Fernández Uribe 2007), besonders die wichtige Rolle der Fotografie für bildende Künstler (Giraldo 2010), und verweisen zuletzt auf kollektive und transkulturelle Prozesse (Ponce de León 2004; Bernal/Pini 2012). Einen Einblick in die 1990er Jahre und die frühen 2000er Jahre vermitteln der Begleitband *Proyecto Pentágono* zu den fünf verschiedenen Medien gewidmeten Wanderausstellungen (Rojas Sotelo u.a. 2000), eine Überblicksausstellung mit dem Titel *90: Desplaza-*

mientos (2003), die sechsbändige Reihe *Arte en los noventa* der *Universidad Nacional,* die auch einen Einblick in die aktuelle Künstlerausbildung vermittelt (Chaparro Sanabria, Monsalve Pino, Sicard Currea, Vega Rosas, alle 2004), und ein Interviewband mit zehn Künstlern, die zu den Protagonisten ihrer Zeit zählen (Garzón 2005, vgl. hierzu auch die Präsenz kolumbianischer Künstler bei Olivares 2006).

Künstlerische Positionen der Gegenwart

Pop art und Konzeptkunst wirken bis heute fort und besitzen einen eigenen, dezidiert gesellschaftskritischen Charakter (Herrera Buitrago 2011), wobei gleichzeitig oder alternativ künstlerische Techniken aller Art zum Einsatz kommen (Malerei, Bildhauerei, Zeichnung, Grafik, Fotografie, Video, Installation, Performance etc.), teils in experimenteller Form und parallel zu wissenschaftlichen Herangehensweisen. Prägend sind auch ein hohes Bewusstsein für die soziale Rolle der Kunst als Medium der Aufklärung (Robayo Alonso 2001) sowie ein besonderes Interesse für urbane und ökologische Probleme, in denen das prekäre Verhältnis des Menschen zur Natur kritisch hinterfragt wird (Ardila Luna 2008).

Einer der Pioniere der zeitgenössischen Kunst ist Antonio Caro (geb. 1950): "Er arbeitet gewissermaßen als visueller Guerillakämpfer. Sorgfältig legt er es darauf an, die von den Machtstrukturen der Kunstwelt vorgegebenen und verehrten Ziele zu verfehlen" (Beil/Broek 2015: 81). Eine seiner bekanntesten Arbeiten ist *Colombia* (1976, später mehrfach variiert), ein großes rotes Emailleblech mit dem weißen Schriftzug Colombia, der typografisch dem Logo von Coca-Cola entspricht. Die aus der Werbung abgeleitete Legierung von Ländername und Markenzeichen eines multinationalen, US-amerikanischen Konzerns besitzt bis heute politische Brisanz und hat als fotogenes Objekt weit über die Kunstwelt hinaus Geltung erhalten.

Für Álvaro Barrios (geb. 1945) ist Marcel Duchamp, einer der Protagonisten der Moderne in Europa, der vor allem mit seiner 'Erfindung' des *Readymade* den herkömmlichen Kunstbegriff erweitert und konzeptuell-surreale Praktiken angeregt hat, ein zentraler Bezugspunkt. Das zeigt sich in Barrios' fotografischem Selbstporträt von 1980, welches dem von Duchamp ähnelt, der sich als Frau oder Rrose Sélavy oder L.H.O.O.Q. reinszeniert; zugleich thematisiert es seine Position als Homosexueller. Seine *Sueños con Marcel Duchamp* sind Druckgrafiken, die ab 1978 als lose Folge in Tageszeitungen erschienen (1980; 2010 als Serigrafien). Nach dem Muster eines aufgeschlagenen Schulhefts aufgebaut, zeigen sie auf der linken Seite ein immer gleiches Porträtfoto von Duchamp im Profil und rechts in Schönschrift auf liniertem Papier Barrios' absurde Träume und fiktive Begegnungen: "Elegant jongliert er mit den Werken und Werten der Kunstgeschichte, anarchisch und völlig respektlos geht er egal welche Sujets an und überzieht sie mit Ironie und Absurdität" (Beil/Broek 2015: 48).

Ein zentrales Thema der Kunst in Kolumbien bildet die Gewalt, erfassbar in ihren Ausprägungen als *violencia bipartidista* (Gewalt zwischen den verschiedenen politischen Parteien), *violencia revolucionaria* und *violencia narcotizada*. Bedeutende Werke dazu entstanden schon unmittelbar nach dem "Bogotazo" genannten Volksaufstand von 1948, aber auch in der Gegenwart wird sie immer wieder als Teil des kollektiven Gedächtnisses beschworen (*Arte y violencia en Colombia* 1999; Malagón-Kurka 2010). Das zeigt sich z.B. in dem multimedialen Werk von Miguel Ángel Rojas (geb. 1946), der auch die Drogenthematik miteinbezieht. In *Es mejor ser rico que pobre* (2001) stehen sich zwei Raubtiere (Jaguare) gegenüber, beide geformt aus kleinen Kreisen, die einen aus Kokablättern, die anderen aus Dollarnoten ausgestanzt. Die Folgen von Gewalt erkennt man eindrücklich in seiner Serie *David* (2005), für die er einen beinamputierten jungen Kolumbianer, Opfer einer Landmine, in der idealisierenden Pose von Michelangelos "David" nackt fotografierte. Die Rolle des Körpers als Objekt und Ware zeigt sich im Foto *¿Quién da más?* (1997; Abb. 2) von Fernando Arias (geb. 1963), in dem sich der Künstler selbst nackt, als bloßen Leib und anonym, aber mit Signatur darbietet und gleichsam seine Haut zu Markte trägt. Auf einer feministischen Ebene findet sich dieser Aspekt in dem Video *Muchacha* (2011) von Liliana Vélez Jaramillo (geb. 1980). Die Künstlerin selbst spielt hier, nur leicht bekleidet, ein Dienstmädchen (in der Mittel- und Oberschicht in Lateinamerika weit verbreitet), das auf dem Boden kriechend diesen mit der Zunge unter unüberhörbaren Schmatzlauten säubert (Abb. 3).[5]

Das Werk des Pioniers der Videokunst in Kolumbien, José Alejandro Restrepo (geb. 1959), ist geschichtsorientiert. In komplexen Rauminstallationen wie *El paso del Quindío* (1992 und 1999) oder *El cocodrilo de*

---

5   In der Ausstellung *Dark Mirror* (Beil/Broek 2015) wurde das Video in einem engen Gang, den die Besucher durchlaufen mussten, auf den Boden projiziert.

Humboldt no es el cocodrilo de Hegel (1994) thematisiert er die eurozentristische Wahrnehmung des Landes im 19. Jahrhundert. In *Musa paradisíaca* (1996) – so der wissenschaftliche Name der Banane – hängen reale Stauden der Frucht von der Decke, bestückt mit Monitoren, die eine Darstellung von Adam und Eva mit Filmaufnahmen des Massakers auf der Bananenplantage von Urabá (1988) konfrontieren.

Abb. 2. *Aliento. Arte de Colombia.* Ausstellungskatalog, Bochum 2013-14 (abgebildet von links unten im Uhrzeigersinn: Doris Salcedo, Juan Manuel Echavarría, Fernando Arias, Fernando Pareja & Leidy Chávez, Óscar Muñoz, María Fernanda Cardoso).

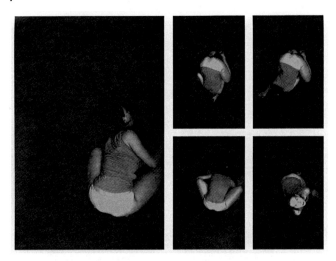

Abb. 3. Liliana Vélez Jaramillo: *Muchacha* **(Dienstmädchen), 2011, Videostandbild.**[6]

Die international bekannteste Künstlerin Kolumbiens, Doris Salcedo (geb. 1958), verarbeitet Erfahrungen von Gewalt ohne direkten Bezug auf den menschlichen Körper in Hinblick auf die Folgen von Gewalt, besonders für diejenigen, die als Angehörige oder Augenzeugen überleben. In ihren Installationen verkörpern Möbelstücke den Lebensraum, der sich, teils oder ganz mit Beton gefüllt, als unbewohnbar erweist, aber dennoch auch Lebensspuren enthält (ohne Titel, 1998; Abb. 2). Ihre Aktion von 2002 am renovierten Justizpalast in Bogotá erinnert an die Erstürmung des Gebäudes 1985 durch eine Guerillagruppe, die am zweiten Tag durch den Einsatz von Soldaten beendet wurde. Die von Salcedo und Helfern während zweier Tage an der Fassade herabgelassenen 280 Stühle stehen für die Menschen, die bei diesem tragischen Ereignis ums Leben kamen.

Juan Manuel Echavarría (geb. 1947) erfasst das Thema der Gewalt sowohl metaphorisch als auch in halb dokumentarischer Form. Sein Video *Guerra y pa'* (2001; Abb. 2) zeigt einen männlichen und einen weiblichen Papagei auf einer Stange; der männliche, der ständig versucht, das Weibchen zu vertreiben, ruft dabei laut und vernehmlich "guerra" (Krieg), während sie manchmal "pa'" (Frieden) sagt (eigentlich "paz", wegen der Aussprache des Trainers ohne z). In seinem Video *Bocas de ceniza* (2002) lässt Echavarría Menschen, die einem Massaker entkamen, das Erlebte in

---

6   Quelle: *Aliento. Arte de Colombia.* Abdruck mit Genehmigung der Künstlerin.

Gesänge fassen; Schrecken, Angst und Entsetzen spiegeln sich in ihren Gesichtern wider.

Das seit 2002 zusammenarbeitende Künstlerpaar Fernando Pareja (geb. 1979) & Leidy Chávez (geb. 1984) beschäftigt sich experimentell mit historischen Sehapparaten (z.B. Praxinoskop), die das filmische Medium vorwegnehmen. In ihrer Serie *Toy Locomotion* setzen sie kleine Wachsfiguren auf rotierenden Scheiben ein, die unter stroboskopischem Licht bewegt wahrgenommen werden, begleitet von einer unheimlichen Lärmszenerie. Aus Bienenwachs geformte kleine Figuren scheinen panisch aus einem runden Arkadengang über eine Plattform in die Mitte zu stürmen, wo sie von einem schwarzen Loch verschluckt werden (ohne Titel, 2012; Abb. 2).

Die Reflexion über die eigene Identität, in historischer, nationaler und subjektiver Sicht, beschäftigt viele Künstler. María Fernanda Cardoso (geb. 1963), die in Australien lebt, bezieht sich in ihrer Arbeit vor allem auf prägende Kindheitserinnerungen, die Naturerfahrungen und präkolumbische Mythen betreffen. Die häufige Verwendung konservierter kleiner Tiere in ornamentaler Reihung, wie z.B. die *Dancing Frogs on Wall* (2002; Abb. 2), verweist auf indigenen Schmuck und Totenkult und versteht sich als Kontrapunkt zur herrschenden aseptischen Konsumkultur: "Ich habe eine komplexe Ästhetik des Todes entwickelt, aber für mich war er immer eine völlig natürliche Sache" (Beil/Broek 2015: 76). Die Verwendung organischer Materialien führte Cardoso schließlich in *Circo de pulgas* (1996-2000) zum Einsatz echter, von ihr abgerichteter Flöhe in theatralischen Inszenierungen.

Ungewöhnlich waren auch die vom Theater abgeleiteten Performances von María Teresa Hincapié (1954-2008), deren Medium der eigene Körper bildete. Ihre über Stunden oder Tage dauernden öffentlichen Aktionen, geprägt durch extrem langsame Bewegungen und Wiederholung stellten eine Verbindung von Kunst und Leben dar. Sie transformierte traditionell weibliche Alltagsarbeit in Rituale, die dadurch eine Art sakraler Schönheit erhielten. Zu ihren Hauptwerken zählen "Vitrina" (1989), wo Hincapié in einem Straßenschaufenster auftrat, "Una cosa es una cosa" (ab 1990 mehrfach), bei der die permanente Neuordnung spiralartig angeordneter persönlicher Alltagsgegenstände erfolgte, und "Peregrinos urbanos" (2005), in der sie mit einer Gruppe, fernöstlich gewandet wie Pilger, einfache symbolische Handlungen vollzog, die im Kontrast zur Hast und Entfremdung modernen Lebens standen.

Für Nadín Ospina (geb. 1960) bilden die indigenen Kulturen Kolumbiens einen wichtigen Bezugspunkt als bedeutendes, aber auch fernes und häufig missbrauchtes Erbe und Identifikationsobjekt. In seinen Keramik- und Steinfiguren kreuzt er Kopien archäologischer Funde mit Comic-Figuren aus der Walt-Disney-Welt, wie zum Beispiel Mickey Mouse in *Ídolo con calavera* (2003; Abb. 4). Sein Kommentar dazu lautet: "Präkolumbianische [sic] Kunst wird zum Werkzeug der Ironie, sie gibt uns Gelegenheit, damit zu spielen, im Gegensatz zu den zeitgenössischen Codes, die Identität als Vorwand für Klassenunterschiede oder falschen Nationalstolz zu missbrauchen versuchen" (Beil/Broek 2015: 148). In *Colombialand* (2004-2006) lässt Ospina Lego-Figuren als Schurkengestalten in einem lateinamerikanischen Land auftreten.

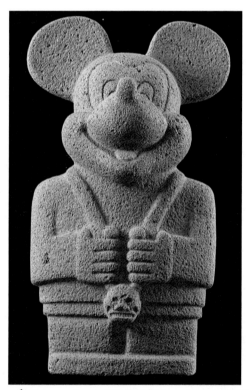

Abb. 4. Nadín Ospina: *Ídolo con calavera* (Idol mit Totenschädel), 2003, Stein.[7]

---

7   Quelle: Bereitgestellt durch Nadín Ospina.

Óscar Muñoz (geb. 1951) arbeitete anfangs als traditioneller Zeichner, bevor er begann, vor allem ephemere Techniken einzusetzen, die auf Erinnerung und Tod anspielen. Im Zentrum steht das menschliche Gesicht. Es können Porträtfotos Verschwundener sein, die, als Serigrafie auf eine Reihe runder spiegelnder Stahlplatten durch eine Fettschicht fixiert, erst erkennbar werden, wenn der Betrachter den Spiegel anhaucht (*Aliento*, 1996-2002; Abb. 2). In der Serie *Narciso* (1995-2002) tauchen gezeichnete Gesichter, häufig freie Selbstporträts, auf Wasseroberflächen auf, die anschließend durch Bewegung allmählich auslöscht werden. Ähnliches geschieht beim Zeichnen mit einem Pinsel voller Wasser auf einen heißen Asphaltuntergrund; dieses stetige Anzeichnen gegen das Verschwinden wird nachvollziehbar in Muñoz' Video *Re/trato* (2003). Das bildnerische Dokument bezeugt symbolisch die Vergänglichkeit menschlichen Hochmuts wie des Lebens überhaupt – in Kolumbien und überall auf der Welt.

Literaturverzeichnis

a) Ausstellungskataloge (chronologisch)

a propósito de Colombia/beziehungsweise Kolumbien (1995). Köln: Kulturhaus Lateinamerika/Gotha: Kunstverlag Gotha (Texte: Karin Stempel, Carolina Ponce de León).

Inside out – outside in. Tiempo, Sitio, Memoria, Diferencia; Transfer: Kolumbien (1996). Dortmund: Künstlerhaus Dortmund (Texte: Iris Dressler, Hans D. Christ).

Cultura vita – Natura mors (1996). Stuttgart: ifa-Galerie/Bonn: ifa-Galerie (Text: Iris Lenz).

Kolumbianische Kunst der Gegenwart/Arte colombiano contemporáneo/Contemporary Colombian Art (1997). Bogotá: Bayer S.A./Leverkusen: Bayer AG (Text: Sergio Rodríguez R.).

Arte y violencia en Colombia desde 1948 (1999). Santafé de Bogotá: Museo de Arte Moderno (Text: Álvaro Medina).

90: Desplazamientos. Arte Colombiano en la década de los 90 (2003). Bogotá: Museo de Arte Moderno (Text: María Elvira Ardila).

Cantos cuentos colombianos. Arte colombiano contemporáneo (2004). Zürich: Daros Latinamerica Collection/Ostfildern-Ruit: Verlag Hatje Cantz (Text: Hans-Michael Herzog).

Las horas. Artes visuales de América Latina/The Hours. Visual Arts of Contemporary Latin America (2005). Dublin: Irish Museum of Modern Art (Texte: Hans-Michael Herzog, Sebastián López, Eugenio Valdés Figueroa).

Face to Face. The Daros Collections (2007). Zürich: Daros Exhibitions, Löwenbräu-Areal (Texte: Hans-Michael Herzog, Katrin Steffen).

The Intricate Journey. Berlin, Colombia, Berlin (2007). Berlin: Neue Gesellschaft für Bildende Kunst (Texte: Michael Asbury u.a.).

La caricatura en Colombia a partir de la independencia (2009). Bogotá: Biblioteca Luis Ángel Arango – Casa Republicana (Texte: Beatriz González Aranda u.a.).

Erinnerungsfelder – Campos de Memoria (2013). Bogotá: Fundación Gilberto Alzate Avendaño (Texte: Óscar Mauricio Ardila Luna, Jorge Jaramillo Jaramillo, Elfriede Müller).

Aliento. Arte de Colombia. Zeitgenössische Kunst aus Kolumbien (2013-2014). Bochum: Kunstmuseum Bochum (Texte: Hans-Michael Herzog, Hans Günter Golinski, Sarah Poppel).

b) Buchpublikationen / Katalogbücher (alphabetisch)

ARDILA LUNA, Óscar Mauricio (2008): *La imposibilidad de la naturaleza. Arte y naturaleza en el arte colombiano contemporáneo 1991-2003*. Bogotá: Universidad Nacional de Colombia.

BEIL, Ralf/BROEK, Holger (Hg.) (2015): *Dark Mirror. Lateinamerikanische Kunst seit 2015*. Wolfsburg: Kunstmuseum (Kat.).

BERNAL, María Clara/PINI, Ivonne (2012): *Traducir la imagen. El arte colombiano en la esfera transcultural*. Bogotá: Universidad de los Andes.

FERNÁNDEZ URIBE, Carlos Arturo (2007): *Arte en Colombia, 1981-2006*. Medellín: Editorial Universitaria de Antioquia.

GAMBOA MEDINA, Alejandro (2011): *El Taller 4 Rojo. Entre la práctica artística y la lucha social*. Bogotá: Instituto Distrital de las Artes.

GARZÓN, Diego (2005): *Otras voces, otro arte. Diez conversaciones con artistas colombianos*. Bogotá: Planeta.

GIL TOVAR, Francisco (1997): *Colombia en las artes*. Bogotá: Presidencia de la República.

GIRALDO, Efrén (2010): *Los límites del índice. Imagen fotográfica y arte contemporáneo en Colombia*. Medellín: La Carretera.

GOLINSKI, Hans Günter (Hg.) (2007): *puntos de vista. Zeitgenössische Kunst aus der Daros-Latinamerica Collection*. Bochum: Kunstmuseum Bochum (Kat.).

GUTIÉRREZ, Natalia (2009): *Ciudad – espejo*. Bogotá: Universidad Nacional de Colombia.

HERRERA BUITRAGO, María Mercedes (2011): *Emergencia del arte conceptual en Colombia (1969-1982)*. Bogotá: Pontificia Universidad Javeriana.

JARAMILLO, Carmen María (2012): *Fisuras del arte moderno en Colombia*. Bogotá: Alcaldía Mayor/Fundación Gilberto Alzate Avedaño.

LONDOÑO VÉLEZ, Santiago (2005): *Breve historia de la pintura en Colombia*. Bogotá: Fondo de Cultura Económica.

MALAGÓN-KURKA, María Margarita (2010): *Arte como presencia indéxica. La obra de tres artistas colombianos en tiempos de violencia: Beatriz González, Óscar Muñoz y Doris Salcedo*. Bogotá: Universidad de los Andes.

MEDINA, Álvaro (2014): *Procesos del arte en Colombia, Tomo 1. 1810-1930*. Bogotá: Universidad de los Andes.

MONSALVE PINO, Margarita (Koord.) (2004): *Arte en los noventa. [2] Artes plásticas*. Bogotá: Universidad Nacional de Colombia.

OLIVARES, Rosa (Hg.) (2006): *100 artistas latinoamericanos*. Madrid: Exit.

PONCE DE LEÓN, Carolina (2004): *El efecto mariposa. Ensayos sobre arte en Colombia. 1985-2000*. Bogotá: Alcaldía Mayor, Instituto Distrital de Cultura y Turismo.

ROBAYO ALONSO, Álvaro (2001): *La crítica a los valores hegemónicos en el arte colombiano*. Bogotá: Convenio Andrés Bello/Ediciones Uniandes.

ROJAS SOTELO, Miguel u.a. (2000): *Proyecto Pentágono. Investigaciones sobre arte contemporáneo en Colombia*. Bogotá: Ministerio de Cultura.

SCHEPS, Marc (Hg.) (1993): *Lateinamerikanische Kunst im 20. Jahrhundert*. München: Prestel-Verlag (Kat.).

VALDÉS FIGUEROA, Eugenio/STEFFEN, Katrin (Hg.) (2006): *Guerra y Pá. Simposio sobre la situación social, política y artística en Colombia*. Zürich: Daros-Latinamerica AG.

VEGA ROSAS, Rafael Alfonso (Koord.) (2004): *Arte en los noventa. [1] Arquitectura y urbanismo*. Bogotá: Universidad Nacional de Colombia.

VILLA LARGACHA, María (Hg.) (2012): *Intersecciones. Residencias artísticas del Programa Distrital de Estímulos*. Bogotá: Instituto Distrital de las Artes.

VILLEGAS, Benjamín (Hg.)/LONDOÑO VÉLEZ, Santiago (Text) (2001): *Arte colombiano. 3.500 años de historia*. Bogotá: Benjamín Villegas & Asociados.

ŻMIJEWSKI, Artur/WARSZA, Joanna (Hg.) (2012): *Forget Fear. 7. Berlin Biennale für zeitgenössische Kunst*. Berlin: Institute of Contemporary Art/Köln: Walther König (Kat.).

c) Internetseiten (Stand: November 2016)

Patrimonio Cultural Colombiano (COLARTE): <http://www.colarte.com/colarte/> (13.6.2017).

Instituto Distrital de las Artes (IDARTES) (Alcaldía Mayor de Bogotá): <http://www.idartes.gov.co/> (13.6.2017).

Daros Latinamerica AG: <http://www.daros-latinamerica.net> (13.6.2017).

Universes in Univers. Welten der Kunst: <http://u-in-u.com/de/> (13.6.2017).

Universes in Univers. Welten der Kunst. Kunst in Kolumbien: <http://u-in-u.com/de/art-destinations/kolumbien/> (13.6.2017).

Die Massenmedien als Teil der oligarchischen Herrschaftsstruktur

Andreas Hetzer

Kolumbien verfügt über ein hybrides Mediensystem (Voltmer 2012: 238), das autoritäre und demokratische Merkmale miteinander kombiniert. Die Entwicklung des Mediensystems wird in diesem Beitrag als Konsequenz aus der Kombination formal demokratischer Institutionen mit einer oligarchischen Rentenökonomie interpretiert.

> [Für Kolumbien] scheint also zu gelten, dass ohne die Verknüpfung der politischen Transition mit der sozioökonomischen Transformation zwar Demokratisierung möglich ist, aber keine Demokratie, und Regime-Hybridität die maximal mögliche Demokratisierungsleistung ist. Es deutet sich an, dass Regime-Hybride keine vergängliche Übergangserscheinung sind und sich anstelle von Demokratie konsolidieren können. [...] Oligarchie verunmöglicht folglich zwar nicht Demokratisierung, aber sie verhindert, dass diese über einen Regime-Hybrid hinausgeht (Zinecker 2007: 1066).

Ein hybrides Mediensystem zeichnet sich dadurch aus, dass sich seine Produktionsstruktur in den Händen weniger Personen oder Familien befindet, die die politische Sichtbarkeit von Akteuren im Mediendiskurs und eine massenhafte Beteiligung an der politischen Öffentlichkeit verhindert. Politische und ökonomische Exklusion marginalisierter Bevölkerungsschichten wird somit als Kennzeichen des Regime-Hybrids verstetigt. Darüber hinaus hat der über 60 Jahre andauernde bewaffnete Konflikt negative Auswirkungen auf die journalistischen Arbeitsbedingungen und die Medienberichterstattung (Huertas 2006: 194-195).

Die Entwicklung des Mediensystems

Die Tagespresse

Der Umfang des kolumbianischen Pressemarkts ist für lateinamerikanische Verhältnisse beachtlich. Schätzungen zufolge sind Zeitungen in drei

Vierteln des Territoriums erhältlich. Allerdings gibt es mit den Traditions-
blättern *El Tiempo* und *El Espectador* sowie mit den beiden Wirtschafts-
zeitungen *Portafolio* und *La República* nur vier Tageszeitungen mit nationaler Reichweite, die allesamt aus Bogotá stammen. Die restlichen 95
täglich erscheinenden Zeitungen sind auf regionale Verbreitungsgebiete
beschränkt, so dass von 60 verschiedenen Zeitungsmarken gesprochen werden kann. Ein wichtiges Kennzeichen des Zeitungsmarktes ist seine ausgeprägte Regionalisierung, insbesondere in den größeren und ökonomisch
bedeutsamen Städten des Landes (Huertas 2006: 174). Der Lesermarkt ist
dadurch stark fragmentiert. Unterschiedlichen Umfragen des Statistikamtes (*Departamento Administrativo Nacional de Estadística*, DANE) und der
kolumbianischen Vereinigung für Medienforschung (*Asociación Colombiana de Investigación de Medios*, ACIM) aus dem Jahr 2014 zufolge lesen ca.
ein Viertel der lesefähigen Bevölkerung (Alphabetisierungsrate 94 %) zwischen 12 und 69 Jahren täglich Zeitung, jedoch wird nicht zwischen Print-
und Online-Lektüre unterschieden. Die Kaufzeitungen haben zwischen
2009 und 2014 ca. 700.000 tägliche Leser an die Gratiszeitungen verloren
und kommen im Jahr 2014 nur noch auf 2,32 Mio. Leser. Mit 1,72 Mio.
Lesern täglich in 2014 wird es wohl nur noch wenige Jahre dauern, bis die
Gratiszeitungen den Gesamtmarkt dominieren.

Das Sensationsblatt *Q'Hubo* (38 %) und die kostenlose Zeitung
ADN (24 %) führen die Statistik nach der Frage der beliebtesten Zeitungen (Mehrfachnennungen möglich) an. Es folgen *El Tiempo* (16 %), *Al
Día* (10 %), die Gratiszeitung *Publimetro* (6 %) und *El Espectador* (4 %).
Scheinbar gibt es in den Städten eine kaufkräftige Mittelschicht, die trotz
der Möglichkeit der kostenlosen Lektüre im Internet und der Gratiszeitungen bereit ist, Geld für Printmedien auszugeben. Bei den regionalen Kaufzeitungen sind als wichtigste der konservative *El Colombiano* aus Medellín,
das konservative *El País* aus Cali und der liberale *El Heraldo* aus Barranquilla zu nennen, die jedoch aufgrund ihres begrenzten Einzugsgebietes in
den Verkaufszahlen weit zurückfallen. Die restlichen Regionalzeitungen
sind aufgrund der niedrigen Auflage kaum allein überlebensfähig und häufig in Firmennetzwerke eingebunden. Die vier wichtigsten Unternehmensgruppen im Pressesektor – die *Organización Luis Carlos Sarmiento Angulo*
(OLCSA), der *Grupo Nacional de Medios* (GNM), *El Heraldo S.A.* und die
Familie Galvis Ramírez –, die mehrere Zeitungen unter ihrem Dach he-
rausgeben, bestimmen 61 % des Lesermarktes (Reporteros Sin Fronteras/
FECOLPER 2015).

Die wichtigsten Kaufzeitungen kosten an Wochentagen ungefähr so viel wie eine Busfahrt im öffentlichen Verkehrssystem der großen Städte, was für viele Kolumbianer bereits unerschwinglich ist. An Wochenenden steigen die Preise noch einmal deutlich an. Nicht zuletzt deswegen genießen Gratiszeitungen wie *ADN* oder *Publimetro* eine große Popularität. Bezogen auf das Werbevolumen liegt die Presse hinter dem Fernsehen an zweiter Stelle und kassiert ein Viertel des gesamten Werbeaufkommens. Diese Einnahmen sind ebenso wie die Anzahl der Zeitungsleser trotz der weltweit beobachtbaren Krise der Tagespresse in den vergangenen Jahren konstant geblieben, so dass der Pressesektor wirtschaftlich gesund ist. Im letzten Jahrzehnt wurde keine Zeitung geschlossen. Im Gegenteil, es sind sogar Gratiszeitungen und neue Zeitschriften hinzugekommen (Reporteros Sin Fronteras/FECOLPER 2015).

Der Hörfunk

Nach Angaben des Kommunikationsministeriums haben sich die Lizenzen für Radiosender zwischen 1991 und 2015 fast verdreifacht, wobei ein Großteil des Wachstums auf sogenannte *repetidoras* (Wiederholungssender) zurückzuführen ist. Gleichzeitig hat dies mit der technologischen Ausweitung der Reichweiten zu tun, so dass das Radio einen wichtigen Beitrag zur Dezentralisierung des Medienkonsums und zur Integration des geographisch fragmentierten Territoriums leistet. Die Frequenzen AM und FM sind fast im gesamten Land zu empfangen. Trotzdem senden immer noch circa 70 % aller Programme in den städtischen Zentren (Iván Bonilla/Narváez Montoya 2008: 86-89). Aufgrund der Anknüpfung des Radios an die orale Tradition, der einfachen Produktion in mehreren indigenen Sprachen und der relativ erschwinglichen Geräteanschaffung (jeder zweite Einwohner besitzt ein eigenes Empfangsgerät) "hat sich das Radio insbesondere seit den späten fünfziger Jahren zweifellos zum Massenkommunikationsmittel mit der weitesten Verbreitung und größten Reichweite entwickelt" (Kusche 1997: 593). Zwischen 60 und 70 % der Bevölkerung zwischen 12 und 69 Jahren hören verschiedenen Umfragen zufolge täglich Radio.

44 % der insgesamt vom Kommunikationsministerium registrierten 1.512 Sender im Jahr 2015 waren privat-kommerzielle Anbieter mit einem hohen Anteil an Musik- und Unterhaltungsprogrammen und Werbeeinblendungen. 15 % der Sender werden von nicht-kommerziellen Radios

mit relativ wenig Werbung und einem hohen Grad an Informations-, Kultur- und Beratungs- und Bildungsprogrammen bestückt. Dazu gehören Radios des öffentlichen Rundfunks (z.b. die *Radiodifusora Nacional de Colombia*) sowie Sender von öffentlichen Universitäten oder Schulen, aber auch der Polizei und des Militärs (Kusche 1997: 594). 41% der Sender sind als kommunitär klassifiziert. Sie befinden sich vor allem in ländlichen Regionen mit geringer Reichweite und werden oft von indigenen oder afrokolumbianischen Gemeinden betrieben.

Seit 1993 dürfen im selben Sendegebiet keine doppelten Konzessionen an Private im selben Frequenzspektrum vergeben werden. Die Verfassung von 1991 schreibt im Artikel 75 sogar eine Intervention des Staates zur Verhinderung monopolistischer Praktiken im elektromagnetischen Spektrum für den Rundfunk vor. Die Realität zeigt allerdings, dass dieser Regelung keine kartellrechtliche Gesetzgebung folgte und sie von den großen Unternehmensgruppen im Radio und im Fernsehen nicht respektiert wird (Londoño 2008: 51). Stattdessen haben sich mächtige Hörfunkketten gegründet, die entweder Radiostationen direkt aufkaufen oder die Übernahme ihres Programms durch angeschlossene Mitgliedssender erlauben. Daraus folgt eine Abnahme eigenständig produzierter Programminhalte (Kusche 1997: 594). Eigene redaktionelle Inhalte sind im Hörfunk recht gering, so dass nur wenige Informations-, Meinungs- oder Diskussionssendungen im Programm auftauchen.

Die zehn wichtigsten und meistgehörten Radiosender gehören zu drei Senderketten und konzentrieren fast drei Viertel aller Radiohörer auf ihre Programme: *Caracol Radio*, *RCN Radio* und *Organización Radial Olímpica* (Reporteros Sin Fronteras/FECOLPER 2015). Daraus folgt eine hohe Konzentration auf dem Rezipienten- und Werbemarkt, denn nur 20% des gesamten Werbemarktes in den Medien entfallen auf das Radio, wovon wiederum ein Großteil an die reichweitenstarken Sender geht (geschätzte 80%). Die drei genannten Senderketten sind die einzigen Hörfunkunternehmen, die zu den gewinnträchtigsten 5000 Unternehmen des Landes zählen. Demgemäß spricht Narváez Montoya (2013: 57) von einem Oligopol im Radiomarkt.

Als Reaktion auf das neue Telekommunikationsgesetz von 2009 erließ das Ministerium für Informations- und Kommunikationstechnologien (*Ministerio de Tecnologías de la Información y Comunicaciones*, MinTIC) 2010 ein Dekret zum Lizenzverfahren, des Wettbewerbs und zur effizienten Nutzung des radioelektrischen Spektrums. Die Regelungen wurden jüngst im Mai 2015 aktualisiert. Damit bleibt der Staat auch weiterhin in der Infrastrukturregulierung einziger Akteur und fungiert als Dienstleister zur Vermietung der Frequenzen gegen eine Nutzungsgebühr durch die Programmanbieter.

Das Fernsehen

Das Fernsehen ist unumstrittenes Leitmedium. Im Jahr 2015 besaßen laut Statistikamt 92% aller kolumbianischen Haushalte ein Empfangsgerät. Selbst in ländlichen Regionen verfügten vier von fünf Haushalten über einen Fernseher. Zwischen 80 und 90% aller Kolumbianer schauen täglich fern, wobei die durchschnittliche Einschaltdauer bei ungefähr vier Stunden liegt.

Kolumbien ist in der überwiegend kommerziellen Fernsehlandschaft in Lateinamerika mit dem gemischten System ein Spezialfall. Es ist gekennzeichnet durch die Arbeitsteilung zwischen Staat und privaten Anbietern. Der Staat fungiert als Betreiber von Sendern sowie als Regulierungsinstanz gleichermaßen. Das elektromagnetische Spektrum wurde seit Entstehung des Fernsehens 1954 als öffentliches Gut betrachtet, das der Staat zu regulieren und den privaten Produktionsgesellschaften Lizenzen für die Sendeplätze (inklusive Vorschriften zu Programmablauf, Kontrolle der Inhalte, Werbeinhalte und -platzierung) zu erteilen habe. Darüber hinaus obliegen dem Staat die kulturellen und Bildungsprogramme über die *Televisora Nacional* als öffentlichen Sender. Die Privaten hingegen übernehmen die Produktion und Umsetzung der Programminhalte und das Angebot des kommerziellen Fernsehens.

Im Jahr 1985 wurde mit *TeleAntioquia* das öffentliche Regionalfernsehen ins Leben gerufen. "Die Einführung des Regionalfernsehens gründete auf der Idee, jeder Region die Möglichkeit zur Entfaltung ihrer eigenen Kultur und zur Entwicklung ihrer jeweiligen regionalen Qualitäten zu geben" (Kusche 1997: 608). Später folgten sieben weitere Regionalsender. Darüber hinaus konnten seit 1985 Konzessionen an private Betreiber für Bezahlfernsehen vergeben werden. Die endgültige Privatisierung des Free-TV erfolgte als eines der letzten Länder Lateinamerikas in den Rundfunkgesetzen von 1995 und 1996 verhältnismäßig spät (Vizcaíno Gutiérrez 2005: 133-141).

1997 wurden erstmals Lizenzen an die beiden Fernsehgesellschaften *RCN Televisión* und *Caracol Televisión* zum alleinigen Betreiben privatkommerzieller Kanäle vergeben. Lediglich die Kanäle *Uno* und *A* blieben weiterhin an das klassische Modell der Programmplatzvergabe an private Produktionsgesellschaften gebunden. Zügig begann eine Marktkonzentration, weil die beiden neuen Privatsender aufgrund ihrer Einbindung in riesige Unternehmensnetzwerke über die Finanzkraft verfügten, um attraktive Programme zu produzieren und zu importieren. Weder das Verbot von monopolistischen Praktiken in der Verfassung noch die kartellrechtlichen Vorschriften im Rundfunkgesetz kommen bis heute zur Anwendung. Die Privatkonzession in der Hauptstadt Bogotá ging 1999 an *City TV*, der jedoch ebenso wenig wie die öffentliche *Señal Colombia* (plus später der Kulturkanal *Canal Institucional* durch Auflösung des *Canal A* im Jahr 2003) und die Regionalsender ein Gegengewicht schaffen konnte.

Die Hegemonie von *RCN* und *Caracol* drückt sich dadurch aus, dass 85 bis 90 % der Fernsehzuschauer die beiden kostenlosen Privatsender regelmäßig einschalten, wohingegen die öffentlichen und die regionalen Sender kaum über 10 % hinauskommen. Daraus ergibt sich bei den Einschaltquoten ein Duopol der beiden offenen Privatsender. Dies verstärkt sich zusätzlich durch die Ungleichverteilung der Werbeeinnahmen, die mehr als doppelt so hoch sind wie für die Tagespresse und in den letzten Jahren für das Fernsehen beständig gestiegen sind. Der Sender *RCN* nimmt 40 % und *Caracol* 38 % des gesamten Werbeaufkommens fürs Fernsehen ein. Etwas mehr als 10 % teilen sich auf den privaten Sender *City TV* und den öffentlichen *Canal Uno* mit privaten Produktionsgesellschaften auf. Lediglich 10 % der Gesamtwerbung bleiben für die öffentlichen Anbieter übrig (Reporteros Sin Fronteras/FECOLPER 2015). Der kolumbianische Fernsehmarkt ist also extrem konzentriert.

Beeindruckend sind die Abonnements für das Bezahlfernsehen via Satellit oder Kabel, weshalb Kolumbien in Lateinamerika einen Spitzenplatz einnimmt. 85 % der Haushalte bezahlen monatlich für den Fernsehempfang, was ihnen den Zugang zu einer Vielzahl an internationalen Sendern ermöglicht, die hohe Einschaltquoten erreichen. Im Zuge dessen sind mit *CableNoticias* (2007), *NTN24* (2008), *Canal El Tiempo* (2010) der gleichnamigen Tageszeitung und *Red Más* (2014) kolumbianische Nachrichtenkanäle ins Abonnement-Fernsehen eingestiegen – ein für Kolumbien neues Phänomen. Hieran verdienen vor allem die vier wichtigsten Telekommunikationsunternehmen als Kabelbetreiber für Bezahlfernsehen, deren Einkünfte höhere Wachstumsraten verzeichnen als die von TV-Produktionsfirmen und Fernsehsendern.

2010 wurde das erste digitale Signal für terrestrisches Digitalfernsehen in Bogotá gesendet und die ersten Frequenzen vergeben. Als einziges Land in Lateinamerika setzt Kolumbien mit DVB-T auf den europäischen Standard. Bis jetzt steckt die Entwicklung noch in den Kinderschuhen, obwohl laut Ministerium das analoge Signal bis 2019 eingestellt werden soll. Laut offiziellen Berichten decke das digitale Signal bereits 68 % der Bevölkerung Kolumbiens ab, auch wenn die Programmausstrahlungen immer noch komplett analog laufen. Dies hat v.a. mit den hohen Anschaffungskosten neuer digitalfähiger Empfangsgeräte und der mangelnden Nachfrage zu tun.

Das Internet

Bereits in den 1990er Jahren setzte die Kommission zur Kontrolle der Telekommunikation eine Deregulierung in Gang, indem Konzessionen an verschiedene Internetdienst- und Mobilfunkanbieter zum Aufbau der Infrastruktur vergeben wurden. Nachdem die Regierung das Monopol der staatlichen Telecom aufhob, bestimmten bereits 1998 kommerzielle Anbieter den Markt für den Internetzugang. Im Laufe der 2000er fanden eine Oligopolisierung und eine Zusammenballung verschiedener Dienstleistungen durch wenige kapitalstarke Unternehmen statt. Dieser Prozess wurde mit dem Dekret über die Konvergenz von 2007 beschleunigt, mit dem einmalige Lizenzen für mehrere Dienstleistungen gleichzeitig vergeben werden konnten. Laut MinTIC dominierten 2012 fünf Internetprovider den Markt, sechs Unternehmen den mobilen Internetzugang und fünf den Mobilfunkmarkt (Montoya Londoño 2014: 70). Falls ein Infrastrukturanbieter in einem dieser Märkte eine absolute Marktmacht erlangt, ist er gesetzlich verpflichtet, seine Infrastrukturen für andere Telekommunikationsanbieter zur Verfügung zu stellen.

Das Internet ist nach Fernsehen und Radio das drittwichtigste Medium für die Kolumbianer. Die durchschnittliche Dauer der Internetnutzung lag 2014 mit 4,3 Stunden noch vor dem Fernsehen. Laut einer Umfrage des Statistikamtes von 2014 besitzen 44,5 % aller Haushalte einen Computer, wobei es einen gravierenden Unterschied zwischen Stadt und Land gibt, der bei Radio und Fernsehen in dieser Intensität nicht auftritt. In abgelegenen Regionen haben nur etwas mehr als 11 % der Haushalte einen Computer, was Konsequenzen für die Internetkonnektivität hat, die hier nur bei 7 % liegt. Ähnliche Diskrepanzen zeigen sich bei der Breitbandversorgung über

Kabel. Lediglich die einkommensstärkeren Departments mit städtischen Ballungszentren erreichen eine nennenswerte Quote. Wie kein anderes Medium ist das Internet bzw. die Telekommunikationsinfrastruktur geographisch extrem segmentiert. Laut dem Umfrageinstitut *Latinobarómetro* gab im Jahr 2015 fast die Hälfte der interviewten Personen an, nie Internet zu nutzen. Im Landesdurchschnitt haben etwa 40 % der Haushalte einen festen oder mobilen Internetzugang. Insbesondere jüngere Menschen bis 30 Jahre gehören zum intensiven Nutzersegment. Sie lesen verstärkt Nachrichten auf Blogs oder Seiten von Zeitschriften und Zeitungen, so dass von einem positiven Effekt des Internets auf den Nachrichtenkonsum ausgegangen wird (Montoya Londoño 2014: 70).

Polit-ökonomische Interessenverflechtungen als Problem für unabhängige Medien

In Kolumbien treten zahlreiche Politiker persönlich als Medienunternehmer auf oder wechseln zwischen medialem und politischem Feld hin und her. Neben der politischen Instrumentalisierung ist die Einbindung von Medienunternehmen in medienfremde Unternehmensgruppen das gravierendste Problem für unabhängige Medien, weil dadurch neben der erwähnten Konzentration im Mediensektor eine diagonale Verflechtung mit anderen Branchen stattfindet. Daran anschließend kann von einer Oligarchisierung des Medienmarktes gesprochen werden, weil Presse und Rundfunk mit ein paar Ausnahmen in eine oligarchische Besitzstruktur eingebunden sind. Die folgende Tabelle gibt darüber Auskunft.

Unternehmer	Tages-zeitungen	TV-Sender	Radiosender	Medienfremde Branchen
Carlos Ardila Lülle		**Canal RCN, RCN Nove-las**, NTN24, Nuestra Tele, MundoMax, Win sport	**RCN Radio**, Antena 2, Amor Stereo, El Sol, **Fantás-tica**, Fiesta, **La Cariñosa, La FM**, La Mega, **La Radio**, Ra-dio Uno, Radio Red, Rumba	Getränke, Nahrungsmit-tel; Agrar- und Forstwirtschaft, Sport, Auto-mobilindustrie, Kraftstoffe, Logistik, Ver-sicherung und Finanzen, Im-mobilien
Alejandro y Andrés Santo Domingo (Valorem)	**El Espectador**	**Caracol Televi-sión, Caracol Telenovelas**	**Blu Radio**	Getränke, Immobilien, Tourismus, Logistik und Transport, Einzelhandel, Industrie, Ag-rarwirtschaft, Chemieindus-trie
Organización Carlos Sar-miento Angu-lo (OCSAL)	**El Tiempo, Portafolio**, Llano 7 días, Boyacá 7 días, Cundinamarca 7 días, **ADN** Bogotá, **ADN** Cali, **ADN** Me-dellín, **ADN** Barranquilla	**City TV**, Canal El Tiempo		Finanzen, Ag-rarwirtschaft, Bergbau, Ener-gie und Gas, Infrastruktur, Hotelwesen, Bauwesen
Familie Gal-vis Ramírez (GNM)	Vanguardia Liberal, El Universal, El Nuevo Día, La Patria, La Tarde, **Q'hubo** (edita 8 de las 12 ediciones locales)			Finanzen, Viehzucht

Familien Gómez & Hernández (GNM)	**El Colombiano, Gente, Q'hubo** Medellín, **La República**			
Familie Lloreda (GNM)	**El País, Q'hubo** Cali, **Q'hubo** Palmira, Palmira Hoy, Cartago Hoy			Finanzen, Nahrungsmittel, Energie, Gas, Bauindustrie
El Heraldo S.A.	**Al Día, El Heraldo**			Finanzen, Immobilien, Agrarwirtschaft
Familie Char			Emisora del Atlántico, La KY, La Reina, **Olímpica estéreo**, Radio Mil, Radio Tiempo	Agrarwirtschaft, Einzelhandel, Nahrungsmittel, Sport, Finanzen, Industrie, Immobilien, Werbung
Grupo Prisa			**Caracol Radio, W Radio, Tropicana**, Oxígeno2, Bésame, 40 Principales, La Vallenata, Radio Activa	

Anmerkung: reichweitenstarke Medien in der jeweiligen Sparte fett gedruckt.

Tabelle 1: Konzentrationstendenzen im Mediensektor anhand der neun wichtigsten Unternehmer für die reichweitenstärksten Medien. Quelle: Reporteros Sin Fronteras/ FECOLPER 2015.

Carlos Ardila Lülle gehört zu den einflussreichsten Unternehmern und gilt als drittreichster Mann Kolumbiens. Sein Vermögen wird auf 1,7 Mrd. US-Dollar geschätzt, das er aus mehr als 50 Unternehmen generiert, darunter die Zuckerraffinerie Incauca und die Getränkemarke Postobon. Mit *Cadena RCN Radio* und *RCN Televisión* sowie internationalen Pay-TV-Kanälen bindet er die wichtigsten Sender im Rundfunk in sein Konzernnetzwerk ein. *RCN* wird eine intime Nähe zum ehemaligen Präsidenten Uribe nachgesagt, weil Ardila Lülle seine Präsidentschaft unterstützte und stets Wahlkampagnen seiner favorisierten Präsidentschaftskandidaten finanziert. Uribe ernannte 2008 den Direktor der *RCN*-Nachrichtensendung Álvaro García zum Botschafter in Argentinien. Während des Streiks der Zuckerrohrarbeiter im Jahr 2008 verzichtete *RCN Televisión* auf eine Berichterstattung, um die Zuckerfirmen von Ardila Lülle nicht in ein schlechtes Licht zu rücken (Castro 2013: 149-150).

Die zweitreichsten Männer Kolumbiens sind die Brüder Alejandro und Andrés Santo Domingo (geschätztes Vermögen 4,9 Mrd. US-Dollar) und in allen Mediensparten vertreten. Sie verfolgen eine multimediale und diagonale Wachstumsstrategie. Über die Holding Valorem werden die verschiedenen Unternehmen verwaltet, darunter der wichtigste TV-Sender *Caracol Televisión*, die überregionale Tageszeitung *El Espectador* und *Cine Colombia* sowie bedeutende Zeitschriften wie *Cromos* oder *Shock*. Die Brüder halten mit Bavaria das Monopol der Bierherstellung in Kolumbien und gehen Fusionen mit internationalen Konzernen ein. Bavaria wird nachgesagt, Steuern an Paramilitärs gezahlt zu haben. Der Vater Julio Mario Santo Domingo hatte nach dem Erwerb von *El Espectador* die Leitlinie geändert und Chefredakteure zur Unterstützung bestimmter politischer Kandidaten angewiesen, weil er deren Wahlkämpfe finanzierte (Castro 2013: 147-148).

An dritter Stelle folgt mit einem geschätzten Vermögen von 13,4 Mrd. US-Dollar der reichste Mann Kolumbiens (unter den hundert reichsten der Welt), Luís Carlos Sarmiento Angulo. Er ist der wichtigste Einzelunternehmer im Bankensektor und kontrolliert mit der *Grupo Aval Acciones y Valores S.A.* ein Drittel des kolumbianischen Finanzmarktes. Erst 2012 erwarb er das komplette Aktienpaket der *Casa Editorial El Tiempo* (CEET) und besitzt somit neben zahlreichen Zeitschriften und Zeitungen die meistgelesene Kaufzeitung des Landes sowie zwei Kanäle im Pay-TV. CEET befand sich zwischen 1913 und 2007 vollständig unter Kontrolle der Familie Santos, deren Mitglieder in der Redaktion leitende Posten begleiteten und es auch bis ins Regierungsamt schafften, u.a. der heutige Präsident Juan Manuel Santos. Die Verlagsgruppe CEET sorgte für politische Skandale. 2010 wurde deren renommierte politische Zeitschrift *Cambio* geschlossen, nachdem diese Verbindungen zwischen dem obersten Staatsanwalt von Antioquia und dem Cousin des ehemaligen Präsidenten Uribe sowie paramilitärischen Strukturen offengelegt hatte. Zuvor wurde die Journalistin Claudia López bei *El Tiempo* entlassen, nachdem sie die Parteilichkeit des Mediums zugunsten von Juan Manuel Santos (damals Verteidigungsminister) kritisiert hatte (Castro 2013: 145). Mit dem Besitzwechsel der Zeitung in 2012 scheint sich die politische Leitlinie zugunsten von Luis Carlos Sarmiento und seinem Konzernnetzwerk verschoben zu haben (Reporteros Sin Fronteras/FECOLPER 2015). Über die meistgelesene Gratiszeitung *ADN* in den wichtigsten Städten des Landes bestimmt er über eine breite Leserschaft und mit dem Kanal *City TV* den drittwichtigsten Free-TV-Sender im Land. Luis Carlos Sarmiento Angulo unterstützte öffentlich die Präsidentschaft von Álvaro Uribe und die Kandidatur von Rafael Pardo von der Liberalen Partei für das Bürgermeisteramt in Bogotá, der seit November 2015 unter Santos der beratende Minister für Postkonflikt und Menschenrechte ist.

Die Familien Galvis aus Santander, Gómez & Hernández aus Antioquia und Lloreda aus dem Valle del Cauca haben sich zur *Grupo Nacional de Medios* (GNM) zusammengeschlossen (in der Tabelle einzeln aufgeschlüsselt). Sie teilen sich die Aktienanteile an gemeinsamen Medienunternehmen wie die einzige kolumbianische Nachrichtenagentur *Colprensa* und die meistgelesene Boulevardzeitung des Landes *Q'Hubo*. Darüber hinaus dominiert jede Familie die wichtigste Zeitung in den Großstädten ihrer Herkunftsdepartments sowie zahlreiche weitere Regionalblätter. Gómez und Hernández geben außerdem das überregionale konservative Wirtschaftsblatt *La República* heraus, das sie Ende der 1990er aufkauften. Die drei Familien bemühten sich gemeinsam mit der spanischen PRISA um den Erwerb des dritten privaten TV-Kanals, dessen Konzessionierung bis Ende 2016 noch nicht abgeschlossen war. Ein multimediales Engagement ist daher in den kommenden Jahren zu erwarten.

Alejandro Galvis Galvis war bis zu seinem Tod im Jahr 1981 eine wichtige Figur der Liberalen Partei in Santander und bekleidete hohe politische Staatsämter. Sein Sohn Alejandro Galvis Ramírez folgte der politischen Karriere des Vaters und baute das Medienunternehmen aus. Erst 2015 schied er aufgrund von Streitigkeiten aus der Liberalen Partei in seinem Department aus. Mitglieder der Familien Gómez & Hernández unterstützten Präsident Uribe und bekleideten während seiner acht Regierungsjahre wichtige politische Ämter. Sie sind in dessen Partei *Centro Democrático* engagiert. Juan Gómez war Direktor von *El Colombiano* und Bürgermeister von Medellín, Gouverneur von Antioquia sowie Senator und Minister. Rodrigo Lloreda Caicedo aus der Herausgeberfamilie von *El País* war Gouverneur des Departments Valle del Cauca, mehrmaliger Minister und Präsidentschaftskandidat der Sozialkonservativen Partei in den

Wahlen 1990. Heute ist die Familie nicht nur in der Politik aktiv, sondern auch Eigentümerin eines der größten Unternehmen zur Herstellung von Seifen, Ölen und Fetten sowie Fischkonserven. Die *GNM* trägt demnach maßgeblich dazu bei, dass fast alle Regionalzeitungen politischen Klientelismus betreiben.

Die Familien Manotas, Pumarejo und Fernández teilen sich zu gleichen Anteilen die Aktienfirma El Heraldo, ebenfalls mit Verbindungen zur regionalen politischen Elite. Die Firma gibt *Al Día* und *El Heraldo* heraus, die beide in den Departments der Atlantikküste verbreitet werden und dort den Markt bestimmen. Die drei Familien sind auch in anderen Wirtschaftszweigen aktiv.

Eine weitere wirtschaftlich und politisch einflussreiche Familie an der Atlantikküste sind die Chars, die wichtige Hörfunksender in ihr Portfolio aufgenommen haben. Fuad Char Abdala war 1984 Gouverneur des Departments Atlántico, 1986-1990 Entwicklungsminister, mehrmals Senator für die Region und später sogar Botschafter in Portugal. Er begann seine Karriere in der Liberalen Partei und gründete 2004 den Uribe-nahen *Cambio Radical* mit. Gemeinsam mit seinen Söhnen Alejandro und Arturo gründete er die Supermarktkette *Olímpica*, unter dessen Name einer der meistgehörtesten Radiosender des Landes und die wichtige Senderkette *Organización Radial Olímpica* (ORO) firmiert, an der das Familienunternehmen einen großen Aktienanteil hält. Die Söhne sind ebenfalls wichtige Regionalpolitiker, wobei Alejandro von 2008 bis 2011 Bürgermeister von Barranquilla und Arturo von 2006-2011 für den *Cambio Radical* im Senat war. 2015 wurde Alejandro erneut zum Bürgermeister von Barranquilla gewählt, nachdem er für Santos in der Region als Berater fungierte.

Eine Ausnahme auf dem Medienmarkt stellt die aus Spanien stammende PRISA-Gruppe dar, die die größte Medienholding im spanischsprachigen Raum ist und in 22 Ländern investiert. In Kolumbien hält sie die *Cadena Caracol*, zu der mehrere wichtige Radiosender gehören. 2003 hatte die Gruppe von Santo Domingo die Aktienmehrheit von *Caracol Radio* und bis 2012 stückweise die Mehrheit der gesamten Senderkette erworben. Gemeinsam mit *Metro Internacional*, die die kostenlose Tageszeitung *Publimetro* herausgibt, ist PRISA der einzige internationale Konzern in den traditionellen Massenmedien, abgesehen von den Kabelbetreibern der Telekommunikationsnetze (Reporteros Sin Fronteras/FECOLPER 2015).

Aus dem Gesagten lassen sich wesentliche Tendenzen der politischen Ökonomie der Medien in Kolumbien ableiten: Erstens ist insgesamt ein hoher Grad horizontaler Konzentration zu beobachten. In jedem Mediensegment kontrollieren zwei bis drei Unternehmen den Großteil des Rezipienten- und Werbemarktes. Zweitens ist bei den drei finanzkräftigsten Medienunternehmern eine multimediale Verflechtung feststellbar, was negative Konsequenzen für die Informationsvielfalt hat. Drittens findet eine Oligarchisierung des Medienmarktes statt. 15 Familien, die zu den ökonomischen Schwergewichten des Landes zählen, kontrollieren den gesamten Medienmarkt. Sie besitzen bis auf wenige Ausnahmen alle Unternehmen und Anteile in medienfremden Branchen. Viertens ist die Präsenz ausländischen Kapitals in den klassischen Massenmedien eher gering, was der These einer Transnationalisierung des Medienmarktes entgegensteht. Gleichwohl sind kolumbianische Medienunternehmer an internationalen Allianzen beteiligt oder in ausländischen Märkten vertreten. Fünftens schließlich haben die polit-ökonomischen Interessen der Medienunternehmer und die Verknüpfung zwischen Medien und Politik einen negativen Einfluss auf die mediale Unabhängigkeit, wie an einigen Beispielen illustriert wurde. "In the final analysis, the news agenda is deeply compromised by the political ambitions of some of the most powerful economic elites in the country; ultimately they are an integral part of the corporate framework" (Iván Bonilla/Narváez Montoya 2008: 96).

Journalismus im kolumbianischen Kontext und Meinungsvielfalt

In diesem Zusammenhang offenbaren Umfragen unter Journalisten gravierende Korruptionsverhältnisse in den Medien, die sowohl interne als auch externe Ursachen haben. Über die Hälfte der Journalisten geben an, dass ihre Kollegen Inhalte auf Druck von Werbetreibenden oder Politikern anpassen und für veröffentlichte Informationen von Auftraggebern Geld kassieren oder sogar mit Dritten Verträge haben. Insbesondere die lokalen Regierungen und staatlichen Institutionen üben Druck auf Medien aus, indem sie mit der Streichung von Werbegeldern drohen. Fast drei Viertel der Journalisten kritisieren die ungerechte Verteilung von Regierungswerbung (PAN 2013: 34-38). Hinzu kommt, dass die Arbeitsverträge, die Arbeitszeiten sowie die Bezahlung von Journalisten eher prekären Arbeitsverhältnissen entsprechen. "Die restriktive und beliebige Vergabe von Werbegeldern und die Prekarität der Arbeitsrechte wirken sich weiterhin negativ auf die freie und unabhängige Arbeit von Journalisten aus [...]" (FECOLPER 2012: 14).

Vor dem Hintergrund des bewaffneten Konfliktes vermeidet über die Hälfte aller Journalisten aus Angst vor Gewalt die Veröffentlichung von Informationen. Für ein Drittel der Journalisten sind die Präsenz von illegalen Gruppen, Entlassung oder Schließen des Mediums sowie die Diskreditierung ihrer Person durch öffentliche Amtsträger wichtige Gründe für Selbstzensur. Immerhin ein Viertel sieht sich von staatlichen Autoritäten oder den Herausgebern und Leitern ihres Mediums Druck ausgesetzt und vermeidet unliebsame Inhalte (PAN 2013: 32). Interessanterweise sind wirtschaftliche und politische Faktoren der Einflussnahme auf Medien laut Journalisten wichtiger als der bewaffnete Konflikt (Gutiérrez Coba et. al 2010: 36). Die Angriffe und Einschränkungen der Bewegungsfreiheit durch staatliche Sicherheitskräfte und die illegale Überwachung von Medien durch den Staat rangieren weit vor der Einschüchterung durch die Guerilla. Der Staat und seine Sicherheitsorgane stellen somit die Hauptbedrohung für Journalisten dar, wie Untersuchungen zu den Parlaments- und Präsidentschaftswahlen im Jahr 2014 einmal mehr bestätigen (PAN 2013: 27-28; FLIP 2014). Unter Uribe sah sich insbesondere die Presse, die teilweise seine Verstrickungen mit den Paramilitärs und illegalen Geschäften aufdeckte, ständigen Attacken ausgesetzt. Es ist mittlerweile bewiesen, dass der ehemalige staatliche Geheimdienst DAS (*Departamento Administrativo de Seguridad*) Medien ausspioniert und bedroht und den Mord an dem Journalisten und Satiriker Jaime Garzón in Auftrag gegeben hat. Die Skandale der Para-Politik und die enge Verflechtung zwischen Politik und Medien lassen vermuten, dass Paramilitärs ebenfalls Einfluss auf Medienorgane ausüben (Montoya Londoño 2014: 72). Auch unter Santos halten Drohungen, körperliche Gewalt und Morde an Journalisten an. Laut der Stiftung für Pressefreiheit (*Fundación para la Libertad de Prensa*, FLIP) wurden zwischen 1977 und 2015 114 Journalisten in Kolumbien ermordet. Auch wenn Mexiko, Honduras und Brasilien zwischen 2010 und 2015 bei der Mordstatistik noch vor Kolumbien platziert sind, so starben in dem Zeitraum immerhin noch 11 Journalisten auf kolumbianischem Boden. Die Straflosigkeit führt dazu, dass diese Morde nur sehr selten aufgeklärt werden.

Es bedarf dieser Fakten, um die geringe journalistische Qualität in den Massenmedien zu verstehen. Das *Proyecto Antonio Nariño* (PAN) kritisiert beispielsweise, dass allgemein offizielle Quellen überwiegen und es kaum investigative Recherchen gebe; der mangelnde Informationszugang zu offiziellen Stellen und die Beziehung zwischen Journalisten und Beamten führe zu Vertuschungen; es herrsche eine oberflächliche, kommerzielle und verzerrte Nachrichtenberichterstattung; und es gebe kaum Korrespondenten, die vor Ort aus den Konfliktgebieten berichteten (Montoya Londoño 2014: 76). Letzteres führt zu einer mangelnden Sichtbarkeit der Opfer des Konfliktes, insbesondere in den peripheren Regionen. Inhaltsanalysen der Berichterstattung in der Presse und von Nachrichtensendungen im Rundfunk zeigen, dass vor allem im Radio Musik und leichte Unterhaltung überwiegen und eher kommerzielle Bedürfnisse einer städtischen Mittelschicht befriedigt werden; "nur ein ganz geringer Anteil aller kolumbianischer Radiostationen sendet kulturelle oder erzieherische Programme, die der Integration und Entwicklung geographisch oder sozial marginalisierter Gruppen förderlich sind" (Kusche 1997: 598). Besonders schlechte Noten werden den privaten Fernsehsendern ausgestellt: "Das Fernsehen zeichnet sich durch ein hohes Ungleichgewicht in der Nachrichtenpräsentation, einen Mangel an Quellenvielfalt, Defizite bei der Befragung von Experten und ein hohes Maß an Sensationalismus aus" (Mejía Quintana 2011: 132). Darüber hinaus gebe es kaum Informationen zum Weltgeschehen. Das Fernsehen sei in seiner überwiegenden Mehrheit ein Verlautbarungsorgan der Regierung und diene nicht selten der Legitimation ihrer Handlungen (Castro 2013: 154-160). Ein Indiz für die Regierungsnähe des meistkonsumierten Mediums zeigen statistische Untersuchungen. Eine positive Bewertung der Regierung Uribe korrelierte eindeutig mit einem hohen Fernsehkonsum, wohingegen soziodemographische Variablen keine wechselseitigen Effekte zeigten. Gleichzeitig verstärkt das Fernsehen eher rechte ideologische Dispositionen (García Sánchez/Willis Otero 2011: 142-150). Diejenigen, die regelmäßig Zeitung und internationale Nachrichten lesen, neigten eher zu einer Ablehnung des Präsidenten Uribe (Olsen 2009: 23). Allerdings ist diese Zielgruppe eher auf eine kleine, ökonomisch gut gestellte Gesellschaftsschicht beschränkt, die sich die Vielfalt kultureller Güter leisten kann (Narváez Montoya 2013: 62). Neben der Ausblendung der Realität außerhalb der Städte, wo soziale und Umweltkonflikte auch nach dem Friedensabkommen im Jahr 2016 zwischen den FARC und der Regierung Santos (insbesondere durch Paramilitärs) weiterhin die größten Opferzahlen verursachen, verschärft die sozioökonomische Struktur des Landes Ungleichheiten im Medienzugang und somit zur Quellenvielfalt bei der politischen Meinungsbildung. Insbesondere die Rezeption von Presse, Zeitschriften und Internet ist extrem stratifiziert. "Und obwohl die Alphabetisierungsrate der Bevölkerung hoch ist, gehen von der ungleichen Reichtumsverteilung keine Impulse für den Zugang der Gesamtbevölkerung zu kulturellen Gütern aus" (Huertas 2006: 172). Es kann daher von einer doppelten Marginalisierung im Medienbereich gesprochen werden: zum einen in der Sichtbarmachung unterschiedlicher Lebensrealitäten und zum anderen im Zugang zu Perspektiven und Narrativen unterschiedlicher journalistischer Formate (Narváez Montoya 2013: 64).

Zukunftsperspektiven

Bevölkerungsgruppen mit einem hohen kulturellen Kapital, vor allem zivilgesellschaftliche Organisationen, Gewerkschaften und indigene Organisationen, verfügen über einen hohen Grad an sozialer Kohäsion und nicht-institutionalisierte Kommunikationsformen (Narváez Montoya 2013: 63). Diese lokalen und regionalen Parallelöffentlichkeiten finden jedoch keinen Eingang in die hegemoniale Öffentlichkeit. Eine Transformation des Produktions- und Akkumulationsmodells durch kritische Interventionen wird verhindert und die existierende Machtverteilung bleibt unangetastet. "The antidemocratic character of media structures tilted in favor of concentrated business and political elites, however, palpably reflects a legacy of power inequalities and the difficulties for even minimally redressing, let alone restructuring, wide disparities in access to the means of public expression" (Waisbord 2000: 60). Die Markt- und Regulierungsbedingungen in Kolumbien stehen einem Pfadwechsel zu einem demokratischen Medienregime, das allen gesellschaftlichen Gruppen offen steht, um ihre politischen Forderungen zu artikulieren und hegemoniale Setzungen ständig zur Disposition stellen zu können, im Wege.

Die Beschränkung der Medienfreiheit in Kolumbien kann nur vor dem Hintergrund des sozialen, wirtschaftlichen und ökonomischen Konfliktes verstanden werden. Wie sich in Umfragen bestätigt hat, schränken vor allem wirtschaftliche Akteure, staatliche Institutionen und offizielle Sicherheitsorgane journalistisches Arbeiten ein. Trotz des Friedensabkommen zwischen FARC und Regierung wird sich an den Arbeitsbedingungen für Journalisten vor dem Hintergrund der Präsenz von Paramilitärs und der prekären Menschenrechtssituation laut UN-Berichten wenig bis gar nichts ändern. Solange die Eliten des Landes lediglich bereit sind, mit einem Akteur des bewaffneten Konfliktes zu verhandeln, nicht aber den sozialen und wirtschaftlichen Konflikt unter Beteiligung alle zivilgesellschaftlicher Sektoren zu lösen, solange bleiben auch die Medien in einem Regime-Hybrid mit einer oligarchischen Kapitalakkumulation unter Ausschluss breiter Bevölkerungskreise stecken.

Literaturverzeichnis

CASTRO, Nelly (2013): "Die Medien in Kolumbien". In: Graaf, David/Heins, Miriam/ Henkel, Cathy/Ludwig, Marie/Schauenberg, Tim/Steger, Rebecca/Thema, Johannes (Hg.): *Kolumbien: Vom Failing State zum Rising Star? Ein Land zwischen Wirtschaftswunder und humanitärer Krise.* Berlin: wvb, S. 141-166.

FECOLPER (Federación Colombiana de Periodistas) (2012): *Análisis de Libertad de Prensa 2007-2012. Entre avances y retrocesos para los periodistas en Colombia.* Bogotá: FECOLPER.

FLIP (Fundación para la Libertad de Prensa) (2014): *Informe 2014 sobre la libertad de prensa durante los procesos electorales.* Bogotá: FLIP.

GARCÍA SÁNCHEZ, Miguel/WILLIS OTERO, Laura (2011): "El poder de la televisión. Medios de comunicación y aprobación presidencial en Colombia". In: Rettberg, Angelika/ Rincón, Omar (Hg.): *Medios, democracia y poder. Una mirada comparada desde Colombia, Ecuador, Venezuela y Argentina.* Bogotá: Universidad de los Andes, S. 135-158.

GUTIÉRREZ COBA, Liliana/PRADA PENAGROS, Rodolfo/VALDERRAMA VALDERRAMA, Jairo/ GARCÍA PERDOMO, Víctor/GUZMÁN DE REYES, Adriana/FORERO GUTIÉRREZ, Alfonso (2010): "Las condiciones laborales y la satisfacción de los periodistas colombianos". In: *Investigación y Desarrollo*, 18, 1, S. 24-43.

HUERTAS, Carlos Eduardo (2006): "Colombia". In: Mastrini, Guillermo/Becerra, Martín (Hg.): *Periodistas y Magnates. Estructura y concentración de las industrias culturales en América Latina.* Buenos Aires: Prometeo, S. 171-195.

IVÁN BONILLA, Jorge/NARVÁEZ MONTOYA, Ancízar (2008): "The Media in Colombia: Beyond Violence and a Market-Driven Economy". In: Lugo Ocando, Jairo (Hg.): *The Media in Latin America.* Glasgow: Open University Press, S. 78-99.

KUSCHE, Dagmar (1997): "Massenmedien in Kolumbien". In: Altmann, Werner/Fischer, Thomas/Zimmermann, Klaus (Hg.): *Kolumbien heute. Politik, Wirtschaft, Kultur.* Frankfurt a.M.: Vervuert, S. 585-614.

LONDOÑO, Adriana (2008): "La agenda mediática de Colombia". In: Zukernik, Eduardo (Hg.): *Observador de medios de comunicación en América Latina. Prensa, ciudadanía y democracia en Brasil, Colombia, Ecuador, Perú y Venezuela.* Buenos Aires: Konrad-Adenauer-Stiftung, S. 35-55.

Mejía Quintana, Oscar (2011): "Democracia deliberativa, opinión pública y medios de comunicación en Colombia". In: Rettberg, Angelika/Rincón, Omar (Hg.): *Medios, democracia y poder. Una mirada comparada desde Colombia, Ecuador, Venezuela y Argentina*. Bogotá: Universidad de los Andes, S. 105-134.

Montoya Londoño, Catalina (2014): "In Search of a Model for the Colombian Media System Today". In: Guerrero, Manuel Alejandro/Márquez Ramírez, Mireya (Hg.): *Media Systems and Communication Policies in Latin America*. Basingstoke/New York: Palgrave Macmillan, S. 66-81.

Narváez Montoya, Ancízar (2013): "Mercado de medios y esfera pública en Colombia". In: *Revista Eptic Online*, 14, 1, S. 49-66.

Olsen, Tricia (2009): "Ideología y apoyo presidencial". In: *Comunicación y ciudadanía*, 1, S. 16-27.

PAN (Proyecto Antonio Nariño) (2013): *Segunda encuesta nacional de libertad de expresión y acceso a la información en Colombia*. Bogotá: PAN.

Reporteros Sin Fronteras/FECOLPER (2015): *De quién son los medios? Monitoreo de la propiedad*. <http://www.monitoreodemedios.co/> (15.05.2017).

Vizcaíno Gutiérrez, Milcíades (2005): "La legislación de televisión en Colombia: entre el Estado y el mercado". In: *Historia crítica*, 28, S. 127-152.

Voltmer, Katrin (2012): "How Far Can Media Systems Travel? Applying Hallin and Mancini's Comparative Framework Outside the Western World". In: Hallin, Daniel/ Mancini, Paolo (Hg.): *Comparing Media Systems Beyond the Western World*. Cambridge u.a.: Cambridge University Press, S. 224-245.

Waisbord, Silvio (2000): "Media in South America. Between the Rock of the State and the Hard Place of the Market". In: Curran, James/Park, Myung-Jin (Hg.): *De-Westernizing Media Studies*. London/New York: Routledge, S. 50-62.

Zinecker, Heidrun (2007): *Kolumbien und El Salvador im longitudinalen Vergleich. Ein kritischer Beitrag zur Transitionsforschung*. Baden-Baden: Nomos.

Narcocultura – Kultur des leichten Geldes

Thomas Fischer

Einleitung

Am 29. November 1993, mitten im Krieg der Drogenkartelle mit dem kolumbianischen Staat, publizierte die spanische Wochenzeitschrift *Cambio16* einen Beitrag Gabriel García Márquez' mit dem Titel "Apuntes para un debate nuevo sobre las drogas". Hinter der nüchternen Überschrift verbarg sich ein emotional aufgeladener, anklagender Text. Der Nobelpreisträger für Literatur prangerte die Methodik des unter Ronald Reagan 1982 begonnenen Drogenkrieges an. Die Delinquenz, den Terrorismus, die Industrie der Entführung und die allgegenwärtige Korruption – begleitet von einer Welle der Gewalt – brachte er in einen kausalen Zusammenhang damit. Und als ob dies nicht genug wäre, beobachtete er einen mit dem Drogenhandel (*narcotráfico*) und seiner Bekämpfung in Verbindung stehenden kulturellen Wandel:

> Eine Droge, die perverser ist als die anderen, ist zu einem Teil der nationalen Kultur geworden: das leichte Geld, das die Vorstellung gefördert hat, dass das Gesetz ein Hindernis auf dem Weg zum Glück ist, dass es sich nicht lohnt lesen und schreiben zu lernen, dass man als Auftragsmörder besser und sicherer lebt denn als Richter. Kurzum, der Zustand sozialer Perversion, der jedem Krieg eigen ist (García Márqez 1993: 67; Übersetzung des Autors).

García Márquez zufolge wirkte der Drogenhandel als Türöffner für eine kulturelle Transformation, die er als gefährliche Fehlentwicklung betrachtete. Seine *apuntes* (Notizen) waren ein Aufschrei gegen das ethische Fundament des *narcotráfico*, der die *narcocultura* begründete. Heute kann man feststellen, dass sich die Prophezeiung des Nobelpreisträgers über den beschleunigten Wertewandel als Folge des Drogenhandels und des Krieges gegen die Drogen bewahrheitet hat. Aber was ist eigentlich die von ihm festgestellte Kultur des leichten Geldes? Wie manifestiert sich *narcocultura*? Wie wird über sie in der Öffentlichkeit diskutiert? Wie verhalten sich Staat und Gesellschaft dazu? Dies sind die Fragen, die in den folgenden Ausführungen beantwortet werden sollen.

Kultur des leichten Geldes

Drei Tage nach der Publikation von García Marquéz' *apuntes* wurde Pablo Escobar, die wichtigste Figur des *narcotráfico* und damals Kolumbiens Staatsfeind Nummer eins, getötet. Aber das Drogenbusiness und das Streben nach dem leichten Geld, dessen Wegbereiter Escobar und seine Generation von *narcotraficantes* waren, gingen damit nicht zu Ende. Die Kultur des leichten Geldes umfasst viel breitere Bevölkerungssegmente als diejenigen Personen, die unmittelbar in das Drogenbussiness involviert sind. Dazu gehören auch diejenigen in Regierung, Parlament und Verwaltungsapparat, die sich mit *narco*-Geldern kaufen lassen, sowie die Fußballklubs, Bauunternehmer, Architekten, Hotelbesitzer, Bankmanager und Musiker, die von Transferzahlungen aus dem Drogensektor profitieren (Rincón 2013: 1). Aber auch Politiker, die öffentliche Gelder zweckentfremden und in ihre eigenen Taschen fließen lassen oder Bestechungsgeld (*morcilla*) von Baufirmen entgegennehmen (Fischer 2012), Mafiosi, die mit gestohlenen Autos viel Geld verdienen und diejenigen, die illegal Bergbau betreiben oder Kleinbauern ihr Land rauben, um Ölpalmenplantagen anzulegen, versuchen, schneller als im legalen, rechtsstaatlich überwachten, marktorientierten Sektor Geld zu machen. Einen Großteil davon geben sie meist ebensoschnell wieder für Konsumgüter aus. Dieses kulturelle Phänomen sprach García Márquez in seinen *apuntes* an.

Narcocultura als kulturelles Substrat des *narcotráfico*

Narcocultura wird in den folgenden Ausführungen als Ensemble von Denkweisen, Vorstellungen, Werten, Bräuchen, Gewohnheiten, Ritualen und Praktiken verstanden, die für Menschen typisch sind, die mit dem Drogenbusiness in Verbindung stehen. *Narcocultura* manifestiert sich akustisch (Musik), visuell und sprachlich; die Ästhetik der *narcocultura* rahmt dadurch auf den sinnlich wahrnehmbaren Ebenen den für ihre Repräsentanten konstitutiven Geschmack. *Narcocultura* ist ein Lebensstil, eine Form sich zu kleiden, sich auszudrücken, zu wohnen und die Freizeit zu verbringen. Die Kriterien der Zugehörigkeit zu dieser Gruppe beschreibt Omar Rincón mit folgenden Worten: "Kohle haben, Waffen, Silikonfrauen, schrille Musik, auffallende Kleidung, extravagante Immobilien, mit Autos und Objekten protzen" (Rincón 2009: 148, Übers. d.

Autors). Partyfeiern – müsste man noch hinzufügen, obwohl seit der Verfolgung durch die Sicherheitskräfte die reichen Drogenhändler nur noch selten mit orgiastischen Festen in Erscheinung treten.[1] Von allem, über das die Armen zu wenig verfügen, haben die Träger der *narcocultura* zu viel – zumindest inszenieren sie sich so, als verfügten sie im Übermaß darüber (Abad Faciolince 2008).

Für die Zeit ihrer Entstehung kann es angemessen sein, die *narcocultura* als Subkultur zu bezeichnen, die in Antioquia, dem Caquetá oder dem Putumayo gelebt wurde. Weil in diesen Landesteilen, vor allem in Antioquia, nicht alle so dachten, konnte man sie auch als *counterculture*, als populären Gegenentwurf der Marginalisierten zum Konzept der Eliten verstehen. Inzwischen ist die *narcocultura* in allen Landesteilen verbreitet: "Wir alle tragen einen Narco in uns", schreibt Omar Rincón: "[...] wir leben in Kulturen, in denen die Art zu denken, zu handeln, zu träumen, Sinn zu produzieren und zu kommunizieren die Narcoform annehmen" (Rincón 2013: 2; Übers. d. Autors). Würde man seiner fatalistischen Abhandlung über die Narcoethik Glauben schenken, wäre heutzutage jeder in Kolumbien Geborene ein kleiner *narco*. Zumindest wäre jeder dazu verdammt, ein kleiner *narco* zu werden. Damit würde man allerdings sehr vielen rechtschaffenen Kolumbianerinnen und Kolumbianern Unrecht tun. Man sollte daher jeder Analyse zum Thema die Feststellung vorausschicken, dass es – wie García Márquez anklingen ließ – die Umstände sind, die Menschen zu Drogenhändlern und Repräsentanten der *narcocultura* machen und unzählige weitere dazu bringen, dem leichten Geld nachzujagen oder zumindest davon zu träumen. Den Nährboden für die Ausbreitung des Drogenbusiness bilden die strukturelle Gewalt, die Armut, die gesellschaftliche Ungleichheit und fehlende Bildungschancen (Galtung 1971; Murillo in diesem Band). Hinzu kommt die jahrhundertealte Tradition des schwachen Staates (Fischer/Jiménez und Kurtenbach in diesem Band). Die Folge davon ist, dass Menschen, die sich von den

---

1   Die Ausnahme bestätigt die Regel, wie das Beispiel der legendären Hochzeitsfeier des Drogenhändlers mit dem Alias-Namen Fritanga im Jahr 2012 zeigt. Die Sause sollte eine ganze Woche dauern. Der von einem Notariatsbüro in Bogotá als verstorben deklarierte, mit den Urabeños kooperierende *narcotraficante* feierte zusammen mit 220 geladenen Hochzeitsgästen im Nobelhotel Punta Faro auf der Insel Múcura bei Cartagena. In der sechsten Nacht war die Party vorbei, als Elitetruppen der DIJIN und der Marine das Gelände stürmten und Fritanga verhafteten. Unter den Gästen befanden sich Schauspieler, Models, Musiker und Sänger von zehn Orchestern (*Semana*, 7.7.2012).

offiziellen Institutionen im Stich gelassen fühlen, zur Selbsthilfe greifen. In einer stark individualistischen Kultur ist das Verantwortungsbewusstsein jedes einzelnen gegenüber der Gesamtgesellschaft gering. Vor diesem Hintergrund betont Francisco Thoumi die Kluft zwischen legalen und informellen Normen.[2] Weder das Erziehungs- und Bildungssystem, von dem die Implementierung von Werten erwartet wird (Wilches Tinjacá 2014), noch die Justiz, welche für die Durchsetzung der Normen sorgen sollte, noch die katholische Kirche, welche beansprucht, für die richtige Moral für das Zusammenleben in der Gesellschaft zu sorgen, erreichen die Bevölkerung der Armenviertel und der entlegenen Zonen im Land so, dass sie sich im offiziellen Sektor zufriedenstellend repräsentiert fühlen würde. Besaßen in den 1960er Jahren noch auf Solidarität beruhende sozialistische Alternative eine gewisse Anziehungskraft, so ruhen seit den letzten vier Dekaden die Hoffnungen vieler von den Eliten vergessenen oder bewusst ausgeschlossenen Armen ohne ökonomisches, soziales oder kulturelles Kapital auf dem *narcotráfico*, der individuelle Lösungen präsentiert (Mejía Quintana 2011).

Narcotraficantes

Die herausragendsten Repräsentanten der *narcocultura* sind die Drogenbosse, die *narcotraficantes*. Es ist daher erstaunlich, dass sich bisher nur wenige wissenschaftliche Untersuchungen darum bemüht haben, die Figur des *narcotraficante* umfassend in den Blick zu nehmen. Am brauchbarsten sind die Hinweise in den Studien von Duncan (2005; 2014). Letztlich geht es aber auch diesem Autor weniger um eine typologische Bestimmung des *narcos* als vielmehr um eine analytische Erfassung des *narcotráfico*, den er von der Mafia, dem Paramilitarismus und der Guerilla unterscheidet. Was kennzeichnet also den *narcotraficante*? Zunächst einmal ist festzuhalten, dass *narcotraficantes* (kurz: *narcos*) Personen sind, die einen Posten oder eine Funktion im illegalen Drogengeschäft haben. Die meisten von ihnen kommen aus der Unterschicht. Ein Schmuggler kann ebenso wie ein Killerbandenführer oder ein Geldwäscher ein *narco* sein und zum Drogenboss aufsteigen. In jedem Bereich des *narcotráfico* kann man es zu einer

---

2   Er spricht in diesem Zusammenhang von "gap between formal and informal norms, hence creating an institutional conflict" (Thoumi 2009: 123).

herausragenden Stellung bringen. *Narcotraficantes* sind überwiegend Aufsteiger aus dem Milieu der Abgehängten, Marginalisierten und vom Staat und der Gesellschaft Vergessenen. Sie verfügen meist nicht über ökonomisches, soziales und kulturelles Startkapital. Sie sind unzufrieden mit dem, was sie mit ihren Voraussetzungen im offiziellen Sektor erreichen können.

Ziel der *narcos* ist es, maximalen Gewinn mit geringstem Aufwand innerhalb möglichst kurzer Zeit zu erzielen. *Narcos* glauben, dass dies am einfachsten im Drogengeschäft bewerkstelligt werden kann. Maximalen Gewinn erreichen sie, indem sie einen vom Staat und der internationalen Gemeinschaft als illegal deklarierten Markt nutzen. Wegen des mit dem Verbot verbundenen Risikos sind ihre Gewinnmargen sehr hoch (Krauthausen/Sarmiento 1991). *Narcos* sind Unternehmer. Ihre Kunst besteht darin, sich zu verstecken und ihr Geschäft im Verborgenen abzuwickeln. Für sie wirkt sich vorteilhaft aus, dass sie keine direkte Abgaben, Gebühren und Steuern entrichten. Sie geben sich zur Tarnung und auch, weil sie den Staat ablehnen, Spitznamen wie zum Beispiel "Pablito"/"El Patrón", "Chupeta", "Fritanga", "El Indio", "El Alemán", "El Mexicano", "Cuchillo", "El Loco Barrera" oder "Comba". Die Behörden narren sie durch gefälschte Reisedokumente. Die ordnungsgemäße Führung des Zivilstandsregisters ist somit den meisten *narcotraficantes* egal. Ein falscher Eintrag – etwa der vorgetäuschte Tod – kann sogar ganz nützlich sein, um Strafbehörden zu täuschen. Auch im Geschäftsverkehr hinterlassen *narcos* nur wenig Spuren. Ihr Business beruht meistens auf mündlichen Abmachungen und dem Handschlag. Ihr Besitz ist ebenfalls nicht einfach zu identifizieren. Denn die Erlöse aus dem *narcotráfico* verwalten Strohleute (*testaferros*) und Familienmitglieder, die von den Behörden nicht gesucht werden. Ein Teil des Gewinns wird im Ausland angelegt.

In der Erschließung immer neuer Verkehrswege, Vertriebskanäle, Verkehrsmittel und Konsumentenpotentiale besteht die unternehmerische Innovation der *narcos*. Auf diesem Gebiet zeigen sie ihre besondere Flexibilität. Sie sind ihrem staatlichen Gegner (und der internationalen Gemeinschaft) meistens einen Schritt voraus, denn diese müssen sich an die offiziellen Normen halten. Gleichwohl benötigen sie paradoxerweise den Staat: Obwohl sie die offiziellen Institutionen und den Rechtsstaat als Hindernis betrachten und verachten, kommen sie nicht ohne sie aus, denn erst die staatliche Prohibition ermöglicht die exorbitanten Gewinne.

Weil das Drogengeschäft illegal ist, dominiert das Misstrauen. Das wirkt sich auf die Betriebsorganisation, den Umgang mit den Angestellten und der Umgebung aus. Eigentlich ist jeder ein potentieller Gegner und Verräter. Als Vorsichtsmaßnahme verfügt daher das im Drogengeschäft beschäftigte Personal immer nur über das Wissen, das zur Ausübung seiner Funktion erforderlich ist. Der *patrón* fordert Gehorsam ohne Widerrede ein. Es gibt nur wenige Eingeweihte mit Überblick über den ganzen Geschäftsablauf. Geschäftspartner und Mitarbeiter_innen müssen loyal sein. Meistens sind die *socios* oder hohen Angestellten Familienmitglieder, auf die man sich aufgrund von langer Erfahrung glaubt verlassen zu können. Auch klientelistische Netzwerke – neben dem Loyalitätsprinzip ein weiterer traditioneller Mechanismus – lassen sich durch die *capos* mobilisieren. Werden Mitglieder des *narcotráfico* von Behörden erwischt, oder schöpfen diese Verdacht, gilt – wie auf allen Ebenen – das Gesetz des Schweigens (*ley del silencio*). Wer "singt", ist ein *sapo*, eine Kröte. Der *sapo* hat seine Chance verwirkt, schadet dem Geschäft und ist damit wertlos. Wenn er es nicht schafft unterzutauchen, wird er umgebracht.[3]

Das Netzwerk der *narcos* befindet sich unter Dauerstress, denn die Behörden versuchen es zu neutralisieren. *Narcos* müssen daher damit rechnen, dass ihre aktive Phase jederzeit beendet werden kann. Um dem entgegenzuwirken, suchen sie einerseits, Behörden, Politiker und Mitglieder der Sicherheitskräfte zu kaufen, und andererseits, die Lokalbevölkerung in ihrem engsten geographischen Wirkungskreis durch verhältnismäßig hohe Transaktionskosten zu überzeugen, sie nicht zu verraten. Sie investieren in wohltätige Projekte, die in einem funktionierenden Gemeinwesen vom Staat übernommen würden: etwa in Kindergärten, Siedlungen, Fußballplätze und Fußballschulen. Die Bevölkerung nimmt diese Maßnahmen wahr, aber die Gönner hat sie oftmals nie persönlich gesehen. Sie kennt sie aus Erzählungen und der massenmedialen Vermittlung.

Narcos huldigen einem übersteigerten Individualismus. Ihren Egoismus glauben sie nicht rechtfertigen zu müssen. Dabei schließen sie ihre Familienmitglieder ein. Dies allein ist noch nichts Besonderes in einer stark individualistischen Kultur. Aber die *narcos* sind insofern viel radikaler als die meisten anderen Menschen, als sie zur Durchsetzung ihrer individu-

---

3 Den *sapo*-Mechanismus zeigen exemplarisch die autobiographischen Aufzeichnungen des zum Schriftsteller gewordenen, in einem US-Gefängnis einsitzenden *narco* Andrés López (2008). Sein Buch diente auch als Vorlage einer in Kolumbien viel beachteten Fernsehserie. Inzwischen ist das *sapear*, das Denunzieren von Rivalen, zu einem Teil der Praktiken der *narcos* geworden, um Gegner auszuschalten oder zu schwächen (Análisis Urbano. Agencia de prensa, 3.1.2017)).

ellen Ziele mehrheitlich selbst zur Anwendung von Gewalt bereit sind, wenn Bestechungsgelder nicht mehr weiterhelfen (Duncan 2005: 24-27). Die *morcilla* und Gewaltanwendung sind kein Selbstzweck (wenngleich *narcos* mitunter die Tendenz zum Waffenkult pflegen). Sie sind das Mittel, mit dem *narcos* anderen ihre Regeln aufzwingen und sich ihren Weg aus der Armut freikämpfen. Sie erleichtern sich die Arbeit, indem sie Gegner und "Hindernisse" durch bezahlte und abhängige *sicarios* und Autobombenbauer töten lassen. Damit gelingt es ihnen, die Unmittelbarkeit der Grausamkeit von sich, ihren Familien, Geliebten und Freunden fernzuhalten. Die Wirkung wiederum wird über die Massenmedien multipliziert. Diese bedienen das Sensationsbedürfnis und die kollektiven Ängste der Bevölkerung. Die hemmungslose Anwendung physischer Gewalt ist somit konstitutiv für die *narcocultura*. In diesem Punkt unterscheiden sich die in den Drogenhandel Involiverten von den traditionellen Oberschichten, die zwar mehrheitlich korrupt sein mögen, letztlich aber nicht direkt in Gewaltexzesse involviert sein wollen.

Nicht nur wegen des gezielten Einsatzes physischer Gewalt, mit der marktwirtschaftliche Regeln ausgehebelt werden, sondern auch bezüglich der Arbeitsmoral unterscheiden sich *narcos* vom Weberschen kapitalistischen Unternehmer (Weber 2010). Ist die Arbeitsmoral des Weberschen Unternehmers eine Konsequenz der mit der protestantischen Prädestinationslehre verbundenen Angstproduktion und dienen die Gewinne des Weberschen Unternehmers zur Reinvestition und zur Umsetzung eines bürgerlichen Lebens, so ist die Triebfeder der *narcos* letztlich deren unstillbarer Durst nach Luxuskonsum. *Narcos* sind diesseitsorientiert, denn nur im Leben können sie darauf vertrauen, für *dólares* und *euros* alles kaufen zu können. Nur hier können sie sich maßlos auf dem Vergnügungssektor bedienen. Hierbei eifern sie weitgehend einem nordamerikanischen Konsumideal nach. Zumindest ist es das, was sie – beeinflusst durch US-amerikanische Fernsehserien – dafür halten. *Narcotraficantes* möchten zeigen: "Seht her, was man in den USA schafft, können wir auch". Aber ebenso wie ihr Verhältnis zu den traditionellen kolumbianischen Eliten und dem Staat ist auch die Beziehung zu den USA ambivalent. Ihre Bewunderung für Nordamerika endet dann, wenn Washington mit *law enforcement* und militärischer Gewalt gegen den *narcotráfico* vorgeht (Bowden 2003).

Narcocultura ist eine mestizische Variante des komplexen Vorgangs der Nordamerikanisierung (Rinke 2015). Der Sinn, den die materiellen Objekte im *narco*-Kontext bekommen, ist ein anderer als in Miami oder Texas.

Er ist auch ein anderer als im Kontext der traditionellen Oligarchien, die sich dieselben Dinge wie die *narcos* schon immer leisten konnten und sich damit ostentativ von den Unterschichten, Schwarzen und Indigenen abgrenzten. Obwohl *narcos* ähnliche Dinge wie die Eliten tun, haben sie doch einen anderen Geschmack. Sie verschmelzen oftmals den exzessiven Konsum von Luxusgütern mit dem Traum vom ländlichen Leben. Die Idee der Hacienda wird dabei von einigen Autoren als traditionelle Komponente aus dem Reich der Nostalgie betrachtet (Rincón 2013: 4). Dies trifft insofern zu, als das Latifundium seit der Kolonialzeit ein Ort war, an dem sich materielle und symbolische Differenz zwischen Ober- und Unterschichten manifestierte. Allerdings geben *narcos* dem Großgrundbesitz insofern einen anderen Sinn, als sie es zu modernen Luxusresorts umfunktionieren. Die traditionelle, produktionsorientierte Funktion rückt in den Hintergrund. Escobar schmückte seine Hacienda Nápoles mit Schwimmbädern, Zoos, einer Stierkampfarena, Statuen und Kunstseen. Es war ein moderner Freizeitpark für gehobene Ansprüche, den er in die hügelige Landschaft des Magdalena Medio bauen ließ, ein Prototyp der *narcoarquitectura*. Diese zeichnet sich durch ihre robuste und geometrische Struktur und die Verwendung von Glas, Metall und viel Zement als Baumaterial aus. Sie hat einen Hang zur Gigantomanie. Sie kommt wenig verspielt daher und kombiniert ohne jegliche Rücksichtnahme auf Konventionen alle möglichen Stile quer durch Epochen und Zivilisationen (Valencia 2008; Ortega Arango 2016).

Der Traum der *narcotraficantes* ist es, es den Superreichen gleichzutun. Sie tragen ihren Reichtum ostentativ zur Schau. Besondere Vorlieben wie befestigte *mansiones* auf dem Land, Luxuskarrossen, Privatflugzeuge, goldene Halsketten, exzentrische Klamotten – oftmals aus synthetischem Material –, kostbare Armbanduhren, teure Handys und andere Elektronikartikel, exotische Tiere und Sammlungen von besonderen Gegenständen verweisen auf den *narco*. Sein ökonomisches Kapital setzt er zum Erwerb symbolischen Kapitals ein. Der Einsatz dieser Symbolik erscheint den traditionellen Trägern des ökonomischen, sozialen und kulturellen Kapitals, den selbsternannten Hütern des guten Geschmacks, fehl am Platz. Ihnen erscheint die Zusammenstellung der *narcos* an Konsumobjekten übertrieben, überproportioniert und geschmacklich missglückt. *Narcos* können sich die exklusivsten Möbel, die ausgefallenste Mode und die extravaganteste Architektur leisten. Für sie sollen die Flitterwochen ewig dauern. Sie möchten ein Leben aus Freizeit und Muße. Und trotzdem ist die Wirkung ihrer Silikonfrauen, Prunkbauten und Appartments (mit Whirlpool), Luxuskarrossen, Privatflugzeuge, Diskotheken und Spitzenpferde nicht dieselbe wie bei Musik- und Filmstars und der übrigen High Society. Diese, dem Narcokontext geschuldete performative Dimension macht die Ästhetik der *narcocultura* aus.

Entsprechen die traditionellen Eliten und die bildungsbürgerlichen Kritiker (*letrados*), die *gente bien*, dem Bedürfnis der *narcos* nach Anerkennung meist nicht, so reagieren die Anhänger der *narcos* mit Bewunderung. Sie sehen die *narco*-Symbolik als sinnlich wahrnehmbares Erkennungszeichen derjenigen, die den Weg zur wirtschaftlichen Inklusion in die materielle (Luxus-)Kultur der Metropolen geschafft haben (Duncan 2014: 124-140). Es ist das Verhalten von Emporkömmlingen.

Auch die *narco*-Sprache und -Musik entsprechen nicht dem Geschmack und dem Habitus der traditionellen Oligarchie und des Bildungsbürgertums. *Narcocorridos* und *rancheras* haben ihren Ursprung nicht in Kolumbien, es sind einfache mexikanische Rhythmen, zu denen man eingängige Texte singen kann und die von der Lokalbevölkerung getanzt werden. Die Texte nehmen direkt oder indirekt auf den *narcotráfico* Bezug. Sie folgen einer simplen epischen Erzählstruktur. Ihre Protagonisten sind kühne, wagemutige Männer, durch Korruption der Eliten und Ungerechtigkeit Benachteiligte, die mit dem Gesetz im Konflikt stehen. Es geht um ihr Geschäft und ihren sagenhaften Reichtum, Liebe (zur Mutter, den Geliebten und Gattinnen), Verrat durch Mitarbeiter und Feinde, Ehre, Stolz, Wagemut, Rache und Tod. Manche dieser Musikstücke sind offiziell verboten, das heißt, sie dürften nicht gesendet werden, weil sie den *narcotráfico* glorifizieren. Gleichwohl werden *narcocorridos* in *bares populares*, Armenvierteln, Bussen (immer weniger) und Taxis, auf Geburtstagen und Festen gespielt und gesungen. Auch im Sprachgebrauch unterscheiden sich die *narcos* vom *bien hablar* der Eliten. Sie leugnen ihre soziale Herkunft nicht, indem sie in äußerst kreativer Weise neue Wörter und Redewendungen erfinden. Der Diminutiv wird gezielt eingesetzt. In der Welt des schnellen Geldes wird die zentrale Kategorie des *trabajo*, der Arbeit, zum *trabajito* verkleinert. Vom *capo* bis zum *sicario* sprechen alle dieselbe Sprache. Das verbindet. Schriftsteller wie Alonso Salazar und Gustavo Bolívar Moreno haben sich an diesem sprachlichen Fundus bedient und daraus ihre literarischen Texte konstruiert (Salazar 1991; Bolívar Moreno 2005; Baena 2013).

Ein ähnlich paradoxes Verhältnis wie zum Staat, den eingesessenen Oligarchien und den USA pflegen *narcos* zur katholischen Kirche und zur Religion. Die Amtskirche, welche den Anspruch hat, über die Moral zu wachen, Werte zu reproduzieren und sie zu festigen, tut sich schwer, eine eindeutig ablehnende Haltung gegenüber dem *narcotráfico* einzunehmen. Die meisten *narcos* sind getauft, viele lassen sich katholisch trauen, und ihre Familien finden mehrheitlich auch ein Grab für sie auf einem katholischen Friedhof. Ist der Katholizismus daher konstitutiv für die *narcocultura*, wie das Rincón suggeriert (Rincón 2013: 13f.)? Erst unter Papst Franziskus hat sich die Institution Kirche deutlich von Mafiapraktiken distanziert. Zuvor haben einzelne Kirchenangehörige den kolumbianischen *narcos* immer wieder Nischen geboten, und damit den Druck, der wegen den von ihnen begangen Gräueltaten auf ihren Seelen lastete, verringert. Niemand hielt zum Beispiel Escobars *sicarios* auf ihren Pilgerzügen zur Kirche von Sabaneta bei Medellín auf. Ohnehin ist es fast unmöglich, *narcos* zu verbieten, ihre eigenen Schutzheiligen wie María Auxiliadora, Emaus oder San Martín anzurufen, um deren Begleitschutz sie vor ihren Gräueltaten bitten. Oder wie will man verhindern, dass sie ein Kreuz oder eine Marienfigur vor ihren Aktionen in der Hoffnung küssen, dass sie ihre kriminellen Taten unentdeckt zu Ende bringen können? Man kann daher festhalten, dass sich *narcos* auf katholische Rituale und Symbolik beziehen und die Dienste vereinzelter Kirchenvertreter in Anspruch nehmen. Aber gleichzeitig widersprechen die für sie konstitutiven Praktiken zentralen Grundsätzen der Kirche, vor allen den Geboten der Nächstenliebe und des Nichttötens. Vielmehr handelt es sich bei ihren quasireligiösen Ritualen um ein Instrument, um extreme psychische Situationen zu bewältigen. Das einzige, woran *narcos* wirklich glauben, ist *platica*, Schotter. Dem Leitspruch der *narcos*, dass die eigentliche Sünde darin besteht, kein Geld zu besitzen, hat die Kirche letztlich wenig entgegenzusetzen.

Auch in Bezug auf die Haltung zu Leben und Tod weichen die *narcos* signifikant von der Auffassung der Kirche ab. Die Dynamik zwischen diesen beiden Polen lässt sich mit den Koselleckschen Kategorien von Erfahrungsraum und Erwartungshorizont, mit denen man Entwicklung und Wandel ausmisst, bestimmen (Koselleck 1989). Weil *narcos* aus subjektiver Anschauung und Erfahrung der Meinung sind, dass ihnen ein Leben in Armut zu wenig bietet, sind sie bereit, ein hohes Risiko einzugehen, um dem Elend zu entgehen. Dabei schmilzt ihr Erwartungshorizont jeweils immer auf die unittelbare Gegenwart zusammen. Das traditionelle Angebot der katholischen Kirche mit einem allenfalls im Jenseits erreichbaren Paradies und das Angebot der Theologie der Armut und der Befreiungstheologie (ebenso wie linker Ideologien) mit Aussicht auf ein wenig Besserung auf der Basis der Solidarität haben sich für sie verbraucht. Sie sind daher jederzeit bereit, Mitarbeiter, Rivalen oder Personen aus Staat und Gesellschaft, die sich ihnen in den Weg stellen, kritisch über sie berichten, den Gehorsam verweigern, "singen" oder die einfach nicht käuflich sind, ermorden zu lassen. Das Leben anderer ist ihnen nichts wert. Sie kennen kein Unrechtsbewusstsein. Sie maßen sich an, darüber zu urteilen, welche Strafe jemand verdient. Sie bestimmen, welchen Tod ihre Gegner erfahren. Oftmals werden die Leichen übel zugerichtet. Das eigene Leben (und dasjenige ihrer Familien und Freunde) stellen sie dagegen über alles andere. Zwar ist das abrupte Ende im Gefängnis oder als Leiche im Straßengraben als Möglichkeit stets präsent. Aber weil sie die Zukunft nicht voraussehen können, leben sie nach dem Motto: "lieber ein kurzes Leben in Saus und Braus auf der Basis illegaler Einkünfte als ein langes im legalen Sektor in Armut". Man möchte das Leben hier und jetzt in den vollsten Zügen genießen. So ähnlich drückt dies das oft gehörte Lied "Nadie es eterno en el mundo" (Niemand ist ewig auf der Welt) aus. Der Horizont der persönlichen Zukunftsplanung ist daher knapp. Anders sieht es mit der Zukunftsperspektive für Familienmitglieder aus. Zu ihnen haben *narcos* eine feste, emotionale Bindung. Sie sollen überleben. Ihnen soll längerfristig eine sorgenfreie Zukunft gewährt werden. Mitunter denken sie für sie sogar an den Ausstieg, an Bildung und ein bürgerliches Leben. Mögen sie noch so herzlos gegenüber ihren Gegnern sein und gegenüber den Opfern keine Reue zeigen; wenn jemand aus dem Kreis der Familie oder der Feunde verhaftet, entführt, gefoltert, verletzt oder ermordet wird, reagieren sie äußerst gereizt. Dann ist eine erbitterte Abrechnung mit den mutmaßlichen Tätern unausweichlich. In Wahrheit gibt es aber für die meisten Narcoclans keine friedliche Zukunft.

Das Frauenbild der *narcos* ist mehrheitlich geprägt von Verachtung. Frauen wird keine *agency* zugebilligt. Die unter dem Namen *viuda negra* (schwarze Witwe) bekannte Griselda Blanco, die mit Pablo Escobar zusammenarbeitete, ist eine Ausnahme. *Narcos* benötigen Frauen als emotionale Auffangbecken, als Mütter, die man fast wie eine Virgen María verehrt und die bei den Praktiken der *narcos* wegschauen und sie rechtfertigen, als Gattinnen, die den Haushalt überwachen und die sich um den Nachwuchs kümmern. Von ihnen wird Loyalität, Liebe, Geduld, Toleranz (angesichts der Exzesse) und Loyalität (um den Fortgang des Geschäftes zu sichern) verlangt.

Eine wichtige Rolle im Leben der *narcos* spielen Geliebte (*Semana*, 8.6.2013). Diese Frauenkörper sind lediglich ein weiterer vorzeigbarer Konsumartikel, den sie sich dank ihres Geldes leisten können, eine jederzeit verfügbare, vom Preis abhängige Ware. Auch hier hält das Schönheitsideal den Kriterien der traditionellen Oberschicht und des Bildungsbürgertums nicht stand. *Narcos* wird nachgesagt, dass sie mehrheitlich Frauen mit großen Brüsten bevorzugen. Sie werben um die Gunst von Schönheitsköniginnen, die sie als Trophäen betrachten, und junge Frauen, die sich ihre Wölbungen mit Silikon chirurgisch formen lassen. Um diese Eingriffe zu finanzieren, lassen sich die *siliconas* aus den *barrios pobres* mit den *narcos* ein. Der vorgestellte *narcopríncipe* ist für sie der Schlüssel für den Eintritt in den Wohlstand. Sie tauschen ihren nach den Wünschen der *narcos* nachgebesserten Körper gegen ein paar Reisen, gut ausgestattete Immobilien, Markenkleider, Swimmingpools, laute Partys (bei denen viel Alkohol und mitunter Kokain konsumiert wird) und noch mehr Schönheitsoperationen ein. Der Aufwand, den sie treiben, dient der Zurichtung des Körpers als Geliebte mit Aussicht darauf, der aussichtslosen Welt der Verlierer zu entrinnen. Deswegen nennt man sie auch *prepagos*, bezahlte exklusive Begleiterinnen. Gustavo Bolívar Moreno hat ihnen in seinem Roman "Sin tetas no hay paraíso" ("Ohne Titten kein Paradies", 2005) ein eindrückliches Denkmal gesetzt. Sein Roman wurde als Telenovela verfilmt. 2008/09 wurde "Sin tetas no hay paraíso" zur meistgesehenen Serie.

Ihr eigentümliches Verhältnis zu menschlichen Körpern unterstreichen *narcos* auch dadurch, dass sie sich selbst hin und wieder unter das Messer von Chirurgen legen. *Chupeta*, der gefürchtete Chef des Cartel del Norte del Valle, unterzog sich bis zu seiner Verhaftung in São Paulo im Jahr 2007 mindestens sechs Gesichtsoperationen. Er tat dies nicht nur, um seine Verfolger auszutricksen – etwa durch das Wegoperieren von Fingerbeeren, sondern auch, um den körperlichen Verfall auszubessern und bei auf jugendliches Aussehen fixierten Geliebten zu punkten. Aus Eitelkeit ließ er sich Runzeln wegspritzen, die Nase begradigen und herausstehende Backenknochen verkleinern. Darüber hinaus ließ er sich an anderen Körperstellen Fett absaugen (*El Tiempo*, 7.8.2007).

Insgesamt sind die Geschlechterbeziehungen der *narcocultura* durch eine traditionelle Rollenverteilung gekennzeichnet. Es geht um Liebe, Ehre, Prestige, Verrat und Rache. Wenige Beziehungen, wie diejenige Pablo Escobars mit Virginia Vallejo, sind komplexer und brechen aus diesem Schema aus. Die in den 1980er Jahren bekannte Moderatorin und Kommentatorin erlag dem pekuniären Charme. In ihren autobiographischen Erinnerungen "Amando a Pablo, odiando a Escobar" (2007) beschrieb sie ihre Zeit mit Pablo von 1983 bis 1987, dem sie auch einige Türen zum politischen Establishment (*clase dirigente*) öffnete. Das Buch diente dem spanisch-bulgarischen Spielfilm "Escobar" (2016) mit Javier Bardem und Penélope Cruz in den Hauptrollen als Vorlage.

Die Saat geht auf

Narcos stehen sinnbildlich dafür, dass man den marginalen Status mit Reichtum kompensieren kann, es mit illegal verdienten *dólares* und *euros* (sowie Gewalt) zu Einfluss, Vergnügen und Luxus bringen kann. Neuere Untersuchungen zeigen, dass *narcotraficantes* nicht nur für die ins Drogenbusiness Involvierten bis hin zu den Kokabauern, sondern für viele Kolumbianerinnen und Kolumbianer, vor allem Jugendliche aus den Armenvierteln und entlegenen Landesteilen, ein Vorbild hinsichtlich der Werte, Ideen und Verhaltensweisen sind. In einer Studie über vom Weg abgekommene und gefährdete Jugendliche in Bogotá sagt ein Befragter: "Die Gesellschaft sagt einem, dass man Geld haben muss". Ein anderer bemerkt: "Man muss Geld haben, um jemand zu sein". Und ein dritter fügt hinzu, dass "Geld haben" insofern hilfreich ist, als man nicht zu studieren braucht (Secretaría Distrital de Planeación de Bogotá 2015: 68). Die erwähnten Jugendlichen streben nach Vergnügen und Prestige. Beides bekommen sie nur mit *plata*. Auf welchem Weg die Kohle erworben wird, ist manchmal sekundär. Denn den kolumbianischen Rechtsstaat betrachten viele als korrupt und die Gesellschaft als ungerecht. Mit ihren Verhaltensweisen und ihren materiellen Objekten zeigen *narcos* Jugendlichen aus diesem Milieu, dass es einen (vermeintlichen) Ausweg gibt. Für viele von ihnen sind sie ein Vorbild, ein Beispiel dafür, wie man es ohne kulturelles, soziales und ökonomisches Kapital zu Reichtum bringen kann. Drogenhändler sind aber auch Vorbild, weil sie den Mut aufbringen, sich den offiziellen Behörden und den Eliten entgegenzustellen, weil sie alternative Biographien vorleben, die von denjenigen der traditionellen Eliten abweichen. Es gibt somit viele Menschen, für die es erstrebenswert ist, ein *narco* oder ein *traqueto* zu sein.

Narcotelenovelas

Neben der sichtbaren Narcoästhetik und der täglichen Berichterstattung über den *narcotráfico* in den kolumbianischen Massenmedien sorgen vor allem Telenovelas für eine Omnipräsenz der *narcocultura*. Die von Caracol produzierte und in der zweiten Hälfte 2012 ausgestrahlte Telenovela "El Patrón del Mal" fegte zu den Sendezeiten die Straßen leer. Sie hat entscheidend zur Glorifizierung und Mythifizierung der Figur Escobars beigetragen. Der *patrón* ist zum Protagonisten einer populären, den Narrativen der traditionellen Eliten und des Bildungsbürgertums entgegengesetzten Meistererzählung geworden. Diese und die in Kolumbien nicht nur positiv aufgenommene US-amerikanische Serie "Narcos" (2015/16) schreiben sich ein in das inzwischen blühende Genre der *narcotelenovela*. "Sin tetas no hay paraíso" (2008/09), "La reina de la mafia", "El Cartel de los sapos" (2008), "El capo" (2009), "Las muñecas de la mafia" (2010) und "Universo traqueto" (2012) sind nur einige aus dem scheinbar endlosen *narcotelenovela*-Programm.

Es spricht Einiges für die These, dass – ungeachtet der Tatsache, dass die erwähnten Telenovelas professionell gemacht sind – ihr pädagogischer Wert im Hinblick auf die Überwindung der *narcocultura* höchst zweifelhaft ist. Zahlreiche Kritiker, vor allem aus der Oberschicht, sind besorgt, dass diese Form der Massenkultur die weltweit kursierenden Stereotype über Kolumbien (Guerilla, Mafia, Paramilitarismus, Gewalt, Chaos) weiter befeuert. Den *narcotráfico* thematisieren, bedeutet für sie generell, "hablar mal de Colombia" (schlecht über Kolumbien reden) (*Semana*, 2.6.2012). "Hablar mal de Colombia" sehen sie als Hindernis für die Bemühungen, ihr Land potentiellen Investoren und Touristen als Paradies anzubieten. *Narcotelenovelas* erschweren dies, denn – obwohl die gezeigten Handlungen der *narcotraficantes* mehrheitlich Geschichte sind – greift ihr Subtext Themen wie die Jugendgewalt, den Machismo, die *prepagos* und das *dinero fácil* auf, die weit in die Gegenwart hineinreichen und eine Historisierung erschweren.

Es gibt auch ernstzunehmende Einwände gegen dieses Genre. Kritiker monieren, dass die Fernsehgeschichten, in denen erzählt wird, wie man *narco*, *prepago* oder *sicario* wird, zwar vorgeben, Narrative aus der Perspektive der Unterschichten zu konstruieren. Aber sie repräsentieren nicht die Populärkultur, sondern gehorchen den Gesetzmäßigkeiten der Kulturindustrie, welche dieses Thema entdeckt hat. Als kommerzielle Produkte sind *narcotelenovelas* meistens hervorragend gemacht. Vielen Fernsehserien wird jedoch mit Recht vorgeworfen, dass sie mit allzu gestylten Menschen, pintoresker Landschaft, bunten Farben, Theaterblut und vielen Liebesszenen in erster Linie das Unterhaltungsbedürfnis des Publikums bedienen. Das primäre Ziel besteht darin, möglichst viele Zuschauer zu gewinnen. Sie konstruieren eine Welt, welche die *narco*-Wirklichkeit keineswegs vollständig widerspiegelt. Morden und Betrügen sind in diesen Geschichten gewissermaßen normale Ressourcen des geschäftlichen und gesellschaftlichen Erfolges. Der Vorwurf lautet, dass *narcotelenovelas* damit dem *plata y plomo*-Geschäftsmodell ein Schaufenster bieten. Kriminelle sind die Subjekte in diesen Geschichten. Ihr *empowerment* führt über die Illegalität (Wilches Tinjacá 2014: 218). Die Armen aus den *barrios pobres* und die Abgehängten aus den entlegenen Landesteilen könnten zur Imitation eingeladen werden. Weitgehend ausgespart sind in diesen Telenovelas jedoch das Staatsversagen in den Armenvierteln und das Wegschauen der Eliten gegenüber diesem Thema – ganz zu schweigen von ihrer Komplizenschaft, wenn es um das Abschöpfen von Bestechungsgeldern geht. Wo gute Schulen eine Frage des verfügbaren Geldes sind und damit für die Armen meistens verschlossen bleiben, sind die Medien der Ort, wo man sich informiert und wo man bestätigt wird (Wilches Tinjacá 2014: 303 f.). Durch oberflächliche Thematisierung und Empathie für die Akteure ohne Aufklärung über die Strukturen und Mechanismen, welche den *narcotráfico* erst ermöglichen, wird letztlich die Kultur des leichten Geldes gefestigt.

Erinnerungsorte

Möglicherweise noch problematischer als der Umgang mit der *narcocultura* in den *narcotelenovelas* gestaltet sich die Auswahl und Nutzung von Erinnerungsorten (Nora 1998). In der Kette vom Anbau der Koka und des Schlafmohns bis zur Ausfuhr des Fertigproduktes gibt es unzählige Schauplätze des *narcotráfico* und damit Orte, die sich als Erinnerungsvehikel anbieten. Auch die Kristallisationspunkte des *narco*-Terrorismus bieten sich hierfür an. In diesem Zusammenhang ist von großer Bedeutung, welche Akteure sich dabei mit ihren Vorstellungen, Ideen und Projekten im öffentlichen Raum positionieren, Entscheidungsprozesse über Erinnerungsorte und ihre Nutzung sowie das Feld der Drogenbekämpfung beeinflussen und damit zur Sinnproduktion und der Konstruktion und

Festigung oder dem Wandel von Gruppen-, regionalen und urbanen Identitäten beitragen.

In Medellín und von Medellín aus werden "Pablo-Touren" für Touristen angeboten. Meistens gehört ein Besuch der Ruinen des *Edificios Mónaco*, einst ein Beton-Apartmenthaus mit luxuriösen Dachwohnungen in El Poblado, dazu. Rivalen des Medellín-Kartells machten es 1988 mit der ersten Autobombe unbewohnbar. Zahlreiche Menschen kamen bei dem Anschlag ums Leben. Seit der Enteignung ist die verbliebene Bausubstanz ein Provisorium, die derzeit von der Policía Metropolitana genutzt wird. Kommerzielle Kräfte versuchen jedoch seit Jahren, den Zuschlag für den Umbau zu Apartmentwohnungen zu bekommen (*El Tiempo*, 13.8.2016). Dagegen hat sich der seit 2015 regierende Bürgermeister Federico Gutiérrez ausgesprochen. Er möchte das Vorzeigenarcobauwerk abreißen und an gleicher Stelle einen Erinnerungspark im Gedenken an die Opfer des *narcotráfico* einrichten (*Semana*, 17.6.2017). Beim 1993 ebenfalls gesprengten *Edificio Dallas* an der im Volksmund "Milla de Oro" genannten Geschäftsstraße in El Pobaldo haben sich die kommerziellen Kräfte durchgesetzt. Seit 2017 erstrahlt das ursprünglich als modernes Businesscenter konzipierte Haus in neuem Glanz. Unter anderem Namen und ohne Verweis auf die *narco*-Vergangenheit bietet darin die Hotelkette Viaggio Kunden aus dem obersten Preissegment ihre Dienste an. Die Umfunktionierung des *Edificio Dallas* in ein Mahnmal oder ein Museum war ebenso wie langezeit beim Mónaco-Gebäude nur bei Menschenrechtsorganisationen und dem kritischen Flügel des Heimatschutzes ein Thema (Medina 2010; *El Tiempo*, 13.8.2016). Ein anderes, zu einem kleinen Museum umgestaltetes Haus von Escobar dürfte dagegen erhalten bleiben. Dort wird man von Roberto Escobar, dem Bruder des Drogenhändlers, empfangen. Er bietet gegen gutes Geld persönliche Erzählungen über *reuniones*, Feiern und Familientreffen an. Roberto Escobar ist darum bemüht, die Geschichte des eigenen Familienclans zu kommunizieren.

Manche Touren schließen auch die Besichtigung der Plaza San Antonio mit ein. Dort wurde 1995 anlässlich des Festes "Cartagena soy yo" infolge einer im "pájaro" (Vogel), einer Skulptur von Fernando Botero, platzierten Bombe das Leben von 22 mehrheitlich jüngeren Menschen aus den unteren Gesellschaftsschichten ausgelöscht. Bis heute sind die Täter und Auftraggeber dieses Attentats nicht eindeutig ermittelt. Aber ein direkter oder indirekter Zusammenhang mit dem *narcotráfico* ist wahrscheinlich. Die Stadtbehörden wollten die Statue entsorgen. Erst aufgrund zivilen Widerstands und der Hartnäckigkeit des Künstlers selbst blieb der zerstörte neben einem 2000 neu errichteten Vogel erhalten. Den nannte der in Medellín aufgewachsene Botero "Pájaro de la Paz" (Friedensvogel). Auch das *Museo de Antioquia* im historischen Zentrum von Medellín, in dem ebenfalls seit der Jahrtausendwende das von Botero meisterhaft gemalte Bild des toten Escobar hängt, zieht Neugierige an. Das zweitälteste Museum im Land, das sich die Bewahrung der Kultur der *paisas* zum Auftrag gemacht hat, tat sich jahrelang schwer, sich des sperrigen *narco*-Themas anzunehmen. Es wurde durch Boteros Schenkung mehr oder weniger dazu gezwungen (Saldarriaga 2009). Die Kunst stellt sich somit dem Thema, aber die Behörden tun sich schwer damit. Selbst im *Museo Casa de la Memoria* steht der *narcotráfico*, dessen historische Schaltzentrale sich in Antioquia befand und ohne den der kolumbianische Konflikt seit den 1980er Jahren nicht solche Ausmaße angenommen hätte, im Hintergrund. Dort geht es vor allen Dingen um die Omnipräsenz der Gewalt in der jüngeren Geschichte des Landes, die Sicherung der Überlieferung, die Vielfalt der Erzählungen und das Gedenken an und die Würdigung der Opfer (*El Tiempo*, 27.3.2017).

In den meisten "Pablo-Touren" ist der Höhepunkt die Besichtigung von Escobars opulentem Grab an privilegierter Stelle gleich neben der Kapelle auf dem Hügel Parque Cementerio Jardines Montesacro. Manche Touristen besuchen auch das monströse, unter dem Präsidenten César Gaviria eigens für Escobar gebaute Gefängnis, aus dem der *capo* 1992 floh, als es ihm nach eineinhalb Jahren nicht mehr gefiel. Der Volksmund gab dem Bauwerk bei Envigado, das seit 2007 von einer Gruppe Benediktinermönchen für karitative Arbeiten genutzt wird, den Namen *La Catedral*.

Aber welcher Führer, welche Führerin gibt den Interessierten zu diesen Erinnerungsorten eine überzeugende Interpretation, die der Komplexität der Thematik gerecht wird? Wer erklärt, dass Escobars Krieg gegen den Staat zwar längst vorbei ist, dass Medellín aber nach wie vor die kolumbianische Hauptstadt des großen Drogengeschäftes ist, wie es funktioniert, welche Personen involviert sind, über welche Firmen sie ihre Geschäfte abwickeln, und welche Apartmenthäuser und Einkaufszentren zuletzt mit Drogengeld gebaut wurden? Welche Führerinnen weisen darauf hin, dass die Kultur des leichten Geldes keineswegs überwunden ist? Wie viele Lehrer und Lehrerinnen besuchen das *Museo Casa de Memoria* mit ihren Schülern? Welche Eltern erklären ihren Kindern, was auf der Plaza San Antonio geschehen ist und warum die Behörden die Reste des gesprengten Botero-

Vogels einfach entfernen lassen wollten? Die meisten Touristen geben sich jedenfalls mit dem Angebot zufrieden. Immer mehr (nicht gerade billige) Touren durch die Stadt werden angeboten. Medellín, das historische und mutmaßlich noch immer wichtigste Zentrum des *narcotráfico* und der *narcocultura*, verzeichnet seit einigen Jahren fantastische Zuwächse an Besuchern. 600.000 Personen besuchten 2015 die Stadt, fast die Hälfte davon waren Ausländer (Noticias RCN, 10.2.2016). Die überwiegend jüngeren Rucksacktouristen fühlen sich nicht zuletzt durch ein über Fernsehserien und Berichte verbreitetes Bild der *narco*-Stadt angezogen. Der Trip ist für sie etwas Exotisches. Die Erinnerungsorte besichtigen sie mit nostalgisch verklärtem Blick – als wäre der *narcotráfico* ein überwundenes Kapitel wie die Mafia in Al Capones Chicago. Die Veröffentlichung von Bildern aus der Tour Wiz Khalifas und anderer Künstler, die für die Legalisierung der Drogen einstehen, in den sozialen Netzwerken tragen zur Verharmlosung bei. Der US-amerikanische Rapper huldigte Escobar, indem er vor dem Edificio Mónaco mit Kippe im Mund posierte und an Escobars Grab Marihuana und Blumen hinlegte (*Semana*, 25.3.2017).

Ein besonderes Touristenziel ist die in einem Tagesausflug von Medellín aus erreichbare Hacienda Nápoles. Ein Teil des Geländes, in dem Escobar bis 1989 residierte und seine Geschäfte abwickelte, wird seit 2007 als *parque temático* der Öffentlichkeit zugänglich gemacht (*Cromos*, 1.3.2011). Täglich besichtigen mehrere Tausend Personen das 1.800 Hektar große Gelände. Da es vom durch Suchtrupps verfolgten Escobar seit Beginn der 1990er Jahre nicht mehr genutzt werden konnte und nach seiner Ermordung der Staat jahrelang keine Lösung für die Verwendung fand, zerfiel die bauliche Infrastruktur: die prunkvolle Residenz des *patrón*, ein Gästehotel, ein Schwimmbad, eine Stierkampfarena, ein Helikopterlandeplatz, eine Flugzeugpiste sowie Tennis- und Sportplätze. Zootiere starben, weil ihnen die fachgemäße Pflege fehlte. Nur zwei Flusspferde überlebten in den 14 Kunstseen; sie vermehrten sich prächtig.

Der Staat stahl sich auch hier aus der Verantwortung. Anstatt diesen emblematischen Ort der *narcocultura* für eine seriöse Aufarbeitung einer ganzen Epoche zu nutzen, gab er die Verantwortung an das *municipio* Trujillo ab, und dieses setzte einen privaten Träger ein. Dieser richtete einige von den heruntergekommenen und von Schatzsuchern und Dieben heimgesuchten und Vertriebenen genutzten Gebäuden – darunter die Stierkampfarena und den Dinofreiluftpark – wieder her. Hinzu kamen ein Schwimmbad und ein Hotel. Darüber hinaus wurde eine Sammlung mit verrosteten und verkohlten Oldtimern von beträchtlichem Wert für Autoarchäologen angelegt. Schließlich können Besucher Information über Escobar auf Informationstafeln bekommen. Doch eine Erinnerungsstätte, die nachdenklich stimmen sollte, ist das nicht. Für den Betreiber besteht der wichtigste Zweck darin, aus "Escobar" ein Geschäft zu machen. Weder als Museum noch als Mahnmal konzipiert, bietet der *parque temático* der Betreiberfirma Atesca den Touristen in erster Linie Unterhaltung. Wer denkt beim Besichtigen der Immobilien daran, dass von hier aus Attentate, bei denen zahlreiche Zivilpersonen, Polizisten und Politiker zu Tode kamen, geplant wurden? Wer erinnert sich, dass sich hier hochrangige Politiker und Militärs zu Gesprächen mit "Pablo" trafen? Was sollen sich die Opfer des *narcotráfico* denken? Es ist davon auszugehen, dass der Ausflug zur Hacienda Nápoles für die Touristen eine gewöhnliche Reise ist, wo Erinnerungsfotos und Selfies gemacht werden, für Familien ein angenehmes Freizeitvergnügen, bei dem man sich über Nilpferde und Dinosaurierimitate freut.

Zu guter Letzt muss erwähnt werden, dass der Staat seine liebe Mühe hat, die materiellen Objekte der *narcocultura*, die sogenannten *narcobienes*, weiterzuverkaufen, ohne dass dadurch die Kultur des leichten Geldes einen zusätzlichen Impuls bekommt. Oftmals geraten *narcobienes* über Strohleute wieder in die Hände der Mafia, oder sie wechseln aufgrund von Bestechung zu einem lächerlichen Preis den Besitzer. Vom Erlass der *ley de extinción de dominio* im Jahr 1996 bis 2014 wurden über 40.000 Güter beschlagnahmt (Posada Rivera 2014). Meist handelt es sich dabei um Häuser mit Umschwung; aber auch Tausende von Limousinen, Geländewagen und viele Gesellschaften gehören dazu. Wenn es sich dabei um emblematische Objekte wie die Hacienda Nápoles oder das *Edificio Dallas* handelt, sollte vor der Weiternutzung nicht nur die genaue Überprüfung und Feststellung der Besitzverhältnisse stattfinden, um die Sicherheit auf dem Gelände und die Vertreibung allfälliger illegaler Nutzer zu gewährleisten, sondern auch eine angemessene Aufarbeitung der Vergangenheit.

Schlussbetrachtung

Die *narcocultura* ist mittlerweile in allen Landesteilen – sowohl in der Stadt, als auch auf dem Land – präsent. Die Träger der *narcocultura* sind in verschiedenen gesellschaftlichen Gruppen verankert. Die Orte, an denen sie sich manifestiert und inszeniert, sind zahlreich. Die eingangs erwähnte Beobachtung García Márquez' hat sich somit bewahrheitet. Trotzdem ist Rincóns Behauptung, dass in jedem ein kleiner *narco* steckt, übertrieben. Das Problem liegt woanders: in der geringen Bereitschaft staatlicher Institutionen und der *clase dirigente*, den *narcotráfico* und andere Quellen der illegalen Bereicherung auf allen Ebenen nachhaltig zu bekämpfen, seine Opfer zu entschädigen und zu verhindern, dass Repräsentanten der *narcocultura* den öffentlichen Raum besetzen. Diese Tendenz trägt zur indifferenten oder fatalistischen Haltung vieler Kolumbianerinnen und Kolumbianer gegenüber der Kultur des leichten Geldes bei.

Literaturverzeichnis

ABAD FACIOLINCE, Héctor (2008): "Estética y narcotráfico". In: *Revista de Estudios Hispánicos*, XLII, 3, S. 513-518.

ANÁLISIS URBANO. AGENCIA DE PRENSA (3.1.2017): "Nuevo cartel de los sapos aparece en el Valle de Aburrá". <http://analisisurbano.org/nuevo-cartel-de-los-sapos-aparece-en-el-valle-de-aburra/> (20.3.2017).

BAENA, Alejandra (29.11.2013): "La mala herencia que nos dejó el capo". In: <http://www.eltiempo.com/Multimedia/especiales/pabloescobar/ARTICULO-WEB-NOTA_IN-TERIOR_MULTIMEDIA-13235974.html> (20.4.2017).

BOLÍVAR MORENO, Gustavo (2005): *Sin tetas no hay paraíso*. Bogotá: Quintero.

BOWDEN, Mark (2003): *Killing Pablo. Die Jagd auf Pablo Escobar, Kolumbiens Drogenbaron*. Berlin: Berliner Taschenbuch-Verlag.

Cromos (1.3.2011): "Hacienda Nápoles, bajo la sombra del capo". <http://cromos.elespectador.com/personajes/actualidad/articulo-140528-hacienda-napoles-bajo-la-sombra-del-capo> (10.2.2017).

DUNCAN, Gustavo (2005): "Narcotraficantes, mafiosos y guerreros. Historia de una subordinación". In: Duncan, Gustavo et al. (Hg.): *Narcotráfico en Colombia. Economía y violencia*. Bogotá: Fundación Seguridad y Violencia, S. 19-86.

— (2014): *Más que plata o plomo. El poder político del narcotráfico en Colombia y México*. Bogotá: Debate.

El Tiempo (7.8.2007): "Al menos seis cirugías para despitar a las autoridades se praticó 'Chupeta'". <http://www.eltiempo.com/archivo/documento/CMS-3671369> (20.4.2017).

— (13.8.2016): "Sigue incertidumbre por futuro de edificio que era de Pablo Escobar". <http://www.eltiempo.com/colombia/medellin/edificio-monaco-medellin-36034> (15.1.2017).

— (27.3.2017): "Construcción de memoria para entender el conflicto en la ciudad". <http://www.eltiempo.com/colombia/medellin/construccion-de-memoria-historica-sobre-violencia-en-medellin-71952> (27.3.2017).

Fischer, Thomas (2012): "Delincuentes de cuello blanco – Zur Korruption in Kolumbien". In: Fifka, Matthias S./Falke, Andreas (Hg.): *Korruption als internationales Phänomen: Ursachen, Auswirkungen und Bekämpfung eines weltweiten Problems*. Berlin: Schmidt, S. 115-133.

Galtung, Johan (1971): "Gewalt, Frieden und Friedensforschung". In: Senghaas, Dieter (Hg.): *Kritische Friedensforschung*. Frankfurt a.M.: Suhrkamp, S. 55-104.

García Márquez, Gabriel (29.11.1993): "Apuntes para un debate nuevo sobre las drogas". In: *Cambio16*, S. 67-68.

Koselleck, Reinhard (1989): "'Erfahrungsraum' und 'Erwartungshorizont': zwei historische Kategorien". In: Koselleck, Reinhard (Hg.): *Vergangene Zukunft. Zur Semantik geschichtlicher Zeiten*. Frankfurt a.M.: Suhrkamp, S. 349-376.

Krauthausen, Ciro/Sarmiento, Luís Fernando (1991): *Cocaína & Co. Un Mercado ilegal por dentro*. Bogotá: Tercer Mundo Editores/Instituto de Estudios Políticos y Relaciones Internacionales/Universidad Nacional de Colombia.

López, Andrés (2008): *El cartel de los sapos*. Bogotá: Planeta.

Medina, Camilo (19.1.2010): "Narco_arquitectura como Patrimonio Cultural: Re_construcción del edificio Dallas en la ciudad de Medellín". In: <http://www.archdaily.pe/pe/02-35644/narco-arquitectura-como-patrimonio-cultural-re-construccion-del-edificio-dallas-en-la-ciudad-de-medellin> (14.2.2017).

Mejía Quintana, Óscar (2011): "La cultura mafiosa en Colombia y su impacto en la cultura jurídico-política". In: *Pensamiento Jurídico*, 30, 12. <http://www.revistas.unal.edu.co/index.php/peju/article/view/36710/39499> (10.3.2017).

Nora, Pierre (1998): *Zwischen Geschichte und Gedächtnis*. Frankfurt a.M.: Fischer Taschenbuch.

Noticias RCN (10.2.2016): "Turismo extranjero en Medellín crece a ritmo ocho veces mayor que la media mundial". <http://www.noticiasrcn.com/nacional-regiones-centro/turismo-extranjero-medellin-crece-ritmo-ocho-veces-mayor-media-mundial> (20.3.2017).

Ortega Arango, Santiago (3.5.2016): "El legado del nar-decó". In: <https://www.vice.com/es_co/article/el-legado-del-nar-dec> (15.2.2017).

Posada Rivera, Fabio (3.12.2014): "La meca de los 'narcobienes'". In: <http://www.elespectador.com/noticias/judicial/meca-de-los-narcobienes-articulo-531294> (10.3.2017).

Rincón, Omar (2009): "Narco.estética y narco.cultura en Narco.lombia". In: *Nueva Sociedad*, 222, S. 147-163.

— (2013): "Todos llevamos un narco adentro – un ensayo sobre la narco/cultura/telenovela como modo de entrada a la modernidad". In: *MATRIZes*, 7, 2, S. 1-33.

Rinke, Stefan (2015): "Nordamerikanisierung Lateinamerikas". In: Hiery, Hermann (Hg.): *Lexikon zur Überseegeschichte*. Stuttgart: Steiner, S. 594-595.

Salazar, Alonso (1991): *No nacimos pa' semilla. La cultura de las bandas juveniles de Medellín*. Bogotá: Centro de Investigación y Educación Popular (CINEP).

Saldarriaga, John (21.11.2009): "La última donación del maestro Fernando Botero". In: <http://www.elcolombiano.com/historico/obras_donadas_por_botero_400-MLEC_68217> (10.3.2017).

Secretaría Distrital de Planeación de Bogotá (2015): "Adolescentes ¿Responsabilidad Penal o Social?". [Serie: "Rostros y Rastros. Razones para construir ciudad", Año 2, No. 9]. Bogotá.

Semana (2.6.2012): "'El patron del mal', una ficción muy real". <http://www.semana.com/nacion/articulo/el-patron-del-mal-ficcion-muy-real/258919-3> (10.2.2017).

— (7.7.2012): "La fiesta de 'Fritanga' y la isla de la fantasía". <http://www.semana.com/nacion/articulo/la-fiesta-fritanga-isla-fantasia/260782-3> (10.2.2017).

— (8.6.2013): "Escándalos del narcotráfico: Las bellas y las bestias". <http://www.semana.com/nacion/articulo/escandalos-del-narcotrafico-bellas-bestias/345779-3> (8.3.2017).

— (25.3.2017): "Las imágenes del polémico tour del rapero Wiz Khalifa en Medellín". <http://www.semana.com/gente/articulo/rapero-wiz-khalifa-se-toma-fotos-en-tumba-de-pablo-escobar-en-medellin/519779> (25.3.2017).

— (17.6.2017) "Encartados con la memoria de Pablo Escobar". <http://www.semana.com/nacion/articulo/que-hacer-con-el-legado-de-pablo-escobar-en-colombia/528828> (18.6.2017).

Thoumi, Francisco (2009): "Necessary, sufficient, and contributory factors generating illegal economic activity, and especially drug-related activity, in Colombia". In: Iberoamericana, 9, 35, S. 105-126.

Valencia, León (21.5.2008): "El 'narc déco', inadvertida revolución cultural". In: <http://www.eltiempo.com/archivo/documento/CMS-4199745> (20.3.2017).

Vallejo, Virginia (2007): Amando a Pablo, odiando a Escobar. Bogotá: Grijalbo.

Weber, Max (2010): Die protestantische Ethik und der Geist des Kapitalismus. Vollständige Ausgabe. Herausgegeben und eingeleitet von Dirk Kaesler. München: Beck.

Wilches Tinjacá, Jaime (2014): "¿Y educar para qué? Representaciones mediáticas de narcocultura en los modelos del progreso económico y prestigio social". In: Desafíos, 26, 1, S. 199-234.

Anhang

Chronologie zur Geschichte Kolumbiens 1810-2016

Christiane Hoth

1810	Formulierung einer *Acta de Independencia* (20. Juli) durch den "offenen Stadtrat" in Bogotá; allmähliche Trennung von Spanien.
ab 1810	Zeitungen: *La Constitución, Feliz y Diario, Político de Santafé.*
	Komposition der ersten *canción patriótica* durch José María Salazar.
1811	Beginn der Veröffentlichung der Zeitung *La Bagatela* durch Antonio Nariño.
1817	Wiedererrichtung der *Audiencia* und damit der spanischen Herrschaft (27. März).
	Erschießung von Policarpa Salavarrieta ("La Pola") durch spanische Truppen wegen ihrer Spionagetätigkeit zugunsten der Patrioten (14. November).
1819	Sieg an der Brücke von Boyacá (7. August) unter der Führung Simon Bolívars über die vizeköniglichen Truppen unter General José María Barreiro: Unabhängigkeit Neu-Granadas.
	Konstitution der Republik Kolumbien (Jahrzehnte später Großkolumbien genannt) durch den Kongress in Angostura (17. Dezember).
1820	Bekanntgabe der Regierung zur landesweiten Gründung von Schulen.
1821	Einführung des Bildungssystems von Joseph Lancaster.
	Ankunft des ersten Dampfschiffs.

Verbot des Sklavenhandels und Freiheit der Neugeborenen durch das vom Kongress verabschiedete Gesetz *Ley de vientres* (21. Juli).

Verfassung von Cúcuta; u.a. Gesetz *Ley de libertad de prensa* (30. August).

Unabhängigkeit Panamas von Spanien und Anschluss an Großkolumbien (28. November).

1822	Gründung des *Colegio de Antioquia*, Vorläufer der späteren Universität.

Schlacht am Pichincha in Ecuador gegen die Spanier (24. Mai).

1823 Gründung des Nationalmuseums.

Verkündung der vollständigen Befreiung Großkolumbiens in einer Proklamation an die Kolumbianer durch den Vizepräsidenten Francisco de Paula Santander (9. Dezember).

1824/1825 Freundschafts-, Schifffahrts- und Handelsverträge mit den USA und Großbritannien: völkerrechtliche Anerkennung Kolumbiens.

1826 Gründung der *Universidad Central* und der *Academia Literaria* in Bogotá zur Förderung der Künste, Wissenschaften und der politischen Kultur.

1826-1828 Konflikte zwischen den Bolivarianern (Konservative) und den Santanderisten (Liberale) nach der Rückkehr Bolívars nach Bogotá.

1828 José María Espinosa portraitiert Bolívar.

Erlass des Organischen Dekrets durch Bolívar und Ernennung Bolívars zum Diktator (27. August).

Gescheiterter Versuch der Ermordung Bolívars durch Santanderisten (25. September).

1829 Juan García del Río schreibt *Meditaciones colombianas*.

Verkündigung der Abspaltung Venezuelas von Großkolumbien (November).

1830   Verkündung der Abspaltung Ecuadors von Großkolumbien (Januar).

Annahme der Bezeichnung Neu-Granada für Kolumbien und Panama (Oktober).

1831/1832   Gründung Neu-Granadas.

1832   Gründung des *Colegio de La Merced* für Frauen.

1833-1837   Präsidentschaft General Francisco de Paula Santander.

1834   Beschluss über dreifarbige Nationalflagge (Gelb, Blau, Rot).

1837-1841   Präsidentschaft José Ignacio de Márquez.

1839   Rebellion gegen die Zentralregierung durch alte Generäle (*jefes supremos*) fördert den Ruf nach Föderalismus und bestärkt Separationsbestrebungen.

1840   Provinz Panama unter General Tomás Herrera zum souveränen Staat des Isthmus erklärt (November).

1841   Erste Ausgabe der Zeitung *El Cóndor*.

Militärische Wiedereingliederung Panamas in die Republik (Dezember).

1843   Zentralistische Verfassung.

1845   Beginn der Dampfschifffahrt auf dem Río Magdalena.

Lino de Pombo veröffentlicht *Recopilación Granadina de Legislación Nacional*.

1847-1849   Präsidentschaft des Konservativen General Tomás Cipriano de Mosquera.

1848   Erstes Programm der Liberalen.

Joaquín Acosta veröffentlicht *Compendio histórico del descubrimiento y colonización de la Nueva Granada en el siglo XVI*.

Einführung der Lithographie als Technik für den Zeitungsdruck.

1849   Erstes Programm der Konservativen.

Abschaffung der Todesstrafe.

1849-1853   Präsidentschaft von General José Hilario López.

1850   Geographische und kulturelle Erfassung des Landes durch die *Comisión Corográfica* unter der Leitung von Agustín Codazzi.

Erneute Ausweisung der Jesuiten.

Aufhebung der Tabaksteuer, Abschaffung der *diezmos* (Mai).

Zusammenschluss junger Liberaler zur *Escuela Republicana* (25. September).

1851   Bürgerkrieg zwischen Konservativen und Liberalen.

Halbierung der Hypothekenzinsen (*censos*).

Garantieren der Pressefreiheit.

1852   Endgültige Beendigung der Sklaverei (1. Januar).

1853   Verfassung: Dezentralisierung.

Gewaltsame Reaktionen der Handwerker gegen Freihandelspolitik (Mai/Juni).

1854   Besetzung Bogotás durch 600 Handwerker der *Sociedad Democrática* und der Soldaten der Garnison: Proklamation Generals José María Melo zum Chef der neuen Regierung (17. April).

Niederlage der Truppen Melos und der Nationalgarden der Handwerker (4. Dezember).

1856   Bau der ersten Textilfabrik in Bogotá.

Agustín Codazzi veröffentlicht seine *Geografía física y política de la Nueva Granada*.

1858   Umgestaltung der Republik Neu-Granada in die "Granadinische Konföderation" (*Confederación Granadina*).

In Paris wird die *Historia de la revolución de la República de Colombia* von José María Restrepo veröffentlicht.

1860   Abspaltung des Staates Cauca durch den Liberalen Tomás Cipriano de Mosquera: Bürgerkrieg zwischen Liberalen und Konservativen.

1861   José María Samper veröffentlicht seinen *Ensayo sobre las revoluciones políticas.*

          Gesetzlich geregelte Desamortisation: Schwächung der Kirche (September).

1863   Verfassung: Extremer Föderalismus: "Vereinigte Staaten von Kolumbien" (Antioquia, Bolívar, Boyacá, Cauca, Cundinamarca, Magdalena, Panama, Santander, Tolima) und Namensgebung "Kolumbien" zu Ehren von Christoph Kolumbus; Mosquera Präsident.

          Anstieg der Produktion und des Exports von Tabak.

1864   Erste Ausgabe der Zeitung *Diario Oficial.*

          Gründung der *Escuela de Medicina.*

1867   Jorge Isaac veröffentlicht seinen Roman *María.*

          Gründung der *Universidad Nacional de Colombia* in Bogotá.

Ab 1870   Exportorientierte Wirtschaft: Bau von Eisenbahnlinien zu den wichtigsten Häfen.

          Entwicklung des Bankwesens (Gründung der *Banco de Bogotá*).

1871   Gründung der landwirtschaftlichen Gesellschaft (*Sociedad de Agricultores*).

          Gründung der *Academia Colombiana* (später *Academia Colombiana de la Lengua*).

1872   Der 20. Juli wird zum Nationalfeiertag erklärt (Formulierung der *Acta de Independencia* am 20. Juli 1810).

1874   Entstehung der *Banco de Colombia.*

1876/1877 Bürgerkrieg: Sieg der Liberalen über die Konservativen.

1877   Candelario Obeso veröffentlicht *Cantos populares de mi tierra.*

1878	Soledad Acosta de Samper gründet die Zeitschrift *La Mujer*, die ausschließlich von Frauen redigiert und herausgegeben wird.
	Carlos Martínez veröffentlicht *Repertorio colombiano*.
1878-1880	Präsidentschaft des Liberalen General Julián Trujillo; Rafael Núñez Moledo als Wirtschaftsminister.
1880-1887	Präsidentschaft Núñez: Reformmaßnahmen (Beginn der Phase der *Regeneración*), u.a. Niederlassung des *Banco Nacional*.
	Mit den *Independientes* beginnt eine neue Ära, die in die Hegemonie der Konservativen (bis 1930) übergeht.
	Beginn der Kanalbauarbeiten in Panama.
	Ausbau des Eisenbahnnetzes.
1884	Komposition der Nationalhymne.
	Erste Telefonverbindung (zwischen Bogotá und Chapinero).
1885	Erhebung der radikalen Liberalen (ausgehend vom Teilstaat Santander) gegen die Zentralregierung, um Reformen aufzuhalten; Sieg der Regierung.
1886-1888	Programm der Importsubstitution.
1886	Verfassung: unitarische Republik (Einrichtung von Departements, Machtzugewinn der katholischen Kirche).
	Gründung der *Escuela Nacional de Bellas Artes* (Bogotá), die aus verschiedenen Vorläuferinstitutionen hervorgeht.
	Gründung des *Ateneo de Bogotá*.
	Rufino José Cuervo veröffentlicht *Diccionario de construcción y régimen de la lengua castellana*.
1887	Konkordat mit Rom: finanzieller Ausgleich der enteigneten Kirchengüter; Bildungsreform im Sinne der katholischen Kirche.
	Gründung der Tageszeitung *El Espectador*.
Ab 1887	Kaffee als neues Hauptausfuhrprodukt.

1888   Gründung der *Policía Nacional.*

1890   Gesetz 89 über Unverkäuflichkeit von indigenem Gemein-schaftsbesitz.

1891   Gründung der *Sociedad de Medicina y Ciencias Naturales.*

1892   Einweihung des *Teatro Colón* in Bogotá.

1892/1893   Bankrott der 1892 gegründeten französischen Kanalgesell-schaft Compagnie du Canal.

1894   José Asunción Silva veröffentlicht *Nocturno III.*

1895   Erhebung der Liberalen gegen die Regierung und die Präsi-dentschaft Miguel Antonio Caro.

1899   Export von Bananen durch die United Fruit Company.

Erstes Automobil fährt in Medellín.

1900   Erstes elektrisches Licht in Bogotá.

Oktober 1899-Oktober 1902   "Krieg der Tausend Tage" zwischen Li-beralen und Konservativen.

1902   Entstehung der *Academia Colombiana de Historia* (Oktober).

1903   Hay-Herrán-Vertrag zwischen dem US-Außenminister John Hay und dem Botschaftssekretär Kolumbiens Tomás Herrán: Ermächtigung der USA zum Bau und Betrieb eines Kanals durch Panamas (Januar).

Ablehnung einer Ratifizierung des Vertrags im kolumbiani-schen Senat (August).

Unabhängigkeit Panamas von Kolumbien (4. November).

Anerkennung Panamas als souveränen Staat durch US-Präsi-dent Theodor Roosevelt (6. November).

Hay-Bunau-Varilla-Vertrag (18. November): Neuauflage des Kanalvertrags (ungünstiger für Panama).

1904   Gründung der *Sociedad Geográfica de Colombia.*

Ausstellung der Bilder von Andrés de Santamaría, die eine öffentliche Polemik auslösen.

1904-1909   Präsidentschaft Rafael Reyes Prieto.

1905   Verfassungsänderungen: Berufung einer Nationalversammlung (*Asamblea Nacional Constituyente y Legislativo*); Verlängerung der Amtszeit des Präsidenten auf 10 Jahre.

1908   Aufteilung des Gesamtstaates in 34 Departements.

1909   Rücktritt von Reyes wegen Panama-Frage.

Anstieg der Bananen-, Zucker- und Baumwollproduktion.

1910-1914   Präsidentschaft Carlos E. Restrepo.

1910-1930   Indigene Aufstände unter der Führerschaft von Manuel Quintín Lame.

1910   Feiern anlässlich des 100. Jubiläums der Unabhängigkeit von Spanien; Einweihung einer Statue zu Ehren der Unabhängigkeitskämpferin Policarpa Salavarrieta ("La Pola") in Bogotá.

Ab 1910   Entstehung einer Konsumgüterindustrie.

1911   Gründung der Zeitung *El Tiempo* in Bogotá.

1912   Gründung der Zeitung *El Colombiano* in Medellín.

Erste funktelegraphische Station in Cartagena.

1914-1918   Neutralität Kolumbiens während des Ersten Weltkriegs.

1914   Urrutia-Thompson-Vertrag: finanzielle Entschädigung Kolumbiens für Panama durch die USA.

Dampfschifffahrt auf den Flüssen Atrato und Sinú.

1918   Bau des Pazifikhafens von Buenaventura.

1918-1921   Präsidentschaft des Konservativen Marco Fidel Suárez: US-freundliche Politik.

1919-1929   María Cano, "La Flor del Trabajo" genannt, führt Gewerkschaftsbewegungen an.

1919   Gründung der Sozialistischen Partei durch Mitglieder der Arbeitergewerkschaft.

1919/1920   Einführung des Streikrechts.

1920	Teilnahme Kolumbiens an der ersten Völkerbundversammlung in Genf und aktive Mitgliedschaft.
Ab 1920	Kaffeeboom; Wirtschaftswachstum (*Danza de millones* hat hohe Inflation und Spekulationsblase zur Konsequenz).
	Gründung der Deutsch-Kolumbianischen Luftverkehrsgesellschaft SCADTA durch Deutschstämmige aus Barranquilla, später Avianca (*Aerovías Nacionales de Colombia*).
1921	José Eustasio Rivera veröffentlicht *Tierra de Promisión*.
	Rücktritt von Suárez (November).
1922-1926	Präsidentschaft Pedro Nel Ospina.
1922	Miguel Triana veröffentlicht im Kontext des Gedenkens der 100 Jahre Unabhängigkeit *La civilización Chibcha*.
	Einführung der Lebensversicherung.
1923	Einführung des Krankengeldes.
	Niederlassung des *Banco de la República*.
	Eindämmung der Gelbfieber-Epidemie in Bucaramanga mithilfe der *Rockefeller Foundation*.
1924	José Eustasio Rivera veröffentlicht *La Vorágine*.
1925	Einführung des Freien Sonntags.
1926-1930	Präsidentschaft Miguel Abadía Méndez.
1926	Gründung der Sozialistischen Revolutionären Partei (*Partido Socialista Revolucionario*).
	Gründung des *Instituto Pedagógico* in Bogotá.
	Tomás Carasquilla veröffentlicht den historischen Roman *La Marquesa de Yolombó*.
1927	Nationale Vereinigung der Kaffeeanbauer (*Federación Nacional de Cafeteros de Colombia*).
1928	Gründung der Börse in Bogotá.

Großer Streik auf den Bananenplantagen der United Fruit Company bei Santa Marta, der blutig niedergeschlagen wird (5. Dezember).

1929   Weltwirtschaftskrise: importsubstituierende Industrialisierung als Folge.

Ab 1930   Neue künstlerische Strömungen, z.B. der *Muralismo* (Nel Gómez), der *Bachuismo* mit indigenen Motiven und der Expressionismus.

1930   Gründung der Kommunistischen Partei.

Erste Radiostation in Medellín.

Neugründung der *Pontificia Universidad Javeriana* in Bogotá.

IV Congreso Internacional femenino im *Teatro Colón de Bogotá*.

León de Greiff veröffentlicht *Libro de Signos*.

1930-1934   Präsidentschaft des Liberalen Enrique Olaya Herrera; *Concentración Nacional*: Konservative durch einige Minister vertreten.

1931   Errichtung einer Kontrollkommission für Devisenhandel; Errichtung eines Landwirtschafts- und Handelsministeriums sowie eines Nationalen Landwirtschaftsrates (*Consejo Nacional de Agricultura*).

Gründung von Gewerkschaften; Arbeiterschutz.

Salon der kolumbianischen Künstler (*Salón de Artistas Colombianos*) findet seit 1931 jährlich statt.

1932-1934   Krieg mit Peru um den Amazonashafen Leticia.

1932   Regierung Olaya Herrera gewährt Frauen das Recht auf Vermögensverwaltung (*Ley 28 de 1932*).

Porfirio Barba Jacob veröffentlicht *Canciones y Elegías*.

Eduardo Zalamea veröffentlicht *Cuatro años a bordo de mí mismo*.

1933	Gründung der Revolutionären Linksnationalen Union (*Unión Nacional Izquierdista Revolucionaria*, UNIR) durch den Liberalen Jorge Eliécer Gaitán.
	Frauen dürfen sich erstmals in einer Universität immatrikulieren.
1934-1938	Präsidentschaft des Liberalen Alfonso López Pumarejo.
	Staats- und Landreformen (die sogenannte *Revolución en marcha*) sorgen für soziale und politische Transformationen.
1934/1935	Kirchliche Instanzen drohen Eltern, die ihre Töchter auf gemischte Schulen oder die Universität schicken wollen, mit der Exkommunikation.
1934	Errichtung der kommunistischen "Republik von Tequendama" (Größe von 50 km²) südwestlich von Bogotá durch Bauern.
	Einführung des Achtstundentags.
	Luis López de Mesa veröffentlicht *De cómo se ha formado la Nación colombiana*.
1935	Auflösung der UNIR und Rückkehr Gaitáns zu den Liberalen.
1935/1936	Steuerreform: Anhebung der Steuertarife für Vermögende.
1936	Verfassungszusätze im "Gesetzesakt Nr. 1": Eingreifen des Staates in die Wirtschaft.
	Gründung des nationalen Symphonieorchesters.
	Erste Ausgabe der Zeitung *El Siglo*.
	Zusammenschluss der Einzelgewerkschaften zum Kolumbianischen Gewerkschaftsbund (*Confederación Sindical de Colombia*) (August).
1937	Mariana Arango ist die erste Frau mit einem akademischen Abschluss der *Universidad de Antioquia*.
1938	Umbenennung des Gewerkschaftsbundes in *Confederación de Trabajadores de Colombia*.

1938-1942   Präsidentschaft des gemäßigten Liberalen Eduardo Santos: Ausrichtung auf die USA.

1939   Entstehung der literarischen Bewegung *Piedra y Cielo*.

1940   Gründung des *Instituto de Fomento Industrial* zur Ankurbelung der Industrie.

            Aufbau eines landesweiten Radionetzes.

            Gründung des *Grupo de Barranquilla*, einer Gruppe aus Künstlern, Journalisten und Schriftstellern und Herausgabe der Zeitschrift *Crónica*.

            Lucho Bermúdez beeinflusst nachhaltig die kolumbianische Volksmusik durch Mischungen aus Jazz und kolumbianischer Cumbia oder Bolero; sein berühmtestes Stück wird *Colombia, tierra querida*.

            Cumbia wird zum Volkstanz.

1942   Gründung des *Instituto Caro y Cuervo*.

1942-1945   Zweite Präsidentschaft von Alfonso López Pumarejo.

1945   Rücktritt von López Pumarejo; Nachfolger wird bis 1946 Alberto Lleras Camargo.

            Generalstreik ausgehend von der Zentralgewerkschaft CTC.

1946   Gabriel Turbay als gemäßigter Kandidat der Liberalen gegen den unabhängigen linksliberalen Herausforderer Gaitán: gegenseitiges Blockieren und Erstarken der Konservativen.

            Gründung der Union der Arbeiter Kolumbiens (*Unión de Trabajadores de Colombia*) als alternative Gewerkschaft: Spaltung der Arbeiterbewegung.

            Barranquilla ist Austragungsort der fünften Lateinamerika- und Karibikspiele.

1946-1949   Präsidentschaft des Konservativen Mariano Ospina Pérez.

1947   Gaitán wird Führer der Liberalen Partei (Oktober).

1948   Gründung der *Universidad de los Andes*.

Gründung der *Universidad Industrial de Santander* in Bucaramanga.

Gründung der OAS (*Organization of American States*) in Bogotá.

9. April: Ermordung Gaitáns während der 9. Panamerikanischen Konferenz in Bogotá; Zerstörung großer Teile des Stadtzentrums im sogenannten *Bogotazo*; Beginn der *Violencia*.

Alejandro Obregón malt *Los muertos del 9 de abril.*

1949   Kongresswahlen: zwei weitere Stimmen für die Konservativen (Juni).

Rückzug der Präsidentschaftskandidatur des Liberalen Darío Echandía nach Angriffen auf Liberale im Kongress (September).

Wahl des rechtskonservativen Laureano Gómez zum Präsidenten (Wahl fand ohne Gegenkandidaten statt) (27. November).

1950   Gründung der Zeitung *El País.*

1951-1953 Kolumbien beteiligt sich als einziges lateinamerikanisches Land am Koreakrieg.

1951   Gründung der *Universidad La Gran Colombia.*

1952   Eduardo Caballero Calderón veröffentlicht *El Cristo de espaldas.*

Gründung der *Universidad de América.*

1953   13. Juni: Putsch unter dem Oberkommandierenden des kolumbianischen Militärs, General Gustavo Rojas Pinilla, mit Zustimmung von Liberalen und Konservativen.

Einführung des Fernsehens durch Rojas Pinilla.

Ablösung des Präsidenten Gómez bis zum Ende von dessen Amtszeit durch Rojas (Militärdiktatur).

1954   Einführung des Frauenwahlrechts.

Gründung des *Banco Popular*.

Eduardo Caballero Calderón veröffentlicht *Siervo sin tierra*.

Proteste von Studierenden in Bogotá (Juni).

Verlängerung der Amtszeit Rojas um vier weitere Jahre über die Verfassunggebende Versammlung (August).

Entstehung der Bewegung der Nationalen Aktion (*Movimiento de Acción Nacional*) und der Gewerkschaft *Confederación Nacional de Trabajadores*.

1955	Gründung des Experimentaltheaters in Cali durch Enrique Buenaventura.

Gründung der Literaturzeitschrift *Mito*.

Ab 1955	Fall des hohen Kaffeepreises; Zunahme der Guerillatätigkeit auf dem Land.
1956	Niederlassung des Lateinamerikanischen Bischofsrats (*Consejo Episcopal Latinoamericano*, CELAM) in Bogotá.

Teilnahme Kolumbiens an den Olympischen Spielen in Melbourne.

Bei Explosion im Zentrum von Cali sterben mehrere Tausend Menschen.

1957	Verweigerung einer weiteren Verlängerung der Amtszeit Rojas: Widerstand von Liberalen und Konservativen.

Gründung der *Biblioteca Luis Ángel Arango* in Bogotá.

Absetzung von Rojas durch Militärführung und Ersetzung durch eine Militärjunta (10. Mai).

Bildung einer Nationalen Front (*Frente Nacional*) von Liberalen und Konservativen (1. Dezember).

Plebiszit und damit Akzeptanz der Nationalen Front durch die Bevölkerung.

1958-1962	Präsidentschaft des Liberalen Alberto Lleras Camargo (erster Präsident der Nationalen Front).

1958   Erster Nationalpreis für Malerei im *Salón Nacional de Artistas de Colombia* geht an Fernando Botero für *La Cama Degli Sposi*.

Gabriel García Márquez veröffentlicht *El coronel no tiene quién le escriba*.

1959   Die Vereinten Nationen und die kolumbianische Regierung veranstalten den *Seminario Femenino*.

1959/1960   Entstehung der Liberalen Revolutionären Bewegung (*Movimiento Revolucionario Liberal*) unter Alfonso López Michelsen (Sohn des liberalen Präsidenten López Pumarejo) aus Protest gegen die Nationale Front.

1960   Sitz im Abgeordnetenhaus für López Michelsen.

Gründung der Abteilung für Indigene Angelegenheiten (*División de Asuntos Indígenas*).

1961   Gründung der Nationalen Volksallianz (*Alianza Nacional Popular*) als Bewegung durch Rojas.

Beginn der Planungen des Kolumbianischen Instituts für die Agrarreform (*Instituto Colombiano de la Reforma Agraria*).

Kolumbien tritt der ALAC (*Asociación Latinoamericana de Comercio*) bei und wird von der Allianz für den Fortschritt gefördert.

1962   Gründung des Nationalen Befreiungsheers (*Ejército Popular de Liberación*).

Germán Guzmán, Orlando Fals Borda und Eduardo Umaña publizieren *La Violencia en Colombia*.

Álvaro Cepeda Samudio veröffentlicht den Roman *La casa grande*.

1964   Sitz im Senat für López Michelsen.

Gründung der *República de Marquetalia* durch Bauern und die Kommunistische Partei.

Gewaltsame Räumung durch eine Großoffensive der Armee (*Operación Soberanía*), dies führt zur Gründung der *Fuerzas Armadas Revolucionarias de Colombia* (FARC).

Manuel Zapata Olivella veröffentlicht *En Chimá nace un santo*.

1966 Entstehung der Bewaffneten Revolutionären Streitkräfte Kolumbiens (FARC) unter der Führung von Manuel Marulanda.

Gründung der Theatergruppe *La Candelaria*.

1967 Gabriel García Márquez veröffentlicht *Cien años de soldedad* (die erste Auflage ist nach zwei Wochen ausverkauft).

Seit 1967 wird der 14. November als *Día cívico de la mujer* begangen in Gedenken an die Unabhängigkeitskämpferin Policarpa Salavarrieta.

1968 Verfassungsreform: Abschaffung der paritätischen Sitzverteilung zwischen Liberalen und Konservativen im Parlament; Nationale Volksallianz als selbstständige Allianz.

Papst Paul VI. besucht Kolumbien.

II. Lateinamerikanische Bischofskonferenz findet in Medellín statt und beeinflusst die Entwicklung der Befreiungstheologie maßgeblich.

Aufhebung der gesetzlichen Autorität des Ehemannes.

1970 Kandidatur Rojas für die Nationale Volksallianz gegen den Kandidaten der Nationalen Front, den Konservativen Misael Pastrana Borero; Wahlsieg Pastranas stand unter dem Vorwurf des Wahlbetrugs.

Ende der Agrarreformen.

Entstehung der Bewegung/Stadtguerilla des 19. April (*Movimiento 19 de Abril*, M-19) als Reaktion auf den vermeintlichen Wahlbetrug.

1972 Erste olympische Goldmedaille für den Kolumbianer Helmut Bellingrodt.

1973 Álvaro Mutis veröffentlicht *La mansión de Araucaima*.

1974 Rechtliche Gleichstellung beider Geschlechter.

1974-1978   Präsidentschaft des Liberalen López Michelsen; Gegenkandidaten waren der Konservative Álvaro Gómez Hurtado (Sohn von Laureano Gómez) und María Eugenia Rojas, Kandidatin der Nationalen Volksallianz (Tochter von Gustavo Rojas Pinilla).

1975   Raub des Schwertes von Simón Bolívar aus dem Museum Quinta Bolívar in Bogotá durch den M-19.

1976   Wiederentdeckung der präkolonialen Stadt *Ciudad Perdida* in der Sierra Nevada de Santa Marta.

1980   Entführung und Ermordung des Gewerkschaftsführers der CTC José Raquel Mercado durch den M-19.

Besetzung der Botschaft der Dominikanischen Republik und Geiselnahme u.a. des Botschafters der USA durch den M-19.

Ab den 1980er Jahren   Zunehmendes Erstarken der Drogenmafia und der Drogenkartelle in Medellín (Pablo Escobar Gaviria, Jorge Luis, Fabio Ochoa, Gonzalo Rodríguez Gacha) und Cali (Gilberto Rodríguez Orejuela, José Santacruz Londoño); Ermordung zahlreicher Politiker.

Ziviler Arm der FARC (*Unión Patriótica*) wird vollständig ausgelöscht (*Impunidad*).

1982-1986   Präsidentschaft des Konservativen Belisario Betancur; Verhandlungen mit Guerillagruppen.

1982   Gabriel García Márquez erhält den Nobelpreis für Literatur.

1983   Gründung der Revolutionären Partei der Arbeit (*Partido Revolucionario del Trabajo*).

1984   Gründung der bewaffneten Bewegung Quintín Lame (*Movimiento Armado Quintín Lame*).

Cartagena wird Weltkulturerbe der UNESCO.

Gründung des erstes Filmfestivals in Bogotá.

1985   Gründung der Vaterländischen Union (*Unión Patriótica*) durch ehemalige Mitglieder der FARC.

Besetzung des Justizpalastes in Bogotá durch den M-19 (November).

1986-1990   Präsidentschaft des Liberalen Virgilio Barco.

Erste Sitze im Parlament für die Vaterländische Union; Verfolgung und Folterung tausender Mitglieder der Union durch Paramilitärs.

1986   Besuch von Papst Johannes Paul II. in Kolumbien.

1987   Eröffnung des *Teatro Metropolitano* in Medellín.

1989   Gabriel García Márquez veröffentlicht seinen Simón Bolívar-Roman *El General en su laberinto*.

USA investieren in den Kampf gegen die Drogen.

Eröffnung des *Archivo General de la Nación*.

Fußballverein *Atlético Nacional* gewinnt die *Copa Libertadores de América*.

1990-1994   Präsidentschaft des Liberalen César Gaviria.

Umfassende Liberalisierungsmaßnahmen mit enormem Effekt auf die Wirtschaft (*Apertura económica*).

1990   Umwandlung des M-19 in die Demokratische Allianz M-19 (*Alianza Democrática M-19*).

Ermordung der Präsidentschaftskandidaten Jaime Pardo, Luis Carlos Galán, Carlos Pizarro Leongómez und Bernardo Jaramillo Ossa durch Escobar und Paramilitärs.

Teilnahme Kolumbiens an der Fußballweltmeisterschaft in Italien.

1991   Inkrafttreten einer neuen Verfassung (2. Juli).

1992   Gewaltsame Unterdrückung indigener Proteste anlässlich des 500. Jahrestags der "Entdeckung" Amerikas.

1993   Zerschlagung des Medellín-Kartells.

1994-1998   Präsidentschaft des Liberalen Ernesto Samper Pizano; Finanzierung seines Wahlkampfes durch Geld aus dem Cali-Kartell.

1994 Fernando Vallejo veröffentlicht seinen Medellín-Roman *La Virgen de los Sicarios.*

1995 Zerschlagung des Cali-Kartells.

   Gabriel García Márquez veröffentlicht den dokufiktionalen Text *Noticias de un secuestro.*

1997 Zusammenschluss einzelner paramilitärischer Gruppen zur Vereinigten Bürgerwehr Kolumbiens (*Autodefensas Unidas de Colombia*).

1998-2002 Präsidentschaft von Andrés Pastrana Arango, Sohn von Misael Pastrana Borrero (*Nueva Fuerza Democrática*).

1999 Januar: Wirtschaftskrise (ausgelöst durch die Asienkrise).

   Friedensverhandlungen zwischen der Regierung und den FARC (September).

2001 *Plan Colombia*: Plan zur Bekämpfung des Drogenhandels mithilfe der USA.

   Mit dem Musikalbum *Servicio de lavandería* gelingt der Popsängerin Shakira Isabel Mebarak Ripoll der internationale Durchbruch.

   Anti-Terror-Gesetz (20. August).

2002 Friedensprozess durch Präsident Pastrana für beendet erklärt: Angriffe auf entmilitarisierte Zone (20. Februar).

   Entführung der Präsidentschaftskandidatin Ingrid Betancourt Pulecio und ihrer Wahlkampfhelferin Clara Rojas durch die FARC (23. Februar).

   Dem Sänger Carlos Vives gelingt mit seinem Album *Déjame entrar*, für das er einen Grammy erhält, der internationale Druchbruch.

2002-2010 Präsidentschaft von Álvaro Uribe Vélez (*Primero Colombia*).

   Gründung der Partei *Polo Democrático Independiente*.

2003 Wahlrechtsreform: Einzug ins Parlament von Stimmanteil abhängig.

2004	Laura Restrepo veröffentlicht den Roman *Delirio*.
2005	Zusammenschluss des *Polo Democrático Independiente* und der *Alternativa Democrática* zur Partei *Polo Democrático Alternativo* (PDA).

Der Sänger Juanes (Juan Esteban Aristizábal Vázquez) gelangt mit seinem Album *Mi sangre* zu internationalem Durchbruch.

2006	Kandidat der PDA, Carlos Gaviria Díaz, erhält bei den Präsidentschaftswahlen 22 % der Stimmen.

Sogenannte *Uribistas*, die dem Präsidenten eine eigenständige Basis zu verschaffen suchen, stellten 61 Senatoren und 88 Abgeordnete: Wiederwahl Uribes.

Massive Skandale (*falsos positivos*, *parapolítica*) erschüttern die institutionellen Grundlagen der Demokratie und der Menschenrechte.

Héctor Abad Faciolince veröffentlicht seinen autofiktionalen Roman *El olvido que seremos*.

2008	Der Sänger Juanes organisiert an der kolumbianisch-venezolanischen Grenze ein Konzert (*Paz sin Fronteras*), an dem unter anderen Ricardo Montaner (aus Venezuela) und der Kolumbianer Carlos Vives teilnehmen.

Freilassung von Clara Rojas (10. Januar).

Freilassung von Ingrid Betancourt (2. Juli).

Ab 2010	Präsidentschaft Juan Manuel Santos Calderón (*Partido Social de Unidad Nacional*).
2011	Die diplomatischen Beziehungen zwischen Kolumbien und Venezuela werden auf die Probe gestellt.
2012	Gründung des *Centro Nacional de Memoria Histórica*.
2014	Friedensverhandlungen zwischen Regierung und FARC in Havanna.

Wiederwahl Santos.

Bei der Fußballweltmeisterschaft in Brasilien kommt die kolumbianische Nationalmannschaft bis ins Viertelfinale.

Juan Gabriel Vásquez veröffentlicht *El ruido de las cosas al caer*.

2015   Die Unterhändler einigen sich auf eine Wahrheitskommission, die ihre Arbeit nach Unterzeichnung eines Friedensvertrags aufnehmen soll (4. Juni).

FARC verkünden Waffenruhe (20. Juli).

Einstellung der Luftangriffe auf die FARC seitens der Regierung (25. Juli).

Präsident Santos und FARC-Kommandeur Rodrigo Londoño verkünden Einigung in Hinblick auf die juristische Aufarbeitung des Bürgerkriegs (23. September).

2016   Die Unterhändler beider Seiten einigen sich auf eine beiderseitige Waffenruhe (22. Juni).

Regierung und FARC geben den erfolgreichen Abschluss der Friedensgespräche bekannt (24. August).

Landesweites Referendum über den Friedensvertrag: 50,2 % stimmen gegen das Abkommen (2. Oktober).

Neuer Friedensvertrag wird ohne Referendum von der Regierung und den FARC unterzeichnet (24. November).

Präsident Santos bekommt für seine Rolle im Friedensprozess den Friedensnobelpreis verliehen (10. Dezember).

Personen- und Sachregister

Anmerkung: Im Sach- und Personenregister werden nicht alle Seiten genannt, auf denen der entsprechende Begriff/Name erscheint, sondern nur diejenigen Seiten, die jeweils die aussagekräftigsten Informationen dazu enthalten.

Abkürzungsverzeichnis

ACDEGAM	Asociación Campesina de Ganaderos y Agricultores del Magdalena Medio
ACIA	Asociación Campesina Integral del Atrato
ACIM	Asociación Colombiana para la Investigación de Medios
ACOTUR	Asociación Colombiana de Turismo Responsable
ADEMAG	Asociación de Mujeres del Magdalena
ADI	Ausländische Direktinvestitionen
AFRODES	Asociación Nacional de Afrocolombianos Desplazados
AGC	Autodefensas Gaitanistas de Colombia
ALADI	Asociación Latinoamericana de Integración
ALALC	Asociación Latinoamericana de Libre Comercio
ALBA	Alianza Bolivariana para los Pueblos de Nuestra América
ALCA	Área de Libre Comercio de las Américas
ALEC	Atlas Lingüístico-Etnográfico de Colombia
AMI	Asociación de Mujeres de las Independencias
ANDI	Asociación Nacional de Industriales
ANH	Agencia Nacional de Hidrocarburos
ANUC	Asociación Nacional de Usuarios Campesinos
AP	Alianza del Pacífico
APEC	Asia-Pacific Economic Cooperation
ASM	Artisanal Mining
ATPDEA	Andean Trade Promotion and Drug Eradication Act
AUC	Autodefensas Unidas de Colombia

AvH	Alexander von Humboldt-Stiftung
BACRIM	Bandas Criminales Emergentes
BIBB	Bundesinstitut für Berufsbildung
BIP	Bruttoinlandsprodukt
BMBF	Bundesministerium für Bildung und Forschung
CAN	Comunidad Andina de Naciones
CAPAZ	Instituto Colombo-Alemán para la Paz
CCELA	Centro Colombiano de Estudios de Lenguas Aborígenes
CEAD	Centro de Educación Abierta y a Distancia
CEET	Casa Editorial El Tiempo
CELAC	Comunidad de Estados Latinoamericanos y Caribeños
CEMarin	Corporation Center of Excellence in Marine Sciences
CEPAL	Comisión Económica para América Latina y el Caribe
CGT	Confederación General del Trabajo
CHCV	Comisión Histórica del Conflicto y sus Víctimas
CINEP	Centro de Investigación y Educación Popular
CNA	Consejo Nacional de Acreditación
CNE	Consejo Nacional Electoral
CNMH	Centro Nacional de Memoria Histórica
CNRR	Comisión Nacional de Reparación y Reconciliación
Codhes	Consultoría para los Derechos Humanos y el Desplazamiento
Colciencias	Departamento Administrativo de Ciencia, Tecnología e Innovación
CRIC	Consejo Regional Indígena del Cauca
CRS	Corriente de Renovación Socialista
CTA	Cooperativas de Trabajo Asociado

CTC	Confederación de Trabajadores de Colombia
CUT	Central Unitaria de Trabajadores
DAAD	Deutscher Akademischer Austauschdienst
DANE	Departamento Administrativo Nacional de Estadística
DAS	Departamento Administrativo de Seguridad
DEA	Drug Enforcement Administration
DFG	Deutsche Forschungsgemeinschaft
DKFI	Deutsch-Kolumbianisches Friedensinstitut
DSD	Deutsches Sprachdiplom
ELN	Ejército de Liberación Nacional
ENE	Estatuto Nacional de Estupefacientes
EPL	Ejército Popular de Liberación
EU	Europäische Union
EZ	Entwicklungszusammenarbeit
FARC-EP	Fuerzas Armadas Revolucionarias de Colombia – Ejército del Pueblo
FARC	Fuerzas Armadas Revolucionarias de Colombia
FESCOL	Friedrich-Ebert-Stiftung en Colombia
FILBO	Feria Internacional del Libro de Bogotá
FIP	Fundación Ideas para la Paz
FNCC	Federación Nacional de Cafeteros de Colombia
GIB	Gemischtsprachiges Internationales Baccalaureate
GI	Goethe-Institut
GIZ	Deutsche Gesellschaft für Internationale Zusammenarbeit
GMH	Grupo de Memoria Histórica
HDI	Human Development Index

HSS	Hanns-Seidel-Stiftung
IAO	Internationale Arbeitsorganisation
ICAIC	Instituto Cubano del Arte e Industria Cinematográficos
ICBF	Instituto Colombiano de Bienestar Familiar
ICFES	Instituto Colombiano para la Evaluación de la Educación Superior
IFPI	International Federation of the Phonographic Industry
ILO	International Labour Organization
INCODER	Instituto Colombiano de Desarrollo Rural
INCORA	Instituto Colombiano de la Reforma Agraria
INDH	Informe Nacional de Desarrollo Humano
KAS	Konrad-Adenauer-Stiftung
KfW	Kreditanstalt für Wiederaufbau
LGBTI	Lesbian, Gay, Bisexual, Transexual/Transgender, Intersexual
M-19	Movimiento 19 de Abril
MAQL	Movimiento Armado Quintín Lame
MAS	Muerte a los Secuestradores
MEN	Ministerio de Educación Nacional
Mercosur	Mercado Común del Sur
MinCIT	Ministerio de Comercio, Industria y Turismo
MOVICE	Movimiento de Víctimas de Crímenes de Estado
MPG	Max-Planck-Gesellschaft
OAS	Organization of American States
OCyT	Observatorio Colombiano de Ciencia y Tecnología
OECD	Organisation for Economic Co-operation and Development

OIM	Organización Internacional para las Migraciones
ONIC	Organización Nacional Indígena de Colombia
OREWA	Organización Regional Embera-Wounaan
PCC	Partido Comunista de Colombia
PCN	Proceso de Comunidades Negras
PDA	Polo Democrático Alternativo
PINES	Proyectos de Interés Nacional y Estrátegicos
PNB	Programa Nacional de Bilingüismo
PNUD	Programa de las Naciones Unidas para el Desarrollo
PRT	Partido Revolucionario de los Trabajadores
RUV	Registro Único de Víctimas
SAC	Sociedad de Agricultores de Colombia
SENA	Servicio Nacional de Aprendizaje
SSM	Small-Scale Mining
TPP	Transpacific Partnership
UARIV	Unidad para la Atención y Reparación Integral a las Víctimas
UNASUR	Unión de Naciones Suramericanas
UNDP	United Nations Development Programme
UNESCO	United Nations Educational, Scientific and Cultural Organization
UNHCR	United Nations High Commissioner for Refugees
UNICEF	United Nations Children's Fund
UP	Unión Patriótica
UTC	Unión de Trabajadores de Colombia
WTZ	Wissenschaftlich-Technologische Zusammenarbeit

Autorinnen und Autoren

KAI AMBOS, Univ.-Prof. Dr. Dr. h.c., Lehrstuhlinhaber für "Strafrecht, Strafprozessrecht, Rechtsvergleichung und internationales Strafrecht" an der Georg-August-Universität Göttingen. Leiter der Abteilung "ausländisches und internationales Strafrecht" des Instituts für Kriminalwissenschaften. Richter am Landgericht Göttingen. Direktor der Forschungsstelle für lateinamerikanisches Straf- und Strafprozessrecht (*Centro de Estudios de Derecho Penal y Procesal Penal Latinoamericano*, CEDPAL) der Georg-August-Universität Göttingen. Forschungsschwerpunkte im Strafrecht und Strafprozessrecht, Rechtsvergleichung, Internationalen Strafrecht mit einem besonderen Fokus auf Lateinamerika, Portugal, Spanien und Ost-Europa. Zahlreiche Publikationen in Englisch, Französisch, Spanisch, Italienisch, Portugiesisch, etc. – u.a. den dreibändigen *Treatise on International Criminal Law* (Oxford University Press 2013-2016).

ÓSCAR MAURICIO ARDILA LUNA, freiberuflicher Kurator und Kunsthistoriker. Er ist Verfasser verschiedener Publikationen über zeitgenössische kolumbianische Kunst sowie weitere Themenfelder wie z.B. Gedächtniskultur und Kunst im öffentlichen Raum. Seine Masterarbeit zum Verhältnis von Kunst und Natur in der kolumbianischen Kunst zwischen 1991 und 2003 wurde im Jahr 2007 prämiert und von der Universidad Nacional de Colombia publiziert (2008). Im Jahre 2012 wurde sein Forschungsprojekt "Campos de memoria" vom Kulturamt Bogotá als "Kuratorisches Projekt für die internationale Verbreitung kolumbianischer Kunst" ausgezeichnet. 2015 erhielt er das Forschungsstipendium des kolumbianischen Kulturministeriums.

REINHARD BABEL (Dr. phil.) ist seit 2014 Leiter des DAAD-Informationszentrums Bogotá und arbeitet als Literaturwissenschaftler an der Universidad Nacional de Colombia. Der ausgebildete Germanist promovierte bei Professor Robert Stockhammer an der Graduate School of Language & Literature der Ludwig-Maximilians-Universität München im Fachbereich Komparatistik. Seine Forschungsschwerpunkte sind Literatur- und Übersetzungstheorie, Sprachphilosophie, Deutsche Romantik, Lateinamerikanische und Afrikanische Literatur. Neueste Buchpublikation: *Translations-*

fiktionen. Zur Hermeneutik, Poetik und Ethik des Übersetzens. Bielefeld: Transcript, 2015.

RICARDO BETANCOURT VÉLEZ, Direktor des Studiengangs Internationale Beziehungen am Institut für Politikwissenschaft und Internationale Beziehungen der Pontificia Universidad Javeriana in Bogotá, Kolumbien, und Mitglied in der Forschungsgruppe *Grupo de investigación en Relaciones Internacionales, América Latina e Integración* (GRIALI). Er ist Verfasser verschiedener Publikationen in den Bereichen kolumbianische Außenpolitik, regionale Regierungen sowie Dynamiken der Integration und Kooperation in Südamerika. Aktuell arbeitet er zu den Friedensverhandlungen und hat dazu einige Artikel veröffentlicht, darunter: "Los organismos hemisféricos y regionales en el posconflicto colombiano" in: Pastrana Buelvas, Eduardo/Gehring, Hubert (Hg.): *Política exterior colombiana. Escenarios y desafíos en el posconflicto*. Bogotá: Editorial Pontificia Universidad Javeriana/Fundación Konrad Adenauer, 2016.

PETER BIRLE (Dr. phil.), Leiter der Forschungsabteilung des Ibero-Amerikanischen Instituts in Berlin. Zugleich Dozent am Lateinamerika-Institut der FU Berlin. 2007 bis 2010 Vorsitzender der Arbeitsgemeinschaft Deutsche Lateinamerikaforschung (ADLAF). Direktor der Zeitschrift *Iberoamericana. América Latina – España – Portugal*. Forschungsschwerpunkte: Lateinamerikanische Außenpolitiken in vergleichender Perspektive, Regionale Kooperation und Integration in Lateinamerika, Vergleichende Analyse politischer Systeme in Lateinamerika, deutsch-lateinamerikanische Wissenschaftsbeziehungen. Aktuelle Forschungsprojekte: Lateinamerikanische Außenpolitiken im Vergleich; "Giving Focus to the Cultural, Scientific and Social Dimension of EU-CELAC relations". Neueste Publikationen zu Kolumbien: *Colombia's New International Role*. Berlin: Ibero-Amerikanisches Institut 2017 (Hg. mit Günther Maihold und Eduardo Pastrana); "El rol de la cooperación alemana en la construcción de la paz en Colombia". In: Pastrana Buelvas, Eduardo/Gehring, Hubert (Hg): *Política exterior colombiana. Escenarios y desafíos en el posconflicto*. Bogotá: Editorial Pontificia Universidad Javeriana/Fundación Konrad Adenauer, 2016.

AXEL BORSDORF, emeritierter Professor für Geographie der Universität Innsbruck, bis 2016 Direktor des Instituts für Interdisziplinäre Gebirgsforschung der Österreichischen Akademie der Wissenschaften. Ex-Vizepräsident des Österreichischen Lateinamerikainstituts. Forschungsschwerpunkte: Gebirgsräume, Andenländer, Siedlungsgeographie, Schutzgebiete. Neueste Buchpublikationen: *Impact of Global Changes on Mountains*. Boca Raton: CRC, 2015; *The Andes. A Geographical Portrait*. New York: Springer, 2015; *Investing in Sustainable Mountain Development*. Bern: CDE, 2016.

KRISTINA DIETZ, Politikwissenschaftlerin und Nachwuchsgruppenleiterin am Lateinamerika Institut der FU Berlin (zus. mit Bettina Engels). Forschungsschwerpunkte: Umwelt und Entwicklung, Konflikte um Land und natürliche Ressourcen, Bergbau, soziale Ungleichheiten, Demokratiepolitik und Partizipation, Friedens- und Konfliktforschung, Kolumbien. Neueste Buchpublikationen: *Contested Extractivism, Society and the State: Struggles over Mining and Land*. London: Palgrave Macmillan, 2017, Hg. zus. mit Bettina Engels; *The Political Ecology of Agrofueles*. London, Routledge, 2015, Hg. zus. mit Bettina Engels, Achim Brunnengräber und Oliver Pye.

RAINER DOMBOIS, Professor für Soziologe am Institut für Arbeit und Wirtschaft der Universität Bremen. 1987-1993 Gastprofessor an der Universidad Nacional de Colombia. Langjährige Forschung in und über Kolumbien. Arbeits- und Forschungsgebiete: Arbeit und Arbeitsbeziehungen, Korruption. Neuere Veröffentlichungen: zus. mit Carlos Miguel Ortíz: "Die Institutionalisierung von Arbeitsbeziehungen inmitten von Gewalt. Der Fall der kolumbianischen Bananenarbeitergewerkschaft Sintrainagro", in: *Peripherie*, Nr. 142-143, 2016; *Wohlfahrtsmix, Wohlfahrtsregime und Arbeit in Lateinamerika*. Schriftenreihe Institut Arbeit und Wirtschaft. Bremen: Institut Arbeit und Wirtschaft, 2015.

TORSTEN EßER, Autor, Musikjournalist und Redakteur mit Schwerpunkt Lateinamerika/Spanien in Köln. Neuere Publikationen: "fatsO. Jazz aus Bogotá, zwischen Tom Waits und Stray Cats", in: *Jazzpodium*, Nr. 3, 2016; "Die kolumbianische Welle. Neue Bands aus Kolumbien erobern Deutschland", in: *Kolumbien aktuell*, 98, 2015; "Musik der spanischsprachigen Karibik", in: Herman Hiery (Hg.): *Lexikon zur Überseegeschichte*. Stuttgart: Franz Steiner Verlag, 2015; "'Uh, Ah, Chávez no se va'. Venezolanische Musik heute: Zwischen Tradition und Politik", in: Boeckh, Andreas/Welsch, Friedrich/Werz, Nikolaus (Hg.): *Venezuela heute*. Frankfurt a.M.: Vervuert, 2011.

THOMAS FISCHER, Professor für Geschichte Lateinamerikas, Katholische Universität Eichstätt; Vorsitzender ADLAF. Forschungsschwerpunkte: Lateinamerikanische Geschichte des 19. und 20. Jahrhunderts (insb. Kolumbien, Peru, Brasilien, Argentinien), *global history*, Wissensgeschichte, Kulturgeschichte der Politik und der Gewalt, Kulturgeschichte des Fußballs, *narcotráfico*, Geschichte der Migration; zurzeit Arbeit an den Forschungsprojekten "Envisioning Peace – Transforming Conflict" und "From Bavaria to Brazil/São Paulo: the making of science, art and culture in an entanglement perspective". Neueste Publikationen: *Flucht, Migration und gesellschaftliche Transformation.* Wiesbaden: Springer (erscheint 2017); *Fußballkulturen und Geschichte.* Stuttgart: Kohlhammer (erscheint 2017).

DAVID GRAAFF, Dozent an der Universidad Nacional de Colombia (Medellín) und freier Journalist. Doktorand in Lateinamerikanischer Geschichte an der KU Eichstätt-Ingolstadt. Schwerpunkte seiner journalistischen und wissenschaftlichen Arbeit sind die Geschichte des bewaffneten Konflikts in Kolumbien, Kämpfe sozialer Bewegungen und, als Thema seiner Dissertation, die politische Ideologie der kolumbianischen Linken. Er arbeitet zudem zu Kritischer Theorie in Lateinamerika und ist als Übersetzer tätig. Aktuelle journalistische Veröffentlichungen unter <www.torial.com/david.graaff/>.

ANDREAS HALLER, Geograph am Institut für Interdisziplinäre Gebirgsforschung der Österreichischen Akademie der Wissenschaften in Innsbruck. Forschungsschwerpunkte: Stadt- und Regionalgeographie, Kulturlandschaftsforschung, Anden, Alpen.

ANGELIKA HENNECKE, Professorin für Hispanische Sprach- und Übersetzungswissenschaft am Institut für Translation und Mehrsprachige Kommunikation der TH Köln. Mehrjährige Tätigkeit als Dozentin an der Universidad Nacional de Colombia, Bogotá, der Universidad Nacional de Córdoba, Argentinien, sowie der Universidad de Concepción, Chile. Forschungsschwerpunkte: Translationswissenschaft, Fachkommunikation, Werbekommunikation, Varianten des Spanischen in Lateinamerika. Neueste Buchpublikation: *Der Osten bleibt schwierig. Werbliche Kommunikation für Ostprodukte 20 Jahre nach der Wende. Theoretisch-methodische Überlegungen zur Analyse von Werbeanzeigen und empirische Untersuchungen.* Gießen: Johannes Herrmann Verlag, 2012.

ANDREAS HETZER, Dozent an der Facultad de Ciencias Sociales y Económicas der Universidad del Valle, Cali. Forschungsschwerpunkte: Medienstrukturen Lateinamerikas, Internationale Medienregimeforschung, Analyse politischer Diskurse und politischer Kommunikation, Internationale Beziehungen; zurzeit Aufbau eines Forschungsprojektes zur Visuellen Soziologie des Konfliktes in Kolumbien zwischen der Universidad del Valle und der Universität Bayreuth. Neueste Buchpublikationen: *Medien als Akteure in der politischen Transition. Bolivien im Autonomiekonflikt.* Baden-Baden: Nomos, 2015; zus. mit Anna-Lena Dießelmann: "La representación del gobierno Santos y su repercusión en el discurso mediático-político en Europa y Colombia", in: *Análisis Político* 28 (84), 2015; "La continuidad del régimen mediático híbrido en Bolivia", in: *Punto Cero* 21 (33), 2016.

BENEDIKT HORA, Doktorand an der Universität Innsbruck, Institut für Geographie. Forschungsschwerpunkte: Private Schutzgebiete, Regionalentwicklung in Lateinamerika.

TERESA HUHLE, Wissenschaftliche Mitarbeiterin in der Arbeitsgruppe Geschichte Lateinamerikas am Institut für Geschichtswissenschaft der Universität Bremen. Forschungsschwerpunkte: Transnationale Geschichte der Amerikas, Wissensgeschichte, Geschlechtergeschichte; zurzeit Aufbau eines Forschungsprojekts zur transnationalen Geschichte von Gesundheit und Sozialpolitik in Uruguay (1870-1940). Neueste Buchpublikationen: *Bevölkerung, Fertilität und Familienplanung in Kolumbien. Eine transnationale Wissensgeschichte im Kalten Krieg.* Bielefeld: transcript (erscheint im Oktober 2017); hg. zus. mit The Population Knowledge Network: *Twentieth Century Population Thinking. A Critical Reader of Primary Sources.* Abingdon/New York: Routledge, 2015.

JEFFERSON JARAMILLO MARÍN, *profesor asociado* des Departamento de Sociología an der Pontificia Universidad Javeriana, Bogotá. Direktor des Promotionsstudiengangs Ciencias Sociales y Humanas sowie Koordinator des Centro de Estudios Sociales y Culturales de la Memoria (Cesycme). Forschungsschwerpunkte: Erinnerung, territoriale Unterschiede im Friedensprozess, Analyse territorialer Konflikte sowie kommunale Justiz. Neueste Publikationen: *Pasados y Presentes de la violencia en Colombia. Estudio de las comisiones de investigación, 1958-2011.* Bogotá: Editorial de la Universidad Javeriana, 2014; *Instituciones Comunitarias para la Paz en Colombia:*

esbozos teóricos, experiencias locales y desafíos sociales. Bogotá: Universidad Nacional de Colombia (im Druck).

ANDRÉS JIMÉNEZ ÁNGEL, Dozent für Geschichte an der Escuela de Ciencias Humanas, Universidad del Rosario, Bogotá. Forschungsschwerpunkte: Lateinamerikanische Geschichte des 19. und 20. Jahrhunderts (insb. Brasilien, Chile und Kolumbien), Wissensgeschichte, Intellektuellengeschichte, Kulturtransfers, Globalgeschichte. Zurzeit Arbeit an einem Forschungsprojekt zur "Law and Development"-Bewegung in Lateinamerika zwischen 1964 und 1979. Neueste Publikationen: "Intelectuales, política y religión en Colombia en el siglo XIX: José Manuel Groot y los escritores católicos", in: *Historia y Sociedad*, 31, 2016; *Ciencia, lengua y cultura nacional: la transferencia de la ciencia del lenguaje en Colombia, 1867-1911.* Bogotá: Editorial Universidad Javeriana, Colección Opera Eximia (erscheint 2018).

SUSANNE KLENGEL, Professorin für Literaturen und Kulturen Lateinamerikas am Lateinamerika-Institut der FU Berlin. Forschungsschwerpunkte: Lateinamerikanische Literaturen des 19. und 20. Jahrhunderts, Historische Avantgarden, Transatlantische Intellektuellengeschichte; zurzeit Forschungsprojekt zu den literarischen und kulturellen Süd-Süd-Beziehungen zwischen Indien und Lateinamerika. Neueste Buchpublikationen: Hg. zus. mit Alexandra Ortiz Wallner: *Sur/South. Poetics and Politics of Thinking Latin America / India.* Madrid/Frankfurt a.M: Iberoamericana/Vervuert, 2016; hg. zus. mit Christiane Quandt/Peter W. Schulze/Georg Wink: *Novas Vozes. Zur brasilianischen Literatur im 21. Jahrhundert.* Madrid/Frankfurt am Main: Iberoamericana/Vervuert, 2013.

BENEDIKT KRAUS, Programme Officer Latin America bei Caritas Schweiz. M.A. Politikwissenschaft und drei Jahre für Caritas als Entwicklungshelfer in Kolumbien. Arbeitsschwerpunkt auf Unterstützung für Konfliktopfer.

SABINE KURTENBACH, Senior Research Fellow am GIGA (German Institute of Global and Area Studies), Hamburg. Forschungsschwerpunkte: Friedensprozesse, Gewalt und Nachkriegsordnungen im internationalen Vergleich. Aktuelle Forschungsprojekte: "Security Sector Reform and the Stability of Postwar Peace" sowie "Envisioning Peace | Transforming Conflict". Neueste Publikationen: Hg. zus. mit Nadine Ansorg: *Institutional Reforms and Peacebuilding: Change, Path-Dependency and Societal Divisions in Post-War Communities*. New York: Routledge, 2017; zus. mit Ingrid Wehr: "Verwobene Moderne und Einhegung von Gewalt: die Ambivalenzen der Gewaltkontrolle", in: *Politische Vierteljahresschrift*, Sonderheft 48, 2014.

Hugo Lancheros, Master in Spanischer Linguistik (2009) am Instituto Caro y Cuervo, Bogotá. Ehemaliger Dozent für Linguistik an der Universidad Nacional de Colombia und an der Pontificia Universidad Javeriana, Bogotá. Derzeit Doktorand an der Europa-Universität Viadrina, Frankfurt (Oder). Forschungsschwerpunkte: Sprachliche Höflichkeit, Anredeformen und Variation im Spanischen. Promotionsthema: (Un)Höflichkeit in deutsch- und spanischsprachigen Chatrooms.

Tatjana Louis, Departamento de Lenguas y Cultura der Universidad de los Andes, Bogotá. Forschungsschwerpunkte: Memory Studies, Geschichtsbewusstsein in Kolumbien, Lehren und Lernen von Geschichte mit Schwerpunkt auf Geschichtsschulbüchern. Neueste Veröffentlichungen: Hg. zus. mit Mónika Contreras Saiz und Stefan Rinke: *Memoria y conflicto. Memorias en conflicto. Intercambios metódicos y teóricos de experiencias locales latinoamericanas*. Stuttgart: Verlag Hans-Dieter Heinz, 2016; "Narratives of the Past in History Textbooks", in: Fanta-Castro, Andrea/ Herrero-Olaizola, Alejandro/Rutter-Jensen, Chloe (Hg.): *Territories of Conflict. Traversing Colombia through Cultural Studies*. Rochester: University of Rochester Press, 2017.

Yamid Gabriel Lozano Torres, Politikwissenschaftler an der Pontificia Universidad Javeriana, Bogotá, Magister im Bereich Sozialpolitik. Dozent für öffentliche Verwaltung an der Facultad de Ciencia Política y Relaciones Internacionales der Pontificia Universidad Javeriana. Mitarbeiter der Öffentlichen Verwaltung der Stadt Bogotá. Ko-Autor des Artikels "Del 'estado ventanilla' al estado-sujeto: un enfoque desde las variables de diferenciación y focalización en las políticas sociales", in: *Revista Papel Político*, 20, 2, 2015.

Carla Marchant, Dozentin für Geographie an der Universidad Austral de Chile. Instituto de Ciencias Ambientales y Evolutivas. Forschungsschwerpunkte: Gebirgsforschung, ländliche Entwicklung, familiäre Landwirtschaft in Gebirgsräumen.

ULRICH MORENZ, Politikwissenschaftler am Zentralinstitut für Latein-amerikastudien (ZILAS) der KU Eichstätt-Ingolstadt; zuvor Studium der Internationalen Beziehungen und Lateinamerikastudien an der KU Eichstätt-Ingolstadt, Universidad de la Frontera in Temuco, Chile und der Pontificia Universidad Javeriana in Bogotá. Forschungsschwerpunkte: Soziale und indigene Bewegungen in Lateinamerika, Kommunikation sozialer Bewegungen, Frieden und Konflikt; zurzeit Promotion zu politischen Kommunikationsstrategien der indigenen sozialen Bewegung der kolumbianischen Cauca-Region.

EDWIN MURILLO AMARIS, Promotion in Regierungslehre und Öffentliche Verwaltung (Universidad Complutense de Madrid), Magister in Philosophie und Theologie (Pontificia Universidad Javeriana). Berater der *Organización de Estados Iberoamericanos* (OEI) für die Bereiche Demokratie, Öffentliche Verwaltung und Friedensprozess. Dozent der Rechtsfakultät an der Universidad Santiago de Cali und an der Universidad de Santander im Bereich Öffentliche Verwaltung. Forschungsschwerpunkte: Friedensprozess in Kolumbien (Konfliktlösung, Übergangsjustiz, soziale Wiedergutmachung), Zusammenhänge zwischen Friedensprozess und öffentlicher Verwaltung. Neueste Publikationen: *Reconciliación Social como política pública: Sudáfrica, El Salvador, Nicaragua y Colombia*. Bogotá: Pontificia Universidad Javeriana, 2017; "Posconflicto: una oportunidad para el desarrollo", in: Cardona Angarita, Jorge Mauricio/Ejército Nacional (Hg.): *Fuerza de Tarea Conjunta Omega, Dios y Victoria: Las FARC: de la guerra de movimientos a su punto de inflexión*. Bogotá: Planeta, 2016; "La Construcción de Paz en el Proceso de Trasformación del Ejército Nacional", in: *Revista Transformación Militar*, 1, 2016.

MICHAEL NUNGESSER, Kunstkritiker, Buch- und Katalog-Autor in Berlin; seit 1996 Mitarbeit am *Allgemeinen Künstlerlexikon* (AKL), De Gruyter Verlag, Berlin/München. Arbeitsthemen: Kunst im 20./21. Jahrhundert, bes. Lateinamerika, Deutschland, Berlin; Wandmalerei; Surrealismus; Exil nach 1933. Neueste Textbeiträge in: Miguel Esteban Cano: *Malerei und Plastik*, Berlin: Instituto Cervantes, 2013; Paran G'Schrey: *Ein Herbstblatt vom Asphalt. Liebesbriefe*, Berlin: Gebr. Mann Verlag, 2013; Rufina Santana: *Cartographies of Water*, Miami: Patricia & Phillip Frost Art Museum, 2015; *Otto Andreas Schreiber 1907-1978. Ein Malerleben*, Köln: Wienand, 2015; *Traum und Wirklichkeit. Hans Meid und seine Schüler*, Petersberg:

Michael Imhof Verlag, 2015; *Kunst und das Unsichtbare. Malerei von Hamid Sadighi Neiriz*, Berlin: Edition Neiriz, 2017.

EDUARDO PASTRANA BUELVAS, Professor für Internationale Beziehungen und Völkerrecht an der Pontificia Universidad Javeriana, Bogotá, Kolumbien. Promotion 1995 an der Universität Leipzig in Völkerrecht. Forschungsschwerpunkte: Vergleichende Außenpolitik in Lateinamerika; Außenpolitik Kolumbiens, Brasiliens und Regionalisierungsprozesse in Lateinamerika. Neueste Publikationen: *The Pacific Alliance: Facing Regional Projects and Global Transformations*. Barcelona: Ed. Gedisa, 2016; "Colombias Contestation Strategies Facing the Emergence of Brazil as a Regional Power", in: Gardini, G./Tavares, H. (Hg): *Foreign Policy Responses to the Rise of Brazil*. Basingstoke: Palgrave Macmillan, 2016; zus. mit D. Vera: "La política exterior colombiana de cara al proceso de paz", in: Pastrana Buelvas, Eduardo/Gehring, Hubert (Hg): *Política exterior colombiana. Escenarios y desafíos en el posconflicto*. Bogotá: Editorial Pontificia Universidad Javeriana/Fundación Konrad Adenauer, 2016.

LUZ JEANNETTE QUINTERO C., Titularprofessorin für Industrial Engineering und Soziologin an der Universidad Jorge Tadeo Lozano in Bogotá. Magister und Promotion in Betriebswirtschaft. Arbeits- und Forschungsgebiete: Innovation, Arbeit, Arbeitsbeziehungen. Neuere Publikationen: *La Innovación como sistema*. Bogotá: UTADEO, 2015; *Cultura Innovadora – Estudios de Caso. Sociología de las Pymens en Colombia*. Bogotá: Universidad Nacional, 2012; *Empresas, empresarios y proyectos*. Bogotá: Universidad Nacional, 2012.

PABLO ANDRÉS RAMOS, Dozent am Departamento de Desarrollo Rural y Regional der Facultad de Estudios Ambientales y Rurales an der Pontificia Universidad Javeriana in Bogotá. Forschungs- und Lehrschwerpunkte: sozio-ökologische Systeme, soziale Umweltkonflikte sowie Nutzung von und Umgang mit natürlichen Ressourcen durch lokale Regierungen. Aktuelles Forschungsgebiet: positive und negative Effekte des gesellschaftlichen Konflikts auf die Herausbildung von Regierungsstrukturen bei kollektiver oder gemeinschaftlicher Ressourcennutzung. Neueste Publikationen: "Making Ostrom's framework applicable to characterise social ecological systems at the local level", in: *International Journal of Commons*, 9, 2, 2015; "Framed field experiments in resource scarcity and extraction:

Path-dependent generosity within sequential water appropriation", in: *Ecological Economics*, 120, 2015.

SEBASTIÁN RESTREPO-CALLE, Dozent am Departamento de Desarrollo Rural y Regional der Facultad de Estudios Ambientales y Rurales an der Pontificia Universidad Javeriana in Bogotá. Forschungsschwerpunkte: Transition und Transformation in ländlichen Gebieten, Anwendungssysteme von Biodiversität, Analyse komplexer Netzwerke. Aktuell untersucht er die Effektivität von mehrstufigen Regierungsstrukturen sowie die sozialökologische Resilienz von Feuchtgebieten in Kolumbien. Neueste Publikationen: *Conservación y Bienestar Humano en la Selva del Matavén: aprendizajes para la formulación e implementación de proyectos de desarrollo* (zus. mit PNUD/GSF). Bogotá: PNUD, 2015; sowie das Strategiepapier "Uso y comercio de carne de monte en Colombia: relevancia para los medios de subsistencia rurales", Bogor: CIFOR, 2016.

JOSÉ DARÍO RODRÍGUEZ CUADROS, S.J., Wissenschaftler am Centro de Investigación y Educación Popular/Programa por la Paz, Doktor der Politikwissenschaft an der L'EHESS in Paris. Forschungsschwerpunkte: die katholische Kirche in Kolumbien und der bewaffnete Konflikt in Kolumbien. Neueste Publikationen: *Génesis, actores y dinámicas de la violencia política en el Pacífico Nariñense*. Bogotá: Pontificia Universidad Javeriana, 2015; "Il Processo di Pace in Colombia", in: *La Civiltà Cattolica*, 3952, 2015; "Note de Lecture: Poder y Violencia en Colombia", in: *Revue Problèmes d'Amérique Latine*, 100, 2016; "Référendum pour la paix en Colombie" in: *Revue Problèmes d'Amérique Latine*, 102, 2016; "Los desafíos en la implementación de los acuerdos de paz en Colombia", in: *Revista Razón y Fe*, 275, 1423-1424, 2017.

PETER W. SCHULZE, Dr. phil, ist Leiter des DFG-Forschungsprojekts "Glocalising Modes of Modernity: Transnational and Cross-Media Interconnections in Latin American Film Musicals" an der Universität Bremen. Forschungsschwerpunkte: Literaturen und Medienkulturen Iberoamerikas (20. und 21. Jh.), interamerikanische Globalisierungsprozesse, postkoloniale Theorien und Kulturpraktiken. Zahlreiche Buchpublikationen, zuletzt u.a.: *Strategien kultureller Kannibalisierung. Postkoloniale Repräsentationen vom brasilianischen Modernismo zum Cinema Novo*. Bielefeld:

Transcript, 2015; hg. zus. mit Ivo Ritzer: *Transmediale Genre-Passagen*, Wiesbaden: Springer, 2015.

SVEN SCHUSTER, Dozent für Geschichte, Escuela de Ciencias Humanas, Universidad del Rosario, Bogotá. Forschungsschwerpunkte: Lateinamerikanische Geschichte des 19. und 20. Jahrhunderts (insb. Brasilien und Kolumbien), Globalgeschichte, Visuelle Kultur, Geschichts- und Vergangenheitspolitik; zurzeit Arbeit an einem Buchprojekt über den Wissensaustausch auf den Weltausstellungen des 19. Jahrhunderts. Neueste Buchpublikationen: *Die Inszenierung der Nation. Das Kaiserreich Brasilien im Zeitalter der Weltausstellungen.* Frankfurt a.M.: Peter Lang, 2015; hg. zus. mit Óscar Daniel Hernández Quiñones: *Imaginando América Latina. Historia y Cultura Visual, siglos XIX a XXI.* Bogotá: Universidad del Rosario, 2017.

STEPHAN STOBER, Dipl. Geograph, Manager und Gesellschafter des kolumbianischen Reisebüros Promotora Neptuno in Bogotá, verantwortlich für die Ausarbeitung und Organisation von touristischen Rundreisen durch Kolumbien für Reiseveranstalter weltweit. Seit 2009 freiberuflicher Dozent der Universidad Central in Bogotá in Wirtschafts- und Tourismusgeographie.

LUIS FELIPE VEGA DÍAZ, Doktor der Politikwissenschaft an der Universität Leipzig. Dozent an der Pontificia Universidad Javeriana mit Schwerpunkt auf Staatstheorie und Politische Soziologie. Forschungen zu Geschichtskultur im Post-Konflikt und zu Entwaffnung, Demobilisierung und Reintegration ehemaliger Guerilleros. Aktuelle Forschungsschwerpunkte: Analyse des Risikomanagements im kolumbianischen Post-Konflikt sowie Sicherheits- und Verteidigungspolitik.

DIEGO VERA P., Dozent am Departamento de Relaciones Internacionales der Pontificia Universidad Javeriana, Bogotá. Forschungsschwerpunkte: kolumbianische Außenpolitik, Außenpolitik in vergleichender Perspektive, Sicherheit und Verteidigung in Lateinamerika. Neueste Publikationen: zus. mit Eduardo Pastrana: "La política antidrogas de Colombia: avances, retrocesos y oportunidades de cooperación con Brasil, Perú y Ecuador", in: Namihas, S. (Hg.) (2017): *La reconfiguración del fenómeno del narcotráfico en Bolivia, Brasil, Chile, Colombia, Ecuador y Perú.* Lima: Instituto de Estudios Internacionales, Pontificia Universidad Católica del Perú/ Konrad-Adenauer-Stiftung.

ÁLVARO ZERDA SARMIENTO, *profesor asociado* der Facultad de Ciencias Económicas an der Universidad Nacional de Colombia. Doktor in Wirtschaftswissenschaften an der Universidad Nacional de Colombia. Gastdozentur an der Stanford University, Stanford, California. Am Centro de Investigaciones para el Desarrollo (CID) der Stanford University forschte und publizierte er zu folgenden Themen: technische Innovation und industrielle Entwicklung, geistiges Eigentum, traditionelles Wissen, Arbeit und Gesundheitsökonomie. Neueste Publikation: "La política económica del Presidente Santos está en contravía a los acuerdos de La Habana", Documentos FCE-CID 72, Escuela de Economía, 2016.

Das Ibero-Amerikanische Institut der Stiftung Preußischer Kulturbesitz in Berlin verfügt über ein vielfältiges Publikationsprogramm in deutscher, spanischer, portugiesischer und englischer Sprache, das sich aus mehreren Quellen speist: der institutseigenen Forschungstätigkeit, am IAI durchgeführten Tagungen und Symposien, Kooperationsprojekten mit in- und ausländischen Forschungseinrichtungen sowie hervorragenden Arbeiten einzelner Wissenschaftler_innen. In der seit 1959 existierenden Schriftenreihe "Bibliotheca Ibero-Americana" des Ibero-Amerikanischen Instituts der Stiftung werden Monographien und Sammelbände zu Literatur, Kultur und Sprache, Geschichte, Wirtschaft und Politik Lateinamerikas, der Karibik, Spaniens und Portugals veröffentlicht. Die "heute"-Bände der Reihe beanspruchen Handbuchcharakter. Sie wenden sich nicht nur an Wissenschaftler_innen, sondern auch an ein breiteres, an sachkundigen Informationen über die Länder interessiertes Publikum aus Medien, Politik und anderen gesellschaftlichen Bereichen. Die Darstellungen konzentrieren sich auf die letzten 2-3 Jahrzehnte, wobei von Fall zu Fall notwendige historische Rückgriffe erfolgen.

Bislang erschienene Bände:

Peru heute. Politik, Wirtschaft, Kultur. **Paap, Iken / Schmidt-Welle, Friedhelm (Hg.), 2016.**

Der Sammelband *Peru heute* bietet vielfältige Einblicke in ein faszinierendes südamerikanisches Land. Wer sich für die neuere Geschichte Perus sowie für die Geographie, Politik, Wirtschaft, Gesellschaft und Kultur des Andenlandes interessiert, findet in den 20 Beiträgen umfassende Informationen. Im ersten Teil geht es um die Geschichte Perus seit der Amtszeit von Präsident Alberto Fujimori (1990-2000), um Umwelt und Natur, Bevölkerung und Sozialstruktur sowie um die Situation von Wirtschaft und Landwirtschaft zu Beginn des 21. Jahrhunderts. Im zweiten Teil werden die politischen Strukturen sowie wichtige zivilgesellschaftliche Akteure vorgestellt. Auch die Perspektiven nach den Präsidentschafts- und Parlamentswahlen des Jahres 2016 werden thematisiert. Im dritten Teil finden sich Beiträge zur Sprachensituation, zu Literatur, Musik und Kino sowie zur Archäologie.

Venezuela heute. Politik, Wirtschaft, Kultur. **Andreas Boeckh / Friedrich Welsch / Nikolaus Werz (Hg.), 2011.**

In diesem Band wird die komplexe Situation Venezuelas in ihrer Widersprüchlichkeit kontrovers und zugleich mit analytischer Distanz diskutiert. Auf eine landeskundliche Einführung folgen Beiträge zu politischen, ökonomischen und gesellschaftlichen Themen: zur Sozialstruktur, der vom Erdöl dominierten Wirtschaft, dem "Sozialismus des 21. Jahrhunderts" sowie zu Wissenschaft und Kultur, Literatur und Musik. Den Abschluss bilden die Außenpolitik und die deutsch-venezolanischen Beziehungen. *Venezuela heute* bietet umfangreiche Informationen zur venezolanischen Realität in ihrer historischen Verortung und stellt damit ein umfassendes Standardwerk in deutscher Sprache zu diesem Land dar.

Argentinien heute. Politik, Wirtschaft, Kultur. Peter Birle / Klaus Bodemer / Andrea Pagni (Hg.), 2010.

Die zweite, vollständig überarbeitete und aktualisierte Neuauflage dieses Standardwerks zu Argentinien bietet ihren Leserinnen und Lesern ein Portrait, das die ganze Bandbreite der politischen, wirtschaftlichen, sozialen und kulturellen Entwicklungen des Landes mit einem Schwerpunkt in der ersten Dekade des 21. Jahrhunderts umfasst. Die einzelnen Beiträge wurden von ausgewiesenen Argentinien-Kennern diesseits und jenseits des Atlantiks verfasst. Nahezu ein Jahrzehnt nach den dramatischen Ereignissen im Zuge der Krise von 2001/2002 wurden die Schwerpunkte der Einzelbeiträge entsprechend ihrer Bedeutung im Rahmen der jüngeren Entwicklungen des Landes neu gesetzt. Um das Werk insgesamt handlicher, überschaubarer und damit leserfreundlicher zu gestalten, wurden der Gesamtumfang und die Anzahl der Beiträge gegenüber der ersten Auflage reduziert.

Brasilien heute. Geographischer Raum, Politik, Wirtschaft, Kultur. Sérgio Costa / Gerd Kohlhepp / Horst Nitschack / Hartmut Sangmeister (Hg.), 2010.

Brasilien präsentiert sich im 21. Jahrhundert als ebenso widersprüchliches wie facettenreiches Land. Diese zweite, vollständig neu überarbeitete Auflage des Standardwerks *Brasilien heute* stellt die vielfältigen Aspekte der brasilianischen Wirklichkeit umfassend vor. Das erste Kapitel liefert grundlegende Informationen über den geographischen Raum, die naturräumlichen Gegebenheiten, die Bevölkerungsentwicklung und Umweltprobleme. Die folgenden Kapitel behandeln jeweils spezifische Themen der brasilianischen Realität, von Außenpolitik über Korruption bis Strafrecht und Sicherheitspolitik (Gesellschaft und Politik). Sie untersuchen ökonomische Fragen und Brasiliens Position in der Weltwirtschaft, analysieren Literatur, Film, Fernsehen, "schwarze" Musik und Körperästhetik (Kultur) und beschäftigen sich mit den Herausforderungen im Bereich Bildung und Wissenschaft. Die Beziehungen zwischen Brasilien und Deutschland sind Gegenstand eines weiteren umfangreichen Kapitels.

Spanien heute. Politik, Wirtschaft, Kultur. Walther L. Bernecker (Hg.), 2008.

Die fünfte Auflage dieses Standardwerks zu Politik, Wirtschaft und Kultur des heutigen Spanien unterscheidet sich grundlegend von den vier vorherigen Editionen. Neben den "klassischen" Themen zum politischen System, zur Autonomie der Regionen, der Wirtschaftsentwicklung, der Universitäts- und Wissenschaftslandschaft, dem religiösen Identitätswandel oder den vielfältigen Erscheinungen des kulturellen Lebens kommen auch die brisanten Herausforderungen und Auseinandersetzungen zu Beginn des 21. Jahrhunderts zur Sprache: die scharfe Konfrontation zwischen den beiden großen Parteien, die Probleme der Masseneinwanderung, die Zerstörung der Kulturlandschaft, der fortgesetzte Terror im Baskenland, aber auch das selbstbewusste Kulturleben in der Provinz, die den großen Metropolen Madrid und Barcelona Konkurrenz macht. Zusammenfassend: Der Band bietet ein umfassendes und hochaktuelles Panorama von Spanien heute.

Zentralamerika heute. Politik, Wirtschaft, Kultur. Sabine Kurtenbach / Werner Mackenbach / Günther Maihold / Volker Wünderich (Hg.), 2008.

Der vorliegende Sammelband stellt die komplexen, faszinierenden und teils widersprüchlichen Entwicklungen in Zentralamerika einem breiteren Publikum vor. Der Blick reicht von Guatemala bis Panama und erfasst neben den Prozessen in Wirtschaft und Politik die Literatur, die Vielfalt der Sprachen, Musik, Kunst und Film. Zur Sprache kommen auch Thematiken wie Biodiversität, Entwicklungszusammenarbeit und Tourismus. Es wird erstmals ein Band vorgelegt, der die sieben Länder Zentralamerikas, ihre Gemeinsamkeiten, die Vielfalt, Spezifika und ihre Verschiedenheit behandelt.

Mexiko heute: Politik, Wirtschaft, Kultur. Walther L. Bernecker u.a. (Hg.), 2004.

Die dritte Auflage von *Mexiko heute* wurde komplett überarbeitet und gibt einen fundierten Einblick in Geographie, Geschichte, Religion, Politik, Wirtschaft und Sozialstruktur sowie in die verschiedenen Ausprägungen der Kultur wie Literatur, Musik, Kunst, Architektur, Theater und Film. Beiträge zur Situation der verschiedenen Ethnien, der spanischen Sprache und der indigenen Sprachen Mexikos im 20. und beginnenden 21. Jahrhundert runden das vielstimmige Gesamtbild des heutigen Mexiko ab. Der Band dient nicht nur als landeskundlicher Studienführer für Lateinamerikanisten, sondern soll auch als anspruchsvolles Informationsbuch, als Handbuch und Nachschlagewerk fungieren.

Chile heute. Politik, Wirtschaft, Kultur. Peter Imbusch / Dirk Messner / Detlef Nolte (Hg.), 2004.

Dieser Band gibt erstmals in deutscher Sprache einen fundierten Überblick über die Entwicklung Chiles seit der Pinochet-Ära. In 45 Beiträgen ausgewiesener Kenner und ausgehend von Artikeln über die höchst unterschiedlichen geographischen Gegebenheiten des Landes und den Umgang mit seinen natürlichen Ressourcen wird das Land in seiner Vielfalt dargestellt. *Chile heute* bietet einen Einblick in die Geschichte, Religion, Politik, Wirtschaft und Sozialstruktur des Landes sowie in die verschiedenen Ausprägungen der Kultur wie etwa seiner Literatur und Musik. Nicht zuletzt kommen auch die wechselhaften deutsch-chilenischen Beziehungen zur Sprache. Eine umfangreiche Chronologie zur Geschichte Chiles sowie ein Sach- und Namensregister ermöglichen ein rasches Nachschlagen und geben dem Leser eine solide Übersicht über die behandelten Themenfelder.

Mehr Informationen: http://www.iai.spk-berlin.de/publikationen.html

Ibero-Amerikanisches Institut
Preußischer Kulturbesitz